MÁS DE

1001

ILUSTRACIONES Y CITAS DE SWINDOLL

MANERAS SOBRESALIENTES DE
MARTILLAR EFICAZMENTE SU MENSAJE

CHARLES R. SWINDOLL

GRUPO NELSON
Una división de Thomas Nelson Publishers
Desde 1798

NASHVILLE   DALLAS   MÉXICO DF.   RÍO DE JANEIRO   BEIJING

Título en inglés: *Swindoll's Ultimate Book of Illustrations & Quotes*
© 2003 por Charles R. Swindoll
Publicado por Thomas Nelson, Inc.

Editora General: *Graciela Lelli*
Traducción: *Miguel A. Mesías E., Joel Sánchez-Cornielle, Iván León*
Correctores de Estilo: *Jean Elizabeth Mesías-Bynog, Miguel A. Mesías E.*
Adaptación del diseño al español: *Grupo Nivel Uno, Inc.*

ISBN: 978-1-60255-840-3

Impreso en Estados Unidos de América

Dedicatoria

*Este libro está dedicado, con gran admiración, a
todos mis colegas en el ministerio, especialmente a
los que se esfuerzan por comunicar la verdad de Dios
con precisión, claridad y en forma práctica, y por
consiguiente siempre están buscando "la ilustración
precisa" para martillar el mensaje, a fin de no vestir
con harapos las riquezas de Cristo.*

A

B

C

D

Introducción

SOY PREDICADOR. He estado ante congregaciones y otros públicos por todos los Estados Unidos de América por más de treinta y cinco años. He servido en pastorados en Massachussets, California y Texas. Mis viajes también me han llevado a Canadá, México y América Central, y más allá de los grandes océanos de este mundo, desde Alaska hasta Australia, desde Hawai hasta Alemania, proclamando las Buenas Noticias de Jesucristo. ¡Qué jornada más vigorizante! En todas estas experiencias nada me ha dado mayor satisfacción que comunicar de pie, independientemente del lugar en que esté, mientras las personas escuchan la verdad de Dios que brota de su palabra que da vida.

Dios merece toda la alabanza y gloria por esto. Después de todo, Él es quien distribuye los dones y que provee las nociones, energía y resultados. ¡Qué privilegio es seguir sirviendo como mensajero del Rey de reyes! De buena gana confieso que mi corazón acelera sus latidos cuando considero la preparación y proclamación de su mensaje. Hasta el día de hoy no he perdido la alegría o emoción que resulta de ser uno de sus portavoces. Me encantan los retos así como también los cambios que la predicación exige. A decir verdad, disfruto de *toda* la experiencia, incluyendo todo lo que supone el proceso de preparación. Hago mi propia investigación, hurgo en las Escrituras por mí mismo, y leo amplia y continuamente. Esas disciplinas proveen una fuente principal de mi entusiasmo; así es como el fuego empieza a crecer dentro de mí. Pero confieso que el momento de coronación tiene lugar cuando tengo el privilegio de pasar al púlpito y predicar. Cuando el Espíritu de Dios se hace cargo y hace honor al arduo trabajo de estudiar, orar, planificar y pensar, eso es recompensa más allá de toda descripción. ¡Nada se compara a eso!

En todos estos años y en todos lugares en que me he dedicado a este llamamiento, he aprendido el valor de buenas ilustraciones, ilustraciones interesantes, ilustraciones que capten la atención y aclaren la mente de los que están oyendo; ilustraciones que abren las ventanas, y que iluminan la verdad. Bajo el rótulo general de ilustraciones incluyo relatos, anécdotas, citas, analogías, incidentes, experiencias, poemas, canciones, momentos de delicia, conflictos que he atravesado, así como situaciones humorísticas en que he estado, que al contarlas más tarde, ayudan a que la verdad cobre vida. Más veces de las que puedo contar, recuerdo haber usado tales ilustraciones y observar a Dios abrir los ojos y destapar los oídos (para no mencionar ablandar los corazones) de otros, muchos de los cuales estaban decididos y determinados a no darme ni la hora . . . hasta que recibieron el aguijonazo para despertarse y a prestar atención. Esas experiencias siempre me entusiasman, y a veces me asombran. Una ilustración bien escogida puede transformar un escéptico hostil en un participante interesado. Lo sé; lo he visto suceder.

Muchos de los que escuchan nuestro ministerio radial, *Insight for Living* en inglés, y *Visión Para Vivir* en español, me escriben para contarme cómo un ejemplo que usé, o algún relato que conté, captó su atención y les hizo dar media vuelta, espiritualmente. Los miembros de las congregaciones también dicen cosas similares. La verdad, aclarada mediante el uso de una ilustración, anécdota, relato, o cita precisa, se aplica más rápidamente y se recuerda por mucho más tiempo. Rara vez me han preguntado: "¿Cómo logró preparar ese bosquejo?" o "¿Cuándo se le ocurrieron esas nociones partiendo de ese pasaje bíblico?"; pero a menudo escucho: "¿Dónde halló esa ilustración?", e incluso más frecuentemente: "¿Puede darme una copia del ejemplo que usted usó?"

Sabiendo la eficacia y beneficios duraderos de las ilustraciones, he estado haciendo lo que la mayoría de predicadores hacen: reuniéndolas de toda fuente imaginable, luego usándolas como introducciones, para aclarar un punto, o en las conclusiones. Mi colección llena varios archivadores, y la cantidad aumenta cada año. Se puede apreciar mi deleite cuando hallé por primera vez los comentarios de Salomón en cuanto a esto: "Y cuanto más sabio fue el Predicador, tanto más enseñó sabiduría al pueblo; e hizo escuchar, e hizo escudriñar, y compuso muchos proverbios. Procuró el Predicador hallar palabras agradables, y escribir rectamente palabras de verdad. Las palabras de los sabios son como aguijones; y como clavos hincados son las de los maestros de las congregaciones, dadas por un Pastor" (Eclesiastés 12:9-11).

Si eso no describe el trabajo del predicador fiel y eficaz, no sé qué lo describiría. ¿Quién puede medir el aguijonazo persuasivo de "palabras agradables" que se han meditado e investigado? ¿Quién mejor que el predicador ha experimentado el impacto contundente de relatos o ejemplos que penetran la superficie del alma y luego martillan la verdad como "clavos hincados"? Y, mejor que todo, cuando la verdad, pensamientos e ideas bíblicas, combinadas con las ilustraciones precisas, son "dadas por un Pastor," o sea, el Señor Jesucristo mismo, ¿quién se entusiasma más que el predicador, cuyo gozo es comunicarlo a otros?

A la luz de todo esto pareció razonable hacer una pausa en la predicación lo suficiente como para buscar en mis archivos y poner en forma impresa las ilustraciones que he recogido en estas tres y media décadas. Puesto que me han sido de tanta ayuda personalmente, tal vez otros puedan beneficiarse de ellas. Si usted las halla útiles, nadie se deleitará más que yo.

Una gran parte del crédito va a Carol Martin, con quien estoy en deuda por su incansable esfuerzo y meticulosa atención a los detalles. Por años, en su oficina en Insight for Living, ella ha revisado mis mensajes, ubicado tantas de estas ilustraciones, y luego, más recientemente, a petición mía, las ha catalogado y puesto en el orden alfabético en que aparecen en el libro en inglés. Gracias Carol, por tu diligencia, dedicación y determinación para que este proyecto se termine. Debo reconocer también el trabajo cuidadoso, a veces tedioso, de Julie Meredith, que me ayudó a conseguir los permisos para cientos de fuentes. ¡Qué valiosa contribución, lograda con espléndida actitud de devoción y determinación! Sin ustedes dos, este volumen nunca habría sido publicado.

Finalmente, permítanme indicar una salvaguarda. En un trabajo de este volumen, lleno de ilustraciones de cientos de fuentes diferentes, compiladas en los pasados treinta y cinco años, no hay manera en que posiblemente pudiera dar el crédito apropiado para cada autor, compositor, o fuente original. He intentado ubicar e identificar a todos los que merecen el crédito por material específico, pero en algunos casos no he podido hacerlo, por lo que lamento mucho. Por favor, acepte mis disculpas, si usted es alguien cuyo nombre debería constar, pero que no aparece. La omisión ha sido resultado de un descuido, presión del tiempo, o alguna otra falla de parte mía, pero de ninguna manera pretendo irrogarme la propiedad o crédito que le pertenece legítimamente a otro. Habiendo tenido la experiencia de que otros me atribuyan alguna cita (¡y a veces erróneamente!) sin que se haya hecho el contacto correcto, para conseguir aprobación previa, entiendo los sentimientos que algunas de mis fuentes no identificadas puedan albergar; y sinceramente pido disculpas de antemano, a fin de que no haya ningún malentendido.

Es mi esperanza y oración que usted que usa este libro logre obtener gran ayuda de él, especialmente los que están buscando "la ilustración precisa" para mejorar el mensaje que planean predicar. Para tomar prestadas las palabras de Salomón, espero que ustedes las hallen "como aguijones," como una colección útil de "clavos bien clavados" que le permitan martillar la verdad en su lugar.

—CHUCK SWINDOLL
Dallas, Texas.

Nota de los editores: Todo el texto que consta en esta obra ha sido traducido de manera expresa para este libro, puesto que el Dr. Swindoll recogió la cita, poema o fragmento de alguna fuente en inglés, y no de las traducciones al español que han aparecido con posterioridad. Igualmente, la letra de los poemas, himnos y canciones, es traducción específica para esta obra. Aunque hay algunos cantos, poemas e himnos traducidos al español, no siempre la letra conocida en español dice lo mismo que el original en inglés; y eso hace que se pierda el punto por el que el autor lo escogió.

Aa

ABORTO

En una clase de ética, un profesor universitario presentó a los estudiantes un problema. Les dijo: "Un hombre tiene sífilis y su esposa tuberculosis. Han tenido cuatro hijos: uno murió, los otros tres tienen lo que se considera una enfermedad terminal. La madre está nuevamente encinta. ¿Qué recomendarían ustedes?" Después de acalorado debate, la mayoría de los alumnos optó por proponer que la madre aborte. "Bien," dijo el profesor, "acaban de matar a Beethoven."

—Revista His, *febrero de 1984*

El ex Director General de Salud Pública, C. Everett Koop, dijo que en sus treinta y cinco años de ejercicio profesional él "nunca ha visto un caso en el que un aborto fuera necesario para salvar la vida de la madre."

—Bill Hybels, *One Church's Answer to Abortion*

ACEPTACIÓN

(Ver también *Autoestima, Perdón*)

En sus días como presidente, Tomás Jefferson y un grupo de amigos estaban viajando a caballo por el país. Llegaron a un río que se había desbordado por una reciente lluvia torrencial. La creciente había arrastrado el puente. Cada jinete se vio obligado a atravesar el río a lomo de caballo y luchando a brazo partido contra la veloz corriente. La posibilidad de morir era muy real para todos, lo que hizo que un viajero que no era parte del grupo se hiciera a un lado y se pusiera a observar. Después de que varios se lanzaron al torrente y lograron llegar a la otra orilla, el desconocido le pidió al presidente Jefferson si podría llevarlo en su caballo para cruzar el río. El presidente aceptó sin vacilar. El hombre se subió al caballo y poco después los dos llegaron seguros a la otra orilla. Al desmontarse del caballo y pisar tierra firme, uno del grupo le preguntó al viajero: "Dime, ¿por qué elegiste pedirle el favor al presidente?" El hombre se quedó aturdido, y dijo que no tenía ni idea que había sido el presidente quien lo había ayudado. "Todo lo que sé," dijo: "es que en algunas de sus caras tenían escrita la respuesta "NO," y en otras la respuesta era "Sí." La cara de él era un "Sí."

—R. Lofton Hudson, *Grace Is Not a Blue-Eyed Blond*

ACEPTACIÓN SIGNIFICA QUE A UNO SE LO VALORA tal cual es. Le permite a uno ser auténtico. Uno no es forzado a encajar dentro de la idea que otro tiene respecto a uno mismo. Significa que se toman en serio las ideas de uno, puesto que reflejan lo que uno es. Uno puede hablar de lo que siente por dentro, por qué siente eso, y alguien en realidad se interesa. Aceptación significa que uno puede expresar sus ideas sin que se le derribe. Uno puede incluso proponer pensamientos herejes y conversar acerca de ellos con preguntas inteligentes. Uno se siente seguro. Nadie lo va a juzgar aun cuando no concuerden con uno. Eso no significa que nunca se nos puede corregir, o que no se demuestre que estamos equivocados. Simplemente significa que es seguro ser uno mismo porque sabemos que nadie nos va a destruir por prejuicios.

—Gladys M. Hunt, citado en la revista *Eternity*, octubre de 1969

¡CUÁNTOS PRÓDIGOS son mantenidos fuera del reino de Dios por los perturbadores personajes que profesan estar dentro!

—Henry Drummond

ME CONTARON UN EPISODIO MARAVILLOSO acerca del entrenador Tom Landry que ilustra el nivel de su amor cristiano y aceptación para con otros. Años atrás, a Woody Hayes, entonces entrenador del equipo de la Universidad Ohio State, lo despidieron por haber golpeado a un jugador del equipo adversario en un partido. La prensa se divirtió a más no poder por el despido y realmente embadurnaron y emplumaron al ex entrenador. Pocas personas en los Estados Unidos de América podían haberse sentido más humilladas que él; no sólo perdió los estribos en un partido e hizo algo necio, sino que también perdió su trabajo y el respeto que otros le tenían.

Al final de esa temporada se ofreció un banquete grandioso y de prestigio para los atletas profesionales. Tom Landry fue invitado, por supuesto. ¿Adivine a quién llevó él como invitado personal? Woody Hayes, el hombre al que todos se habían sentido con derecho de aborrecer y criticar.

—Charles R. Swindoll, *Hope Again*

¿ALGUNA VEZ SE HA SENTIDO COMO UN SAPO? Los sapos se sienten lentos, feos, hinchados, aplastados. Lo sé. Uno me lo dijo. Los sentimientos de sapo surgen cuando uno quiere ser brillante pero se siente tonto, cuando quiere compartir pero es egoísta, cuando quiere ser agradecido pero siente resentimiento, cuando quiere ser grande pero se da cuenta que es pequeño, cuando quiere interesarse pero es indiferente. Sí, en algún momento u otro cada uno de nosotros se ha encontrado en un conjunto de lirios, flotando en el gran río de la vida, aterrorizados, demasiados sapos como para conmovernos.

Una vez hubo un sapo, solo que no era realmente un sapo sino un príncipe que se veía y actuaba como sapo. Una bruja perversa lo había hechizado y sólo el beso de una bella doncella lo podía salvar. Pero ¿desde cuándo las chicas preciosas besan a los sapos? Así que allí estaba él, un príncipe en forma de sapo, aguardando el beso de una doncella. Un día una hermosa muchacha lo levantó y le plantó un gran beso. ¡Zas! Allí estaba, un sapo transformado en un apuesto príncipe, y vivieron felices para siempre. Así que, ¿cuál es la tarea del creyente? ¡Besar sapos, por supuesto!

—Bruce Larson, *Ask Me to Dance*

EL RASGO MÁS CONSISTENTEMENTE ENTERNECEDOR del ser humano es su calor. Todos responden bien a la persona que irradia amistad de un corazón sereno. Es grato estar entre tales personas porque no rechazan ni ridiculizan, y, lo mejor de todo, sacan las mejores y más generosas cualidades de las personas que encuentran.

—Barbara Walters,
How to Talk with Practically Anybody about Practically Anything

WILL ROGERS DIJO: "Nunca he conocido a un hombre que me cayera mal." Alguien agregó: "Usted no ha conocido a mi marido."

PHILIP YANCEY hizo una observación interesante. "Es fácil ver por qué a la gente les gusta las gaviotas. Me senté en la orilla de una bahía escabrosa y contemplé a una de ella. Se solaza en su libertad. Empuja sus alas hacia atrás con poderosos aleteos, subiendo cada vez más alto, más alto, hasta que está por sobre todas las demás gaviotas; luego se desliza hacia abajo en círculos y vueltas majestuosas. Continuamente actúa, como si supiera que una cámara tiene su lente enfocado en ella, filmándola."

"En una bandada, sin embargo, la gaviota es una ave muy diferente. Su majestad y dignidad se disuelve en sórdido pantano de peleas y crueldad. Observe a la misma gaviota descender como bomba que cae en medio de un grupo de gaviotas, provocando un aluvión de plumas que se esparcen y graznidos de cólera, para robarse un diminuto fragmento de carne. Los conceptos de compartir y buenos modales no existen entre las gaviotas. Son tan ferozmente competitivas y celosas que si uno atara una cinta roja alrededor de la pierna de una gaviota, haciendo así que se distinga de las demás, la estaría condenando a muerte. Las demás la atacarían furiosamente con garras y picos, penetrando a través de las plumas y carne hasta sacar sangre. Continuarían haciendo esto hasta que la gaviota quede aplastada en un charco de sangre."

Si tuviéramos que seleccionar a un pájaro que sirva como modelo de nuestra sociedad, la gaviota no sería la mejor elección. Yancey sugiere que mejor consideremos la conducta del ganso. ¿Alguna vez se ha preguntado por qué estas asombrosas aves vuelan en una formación en "V"? La ciencia ha aprendido recientemente que la bandada en realidad vuela hasta un 71 por ciento más rápido y más fácil gracias a esta formación. El ganso ubicado en la punta de la "V" tiene la tarea más difícil, porque encuentra mayor resistencia del viento. Por ello, el líder del grupo sede su lugar después de unos minutos de vuelo, lo que permite que el grupo continúe en el aire por largas distancias sin tener que descansar. El vuelo más fácil tiene lugar en las dos secciones de atrás de la formación en "V", y asombrosamente, los gansos más fuertes permiten a los más jóvenes, débiles, y viejos que ocupen esas posiciones menos exigentes. Incluso se piensa que el constante graznido de la bandada es un método por el cual los gansos más fuertes animan a los rezagados. Además, si un ganso se cansa demasiado o se enferma y tiene que salirse del grupo, nunca lo abandonan. Una ave sana acompaña al enfermo hasta tierra firme y se queda con él hasta que puede continuar el vuelo. Esta clase de cooperación, con el orden social, contribuye significativamente a la supervivencia y bienestar de la bandada de gansos. . . . Hay momentos cuando nuestra sociedad parece consistir de unos doscientos millones de gaviotas solitarias, cada una gruñendo y bufando para hacer lo suyo, pero pagando un enorme precio en soledad y estrés por su individualidad.

—James Dobson, *The Strong-Willed Child*

TONY CAMPOLO CUENTA un episodio verdadero de un muchacho judío que sufrió bajo los nazis en la Segunda Guerra Mundial. Vivía en un pequeño pueblo polaco cuando las tropas nazis los reunieron a él y a todos sus vecinos judíos y los sentenciaron a muerte. Éste chico se unió a sus vecinos para cavar una zanja no muy honda para su propia tumba; y luego se enfrentaron a los escuadrones de ejecución junto a sus padres. Los cuerpos acribillados por las ametralladoras cayeron a la zanja y los nazis cubrieron con tierra los cuerpos amontonados. Pero ninguna de las balas tocó al muchacho. Lo salpicó la sangre de sus padres y cuando cayeron a la zanja, él fingió caer muerto y se dejó caer encima de ellos. La zanja era tan poco profunda, que la delgada capa de tierra no impidió que el aire le llegara y pudiera respirar.

Varias horas más tarde, cuando anocheció, se abrió paso de la zanja, con las uñas. Con sangre y tierra encostrada sobre su cuerpecito, se dirigió a la casa más cercana para suplicar ayuda. Al reconocer que era uno de los muchachos sentenciados a muerte, casa tras casa le cerraron las puertas por temor a meterse en problemas con las tropas nazis. Pero algo dentro de sí lo llevó a decir algo muy extraño, para un muchacho judío. Cuando la próxima familia respondió a su tímido llamado a la puerta en la quietud de la noche, le oyeron decir llorando: "¿No me reconocen? Soy el Jesús a quien ustedes dicen amar." Después de una penetrante pausa, la mujer que estaba parada en la puerta le abrió los brazos y lo besó. Desde ese día, esa familia cuidó del muchacho como si fuera uno de los suyos.

—Anthony Campolo, *Who Switched the Price Tag?*

DAVID REDDING escribió sobre su experiencia personal en cuanto a la aceptación.

Recuerdo cuando volví a casa después de haber estado en la Armada durante la Segunda Guerra Mundial. Mi casa se encontraba muy lejos en el campo, tanto que cuando salíamos de cacería teníamos que ir en dirección a la ciudad. Nos habíamos mudado allá cuando yo tenía trece años, por cuestiones de la salud de mi papá. Criábamos ganado y caballos. Los que nacen en una hacienda suelen lamentarse por la rutina del trabajo y la soledad; pero para mí, regresando de la ciudad en ese entonces, la casa de la granja era un Edén.

Comencé a cuidar un rebañito de ovejas, de aquellas que están completamente cubiertas de lana, excepto la parte negra de su nariz y las puntas de las patas. Mi papá las ayudaba a que tuvieran sus crías cuando parían, y podía distinguir, sin problema, a cada una del rebaño desde la distancia. Yo tenía un carnero hermoso. Nuestro vecino era un hombre pobre, y tenía un perro precioso, y un pequeño rebaño de ovejas que quería cruzar con mi carnero. Me preguntó si se lo podía prestar, y él a cambio me dejaría escoger entre las crías de su preciado perro.

Así fue como obtuve a Teddy, un perro negro pastor escocés. Teddy fue mi perro, y haría lo que fuera por mí. Siempre me esperaba cuando yo regresaba de la escuela. Dormía junto a mí, y cuando lo llamaba con un silbido venía corriendo, aun cuando estuviera comiendo. . . . Cuando me fui a la guerra, no sabía cómo dejarlo. ¿Cómo se le puede explicar a alguien que quieres tanto que tienes que dejarlo y que mañana ya no vas a perseguir marmotas con él como siempre?

Así que, ese primer momento, al volver de la Armada a casa fue algo que casi ni puedo describir. La última parada del autobús fue como a veinte kilómetros de nuestra granja. Llegué como a las once de la noche y caminé el resto del camino a casa. Eran como las dos o tres de la mañana cuando llegué a medio kilómetro de mi casa. Estaba muy oscuro, pero conocía cada paso del camino. De repente, Teddy me oyó y comenzó a ladrar como advertencia. Entonces silbé sólo una vez. Los ladridos cesaron. Supe que me había reconocido y sabía que un enorme bulto negro se aproximaba a mí desde la oscuridad. Casi de inmediato lo tenía en mis brazos.

Lo que más me impacta hoy es la elocuencia con que ese inolvidable recuerdo me habla de mi Dios. Si mi perro, sin ninguna explicación me quiere y me recibe de nuevo, luego de todo ese tiempo, ¿no me recibirá mi Dios?

—David A. Redding, *Jesus Makes Me Laugh with Him.*

EL DR. HUDSON ARMERDING, anteriormente presidente de Wheaton College, tuvo que enfrentar una vez un dilema de un problema en particular, producto del prejuicio. Se puso de pie ante el cuerpo estudiantil que llenaba a más no poder la capilla, e hizo un anuncio que captó la atención de todos.

Debido a las ramificaciones de ese problema con el prejuicio, la institución se veía frente a la posibilidad de un colapso financiero. Parecía como que algunos de los más fuertes contribuyentes financieros habían ido a visitar el plantel. Se regó la noticia de que algunos de los alumnos llevaban el pelo terriblemente largo. Es más, algunos de estos jóvenes estudiantes se habían dejado crecer la barba. Esto les había parecido un problema tan serio en la mente de los que daban contribuciones tan sustanciales a la institución, que algunos hasta amenazaron con retirar su apoyo como algunos ya lo habían hecho. El cuerpo estudiantil se quedó quieto, esperando escuchar la postura de la administración.

Dr. Armerding empezó paseando la mirada por el alumnado reunido y al fin se detuvo en un joven, al que llamó por nombre y le pidió que se pusiera de pie. El joven se puso de pie, a regañadientes. Entonces el presidente dijo: "Quiero que vengas y me acompañes aquí en la plataforma." El joven obedeció, aunque con gran reserva. Allí estaba con larga barba y pelo largo. Entonces el Dr. Armerding, mirándolo directamente a los ojos, le dijo: "Querido joven: Tú tienes pelo largo y barba larga. Tú representas exactamente lo que estos contribuyentes de la universidad rechazan. Quiero que sepas que la administración de esta institución no opina lo mismo que ellos. Nosotros te aceptamos y te amamos. Creemos que estás aquí para buscar y hallar la verdad de Jesucristo."

Con eso el presidente le abrió los brazos, y públicamente lo envolvió con un apretado abrazo, y en ese momento todo el cuerpo estudiantil se puso de pie y aclamó espontáneamente a este valeroso presidente.

—Ray Stedman, *The Birth of the Body*

_____

ACTITUD

(Ver también *Desaliento*)

SE HA DICHO: "Alégrate, las cosas podrían ser peores." Me alegré, y las cosas empeoraron.

—David Roper, *The Law That Set You Free*

_____

Unos años atrás Lewis Timberlake conducía por Carolina del Norte camino a una conferencia que debía dar. Al aproximarse a la ciudad en donde iba a hablar, vio un cartel que decía: "¡Oímos que va a haber una recesión económica y hemos decidido no participar!" Me gusta esa actitud positiva en una sociedad negativa.

—Lewis Timberlake, *Born to Win*

_____

No vaya tras lo ilusorio, la propiedad o la posición. Todo lo que se gana a costa de sus nervios, década tras década y se confisca al anochecer. Viva la vida con una superioridad estable sobre la vida. No tema el infortunio. No suspire por la felicidad. La amargura no dura para siempre. Y lo agradable nunca llena el vaso hasta desbordarse. Basta si no se congela por el frío y si la sed y el hambre no le retuercen las entrañas, si no tiene rota la espalda, si sus pies pueden caminar, si ambos brazos pueden doblarse, si ambos ojos pueden ver, si ambos oídos pueden oír, entonces, ¿de quién tiene envidia?

—Charles R. Swindoll, *Intimacy with the Almighty*

_____

Dos años atrás le informaron a Orville Kelly que tenía cáncer terminal. Él y su esposa volvieron a su casa para llorar; para morir. ¿Debían guardarlo como secreto? Lo pusieron en oración. Su decisión finalmente fue *divertirse* con la noticia. Así que organizaron una gran fiesta e invitaron a todos sus amigos. Durante el encuentro, Orville levantó su mano pidiendo silencio: "Quizás se pregunten por qué los he reunido. Esta es una fiesta de cáncer. Se me ha diagnosticado que tengo cáncer terminal. Pero mi esposa y yo nos dimos cuenta últimamente que todos somos enfermos terminales. Decidimos entonces formar una nueva organización. La llamamos M.T.C: Make Today Count (Haz Que el Día de Hoy Cuente). Todos ustedes son miembros constituyentes." Desde ese día la organización ha crecido por todo el país. Orville ha estado demasiado ocupado como para morirse, señalando la manera en que los creyentes deben divertirse en las fauces de la muerte: cantando, amando y sin perder ni un minuto "del gozo que el mundo no puede dar ni quitar."

—David Redding, *Jesus Makes Me Laugh with Him*

_____

EL PLANETARIO HAYDEN en la ciudad de Nueva York publicó un anuncio en los diarios de la cuidad invitando a que todos los que quisieran participar en el primer viaje a otro planeta, presentaran una solicitud. En cuestión de días recibieron más de 18.000 solicitudes. Dieron las solicitudes a un panel de sicólogos, que concluyeron que la gran mayoría de los que habían presentado su solicitud querían comenzar una nueva vida en otro planeta porque estaban muy desanimados por la vida en este planeta.

VÍCTOR FRANKL, judío vienés, estuvo preso en los campos de concentración alemanes por más de tres años. Lo llevaron de un campo a otro, e incluso vivió varios meses en Auschwitz. Más tarde en su vida escribió las siguientes palabras:

"La experiencia de la vida en el campo de concentración demuestra que el hombre en efecto tiene la alternativa de la acción. Hay suficientes ejemplos, a menudo heroicos, que demuestran que se puede vencer a la apatía y suprimir la irritabilidad. El hombre puede preservar un vestigio de su libertad espiritual, e independencia mental, incluso en condiciones tan terribles de aflicción psíquica y física."

"Los que vivimos en campos de concentración podemos recordar a los hombres que caminaban por las chozas consolando a los demás, regalando su último pedazo de pan. Tal vez haya sido pocos en número, pero ofrecen prueba suficiente de que a un hombre se le puede quitar todo excepto una cosa: la última de las libertades humanas: elegir qué actitud tomar en una situación determinada, elegir de qué manera conducirse."

—Victor Frankl, *Man's Search for Meaning*

LAS PALABRAS NO PUEDEN DESCRIBIR en forma adecuada el increíble impacto de nuestra actitud hacia la vida. Cuanto más vivo, más me convenzo de que la vida es diez por ciento lo que nos sucede y 90 por ciento cómo respondemos a eso.

Pienso que la única decisión más significativa que puedo tomar día tras día es qué actitud voy a tomar. Esto es más importante que mi pasado, mi educación, mi cuenta bancaria, mis éxitos o fracasos, fama o dolor, lo que otros piensen o digan de mí, circunstancias, o mi posición. La actitud es lo que me mantiene avanzando o atrofia mi progreso. . . . Por sí sola enciende mi fuego o me roba la esperanza. Cuando mi actitud es correcta, no hay barrera demasiada alta, ni valle demasiado profundo, ni sueño demasiado extremo, ni desafío demasiado grande para mí.

—Charles R. Swindoll, *Stregthening Your Grip*

_____

Tiempo Presente

Era primavera
    Pero era el verano lo que yo quería,
Los días cálidos,
    Y las actividades al aire libre.
Era verano,
    Pero era el otoño lo que yo quería,
Las hojas de colores,
    Y la brisa fría y seca.
Era otoño,
    Pero era invierno lo que yo quería,
La nieve hermosa,
    Y la alegría de la temporada festiva.
Era invierno,
    Pero era la primavera lo que yo quería,
El calor
    Y el florecer de la naturaleza.
Era un niño,
    Pero era la edad adulta lo que yo quería.
La libertad,
    y el respeto.
Tenía 20 años,
    Pero era 30 años los que quería tener,
Para ser maduro,
    Y sofisticado.
Estaba a media vida,
    Pero era 20 los que quería tener,
La juventud,

Y el espíritu libre.
Era jubilado,
Pero era la edad media lo que yo quería,
Una mente alerta,
Sin limitaciones.
Mi vida se ha acabado
y nunca pude lograr lo que quería.

—Jason Lehman, columna *"Dear Abby,"* 14 de febrero de 1989

¿ALGUNA VEZ USTEDES, PADRES, les enseñan a sus hijos cómo levantarse por la mañana? No sólo a levantarse, sino ¿*cómo* hacerlo? Hay un método triple para levantarse: primero, nos estiramos. Eso hace que el cuerpo empiece a moverse. Luego, sonreír. Eso pone al alma en la actitud correcta, así que no empezamos el día de mal humor. Y luego hay que decir: "Dios me ama" porque esto pone al espíritu en la perspectiva correcta. De esta manera se nos hace acuerdo de nuestra identidad. Así cuerpo, alma y espíritu, pueden comenzar el día correctamente. Estirarse, sonreír, y decir "Dios me ama."

—Sermón de Ray Stedman, *"The Abiding Principles,"* 12 de agosto de 1973

FANNY CROSBY fue ciega desde niña y vivió hasta tener noventa y cinco años. A los ocho años compuso este poema:

Ciega pero Feliz

¡Ah, qué alma feliz que soy!
Aunque no puedo ver,
Estoy resuelta a que en este mundo
Contenta estaré;
¡Cuántas bendiciones disfruto,
que otros no pueden!
Llorar y suspirar porque soy ciega,
No puedo, y no lo haré.

—Donald Kauffman, *Baker's Pocket Treasury of Religions Verse*

ADORACIÓN

(Ver también *Alabanza, Iglesia*)

A LOS CRISTIANOS SE LES PUEDE AGRUPAR en dos categorías: canicas y uvas. Las canicas son "unidades que no se afectan una a otra excepto cuando chocan." Las uvas, por otro lado, mezclan su jugo; cada una es "una parte de la fragancia" del cuerpo de la iglesia.

Los cristianos del primer siglo no rebotaban como canicas sueltas, disparadas en todas direcciones. Imagíneselas como un racimo de uvas maduras, exprimidas por la persecución, sangrando y combinándose una con otra.

La comunión y la adoración, entonces, es cristianismo genuino compartido con libertad entre los miembros de la familia de Dios. Es triste pensar cuántos cristianos hoy se pierden esa clase de intimidad. Los sermones y cantos, siendo tanto animadores como necesarios, proveen sólo una parte del encuentro vital de la iglesia. Necesitamos participar unos con otros también. Si entramos y salimos de la iglesia cada semana sin adquirir unas pocas manchas de jugo de uva, en realidad no hemos probado el vino dulce de la comunión.

—Anne Ortlund, *Up with Worship*

¿QUÉ ES, ENTONCES, LA ESENCIA DE LA ADORACIÓN? ¡La celebración de Dios! Cuando adoramos a Dios, le celebramos: le exaltamos, entonamos sus alabanzas, nos jactamos en Él.

La adoración no es el parloteo casual que en ocasiones ahoga el preludio del órgano; celebramos a Dios cuando permitimos que el preludio sintonice nuestros corazones a la gloria de Dios mediante la música.

La adoración no es decir, entre dientes, oraciones o decir, de labios para afuera, las palabras de los himnos con escaso pensamiento y poco corazón; celebramos a Dios cuando nos unimos con fervor en la oración y con intensidad en el canto.

La adoración no son palabras de engrandecimiento propio ni clisés aburridos cuando le piden que uno dé su testimonio; celebramos a Dios cuando todas las partes del culto encajan unas con otras y trabajan hacia un fin común.

La adoración no son ofrendas a regañadientes o servicio obligatorio; celebramos a Dios cuando le damos con gran alegría y le servimos con integridad.

La adoración no es música al azar tocada pobremente, ni siquiera gran música hecha sólo como función; celebramos a Dios cuando disfrutamos y participamos en la música para su gloria.

La adoración no es un aguante distraído del sermón; celebramos a Dios cuando oímos su palabra con alegría y buscamos que ella nos conforme más y más a la imagen de nuestro Salvador.

La adoración no son movimientos al apuro de una Cena del Señor "añadida"; celebramos a Dios preeminentemente cuando tenemos comunión con agradecimiento en la comida ceremonial que habla con tanta centralidad de nuestra fe en el Cristo que murió por nosotros, que resucitó a nuestro favor, y que volverá para nuestro bien.

Así como un regalo bien pensado es una celebración de un cumpleaños, así como una velada especial es una celebración de un aniversario, como un elogio cálido es una celebración de una vida, y como el abrazo sexual es una celebración de un matrimonio; así un servicio de adoración es una celebración de Dios.

—Roland Allen, *Worship: Rediscovering the Missing Jewel*

MARÍA QUEBRÓ SU FRASCO.

¡¿Lo quebró?! Qué insólito. Qué controversial. ¿Lo hacía todo mundo? ¿Era una fiesta para romper frascos? No; ella lo hizo sola. ¿Qué sucedió entonces? Lo obvio: todo el contenido quedó en libertad para siempre. Ella nunca podría volver a oprimir contra sí su precioso perfume de nardo. . . .

La necesidad de los creyentes en todas partes (y nadie está exento) es ser quebrantado. ¡El frasco tiene que ser quebrado! ¡Los cristianos tienen que dejar que la vida salga! Llenará el cuarto de dulzura. Y la congregación con todos los pedazos rotos, se mezclará por primera vez. . . .

Si ustedes se conocen, unos a otros, como personas quebrantadas, están listas para seguir con el culto de la iglesia.

—Anne Ortlund, *Up with Worship*

CONSIDERE ESTO cuando venga a adorar:

- Acérquese y escuche bien, porque Dios está comunicándose.
- Quédese quieto y en calma, porque Dios oye lo inaudible y ve lo invisible.

- Haga una promesa de consagración y cúmplala, porque Dios no olvida.
- No decida ahora y niéguelo después, porque Dios no ignora las decisiones.

CUANDO ESTUVE en el extranjero trabajé como un hombre que estaba bajo gran tensión y gran presión. Era una especie de misionero pionero. No encajaba en el patrón o molde de lo que uno piensa que es un misionero. Su ministerio era de gran parte a soldados, miles de ellos, que resultaban estar en la isla de Okinawa; es más, con seguridad se podría decir que eran decenas de miles.

Fui a su casa una noche para visitarlo, y su esposa me dijo que no estaba en casa, pero que probablemente estaba en su oficina. La oficina estaba en el centro de la ciudad en un callejón fuera de las calles de Naha. Era una noche lluviosa. Decidí ir en el autobús para ver a Bob. La esposa mencionó su tensión y presión, así que esperaba hallar al hombre acurrucado con el desaliento, desánimo y depresión, y listo para tirar la toalla.

Me bajé del autobús y caminé por la calle como una cuadra y media y di la vuelta, por el callejón, a la choza que tenía una estera como piso. Cuando me alejé del ruido de la calle, oí cantar: "Ven, tú, fuente de toda bendición, afina mi corazón para que cante de tu gracia"; y luego la siguiente estrofa: "Proclive a descarriarme; Señor, lo siento; proclive a dejar al Señor que amo."

Calladamente me puse a observar su culto personal de adoración. Parado en la lluvia miré por las rendijas de las paredes de aquella choza barata, y vi a un hombre de rodillas con sus manos hacia el cielo alabando a Dios, y con su Biblia abierta a un lado, y un himnario al otro, con una pequeña libreta espiral, gastada por el uso. Lo vi pasar página tras página, en donde él le leía a Dios, y luego buscaba un himno y se lo cantaba a Dios.

Lo asombroso es que la presión bajo la cual estaba no desapareció por tal vez otras dos semanas, parece. Pero ese culto de adoración, en privado ante Dios, absolutamente revolucionó su vida.

ADULTERIO

(Ver también *Inmoralidad, Pecado*)

EL DR. DONALD BARNHOUSE cuenta lo siguiente de un hombre que cedió a la tentación de la lujuria con su secretaria.

Un día me visitó un joven de unos treinta y más años, que tenía un problema personal. Me contó su historia más o menos de esta manera: "Trabajo para la compañía Tal y Cual, y tengo una oficina privada. Varios meses atrás mi secretaria se ausentó por un tiempo y tuve que contratar a otra. Un día ella me trajo unos documentos que yo necesitaba; se acercó demasiado y cuando se inclinó hacia mí, su pelo me rozó la cara. Traté de resistirlo, pero, después de todo, soy hombre, y hacia el final del día la tomé de la mano y ella se brindó al instante para que la besara. Incluso mientras la besaba, yo visualizaba mentalmente a mis dos hijos corriendo para recibirme y a mi esposa de pie en la puerta. Detestaba lo que estaba haciendo, pero con todo seguí haciéndolo. Tuve el más intenso deseo de quitármela de encima, pero seguí apretándola contra mí; mi cuerpo estaba haciendo una cosa y mi mente otra."

"Esa noche, cuando llegué a casa, abracé tan fuerte a mis hijos que uno de ellos se echó a llorar. Cuando logré hacerlo reír, le dije que lo abracé fuerte porque lo quería mucho. Yo tenía lágrimas en los ojos y los de mi esposa brillaban. Nos abrazamos todos en uno de esos momentos difíciles de describir. Mi esposa estaba contenta a más no poder porque esa noche recorrí la casa tocando las cosas familiares que habíamos luchado por adquirir, expresando mi apego al hogar, y mi amor por ella; y ante Dios nunca fui más honesto. Al día siguiente, la situación en la oficina empezó de nuevo. Nunca me sentí tan miserable en mi vida."

"Antes de que pasara un mes me di cuenta de que había una terrible batalla entre mi lascivia y mi amor. Cuando llegaba a casa, allí había todo lo que quería en la vida. Cuando iba a la oficina, la maquinaria de mi cuerpo parecía prepararse para algo que era puramente mecánico y de lo cual quería escapar, tal como una mosca atrapada en un matamoscas. Oí a mi esposa decirle a alguien que yo me había transformado más y más en un hombre de casa, y que todo lo que quería hacer era estar en casa. Y eso era verdad. Yo la seguía por la casa, conversaba con ella en la cocina mientras ella trabajaba, y la observaba cuando ella ponía a nuestros hijos a dormir."

"Esta mañana, cuando salí rumbo al trabajo, ella me dijo que se sentía la mujer más feliz del mundo porque yo le había demostrado de muchas formas que la amaba sólo a ella. Yo casi ni pude hablar. Es más, los ojos se llenaron de lágrimas, y cuando tome un rizo de su pelo para secarme los ojos, le dije: 'Te quiero más que a la vida misma.' Ella se echó a llorar, y yo la abracé tan fuerte hasta que ella gritó y se rió a la vez. Luego, corrí para alcanzar el tren. Pero, ¿ahora qué voy a hacer?"

Con el consentimiento del esposo, yo llamé a la esposa a mi oficina y le conté todo. Sus ojos se llenaron de temor, pero yo la consolé. Tomamos un taxi y nos dirigimos a la oficina de su esposo. Él nos estaba esperando y allí me quedé parado mientras ellos se abrazaban. Ella dijo: "Lo sé, lo sé. Lo comprendo; todo está bien." Entonces llamé a la secretaria. La escena que siguió ilustra la lucha mortal entre la carne y el espíritu, ambos tratando de dominar al cuerpo. Pero la esposa no estaba luchando; ella sabía que la mente, alma y corazón de su esposo siempre fueron de ella. Ella entendía la lucha glandular de su esposo y que esa lascivia había surgido en respuesta a la atracción de la carne extraña. Ella lo miraba con total comprensión y amor.

La secretaria se quedó sin decir palabra. Le dije: "Ella sabe todo. Lo ama y él la ama a ella por completo; él nunca ha sentido por usted nada que no sea de lujuria animal. Nunca la quiso a usted, excepto en lo físico, y desde este momento ya no la quiere para nada. ¿Me entiende?" Le pedí que me esperara en el pasillo mientras yo oraba con el matrimonio.

Al retirarme, vi a la secretaria secándose los ojos; me detuve y le hablé de su necesidad de Jesucristo.

—Donald Barnhouse, *Let Me Illustrate*

Un Peligro Dulce

¡Ay, qué fácil las cosas salen mal!
Un suspiro demasiado, un beso demasiado largo,
Y luego sigue ese rocío y lluvia de llanto,
Y la vida nunca más verá lo mismo.

—George MacDonald, *Best Loved Poems of the American People*

DURANTE LOS RECIENTES ESCÁNDALOS SEXUALES que estremecieron el Capitolio nacional, el Dr. Sam Janus, profesor del New York Medical College, dijo: "Una apuesta segura es que casi la mitad de los miembros del Congreso han tenido enredos fuera del matrimonio."

—J. Allan Petersen, *The Myth of Greener Grass*

_____

TUVE UNA EXPERIENCIA INTERESANTE EN ENERO DE 1990. Había recibido una invitación para hablar en el desayuno organizado por Atletas en Acción, la mañana del final del campeonato de Fútbol Americano a jugarse en Nueva Orleans. Al volar de Los Angeles a Nueva Orleans tuve que cambiar de avión en una cuidad intermedia. El vuelo de conexión estaba repleto, naturalmente, y había un espíritu festivo en la tripulación puesto que todos se dirigían al Súper Tazón XXIV. Noté que había un asiento libre detrás de mí . . . el único vacío en todo el avión. Apenas pocos minutos antes de que cerraran las puertas, llegó a la carrera una última pasajera. Su vuelo se había retrasado, y no sabía si podría alcanzar su conexión a Nueva Orleans. La alcanzó. Al entrar toda apurada, una enorme sonrisa afloró a su cara cuando sus ojos se encontraron con los del hombre que estaba sentado junto al asiento que le tocaba. Ella no sólo se sentó, sino que se lanzó a los brazos del hombre, mientras se besaban, se reían, y se abrazaban por los próximos diez minutos.

Mi primer pensamiento fue que debía ser un matrimonio feliz. Pero me equivoqué por completo. Ambos estaban casados . . . pero no el uno con el otro. Debido a que estaban sentados justo detrás de mí, capté todo el asunto. Debo confesar que me puse a escuchar lo que decían. Habían hecho planes cuidadosos para encontrarse en el avión y luego pasar el fin de semana juntos en Nueva Orleans. Su conversación, interrumpida frecuentemente por besos, incluyó toda clase de comentarios acerca de lo mucho que se iban a divertir, el éxtasis íntimo que experimentarían al pasar juntos las dos próximas noches, y su plan de asistir al Súper Tazón. Ambos se reían y bromeaban al comentar que ninguno de sus cónyuges sabía nada. Debo añadir aquí que igualmente ninguno de los dos hizo mención alguna de las posibles consecuencias: la pérdida de su reputación, del sentimiento de depresión que indudablemente vendría, la posibilidad de un embarazo inesperado, la humillación vergonzosa que experimentarían cuando (note que digo "cuando," no "si") sus cónyuges descubrieran lo sucedido. ¿Por qué? ¡Por supuesto que no! Esa pareja se sentía entusiasmada. Toda su atención se concentraba en el tiempo agradable que tendrían al estar juntos. Simplemente no podían hablar de otra cosa.

Mientras tanto, yo estaba sentado delante de ellos escribiendo un capítulo sobre la tentación sexual; y como a un metro detrás de mí había una ilustración viva de lascivia en acción. Pasaron por mi mente las palabras que una vez escribió Salomón: "Las aguas hurtadas son dulces." Sin lugar a dudas es así. La lascivia ciega y desenfrenada, rebosa del dulce éxtasis de placer sensual — por lo menos por un fin de semana. En tales escapadas sensuales abundan las risas, la creatividad y el entusiasmo. No es sino hasta más tarde que la niebla se disipa y la realidad vuelve con su depresión del lunes por la mañana.

—Charles Swindoll, *Sanctity of Life*

_____

EL LLAMADO A SER FIEL . . . es como una voz solitaria que clama en el desierto sexual actual. Lo que alguna vez se conocía como adulterio y llevaba consigo un estigma de culpa y vergüenza, hoy se conoce como amorío: palabra que suena bien, casi atractiva, envuelta en misterio, fascinación y entusiasmo. Una relación, no pecado . . . La promiscuidad sexual nunca ha sido la costumbre establecida de ninguna sociedad. . . . Sexo, sexo, sexo. Nuestra cultura está a punto de saturación total. El pozo séptico está desbordándose.

—J. Allan Petersen, *The Myth of Greener Grass*

_____

Y POR SI ACASO NECESITA un recordatorio de que Dios habla en serio en cuanto a la fidelidad, le pido que considere esta historia de la vida real. Podría salvarlo de alguna tragedia que tal vez le acecha a la vuelta de la esquina. Los nombres son ficticios, pero la historia es real.

El matrimonio de Clara y Chester, con veintiocho años de casados, era bueno. No era el más idílico, pero era bueno. A estas alturas tenían tres hijos adultos que los querían mucho. También contaban con la bendición de tener suficiente estabilidad financiera, lo cual les permitió soñar en una casa para su jubilación. Un viudo, al que llamaremos Sam, estaba vendiendo su casa. A Clara y Chester les gustó mucho la propiedad y comenzaron a hacer planes para comprarla. Los meses pasaron.

A fines del año pasado Clara le dijo a Chester que quería divorciarse. Él se quedó mudo. ¿Por qué después de todos estos años de matrimonio? ¿Cómo podía ella haber estado alimentando ese plan mientras buscaban una casa para su jubilación? Ella le dijo que la idea era relativamente reciente. En realidad, era una decisión reciente, ahora que había hallado a otro hombre. ¿Quién? Clara admitió que era Sam, el dueño de la casa que planeaban comprar. Ella lo había encontrado en forma inesperada algunas semanas después de que habían hablado del negocio. Tomaron juntos un café; y más adelante esa semana salieron juntos a cenar. Por varias semanas habían estado viéndose a escondidas, y para entonces ya habían tenido relaciones sexuales. Puesto que ahora estaban "enamorados" ya no había vuelta atrás. Ni siquiera los hijos, que detestaban la idea del divorcio, pudieron disuadir a la madre.

El día que Clara iba a abandonar la casa, Chester pasó por la cocina rumbo a la cochera. Dándose cuenta que Clara ya no estaría cuando él volvieran, titubeó: "Bueno, cariño, parece que esta será la última vez . . ." y su voz se quebró en sollozos. Ella se sintió muy incómoda, así que se apuró para juntar sus cosas, se subió a su auto, echó marcha atrás para salir a la calle, y nunca miró para atrás. Condujo rumbo al norte para encontrarse con Sam. Menos de dos semanas desde que ella se había mudado a vivir con él, a Sam le dio un ataque al corazón, y sobrevivió por unas pocas horas. A la mañana siguiente, Sam falleció.

Cuando se trata de moralidad, Dios lo toma en serio . . . tan serio como un paro cardíaco.

He dicho por años que si Dios actuara con igual rapidez en cada caso, la mayoría de personas que conozco lo pensarían dos veces antes de empezar algún enredo amoroso. Si Dios respondiera hoy como lo hizo en los días de Ananías y Safira, me pregunto si tendríamos que construir morgues en el sótano de toda iglesia.

—Charles R. Swindoll, *Sanctity of Life*

LA SIGUIENTE ES UNA LISTA INCOMPLETA de lo que le espera una vez que se descubra su inmoralidad.

- Su pareja sufrirá la angustia de la traición, vergüenza, rechazo, un corazón destrozado y soledad. Ninguna cantidad de arrepentimiento suavizará esos golpes.

- Su cónyuge nunca más podrá decir que usted es un ejemplo de fidelidad. La sospecha le privará de la confianza.
- Su aventura abrirá su vida y la de su cónyuge a la posibilidad muy real de contraer una enfermedad de transmisión sexual.
- La devastación total que sus acciones de pecado traerán sobre sus hijos es incalculable. Su crecimiento, inocencia, confianza y perspectiva saludable de la vida quedará severa y permanentemente dañada.
- El dolor de corazón que le causará a sus padres, familia, y amigos es indescriptible.
- La vergüenza de encontrarse con otros creyentes, que antes lo apreciaban, respetaban, y confiaban en usted, será abrumadora.
- Si usted se dedica a la obra del Señor Jesucristo, perderá de inmediato su trabajo y el respaldo de aquellos con quienes trabajaba. La sombra negra de su pecado lo acompañará por todas partes . . . y para siempre. El perdón no la borrará.
- Otros verán su caída como licencia para hacer lo mismo.
- La paz interior que gozaba habrá desaparecido.
- Usted nunca podrá borrar de su mente (ni de la de otros) lo sucedido. El hecho quedará grabado indeleblemente en el historial de su vida, aunque después haya vuelto a su cordura.
- El nombre de Jesucristo, a quien una vez usted dio honor, quedará manchado, dándole a los enemigos de la fe más razón para burlarse y ridiculizar.

LA MONSTRUOSIDAD DE UNA RELACIÓN SEXUAL fuera del matrimonio es que los que la tienen están tratando de aislar un tipo de unión (la sexual) de toda otra clase de relaciones que se supone que deben acompañarla y hacerla una unión total. La postura bíblica al respecto no quiere decir que haya algo malo con el placer sexual, así como tampoco lo hay en cuanto al placer de comer. Lo que quiere decir es que uno no debe aislar ese placer y tratar de lograrlo por si mismo, así como tampoco uno debería disfrutar de los placeres de saborear sin tragar y digerir, masticando las cosas y escupiéndolas.

—C. S. Lewis, *Mere Christianity*

ADVERSIDAD

(Ver también *Dolor, Pruebas, Sufrimiento*)

DÍAS DIFÍCILES. Todos los tenemos. Algunos son peores que otros. Como aquel en que un empleado informó en un formulario de accidentes de trabajo cuando trató de ayudar:

Cuando llegué al edificio encontré que el huracán había arrancando varios ladrillos del techo. Así que instalé una polea en la parte superior del edificio y subí un par de barriles llenos de ladrillos. Cuando acabé de reparar el sector dañado, me sobró una buena cantidad de ladrillos. Así que me fui abajo y empecé a soltar la cuerda. Por desdicha, el barril lleno de ladrillos pesaba más que yo, y antes que me diera cuenta el barril empezó a descender, tirándome hacia arriba.

Decidí no soltar la cuerda porque ya estaba demasiado alto como para saltar al suelo, y a medio camino tuve un encontronazo con el barril lleno de ladrillos que descendía a toda velocidad. El golpe me dislocó el hombro. Continué mi subida vertiginosa hasta la parte de arriba, en donde me golpeé la cabeza contra la viga y la polea me remordió los dedos. Cuando el barril golpeó contra el suelo se desfondó, con lo que los ladrillos se desparramaron.

Ahora yo pesaba más que el barril, así que empecé de nuevo a bajar cada vez más rápido. A medio camino el barril vacío me encontró de nuevo, y me lesionó seriamente ambas piernas. Cuando llegué a tierra, caí sobre el montón de ladrillos desparramados, los que me produjeron cortes profundos y lesiones serias. Solté la cuerda. El barril descendió a toda velocidad, cayéndome sobre la cabeza y enviándome al hospital.

Respetuosamente solicito permiso por enfermedad.

—Michael Green, *Illustrations for Biblical Preaching*

———————————

LA ADVERSIDAD ES DIFÍCIL PARA EL HOMBRE; pero por cada persona que puede vérsela con la prosperidad, hay cien que pueden vérselas con la adversidad.

—Thomas Carlyle

———————————

HAY UN TIPO DE PINO MUY INUSUAL que se encuentra en gran cantidad en el Parque Nacional Yellowstone. Las piñas de este pino pueden colgar de los árboles por años y años, e incluso cuando caen no se abren. Estas piñas sólo pueden abrirse cuando entran en contacto con fuego intenso. Pero Dios tuvo un propósito al diseñarlas de esta forma. Cuando un incendio forestal arrasa con el parque y los bosques, todos los árboles quedan destruidos. Al mismo tiempo, sin embargo, el calor del incendio abre las piñas de los pinos, y estos árboles a menudo son los primeros en resurgir en la zona afectada por el incendio.

—Benjamin Browne, *Illustrations for Preaching*

UN NÁUFRAGO LOGRÓ LLEGAR a una isla inhabitada. Con mucho esfuerzo construyó una choza para protegerse y guardar las pocas cosas que había conseguido rescatar. Desde allí, contemplaba, constantemente y en oración, el horizonte con la esperanza de que un barco se asomara. Al regresar una tarde, luego de haber salido a buscar algo para comer, se encontró con que su choza estaba completamente envuelta en llamas. No obstante por la misericordia divina esta terrible tragedia se tornó en una gran ventaja. Temprano a la mañana siguiente, al despertar, vio un barco anclado a poca distancia de la isla. Cuando el capitán se acercó a la playa explicó: "Vimos tu señal de humo y vinimos." Todo lo que el errante náufrago poseía tuvo que destruirse antes de que pudiera ser rescatado.

—Walter A. Maier, *Decision* magazine

LA EXPERIENCIA de Jill Kinmont fue tema de la película *The Other Side of the Mountain* (El Otro Lado de la Montaña). Ella era una gran atleta, candidata a las olimpiadas, pero un accidente de esquí la dejó paralítica. Incapaz de hacerle frente a la tragedia, su prometido no quiso casarse con ella. Luego un nuevo amor llegó a su vida, pero él murió en un accidente aéreo. El relato no tiene un final feliz. Muchas cosas en la vida terminan así.

En esos días cuando la vida es especialmente dura, piense en estas palabras:

El Valle de la Visión

Señor, supremo y santo, manso y humilde,
Tú me has traído al valle de la visión,
    en donde vivo en las profundidades pero te veo en las alturas;
    rodeado de montañas de pecado contemplo tu gloria.

Hazme aprender por medio de esta paradoja
    que el camino hacia abajo es el camino hacia arriba,
    que ser humilde es ser supremo,
    que el corazón quebrantado es el corazón sanado,
    que el espíritu contrito es el espíritu que se regocija,
    que el alma arrepentida es el alma victoriosa,
    que no tener nada es poseerlo todo,
Que llevar la cruz es ponerse la corona,
Que dar es recibir
Que el valle es el lugar de visión.
Señor, durante el día las estrellas se pueden ver desde los pozos
    más profundos,
Y cuanto más profundos los pozos más brillan las estrellas;
    Permíteme encontrar tu luz en mi oscuridad,
    tu vida en mi muerte,
    tu gozo en mi tristeza,
    tu gracia en mi pecado,
    tus riquezas en mi pobreza,
    tu gloria en mi valle.

—Arthur Bennett, *Valley of Vision*

Si Dios prometiera a sus siervos prosperidad ininterrumpida, habría muchos cristianos falsificados. No se sorprenda cuando llegue la hambruna . . . se le permite arraigarlo más hondo tal como un torbellino hace que el árbol hunda sus raíces más profundo en el suelo.

—F. B. Meyer, *Abraham*

Cuando el mar abierto ruge, no es tiempo para cambiar de barco.

—Leon Morris, *First Corinthians*

_____

AFÁN

(Ver también *Ansiedad, Estrés, Temor*)

NUNCA HE VISTO una lápida que diga: "Se murió de ansiedad." Pero algunas deberían decir eso. Cuántas enfermedades están conectadas directamente con nuestras ansiedades, nuestras preocupaciones, tratando de asumir la responsabilidad que fue diseñada para que Dios la manejara. Si usted no puede manejarlo, ¿por qué está tratando de manejarla? Si usted no puede cambiarlo, ¿por qué se preocupa? Pero lo hacemos, ¿verdad?

Es más, tengo una amiga que se preocupa cuando no tiene algo de qué preocuparse. Ella tiene que tener esa seguridad. Pienso que lleva una lista mental de esas áreas reservadas, que cuando se le acaban las conscientes, echa mano al inconsciente. Y simplemente las saca, tal como munición en una ametralladora, simplemente para dispararlas en su vida.

_____

Corrie Ten Boom, por los dos últimos años de su vida estuvo en nuestra congregación en Fullerton, California. Fue una maravillosa experiencia tener a esta santa en nuestro medio durante ese período extenso de tiempo mientras, de manera literal, la vimos morir. Ella dijo en una ocasión: "El afán no vacía al mañana de las tristezas; vacía al hoy de su fuerza."

_____

UNA MUJER SE PREOCUPÓ por cuarenta años de que podía morirse de cáncer. Finalmente se murió de neumonía a los 70 años. Desperdició treinta y tres años preocupándose por el asunto equivocado.

—John Haggai, *How to Win Over Worry*

_____

EL QUE NO ES ESQUIZOFRÉNICO en estos días no está pensando con claridad.

—Revista *LIFE*, enero de 1981

_____

AFLICCIÓN

(Ver también *Muerte*)

EL DR. R. A. TORREY, fundador del Instituto Bíblico de Los Ángeles, perdió a su hija de doce años en un accidente. El funeral fue en un día lluvioso. Estuvieron junto a la fosa en la tierra, rodeados de seres queridos. Estaba gris y tétrico. La Sra. Torrey le dijo a su esposo: "Me alegro de que Elizabeth no esté en esa caja." Su aflicción fue con ellos a casa esa noche cuando trataban de dormir.

El Dr. Torrey se levantó por la mañana y salió a caminar. Una oleada de aflicción cayó sobre él de nuevo, la soledad de la ausencia de la hija, el terrible sentimiento de saber que nunca volvería a oír su risa, que nunca volvería a ver su cara, que nunca la vería crecer. No pudo aguantarlo. Se apoyó contra un poste y miró hacia arriba y empezó a orar. Esto es lo que experimentó: "Y justo en ese momento la fuente, el Espíritu Santo, a quien había tenido en mi corazón, irrumpió con tanto poder como pienso que nunca antes lo había experimentado. ¡Fue el momento más gozoso que jamás había conocido en mi vida! Fue algo glorioso e inexplicable tener dentro de uno una fuente que está siempre brotando, brotando, brotando, brotando siempre 365 días cada año, brotando bajo toda circunstancia."

—Michael Green, *Illustrations for Biblical Preaching*

_____

ESTABA SENTADO, destrozado por la aflicción. Alguien vino y me habló de los tratos de Dios, de por qué sucedió, de la esperanza más allá del sepulcro. Él habló constantemente, dijo cosas que yo sabía que eran verdad.

No me conmovió, excepto para desear que se fuera. Finalmente lo hizo.

Otro vino, y se sentó a mi lado. No dijo nada. No hizo preguntas abiertas. Sólo se sentó junto a mí por una hora o más, escuchó cuando yo dije algo, dio una respuesta breve, elevó una oración sencilla, y se fue.

Quedé conmovido. Recibí consuelo. Detesté que se fuera.

—Joseph Bayly, *The Last Thing We Talk About*

_____

La Biblia nunca condena la aflicción. Las lágrimas son valiosas. Son los mecanismos de alivio dados por Dios.

Hay algunos que toman las lágrimas como no varoniles, insumisas, no cristianas. Nos consuela con un estoicismo helado y santurrón, exigiéndonos que le hagamos frente a los pasajes más agitadores de nuestra historia con un semblante rígido y sin lágrimas. Con tal el espíritu del evangelio, o de la Biblia, tiene poca simpatía. No tenemos simpatía con un sentimentalismo mórbido; pero haremos bien en cuestionar si el hombre que no puede llorar puede realmente amar; porque la tristeza es amor, viudo y afligido; y donde está presente, su expresión más natural son las lágrimas. La religión no viene para hacernos no naturales e inhumanos; sino para purificarnos y ennoblecer todas esas emociones naturales con que ha sido dotada nuestra multiforme naturaleza. Jesús lloró. Pedro lloró. Los convertidos efesios lloraron al cuello del apóstol cuya cara nunca volverían a ver. Cristo está junto a cada uno que llora, diciendo: "Llora, hijo mío; llora, porque yo he llorado."

Las lágrimas alivian al cerebro que arde, como un chubasco de nubes con relámpagos. Las lágrimas descargan la insoportable agonía del corazón, puesto que el desbordamiento reduce la presión del aluvión contra la represa. Las lágrimas son el material del cual el cielo teje su más brillante arco iris.

—F. B. Meyer, *Abraham*

ALABANZA

(Ver *Adoración, Iglesia*)

AMBICIÓN

(Ver también *Éxito, Línea de llegada, Logro, Motivación*)

¿Alguna vez se ha puesto a reflexionar en la dirección de su vida? A veces me gusta preguntar a los alumnos: ¿A dónde estás yendo? Con frecuencia la respuesta es: "A almorzar."

Le pedí a Dios que me diera éxito
En la tarea sublime que me esforzaba por hacer para Él;
Le pedí que los obstáculos se redujeran
Y que mis horas de debilidad fueran menos;
Le pedí escalar alturas distantes y encumbradas;
Y ahora con humildad le agradezco porque fracasé.

Porque con el dolor y la tristeza me vino
Una dosis de ternura en pensamiento y acción;
Y con el fracaso vino una simpatía,
Una perspectiva que el éxito nunca me hubiera dado.
Padre, hubiera sido necio y engreído
Si tú me hubieses concedido mi pedido ciego.

—J. Oswald Sanders, *Robust in Faith*

EL PODER ES UN VENENO, bien conocido por miles de años. Si tan sólo nadie pudiera apropiarse del poder material sobre otros; pero para el ser humano que tiene fe en una fuerza que tiene el dominio sobre todos nosotros, y que por lo tanto está conciente de sus propias limitaciones, el poder no es necesariamente fatal. . . . Pero, sin embargo, para los que no tienen consciencia de un ser superior y más elevado, el poder es un veneno mortal. Para ellos no hay ningún antídoto.

—Aleksandr Solzhenistsyn, *The Gulag Archipelago*

AMISTAD

UNO DE MIS OBJETIVOS en la vida es terminar con ocho hombres que están dispuestos a llevar las agarraderas de mi ataúd.

—Jay Kesler, *Being Holy, Being Human*

Poco después de que Jack Benny murió, entrevistaron a George Burns por televisión. "Jack y yo tuvimos una maravillosa amistad por casi 55 años," dijo Burns. "Jack nunca salió cuando yo entonaba un canto, y yo nunca salí cuando él tocaba el violín. Nos reíamos juntos, tocábamos juntos, trabajábamos juntos y comíamos juntos. Supongo que muchos de esos años hablamos casi todos los días."

———————————

—Alan Loy McGinnis, *The Friendship Factor*

En una caricatura de una revista, un ladrón lleva puesta una de esas máscaras del "Llanero solitario." Apunta con su pistola a su víctima aterrorizada mientras grita: "Pues bien, ¡dame todo lo valioso que tengas!"

———————————

La víctima empieza a meter en el saco a todos sus *amigos*.

La palabra *filadelfia* quiere decir "afecto humano, amor fraternal." Quiere decir ser un amigo afectuoso. Samuel Coleridge compuso un poema titulado "Juventud y edad" con el verso: "La amistad es un árbol de refugio." Esa es una maravillosa imagen verbal. Los amigos son aquellos cuyas vidas son como ramas. Proveen sombra, proveen refugio de los rayos implacables, irritantes y candentes del ardiente sol. Uno puede hallar consuelo en ellos. Uno puede hallar fuerza cerca de ellos. Se parecen a un árbol en que llevan fruto que provee alimentación y estímulo. ¿No es interesante que cuando algo ocurre en la vida y uno está solo, toma el teléfono y llama a algún amigo? Uno quiere conectarse con alguna otra persona. Pocas cosas hacen que se sienta más la soledad que atravesar una súbita prueba o alegría y no tener algún amigo a quien llamar.

———————————

Cuando uno tiene realmente un amigo, descarta el sacrificio personal. Si alguna vez usted ha leído el cuento de Carlos Dickens *Cuento de dos ciudades,* hay una clásica ilustración de Juan 15:13, que de hecho, él cita en su libro.

Los que entablan amistad son Carlos Darnay y Syndey Carton. Darnay es un joven francés al que echan en una pocilga antes de enfrentar la guillotina a la mañana siguiente. Carton es un abogado arruinado que ha acabado con su vida, por así decirlo, como individuo de vida desenfrenada en Inglaterra. Carton oye del encarcelamiento de Darnay y mediante una cadena de eventos llega a la pocilga y cambia de vestidos con Darnay, el cual escapa. A la mañana siguiente Syndey Carton sube los escalones que conducen a la guillotina. Y Dickens dice, al escribir, esto: "Ninguno tiene mayor amor que éste, que uno ponga su vida por sus amigos." Y ese es un ejemplo clásico de lo máximo en amistad.

—Paul Lee Tan, *Encyclopedia de 7,700 Illustrations*

AH, EL CONSUELO—el indecible consuelo de sentirse seguro con una persona,
Sin tener que pesar los pensamientos,
Ni medir las palabras; sino derramarlos
Sin reservas, tal como son,
Paja y grano juntos;
Con la certeza de que una mano fiel
Los tomará y los cernirá,
Guardando lo que vale la pena guardar;
Y con el soplo de la bondad
soplar el resto.

—Dinah Maria Mulock Craik, citado en
Handbook of Preaching Resources from Literature

HENRY LUCE, fundador de la empresa Time-Life, Inc, probablemente influyó en la opinión mundial más que cualquier otro publicista en la historia. . . . Luce con frecuencia recordaba sus años de infancia como hijo de misionero en Shantung, China. En las noches él y su padre salían a dar largas caminatas fuera del plantel, y su padre le hablaba como si fuera adulto. Los problemas de administrar una escuela y las preguntas filosóficas que le ocupaban eran grano apropiado para su molino de conversación. "Él me trataba como si fuera su igual," dice Luce. Su lazo era estrecho porque eran amigos, y tanto padre como hijo crecían por esa relación.

—Alan Loy McGinnis, *The Friendship Factor*

DE LOS HORNOS DE LA GUERRA brotan muchas historias reales de amistad hasta el sacrificio. Uno de esos relatos cuenta de dos amigos en la Primera Guerra Mundial, que eran inseparables. Se enlistaron juntos, fueron juntos al entrenamiento, juntos se embarcaron al extranjero, y lucharon lado a lado en las trincheras. Durante un ataque, uno de ellos quedó mortalmente herido en un campo lleno de obstáculos de alambre de púas, y no pudo arrastrarse para volver a su trinchera. Toda el área estaba bajo un intenso fuego enemigo, y era suicida tratar de llegar a él. Sin embargo su amigo decidió intentarlo. Pero antes de que pudiera salir su trinchera, el sargento lo detuvo y le ordenó que no fuera. "Es demasiado tarde. No le harás ningún bien, y todo lo que conseguirás es que te maten."

Pocos minutos más tarde, el oficial se dedicó a otra cosa, y al instante el hombre se había ido a buscar a su amigo. Algunos minutos más tarde regresó a tropezones, mortalmente herido, con su amigo, ya muerto, en sus brazos. El sargento a la vez se enfureció y quedó profundamente conmovido. "Qué desperdicio," dijo. "Él está muerto y tú estás muriéndote. Simplemente no valía la pena."

Casi con su último aliento, el moribundo respondió: "Ah, sí, lo fue, sargento. Cuando llegué a él, lo único que alcanzó a decir fue: '¡Sabía que vendrías, Jaime!'"

Una de las verdaderas características de un amigo es que está allí cuando hay toda razón para no estarlo, cuando estar allí cuesta hasta el sacrificio. Como Proverbios 17:17 lo dice: "En todo tiempo ama el amigo, Y es como un hermano en tiempo de angustia."

—Gary Inrig, *Quality Friendship*

AMOR

LEÍ DE UN JOVEN que estaba decidido a ganarse el amor de una joven que rehusaba incluso a dirigirle la palabra. Decidió que la forma de ganarse su corazón era por el correo, así que comenzó a escribirle cartas de amor. Todos los días le escribía una carta de amor a esta joven. Seis, siete veces a la semana ella recibía una carta de amor de él. Cuando ella no respondió, él aumentó el número a tres notas cada veinticuatro horas. En total, le escribió más de setecientas cartas. Ella terminó casándose con el cartero.

Donde quiera que miro veo
Realidad o ficción, vida o teatro
El mismo juego de tres:
B y C enamorados de A.

—Jeanne Hendrick, *A Woman for All Seasons*

"Dejar Ir" Requiere Amor

"Dejar ir" no significa dejar de querer, significa que no puedo hacer eso por otra persona.

"Dejar ir" no significa apartarme, es darme cuenta de que no puedo controlar a otro.

"Dejar ir" no es habilitar, sino permitir el aprendizaje debido a las consecuencias naturales.

"Dejar ir" es admitir impotencia, lo cual significa que el resultado no está en mis manos.

"Dejar ir" no es tratar de cambiar o echarle la culpa al otro, es hacer lo más que pueda de mí mismo.

"Dejar ir" no es interesarse en, sino interesarse por.

"Dejar ir" no es arreglar a otro, sino brindar respaldo.

"Dejar ir" no es juzgar, sino permitirle a otro que sea un ser humano.

"Dejar ir" no es estar en medio manipulando todos los resultados, sino permitirles a otros que afecten sus propios destinos.

"Dejar ir" no es proteger, es permitirle a otro encarar la realidad.

"Dejar ir" no es negar, sino aceptar.

"Dejar ir" no es regañar, reprobar o discutir, sino más bien examinar mis propias fallas y corregirlas.

"Dejar ir" no es acomodar todo a mis deseos, sino tomar cada día así como viene, y alegrarme en él.

"Dejar ir" no es criticar y controlar a alguien, sino tratar de llegar a ser lo que sueño que puedo ser.

"Dejar ir" no es lamentar el pasado, sino crecer y vivir para el futuro.

"Dejar ir" es temer menos y amar más.

—Margaret J. Rinck, *Can Christians Love Too Much?*

Si

SI denigro a los que soy llamada a servir, hablo de sus debilidades en contraste tal vez con lo que yo piense que son mis puntos fuertes; si adopto una actitud superior, olvidándome de "¿quién te distingue? ¿o qué tienes que no hayas recibido?" entonces no sé nada del amor del Calvario.

SI me ofendo fácilmente, si me contento en continuar en una enemistad indiferente, aunque la amistad es posible, entonces no sé nada del amor del Calvario.

SI me amargo por los que me condenan, a mí parecer, injustamente, olvidando que si me conocieran como yo me conozco a mi misma me condenarían aún más, entonces no sé nada del amor del Calvario.

—Amy Carmichael, *If*

_____

DEBEMOS SEGUIR ALCANZADO A LAS PERSONAS . . . Después de todo, eso es lo que hace el amor.

El amor tiene un borde en su ropa
Que se arrastra sobre el mismo polvo;
Y puede alcanzar las manchas de las calles y senderos . . .
Y porque puede, debe.

—G. Frederick Owen, *Abraham to the Middle East Crisis*

_____

La chica de Pablo

La chica de Pablo es rica y altanera;
Mi chica es pobre como barro.
La chica de Pablo es joven y hermosa;
Mi chica se parece a una paca de heno.

La chica de Pablo es inteligente e ingeniosa;
Mi chica es tonta pero buena
Pero ¿cambiaría mi chica por la de Pablo?
¡De eso puedes estar seguro!

—David Roper, *The Law That Sets You Free*

_____

Es mejor haber amado y perdido, que nunca haber amado.

—Alfred Lord Tennyson

_____

Constancia

Me diste la llave de tu corazón, mi amor;

Entonces, ¿por qué me hiciste llamar?

¡Ah, eso fue ayer, por todos los santos!

Y anoche, ¡cambié la cerradura!

—John Boyle O'Reily, citado en Kathleen Hoagland, *1,000 Years of Irish Poetry*

_____

Una noche, poco antes de que la estrella de Broadway Mary Martin estaba por hacer su debut en el escenario de la obra *South Pacific*, le entregaron una nota. Era de Oscar Hammerstein, el autor, que en ese mismo momento estaba en su lecho de muerte. La breve nota decía:

"Querida Mary: Una campana no es campana mientras no la tocas. Una canción no es canción mientras no la cantas. El amor que hay en tu corazón no está puesto allí para que se quede. El amor no es amor mientras no lo des."

—James Hewett, *Illustrations Unlimited*

_____

Amor

Te amo,

No solo por lo que eres

Sino por lo que yo soy

Cuando estoy contigo

Te amo,

No solo por lo que

Has hecho de ti misma,

Sino por lo que

Estás haciendo de mí.

Te amo,
Por la parte de mí
Que tú sacas;
Te amo
Por poner tu mano
En mi destrozado corazón
Y pasando por alto
Todo lo necio y lo débil
Que no puedes cambiar
Mirando tenuemente allí,
Y por sacar
A la luz
Todas las bellas pertenencias
Que nadie jamás ha mirado
Lo suficiente como para encontrar.

Te amo porque tú
Estás ayudándome a hacer
De la madera de vida
No una cantina
Sino un templo;
De las obras
De mi día y día
No un reproche
Sino una canción.

—Roy Croft, citado en Hazel Felleman,
The Best Loved Poems of the American People

_____

CHAD era un niño tímido y tranquilo. Un día llegó a casa y le dijo a su madre que quería hacer una tarjeta del Día del Amor para todos sus compañeros de clase. El corazón de ella se hundió, y pensó: "¡Preferiría que no lo hiciera!" porque había visto a los niños cuando regresaban de la escuela. Su querido Chad siempre venía detrás de ellos. Ellos se reían, se abrazaban uno al otro y hablaban entre sí. Pero nunca incluían a Chad. Con todo, ella decidió acceder al pedido de su hijo. Así que compró papel, lápices de colores y pegamento. Por tres semanas, día y noche, Chad cuidadosamente hizo treinta y cinco tarjetas del Día del Amor.

¡Llegó el Día del Amor y Chad rebosaba de emoción! Con cuidado las puso una sobre otra, las colocó en una bolsa, y salió corriendo. Su mama decidió prepararle sus galletas favoritas, para servírselas calientitas con un vaso de leche fría cuando él volviera de la escuela. Estaba segura de que él iba a estar muy desanimado; y talvez las galletas le aliviarían un poco el dolor. Le dolía solo pensar que su hijo no recibiría muchas tarjetas del Día del Amor; tal vez ni una sola.

Esa tarde ella tenía las galletas y la leche listas sobre la mesa. Cuando oyó a los niños afuera se asomó a la ventana. Como siempre, venían riéndose y divirtiéndose. Como siempre, ahí estaba Chad detrás. Caminaba un poco más rápido de lo normal. Ella estaba a la espera de que él se echaría a llorar tan pronto como cruzara la puerta. Él venía con nada en sus manos, notó, y cuando se abrió la puerta ella se tragó las lágrimas.

"Mamá tiene galletas calientitas y leche para ti."

Pero él casi ni oyó las palabras. Simplemente pasó delante de ella, con su cara brillándole, y todo lo que pudo decir fue:

"Ni uno solo . . . ni uno solo."

A ella se le partió el corazón.

Y luego él añadió: "¡No se me olvidó ni uno solo, no me olvidé de nadie!"

—Dale Galloway, *Rebuild Your Life*

_____

El amor verdadero es un esplendido anfitrión.

Hay amor cuya medida es la de un paraguas. Hay amor cuya actitud incluyente es la de una gran marquesina. Hay amor cuya comprensión es tan amplia como el cielo azul. El objetivo del Nuevo Testamento es convertir el paraguas en una tienda de campaña, y unirla con la gloriosa cubierta del ancho cielo . . . Amplía las paredes del amor de familia hasta que incluyan al vecino; amplía una vez más las paredes hasta que incluyan al extraño; amplía las paredes una vez más hasta que incluyan al enemigo.

—John Henry Jowett, *The Epistles of St. Meter*

Manténganse fervientes en el amor. *Ferviente* es una palabra que habla de intensidad y determinación. Es un término del atletismo que significa extenderse para romper la cinta. ¿Ha visto usted a los corredores en la pista? Cuando dan la vuelta por última vez y se acercan a la meta, corren hasta la misma cinta de llegada, y entonces se estiran hacia adelante. Los he visto incluso caerse allí mismo en la pista, porque se extienden para llegar a la cinta antes que los demás competidores. Es la idea de intensidad, de estirarse. Los que participan en salto de longitud, saltan al aire, extienden sus pies hacia delante y, con intensidad, estiran todo músculo de sus cuerpos para alcanzar la mayor distancia que puedan. Lo mismo con los que participan en salto de altura. Se estiran lo más que pueden para alcanzar el límite. Eso es lo que implica la palabra *ferviente*.

———————————

¿Cómo se ve? Tiene manos para ayudar a otros, pies para apresurarse hacia el pobre y necesitado, ojos para ver la desdicha y necesidad, oídos para oír los gemidos y tristezas del hombre. Así es como se ve el amor.

—Agustín

———————————

El calor hace que todas las cosas se expandan. Y el calor del amor siempre hará que se expanda el corazón de una persona.

—Crisóstomo

———————————

AMOR DE DIOS

(Ver también *Dios: amor de*)

———————————

ANSIEDAD

(Ver también *Afán, Estrés, Temor*)

EN EL NORESTE DE LOS Estados Unidos de América el bacalao no solo es delicioso, sino que también provee un gran negocio comercial. Hay un mercado para este tipo de pescado en todo el mundo, pero en especial en las regiones más distantes del noreste de la nación. Pero la demanda presentaba un problema para los productores. Al principio congelaban el bacalao y lo despachaban a otras partes, pero la congelación le quitaba mucho de su sabor. Así que trataron de transportarlos vivos en tanques de agua de mar, pero eso resultó peor. No sólo que costaba más sino que el bacalao seguía perdiendo el sabor y, además, la carne se volvía blanda y fofa. La textura del pescado quedaba afectada seriamente.

Finalmente, una persona creativa resolvió el problema de la manera más innovadora. Ponían al bacalao en el mismo tanque junto a su enemigo natural, el bagre. Desde que el bacalao salía de las costas del este hasta que arribaba al destino occidental más remoto, los temibles bagres perseguían al bacalao dentro del tanque. Y como se puede imaginar, cuando el bacalao llegaba al mercado estaba tan fresco como si acabaran de pescarlo. No perdía nada de su sabor y ni de su textura. Si acaso, era mejor que antes.

—Charles R. Swindoll, *Come Before Winter*

_____

LA PREOCUPACIÓN Y EL TEMOR son siameses. "La ansiedad es un delgado torrente de temor, que corre por la mente. Si se la estimula, abre un canal por el cual drena todos los demás pensamientos."

—Arthur Somers Roche, citado en Bob Philips,
Philip's Book of Great Thoughts and Funny Sayings

_____

LA APREHENSIÓN ESTÁ APENAS un escalón más arriba de la preocupación, pero se siente como si fuera su melliza. Es el sentimiento que le viene a uno cuando la suegra se cae por un precipicio en el Mercedes nuevo de uno.

—Charles R. Swindoll, *Killing Giants, Pulling Thorns*

_____

El Centro Nacional de Ansiedad de Maplewood en Nueva Jersey da una lista de las primeras diez ansiedades en la década de los noventa: (1) sida, (2) drogadicción, (3) desperdicios nucleares, (4) la capa de ozono, (5) el hambre, (6) indigencia (7) déficit, (8) contaminación ambiental, (9) contaminación del agua y (10) basura.

APARIENCIA

(Ver también *Salud*)

Howard G. Hendricks pasó para hablarle a un grupo de hombres en Forest Home, California, y dijo: "Me siento muy a gusto con todos ustedes que están aquí presentes. Nunca había visto tantas cabezas calvas en mi vida." Él se estaba quedando calvo muy rápido. Entonces añadió: "He aprendido que los que son calvos al frente lo son porque son personas pensantes." Todos los calvos que estaban en la primera fila dijeron: "Ah. Así es." Hendricks dijo: "Todos los que son calvos en la parte de atrás de la cabeza, lo son porque son cariñosos. Los que somos calvos por todos lados, pensamos que somos cariñosos."

—Roberto Savage, *Pocket Smiles*

Algunos creyentes tiene las caras tan largas que podrían comer maíz de una botella de refresco. Aunque no esté lloviendo, ellos riegan melancolía.

APATÍA

(Ver también *Autocomplacencia, Indiferencia, Insensibilidad*)

El odio no es lo opuesto de amor; la apatía lo es.

—Rollo May

HACE POCO ALGUIEN PINTÓ este aleccionador grafito en la pared de la biblioteca de una universidad, con grandes letras negras: LA APATÍA REINA.

—William MacDonald, *Chasing the Wind*

CADA VEZ que escucho la palabra *apatía* recuerdo las palabras de un amigo mío que enseñaba en la secundaria lo suficiente como para darse cuenta que no debía estar enseñando en una secundaria. Se le asignó que enseñara un curso lleno, a rebosar, de estudiantes que no querían aprender. Es más, era una de esas clases en las que uno tiene que llegar temprano para lograr sentarse en las últimas bancas. Un par de estos jóvenes llegaron tan tarde que no tuvieron otro remedio que sentarse en la primera fila. No podía importarles menos la materia.

El profesor finalmente se cansó por la apatía de sus alumnos. Tomó un pedazo de tiza, se dirigió al pizarrón y empezó a escribir furiosamente en letras gigantescas: "¡A-P-A-T-Í-A!" La subrayó dos veces, y luego puso el último signo de exclamación con tanta fuerza que rompió la tiza al arrastrarla sobre el pizarrón.

Uno de los alumnos menos aplicados frunció el ceño mientras intentaba leer la palabra. Cuando no pudo pronunciarla, inclinó la cabeza a un lado y empezó a deletrearla, y luego la pronunció mal. Entonces se volvió hacia su compañero y le preguntó en voz baja "¿Qué quiere decir 'a-patía'?" Su amigo le respondió bostezando: "¿Qué importa?"

—Charles R. Swindoll, *Living on the Ragged Edge*

ARREPENTIMIENTO

EL ARREPENTIMIENTO NO ES como la persona que le envió un cheque de $150.00 al Departamento de Impuestos con la nota: "Si no puedo dormir, les enviaré el resto."

—James Hewett, *Illustrations Unlimited*

Hay una línea que no podemos ver
Que cruza cada camino,

La frontera escondida entre
La paciencia de Dios y su ira.

¿Oh, dónde está esa misteriosa frontera
Que atraviesa nuestro camino
Más allá de la cual Dios mismo ha jurado
Que él que la pasa está perdido?

¿Cuán lejos puede uno continuar en el pecado?
¿Cuánto más nos librará la misericordia?
¿Dónde termina la gracia y dónde comienzan
Los confines de la desesperanza?

De los cielos se nos envía una respuesta:
Ustedes que de Dios se apartan,
Mientras el hoy es hoy arrepiéntanse,
Y no endurezcan su corazón.

—Anónimo, citado en William Hendriksen, *Exposition of the Gospel According to Luke*

LA LIBERTAD VERDADERA no se halla sin confesión de nuestros pecados y sin la experiencia del perdón divino.

—Paul Tournier, *The Strong and the Weak*

Penitente

Oh Dios
Me has acorralado en una esquina
Donde no puedo escapar.
Vengo a ti penitentemente
Porque hoy he pecado gravemente.
He traicionado mis más altos ideales.
He sido falso a mis convicciones internas.
Se que te he partido el corazón.

Gracias por tratar conmigo

En lo privado de tu Presencia personal

Porque mi pecado ha sido sólo contra Ti.

Límpiame, Señor.

Cámbiame.

¡El pecado es tan horrendo, tan atroz!

Renuévame hasta que yo sea espiritualmente contagiosa.

—Ruth Harms Calkin, *It Keeps Happening and Happening*

AUTENTICIDAD

(Ver también *Hipocresía*)

RECUERDO ESCUCHAR años atrás a Lorne Sanny de Los Navegantes en una reunión en el plantel de la Academia de la Fuerza Aérea, donde se entrena a los futuros oficiales, y donde hay tanta competición y tanta presión. Uno de los jóvenes que había comenzado un grupo de estudio bíblico tenía mucho que ver con el éxito del mismo, y parecía que todo giraba alrededor de él, mes tras mes. Él persistía en mantener al grupo reuniéndose, animando y motivando a otros a participar. Finalmente el grupo creció, y lo reconocieron como líder del grupo.

En una ocasión, temprano una mañana, mientras Lorne estaba hablando con el grupo sobre la importancia de los devocionales y de pasar tiempo con Dios, él dijo: "Joven (hablándole al líder del grupo), háblanos de tu andar. Dinos qué es lo que mantiene tu corazón ardiente." El joven pestañeó varias veces por entre las lágrimas, miró a su alrededor, y por la presión del momento dijo: "Señor: Yo no paso ningún tiempo con Dios. A decir verdad, yo soy un hipócrita." Y admitió ante todo el grupo que lo único que lo motivaba era simplemente su necesidad de ser reconocido y de que se le considerara un líder, cuando en realidad no había autenticidad que lo respaldara.

CHARLES H. SPURGEON, ministro bautista de Londres, Inglaterra, tenía un pastor amigo, el Dr. Newman Hall, que escribió un libro titulado *Come to Jesus* (Ven a Jesús).

Otro predicador publicó un artículo en el que ridiculizaba a Hall, quien lo soportó con paciencia por un tiempo. Pero cuando el artículo ganó popularidad, Hall tomó asiento y escribió una carta de protesta. Su respuesta estaba llena de ultrajes vengativos que superaban todo lo que contenía el artículo que lo atacaba. Antes de echar la carta en el correo, Hall se la llevó a Spurgeon para que le diera su opinión.

Spurgeon la leyó cuidadosamente, se la devolvió, afirmó que era excelente y que el escritor del artículo de marras se la merecía. "Pero," agregó, "le falta sólo una cosa." Luego de una pausa, Spurgeon continuó: "Debajo de tu firma deberías escribir estas palabras, 'Autor de *Ven a Jesús.*'"
Los dos hombres santos se miraron el uno al otro por un momento. Luego Hall hizo pedazos la carta.

—Leslie B. Flynn, *You Don't Have to Go It Alone*

En uno de mis cumpleaños mi hermana me regaló una máscara de hule que cubría toda la cara . . . una de esas que uno se embute por la cabeza. Me dijo que me daría diez dólares si me la ponía un domingo para predicar (mis hijos aumentaron la oferta a quince dólares), pero ¡no tuve el valor para hacerlo! Una noche me la puse para una prédica. Sin ninguna explicación pasé al púlpito con la máscara puesta y comencé a hablar en cuanto a ser auténtico. Continué así, articulando mi argumento mientras el auditorio se moría de risa. ¿Por qué? ¿Alguien puede especular? La máscara cancelaba todo lo que yo estaba diciendo, especialmente en cuanto a *ese* tema. Es imposible ser convincente mientras uno lleva una máscara.

Finalmente me la quité y el lugar se tranquilizó casi de inmediato. Tan pronto como me la quité todos captaron el punto. Es gracioso que cuando nos ponemos máscaras *literales* no podemos engañar a nadie. Pero qué fácil es ponerse máscaras invisibles y fingir ante la gente cientos de veces, semana tras semana. ¿Sabía usted que la palabra *hipócrita* proviene de las antiguas obras de teatro griegas? El actor se ponía una máscara grande, que tenía una amplia sonrisa, y decía sus líneas cómicas mientras el público se reía a carcajadas. El actor luego se iba tras bastidores y se ponía una enorme máscara con el ceño fruncido y expresión triste, y volvía para decir líneas trágicas mientras el público gemía y lloraba. ¿Adivine como lo llamaban? *Hipocritos*, uno que lleva una máscara.

—Charles R. Swindoll, *Improving Your Serve*

SE PUEDE HACER UNA GRAN IMPRESIÓN a grandes distancias, pero la realidad se puede verificar sólo de cerca.

—Howard G. Hendricks

_____

SÉ QUIEN TÚ ERES, porque si tú no eres quien eres, entonces eres lo que tú no eres.

—Harry Hein

_____

AUTOCOMPLACENCIA

(Ver también *Apatía, Indiferencia, Insensibilidad*)

UNA DE LAS GRANDES COMPAÑÍAS lecheras capitaliza el hecho de que sus vacas están contentas con su suerte en la vida. Sus astutos anuncios han hecho que se popularice la expresión "vacas contentas." Pero lo que es virtud de una vaca puede ser un vicio en el hombre. El contentamiento, cuando se trata de cosas espirituales, con certeza es un vicio.

El contentamiento en cuanto a los bienes terrenales es marca del santo; el contentamiento con nuestro estado espiritual es una marca de ceguera interna. Uno de los grandes enemigos del creyente es la autocomplacencia religiosa. . . . El cristianismo ortodoxo ha caído a su presente estado bajo debido a la falta de deseo espiritual. Entre los muchos que profesan la fe cristiana, apenas uno de cada mil revela algo de una sed apasionada por Dios.

—A. W. Tozer, *The Root of the Righteous*

_____

EL HOMBRE PROMEDIO se siente cómodo en su autocomplacencia y tan despreocupado como una lepisma en una caja de viejas revistas de asuntos mundiales. El hombre no está haciendo ninguna pregunta, porque sus beneficios sociales del gobierno le dan una falsa seguridad. Este es su problema y su tragedia. El hombre moderno se ha convertido en espectador de los eventos mundiales, observando en su pantalla de televisión sin intervenir. Ve pasar ante sus ojos los acontecimientos ominosos de nuestro tiempo, mientras bebe su cerveza sentado en su mecedora. Parece no darse cuenta de lo que le está sucediendo. No entiende que su mundo está en llamas y que él está a punto de quemarse con él.

—Billy Graham, *World Aflame*

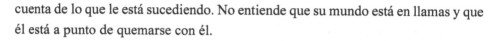

MI ESPOSA, Cynthia, y yo volábamos de regreso desde Portland a Los Ángeles después de una conferencia de pastores. Habíamos llegado a la altitud de vuelo, y apenas estaban empezando a servir la comida, cuando de súbito el avión se inclinó repentinamente. Notamos que las auxiliares de vuelo con rapidez guardaban la comida, e incluso les retiraron las bandejas a los que ya habían servido, y hablaban entre sí en voz baja. Le dije a Cynthia: "Estamos en problemas." Tengo mi manera de notar lo obvio en ocasiones como ésas.

Mientras dábamos la vuelta, la voz del piloto, con hielo corriéndole por las venas, vino por los altoparlantes: "Buenas tardes, damas y caballeros. Tenemos una pequeña dificultad mecánica. Vamos a tener que volver al aeropuerto de Portland. Estaremos allí por unos momentos, y luego volveremos a volar."

Así que llegamos a Portland. Tan pronto como aterrizamos, de inmediato se oyó la voz de la auxiliar de vuelo. Ella no había contestado a ninguna pregunta sino hasta que aterrizamos. Ella dijo: "Presten mucha atención. Tan pronto como nos detengamos, van a oír un sonido. Oirán una campanilla. En ese momento, salgan lo más rápido que puedan por la puerta más cercana que hallen. Algunos tendrán que salir por la puerta de adelante, otros por la de atrás. Algunos tendrán que usar las puertas de emergencia." Entonces, cuando el avión se detuvo, ella dijo: "Hay una amenaza de bomba. No se lleven nada. ¡Afuera!"

¿Creería usted que la gente se puso de pie, y abrió los portamaletas? "¿Es suya esta maleta? ¿Es suyo este portafolio?" ¡Se suponía que debíamos salir! La auxiliar de vuelo repetía: "Hay una amenaza de bomba, damas y caballeros! ¡Salgan del avión!" Pero así y todo la gente se agachaba para sacar de debajo del asiento sus pertenencias. El individuo no quería dejar su portafolio. Es cómico, pero no tomamos en serio las advertencias.

TODO LO QUE SE NECESITA para que triunfe el mal es que los hombres buenos no hagan nada.

—Edmund Burke, citado en *Barlett's Familiar Quotations*

_____

A VECES ES MUY DIFÍCIL leer lo que escribe el filósofo danés Kirkegaard. . . . Pero en la parábola del pato salvaje, por Kirkegaard, hay una ilustración espléndida de cómo el alma declina de sus ideales y se queda satisfecha con normas más bajas. Con sus compañeros el pato volaba en la primavera hacia el norte, cruzando Europa. Durante el vuelo se posó en un granero danés, en donde habían patos domésticos. Se comió algo de su maíz. Se quedó por una hora, luego por un día, después por una semana, y luego por un mes, y finalmente, debido a que le deleitaba la buena comida y la seguridad del granero, se quedó todo el verano. Pero un día de otoño, cuando la bandada de patos salvajes volaba hacia el sur de nuevo, pasaron sobre el granero, y su compañero oyó sus graznidos. Se entusiasmó con el aguijonazo extraño del gozo y deleite, y con gran aleteo se elevó por el aire para unirse a sus viejos compañeros en su vuelo.

Pero halló que su vida en ese lugar lo había hecho demasiado blando y pesado, y no pudo elevarse más allá del techo del granero. Así que volvió a posarse en el granero, y se dijo: "Ah, pues bien, mi vida es segura aquí, y la comida es buena." Cada primavera y otoño, cuando oía el graznido de los patos salvajes, sus ojos se alzaban al cielo por un momento, y empezaba a mover sus alas. Pero llegó por fin el día cuando los patos salvajes volaron por encima de él, y lanzaron sus graznidos, pero él no les prestó la menor atención. ¡Qué parábola de cómo el alma puede olvidar sus altos ideales y normas y contentarse con cosas más bajas!

—Clarence Macartney, *Preaching without Notes*

_____

AUTOESTIMA

(Ver también *Aceptación, Perdón*)

NO SOMOS LO QUE SOMOS. No somos ni siquiera lo que otros piensan que somos. Somos lo que nosotros pensamos que somos.

—James Dobson, *Hide or Seek*

_____

Sɪ ᴛᴜᴠɪᴇʀᴀ ǫᴜᴇ ᴅɪʙᴜᴊᴀʀ ᴜɴᴀ ᴄᴀʀɪᴄᴀᴛᴜʀᴀ que simbolizara a los millones de adultos con baja autoestima, dibujaría a un viajero agachado y agotado. Sobre su hombro pondría el extremo de una cadena de dos kilómetros de largo a la cual estarían sujetas toneladas de chatarra de hierro, llantas viejas y basura de todo tipo. Cada trozo de basura lleva inscritos los detalles de alguna humillación: un fracaso, una vergüenza, un rechazo del pasado. Él podría soltar la cadena y librarse de la carga pesada que le inmoviliza y lo agota, pero de alguna manera está convencido de que debe arrastrarla por toda la vida. . . . Paralizado por su peso, él avanza penosamente hacia delante, abriendo un surco en la buena tierra mientras avanza. Usted puede librarse del peso de la cadena si todo lo que hace es soltarla.

—James Dobson, *Hide or Seek*

Yᴀ ᴇꜱ ᴛɪᴇᴍᴘᴏ ᴅᴇ ꜱᴏʙʀᴀ que declaremos una guerra abierta a los sistemas de valores destructivos. Los sistemas de valores destructivos de nuestra sociedad son: tú debes ser bien, ya sea hermoso o extremadamente inteligente. Si eres lindo o atractivo o si eres muy inteligente, ya has logrado triunfar en esta sociedad. Pero que Dios te ayude si eres tonto y feo. . . . Pienso que ya es tiempo suficiente de que declaremos una guerra a todo eso. . . . Rechazo la noción de que la inferioridad es inevitable. Aunque nuestra tarea es más de difícil para algunos niños que para otros, hay manera de enseñar a un niño su significación genuina independientemente de la forma de su nariz, o el tamaño de sus orejas, o la eficiencia de su mente. Todo niño tiene el derecho de alzar su cabeza, no con arrogancia y orgullo, sino con confianza y seguridad.

—James Dobson, *Hide or Seek*

Cᴜᴀɴᴅᴏ ɴᴜᴇꜱᴛʀᴏꜱ ʜɪᴊᴏꜱ ᴇʀᴀɴ ᴘᴇǫᴜᴇñᴏꜱ, tres de ellos se sentaban en el asiento trasero de nuestro coche, y el menor, Chuck Jr., se sentaba entre Cynthia y yo. Aprendimos que ese era el lugar más seguro para él, porque así podíamos controlar su cuerpo. Un día, mientras íbamos por la calle, dije: "Oigan, hagamos un juego. Pensemos en qué tal si uno pudiera ser cualquier persona en la tierra, ¿quién te gustaría ser?"

Una de las niñas dijo: "A mí me gustaría ser la mujer biónica." Los demás dijeron lo que les gustaría ser, pero Chuck Jr. no dijo ni media palabra. Me detuve en una intersección. Lo miré y le dije: "Chuck, hijo, y a ti, ¿quién te gustaría ser?" "Me gustaría ser yo." "¿Por qué quieres ser tú?" "Me gusta como soy." Vaya, eso sí es bueno. Él estaba más establecido que cualquiera de la familia. Él no quería ser nadie más. A él le gusta quién es. Y, ¿saben qué? Él es el más refrescante de todo el grupo. Él es quien dice que es él.

AUTORIDAD

¡QUEREMOS HÉROES! Queremos que se nos dé la seguridad de que alguien sabe lo que está pasando en este mundo loco. Queremos un padre o una madre en quien apoyarnos. Queremos líderes heroicos y revolucionarios que nos digan lo que hay que hacer hasta el día del rapto. Masajeamos el ego de los demagogos y canonizamos sus opiniones.

—David Gill, revista *Radix*

EN AUSENCIA DEL LIDERAZGO DE LOS PADRES algunos hijos se vuelven en extremo insolentes y desafiantes, en especial en lugares públicos. Quizás el mejor ejemplo de esto es un muchacho de diez años llamado Roberto, que era paciente de mi buen amigo, el Dr. William Slonecker. El Dr. Slonecker y el personal del consultorio de pediatría temían soberanamente el día en que Roberto debía venir para su examen médico. Literalmente arremetía contra la clínica, empuñando los instrumentos, cartapacios y teléfonos. Su madre pasiva todo lo que hacía era limitarse a sacudir su cabeza perpleja.

Durante uno de los exámenes físicos el Dr. Slonecker observó varias caries en los dientes del muchacho y sabía que debía enviarlo al dentista. Pero, ¿a quién le haría tal honor? Enviar al muchacho a ver a algún dentista amigo podría bien significar el fin de la amistad profesional. A la larga decidió enviar al pillastre a un dentista anciano del que se decía que sabía comprender a los chiquillos. La confrontación que siguió se destaca como uno de los momentos clásicos en la historia del conflicto humano.

Roberto llegó al consultorio dental preparado para la batalla.

"Siéntate en esa silla, jovencito," le dijo el dentista.

"¡Ni en sueños!" replicó el muchacho.

"Hijo: te dije que te sentaras en esa silla, y eso es exactamente lo que espero que hagas," le dijo el dentista.

Roberto le clavó la mirada a su oponente por un momento y luego respondió: "Si haces que me suba a esa silla, me quito toda la ropa."

Con toda calma el dentista replicó: "Hijo, quítatela."

El muchacho empezó a quitarse la camisa, la camiseta, los zapatos, los calcetines, y después alzó la vista desafiante.

"Está bien, hijo," siguió el dentista. "Ahora, siéntate en esa silla."

"¿No me oíste?" tartamudeó Roberto. "Te dije que si me hacías sentar en esa silla me voy a quitar toda la ropa."

"Hijo, quítatela," replicó el hombre.

Roberto procedió a quitarse el pantalón y el calzoncillo, y al fin se quedó totalmente desnudo ante el dentista y su ayudante.

"Ahora, siéntate en la silla," le dijo el dentista.

Roberto hizo lo que le dijeron y se quedó quieto y cooperó durante todo el procedimiento. Cuando el dentista terminó de taladrar y de rellenar las caries, le dijo que ya podía bajarse de la silla.

"Quiero mi ropa," dijo Roberto.

"Lo lamento," respondió el dentista. "Dile a tu mamá que vamos a guardar aquí tus ropas hasta mañana. Ella puede venir mañana a recogerlas."

¿Puede usted comprender la sorpresa de la madre de Roberto cuando se abrió la puerta de la sala de espera, y allí apareció su hijo, desnudo tal como había venido al mundo? La sala estaba llena de pacientes, así que Roberto y su mamá se escabulleron lo más rápido posible al pasillo. Bajaron por el ascensor, y luego al lote de estacionamiento, tratando de ignorar las risas burlonas de los que los veían.

Al día siguiente la madre de Roberto volvió para recoger las ropas del muchacho, y pidió hablar con el dentista. Sin embargo, no venía a protestar. Esto fue lo que dijo ella: "No sé cómo expresarle lo mucho que aprecio lo que ocurrió ayer aquí. ¿Sabe una cosa? Roberto ha estado chantajeándome por años con eso de quitarse la ropa. Cada vez que estábamos en algún lugar público, como por ejemplo el supermercado, se empecina en exigencias irrazonables. Si no le compro de inmediato lo que se le antoja, me amenaza con quitarse la ropa. Usted es la primera persona que le ha hecho frente a sus bravatas, doctor, ¡y el impacto en Roberto ha sido increíble!"

—James Dobson, *Straight Talk to Men and Their Wives*

Se ha dicho de Guillermo Carey, misionero en la India: "Él ha dominado el feliz arte de gobernar y supervisar a otros sin imponer su autoridad, o que otros sientan que se someten; todo lo hace sin la menor apariencia de hacerlo a propósito."

—Charles R. Swindoll, *Living on the Ragged Edge*

AVENTURA

(Ver también *Viaje*)

Había pasado mucho tiempo desde que Horace Walpole sonrió. Demasiado tiempo. La vida para él se había vuelto gris, como el deprimente clima de la vieja Inglaterra. Luego, en un lóbrego día de invierno de 1754, mientras leía un cuento de hadas persa, volvió su sonrisa. Le escribió a su viejo amigo, Horace Mann, contándole "el enfoque entusiasta a la vida" que había descubierto en ese cuento de hadas . . . y cómo eso lo había liberado de su oscura prisión de melancolía.

El viejo cuento habla de tres princesas de la isla de Ceilán que salieron en busca de grandes tesoros. Nunca hallaron lo que buscaban, pero en el camino, en forma continua, las sorprendieron encantos que nunca habían esperado. Mientras buscaban una cosa, encontraron otra.

El nombre original de Ceilán era Serendip, lo que explica el título del cuento: "Las Tres Princesas de Serendip." Partiendo de eso, Walpole acuñó en inglés la palabra serendipia. Desde entonces, sus experiencias más significativas y valiosas fueron las que le sucedieron cuando menos las esperaba.

—Charles R. Swindoll, *The Finishing Touch*

Tal vez sea tiempo para hacer unos cuantos nuevos descubrimientos. Larry Walters los hizo. El camionero de treinta y tres años de edad había pasado sin hacer absolutamente nada, semana tras semana, hasta que el aburrimiento lo colmó. Eso fue a mediados de 1982. Decidió que estaba harto, y que lo que necesitaba era una aventura. Así fue que el 2 de julio de ese año, ató cuarenta y dos globos llenos de helio a una silla de jardín y se elevó desde la ciudad de San Pedro. Armado con una escopeta de perdigones para hacer explotar globos en caso de que volara muy alto, Walter se sorprendió al superar los 5000 metros de altura en forma más bien rápida. Él no era el único volando a esa altura. Varios pilotos atónitos informaron a las autoridades aeronáuticas que estaban viendo "a un tipo flotando por el aire en una silla de jardín."

Finalmente, Walter tuvo el suficiente sentido común como para empezar a hacer explotar unos cuantos globos, lo que le permitió aterrizar a salvo en Long Beach, California, unos cuarenta y cinco minutos más tarde. La extravagante hazaña le llevó a aparecer en un anuncio de relojes Timex y una invitación a *The Tonight Show,* programa nocturno popular de televisión en los Estados Unidos de América. A la larga abandonó su trabajo y se dedicó a dar conferencias motivadoras. Cuando le preguntaban por qué decidió hacer algo tan extravagante, Walters por lo general respondía lo mismo: "La gente me pregunta si intentaba matarme. Yo les digo que no; solo era que tenía que hacer algo. . . No podía quedarme simplemente sentado."

—Charles R. Swindoll, *The Finishing Touch*

BAUTISMO

PALABRAS QUE Philip Henry, padre de Matthew Henry, escribió para sus hijos y que llegaron a ser su declaración bautismal:

> Recibo a Dios como mi fin principal y bien supremo.
> Recibo a Dios como mi príncipe y Salvador.
> Recibo a Dios Espíritu Santo para que sea mi santificador,
>   maestro, guía, y consolador.
> Recibo la Palabra de Dios para que sea regla de todas mis
>   acciones
> Y al pueblo de Dios como mi pueblo en toda circunstancia.
> Por lo tanto, dedico y consagro al Señor todo lo que soy,
> Todo lo que tengo,
> Y todo lo que hago.
> Y esto lo hago en forma deliberada y de mi voluntad, y para
>   siempre.

—Charles R. Swindoll, *Growing Deep in the Christian Life*

BIBLIA

(Ver también *Educación, Conocimiento, Libros, Palabra de Dios, Sabiduría*)
EL DICCIONARIO RUSO define a la Biblia como "una colección de leyendas de fantasía sin respaldo científico. Está llena de insinuaciones sombrías, errores históricos, y contradicciones. Sirve como justificación para obtener control y subyugar a naciones ignorantes."

—Glen Wheeler, *1010 Illustrations, Poems and Quotes*

Tu Palabra

Tu Palabra es como un jardín, Señor,
Con flores brillantes y hermosas;
Y todo el que busca puede arrancar
Un ramo precioso allí.
Tu Palabra es como una mina profunda, honda;
Y joyas ricas y raras
Están escondidas en sus insondables profundidades
Para todo el que busca allí.

Tu Palabra es como un guía de estrellas,
Miles de rayos de luz
Se ven para guiar al viajero,
Y alumbrar su camino.
Tu Palabra es como una armería,
Donde soldados pueden reparar,
Y encontrar para la guerra diaria de la vida
Todo el armamento necesario.

Oh, que yo ame tu Palabra preciosa;
Que yo explore la mina;
Que yo sus flores fragantes recoja;
Que su luz me ilumine.
Oh, que yo encuentre mi armamento en ella;
Tu palabra es mi espada confiable,
Aprenderé a luchar contra todo enemigo
La batalla del Señor.

—Edwin Hodder, *Sourcebook of Poetry*

_____

EL EVANGELIO DE JUAN fue escrito en el griego más básico. Martín Lutero dijo: "Nunca leí un libro con palabras más sencillas, y sin embargo son palabras indecibles."

_____

MARTÍN LUTERO quiso hacer dos contribuciones al cristianismo: una Biblia que el creyente pudiera entender y un himnario con el cual pudiera cantar. Él dijo: "Suéltenlos. La llama se esparcirá por cuenta propia."

—Charles R. Swindoll, *Hand Me Another Brick*

BIBLIA: APLICACIÓN

UN BROMISTA ESCRIBIÓ: "Tenemos 35 millones de leyes para hacer cumplir los Diez Mandamientos."

LOS DIEZ MANDAMIENTOS pueden parecer estrechos, pero lo mismo lo son las pistas de aterrizaje de todo el mundo. Sin embargo, a ningún pasajero le agradaría que su piloto yerre la angosta pista y aterricé unos metros fuera del camino en algún potrero, lago o vecindario. La cinta estrecha de pavimento es realmente el camino amplio que conduce a un aterrizaje seguro y confortable. Así es también como la aparente rigidez del Decálogo guía a una vida feliz y satisfecha.

—Leslie Flynn, *Now a Word from Our Creator*

EL DR. RALPH KEIPER PREGUNTÓ: "Si usted naufragara y llegara a una isla y sólo un capítulo de la Biblia lograra flotar hasta la costa, ¿cuál preferiría que fuese?" Cinco personas de veinte dijeron Romanos 8. Charles Hodge denomina a Romanos 8 "la rapsodia de la seguridad cristiana."

LA PALABRA DE DIOS es como un tronco puesto por sobre un lago congelado. Cuando el hielo se derrite, el tronco cae al agua y pasa a ser parte del lago. Las pruebas que vienen a nuestra vida funcionan como el proceso de deshielo. Derriten nuestro corazón y permiten que la Palabra de Dios penetre en nosotros y se transforme en parte de nuestras vidas.

BIBLIA: CONOCIMIENTO

CUANDO ESTUVE HACIENDO el servicio militar en Okinawa, el capellán George Vanderpoel dijo que le daría veinte dólares al que pudiera repetir los Diez Mandamientos palabra por palabra. Nadie pudo. Así que me propuse memorizarlos en caso de que alguna vez lo viera otra vez; y así lo hice. George me sorprendió un día apareciéndose en la iglesia en Fullerton donde yo era pastor, y me hizo la misma oferta. . . . ¿Puede creerlo? ¡No pude recordarlos!

LA PALABRA DE DIOS da clara instrucción tanto en preceptos como en principios. Ejemplos de un precepto serían: no inmoralidad sexual, no pagar mal por mal, orar sin cesar, y dar gracias en todo. Los principios exigen que se use discernimiento. La Biblia no menciona el juego de naipes, cosméticos, películas o tabaco. Cuanto más conocemos de la Palabra de Dios, mejores decisiones podemos tomar. Otro ejemplo de un precepto es la señal de tráfico que dice: "Velocidad Máxima 50 kilómetros." No hay flexibilidad en eso. Pero "Conduzca con cuidado" es un principio, y puede variar de acuerdo a las condiciones de la carretera o el tráfico.

EL DR. LOUIS EVANS, pastor en la Iglesia Presbiteriana de Hollywood, tenía una relación estrecha con su grupo de universitarios. Yo había supervisado a ese grupo y solía invitar al Dr. Evans a hablar porque él sabía el Nuevo y Antiguo Testamento de memoria. Él les presentaba a los alumnos el reto de memorizar versículos, y también dialogaba acerca de los mismos. Les enseñaba cómo estudiar, enseñar, y predicar la Biblia.

En una ocasión en especial, les presentó el reto de memorizar todo el capítulo 15 de 1 Corintios, y al domingo siguiente, cuando predicó en lugar de él su hijo, el Dr. Louis Evans hijo, comenzó su sermón repitiendo de memoria los 58 versículos. Luego predicó sobre su tema.

En otra ocasión, cuando estaba predicando sobre el nacimiento virginal, decidió que después de predicar sobre el tema por tanto tiempo, era mejor que los que no aceptan la Biblia como la Palabra de Dios arranquen de la Biblia esas páginas. Parado allí al púlpito dijo: "Así que si no cree en el nacimiento virginal, arranquen esas páginas." Al decirlo, él arrancó literalmente las páginas de su Biblia y las echó sobre el púlpito. "Si usted no cree que Jesús levantó a Lázaro de los muertos, entonces arranque esas hojas también." Así que él otra vez arrancó las páginas de su Biblia y las echó sobre el púlpito. "Si no cree en la resurrección, arránquelas." Y él volvió a arrancar las páginas, las estrujó, y las lanzó sobre el púlpito. Mientras todas esas hojas caían del púlpito al suelo, dijo: "¿Qué le queda? Todo lo que queda es el Sermón del Monte, el cual tiene valor a menos que un Cristo divino lo haya predicado." Y habiendo hecho esto dijo: "Inclinemos la cabeza para orar."

Tan pronto como él inclinó su cabeza, un hombre se puso de pie en medio de esa congregación adormecida e inmensa, y dijo: "¡No! ¡No! ¡Queremos más! ¡Más!" Luego otro hombre dijo: "¡Sí, queremos más!" Así que Evans tomó su Biblia y predicó por otros cincuenta minutos. Y luego dio la bendición final.

—Henrietta Mears, *The Christian Circle*

_____

BIBLIA: ESTUDIO

EL ESTUDIO DELEITOSO de los Salmos me ha dado una ganancia ilimitada y un placer que siempre crece.

—Charles H. Spurgeon, *Treasury of David*

_____

EL ANTIGUO PACTO ES REVELADO en el Nuevo, y el Nuevo Pacto está velado en el Antiguo.

—Agustín de Hipona

_____

El Antiguo contiene al Nuevo; el Nuevo explica al Antiguo.

—Graham Scroggie

_____

Una señora dijo después de estudiar la vida de Moisés: "Conozco tan bien a Moisés que ni siquiera se parece a Charlton Heston."

_____

> Yo suponía que conocía mi Biblia,
> Leyéndola a pedacitos, al azar.
> Hoy un poco de "Juan" o "Mateo,"
> Después un fragmento de "Génesis."
> Algunos capítulos de "Isaías,"
> Algunos "Salmos;" el veintitrés,
> El capítulo 12 de "Romanos," el capítulo 1 de "Proverbios."
> Sí, pensé que conocía la Biblia.
> Pero hallé que una lectura completa
> Era algo diferente de hacer,
> Y el terreno me parecía desconocido
> Cuando leí la Biblia de tapa a tapa.
> Para los que tratan la Corona de los Escritos
> como no tratan a ningún otro libro:
> Algún párrafo desconectado,
> una ojeada distante e impaciente;
> Prueben un método más digno,
> Prueben un vistazo amplio y consistente;
> Se arrodillarán embelezados
> Cuando lea la Biblia en su totalidad.

—Amos R. Wells, citado en John R. Rice, *Poems that Preach*

_____

Encontrando a Cristo en toda la Biblia

En Génesis	La Simiente de la mujer
En Éxodo	El Cordero Pascual
En Levítico	El Sacrificio Expiatorio
En Números	La Serpiente de Bronce
En Deuteronomio	El Profeta Prometido
En Josué	El Comandante invisible
En Jueces	Mi Libertador
En Rut	El Pariente Redentor
En Samuel – Reyes – Crónicas	El Rey Prometido
En Esdras – Nehemías	El Restaurador de la nación
En Ester	Mi Intercesor
En Job	Mi Redentor
En Salmos	Mi Todo en Todo
En Proverbios	Mi Norma
En Eclesiastés	Mi Objetivo
En Cantar de los Cantares	Mi Amado
En todos los profetas	El Príncipe de Paz que ha de venir
En Mateo	Jesús, Rey de Reyes
En Marcos	Jesús, Siervo del Hombre
En Lucas	Jesús, el Hijo del Hombre
En Juan	Jesús, el Hijo de Dios
En Hechos	Jesús, el que ascendió y comisiona
En las Epístolas	Jesús, el que reside y llena
En Apocalipsis	Jesús, el que regresa y reina

—J. B. Fowler, *Illustrating Great Words*

BIBLIA: IGNORANCIA DE

ALBERT STAUDERMAN dice que una vez él contó en un sermón un viejo chiste que tenía que ver con la ignorancia de la Biblia, en el que alguien pregunta: "¿Qué son las epístolas?" La respuesta que alguien dio fue: "Fueron las esposas de los apóstoles." Albert cuenta que al terminar la reunión una mujer le dijo: "Pastor, yo no entendí el chiste. ¿Si no eran las esposas de los apóstoles, ¿de quién eran entonces?"

—Albert Stauderman, *Let Me Illustrate*

Recibí algunas respuestas graciosas cuando hice una encuesta sobre del libro de Habacuc. Algunas de las respuestas fueron:

- una palabra deletreada de atrás para adelante,
- un día festivo judío,
- una población en Vietnam,
- un juego nuevo,
- una enfermedad que afecta la espalda.

———————————

Oí de una clase de Biblia en la que un creyente nuevo estaba medio perdido. Le comentó a su profesor: "Tengo un problema con Génesis." El profesor comenzó inmediatamente a volcar todo su conocimiento del tema. Todo eso de la autoría de Génesis y la teoría de JEDP, y el concepto de alta crítica propuesta por Wellhausen, y todo lo demás. Luego que terminó, el joven dijo: "Muchas gracias por eso, pero mi problema es que *no encuentro donde está* Génesis."

———————————

BIBLIA: INFALIBILIDAD DE

La marca distintiva de la teología de hoy es una pavorosa ambigüedad. El caos teológico de la teología estadounidense tiene sus raíces en el rechazo de la infalibilidad bíblica. Predicar no es una exposición de convicciones personales. Es la responsabilidad de informar a todo hombre que Dios ha hablado. Salirse de las páginas de las Escrituras es entrar en el desierto de nuestra propia subjetividad. Las Escrituras desempeñan un papel importante en la salvación del hombre. La Biblia es un mapa de orden espiritual provisto divinamente. Contiene la dirección y señales para guiar a una persona a reconciliarse con Dios.

———————————   —Clark Pinnock, *Bibliotheca Sacra*, Octubre a diciembre de 1967

HABÍA UNA VEZ un hombre que pensaba que había muerto. Su preocupada esposa y amigos lo llevaron a ver un psiquiatra amigo del barrio. El médico se propuso curar a este hombre persuadiéndolo de un hecho que contradecía la convicción que el hombre tenía que estar muerto. El psiquiatra decidió usar la verdad sencilla de que los muertos no sangran. Así que puso al hombre a trabajar leyendo libros de medicina, observando autopsias, etc. Después de semanas de terapia, el paciente finalmente dijo: "¡Está bien, está bien! Me ha convencido. Los muertos no sangran." Entonces el psiquiatra le clavó en el brazo una aguja, y la sangre salió. El hombre, bajando la vista con una su cara contorsionada y pálida, gritó: "¡Ay, no! ¡Los muertos sangran de todos modos!"

—Clark Pinnock, *Set Forth Your Case*

BIBLIA: INFLUENCIA DE

Anoche me detuve frente a la puerta del herrero
y oí al yunque resonar las campanadas vespertinas;
Entonces mirando hacia dentro, vi sobre el piso
viejos martillos gastados con años de tiempo de golpear.

"¿Cuántos yunques has tenido," dije,
"para gastar y estropear todos estos martillos así?"
"Sólo uno," dijo él, y entonces con un resplandor en el ojo,
"el yunque que gasta los martillos, como sabes."
Y yo pensé en el yunque de la Palabra de Dios
contra el que por edades los golpes de los escépticos se han
    estrellado.
Y sin embargo, aunque el ruido de los golpes que cayeron se oyó,
el yunque queda sin daño, y los martillos desaparecen.

—John Clifford, citado en W. A. Criswell, *Abiding Hope*

Lo siguiente se halló en la Biblia de Billy Sunday:

Veintinueve años atrás, con la ayuda del Espíritu Santo como mi Guía, entré por el pórtico de Génesis, caminé por la galería de arte del Antiguo Testamento donde se exhiben retratos de Noé, Moisés, José, Isaac, Jacobo y Daniel. Pasé a la sala de conciertos de los Salmos donde el Espíritu mueve el teclado de la naturaleza hasta que parece que toda lengüeta y tubo del gran órgano de Dios responde al arpa de David, el dulce cantor de Israel.

Entré en la cámara de Eclesiastés, en donde se escucha la voz del predicador, y al conservatorio de Sarón y el lirio de los valles donde especies dulces llenaron y perfumaron mi vida.

Entré en la oficina de negocios de Proverbios, y al observatorio de los profetas donde vi telescopios de varios tamaños enfocados en sucesos distantes, concentrados en el Lucero Brillante de la Mañana que se levantaría por sobre los cerros de Judea iluminados a la luz de la luna para nuestra salvación y redención.

Entré a la sala de audiencia del Rey de Reyes, captando la visión escrita por Mateo, Marcos, Lucas y Juan. De ahí, a la sala de correspondencia, donde Pablo, Pedro, Santiago, y Juan escribieron sus Epístolas.

Pasé al salón del trono de Apocalipsis donde la majestad de crestas relucientes sienta al Rey de Reyes sobre su trono de gloria sosteniendo la sanidad de las naciones en su mano. Y exclamé:

¡Todos alaben el poder del nombre de Jesús!
Que los ángeles caigan postrados;
Traigan la diadema real
Y corónenlo Señor de todo.

—W. A. Criswell, *Why I Preach That the Bible Is Literally True*

_____

La Biblia puede cambiar no sólo una vida sino también toda una forma de vida. La mayoría hemos oído del episodio que dio lugar a la película *Motín a bordo;* pero pocos hemos oído del papel vital que la Biblia tuvo en ese hecho histórico. El *Bounty* era un barco inglés que zarpó de Inglaterra en 1787, rumbo a los mares del sur. La idea era que los tripulantes pasaran algún tiempo en las islas, trasplantando árboles frutales y plantas comestibles, y haciendo otras cosas para hacer de algunas de esas islas más habitables. Después de diez meses de viaje, el *Bounty* llegó sin problemas a su destino, y por seis meses los oficiales y la tribulación se entregaron a sus tareas asignadas por el gobierno.

Cuando acabaron con su tarea especial, sin embargo, y se dio la orden de embarcarse de nuevo, los marineros se rebelaron. Habían establecido lazos fuertes con las jóvenes nativas, y el clima y tranquilidad de la vida en las islas del Mar del Sur les gustaba mucho. El resultado fue un motín en el *Bounty,* y los marineros pusieron al capitán Bligh y a unos pocos hombres leales a él, al garete en un bote descubierto. De manera casi milagrosa el capitán Bligh logró sobrevivir la odisea, fue rescatado, y a la larga regresó a Londres para contar su historia. Se lanzó una expedición para castigar a los rebeldes, y a su tiempo capturaron a catorce de ellos, a los que castigaron por su delito bajo las leyes inglesas.

Pero nueve hombres se habían ido a otra isla distante. Allí establecieron una colonia. Quizá nunca haya habido una vida social más degradante y pervertida como las de esa colonia. Aprendieron a destilar licor de una planta autóctona y el licor, como de costumbre, junto con otros hábitos, los llevó a su ruina. Las enfermedades y los asesinatos acabaron con la vida de todos los hombres nativos y todos los hombres ingleses, excepto uno, Alexander Smith. Se halló siendo el único hombre sobreviviente en toda la isla, rodeado de una multitud de mujeres y niños mestizos. Alexander Smith encontró una Biblia entre las posesiones de uno de los marineros muertos. Era un Libro nuevo para él. Nunca antes lo había leído. Él quería que otros tengan parte en los principios de este libro, así enseñaba clases a las mujeres y los niños, leyéndoles, leyéndoles y enseñándoles las Escrituras.

Después de veinte años un barco encontró esa isla, y cuando la halló, descubrieron una utopía en miniatura. La gente vivía en forma decente, en prosperidad, armonía y paz. No había nada de crimen, ni enfermedades, ni inmoralidad, ni locura o analfabetismo. ¿Cómo se logró eso? ¡Al leer, creer, y apropiarse de la verdad de Dios!

—Keith Miller, *Edge of Adventure*

BONDAD

A VECES COSECHAMOS BONDAD porque sembramos un poco de ella. Me gusta de la forma que lo articuló un poeta.

> He llorado en la noche
> Por la falta de visión,

Que me hizo ciego a la necesidad de otro:
Pero nunca todavía
He sentido una punzada de pesar,
Por ser un poco demasiado amable.

—Anónimo, citado en John Lawrence, *Down to Earth*

¿HA OFRECIDO USTED ALGUNA VEZ un acto de bondad y fue como si le hubiera salido el tiro por la culata? Me sucedió a mí en uno de esos raros momentos que intenté demostrar bondad. Estaba en uno de esos autobuses que llevan a los pasajeros al lugar donde se alquilan automóviles en el aeropuerto. Aquel autobús estaba repleto.

Había llegado entre los primeros, y me había sentado directamente detrás del chofer. Noté que entre los que estaban parados con sus maletas había dos o tres mujeres. Pensé: "Esto no está bien. Les ofreceré mi asiento." Así que me paré y le dije a una de ellas: "¿Quisiera . . ." Ella dijo: "¿Qué le pasa?" Le dije: "Nada, le gustaría . . ." "No, estoy bien de pie." Está bien, pues quédese parada, fue lo que pensé.

Ahora bien, no sé lo que fue. Talvez no lo dije como es debido, o tal vez ella era de las que creen que las mujeres no son débiles y que se pueden quedar de pie como cualquier otro. Miré hacia atrás y vi a otra mujer que me miraba. El hombre a mi lado me dijo: "Uno nunca gana." A veces, mostrar un poco de bondad no resulta.

Me gusta la interpretación sencilla pero practica de mi hermana sobre la bondad: Sean amables unos con otros; solo sean amables. Díganse amables unos a otros.

La mejor porción de la vida de un buen hombre,
Sus pequeños, nunca recordados y nunca nombrados
Actos de bondad y amor.

—William Woodsworth

EL ANTIGUO PROFETA Miqueas no es lo que llamaríamos alguien bien conocido. Que pena. Aunque poco conocido, el profeta sabía bien su asunto. Viviendo en la sombra del más famoso Isaías, quien ministró a la clase alta, Miqueas llevó el mensaje de Dios a las calles. . . .

Miqueas dice exactamente lo que muchos, hasta hoy, piensan acerca del agradar a Dios. Los maestros, predicadores y profesores lo han hecho tan sacrificado, tan complicado, tan sumamente difícil. Para ellos, es virtualmente imposible agradar a Dios. Por lo tanto, la religión se ha convertido en una serie de largos, arduos y dolorosos rituales diseñados para apaciguar a una deidad enfadada en los cielos que se deleita en ver que nos retorcemos.

Miqueas borra todo de la lista, reemplazando las posibilidades complicadas con una de las definiciones más sencillas de la fe:

Oh hombre, él te ha declarado lo que es bueno, y qué pide Jehová de ti: solamente hacer justicia, y amar misericordia, y humillarte ante tu Dios (Miqueas 6:8).

Dios no busca exhibiciones grandes o externas. . . . ¿Que se requiere? Deténgase y lea en voz alta la lista: Hacer justicia . . . amar misericordia . . . humillarte ante tu Dios. Punto.

—Charles R. Swindoll, *The Finishing Touch*

EL DR. HARRY EVANS de Trinity College, en Deerfield, Illinois, tiene un letrero en su oficina que dice: "Aquí se habla bondad."

AL ABORDAR GANDHI UN TREN un día, uno de sus zapatos se le cayó y fue a parar sobre la vía. No lo pudo recuperar ya que el tren estaba moviéndose. Para sorpresa de sus compañeros, Gandhi con toda calma se quitó el otro zapato y lo echó a las vías del ferrocarril para que cayera cerca del primer zapato. Cuando otro pasajero le preguntó por qué lo hizo, Gandhi sonrió: "El pobre que encuentre un zapato sobre la vía" dijo, "ahora tendrá un par que puede usar."

—The Little Brown Book of Anecdotes

CAPACIDAD

(Ver también *Talento*)

Las capacidades son como las deducciones tributarias, las usamos o las perdemos.

—Sam Jennings, citado en Lloyd Cory, *Quote Unquote*

El boletín informativo de las escuelas públicas de Springfield, Oregon, publicó un artículo que captó mi atención. Al leerlo me pareció que estaba leyendo una parábola sobre las frustraciones típicas de hoy en los hogares de creyentes y en el cuerpo de Cristo.

Érase una vez cuando los animales decidieron que debían hacer algo significativo para hacerles frente a los problemas del nuevo mundo; así que establecieron una escuela.

Implementaron un programa de actividades que consistía en correr, trepar, nadar y volar. Para hacer más fácil la tarea administrativa, todos los animales debían tomar todas las materias.

El *pato* se destacó en natación; de hecho, era mejor que su instructor; pero a duras penas logró aprobar eso de volar, y su rendimiento para correr fue muy pobre. Puesto que corría despacio, tuvo que abandonar la natación, y quedarse después de clases para practicar las carreras. Esto hizo que sus patas membranosas se estropearan mucho, y eso le hizo rendir apenas como promedio al nadar. Pero un rendimiento regular era aceptable, así que nadie se preocupó por eso; excepto el pato.

El *conejo* empezó a la cabeza de la clase para correr, pero empezó a sufrir espasmos nerviosos en los músculos de las piernas debido al exceso de esfuerzo para nadar.

La *ardilla* era excelente para trepar, pero encontró frustración constante en la clase de vuelo porque su maestro insistía en que despegara del suelo hacia arriba en lugar de descender de la copa de los árboles. Como consecuencia de tanto esfuerzo inaudito, terminó acalambrada y sólo pudo obtener una calificación de buena en eso de trepar y una calificación de regular en las carreras.

El *águila* era como niño problemático, y se la disciplinó severamente por no querer adaptarse. En las clases de trepar les ganaba a todos para llegar a la copa del árbol, pero insistía en usar su propia forma para llegar allí...

La moraleja obvia del relato es sencilla: cada criatura tiene su propio conjunto de capacidades en las que puede sobresalir en forma natural; a menos que se espere de él o se le imponga sujetarse a un molde en el que no encaja. Lo que es verdad en los animales del bosque, es cierto en la familia de creyentes. Dios no nos ha hecho a todos iguales. Está bien que usted sea usted . . . así que relájese. Disfrute de sus propias capacidades, y cultive su propio estilo. Aprecie a los miembros de su familia o congregación por lo que ellos son, aunque su punto de vista o estilo esté a kilómetros de diferencia del suyo. Los conejos no vuelan, las águilas no nadan. Es gracioso ver a un pato tratando de trepar. Las ardillas no tienen plumas. ¡Deje de hacer comparaciones!

—Charles R. Swindoll, *Growing Strong in the Seasons of Life*

ENTRE LAS GRANDES COSAS que no podemos hacer y las cosas pequeñas que no queremos hacer, el peligro es que no haremos absolutamente nada.

CARÁCTER

TODOS LOS NIÑOS DEBEN VIGILAR su propia crianza. Los padres sólo pueden dar buen consejo y ponerlos en los caminos buenos, pero la formación final del carácter de una persona está en sus propias manos.

—John Bartlett, *Bartlett's Familiar Quotations*

NADA RESISTE LA PRUEBA como un carácter sólido. Le permite a uno afrontar las ráfagas (de adversidad) como un buey soporta la ventisca. Quizás se le hielen los cuernos, pero se mantendrá de pie contra el viento y la tormenta que ruge porque Cristo está obrando en su espíritu. El carácter siempre vencerá. Como Horace Greeley escribió: "La fama es un vapor, la popularidad es un accidente, las riquezas se esfuman, y sólo el carácter permanece."

—Charles R. Swindoll, *Hope Again*

PARAFRASEANDO la obra de Ellen Wheeler Wilcox, "The Winds of Fate" (Las Alas del Destino):

> Un barco zarpa hacia el este
> Un barco zarpa hacia el oeste
> Sin que importe para dónde sopla el viento.
> Es la colocación de las velas
> Y no los vientos
> Lo que determina el camino por donde ir.

—Charles R. Swindoll, *Laugh Again*

D. L Moody DIJO: "Carácter es lo que uno es en la oscuridad." Otro comentó: "El verdadero carácter es lo que uno es cuando nadie está mirando, en las cámaras secretas del corazón."

—George Sweeting, *Great Quotes and Illustrations*

UNA VIDA SIN EXAMINAR no vale la pena vivirla.

—Sócrates

Ningún carácter es sencillo a menos que se base en la verdad, y se viva en armonía con la propia conciencia e ideales de uno. La sencillez se destruye por cualquier intento de vivir en armonía con la opinión pública.

La Formación de un Discípulo

Cuando Dios quiere instruir a un hombre,
Entusiasmar a un hombre, y equipar a un hombre,
Cuando Dios quiere moldear a un hombre
Para que haga para él una parte más noble,
Cuando Él desea de todo corazón
Formar a un hombre tan grande e intrépido
Que todo el mundo se asombre,
Entonces, ¡observe los métodos de Dios, contemple sus caminos!
Cómo Él perfecciona implacablemente
A aquel a quien ha elegido majestuosamente;
Como lo golpea y lo hiere,
Y con golpes poderosos lo convierte,
Dándole formas que solo
Dios mismo puede entender,
Aunque el hombre esté llorando,
Alzando su mano que suplica . . .
Dios tuerce pero nunca quiebra
Cuando se propone el bien del hombre;
Cuando Él usa al que elige,
Y con cada propósito Él funde
Al hombre con el hecho, y el hecho con el hombre,
Como cuando Él empezó,
Cuando Dios demuestra su esplendor
¡El hombre descubre qué es lo que Dios se propone!

—Dale Martin Stone, *Sourcebook of Poetry*

El PELIGRO PRINCIPAL de la pantalla de televisión radica no tanto en la conducta que produce sino en la conducta que previene.

—*Christian Medical Society Journal*, 1978

_____

Un CABALLERO es uno que considera los derechos de los demás antes que sus propios sentimientos y los sentimientos de otros antes que sus propios derechos. . . . Uno debe preocuparse más por su carácter que por su reputación. El carácter es lo que uno realmente es. La reputación es sólo lo que la gente piensa que uno es.

—John Wooten, *They Call Me Coach*

_____

Por VARIOS AÑOS serví en el consejo directivo del Seminario Teológico de Dallas junto a Tom Landry, quien fue el entrenador principal de los Dallas Cowboys. En una de nuestras juntas, mientras se trataba del tema de la importancia del carácter de los jóvenes y señoritas que se preparaban para el ministerio, el Sr. Landry se volvió hacia mí y me dijo: "¿Sabes, Chuck? En los Cowboys, cuando buscamos nuevos jugadores, buscamos cinco cosas en los candidatos, y la primera es el carácter." Entonces yo le dije: "Déjame hacerte una pregunta difícil. ¿Qué harías si encontraras a un postulante que es un atleta excelente pero que carece de carácter?" Él respondió: "Chuck, eso es fácil. No lo contratamos."

Él también me mencionó durante el almuerzo algo que nunca olvidaré. Cuando él habla, yo escucho. Él me dijo: "He notado algo y no hay excepción. Cuando alguno de nuestros jugadores se mete en drogas, pierde su carácter. Queda acabado. Es solo cuestión de tiempo."

¿Cómo puede ser que hombres con todo ese talento, dinero y tiempo disponible se metan en drogas? Precisamente porque eso es lo que se necesita: dinero, talento y tiempo.

Y los que proponen iniciarlo a uno en las drogas dicen: "Mira, esto es mejor que cualquier otra cosa que hayas experimentado jamás. Esto cambiará tu vida por completo." Hacen promesas que no pueden cumplir. Terminan arruinando el carácter de uno.

_____

Las promesas se deben cumplir, los trabajos se deben terminar a tiempo, y los compromisos se deben respetar, no por causa de moralidad, sino porque somos lo que hacemos o dejamos de hacer. El carácter de uno es la suma total de todo eso.

—Howard Sparks, citado en Lloyd Cory, *Quote Unquote*

_____

Carácter es la cualidad distintiva que revela conocimiento, sabiduría y entendimiento, lo cual resulta en un caminar digno.

_____

Se puede decir mucho acerca de una persona por la forma en la que trata a los que no pueden hacer nada para él.

_____

Hebert Spencer, el filósofo inglés, escribió: "La gran necesidad y la mejor protección del hombre no es su educación sino su carácter." Mi definición de carácter no es tan elocuente como la de Spencer. Carácter, en mi opinión, es una virtud moral, ética, y espiritual basada en verdad, que lo fortalece a uno en tiempos de tensión y resiste toda tentación a hacer acomodos.

_____

Uno puede adquirir cualquier cosa en privado, excepto carácter.

—Stendhal, novelista francés

_____

La mejor fianza de un hombre es su carácter.

—J. P. Morgan, citado en Warren Wiersbe, *Making Sense of the Ministry*

PHIL DONAHUE, conductor de un programa televisado de opinión, tiene cierta reputación de ser duro con líderes religiosos. Él ha dicho que eso se debe a que les tiene muy poco respeto. Dice que la mayoría harán cualquier cosa por obtener la atención de los medios de comunicación.

Pero en su autobiografía cuenta acerca de una entrevista con un pastor que fue diferente. Esto sucedió cuando Donahue era un reportero novato en la televisión en Ohio, y un día de un crudo invierno lo enviaron a cubrir un desastre minero ocurrido en Virginia Occidental. Se fue por su cuenta en un destartalado coche llevando una mini cámara para filmar la crónica.

Hacía tanto frío cuando llegó al lugar que la cámara no funcionaba. Así que la puso debajo de su abrigo para que se calentara un poco. Mientras tanto, las familias de los mineros atrapados se iban juntando. Eran personas sencillas: mujeres, ancianos y niños. Varios de los hombres atrapados eran padres.

Entonces llegó el pastor local. Era un hombre tosco y curtido, y ni siquiera hablaba muy bien. Pero reunió a todas las familias en un círculo, y se abrazaron mientras él oró por ellos.

Mientras todo esto sucedía, Donahue todavía estaba tratando de hacer funcionar su cámara, y estaba increíblemente frustrado por no poder captar esa conmovedora escena. Finalmente, cuando la oración se acabó, Donahue logró que la cámara funcionara. Así que le dijo al pastor que la cámara ya estaba funcionando, y le preguntó si podía orar otra vez para poder filmarlos para el noticiero de la noche.

Donahue dice que ha estado con las figuras públicas más conocidas del mundo, incluyendo predicadores, y que todos ellos estarían más que dispuestos a volver a repetir la escena a fin de salir en los noticieros.

El sencillo predicador de Virginia Occidental respondió: "Joven, nosotros no oramos para los noticieros. Lo lamento, pero nosotros ya hemos orado, y yo no pienso posar para usted."

Hasta este día Donahue recuerda a ese pastor con gran respeto. Uno no se olvida de alguien con esa clase de carácter, no importa lo que uno sea o crea.

—Jay Kesler, *Being Holy, Being Human*

LA VIDA ES UNA PIEDRA DE ESMERIL. Que nos muela o nos pula depende de lo que uno esté hecho.

—James S. Hewett, *Illustrations Unlimited*

CELO

JUAN KNOX es uno de mis favoritos: Treinta y dos años más joven que Martín Lutero, pero con igual celo. Un libro de historia dijo: "Fue un hombre severo para una era severa en medio de gente violenta." Algunos describen a Lutero como el trueno de la Reforma. Si es así, entonces Juan Knox fue el relámpago. La reina María una vez dijo: "Le temo a su púlpito más que a todos los ejércitos de Inglaterra juntos." Juan Knox pisó el suelo corriendo, tres cuartos de cartílago y el resto hueso. El hombre era un gigante increíble. Llevó el mensaje a Escocia y ellos lo aceptaron con libertad, y con rapidez. Un gracioso dijo: "¿Por qué? Por supuesto los escoceses estuvieron listos para recibirlo. Era gratis, ¿verdad?"

—Herbert Lockyer, *All the Prayers of the Bible*

¿CÓMO SERÁ USTED COMO CREYENTE de aquí a diez años? Muchos estarán andando con Cristo y sirviéndole en varias capacidades por todo el mundo, pero para otros será una tragedia porque a diez años de aquí, habrán perdido su celo ardiente y su amor por Cristo. No necesariamente porque querían hacerlo, o porque dispusieron en su corazón rebelión contra la voluntad de Dios, sino porque determinaron vivir su vida por la agenda del mundo. Entonces Cristo y su gran comisión gradualmente se diluyen.

—Billy Graham, The Urbana Conference, 1984

W. E. SANGSTER de Westminster Central Hall fue, por un tiempo, miembro de un grupo responsable para entrevistar candidatos para el ministerio metodista. Un joven muy nervioso se presentó ante el grupo. El candidato dijo que pensaba que debería explicar que era más bien tímido, y no la persona que alguna vez lograría incendiar el río Támesis, es decir, producir gran revuelo en la ciudad.

"Querido joven hermano," respondió Sangster con perspectiva y sabiduría, "no me interesa saber si puedes incendiar el río Támesis. Lo que quiero saber es esto: si te levanto por el cuello de la camisa y te dejo caer en el río Támesis, ¿chisporroteará?"

CELOS

(Ver también *Envidia*)

HACE VARIOS AÑOS celebré la boda de una pareja a la que no olvidaré nunca. Durante las sesiones de consejería prematrimonial, detecté en el joven una fuerte tendencia a los celos. Se los mencioné, pero ellos lo descartaron como si no fuera importante. Él me aseguró que "solía luchar con eso," pero ya no. Después de su luna de miel, y de los primeros pocos meses de matrimonio, volvieron para conversar conmigo otra vez; ¡y qué diferencia! Ardiendo en cólera, ella dijo: "Este hombre tiene tantos celos que antes que irse al trabajo por la mañana anota la cifra del odómetro de mi carro. Luego, cuando vuelve a casa, a veces incluso antes de entrar, lo verifica de nuevo. Si he conducido unos pocos kilómetros adicionales, me interroga durante la cena." Faltándole confianza y estímulo, ella estaba muriéndose en forma lenta, con tristeza y rabia.

HABÍA UNA VEZ DOS HOMBRES, ambos gravemente enfermos, en una habitación en un hospital. Era un cuarto pequeño; apenas con suficiente espacio para los dos: dos camas, dos mesas de noche, una puerta que daba al pasillo, y una ventana que miraba al mundo.

A uno de los enfermos, como parte de su tratamiento, se le permitía sentarse en la cama por una hora, en la tarde (tenía que ver con drenar el líquido de sus pulmones), y su cama estaba junto a la ventana.

Pero el otro tenía que pasar todo el tiempo acostado de espaldas; y ambos tenían que estar quietos y sin moverse. Por eso pasaban solos en ese cuarto pequeño, y estaban agradecidos por la paz y privacidad; nada del ajetreo, ruidos y ojos fisgones de la sala general.

Por supuesto, una de las desventajas de su condición era que no se les permitía hacer gran cosa: nada de lectura, ni oír la radio, y por supuesto, nada de televisión; simplemente tenían que estar quietos y callados, solos los dos.

Solían hablar hora tras hora. Hablaban de sus esposas, sus hijos, su casa, su trabajo, sus aficiones, su niñez, lo que hicieron durante la guerra, dónde habían ido de vacaciones; de todo. Cada tarde, cuando levantaban al enfermo de la cama junto a la ventana para su hora de tratamiento, él pasaba el tiempo describiéndole al otro lo que veía afuera. El otro empezó a esperar con ansia esa hora.

Al parecer la ventana daba a un parque, con un lago, en donde había patos y cisnes, niños que les echaban pedazos de pan, y botes modelos de vela, jóvenes enamorados que caminaban tomados de la mano por entre los árboles. Y había flores, y prados, juegos de fútbol, gente que se asoleaba, y detrás, al borde de los árboles, una vista preciosa del perfil de la ciudad.

El hombre que yacía de espaldas en la otra cama escuchaba toda la descripción, disfrutando de cada minuto: cómo un niño casi se cae al lago, las hermosas muchachas con sus vestidos de verano, el juego emocionante, o un niño que jugaba con su cachorro. Llegó el momento en que casi podía ver lo que estaba pasado allá afuera.

Una tarde cuando había un desfile, empezó a pensar: ¿Por qué el otro tenía siempre el placer de ver lo que estaba pasando? ¿Por qué no le daban a él la oportunidad?

Se avergonzó de pensar de esa manera, y trató de sacudir de su mente los pensamientos, pero mientras más se esforzaba, más quería que lo cambiaran de lugar. ¡Haría lo que fuera necesario!

En pocos días, el hombre se dejó ganar por la amargura. A él debían ponerlo junto a la ventana. Se amargó, no pudo dormir, y su condición empeoró; lo que ninguno de los médicos pudo entender.

Una noche, mientras estaba despierto mirando el techo, el hombre de junto a la ventana de pronto de despertó, tosiendo y atragantándose, con los fluidos congestionándole los pulmones, mientras sus manos buscaban afanosamente el botón que haría que la enfermera viniera corriendo. El otro se quedó viéndolo, sin moverse.

La tos retumbó en la oscuridad, vez tras vez, atragantándose, hasta que se acabó; y el otro continuó con la vista clavada en el techo.

A la mañana siguiente llegó la enfermera de turno con agua para bañarlos, y halló al otro enfermo muerto. Se llevaron su cuerpo calladamente, sin ninguna alharaca.

Tan pronto como le pareció decente, el hombre preguntó si podían cambiarlo a la cama junto a la ventana. Así lo hicieron, lo acostaron, lo pusieron lo más cómodo que pudieron, y lo dejaron, a solas, con órdenes de que estuviera tranquilo y no se moviera.

Pero tan pronto los enfermeros salieron, el hombre hizo un esfuerzo supremo, se levantó apoyándose sobre un codo, y laboriosamente levantó la cabeza para ver por la ventana. La ventana daba a muro de ladrillos.

—C. W. Target, "The Window" ("La ventana"), en *The Window and Other Essays*

CIELO

(Ver también *Eternidad*)

Piensa en:

Pisar en la orilla, ¡y encontrar el cielo!

Tomar una mano, ¡y hallar que es la mano de Dios!

Respirar un nuevo aire, y hallar que es aire celestial.

Sentirte lleno de vigor, y encontrar que es inmortalidad.

Pasar de tormenta en tormenta a una calma no conocida.

Despertar, y hallarte en tu hogar.

—Hazel Felleman, *Poems That Live Forever*

COMPASIÓN

A OTROS NO LES INTERESARÁ cuánto sabes mientras no sepan cuánto te interesas. Como alguien lo dijo:

Si yo hago sólo mis cosas, y tú haces las tuyas, estamos en peligro de perdernos el uno al otro y ambos. . . . Solamente somos nosotros en pleno sólo en relación el uno al otro; él yo separado del tú se desintegra. Yo no te hallo por casualidad; te hallo mediante una vida activa de tratar de alcanzarte.

—Walter Tubbs, "Beyond Pearls," *Journal of Humanistic Psychology*

A UNA CLASE DE GRIEGO se le dio la tarea de estudiar el relato del Buen Samaritano en Lucas 10:25-37. Estos jóvenes teólogos hicieron un análisis profundo del texto bíblico, observando y comentando todos los términos principales y factores de sintaxis que valía la pena mencionar. Cada alumno tenía que hacer por escrito su propia traducción después de haber hecho el trabajo en su comentario.

Como sucede en la mayoría de clases de idiomas, dos o tres estudiantes se preocuparon más por las implicaciones prácticas de la tarea que por su estímulo intelectual. La mañana en que debían presentar el trabajo, los tres se reunieron y llevaron a cabo un plan para demostrar su punto. Uno se ofreció como voluntario para hacer la parte de la supuesta víctima. Se puso una camisa y pantalones destrozados, lo embadurnaron de lodo, salsa de tomate, y otros ingredientes para en realidad simular sus "heridas," y maquillaron los ojos y la cara que casi ni se reconocía, y luego lo pusieron sobre la hierva junto a una vereda que llevaba de los dormitorios al salón de clase de griego. Mientras los otros dos se escondieron y observaban, él gemía y se retorcía, fingiendo gran dolor.

Ni un solo estudiante se detuvo. Lo esquivaban, pasaban por encima, y le decían cosas diferentes; pero nadie se detuvo para ayudarle. ¿Quisiera usted apostar que su trabajo académico fue impecable, penetrante, y entregado a tiempo?

Este incidente siempre me hace recordar un pasaje bíblico que penetra por debajo de la superficie de nuestras preocupaciones intelectuales. "En esto conocemos lo que es el amor: en que Jesucristo entregó su vida por nosotros. Así también nosotros debemos entregar la vida por nuestros hermanos. Si alguien que posee bienes materiales ve que su hermano está pasando necesidad, y no tiene compasión de él, ¿cómo se puede decir que el amor de Dios habita en él? Queridos hijos, no amemos de palabra ni de labios para afuera, sino con hechos y de verdad" (1 Juan 3:16-17).

—Charles R. Swindoll, *Compassion*

AUNQUE LOS PERSONAJES del cuento *Winnie the Pooh* son imaginarios, podemos vernos nosotros mismos en ellos. Este escenario en particular revela lo insensible que somos a veces.

El osito Winnie está caminando por la orilla del río. Su amigo, el burrito de peluche, de repente aparece flotando en el río . . . de espaldas, como si fuera poco, obviamente preocupado por la posibilidad de ahogarse.

Winnie con toda calma le pregunta al burrito si se ha caído. Tratando de aparecer en completo control, el angustiado burrito contesta: "Qué tonto fui, ¿verdad?" Winnie ni se da cuenta de los ojos suplicantes de su amigo, y comenta que el burrito en realidad debía haber tenido más cuidado.

En mayor necesidad que nunca, el burrito le agradece por el consejo (aunque pensaba que necesitaba acción más que consejo). Casi con un bostezo, el osito comenta: "Pienso que te estás hundiendo." Con eso, como el único indicio de esperanza, el burrito que se estaba ahogando le pregunta a Winnie si le importaría rescatarlo. Así que el oso lo saca del río. El burrito pide disculpas por ser tanta molestia, y el osito, todavía sin preocuparse, y sin embargo siempre cortés, responde: "No seas tonto; deberías haber dicho algo antes."

—Charles R. Swindoll, *Compassion*

_____

ES UNA REGLA BÁSICA que sólo ese amor al prójimo, el cual puede también atraer a la gente a Cristo, es en verdad un reflejo de ese amor a Dios que es su fuente.

Jeremy C. Jackson, *No Other Foundation*

_____

UN ESCOLAR DE PRIMER GRADO llamado Guillermito tenía un compañero llamado Jaime, que perdió a su padre en un accidente de tractor. Guillermito oraba por Jaime todos los días. Un día Guillermito bajaba por las escaleras de la escuela, vio a Jaime, y decidió hablar con él.

"¿Cómo te va?"

"Ah, bien, gracias."

Guillermito continuó: "¿Sabes? He estado orando por ti desde que murió tu papá."

El amiguito se detuvo, miró a Guillermo, le tomó de la mano, y lo llevó detrás del edificio de la escuela. Entonces se abrió.

"¿Sabes? Mentí cuando dije que estoy bien; no estoy bien. Tenemos problemas con las vacas, y los implementos. Mamá no sabe qué hacer. Pero yo no sabía que estabas orando por mí."

Eso lo demuestra, ¿verdad? ¡Cuántos están sufriendo, pero no se sienten libres para decirlo a menos que en forma voluntaria nosotros nos interesamos en ellos!

—Marion Leach Jacobsen, *Crowded Pews and Lonely People*

_____

EN 1945 MARTÍN NIEMOELLER dijo: "Los nazis vinieron primero por los comunistas, y yo no dije nada porque yo no era comunista. Luego vinieron por los judíos, y yo no dije nada porque yo no era judío. Luego vinieron por los miembros del sindicato, y yo no dije nada porque yo no era miembro de ningún sindicato. Luego vinieron por los católico-romanos, y yo era protestante, así que no dije nada. Luego vinieron por mí . . . pero para entonces ya no había nadie que dijera nada por nadie."

—Laurence J. Peter, *Peter's Quotations*

Señor: ¿por qué me dijiste que amara
    a todos los hombres como mis hermanos?
Lo traté, pero vuelvo a ti asustado.
Señor: yo estaba tan en paz en casa,
    establecido tan cómodamente.
Estaba bien aprovisionado, y me sentía tan cómodo.
Estaba solo; estaba en paz.
Protegido del viento y la lluvia, limpio.

—Michael Quoist, citado en William M. Fletcher, *The Second Greatest Commandment*

LA COMPASIÓN NO ES UN PEDANTE visitando los tugurios. Cualquiera puede apaciguar su conciencia con un paseo ocasional para tejer para el hogar de los desvalidos. ¿Alguna vez usted ha hecho un viaje real dentro del corazón roto de un amigo? ¿Ha sentido el gemido del alma, la agonía emocional cruda al rojo vivo? ¿La ha hecho tan suya como la de su vecino que tiene el alma destrozada? Entonces, ¿se ha sentado con él, y ha llorado en silencio? Ese es el principio de la compasión.

—Jess Moody, citado en Lloyd Cory, *Quote Unquote*

EL AUTOBÚS GREYHOUND redujo su velocidad, y luego se detuvo. Era nada más que una gasolinera junto a la carretera, una mecánica y una tienda pequeña. Un joven nativo subió y, después de pagar su pasaje, se sentó detrás de mí.

Era febrero. Viajábamos de Flagstaff, Arizona, a Albuquerque, Nuevo México. La noche era fría. En el calor del autobús el joven cansado pronto se quedó dormido. Pero como después de unos veinte minutos se despertó y se dirigió al conductor para preguntar si nos acercábamos a su destino.

"Lo pasamos hace mucho tiempo," respondió el conductor molesto. Dándose cuenta de que el joven se había pasado del lugar donde debía bajarse, le preguntó colérico: "¿Por qué no te bajaste?"

Los hombros del tímido pasajero cayeron. Se dio la vuelta y regresó a su asiento. Ni siquiera se sentó, y volvió para hablar con el conductor.

"¿Puede detenerse y dejar que me baje?" preguntó. "Volveré caminando."

"¡No! Es demasiado lejos y hace mucho frío. Te congelarás y te morirás. Tendrás que ir hasta Albuquerque, y luego tomar el autobús de regreso."

El desencanto se veía en su caminar mientras regresaba a su asiento.

"¿Te quedaste dormido?" le pregunté.

"Sí, y mi hermana debe estar esperándome allí." Se dejó caer en su asiento detrás de mí.

Yo estaba volviendo a Wisconsin después de haber servido un semestre como maestra voluntaria en una escuela misionera indígena. Esta experiencia me había enseñado las duras condiciones de vida de los nativos en la región; las pequeñas chozas de adobe con piso de tierra, la falta de privacidad en esas diminutas casas de uno o dos cuartos.

La vida de los adolescentes era muy dura. No había lugar para ellos en casa, y sin embargo todavía no estaban listos para volar con sus propias alas.

Mientras tanto, nos acercamos a Albuquerque, una ciudad grande y extraña. Pensé que él debía estarse preguntando lo que debía hacer cuando llegara allá. Me volví a él y le pregunté: "¿Tienes miedo?"

"Sí," dijo él, con un tono de "detesto admitirlo."

"Quédate conmigo," le dije, "y yo te ayudaré a subirte al autobús para que regreses."

Hablé con el conductor. "¿Podría usted hablar con el conductor del autobús de regreso, para que el joven no tenga que pagar pasaje de regreso?"

"Está bien," dijo él, a regañadientes.

"Todo saldrá bien," le dije al muchacho. "No tienes que preocuparte."

Sus ojos dijeron: "¡Gracias!"

Seguimos como por unos diez minutos. Luego una mano me tocó en el hombro. Me volví, y vi a mi joven amigo inclinado hacia mí. Con un tono reverente en la voz me preguntó:

"¿Es usted creyente?"

Olga Wetzel, revista *Eternity*, febrero de 1977

¿Quién puede ministrar mejor a los confinados en silla de ruedas que Joni Eareckson Tada? Yo le había dicho a Joni: "Ni siquiera tienes que hablar. Todo lo que tienes que hacer es hacer rodar tu silla de ruedas hasta el micrófono, sentarte, sonreír, y ya has ministrado." En todas partes donde ella ministra, el lugar está lleno de gente en silla de ruedas. ¿Por qué? Porque ella es una de ellos; y nadie puede consolar mejor a los que están en sillas de ruedas que alguien que ha estado y está allí.

El teléfono timbró en una casa de alta sociedad en Boston. En el otro extremo de la línea había un hijo que acababa de volver de Vietnam y estaba llamando desde California. Sus padres pertenecían al circuito de fiestas, parrandas, borracheras, canje de esposas, apuestas, y todas las cosas que van con todo eso. El joven le dijo a su madre: "Estoy llamando para decirte que quiero llevar a casa a un compañero." Su madre dijo: "Por supuesto, tráelo por unos pocos días." "Pero, mamá, hay algo que tienes que saber de este muchacho. Le falta una pierna, también un brazo, también un ojo, y su cara está muy desfigurada. ¿Te parece bien si lo llevó a casa?"

Su madre dijo: "Tráelo por unos pocos días." El hijo dijo: "No me entendiste, mamá. Quiero llevarlo para que viva con nosotros." La madre empezó a dar toda clase de excusas en cuanto a la vergüenza, y lo que la gente pensaría; y oyó el sonido del teléfono colgado.

Unas pocas horas más tarde la policía llamó de California a Boston. La madre levantó el teléfono de nuevo. El sargento de policía en el otro extremo de la línea dijo: "Acabamos de hallar a un joven con un brazo, una pierna, un ojo, y una cara desfigurada, que acaba de pegarse un tiro en la cabeza. Los papeles de identificación del cadáver dicen que es su hijo."

—Dale E. Galoway, *Rebuild Your Life*

Cuando Dios nos guió a mi esposa, Cynthia, y a mí a cambiar de carrera e ir al seminario, y empezar el ministerio como nuestro servicio vocacional —que era algo a lo que yo había resistido por mucho tiempo— cambiamos toda nuestra vida. Es más, vendimos la casa que acabábamos de comprar en las afueras de Houston, Texas, y nos mudamos a Dallas; en donde no conocíamos, en realidad, a nadie.

Nos acomodamos en un departamento diminuto. Era en realidad un mugrero. Quiero decir, uno de esos lugares donde las ratas corren hasta de día; uno de esos lugares que finalmente las autoridades condenaron. Oí a un amigo decir hace poco: "Cuando nosotros vivíamos allí, no había una cucaracha soltera en el lugar. Todas estaban casadas, y tenían cucarachitas todos los días." Encontrábamos cucarachas por todas partes. Me alegro decirles que de entonces acá, han derribado ese lugar. Pero nosotros no conocíamos a nadie. No teníamos dinero; y es más, teníamos una deuda que debíamos pagar.

Pero sin que lo supiéramos cuando llegamos, había un hombre, en nuestra iglesia original, que se interesó en nuestras vidas. Él es uno de mis grandes héroes del pasado. No lo conocerían si les dijera su nombre. Él se avergonzaría si yo dijera su nombre en público, así que no lo voy a decir. Pero año tras año, él pagó nuestra colegiatura; y no sólo la nuestra, sino la de otros doce o catorce seminaristas que venían de la misma iglesia. Es más, un año nos compró a todos abrigos nuevos para Navidad. Ni una sola vez le he escrito para pedirle ayuda. Él vio la necesidad y la atendió.

UN LÍDER DEBE TENER COMPASIÓN. Nehemías era un hombre así. Alan Redpath escribe esto de Nehemías: "Uno nunca aligera la carga a menos que primero haya sentido la presión en su propia alma. Dios nunca lo usa a uno para dar bendición mientras Dios no le haya abierto a uno los ojos y que uno vea las cosas tal como son." Nehemías fue llamado a edificar la muralla, pero primero lloró por la ruinas.

—Alan Redpath, *Victorious Christian Service: Studies in Nehemiah*

En el comedero de invierno

Sus plumas relampaguearon fugazmente
    en el aire helado,
    el cardenal agazapado
    en el burdo comedero color verde
    pero no comía semillas.
    Por los binoculares vi
    infectado e inútil
    su pico, roto
    desde la raíz.
Entonces dos; uno reluciente, el otro gris,
    volaron en el ventoso aire
    a mi visión
    y se posaron a su lado.
    Sin prisa, como si poseyeran
    la paciencia de Dios,
    rompieron las semillas de girasoles
    y le dieron de comer
    de pico a pico herido
    lo mejor de la semilla.
    Cada mañana y cada tarde
    todo el invierno,
    ese extraño triunvirato,
    esa trinidad de necesidad
    volvieron y comieron
    su sacramento
    de semillas abiertas.

—John Leax, *The Sacrament of the Broken Seed*

_____

CUANDO EL ESCUADRÓN DE DETECTIVES DE NARCÓTICOS hace poco allanó un departamento de lujo en un sector deprimido de la ciudad de Nueva York, encontraron una escena, salida en forma directa, de "La ópera del Mendigo." Todo centímetro cuadrado del departamento largo y oscuro estaba atiborrado de despojos humanos que dormían en el suelo, o estaban acurrucados en las esquinas; tenuemente visibles en el techo había restos de ornamentos alegres de papel, residuos de los días en que el lugar había sido salón de baile. Después de buscar entre el multitud, los detectives arrestaron a seis hombres que tenían agujas hipodérmicas y paquetes de heroína; y también arrestaron al anfitrión de los vagabundos, un hombre amigable, flaco, al que se le acusó de albergar a drogadictos en su departamento.

En la estación de policía, el hombre flaco adujo que en realidad era muy acomodado, pero que había escogido vivir entre los indigentes a fin de darles comida, refugio y ropa. Su puerta, dijo, estaba abierta para todos, incluso para una pequeña minoría de adictos a narcóticos, puesto que él no había sabido que era contra la ley dar de comer y vestir a los drogadictos. Al investigar su relato, la policía halló que el hombre en realidad no era ni vagabundo ni drogadicto. Era John Sargent Cram, un millonario que se había educado en Princeton y Oxford, y cuya familia por largo tiempo se había destacado por su filantropía. Deseando evitar la molestia de la obra de beneficencia organizada, Cram sencillamente se había mudado al lugar, y se había puesto ayudar directamente a los desdichados, a un costo de como $100 o algo así al día. Insistía en no darles dinero a los hombres, según le dijo a la policía, porque todo lo que hacían era gastarlo en licor barato.

En una audiencia posterior, una variedad de testigos habló de la bondad y altruismo de Cram, y se supo que la población que hablaba español en el sector le conocía como "papá Dios." En medio de porras, la corte dejó en libertad a Cram, que parecía el personaje de la ópera, con la promesa de que impediría que los drogadictos vivieran en su local. Más adelante le dijo a los reporteros: "No sé si mi trabajo haga algo de bien, pero tampoco sé que haga algún daño. Me siento muy contento, como saben. Soy cualquier cosa excepto un abatido. Llámenme excéntrico. Llámenlo mi razón de ser. No tengo otra."

—Robert Raines, *Creative Brooding*

—————————

UN HOMBRE DE NEGOCIOS Y SU ESPOSA trabajaban al punto del agotamiento. Estaban comprometidos el uno al otro, a su familia, a su iglesia, a su trabajo y a sus amigos.

Necesitando un descanso, se escaparon en busca de unos pocos días de relajación a un hotel en la playa. Una noche una tempestad violenta azotó la región, y envió olas gigantescas y atronadoras contra la orilla. El hombre se quedó en su cama escuchando y pensando en su propia vida tormentosa de demandas y presiones interminables.

El viento finalmente amainó, y poco antes del amanecer el hombre saltó de su cama, y se fue a dar una caminata por la playa para ver el daño que había causado la tempestad. Al caminar, vio que la playa estaba cubierta con estrellas de mar arrojadas por las olas a la playa, irremediablemente atascadas en la arena. Una vez que el sol de la mañana se abriera paso por entre las nubes, las estrellas de mar se secarían y morirían.

De repente el hombre vio una escena interesante. Un muchacho que también había notado la suerte de las estrellas de mar las estaba recogiendo, una a la vez, y lanzándolas de regreso al océano.

"¿Por qué haces eso?" le preguntó el hombre al muchacho cuando se acercó lo suficiente como para que lo oiga. "¿No puedes ver que una persona nunca logrará hacer gran cosa; jamás lograrás lanzar de nuevo al agua a todas esas estrellas de mar. Simplemente hay demasiadas."

"Sí, es verdad," suspiró el joven mientras se inclinaba y recogía otra estrella de mar y la lanzaba de nuevo al agua. Luego, al ver cómo ella se hundía, miró al hombre, sonrió, y dijo: "Pero para ésa es una gran cosa."

—Denis Waitley, *Seed of Greatness*

Yo tenía hambre
    y ustedes formaron un club de humanidades
    y debatieron sobre mi hambre.
    Gracias.
Yo estaba en la cárcel
    y ustedes se introdujeron de puntillas
    en su capilla en el sótano
    para orar por mi liberación.
Estaba desnudo
    y mentalmente
    ustedes debatieran la moralidad
    de mi aspecto.
Yo estaba enfermo
    y ustedes se arrodillaron y dieron gracias a Dios

por su salud.
Yo estaba sin techo
 y ustedes me predicaron
 sobre el refugio espiritual
 del amor de Dios.
Yo estaba solo
 y ustedes me dejaron solo
 para orar por mí.
Ustedes parecen tan santos;
 tan cerca a Dios.
Pero yo sigo con mucha hambre
 Y solo
 y con frío
 Así que ¿a dónde han ido todas sus oraciones?
 ¿Qué han logrado ellas?
 ¿De qué le sirve a un hombre hojear
 su libro de oraciones cuando el resto del mundo
 clama por ayuda?

—M. Lunn, *1,500 Inspirational Quotes and Illustrations*

PEGGY NOONAN, escritora de discursos para el presidente Ronald Reagan, relata un episodio sobre Frances Green, una anciana de 83 años que vivía sola, con su pensión del Seguro Social, en un pueblo pequeño justo fuera de San Francisco. Tenía muy poco dinero, pero por ocho años había estado enviando un dólar al año a la Convención Nacional Republicana.

Entonces, un día Frances recibió una carta de la CNR solicitando fondos, en hermoso papel grueso, color crema, con letras en oro y negro. Invitaba a la destinataria a ir a la Casa Blanca para hablar con el presidente Ronald Reagan. Ella no notó que la tarjeta de respuesta sugería que una respuesta positiva debía ir acompañada con un generoso donativo. Ella pensaba que la habían invitado porque apreciaban su donativo de un dólar al año.

Frances rebuscó todo centavo que tenía, y tomó el tren por cuatro días para cruzar el país. Puesto que no podía pagar por un coche cama, durmió sentada en su asiento. Por fin llegó a la entrada de la Casa Blanca: una anciana pequeña, de pelo blanco, con la cara empolvada, medias blancas, y un viejo sombrero de velo, y un vestido todo blanco, ya amarillo por la edad. Cuando llegó al centinela y le dijo su nombre, sin embargo, el hombre frunció el ceño, revisó su lista oficial, y le dijo que el nombre no constaba allí. Ella no podía entrar. Frances Green quedó devastada.

Un ejecutivo de la compañía Ford que estaba en línea detrás de ella observó y escuchó la escena. Dándose cuenta de que algo andaba mal, llamó a Frances aparte y le preguntó lo que sucedía. Entonces le pidió que volviera a las nueve a la mañana siguiente para encontrarse con él allí. Ella convino. Mientras tanto, él hizo contacto con Annie Higgins, auxiliar presidencial, y consiguió el permiso para darle a la mujer una gira por la Casa Blanca y presentarla al presidente. Reagan convino en recibirla, "por supuesto."

Al día siguiente las cosas eran todo excepto calmadas y fáciles en la Casa Blanca. Ed Meese acababa de renunciar. Había habido un levantamiento militar en algún país extranjero. Reagan estaba en una reunión de alto nivel secreto tras otra; pero Frances Green se presentó a las nueve en punto, llena de expectativa y entusiasmo.

El ejecutivo se encontró con ella, le dio una gira maravillosa por la Casa Blanca, y luego con calma la llevó a la oficina oval, pensando que, en el mejor de los casos, ella lograría ver de paso al presidente mientras salía. Los miembros del Consejo Nacional de Seguridad salieron. Generales de alto rango iban y venían. En medio de todo el ajetreo, el presidente Reagan alzó la vista y vio a Frances Green. Con una sonrisa, la invitó a su oficina.

Al entrar, se levantó de su escritorio y le habló: "¡Frances! ¡Esas computadoras nos hicieron otra jugada! Si yo hubiera sabido que usted venía, hubiera salido para recibirla yo mismo." La invitó a tomar asiento, y hablaron con entusiasmo sobre California, la ciudad de ella, su vida y su familia.

El presidente de los Estados Unidos de América le dio a Frances Green abundante tiempo ese día; más tiempo del que disponía. Algunos dirían que fue tiempo desperdiciado; pero los que dijeron tal cosa no conocían a Ronald Reagan. Él sabía que la mujer no tenía nada para darle, pero ella necesitaba algo que él podía darle. Así que él (tanto como el ejecutivo de la compañía Ford) dedicó tiempo para ser amable y compasivo.

—Adaptado de Peggy Noonan, *Character Above All*

_____

COMPRENSIÓN

Un ujier de nuestra iglesia que había participado en el conteo de la ofrenda esa mañana vino a verme cuando yo estaba saliendo de la iglesia. Sonreía mientras se acercaba, extendió su mano y dijo: "Tengo algo para usted. Vino en la ofrenda."

Había una nota escrita a mano de un niño que había estado en nuestro culto. Decía:

PARA EL PASTOR CHUCK SWINDOLL:
No pienso que usted me conozca, pero yo si lo conozco. Usted habla muy bien de Jesucristo, y pienso que es muy bueno.
Incluso entiendo lo que usted está diciendo, y así es como debe ser.
¡Lo quiero!

Adivine lo que venía adjunto a la nota. Una paleta de chocolate, envuelta en celofán y lista para disfrutarla.

Donald Barnhouse solía tener un foro abierto en su iglesia en Filadelfia los domingos por la noche. Sólo con un micrófono y la Biblia en la mano respondía a las preguntas de la congregación que por lo general estaba repleta de estudiantes y jóvenes intelectuales, así como también de gente de la iglesia.

Un joven se levantó en el balcón y dijo: "Me gustaría saber cómo los hijos de Israel pudieron andar por el desierto por cuarenta años y sus zapatos nunca se gastaron y su ropa nunca se gastó." Barnhouse lo miró, parpadeó un par de veces, y dijo: "¡Dios!" Él joven arriba dijo: "Ah, ahora entiendo," y se sentó. Barnhouse dijo: "No, no entiendes, hijo. Nadie entiende."

COMUNICACIÓN

(Ver también *Consejo, Habla, Lengua*)

Cuando nuestro hijo Chuck tenía como doce años, le salieron un par de uñeros que tuvimos que hacérselos cortar dos días antes de Navidad. Él tuvo que quedarse acostado con los pies levantados, y con dos de sus dedos de los pies envueltos en gaza, fastidiado por perderse las actividades de navidad. Pensé que no sería malo que armáramos juntos un pequeño auto de control remoto. Eso lo animaría. Así que eso fue lo que le compré.

Dentro de la caja había un folleto más grueso que un Nuevo Testamento, impreso en alguna parte entre Tokio y Otsuki, Japón. El hombre que me lo vendió dijo que armarlo era: "Juego de niños." Se necesitarían tres, o a lo más, cuatro horas para armar el aparato. Había veintinueve pasos para armar ese pequeño auto de control remoto, y después de seis horas, apenas habíamos llegado al paso trece. Sabía que habíamos tenido un "fracaso definitivo en la comunicación." Si la frustración pudiese matar a un vendedor, él ni cuenta se daría de lo que lo golpeó.

———————————

DEBIDO A QUE JESÚS usaba la palabra "reino," los fariseos la sacaron de su contexto y la usaron para acusarlo de tratar de derrocar a Roma. Debemos citar con precisión, o no citar.

———————————

EL TACTO ES UNA DE LAS ARTES PÉRDIDAS del siglo veinte, ¿verdad? Oí de un hombre que carecía de tacto. Era del tipo de persona que simplemente no podía decir las cosas en forma gentil. Él y su esposa tenían un perro de mascota. Querían al perro. Era objeto de su afecto. La esposa hizo un viaje al extranjero, y el primer día llegó a la ciudad de Nueva York. Llamó a casa, y le preguntó a su esposo cómo iban las cosas. Él le dijo: "¡Se murió el perro!" Ella quedó devastada.

Después de recobrar su compostura, ella le dijo: "¿Por qué haces eso? ¿Por qué no puedes usar un poco más de tacto?" Él dijo: "Pues bien, ¿qué quieres que diga? El perro se murió." Ella dijo: "Pues bien, podrías decírmelo en partes. Por ejemplo, podrías decirme cuando te llamo de Nueva York: 'El perro se subió al techo.' Luego, cuando yo llegue a Londres al día siguiente, y te llamé, podrías decirme: 'Cariño, el perro se cayó del techo.' Luego, cuando te llame desde París, podrías haber añadido: 'Corazón, hemos tenido que llevar el perro al veterinario. Es más, está en el hospital, y está muy grave.' Finalmente, cuando te llame desde Roma, podrías decir: 'Cariño, prepárate. El perro ha muerto.' Yo podría aguantar eso."

El esposo hizo una pausa, y dijo: "Ah, ya veo." Entonces ella preguntó: "De paso, ¿cómo está mamá?" Él dijo: "Tu mamá se subió al techo."

—Michael LeBoeuf, *How to Win Customers and Keep Them for Life*

MENSAJES BREVES pueden ser enfáticos. Sucedió en la Segunda Guerra Mundial. Fue dos días antes de la Navidad, en 1944. En un pequeño pueblo llamado Bastonge al sureste de Bélgica, la División 101 Aerotransportada del ejército de los Estados Unidos de América estaba atrapada. La rodeaban tropas nazis. No había escape. Siete días pasaron, y todas las rutas de provisiones habían quedado cortadas, y parecía que era sólo cuestión de tiempo antes de que cayeran. Para entonces el comandante nazi decidió: "Hay que presionar una rendición incondicional." El encargo se le dio al mayor que llevó el mensaje al comandante de mando, el general McAuliffe, que en forma típica estadounidense, le arrebató el papel al alemán, lo miró, y escribió en una palabra la respuesta: "¡NARICES!" Y no se rindieron. Y en efecto, salieron de allí, muchos de ellos con sus vidas.

—Clifton Fadiman, citado en *The Little, Brown Book of Anecdotes*

JORGE RODRÍGUEZ era el bandido más villano y de más malas pulgas de la frontera entre Texas y México. A menudo cruzaba la frontera, asaltaban los bancos del sur de Texas, y les robaba por completo. Antes de que pudieran atraparlo, se escapaba de regreso a México y se escondía. Por mucho que la ley tratara, nunca pudieron atraparlo.

Finalmente los tejanos se cansaron de todo este despropósito y decidieron poner al alguacil más severo de Texas en el caso. Con certeza, eso logró el propósito. Después de apenas unos pocos días de búsqueda, el alguacil halló al bandido en una cantina destartalada y polvorienta al sur de la frontera. Entró corriendo a la cantina, sacó ambas pistolas, y gritó: "Está bien, arriba las manos, Jorge; ¡estás arrestado! Sé que tú tienes el dinero."

De repente un individuo pequeño desde una esquina intervino. "Espere, espere . . . espere un momento, Mister," dijo. "Jorge no habla inglés. El es mi amigo, así que yo puedo traducirte."

El alguacil explicó: "Mira, sabemos que él es el bandido que hemos estado buscando. Sabemos que se ha robado miles y miles de dólares, como un millón de dólares en realidad. Queremos que nos lo devuelva AHORA. Bien sea que él nos lo devuelve, o lo lleno de agujeros. ¡Dile eso!"

"¡Está bien, está bien! Se lo diré. Se lo diré." Así que el hombre pequeño se volvió a Jorge y repitió en español todo lo que el guardia había dicho. El alguacil, sin saber una palabra de español, esperó la respuesta del bandido.

Jorge escuchó, frunció el ceño y entonces respondió en español: "Está bien, me atraparon. Dile que vaya al pozo justo al sur del pueblo, que cuente cuatro piedras desde la boca del pozo, y que saque una piedra suelta. Todo el dinero que he robado está detrás de esa piedra."

Entonces el astuto traductor se volvió al alguacil de Texas y tradujo encogiéndose de hombros: "Jorge dice: 'Adelante, bocón; adelante y dispara, porque no te voy a decir dónde está el dinero.'"

—Charles Swindoll, *Simple Faith*

DANIELITO, DE NUEVE AÑOS, salió corriendo de la clase de Escuela Dominical como potro salvaje. Sus ojos se movían en toda dirección mientras trataba de localizar bien sea a su mamá o a su papá. Finalmente, después de una rápida búsqueda, encontró a su papá y apretándole la pierna le gritó: "¡Vaya, esa historia de Moisés y de toda esa gente que cruzó el Mar Rojo fue grandiosa!" Su padre lo miró, sonrió, y le pidió al niño que se lo contara.

"Pues bien, los israelitas salieron de Egipto, pero el faraón y su ejército los persiguieron. Así que los judíos corrieron lo más rápido que pudieron hasta que llegaron al Mar Rojo. El ejército egipcio se estaba acercando cada vez más. Así que Moisés tomó su intercomunicador, y le pidió a la Fuerza Aérea Israelí que bombardeara a los egipcios. Mientras eso sucedía, la armada israelí construyó un puente de pontones para que el pueblo pudiera cruzar. ¡Lo lograron!"

Para entonces su papá estaba estupefacto. "¿Es *así* como te enseñaron la historia?"

"Pues bien, no; no exactamente," admitió Danielito, "pero si te lo cuento como nos lo dijeron, no lo creerías, papá."

—Harold S. Kushner, *When Bad Things Happen to Good People*

SE NECESITA DE DOS para decir la verdad. Uno que hable y otro que escuche.

—Henry Thoreau

LO QUE SIGUE son citas directas tomadas de formularios de seguros o informes de accidentes. Son las palabras reales de personas que trataron de resumir su encuentro con el problema.

- "Dirigiéndome a casa, entré en la casa equivocada, y choqué con un árbol que no tengo."
- "El otro coche chocó contra el mío, sin dar ningún indicio de sus intenciones."
- "Pensé que había bajado el vidrio, pero hallé que estaba subido cuando saqué mi mano por la ventana."
- "Choqué contra un camión estacionado que venía en sentido contrario."
- "Un camión dio marcha atrás por el parabrisas y le dio a mi esposa en la cara."
- "Un peatón se estrelló contra mí y se metió debajo del coche."
- "El tipo andaba por toda la calle; tuve que esquivarlo varias veces antes de atropellarlo."
- "Me detuve a un lado de la calle, miré a mi suegra, y me dirigí a la zanja."
- "Trataba de matar a una mosca, y me encontré con un poste de teléfonos."
- "Había estado comprando plantas todo el día, y me dirigía a casa. Cuando llegué a una intersección, un helecho se movió oscureciendo mi visión. No vi al otro carro."
- "He estado conduciendo por cuarenta años, entonces me quedé dormido al volante y tuve un accidente."
- "Me dirigía a ver al médico con problemas en la parte posterior cuando la junta universal cedió, y me hizo tener el accidente."
- "Mi carro estaba estacionado legalmente cuando retrocedió contra el otro vehículo."
- "Un carro invisible salió de la nada, chocó contra mi vehículo, y se esfumó."
- "Le dije a la policía que no estaba lesionado, pero al quitarme el sombrero, hallé que tenía una fractura en el cráneo."
- "El peatón no tenía ni idea de la dirección en que iba él, así que lo atropellé."
- "Estaba seguro de que el viejo jamás lograría llegar al otro lado de la calle cuando lo atropellé."
- "Vi al anciano caballero moviéndose lentamente, con la cara triste, mientras rebotaba del capó de mi carro."

- "La causa indirecta de este accidente fue un tipo pequeño en un coche pequeño con una boca grande."
- "Mi carro me lanzó fuera cuando se salió de la carretera. Más tarde me hallaron, en una zanja, unas vacas descarriadas."
- "El poste telefónico se acercaba muy veloz. Intenté quitarme de su camino cuando me chocó por el frente."
- "No pude detenerme a tiempo y mi carro se estrelló contra el otro vehículo. El conductor y el pasajero se fueron de inmediato de vacaciones con heridas."

—Charles R. Swindoll, *Come Before Winter*

ESTABA EN UN SITIO DE HAMBURGUESAS el otro día. Los chicos jugaban, y trajeron papitas fritas para darle de comer a los pájaros. Fue asombroso, porque no había ni un solo pájaro a la vista. Lanzaron una papita frita. ¡Zas! De repente había pájaros por todas partes. Pensé: ¿qué están diciendo? ¿De qué están hablando? Pues bien, están diciendo: "Mira, ahí hay una papita frita. Vamos a comérnosla," como quiera que sea que los pájaros lo dicen. Completamente ininteligible para mí. No pude entender ni jota.

Lo que el graznido de los pájaros es para el oído humano, es la verdad de Dios para el oído de la persona no salvada. No la comprende.

¡NO DESQUICIE el mensaje!

Si lo oí una vez durante la instrucción básica en la Marina, debo de haberlo oído unas cuatro docenas de veces después. Vez tras vez, a nuestro pelotón se le advirtió en contra de oír una cosa, y luego trasmitir una versión con una ligera diferencia. Es decir, cambiar el mensaje alterando el significado es un ápice. Es tan fácil hacerlo, ¿verdad? En especial cuando se filtra a través de varias mentes, y luego se pasa por cada boca. Es asombroso como el relato, informe u orden original aparecen después de que han pasado por varias metamorfosis verbales. Considere lo siguiente.

Un coronel dictó esta directiva a su oficial ejecutivo:

"Mañana, aproximadamente a las 20 horas, el cometa Halley será visible en esta área, acontecimiento que ocurre sólo una vez en cada setenta y cinco años. Haga que los hombres se acuesten en el área del batallón en traje de campaña, y yo les explicaré este raro fenómeno. En caso de lluvia no podremos ver nada, así que reúna a sus hombres en el teatro y les mostraré películas del mismo."

Oficial ejecutivo al comandante de la compañía:

"Por orden del coronel, mañana a las 20 horas, el cometa Halley aparecerá sobre el área del batallón. Si llueve, haga que los hombres se acuesten en traje de campaña; luego que marchen al teatro en donde el raro fenómeno tendrá lugar, algo que ocurre una vez cada setenta y cinco años."

Comandante de la compañía al teniente:

"Por orden del coronel en traje de campaña a las 20 horas mañana por la noche, el fenomenal cometa Halley aparecerá en el teatro. En caso de lluvia en el área de batallón, el coronel dará otra orden, algo que ocurre una vez cada setenta y cinco años."

Teniente a sargento:

"Mañana, a las 20 horas, el coronel, en traje de campaña, aparecerá en el teatro con el cometa Halley, algo que ocurre cada setenta y cinco años. Si llueve, el coronel ordenará que el cometa pase al área del batallón."

Sargento a la tropa:

"Cuando llueva mañana a las 20 horas, el fenomenal general Halley de setenta y cinco años, acompañado por el coronel, pasará con su cometa por el área del batallón en traje de campaña."

—Charles R. Swindoll, *Come Before Winter*

EL DIÁLOGO de Lucas 10 me recuerda de una historia verdadera que oí decir al teólogo Carl F. H. Henry cuando hablaba a un grupo de radiodifusores. El finado Dr. Reinhold Niebuhr decidió poner por escrito su posición teológica, indicando exactamente su posición filosófica, su credo. Siendo el profundo pensador que era (y un poco parlanchín), le llevó muchas hojas de papel para expresarse. Al terminar su obra maestra, se dio cuenta de que necesitaba ser leída y evaluada por una mente mucho más práctica que la suya. Recopiló el material y lo envió a un ministro conocido suyo que tenía una mente práctica y un "corazón" pastoral.

Con gran esfuerzo el ministro sudó tratando de leer las resmas de papel, procurando con desesperación captar el significado. Cuando finalmente terminó, reunió el valor suficiente para escribir una nota breve, y sin embargo absolutamente cándida, en respuesta. Decía:

> Mi querido Dr. Niebuhr:
> Entiendo cada palabra que usted ha escrito, pero no entiendo ni una sola frase.

—Charles R. Swindoll, *Compassion*

———————

DICHOSO ES AQUEL que no tiene nada que decir, y se abstiene de dar evidencia verbal del hecho.

—George Elliot, *Popular Quotations for All Uses*

———————

ESCUCHE LAS CONVERSACIONES de nuestro mundo, tanto entre naciones como entre parejas. En su mayor parte son diálogos de sordos.

—Paul Tournier, *To Understand Each Other*

———————

CONCIENCIA

EL EX AUXILIAR PRESIDENCIAL Jeb Stuart Magruder, comentando sobre el escándalo Watergate, dijo: "Nosotros mismos nos habíamos convencido de pensar que no estábamos haciendo nada malo en realidad, y para cuando hicimos cosas ilegales, habíamos perdido el control. Habíamos pasado de la conducta ética pobre, a actividades ilegales, sin siquiera darnos cuenta." . . . Nuestra conciencia se embotará muy rápido si en forma constante debemos tratar de justificar nuestras acciones.

—Jerry White, *Honesty, Morality, and Conscience*

———————

LA RELIGIÓN DEL DÍA PRESENTE muy a menudo calma la conciencia en lugar de despertarla; y produce un sentido de autosatisfacción y seguridad eterna antes que un sentido de nuestra indignidad.

—Martyn Lloyd Jones

Mi PAPÁ SOLÍA LEERNOS las tiras cómicas a mí y a Andy Gump. Eso era algo así como nuestro tiempo juntos del domingo cuando mi madre me dejaba en casa con papá, para tratar de avergonzarlo por no ir a la iglesia. Nosotros nos divertíamos mucho más de lo que se divertía en la iglesia. Pero eso es otro tema.

Uno de los principales personajes en la tira cómica era un hombre llamado Guillermo. En un episodio, él está echado frente al televisor, con una taza de café sobre su abultado vientre, mientras sacude en su taza las cenizas del cigarro. Le dice a su esposa: "Estás muy callada esta mañana, querida." Ella le contesta: "Guillermo: he decidido dejar que tu conciencia sea tu guía en tu día libre."

En el siguiente cuadro Guillermo está rodeado de la podadora de césped, un azadón y una pala, y frenéticamente lavando las ventanas mientras rezonga: "Cada vez que le presto atención a esa cosa entremetida, acabo arruinando mi tranquilidad."

—Jerry White, *Honesty, Morality, and Conscience*

_____

LA CONCIENCIA ES NUESTRA INTUICIÓN MORAL. Es esa parte de nosotros que juzga nuestro estado. Nos quita nuestra confianza cuando está agria o cuando es mala. Nos quita nuestra seguridad cuando queda manchada. Uno tiene dos armas firmes para la batalla: la fe y una buena conciencia. Sin esas armas nos desbaratamos como una galleta seca que ha estado arrinconada en algún estante por tres o cuatro días. No hay tenacidad. No hay resistencia. Al fin caemos.

_____

"HAZ LO QUE TE DICTE TU CONCIENCIA." ¿Alguna vez ha dicho eso usted? Un momento. A veces eso es confiable; pero mucho depende de la condición de la conciencia. ¿Qué tal si su conciencia está cauterizada?

La conciencia es como una brújula. Si la brújula está defectuosa, muy rápido usted se saldrá de su rumbo. La conciencia recibe las señales de su corazón, el cual puede estar embotado, endurecido, o encallecido. Es más, la conciencia puede ser demasiado sensible o incluso puede enloquecerlo a uno.

El que se ha criado con padres legalistas que usaban la culpa y la vergüenza para manipular a sus hijos, a menudo tiene una conciencia demasiado sensible. Otros tienen conciencias tan tergiversadas y confusas, que necesitan ayuda extensa antes de que puedan empezar a pensar como es debido. A veces se necesita la ayuda de un buen terapista creyente; alguien que pueda ayudar al individuo que tiene una conciencia basada en la vergüenza a entender cómo se han trastornado las cosas. A veces una amistad prolongada ayuda a dar gracia a una conciencia que ha conocido sólo legalismo. Una conciencia legalista no es una guía buena. Una conciencia libertina tampoco es una buena guía, ni tampoco una conciencia encallecida.

———————————

A FIN DE QUE LA CONCIENCIA de uno sea una buena guía, una que el Espíritu Santo puede dirigir, tiene que ser saludable, sensible, y capaz de captar el mensaje y la verdad de Dios.

—Charles R. Swindoll, *Flying Closer to the Flame*

———————————

LA CONCIENCIA NO LE ES DADA AL HOMBRE para instruirlo en lo bueno, sino para estimularlo a escoger lo bueno en lugar de lo malo cuando se le ha instruido en cuanto a lo que es bueno. Le dice al hombre que debe hacer lo bueno, pero no le dice lo que es bueno. Si un hombre ya ha tomado su decisión en cuanto a un cierto curso errado como correcto, mientras más siga a su conciencia más impotente será al hacer el mal.

—H. C. Trumbull, citado en Ray Stedman, *The Birth of the Body*

———————————

¿RECUERDAN el cuento de Edgar Alan Poe: "El corazón chismoso"? El asesino, después de irse a la cama esa noche, no podía dormir, porque seguía oyendo el corazón de la víctima como si latiera en su pecho. En realidad no oía el corazón de su víctima. Lo que oía era su propio corazón; y eso lo mantenía despierto. La culpabilidad finalmente lo llevó a revelar que él era el asesino. El poder de una conciencia culpable.

———————————

A. T. Robertson, notorio erudito bautista de años atrás, enseñó por muchos años en el Seminario Teológico Bautista del Sur en Louisville. Cuando empezó a escribir sobre los libros de la Biblia, escogió en una ocasión la Tercera Carta de Juan que habla de Diótrefes. Diótrefes era un hombre que se autonombró jefe de una iglesia. Con el tiempo, él era el que expulsó a algunos y cernía todo lo que se hacía en la iglesia. Como líder autonombrado, ni siquiera permitía que Juan viniera a hablar como representante de Cristo. Así que Juan le escribió una carta y lo reprendió.

Al escribir acerca de Diótrefes, A. T. Robertson dice esto: "Hace unos cuarenta años escribí un artículo sobre Diótrefes en un periódico denominacional. El editor me dijo que veinticinco diáconos pasaron por su oficina para expresar su resentimiento porque se les había atacado en forma personal en el periódico."

—A. T. Robertson, *Word Pictures in the New Testament,* Vol. 6

CONFIANZA

Una enorme multitud contemplaba al famoso caminador de cuerda floja, Blondín, cruzar las cataratas del Niágara un día en 1860. Las cruzó numerosas veces, en un recorrido de como 300 metros, como a 50 metros sobre las aguas rugientes. No sólo las cruzó; sino que también empujó una carretilla. Un niño pequeño estaba contemplando asombrado. Así que después de completar un cruce, el hombre miró al niño y le dijo: "¿Piensas que puedo llevar en la carretilla a una persona para cruzar la cuerda sin caerme?" "Sí, Señor, en realidad lo creo." El otro dijo: "Pues bien, súbete, hijo."

—Paul Lee Tan, *Encyclopedia of 7,700 Illustrations*

Digamos que un pianista principiante está ensayando un sábado por la tarde en el santuario de la iglesia. De repente Van Cliburn entra por la puerta y escucha al músico que lucha. Le dice: "Yo tengo la capacidad de venir y dar mi talento y genio a los que dependen de mí. Ahora bien, mañana, si quieres tocar para el culto de la iglesia, te prometo que si dependes de mí, yo me sentaré muy cerca de ti, y tú tocarás el piano en forma hermosa." Así que el músico acepta.

El domingo por la mañana él está allí tal como lo prometió. Cuando el pianista toma asiento, se dice a sí mismo: *Ahora mismo voy a depender totalmente del talento de este hombre.* Pero cuando quita sus ojos de Van Cliburn y empieza a pensar: *Todos me están viendo,* la música se desbarata.

El camino de la vida

AL PRINCIPIO veía a Dios como mi observador, mi juez, llevando cuenta de todas las cosas que yo hacía mal, para saber si me merecía el cielo o el infierno cuando muriera. Estaba allí como una especie de presidente.

Pero después cuando encontré a Cristo, parecía como si la vida fuera más bien como montar en bicicleta, pero era una bicicleta para dos personas, y noté que Cristo estaba atrás ayudándome a pedalear.

No sé exactamente cuándo Él sugirió que cambiemos de lugares, pero la vida no ha sido la misma desde entonces. Cuando yo tenía el control, sabía el camino. Era más bien aburrida, pero predecible . . . Era la distancia más corta entre dos puntos.

Pero cuando Él tomó el timón, Él conocía deliciosos caminos largos, subiendo montañas, y por lugares escabrosos a velocidades vertiginosas, ¡que todo lo que yo podía hacer era aferrarme! Aunque parecía locura, Él decía: "¡Pedalea!"

Yo estaba preocupado y con ansia y pregunté: "¿A dónde me llevas?" Él se rió y no contestó, y empecé a aprender a confiar.

Me olvidé de mi vida aburrida y entré en una aventura; y cuando yo decía: "Tengo miedo," Él se inclinaba hacia atrás y me tocaba la mano.

Me llevó a las personas con talentos que necesitaba, dones de sanidad, aceptación y gozo. Ellos me dieron los dones para llevar en mi viaje, el de mi Señor y mío.

Y partimos de nuevo. Él dijo: "Regala esos dones; son equipaje extra, demasiado peso." Así que lo hice, a las personas que encontrábamos, y hallé que al dar yo recibía, y con todo la carga era ligera.

No confiaba en Él, al principio, con el control de mi vida. Pensaba que Él la arruinaría; pero Él conoce los secretos de la bicicleta, sabe cómo dar la vuelta en esas curvas cerradas, sabe cómo saltar para esquivar las piedras, sabe cómo pasar volando para acortar pasajes que asustan.

Y estoy aprendiendo a cerrar la boca y pedalear en los lugares más extraños, y estoy empezando a disfrutar del paisaje y la brisa fresca en mi cara con mi constante compañero que deleita, Jesucristo.

Y cuando estoy seguro de que ya no puedo hacer más, Él simplemente sonríe y dice: "Pedalea."

—Tim Hansel, *Holy Sweat*

_____

CONOCIMIENTO

(Ver también *Biblia, Educación, Libros, Sabiduría*)

Cuentan de un maestro que enseñaba a un grupo de escolares del quinto grado. Miró al grupo de alumnos y dijo: "¿Alguien aquí sabe algo de la electricidad?" Un pequeño y más bien entusiasta niño llamado Jimmy, sentado como a la mitad de la fila del centro, levantó su mano muy alto y dijo: "Yo entiendo la electricidad." El maestro lo miró y le dijo: "Jimmy, ¿podías explicarle a la clase que es la electricidad?" De súbito él se cubrió la cara con la mano y dijo: "Ay, anoche lo sabía, pero esta mañana ya me olvidé." El maestro, en son de broma, dijo: "Eso sí que es una tragedia. La única persona en toda la historia que ha logrado entender la electricidad, y esta mañana se le olvidó."

—Billy Graham, *The Holy Spirit*

_____

Un científico estaba utilizando el método inductivo para demostrar las características de una pulga. Arrancándole una de las patas a la pulga, le ordenó: "¡Salta!"

La pulga al instante saltó.

El científico le arrancó otra pata, y de nuevo le ordenó: "¡Salta!"

La pulga otra vez saltó.

El científico continuó este proceso hasta que llegó a la sexta y última pata. Para entonces la pulga tenía un poco más de dificultad para saltar, pero aún lo intentaba.

El científico le arrancó la última pata y otra vez le ordenó a la pulga que saltara. Pero la pulga no respondió.

El científico alzó la voz y le ordenó: "¡Salta!"

Otra vez, la pulga no respondió.

Por tercera vez, el científico gritó a todo pulmón: "¡Salta!" Pero la desdichada pulga siguió inmóvil.

El científico anotó la siguiente observación en su cuaderno: "Cuando se le arranca las patas a una pulga, pierde el sentido del oído."

—Howard G. Hendricks, *Living by the Book*

LA MENTE HUMANA es un computador fabuloso. De hecho, nadie jamás ha podido diseñar un computador tan complicado y eficiente como la mente humana. Considere lo siguiente: su mente es capaz de grabar 800 recuerdos por segundo por setenta y cinco años sin cansarse . . .

He oído que algunas personas se quejan de que su cerebro está demasiado cansado y por lo tanto no pueden participar en ningún programa de memorización de la Biblia. Tengo noticias para ellos: el cuerpo se puede cansar, pero el cerebro nunca se cansa. El ser humano no usa más del dos por ciento del poder de su cerebro, nos dicen los científicos. Y, claro, algunos demuestran esto mejor que otros. El punto es que el cerebro es capaz de una increíble cantidad de trabajo y retiene todo lo que recibe. En realidad uno nunca olvida nada; es solo que uno no lo puede recordar. Todo queda archivado en forma permanente en el cerebro.

—Earl D. Radmacher, *You and Your Thoughts*

CONSAGRACIÓN

LA CARTA QUE SIGUE la escribió un joven comunista a su novia, para romper el noviazgo con ella y dedicarse a la causa comunista. La carta le fue entregada al pastor de ella, que a su vez la envió al Dr. Billy Graham, quien la publicó.

Nosotros, los comunistas, tenemos un alto índice de mortalidad. Se nos dispara, se nos ahorca, y se nos ridiculiza, y se nos despide de nuestros empleos, y de cualquier otra manera posible nos hacen la vida difícil. A un alto porcentaje de nosotros nos matan o nos echan en la cárcel. Vivimos en virtual pobreza. Todo centavo que sobra, de por encima de lo que es absolutamente necesario para mantenernos con vida, se lo damos al partido.

Nosotros, los comunistas, no tenemos ni tiempo, ni dinero para muchas películas, o conciertos, o filetes, o casas decentes, o coches nuevos. Se nos ha descrito como fanáticos. Somos fanáticos. Nuestras vidas las domina un factor grandioso y supremo: la lucha por el comunismo mundial. Tenemos una filosofía de vida que ninguna cantidad de dinero puede comprar. Tenemos una causa por la cual luchar, un propósito definitivo en la vida. Subordinamos nuestra despreciable persona a un gran movimiento de humanidad; y si nuestras vidas parecen duras, y nuestros egos parecen sufrir debido a la subordinación al partido, entonces recibimos compensación adecuada con el pensamiento de que cada uno de nosotros, con su grano de arena, está contribuyendo a algo nuevo, verdadero, y mejor para la humanidad.

Hay una cosa por la cual tengo profundo fervor y eso es la causa comunista. Es mi vida, mi negocio, mi religión, mi afición, mi cariño, mi esposa, mi amante, mi pan y carne. Trabajo en ella de día y sueño en ella de noche. Su apretón en mí crece, no se reduce con el paso del tiempo; por consiguiente, no puedo cultivar una amistad, un amor, o siquiera una conversación, sin relacionarla a esta fuerza que a la vez impulsa y guía mi vida. Evalúo a las personas, paisajes, ideas, y acciones de acuerdo a cómo afectan a la causa comunista, y por su actitud hacia ella. Ya he estado en la cárcel debido a mis ideales, y si es necesario, estoy listo para presentarme ante el pelotón de fusilamiento.

—"Call to Commitment" por Billy Graham

Dondequiera que estés, está allí por entero. Vive hasta la cumbre de toda situación de la cual estás convencido de que es la voluntad de Dios.

—Jaime Elliot, citado en Elisabeth Elliot, *Through Gates of Splendor*

Es DIFÍCIL VIVIR una vida enfocada. En toda dirección, algo o alguien reclama nuestra atención. Una distracción atrae nuestros ojos y sin darnos cuenta nos hemos salido de la carretera y nos dirigimos a otro desvío.

A un pastor de jóvenes de Chicago se le ocurrió una idea ingeniosa para mantener a su grupo en el sendero. Preocupado de que las cálidas playas de Florida, que eran el sitio de su próximo viaje de evangelización, distraerían a los adolescentes de su propósito, hizo una cruz con dos pedazos de madera. Justo antes de que subieran al autobús, se la mostró al grupo.

"Quiero que todos recuerden que el propósito total del viaje es glorificar el nombre de Jesucristo, levantar la cruz: el mensaje de la cruz, el énfasis de la cruz, el Cristo de la cruz," anunció. "Así que vamos a llevar esta cruz donde quiera que vayamos."

Los adolescentes se miraron unos a otros, algo inseguros del plan; pero convinieron en hacerlo, y arrastraron la cruz al autobús. Todo el camino hasta Florida rebotó de un lado a otro del pasillo. Entró con ellos a los restaurantes. Se quedó por las noches donde ellos se quedaron. Estuvo en la arena mientras ellos ministraban en la playa.

Al principio, arrastrar la cruz abochornaba a los muchachos; pero más tarde, se convirtió en un punto de identificación. Esa cruz era un recordatorio constante, silencioso, de quiénes eran y por qué habían venido. A la larga consideraron un honor y un privilegio llevarla.

La noche antes de regresar, el líder de los jóvenes les entregó dos clavos a cada uno de los jóvenes. Le dijo que si querían consagrarse a lo que la cruz representaba, podían clavar un clavo en ella y guardar el otro. Uno por uno, los adolescentes clavaron sus clavos en la cruz.

Como quince años más tarde, un individuo, ahora corredor de acciones bursátiles, llamó al líder de jóvenes. Le dijo que todavía guarda su clavo en la gaveta de su escritorio. Siempre que pierde su sentido de enfoque, mira al clavo y recuerda la cruz en esa playa de Florida. Eso le hacer recordar lo que es la esencia de su vida: su consagración a Jesucristo.

UNA VEZ ME DETUVE para recoger a uno de los niños, que era parte de los miembros de nuestra iglesia, para una salida para patinar. Sus padres estaban en plena tarea de colocar papel tapiz en las paredes. Después de preguntarles cómo iban las cosas, el esposo y yo conversamos un poco. Le recordé: "Hay tres etapas que las parejas atraviesan en eso de pegar juntos papel tapiz en las paredes." La primera etapa es que se habla de separación. La segunda etapa es que se separan. Y si siguen pegando juntos papel tapiz, los preliminares del divorcio empiezan. Él bromeando dijo: "Pienso que ya estamos en la tercera etapa." Nos reímos y entonces él comentó: "¿Sabes lo que mantiene junto a un matrimonio? Consagración. Estoy consagrado a ella." De súbito las cosas se quedaron en silencio. Pensé en esa palabra: consagración. Ya no se la oye mucho hoy. ¡Persevera! ¡Persevera!

———————————

RAYMOND BROWN escribe de los seguidores de David: "Su deber en ese momento era obedecer las instrucciones del rey y confiar en su sabiduría. Quería decir que iban a atravesar una vida de adversidad, inseguridad, privación, sufrimiento, y posiblemente la muerte, pero estarían con el rey, y eso bastaba."

——————————— —Raymond Brown, *Skillful Hands: Studies in the Life of David*

POR LA MAÑANA, yo había predicado un sermón que tenía una invitación real para que tomáramos en serio esto de comprometernos al ministerio de la iglesia. Le dije a la congregación que hacer votos a Dios era un asunto serio y que no jugamos cuando le prometemos algo a Dios.

Aunque la mayoría de las personas de la congregación no lo sabían, había en nuestra iglesia un hombre que tenía verdadera pasión por los botes. Se había ido al océano, y había escogido el bote que pensaba que Dios quería que tuviera. Su esposa no sentía lo mismo, pero pensó que en eso su esposo tenía la mente de Dios. Durante todo el mensaje de esa mañana él en realidad había estado luchando con lo que debía hacer con este asunto de hacer un voto y aflojar las cosas que realmente lo tenían atrapado. Se retorcía un poco en su asiento. Luego, después de que terminé el mensaje y hablé de darle a Dios nuestras posesiones a Dios, él vino a verme después del culto. Dijo: "Usted sabe, en realidad pienso que sé lo que Dios me está diciendo ahora." Yo estaba listo para decirle que Dios le había indicado con claridad que en este caso él no debía comprar el bote. ¿Saben lo que me dijo? Me dijo: "Para mí es muy claro que debo comprar el bote, y tal vez empezar allí una clase de Escuela Dominical."

———————————

La firmeza da credibilidad a los otros atributos. El corazón gentil conduce a cruzar obstáculos sólo si es también el corazón fuerte. Cruzar las rocosas cubiertas de nieve, llanuras agostadas, ríos turbulentos, desiertos candentes, quiere decir preparar una estrategia, sufrimiento, y usar las derrotas como marcadores de ruta. Ninguna "gloria matutina marchitada" necesita solicitar admisión.

—Tom Haggai, *How the Best Is Won*

CONSEJO

(Ver también *Comunicación, Habla, Lengua*)

Un médico amigo mío de Fullerton, Califronia, estaba atendiendo a una mujer en sus ochenta que gozaba de salud bastante buena. Ella caminaba rápidamente o trotaba todos los días. El médico comenzó a preocuparse por ella, aunque la salud de ella era buena, así que le advirtió a que no se excediera al hacer ejercicios. Ella escuchó el consejo del médico, y dejó la mayoría de sus actividades. Algunos meses después, mi amigo se encontraba en la funeraria, asistiendo al sepelio de la mujer. Más tarde me comentó: "¿Sabes, Chuck? Quisiera poder cortarme la lengua por haber aconsejado a esta mujer que se cuidara, que dejara de fatigarse a ese punto. Dudo que vuelva a darle a alguien ese consejo . . . especialmente a personas de edad que disfrutan de la vida con tanta intensidad como lo hacía ella."

—Charles R. Swindoll, *Living on the Ragged Edge*

CONTENTAMIENTO

El contentamiento es una condición perfecta de la vida en la que no se necesita ni ayuda ni apoyo.

—Joseph Henry Thayer, *Greek-English Lexicon of the New Testament*

Nos perderemos el contentamiento si guardar, en lugar de soltar, llega ser nuestro objetivo. Muy a menudo amamos las cosas y usamos a las personas, cuando deberíamos usar las cosas y amar a las personas. Somos más contentos cuando estamos agradecidos por lo que tenemos, satisfechos con lo que ganamos, y generosos con los necesitados.

—————————

MI CORONA ESTÁ EN MI CORAZÓN y no en mi cabeza;. . . mi corona llamada contentamiento; una corona es lo que rara vez el rey disfruta.

—William Shakespeare, *King Henry VI*

—————————

UN CUÁQUERO OFRECIÓ UNA PROPIEDAD a cualquiera que se considerara contento. Cuando un hombre vino a reclamar el terreno, le preguntó: "Si estás contento, ¿por qué quieres mi terreno?"

—H. A. Ironside, *Timothy, Titus, and Philemon*

—————————

LA BUENA VIDA EXISTE sólo cuando dejamos de querer una mejor. La comezón por las cosas es un virus que le drena el contentamiento al alma.

—————————

CREACIÓN

HAY DOS RESPUESTAS MUY PRÁCTICAS y humanas a la creación del hombre y la mujer. Una es el punto de vista del hombre; la otra es el punto de vista de la mujer. ¿Está listo? El punto de vista de la mujer en cuanto a la que creación es esta: Dios hizo al hombre, lo miró y dijo: "Puedo hacer algo mejor que eso," e hizo a la mujer. Ahora el punto de vista del hombre: Dios hizo a las bestias y al hombre y descansó. Después creó a la mujer; y ni la bestia, ni el hombre ni Dios han descansado desde entonces.

—————————

¡La existencia de nuestro mundo y de la humanidad desafía todos los cálculos matemáticos de posibilidades! Esto me fue recalcado hace muchos años cuando hallé una ilustración de un connotado científico. Según recuerdo, él era presidente de la Academia de Ciencias de Nueva York. Decía algo como esto: "Digamos que tengo diez centavos y marco cada uno con un número (del 1 al 10), luego coloco las diez monedas en su bolsillo. Le pido que sacuda bien su bolsillo para que las monedas ya no estén en ningún orden. ¿Qué probabilidades tendría de meter la mano y sacar el centavo número 1? Una en diez. Digamos que pongo el centavo de nuevo en su bolsillo. Luego vuelvo a meter la mano, y saco el centavo número 2. Mis probabilidades de hacerlo serían de una en cien. Poniendo de nuevo el centavo, si metiera de nuevo la mano y sacara el centavo número 3, mis probabilidades serían de uno en mil. Si continuará haciendo lo mismo, en orden sucesivo, hasta el centavo número 9, ¿sabe cuál sería la probabilidad para cuando llegué al 10 y lo saque de su bolsillo? *Una en diez mil millones.* Si lograra hacer eso, usted diría: '¡El juego estuvo arreglado!' Mi respuesta es: 'Tiene razón . . . lo mismo la creación.'"

—A. Cressy Morrison, *Man Does Not Stand Alone*

En una de las vacaciones con nuestra familia y nuestra familia extendida, rentamos una casa lacustre en el lago Shasta. Mientras estábamos allí, un par de noches decidimos dormir en el techo de esa casa. Así que llevamos allá nuestros sacos de dormir. Quiero decir, a mí me venía muy bien; pero a una dama de clase como Cynthia; las cosas no le parecían tan atractivas. Así que le aseguré que no se caería. Ese era un lugar en donde yo podría roncar y no perturbar a nadie. Cuando pusimos nuestras cabezas sobre la almohada, y miramos hacia arriba, con todas las luces apagadas, por supuesto, todo el lugar estaba quieto, y las estrellas nos rodeaban por millares. Quiero decir, era como si yo pudiera extender la mano y tocar la Vía Láctea. Estaba allí, y había estado allí todo el tiempo, algunos de los mismos cuerpos celestes que Abraham miró a medianoche. A Dios le encantan las ayudas visuales.

Napoleón, el genio militar francés, estaba a bordo de un barco en el Mediterráneo una noche clara y estrellada. Estaba en cubierta, y al caminar pasó junto a un grupo pequeño de oficiales que estaban burlándose de la idea de un Ser supremo. "Dios de la creación, ¡qué broma!" Se detuvo, les clavó la mirada, y luego moviendo sus manos para señalar las estrellas del cielo dijo: "Caballeros: ¡primero tienen que librarse de todo eso!"

—Archibald Naismith, *2,400 Outlines, Notes, and Quotes*

_____

HAY UN VIEJO AXIOMA:

Siempre que hay una cosa, tiene que haber un pensamiento que la precede . . . y donde hay un pensamiento, tiene que haber un pensador.

Salga conmigo para mentalmente dar una caminata. Quiero que veamos juntos algunos carros. Si es posible, busquemos uno nuevo. Mientras usted está allí admirando la belleza de ese automóvil flamante, imaginemos que yo le digo en forma más bien calmada: "Como sabes, hay algunos que piensan que este carro es resultado del diseño de alguien, pero yo sé mejor. Déjame decirte lo que realmente sucedió."

Hace muchos, muchos siglos, todo este hierro, vidrio, caucho, plástico, tela, cuero y alambres salieron de la tierra. Es más, cada sustancia se moldeó en varias formas y tamaños, y salieron agujeros en los lugares apropiados, y la tapicería empezó a tejerse por sí misma. Después en un tiempo aparecieron roscas en los pernos y tuercas y, por sorprendente que parezca, cada perno halló tuercas con la misma rosca. Gradualmente se unieron y se apretaron fuertemente en el lugar. Un poco más tarde vidrios de la forma correcta se pegaron entre sí en el lugar propicio. Y, ¿ves estas llantas? Se hicieron redondas con el correr de los años. Hallaron por sí solas ruedas de metal del tamaño apropiado, y por casualidad se enllantaron y de alguna manera se llenaron de aire. Entonces esta cosa empezó a moverse por la calle.

Entonces un día, hace muchos, muchos años—siglos, en realidad—, algunos que pasaban por allí hallaron a este vehículo sentado bajo un árbol, y uno de ellos lo miró y pensó: "Qué asombroso; pienso que lo voy a llamar 'automóvil.'" ¡Pero hay más! Estos pequeños automóviles tienen una manera asombrosa de multiplicarse a sí mismos año tras año, incluso cambiando muy levemente para satisfacer la demanda del público. En realidad, ese proceso se llama "automutaciones."

_____

DOS HOMBRES ESTABAN de pie mirando al Gran Cañón del Colorado. Viendo el gran abismo del Cañón de fama mundial, un hombre dijo: "Esto es la mano de Dios. ¡Estoy asombrado!" El hombre a su lado miró por el borde, y escupió. Entonces dijo: "Esta es la primera vez que escupo a una distancia de casi dos kilómetros." Pienso que todo depende de cómo uno ve las cosas.

_____

UN PERIODISTA, CONFERENCISTA y escritor llamado Hendrick Van Loon, en su primera visita al Gran Cañón del Colorado exclamó: "Vine ateo; me voy creyente."

_____

CRECIMIENTO CRISTIANO

UN JOVEN que trabaja en un acuario me explicó que el pez más popular es el tiburón. Cuando se caza un tiburón pequeño y se le confina a un estanque artificial, el tiburón se quedará de un tamaño apropiado para el acuario. Los tiburones pueden medir quince centímetros de largo y aun así haber madurado por completo. Pero si los soltara en el océano, crecerían a su tamaño normal de más de dos metros. Lo mismo sucede con algunos creyentes. He visto a algunos de los creyentes más encantadores de como quince centímetros de largo nadando en un charco diminuto. Pero si los lleváramos a un lugar más amplio, a toda la creación, solo entonces pueden llegar a ser grandes.

—Revista *Leadership*, invierno de 1986

¿Acaso lo inadecuado de mucho de nuestra experiencia espiritual no se puede rastrear a nuestro hábito de andar brincando por los corredores del Reino como niños en el mercado, charlando de todo, pero sin detenernos para aprender nada de valor?

—A. W. Tozer, *The Divine Conquest*

———————————

Me encantan los nenes. Pienso que los demás deben tener tantos como quieran. Pienso que es una experiencia deliciosa y agradable observar a los nenes crecer y transformarse en niños, hombrecitos y mujercitas, adolescentes y luego adultos. Pero usted y yo sabemos que hay algunas cosas de los bebés que no soy muy atractivas. Nos reímos porque son bebés.

Esta es una lista de algunas de esas cosas: Los bebés son dependientes y exigentes. No pueden alimentarse a sí mismos. No pueden vivir sin ensuciar. Les encanta ser el centro de atención. Los dominan sus impulsos, tales como el hambre, dolor o sueño. Se irritan cuando están sucios, aunque ellos mismos son los que se ensuciaron y uno tiene que limpiarlos. No tienen buenos modales, ni control. Tienen un ángulo de atención muy pequeño, nada de preocupación por los demás, ni destrezas ni habilidades.

Estas son cosas naturales que son parte de la infancia. Pero cuando uno ve a adultos con esas características, algo trágico ha pasado, algo que de ninguna manera es gracioso. El creyente que no se interesa en crecer quiere que se le entretenga. Quiere una dieta de leche cuando llora. Quiere salirse con la suya. Y lo va a conseguir, sin que importe a cuántos tenga que trastornar para lograrlo.

Como ve, para que un creyente pueda recibir alimento sólido, tiene que tener un aparato digestivo maduro y desarrollado. Necesita dientes. Necesita tener un apetito por las cosas profundas y sólidas de Dios, y ese apetito se desarrolla sólo con el tiempo. Los nenes espirituales deben crecer. Algunas de las personas más difíciles de tratar en la iglesia de Cristo son los que han envejecido en el Señor pero no han crecido en Él.

———————————

CUANDO VEA A creyentes peleando, discutiendo sobre sus derechos, quejándose porque no reciben el reconocimiento que esperan, porque la gente no los saluda como piensan que deberían saludarlos, porque no se los aplaude por lo que hacen, de por sentado que es el espíritu de "nene" que sale a relucir . . . el hombre maduro en Cristo es indiferente a la admiración o la acusación. Que Dios nos libre de nuestro infantilismo. En algunas iglesias el pastor dedica la mitad de su tiempo tratando de calmar a creyentes débiles molestos por desaires nimios. Si usted vive para Dios, las personas no pueden rebajarlo porque usted no se lo permitirá. Dará lo mismo para usted.

—H. A. Ironside, *Act like Men*

DEMASIADOS CREYENTES viven en el lado correcto de la Pascua de Resurrección, pero en el lado equivocado del Pentecostés; el lado correcto del perdón, pero del lado equivocado del poder; del lado correcto del perdón, pero del lado equivocado de la comunión. Han salido de Egipto, pero no han llegado a la tierra de la promesa y bendición. Todavía están en el desierto de la frustración e insatisfacción.

—Graham Scroggie

CREYENTES

UN CREYENTE REAL es un ser extraño, después de todo. Tiene amor supremo por un Ser al que nunca ha visto, habla en forma familiar con Alguien a quien no puede ver, espera ir al cielo por la virtud de Otro, se vacía a sí mismo para ser llenado, admite que está equivocado para poder ser declarado justo, se humilla para poder ser exaltado, es más fuerte cuando es más débil, más rico cuando es más pobre, y más feliz cuando más mal se siente. Muere para poder vivir, deja para poder tener, da para poder guardar, ve lo invisible, oye lo inaudible, y sabe lo que sobrepasa todo entendimiento.

—A. W. Tozer, *The Root of the Righteous*

Morar allá arriba con los santos que amamos,
Eso será gracia y gloria.
Pero vivir acá abajo con los santos que conocemos,
Pues bien, ¡eso ya es otra historia!

—Henry R. Brandt, citado en *Baker's Pocket Book of Religious Quotes*

SE CUENTA que un día Martín Lutero salió a abrir cuando alguien llamó a su puerta. "¿Vive aquí el doctor Martín Lutero?" preguntó el hombre. "No," respondió Lutero, "él murió. Cristo vive ahora aquí."

—Larry Christenson, *The Renewed Mind*

UN BROMISTA ESCRIBIÓ: "Un creyente es uno que se arrepiente el domingo por lo que hizo el sábado por la noche y piensa volver a hacerlo el lunes."

—Laurence J. Peter, *Peter's Quotations*

DONALD BARNHOUSE CUENTA UN EPISODIO de los primeros años del ministerio del doctor H. A. Ironside.

Se hallaba de camino a la costa del Pacífico cuando el viaje llevaba como cuatro días desde la ciudad de Chicago. En su vagón viajaba un grupo de monjas y día tras día él conversaba con ellas. Él se ponía a leer su Biblia, y de vez en cuando las monjas hablaban con él sobre cosas espirituales. Él les leía algunas porciones de la Palabra y a ellas les encantaba la lectura. Como por el tercer día, él les preguntó si alguna de ellas había visto alguna vez a un santo. Ellas dijeron que no. Entonces, él les preguntó si les gustaría ver a un santo. Ellas dijeron que les gustaría mucho. Entonces las aturdió mucho diciendo: "Yo soy un santo. Yo soy san Harry." Entonces abrió el Nuevo Testamento y les mostró la verdad de que Dios Todopoderoso no hace a un santo exaltando a algún individuo, sino exaltando al Señor Jesucristo.

—Donald Grey Barnhouse, *Romans*, Vol. 1

¿Soy un soldado de la cruz? ¿Un seguidor del Cordero?

¿He de temer apropiarme de su causa o avergonzarme por decir su nombre?

¿Debo ser llevado al cielo en un cómoda lecho de flores,

Mientras otros luchan para ganar el galardón y navegan por mares de sangre?

¿Acaso no hay enemigos que debo enfrentar? ¿No debo detener el diluvio?

¿Es este mundo vil, amigo de la gracia, para ayudarme en mi rumbo hacia Dios?

Por cierto que debo luchar si quiero reinar – ¡Aumenta mi valor, Señor!

Soportaré el arduo trabajo, toleraré el dolor, sostenido por tu Palabra.

—Isaac Watts

_____

Usted está escribiendo un evangelio, un capítulo cada día,

Por las obras que hace, por las palabras que dice.

Los hombres leen lo que usted escribe, sea mentira o verdad.

Dígame, ¿qué es el evangelio según usted?

—Citado en John R. Rice, *Poems that Preach*

_____

Mi Salvador y Mi Amigo

Oh Jesús, yo he prometido

Servirte hasta el fin:

¡Quédate siempre cerca de mí,

Mi Maestro y mi Amigo!

No he de temer la batalla,

Si tú estás a mi lado,

Ni me desviaré del camino,

Si tú te dignas ser mi Guía . . .

¡Oh permíteme ver tus pisadas,

Y en ellas plantar las mías!

Mi esperanza de seguirte como es debido

Radica sólo en tu fuerza.

¡Oh guíame, llámame, acércame,

Sostenme hasta el fin!

¡Al final recíbeme en el cielo,
Mi Salvador y mi Amigo!

—John E. Bode, *The Best Loved Hymns and Prayers of the American People*

En Realidad Nos Necesitamos Unos a Otros

Usted sabe algo:
Todos somos nada más que personas que nos necesitamos unos a otros.
Todos estamos aprendiendo
    Y todos tenemos un largo camino por delante.
        Tenemos que andar juntos
        Y si se necesita hasta que Jesús venga
    Mejor que permanezcamos juntos
    Mejor que nos ayudemos unos a otros.
Y me atrevo a decir
    Que para cuando lleguemos allí
        Todos los sándwiches habrán desaparecido
    Y todo el chocolate se habrá acabado
        Y toda el agua se habrá acabado
    Y todas las mochilas estarán vacías.
Pero sin que importe cuanto tiempo nos lleve
    Tenemos que estar juntos
    Porque así debe ser
    En el cuerpo de Cristo.
Necesitamos de todos
    En amor
        En cuidado
            En apoyo
                En mutualidad;
    En realidad nos necesitamos unos a otros.

—Reuben Welch, *We Really Do Need Each Other*

EL CRISTIANISMO NO HA SIDO probado y hallado inútil; ha sido hallado inútil y dejado sin probar.

—G. K. Chesterton, citado en *Barlett's Familiar Quotations*

CRIANZA DE HIJOS

(Ver también *Delincuencia*)

LOS PADRES DEBEN SOSTENER CONFRONTACIONES con sus hijos de una manera fiel, diligente y habitual. Un día fui a hacerme un chequeo de los oídos y no pude dejar de oír la conversación que tenía lugar en el consultorio entre el médico y una madre desecha. Ella decía: "Usted tiene que hacer algo con este hijo mío." El médico respondió: "¿Qué quiere que yo haga, señora? Usted es la madre. Si usted no puede mantenerlo fuera de la piscina, él va a tener constantes infecciones de oídos." Ella dijo: "Él es demasiado grande para mí. No puedo impedir que se meta en la piscina. Usted tiene que ayudarme con alguna medicina o algo que le quite el problema y la infección."

Mientras escuchaba la conversación pensé: "Vaya que es obvio quien tiene el control en esa casa." Cuando salieron yo esperaba ver a un muchacho de un metro ochenta de estatura y de diecisiete años de edad. Pero era apenas un chiquillo de Jardín de Infantes. En serio. Era un niño pequeño. Pensé que allí faltaba la confrontación y ha estado faltando por demasiado tiempo. Ese chiquillo tenía el control de esa casa.

DEJAR UNA CAMA CALIENTE cuando una voz en medio de la noche llama diciendo: "Tengo frío," es ser un padre o madre cariñoso. Los padres pasan dos años enseñando a sus hijos a caminar y hablar, y dieciocho años tratando de enseñarles a tranquilizarse y callarse.

—Ted Engstrom, *A Time for Commitment*

CRIAR HIJOS ES COMO HORNEAR UN PASTEL. Uno no se da cuenta de que se ha hecho un desastre sino hasta cuando es demasiado tarde.

—James Dobson, *The Strong-Willed Child*

_____

Los Niños Aprenden de lo que Viven

Si un niño vive con crítica,
Aprende a condenar.
Si un niño vive en hostilidad,
Aprende a pelear.
Si un niño es objeto de ridiculización,
Aprende a ser tímido.
Si un niño vive con vergüenza,
Aprende a sentirse culpable.
Si un niño vive en un ambiente tolerante,
Aprende a ser paciente.
Si un niño recibe ánimo,
Aprende a tener confianza.
Si un niño recibe elogios,
Aprende a apreciar.
Si un niño vive con equidad,
Aprende justicia.
Si un niño vive en seguridad,
Aprende a tener fe.
Si un niño recibe aprobación,
Aprende a gustarse de sí mismo.
Si un niño vive con aceptación y amistad,
Aprende a encontrar Amor en el mundo.

—Dorothy Law Nolte, citado en John W. Lawrence, *Life's Choices*

_____

QUIZÁ NUESTRA GENERACIÓN SEA LA PRIMERA de la era civilizada que no cría a sus jóvenes usando proverbios. Desde los principios de la historia . . . dichos concisos que describen los beneficios de buena conducta o los daños de malos comportamientos se han utilizado para enseñar a los hijos cómo comportarse.

—David Hubbard, *Beyond Futility*.

_____

Diez Mandamientos de los Hijos para Sus Padres

1. Mis manos son pequeñas; por favor no esperen perfección cuando arreglo la cama, hago un dibujo, o tiro una pelota. Mis piernas son cortas; caminen más despacio para que yo pueda andar junto a ustedes.

2. Mis ojos no han visto el mundo como lo han visto los de ustedes; permítanme explorarlo cuando es sea seguro; no me limiten sin necesidad.

3. Los quehaceres de la casa siempre van a estar presentes; yo seré pequeño sólo por un tiempo breve. Tomen tiempo para explicarme acerca de este mundo maravilloso y háganlo de buena gana.

4. Mis sentimientos son tiernos; no me hostigue todo el día (ustedes no querrían que los hostiguen por su deseo de saber). Trátenme como quisieran que los traten.

5. Yo soy un don especial de Dios; atesórenme como Dios espera que lo hagan: exigiéndome cuenta de mis acciones, dándome pautas por las cuales vivir, y disciplinándome de una forma cariñosa.

6. Yo necesito su estímulo (pero no elogios vacíos) para crecer. Sean prudentes con la crítica; recuerden que pueden criticar las cosas que hago sin criticarme a mí.

7. Denme la libertad de tomar las decisiones en cuanto a mí mismo. Permítanme fracasar, pues así puedo aprender de mis errores. Entonces algún día estaré preparado para tomar las decisiones que la vida me exigirá.

8. No rehagan cosas por mí; eso me hace sentir como que mis esfuerzos no alcanzaron sus expectativas. Yo sé que es difícil, pero no me comparen con mi hermano o mi hermana.

9. No tengan miedo de salir juntos un fin de semana. Los hijos necesitan tomar vacaciones de los padres, y los padres de los hijos. Además, es una buena forma de demostrarnos a nosotros, sus hijos, que su matrimonio es algo especial para ustedes

10. Llévenme a la Escuela Dominical y a la iglesia con regularidad, dándome así un buen ejemplo para que yo siga. Me gusta aprender más acerca de Dios.

—Kevin Lehman, citado en "Dear Abby," Independent Press Telegram,
12 de enero de 1981

Oración de un Padre

—OH PADRE: Ayúdame a tratar a mis hijos como tú me has tratado. Hazme sensible a sus necesidades y frustraciones. Ayúdame a escuchar con atención, entendimiento y comprensión lo que tienen que decir. Ayúdame a tratarlos como a una persona que tú diseñaste y por lo tanto con dignidad real. Ayúdame a respetar . . . cuando hablan y sin interrumpirlos o contradecirlos . . . o sus ideas . . . o la necesidad de libertad por tomar decisiones y de asumir responsabilidades conforme puedan. Oh, dame la sabiduría y entendimiento para enseñarles como tú me has enseñado.

No permitas que me olvide de que son niños y no adultos pequeños, siendo paciente y servicial conforme se desarrollan en sus capacidades físicas y mentales, y permitiéndoles que se equivoquen o tengan accidenten sin burlarme o rebajarlos.

Gracias por tú provisión de mis necesidades como padre encargado de este rebaño de Dios. Gracias porque en el Señor Jesús tú me has dado todo lo que necesito para que sea lo que tú esperas de mí como padre creyente.

—Anónimo

DURANTE MIS DÍAS EN EL SEMINARIO conocí a un joven que tenía una marca de nacimiento bastante notoria en su cara. Era de color carmesí, o quizás rubí rojo brillante que corría desde el párpado de un lado pasando por los labios, por el cuello y hasta el área del pecho. Éramos buenos amigos. En una ocasión le pregunté cómo fue que él pudo superar el hecho de llevar esa marca. Quiero decir, él se ganaba la vida estando en público aun con esa marca de nacimiento.

Su respuesta fue inolvidable. Me dijo: "Oh, fue mi padre. Verás, mi papá me decía desde mis primeros días de vida: 'Hijo, allí fue donde un ángel te besó, y te marcó así para mí. Eres muy especial, y cuando estamos con otras personas yo sé cuál eres tú. Tú eres mío.'" También me dijo: "Llegó el momento en que incluso comencé a sentir lástima por los que no tenían una marca rojiza en su cara."

CRÍTICA

Dos HOMBRES TRABAJABAN en la misma universidad. Uno era profesor de astronomía y el otro decano de estudiantes en la Escuela de Teología. Ambos estaban en una reunión conversando de sus diferentes campos de interés aunque ninguno tenía mucho respeto por el campo de estudio del otro. De una manera más bien sarcástica, el astrónomo le dijo al teólogo: "Supongo que todo en cuanto a la religión se pudiera reducir a la regla de oro; como sabes, ama a tu prójimo como a ti mismo. Es así, ¿verdad?" El teólogo lo miró, y dijo: "Pues bien, supongo que se podría decir así. Es como la astronomía, todo se reduce a 'Estrellita, estrellita ¿donde estás?'"

—Charles Allen, *You Are Never Alone*

NO ES EL CRÍTICO el que cuenta, ni el que señala los defectos de otros hombres o cómo podría haberse hecho mejor. El crédito es para el hombre que está en la arena, cuyo rostro está manchado de polvo, sudor y sangre, el que lo intenta valientemente, el que se equivoca y vuelve a intentarlo una y otra vez, el que conoce el entusiasmo y la devoción y se pasa la vida trabajando por una noble causa. El que, en el mejor de los casos, conoce al final el triunfo de haber logrado algo y el que, en el peor de los casos, si fracasa al menos fracasa mientras lo intenta; el que sabe que su sitio nunca estará con esas almas tímidas y frías que nunca sabrán lo que es la derrota ni la victoria.

—Teodoro Roosevelt, discurso "Ciudadanos en una República," pronunciado en París, 23 de abril de 1910

RECUERDO que cuando yo estaba en la marina, en Okinawa, un grupo de nosotros decidimos celebrar el Año Nuevo en un club local. Fuimos allá, y nos divertimos de lo lindo. Quiero decir, en realidad hicimos locuras. Tocamos cornetas y matracas como locos, nos pusimos sombreros ridículos, y nos divertimos en grande. Cuando regresamos al vehículo, que le pertenecía a un amigo que era nuestro líder, él halló una nota escrita por algún cristiano fariseo que dejó un comentario: "¿Qué hacen los cristianos en un lugar como ese?" Ni siquiera sabía lo que habíamos estado haciendo ahí. Si él hubiera entrado (lo que él jamás habría hecho), tal vez habría visto que había gran diversión. No había nada de malo, ni vulgar, en nuestra noche. Pero ese no era el lugar normal para hallar creyentes. Normalmente, en vísperas del nuevo año, uno estaba en un culto de Año Nuevo. Pero nosotros habíamos ido allá para divertirnos, y nos divertimos. Lo que más me encanta de nuestro amigo es que él tomó la nota y dijo: "Escuchen esto, amigos." La leyó y dijo: "Voy a mostrarles lo que pienso de esto." Estrujó en papel en una pelota, y la lanzó lejos. Aprendí una lección sería en cuanto a notas anónimas.

UN PERSONAJE DE TIRA CÓMICA, DOMINANTE, DE TIPO AGRESIVO, está filosofando con su amigo, que resulta ser más callado y más pasivo. Con audacia y sin vacilación, el más fuerte le dice al otro: "Si yo estuviera a cargo del mundo, ¡lo cambiaría *todo!*" Algo intimidado, el amigo que se ve obligado a escuchar dice, casi pidiendo disculpas: "Ah, eso no sería fácil. Como, por ejemplo, ¿por dónde empezarías?" Sin vacilación el otro le clava la mirada y le dice: "¡Empezaría por *ti!*"

—Charles Swindoll, *The Grace Awakening*

UNA VEZ UN HOMBRE SE DESQUITÓ CONMIGO diciendo que yo era "una oveja perversa que estaba destruyendo y esparciendo las ovejas." Esas fueron sus palabras exactas. Le pregunté si sabía que estaba citando de la Biblia. Dijo que sí. Le pregunté si sabía quién lo dijo y respecto a quién. No lo sabía. En ese punto le dije que fue el profeta Jeremías quien dijo primero eso, y que lo dijo respecto a cada uno de los últimos cuatro reyes de Judá, cuatro de los peores hombres que jamás han vivido. Pensé que con eso él cambiaría de opinión en cuanto a mí. No fue así.

Lo mejor del cristianismo a veces se traga lo peor, y a menudo pienso que lo peor son los ataques crueles contra nuestros hermanos. Debe hacer que los de afuera piensen que convertirse en creyente vuelve a alguien un cerdo. Hay algo que se debe decir a nuestros críticos.

Nuestro Señor dijo en forma clara qué hacer si uno tiene algo en contra de otra persona. Dijo: "ve y muéstrale (a tu hermano) su falta," y arreglen el asunto "sólo entre ustedes dos." La mejor manera de tratar una queja contra alguien es de frente. Aunque puede doler al principio, su interés de amor puede restaurar las relaciones de amistad.

Los críticos necesitan aligerarse, y los criticados necesitan fortalecerse. No debemos permitir que nuestros detractores nos empujen a la depresión y a la desesperanza. Toda crítica provee una oportunidad para crecer. Olvídese del crítico; es mucho más importante considerar la crítica, especialmente si viene de más de una fuente.

—David Roper, *The Strenght of a Man*

_____

UNA FAMILIA TÍPICA volvía a casa después del culto en la iglesia. El papá estaba fastidiado porque el sermón fue demasiado largo y más bien aburrido. La mamá dijo que pensaba que la organista tocó demasiado fuerte durante el segundo himno que cantamos. La hermana mayor, que estaba estudiando música en la universidad, dijo que la solista cantó como medio tono desafinada en todo el canto. La abuela dijo que no podía oír muy bien; que se habían sentado en un mal lugar. Guillermito escuchó todo esto y empezó a quejarse de la mujer con el enorme sombrero que estaba sentada delante de él. No podía ver la plataforma. Pero entonces, se inclinó hacia su papá y le dijo: "Pero, papá, tienes que admitir, fue un show bastante bueno por tan sólo una moneda."

—Walter Knight, *Knight's Master Book of New Illustrations*

_____

CRUZ

(Ver también *Salvación*)

HOLMAN HUNT, artista surrealista, pintó el interior de una carpintería, con José y Jesús, cuando era muchacho, trabajando. María también estaba presente. Mientras Jesús hace una pausa de su trabajo y se detiene para estirarse, el sol arroja una sombra de una cruz en la pared. Otro de sus cuadros es un grabado popular que muestra al Niño Jesús corriendo con los brazos extendidos a su madre, y la sombra de la cruz surge de su forma mientras corre. Ambos cuadros son absurdos en forma, pero la idea básica es con certeza verdadera. Si leemos los Evangelios tal como son, es claro que la muerte de Jesucristo en realidad estuvo a la vista desde el comienzo de su presencia en la tierra.

—W. H. Griffith Thomas, *Christianity Is Christ*

————————————

HACE SIGLOS, en la costa del sur de China, muy arriba en una colina que daba a la bahía de Macao, colonos portugueses construyeron una enorme catedral. Creyeron que resistiría al tiempo, y colocaron en la pared del frente de esta catedral una enorme cruz de bronce que se levantaba muy arriba hacia el cielo. No muchos años después, un tifón azotó y el dedo de Dios borró la obra de la mano del hombre, y toda esa catedral fue arrastrada al océano, cuesta abajo como escombros, excepto por la pared frontal y esa cruz de bronce que se levantaba al cielo.

Siglos más tarde, un barco naufragó en las afueras de esa bahía. Algunos murieron y unos pocos vivieron. Uno de los hombres que se aferraba a los escombros del barco, subiendo y bajando con el movimiento de las olas del océano, estaba desorientado, asustado, y no sabía en qué dirección había tierra. Mientras remontaba una ola distinguió esa cruz, muy diminuta desde la distancia. Era Sir John Bowring.

Cuando llegó a tierra, y vivió para contar la historia, escribió:

> En la cruz de Cristo me glorío,
> Elevándose sobre los destrozos del tiempo;
> Toda la luz de la historia sagrada
> Se reúne alrededor de su cabeza sublime.

Y la última estrofa.

> Cuando las aflicciones de la vida me vienen encima,
> La esperanza engaña, y los temores fastidian,
> Nunca jamás la cruz me olvido:
> ¡Miren! Brilla con paz y gozo.

John Bowring nos está diciendo que tenemos una cruz, que tenemos un altar. Y cuando toda la vida parece caernos encima, todo lo que tenemos que hacer es volver a la cruz, y recordar la tumba vacía, y traer a la mente el hecho de que un Hombre no está en la cruz ni en la tumba, sino que vive y está listo y es capaz de darnos la victoria en lo que sea que estemos atravesando al momento. Venga por la gracia a la cruz y diga: "Eso es mi suficiencia. Eso es mi única esperanza."

—Kenneth Osbeck, *101 Hymn Stories*

_____

Vuelvan la cruz al Gólgota

Sencillamente deduzco que hay que levantar la cruz de nuevo
    en el centro del mercado
    tanto como en el campanario de la iglesia,

estoy recuperando la afirmación de que
    Jesús no fue crucificado en una catedral
    entre dos velas:

sino en una cruz entre dos ladrones;
    en el basurero de la ciudad;
    en el cruce de caminos de política tan cosmopolitana
    que tuvieron que escribir su título
    en hebreo, y latín y griego . . .

y en la clase de lugar donde los descreídos sueltan palabrotas,
    y los ladrones blasfeman, y los soldados apuestan.

Pero allí es donde Él murió,
    y por eso es que Él murió.
    y allí es donde los hombres de Cristo deben estar,
    y de eso es de lo que deben preocuparse los de la iglesia.

—George Mac Leod, *Focal Point,* enero a marzo de 1981

_____

HACE VARIOS AÑOS estaba predicando un mensaje titulado: "La Iglesia: ¿Quién la necesita?", y usé el poema de George MacLeod, "Return the Cross to Golgotha" ("Vuelvan la cruz al Gólgota") como ilustración, y concluí con una paráfrasis personal:

Simplemente deduzco que la iglesia se levante de nuevo
    al lugar de significación que Dios le dio.

Estoy recuperando la afirmación de que
    Jesús no empezó un proyecto
    al que hay que criticar y atacar,
    destinado a la debilidad, irrelevancia y declinación.

Sino más bien para fuerza, pureza y dignidad
    en un mundo que ha perdido su rumbo;
    en donde los descreídos, ladrones, y apostadores
    se han convertido en voces de autoridad,
    antes que creyentes confiados
    que caminan en humildad y en oración con su Dios.

Debido a que eso es para lo que la iglesia fue diseñada,
    y por eso Cristo predijo invencibilidad.
    Allí es donde el pueblo de Cristo debe estar
    y de eso es de lo que deben preocuparse los de la iglesia.

CON LOS HOMBROS HUNDIDOS, el hombre avanza penosamente por la vida, esforzándose con cada paso para llevar la gran carga a su espalda. Ha sido su compañera noche y día. Ni un solo instante ha conocido alivio de su implacable peso.

El hombre se llama Cristiano, el personaje central de la clásica alegoría de Juan Bunyan, *El progreso del peregrino*. En una conmovedora escena del libro, Cristiano halla el camino a la salvación. A tropezones sube la colina hasta que llega a la cumbre. Allí ve una cruz de madera y, justo debajo, un sepulcro vacío. Al acercarse a la cruz, sucede un milagro. Las correas que ataban el gigantesco peso a sus hombros se aflojan, y la carga cae a la boca del sepulcro que espera, para nunca volver a verla.

Un delicioso sentimiento de ligereza corre por el cuerpo de Cristiano, y lágrimas gozosas de alivio corren por su cara. Tres Seres Brillantes entonces se acercan a él. El primero anuncia: "Tus pecados te son perdonados"; el segundo le quita sus harapos y lo viste con ropa espléndida; el tercero le entrega un rollo sellado, que debe presentar a la entrada de la Ciudad Celestial.

Abrumado por su nueva libertad, Cristiano canta:

> Hasta aquí llegué cargado con mi pecado,
> No podía lograr aliviar la aflicción en que yo estaba,
> Hasta que llegué aquí. ¡Qué lugar es este!
> ¿Debe estar aquí el principio de mi bendición?
> ¿Debe aquí caer la carga de mi espalda?
> ¿Tienen aquí que soltarse las cuerdas que me atan?
> ¡Bendita cruz! ¡Bendito sepulcro! ¡Bendito, más bien, sea
> el Hombre que fue puesto allí en vergüenza por mí!

En esta breve escena, Bunyan ha dramatizado con elocuencia el mensaje de que todos somos peregrinos, doblegados por una carga aplastante de pecado. Cuando llegamos a tropezones a la cruz, Dios nos quita nuestra carga, sepultándola para siempre en la propia tumba de Cristo.

—Juan Bunyan, *El progreso del peregrino*

DAR

(Ver también *Dinero, Mayordomía, Riqueza*)

SI USTED TIENE NIÑOS PEQUEÑOS, o si ha estado con niños pequeños, ha visto esta escena docenas de veces. El mayor recibe un juguete, tal vez un carrito especial con el que le encanta jugar. Es más, juega con el hasta que la pintura del auto se pela. Un día el carro está sobre una mesita y nadie lo toca. Entonces viene la hermanita pequeña, que sujetándose a la mesa se para y estira su manita para empuñar el viejo carrito, sólo para ver que se lo arrebata con violencia el gorila de la familia. "¡Es mi carro"! Él no quiere separarse de algo tan importante.

¿Cuántos de nosotros, padres, hemos mirado al mayor y le hemos dicho: "Déjale jugar con el carrito," y que el niño diga: "Ah, por supuesto. Aquí lo tienes, hermanita"? ¿Está bromeando? "¡ES MÍO! ¡ES MÍO!" uno casi tiene que romperle el brazo para poder quitarle el carrito de la mano. Él no quiere darlo; y sus instrucciones hacen que él lo apriete más fuerte.

Eso es una ilustración de dar "a regañadientes." Y sin embargo lo asombroso es que el método regular de levantar fondos está haciendo que la gente se sienta obligada. Como ven, la obligación resulta en renuencia. Cuando usted se siente obligado a hacer algo, es más renuente para darlo.

De alguna manera, no sólo en Navidad
Sino todo el año,
La alegría que le da a otros
Es la alegría que regresa a usted.
Y mientras más gasta en bendecir
A los pobres, y solos, y tristes,

Más de las posesiones de su corazón
Regresan para alegrarle.

—John Greenleaf Whittier

JESÚS HABLÓ DE DINERO. Una sexta parte de los Evangelios, y una tercera parte de las parábolas tratan del tema de la mayordomía. Jesús no era uno que levantaba fondos. Él trató de los asuntos del dinero, sin embargo, porque el dinero importa. Sorprende a muchos, incluyendo creyentes, que la Biblia tenga mucho que decir sobre el tema.

Dios nos ha dado tres maneras en esta tierra para invertir en la eternidad. Dos de ellas están abiertas para el debate, y las abordamos con mente abierta, y parece que nunca podemos oír suficientemente al respecto, pero en cuanto a la tercera parece que pensamos que a nadie le incumbe.

El predicador que no habla del *tiempo* y la manera cómo lo gastamos se le considera que está faltando a su deber. El tiempo es uno de esos valores que no se pueden recuperar en la vida y que se puede gastar sólo una vez y nunca volverlo a recuperar.

El predicador que pasa por alto la enseñanza sobre los *talentos* y dones que ayudan al cuerpo de la iglesia a funcionar bien e incluso con eficiencia, no está haciendo su trabajo. La congregación tiene el derecho de sentirse soslayada porque no se menciona el tema.

Pero deje que el predicador hable del tema del *tesoro* y se le tilda de que ha vuelto a un tema gastado y que está tratando sólo de sacarnos dinero. Yo hallo eso no sólo asombroso sino ridículo.

DEBER

EN UN DISCURSO ante la Cámara de Comunes en 1940 Winston Churchill dijo: "Preparémonos para nuestros deberes, y comportémonos de modo que si el Imperio Británico y su comunidad dura por mil años, los hombres todavía digan: 'Esa fue su mejor hora.'"

—John Barlett, *Barlett's Familiar Quotations*

No RECUERDO A MUCHOS de los predicadores que hablaron durante las reuniones en la capilla, en mis cuatro años de estudio en el Seminario de Dallas, pero nunca olvidaré a un hombre que hablaba con voz suave, que habló de nuestra tentación de simplemente practicar una profesión. Mirando al público de trescientos jóvenes teólogos dijo: "Hombres: no tenemos una profesión que practicar, sino un deber que cumplir." Darse cuenta de la deuda que tenemos hacia Dios por su misericordia y el don de su Hijo debe motivarnos en nuestro deber.

STEVE BROWN relata de un soldado de la Primera Guerra Mundial que se perturbó tanto con la guerra que desertó. Trató de llegar a la costa para poder embarcarse en una nave y regresar de incógnito a su tierra en Inglaterra.

En la oscuridad de la noche llegó hasta un letrero en una carretera. Estaba tan oscuro, y él estaba tan perdido. No tenía ni idea de dónde estaba ni lo que el letrero decía. Decidió subirse al poste, y cuando llegó al travesaño horizontal, se detuvo para leer el letrero. Encendiendo un fósforo, se halló mirando directamente a la cara de Jesucristo. Se había trepado a un crucifijo.

Aturdido por lo que vio, se dio cuenta de la vergüenza de su vida. Estaba mirando a la cara de Aquel que lo soportó todo y nunca miró hacia atrás. A la siguiente mañana el soldado había vuelto a las trincheras.

—Revista *Preaching,* 1989

DEGENERACIÓN

(Ver también *Depravación*)

GARY BAUER cuenta la aturdidora y sin embargo real experiencia de la maestra que, hace veinticinco años, solía entrar a su clase de cuarto grado y saludar: "Buenos días, niños," a lo cual ellos respondían: "Buenos días, señorita Jones." Ella dejó de enseñar por muchos años para criar a sus hijos. Volvió hace poco al salón de clase y empezó el día en su manera acostumbrada: "Buenos días, niños." A lo cual un patán en primera fila respondió: "¡Cállate, . . . ¡" añadiendo un insulto. Esa es la erosión de las generaciones. Si sus pequeños no están alertas, se dejarán arrastrar por ella.

—Charles Swindoll, *The Finishing Touch*

Las espinas que he cosechado son del árbol
que yo planté—me han lastimado—y yo sangré:
Debería haber sabido qué fruto brotaría de tal semilla.

—————————

—Lord Byron, *Childe Harold's Pilgrimage*

COMO LA MAYORÍA DE USTEDES en la secundaria, yo tomé una clase de química. Como la mayoría de ustedes, no recuerdo mucho de la clase, excepto una lección invaluable que tiene poco que ver con la química. Mi profesor era el señor Williams, y un día hicimos un experimento que vive en mi mente hasta hoy. Vimos como se mata a una rana en una probeta enorme. Él puso agua en la probeta y a la rana adentro sin ninguna tapa. Entonces puso la probeta sobre un quemador Bunsen. El quemador Bunsen estaba con una llama muy, pero muy baja. Así continuó por un período como de tres horas. El agua se calentaba como a un tercio de grado centígrado por segundo; muy, pero muy lentamente. Con el paso del tiempo, por supuesto, el agua se calentaba cada vez más. Cuando volvimos de clase a clase para verificarlo, la rana no dio ni siquiera una patada de queja, jamás saltó del agua y literalmente se dejó hervir hasta morir en un período de cómo tres horas.

El punto es que, poco a poco, grado por grado, hora por hora, día por día, la muerte puede estar en el proceso de ocurrir y ni siquiera nos damos cuenta de ella.

—————————

—Paul Lee Tan, *Encyclopedia of 7,700 Illustrations*

LA LEY INMUTABLE de la siembra y la cosecha sigue vigente. Ahora somos los indefensos poseedores de depravación moral, y en vano buscamos una cura. La cizaña de la indulgencia ha crecido más que el trigo del freno moral. Nuestros hogares han sufrido. El divorcio ha crecido a proporciones epidémicas. Cuando se trastorna la moral de la sociedad, la familia es la primera que sufre. El hogar es la unidad básica de nuestra sociedad, y una nación es sólo fuerte si sus hogares son fuertes. La ruptura de un hogar no llega a titulares, pero carcome como la polilla en la estructura de la nación.

—————————

—Billy Graham, *World Aflame*

"EL HOMBRE FUE HECHO para morar en un huerto," dice el Dr. Harlod C. Mason, "pero por el pecado se ha visto obligado a morar en un campo, un campo que él ha arrebatado de los enemigos mediante sudor y lágrimas, y que preserva sólo al precio de la constante vigilancia y sudor interminable. Que afloje sus esfuerzos por unos pocos años, y la espesura reclamará su campo de nuevo. La selva y el bosque se tragarán sus labores y todo su cuidado cariñoso habrá sido en vano."

Todo agricultor conoce el hambre de la espesura, esa hambre que ninguna maquinaria agrícola moderna, ningún método mejorado de agricultura, puede jamás destruir. Por más bien que se prepare el terreno, por bien que se conserven las cercas, por más que se pinte con cuidado los edificios, que el dueño descuide por un rato sus hectáreas atesoradas y valiosas y ellas volverán a la espesura y las tragará la jungla o el desierto. La inclinación de la naturaleza es hacia lo salvaje, nunca hacia un campo fructífero. Eso, repetimos, todo agricultor lo sabe.

—A. W. Tozer, *The Root of the Righteous*

MEDIANTE LA PREDICACIÓN de George Whitefield, en el siglo dieciocho, Robert Robinson fue salvado de un trasfondo grotesco e impío. Robinson frisaba algo más de veinte años. Es más, a los 23 años, en 1758, Dios lo guió a poner por escrito su testimonio, que es lo que conocemos hoy como el himno: "Ven, fuente de toda bendición, afina mi corazón para que cante tu gracia; arroyos de misericordia, incesantes, piden cantos de alabanza fuerte. Enséñame algún melodioso soneto, cantado por lenguas flamígeras arriba; alabado sea su nombre; estoy fijo en él; nombre del amor redentor de Dios."

Robinson se descarrió. Dejó los mandatos de Jesucristo en el polvo y vivió como un hombre carnal e impío, hasta que un día se subió a una diligencia en donde iba una mujer que tenía su cara metida en un libro. Era un libro de poemas. Ella no lo conocía a él, ni él a ella. Pero ella empezó a leer este poema en particular, y le dijo a él, el extraño: "Escuche esto: 'Ven, fuente de toda bendición, afina mi corazón para que cante tu gracia; arroyos de misericordia, incesantes.'" Él se quedó sentado, sintiéndose profundamente culpable.

Entonces ella llegó a la estrofa: "Proclive a descarriarme, Señor, me siento; proclive a dejar al Dios que amo; toma mi corazón, oh tómalo y séllalo; séllalo para tus atrios arriba." Él dijo: "¡Ya basta! ¡Ya basta! Yo soy el pobre y desdichado que compuso esos versos hace muchos años. Darían mil mundos con tal de disfrutar de los sentimientos que entonces tenía."

—Kenneth W. Osbeck, *101 Hymn Stories*

_____

DELINCUENCIA

(Ver también *Crianza de hijos*)

EL DR. ALBERT SIEGLE escribió en el *Stanford Observer:* "Cuando se trata de criar hijos, toda sociedad está apenas a veinte años del barbarismo. Veinte años es todo lo que tenemos para lograr la tarea de civilizar a los nenes que nacen en nuestro medio cada año. Estos salvajes no saben nada de nuestra lengua, nuestra cultura, nuestra religión, nuestros valores, nuestras costumbres de relaciones interpersonales. El infante ignora por completo en cuanto al comunismo, fascismo, democracia, libertades civiles, los derechos de la minoría en contraste con las prerrogativas de la mayoría, respeto, decencia, costumbres, convencionalismos y modales. Es preciso domar al bárbaro para que la civilización sobreviva."

Revista *Leadership,* invierno de 1987

_____

LA COMISIÓN DE CRIMEN DE MINNESOTA informa: "Todo nene empieza la vida como un pequeño salvaje. Es completamente egoísta y egocéntrico. Quiere lo que quiere, cuando lo quiere: su biberón, la atención de su madre, el juguete de su hermanito, el reloj de su tío. Niéguesele estos antojos, y se desatará en cólera y agresividad, lo que sería homicidio, si no fuera indefenso. Es sucio. No tiene ni moral, ni conocimiento, ni destrezas. Esto quiere decir que todos los niños, y no sólo algunos de ellos, nacen delincuentes. Si se les permite que continúen en el mundo egocéntrico de su infancia, dándoles rienda suelta a sus acciones impulsivas para satisfacer sus antojos, todo niño crecerá para ser un criminal, un ladrón, un asesino o un violador."

—Ray Stedman, *From Guilt to Glory*

_____

EN MI SEMINARIO de crianza de hijos y liderazgo, hace un tiempo, cuento un relato real de una pareja joven que me invitó a su casa a cenar después de un programa de todo el día en una universidad. Este hombre y mujer, ambos altamente inteligentes, con estudios avanzados, habían optado por un hogar "centrado en el hijo" de modo que su hijo de cinco años, Bradford, tuviera a su disposición todo para llegar a ser un triunfador en este mundo competitivo.

Cuando llegué a su casa, una elegante casa modelo Tudor al final de una calle cerrada, debería haber sabido lo que me esperaba. Pisé su muñeco de extraterrestre al bajarme del coche, y fui recibido con: "¡Mira por donde pisas o tendrás que comprarme uno nuevo!"

Al entrar por la puerta del frente, al instante descubrí que esta era la casa de Bradford, y no de sus padres. Los muebles parecían haber sido originalmente de excelente calidad. Pienso que reconocí un mueble de un almacén de lujo que había sufrido "la ira de Khan." Intentamos servirnos café caliente en la sala, pero Bradford estaba atareado haciendo funcionar sus nuevos controles de Intellivision. Tratar de hallar un lugar en donde sentarse era saltar en un pie por un campo minado, y con los ojos vendados.

Bradford tenía que comer primero, en la sala, para que no esté solo. La sorpresa casi me hace tirar mi taza de café caliente sobre mis piernas cuando trajeron una silla alta que estaba diseñada como el asiento de expulsión de un avión de combate, con cuatro patas y correas. . . . Bradford tenía cinco años, pero tenía que ser sujetado en la silla alta para que pudiera terminar una comida.

Cuando empezamos a servirnos la ensalada en el comedor, que era un espacio abierto junto a la sala, el pequeño Bradford echó su cena sobre la alfombra y procedió a derramar su leche encima de ella para asegurarse de que los guisantes y las zanahorias penetren profundamente en las fibras de la alfombra. Su madre le suplicó: "Brad, corazón, no hagas eso. Mamá quiere que crezcas y seas fuerte y sano como papá. Te voy a traer más comida mientras papá limpia."

Mientras ellos estaban ocupados en sus quehaceres, Bradford se había desabrochado las correas, se había bajado de su silla, y se había unido a mí en el comedor, comiéndose mis aceitunas. "Pienso que deberías esperar tu propia cena," le dije cortésmente, quitando su mano de mi tazón de ensalada. Él alzó la pierna y me lanzó un puntapié a la rodilla, pero mis antiguos reflejos de ex piloto no me fallaron y yo cerré las piernas tan rápido que él erró, perdiendo el equilibrio y cayéndose duro sobre sus asentaderas. ¡Uno habría pensado que estaba en la silla del dentista! Él gritó a más no poder y corrió a su madre, gimiendo: "¡Él me pegó!" Cuando sus padres preguntaron lo que sucedió, con calma les informé que él se había caído por accidente y que, además, "¡Yo nunca golpeo al jefe de la casa!"

Sabía que era hora de retirarme cuando ellos llevaron al Príncipe Valiente a la cama colocando galletas de chocolate en las escaleras como señuelos. ¡Él se las comió hasta llegar a la cama! "¿Cómo van a hacer para motivarlo para que vaya a la escuela?" les pregunté con calma. "Ah, estamos seguro de que se nos ocurrirá algo," se rieron. "Sí, pero, ¿qué tal si el perro del barrio se come lo que ustedes le ponen delante? Él perderá el camino tal como Hansel y Gretel." (Mientras conducía al aeropuerto le pedí al Señor perdón por no guardar silencio).

—Denis Waitley, *Seed of Greatness*

¿De Quién es la Culpa?

Leemos en los periódicos y oímos por el aire
    Sobre homicidios y robos y crímenes por todas partes.
Suspiramos y decimos que hemos notado la tendencia,
    "Esta generación joven . . . ¿dónde terminará?"
Pero, ¿cómo podemos estar seguros de que es sólo culpa de ellos?

¿Somos nosotros menos culpables, que ponemos en su camino
    Demasiadas cosas que los hacen descarriarse?
Demasiado dinero, demasiado tiempo de ocio;
    Demasiadas películas de pasión y crimen.
Demasiados libros no apropiados para que se lean
    Demasiado mal en lo que oyen decir.
Demasiados niños que se animan a vagar
    Demasiados padres que no se quedan en casa.
Los chicos no hacen las películas, ellos no escriben los libros
    Ellos no pintan los cuadros de gángsters y pillos.
Ellos no fabrican licor, ellos no manejan las cantinas,
    Ellos no cambian las leyes, y ellos no hacen los carros.
Ellos no trafican con las drogas que enlodan el cerebro;
    Todo eso lo hacen los adultos . . . ambiciosos de ganancia.
Adolescentes delincuentes; ah, como condenamos
    El pecado de la nación y les echamos la culpa a ellos.

Por las leyes de estar sin culpa, el Salvador hizo saber
  ¿Quién entre ustedes está listo para arrojar la primera piedra?
Porque en muchos casos—triste pero verdad—
  ¡El título "delincuente" también les encaja a los adultos!

—Charles Swindoll, *Come Before Winter*

EL DEPARTAMENTO DE POLICÍA DE HOUSTON tiene Doce Reglas para Criar Hijos Delincuentes:

1. Empiece en la infancia dándole al niño todo lo que quiere; de esta manera, el creerá que el mundo le debe una vida.

2. Cuando él aprenda una palabra vulgar, ríase; eso le hará pensar que es ingenioso.

3. Nunca le dé ninguna educación espiritual. Espere a que tenga veintiún años y entonces deje que decida por sí mismo.

4. Siempre evite usar la palabra "mal." Puede desarrollarle un complejo de culpa. Esto lo condicionará a creer más tarde, cuando lo arresten, que la sociedad está en su contra y que lo están persiguiendo.

5. Recoja todo lo que él deja regado por toda la casa. Haga todo por él para que él tenga experiencia en echarle a otros toda la responsabilidad.

6. Déjele que lea cualquier cosa impresa que llegue a sus manos. Tenga cuidado de que los cubiertos y vasos estén esterilizados, pero deje que su mente se alimente en mugre.

7. Peleen con frecuencia en presencia de sus hijos; de esta manera ellos no se sorprenderán cuando el hogar se destroce más tarde.

8. Déle al hijo todo el dinero que quiera para gastar. Nunca haga que se gane su propio dinero.

9. Satisfaga todo antojo de comida, bebida o comodidad. Vea que sacia todo deseo sensual; no le retenga nada.

10. Póngase de su lado contra los vecinos, oficiales de la ley y maestros. Todos ellos tienen prejuicios contra su hijo.

11. Cuando él se meta en problemas, discúlpese diciendo: "Yo nunca pude hacer nada con ese muchacho de todas maneras."

12. Prepárese para una vida de aflicción; ¡con toda probabilidad la tendrá!

—Paul Lee Tan, *Encyclopedia of 7,700 Illustrations*

DEMONIOS, ACTIVIDAD DE

EL SURGIMIENTO en el interés astrológico es evidencia inequívoca de la declinación moral y social. El ocultismo crece ominosamente en tiempos de conflicto mundial, apostasía religiosa y declinación moral.

Carroll Righter es tal vez el astrólogo más conocido y de más éxito de los Estados Unidos de América. Apodado "el decano de los astrólogos públicos de los Estados Unidos de América," es uno de los 10.000 profesionales a tiempo completo y 175.000 a tiempo parcial sólo en los Estados Unidos de América. La astrología está en auge y como todo lo demás está siendo computarizada. Una compañía llamada Time Pattern Research Institute, Incorporated, ha programado una computadora para producir una lectura de un horóscopo de 10.000 palabras en dos minutos. Tiene un objetivo inicial de una capacidad de 10.000 al mes, con planes para expansión continua.

—Merrill Unger, *Demons in the World Today*

_____

EN MIS DÍAS en el sureste de Asia, vi a una mujer que estaba tan demonizada que literalmente la tenían encadenada. Tenía un collar alrededor de su cuello. Sus uñas habían crecido y ella aullaba por la noche como un animal. Tenía en los ojos la mirada más extraviada que uno puede imaginarse; y tenía una fuerza increíble. En una ocasión se soltó en las calles de Naha, en la isla de Okinawa. Se necesitó de cuatro policías con toda su fuerza para meterla en el vagón acolchonado y de nuevo a su "correa."

_____

ME GUSTAN las caricaturas de Gary Larsen, "El Lado Lejano." En una de esas caricaturas mostraba a un hombre de muy buena apariencia, con sus mangas arremangadas. Tenía un peinado increíble. Tenía la corbata aflojada. Sostenía en la mano una aspiradora. En línea estaban personas con un equipo de televisión, una tostadora y otro artefacto electrodoméstico. Le decía a la aspiradora, poniendo las manos sobre ella: "Ordeno a los demonios necios que han atascado a esta aspiradora que salgan." Me pareció divertido; pero no estoy tomando a la ligera a los demonios; estoy tomando a la ligera el sensacionalismo.

_____

EL DIABLO NO TOMA DÍAS FERIADOS; nunca descansa. Si se le derriba, se levanta de nuevo. Si no puede entrar por el frente, se introduce por atrás. Si no puede entrar por atrás, se abre paso por el techo o haciendo un túnel debajo del umbral. Se esfuerza hasta que entra. Usa gran astucia y muchos planes. Cuando uno fracasa, tiene otro a mano y continúa sus intentos hasta que gana.

—Ewald M. Plass, *What Luther Says: An Anthology,* Vol. 1

DEPORTES

EN UN PARTIDO DE FÚTBOL hay 50.000 personas que desesperadamente necesitan ejercicio contemplando a 22 personas que desesperadamente necesitan descanso.

—Howard G. Hendricks, *Say It With Love*

DEPRAVACIÓN

(Ver también *Degeneración*)

UN NATIVO EDUCADO de Calcuta oyó que se leía en una reunión el capítulo 1 de Romanos, y dijo: "El que escribió eso en realidad conocía la India."

—Donald Barnhouse, *Romans,* Vol. 1

TODOS SOMOS como la luna. Tenemos un lado oscuro que no queremos que nadie vea.

—Mark Twain

UN JUDÍO ENTRÓ y observó una parte del juicio de Eichmann y se deshizo en lágrimas. Alguien junto a él le dijo: "Tu ira debe ser insoportable." Él dijo: "No, no es ira. Mientras más tiempo estoy sentado aquí, más me doy cuenta de que tengo un corazón como el suyo."

—Charles Colson, Discurso en Templeton en 1993, "The Enduring Revolution"

NINGÚN HOMBRE se vuelve malo de repente.

—F. B. Meyer

UNA VEZ, CUANDO Tomás Carlyle estaba en Londres, fue invitado por una destacada mujer de sociedad. Ella tenía una mente vana, una de esas mariposas que vive en la superficie bebiendo un sorbito aquí, y otro sorbito por allá. En el curso de la conversación ella empezó a hablar de la culpa de los judíos al matar al Hijo de Dios, el Salvador del mundo. Ella dijo que si Cristo viniera hoy, nosotros le abriríamos nuestras casas y le daríamos la bienvenida. Entonces ella dijo: "Sr. Carlyle, ¿está usted de acuerdo?" El gran ensayista escocés replicó: "No; no estoy de acuerdo, señora. Pienso que si Él hubiera venido vestido muy a la moda, con abundancia de dinero y predicando doctrinas de lo más agradables a las órdenes más altas, a lo mejor yo habría tenido el honor de recibir una tarjeta suya en el reverso de la cual se habría escrito: 'Para conocer a nuestro Salvador.' Pero si Él viniera pronunciando sus preceptos y denunciando a los fariseos y asociándose con publicanos como lo hizo, ustedes lo hubieran tratado tal como los judíos lo trataron, y hubieran gritado: 'Llévenlo a Newgate y cuélguenlo.'"

—W. A. Criswell, *Expository Sermons on Galatians*

SI LA DEPRAVACIÓN FUERA DE COLOR AZUL, todos seríamos completamente azules.

—Addison Leastch

J. OSWALD SANDERS cuenta del gran predicador estadounidense, Henry Ward Beecher, que tenía problemas constantes con el reloj de su iglesia. Siempre se adelantaba o se atrasaba. Un día, exasperado, puso un letrero sobre el reloj que decía: "No culpes a mis manecillas, el problema está mucho más adentro."

—J. Oswalds Sanders, *For Believers Only*

LA PELÍCULA *Juicio en Nuremberg,* de Stanley Kramer, es una obra maestra del cine, inteligente y elocuente. En el ambiente de 1948, la película gira alrededor del juicio de cuatro jueces alemanes que habían sido acusados por su participación en las atrocidades nazis. La esencia de la película es la cuestión de la responsabilidad moral, pero también pinta un contraste sutil y sin embargo penetrante entre el poder de los seguidores de Hitler y la impotencia de sus víctimas.

Después de escuchar los perturbadores comentarios iniciales del fiscal y de la defensa, el juez que preside, interpretado por Spencer Tracy, sale a dar una caminata por Nuremberg histórico. Lo cautiva el encanto de la ciudad; hasta que llega a la arena en donde se habían celebrado tantas concentraciones nazis. Con sus ojos en los vastos graderíos y la plataforma donde Hitler había gritado sus mensajes de odio, el juez oye las voces fantasmagóricas de ese fatídico lugar. Los gritos y las hurras de la tremenda multitud que se levanta y grita, finalmente da paso a la voz de Hitler mismo. El personaje de Tracy queda impactado por la ferocidad del orgullo, la inmensidad del poder.

Más tarde, de nuevo en la corte, el fiscal muestra películas de los campos de concentración. En silencio, imagen tras imagen de hombres y nenes literalmente muriéndose de hambre, cadáveres enflaquecidos de gente sin nombre, amontonados uno sobre otro, y los restos carbonizados de los crematorios testifican del horror de los crímenes y la profundidad de la depravación humana.

EL DICCIONARIO WEBSTER DICE que *depravado* quiere decir: "marcado por la corrupción o el mal, pervertido, y por ciento." Es importante que se entienda que esta es una enfermedad interna; no se le puede detectar desde afuera. La mayoría de los individuos no *se ven* depravados. La mayoría de nosotros hacemos una obra maestra tapándola. Pero nunca dude de que por debajo, muy adentro, está esta enfermedad que nos carcome y contamina nuestros pensamientos y nuestras palabras (intelecto), nuestras relaciones personales (emociones) y nuestras acciones (voluntad).

LA PERSONA PROMEDIO definiría depravación diciendo que quiere decir que el hombre es tan malo como puede ser. Sin embargo, si tomamos eso como una definición aceptable, de inmediato nuestra teología es cuestionada porque conocemos hombres que no son tan malos como pueden ser. Conocemos a muchos hombres que son amables, bondadosos, generosos, morales, que contribuyen mucho en el hogar y en la comunidad. Más bien, la doctrina de la depravación dice que el hombre está tan mal como puede estarlo. Hay una vasta diferencia entre ser tan *malo* como puede serlo y estar tan mal como puede estarlo.

La doctrina de la depravación tiene que ver, no con la opinión que el hombre tiene del hombre, sino más bien con la opinión que Dios tiene del hombre. Somos herederos de generaciones de la enseñanza de la evolución que ve al hombre en una espiral siempre ascendente, subiendo más alto y más alto de las profundidades de donde ha surgido, hasta que finalmente llegará a las estrellas. Tan ampliamente aceptado es ese concepto que de alguna manera hemos llegado a sentir que hay tanto bien en el peor de nosotros que el hombre no está tan mal después de todo. Cuando medimos a los hombres por el hombre, siempre podemos hallar alguien que esté más abajo de lo que nosotros estamos en la escala moral, ética, y la comparación nos da un sentimiento de autosatisfacción. Pero las Escrituras no miden a los hombres por el hombre; miden a los hombres por el Dios que los creó. La criatura es medida por el Creador, y se halla corto.

——————————— —J. Dwight Pentecost, *Things Which Become Sound Doctrine*

TRES TORBELLINOS azotaron, Omaha, Nebraska en 1975, destruyendo quinientas casas, dañando otras mil, matando a tres personas, e hiriendo a ciento treinta y dos. Se llamó a la Guardia Nacional, no para que ayudara a la calamidad, sino para que patrullara un área de 3400 manzanas para prevenir el pillaje. El gobernador de Nebraska examinó el área y dijo que era el peor caso de daño a la propiedad en la historia de Omaha. Fue un triste acontecimiento de nuestra moderna sociedad que hombres con armas tuviesen que impedir que los depredadores se llevaran las cosas de las áreas devastadas de la ciudad.

———————————

DEPRESIÓN

Un Salmo en una Habitación de un Hotel

Estoy solo, Señor
Solo
a mil quinientos kilómetros de casa.
No hay nadie aquí que sepa mi nombre
Excepto el empleado
y lo deletreó mal.
Nadie con quien cenar,
que se ría de mis chistes
que escuche mis quejas
que se alegre conmigo por lo que sucedió hoy
y diga que es grandioso.
Nadie a quien le importe.
Esta es nada más que una pésima cama
y fango en la calle afuera
entre los edificios.
Siento lástima por mí mismo
y tengo suficientes razones.
Tal vez debería decir
que encima de todo
alabo al Señor
cosas que son grandiosas
pero que no lo son.
Esta noche
todo es
fango gris.

—Joseph Bayly, *Psalms of My Life*

_____

HACE MUCHOS AÑOS cuando vivía en Dallas, recibí una llamada telefónica que me llevó a un diminuto y sucio departamento sobre una cochera. Me recibió en la puerta de tela metálica un hombre con una escopeta. Me invitó a pasar. Nos sentamos por más de una hora en una diminuta mesa en la cocina con un bombillo desnudo colgando sobre ella. Él derramó una historia que partió el corazón. Acababa de ser dado de alta del hospital, recuperándose de cirugía de la espalda. Estaba solo, habiendo perdido el contacto con su esposa (y su único hijo) cuando su matrimonio fracasó muchos años antes. Mientras hablábamos de las intensas luchas del hombre, noté que su departamento estaba lleno de retratos; todos ellos del hijo en varias etapas de crecimiento.

Había fotos tomadas del muchacho cuando todavía estaba en pañales. Otras con su papá cuando el muchacho se graduó del jardín de niños. Otros lo mostraban en su uniforme de las ligas infantiles con el bate sobre sus hombros; y así sucesivamente, hasta la secundaria. Todo el enfoque del hombre se centraba en un matrimonio que había fracasado, y especialmente en un muchacho al que ya no podía ver. Esos "recuerdos nostálgicos lastimeros, coloreados de agua, de lo que éramos" lo mantenían cautivo en una cárcel de abatimiento. Desdichadamente, mis esfuerzos por ayudarle a ver más allá de las paredes de su angustia resultaron inútiles. En menos de una semana se mató de un disparo en su coche que había conducido muy adentro en los bosques del este de Texas. Para él, la vida ya no valía la pena lucharla.

EN FORMA CÁNDIDA, de todos los grupos a los que ministro, pocos están más deprimidos y agotados que un grupo de pastores. Llevan demasiada carga de trabajo, por lo general se les paga muy poco, y casi sin excepción no se les aprecia, aunque la mayoría de ellos están haciendo un trabajo impresionante. Depresiones leves pueden venirnos inesperadamente y erosionar nuestra disposición. A menudo no podemos explicar tal depresión al momento.

Aunque escribiendo hace más de cien años, Charles Spurgeon describió, en un capítulo de su libro *Discursos a mis estudiantes*, exactamente algunas de las razones por las cuales sufrimos de agotamiento nervioso en el ministerio hoy. Incluso admitió la depresión en su propia vida, a menudo antes de algún gran triunfo, a veces después de un gran triunfo, y por lo general debido a algo que no podía explicar. Él tituló de ese capítulo "Los desmayos del ministro." Escuchen sus cándidos comentarios.

Los ataques de depresión nos vienen a la mayoría de nosotros. Por alegres que seamos por lo general, debemos a intervalos estar alicaídos. Los fuertes no son siempre vigorosos, los sabios no siempre están listos, los valientes no siempre son valerosos, y los alegres nos siempre están felices. Puede haber aquí y allá hombres de hierro . . . pero con certeza la herrumbre los oxida incluso a ellos.

> La primavera se ha ido,
> El verano se ha acabado,
> El invierno está aquí,
> Y mi canto que era para cantarse
> Todavía no se ha cantado.
> Paso mis días
> Encordando y desencordando mi instrumento.
>
> —Robert Schuller, *Self-Love*

LA ALEGORÍA CLÁSICA DE JUAN BUNYAN de la vida cristiana, *El Progreso del Peregrino*, sigue al héroe, Cristiano, en su peligrosa jornada de la Ciudad de Destrucción a su destino celestial, la Ciudad Celestial. En el camino, Cristiano y un compañero se acercan "a un pantano muy lodoso, que estaba en medio de la llanura; y ellos estando desprevenidos, cayeron ambos de repente en el lodo. El nombre del pantano es Abatimiento. Aquí, por consiguiente, vadean por un tiempo, siendo gravemente embadurnados por el lodo; y Cristiano, debido a la carga que lleva a la espalda, empieza a hundirse en el barro."

Su compañero de viaje se las arregla para salir, pero en lugar de darle una mano a Cristiano, se aleja de la senda de la vida y huye a casa. Cristiano, entonces, queda luchando solo en el lodo del pantano hasta que un hombre llamado Ayuda, el Espíritu Santo, amablemente lo saca del fango del abatimiento y lo pone en terreno sólido.

Cristiano le pregunta a Ayuda por que "no se ha arreglado este peligroso trecho de tierra para que los pobres viajeros puedan seguir" en la jornada al cielo "con mayor seguridad." Ayuda aleccionadoramente responde: "Este pantano es un lugar tal que no se puede arreglar."

¡Cuán cierto es esto de la vida real! No importa cuán duro tratemos o cuan espiritualmente maduros seamos, los pantanos fangosos son inevitables; no debido a que hemos fallado de alguna manera, sino porque nadie es inmune al abatimiento; es un "lugar tal que no se puede arreglar;" sólo se puede atravesar.

—Juan Bunyan, *El Progreso del Peregrino*

"Soy el hombre más desdichado que vive," escribió un famoso líder estadounidense. "Si lo que siento se distribuyera por igual a toda la familia humana, no habría ni una sola cara alegre en la tierra. Seguir como estoy es imposible. Debo morir o mejorar." Tal vez se sorprenda al saber que quien escribió eso fue Abraham Lincoln.

Años más tarde, en los días más oscuros de la Guerra Civil, Lincoln luchaba constantemente con el espectro de la depresión implacable. Puede llegarle a cualquiera. Nadie es inmune. Ni siquiera el presidente de una nación. Ahí tenemos a un hombre maravilloso con carácter magnífico, sintiéndose absolutamente solo. . . . Con certeza, el presidente debe dormir bien debido a su protección, debido a su consejo sabio, y no hay que decir nada de su seguridad financiera. Sin embargo, allí estaba él, dándose vuelta y revolviéndose toda la noche, perseguido por pensamientos oscuros y debilitantes.

—Roy P. Basler, *The Collected Works of Abraham Lincoln*

DESALIENTO

(Ver también *Actitud*)

Me encantó una tira cómica de Charles Schulz que mostraba al perro Snoopy deslizándose con sus patas desnudas por el lago congelado. Él está divirtiéndose de lo lindo. Sonríe, y tiene puesto un gorrito. Lucy viene y se desliza por el hielo en sus patines, y Snoopy da una voltereta, y se desliza justo frente a ella. Ella le dice: "Eso no es patinar; eso es resbalarse." Snoopy se queda parado allí, y la mira mientras ella continúa con su sermoneo: "Ni siquiera tienes patines. Patinar es cuando tienes puestos los patines. Tú no estás patinando. ¡Simplemente estás resbalándote!"

Snoopy finalmente sale a un lado del lago con sus patitas y dice: "Cómo pude ser tan tonto. Pensé que estaba divirtiéndome."

Un hombre que se había jubilado hace poco estaba sentado en su porche en el estado de Kentucky, y el cartero acababa de pasar. Fue al buzón para recoger su cheque de pensión del Seguro Social, y pensó: *¿Es esto todo lo que mi vida va a ser de aquí en adelante? ¿Simplemente quedarme sentado en el porche esperando que llegue mi próximo cheque de pensión del Seguro Social?* Fue un pensamiento descorazonador.

Así que tomó papel, y empezó a compilar una lista de todos sus dones, todas las bendiciones, todos los talentos, y todo lo que tenía a su favor. Lo anotó todo, incluso las cosas pequeñas. Por ejemplo, incluyó el hecho de que era el único en el mundo que sabía la receta de su madre para el pollo frito en la cual ella usaba once diferentes hierbas y especias.

Se fue a un restaurante local, y preguntó si podía trabajar cocinando los pollos. Pronto el pollo se convirtió en el artículo más popular de la carta. Abrió su propio restaurante en Kentucky. Luego abrió una cadena de restaurantes, y con el tiempo vendió la concesionaria "Kentucky Fried Chicken" a una organización nacional por millones de dólares. Se convirtió en su representante público y continuó en ese papel hasta su muerte.

Larry Olsen describe a un hombre perdido en el desierto: "La comida y el agua se le habían acabado días atrás. Tenía los labios hinchados, igual que la lengua, y él estaba estropeado y sangrando. Algunos de sus huesos casi se podían ver. Había sufrido los estragos del cactus, la arena y el sol. Tenía ampollas. Se arrastraba por una pequeña colina hasta que encontró a una pequeña planta; se levantó sobre uno de sus codos sangrantes, y mirando a esta planta dijo: '¿Sabes? Si esto sigue así, ¡a lo mejor me desaliento!'"

—Larry Olsen, *Outdoor Surviving Skills*

Se anunció que el diablo iba a vender sus herramientas. En la fecha de la venta colocaron las herramientas para inspección pública, cada una rotulada con su precio de venta. Había toda suerte de instrumentos ominosos. Odio, envidia, celos, duda, mentira, orgullo, y así por el estilo. Separada del montón estaba una herramienta que parecía inocua, muy gastada y de precio muy alto.

"¿Qué herramienta es esa?" preguntó uno de los compradores.

"Ah," dijo el adversario, "es el desaliento."

"¿Por qué tiene precio tan alto?"

"Porque me sirve más que los demás. Con ella, puedo abrir y meterme en el corazón de una persona cuando no puedo acercarme a él con ninguna de las otras herramientas. Una vez que logró entrar, puedo hacer con él lo que se me antoje. Está muy gastada, porque la uso casi en toda persona, puesto que pocos saben que me pertenece a mí."

El precio que el diablo puso al desaliento fue tan alto, que nunca la vendió. Todavía es su herramienta principal, y todavía la usa en el pueblo de Dios hoy.

—John Lawrence, *Down to Earth*

DESOBEDIENCIA

(Ver también *Rebelión*)

LA DESOBEDIENCIA DE ADÁN le separó de Dios, fuente de su poder, y gradualmente, con el paso del tiempo, anuló el desarrollo de las facultades con las que Dios originalmente le había dotado.

—Merril Tenney, *The Reality of the Resurrection*

El canto de los rezongones

En el campo, población o ciudad, se puede hallar algunos
Que hallan su vida rezongando de todo lo que les rodea;
Ah, sí, siempre rezongan, sin que importe lo que digamos,
Porque son rezongones crónicos, y rezongan noche y día.
Rezongan en la ciudad, rezongan en la granja;
Rezongan de sus vecinos, y piensan que no hay nada de malo en eso;
Rezongan de sus esposos, rezongan de sus esposas;
Rezongan de sus hijos, pero el rezongón nunca prospera.
Rezongan cuando llueve, rezongan cuando está seco;

Si las cosechas fallan, rezongan y suspiran.
Rezongan por los precios bajos y rezongan cuando los precios suben;
Rezongan todo el año, rezongan hasta que mueren.
Rezongan el lunes, martes, miércoles,
Rezongan el jueves también,
Rezongan el viernes, sábado, domingo,
Rezongan toda la semana.

—Thoro Harris, citado por Leslie Flynn, *Did I Say That?*

_____

RECUERDO QUE EN LOS primeros años de mi adolescencia, uno de mis primeros trabajos fue repartir periódicos. Repartí el *Houston Press* por un par de años durante la secundaria básica. Era un buen trabajo y me ayudó a no meterme en problemas, pero era cansador.

Después de una larga tarde de doblar como doscientos periódicos, repartirlos en mi ruta, y volver a casa en mi bicicleta, recuerdo que llegué al patio grande en una casa enorme que había en la esquina de nuestra manzana. Pensé: *Estoy cansado . . . no tengo que ir hasta el mismo fin de la calle, y doblar en la esquina solo para dar la vuelta por este gran patio. Simplemente lo cruzo diagonalmente y llegaré a casa en un santiamén.* Fue un atajo rápido y fácil. La primera vez que lo hice sentí un pequeño aguijonazo de culpa y crucé montado en mi bicicleta por sobre esa hierba linda y bien cortada. Hay que entender, era un patio hermoso. Para empeorar las cosas, nuestro vecino la cuidaba con mucha atención. Yo lo había observado recortándola y podándola semana tras semana. Con todo, me convencí que una vez no le haría ningún daño. Tarde al día siguiente, yo regresaba sudando por la misma calle, pensando: *Me pregunto si podría usar el mismo atajo.* Lo hice . . . sintiendo menos culpa que la primera vez. Teóricamente, algo me decía que no debería hacerlo; pero en la práctica, racionalicé el asunto.

En menos de dos semanas las ruedas de mi bicicleta habían empezado a abrir un sendero estrecho por el patio. Para entonces, sabía de corazón que en realidad debería ir hasta la misma esquina, pero no lo hice. Simplemente hacía a un lado esos sentimientos de culpa.

Para el fin de la tercera semana, un pequeño letrero muy obvio apareció cerca de la vereda, cerrando el paso al sendero que yo había hecho. Decía: "No bicicletas por el césped." ¡En ese letrero estaba todo, excepto mi nombre! Lo confieso, lo ignoré; esquivé el letrero y seguí montando sobre mi sendero, mirando de reojo al letrero mientras pasaba. Lo admito, ¡me sentí terrible! ¿Por qué? El letrero identificaba mi pecado que, a su vez, intensificaba mi culpa. Pero lo que es más interesante es que el letrero no me impidió cruzar ese patio. A decir verdad, tenía una fascinación extraña. De alguna manera me empujaba para seguir haciéndolo.

¿RECUERDA LA ÚLTIMA VEZ que usted recibió una buena zurra en las asentaderas? Yo recuerdo la última vez que la recibí. Había llegado a la madura y sabia vejez de los trece años. A esa edad es cuando uno se sorprende que el padre de uno haya podido llegar tan lejos en la vida, no habiendo contado con el sabio consejo de uno. A decir verdad, la zurra tuvo lugar cuando cumplí los trece años. En nuestra casa, puesto que esto cayó en un sábado, cuando uno tiene un cumpleaños era una especie de "rey por un día." Recuerdo haber estado acostado en mi cama, o en el sofá, ladrando órdenes aquí y allá, exigiendo respuesta.

Así que mi padre, desde el jardín de afuera, percibiendo la necesidad de alguna corrección me llamó: "Charles." Yo dije: "ajá," lo que fue la equivocación número uno, porque en nuestra casa uno no decía: "ajá"; uno decía: "sí señor." Y cuando él me llamó por nombre otra vez, y dijo: "Sal y ayúdame a desyerbar el jardín," yo dije: "No," lo que fue el error número dos. Él con calma continuó su llamado diciendo: "No te quedes allí comportándote como un niño de tres años. Ven acá y ayúdame a desyerbar este jardín." Yo dije: "Papá, no tengo tres años. Tengo trece." Eso fue lo último que recuerdo de ese día, porque con ambas manos y ambos pies él me cayó encima; y no me soltó sino cuando yo estaba vigorosamente desyerbando el jardín.

Todavía lo recuerdo como si fuera ayer. Al trabajar juntos la mayor parte de ese día, él me dijo en un momento que fue bien escogido: "Hijo, yo sería menos que un buen papá si no te corrigiera cuando desobedeces."

DESVENTAJAS

SONREÍ CON DELEITE cuando leí el relato de Art Linkletter acerca de Wendy Stoker, de 19 años, de primer año en la Universidad de Florida. Atleta joven, alcanzó el tercer lugar, apenas 2.5 puntos del primer lugar, en el campeonato estatal de jóvenes de Iowa. Practicó dos horas al día por cuatro años para llegar a ese lugar. "Ahora que ella está en la Universidad de Florida," dice, "ella está practicando el doble y se ha ganado el segundo lugar en el escuadrón de zambullidas de la Universidad. Apunta a los finales nacionales. Wendy lleva horario académico completo, halla tiempo para ir a los bolos, y es una consumada esquiadora acuática. Pero tal vez lo más asombroso de Wendy Stoker es su eficiencia en mecanografía. Ella teclea 45 palabras al minuto en su máquina de escribir, ¡con los dedos de los pies!" Y entonces dice: "Ah, ¿me olvidé de mencionarlo? ¡Wendy nació sin brazos!"

—Ted Engstrom, *A Time for Commitment*

VÍCTIMA DE PARÁLISIS CEREBRAL, Shirley tiene poco control de su cuerpo. Cuando alguien se detiene a saludarla, su rostro se ilumina, pero solo puede asentir y dar una sonrisa amplia y amigable. Detrás de esa sonrisa silenciosa, sin embargo, hay una persona inteligente y encantadora que pocos dedican tiempo para notar. Una avenida a su espíritu interior es el gastado libro de poemas originales que siempre mantiene a su lado. Al ojear el libro usted descubrirá el corazón de Shirley.

Dentro de mi corazón

Dentro de mi corazón hay sentimientos que pocos conocen.
Cuando la gente ve mi silla de ruedas,
No me ven como una persona,
Que tengo mente y corazón.
Una vez que llegan a conocerme,
Me ven como una persona,
Mi cara muestra emoción,
Y mis ojos lo dicen todo.
Mis sentimientos son como el mar;
El agua sube y baja,
Mi vida también sube y baja.
Siempre estoy dando y nunca tomando;

> Así quiere Dios que yo sea.
> Me dio un corazón lleno de amor
> Para todos.

Como Shirley, muchas personas discapacitadas son un reflejo hermoso del amor de Dios. Así que mire más allá de las sillas de ruedas y los soportes ortopédicos y llegue a conocer el interior de las personas.

—Shirley Fields, "Inside My Heart"

_____

CATHY WARD NACIÓ CIEGA, o por lo menos así le dijeron. Tres semanas después de su nacimiento les informaron a sus padres, quienes de inmediato cambiaron sus sentimientos hacia Cathy. Ella sentía que su padre en verdad nunca la quiso; tal vez su madre la quería. Pero a los dieciséis años cada cual tomó su propio camino. Cathy tomó un rumbo y sus padres otro. Y mediante una serie de sucesos maravillosos ella llegó a conocer la luz verdadera: el Señor Jesucristo.

Al conversar, una vez ella me dijo: "Lo mas difícil de aceptar en el mundo es el ser ciega en una sociedad orientada a la vista. A veces me siento como un mono en una jaula. Siento ojos que me clavan la mirada. Las personas no saben como tratar a una persona ciega." Tiene un trabajo maravilloso. Trabaja para Biola University manteniendo el verdor del invernadero. Su compañero que le sirve de chofer comentó: "¿Sabe? Es un humor interesante y curioso el de Cathy. Alguien le pregunta cómo le va a una cierta planta; y ella responde: "No sé. Tendré que ver como le va."

¿No es esa una actitud hermosa?

_____

MIRAR A LAS PERSONAS DISCAPACITADAS vivir con su discapacidad puede ser de mucha inspiración. Como la ocasión cuando un niño y su madre llegaron a la oficina del optómetra. No tenían una cita, pero sí tenían un espíritu amable. Le preguntaron al médico si les podía ayudar en algo. Él contesto: "Por supuesto, ¿en que les puedo servir?" La madre contesto: "Pues bien, el ojo plástico de mi hijo necesita que se lo pula. Esta rayado. ¿Podría ayudarnos con eso?" El médico respondió: "Seguro." Lo llevó a la rueda, lo limpió, lo pulió, y se lo trajo de vuelta. La madre dijo: "¿Podría molestarle con otro pedido?" "Claro." "¿Podría hacer lo mismo con el otro ojo? También está rayado." Mientras se dirigía al cuarto de atrás el médico dijo: "Señor: Nunca volveré a quejarme." Le llevó el ojo pulido al niño, se lo colocó en la cuenca, y la madre y el niño salieron con un espíritu alegre.

—Jack Cooper, *Light for the Blind*

———————————

UNO DE LOS HIMNOS DE EVANGELIZACIÓN más grandes de todos los tiempos lo compuso una mujer que conoció bien la liberación y paz que vienen al confesar a Dios los errores y pecados. "Tal Como Soy," un himno que se canta con frecuencia al cierre de reuniones de evangelización, fue compuesto por Charlotte Elliott, que en un tiempo había estado muy amargada contra Dios por las circunstancias de su vida.

Charlotte quedó inválida desde su juventud y le disgustaban profundamente las limitaciones que su discapacidad imponían sobre sus actividades. En un arrebato emocional una vez, le expresó esos sentimientos al Dr. César Malan, un ministro que visitó su hogar. Él la escucho, y lo conmovió la aflicción de ella, pero insistió que sus problemas no debían desviar su atención de lo que ella más necesitaba escuchar. Le presentó el reto de que le entregue su vida a Dios, que fuera a Él tal y como ella era, con toda su amargura y su enojo.

Ella se disgustó por lo que le parecía una actitud insensible por parte del hombre, pero Dios le habló por medio de él, y le entregó su vida al Señor. Cada año, en el aniversario de esa decisión, el Dr. Malan le escribía una carta a Charlotte animándole a que fuera fuerte en su fe. Pero aun siendo creyente, ella tenía dudas y dificultades.

Un punto particular de molestia era el no poder salir y efectivamente servirle al Señor. A veces casi le disgustaba el ministerio exitoso de predicación y evangelización que desempeñaba su hermano. Ella anhelaba que Dios la utilizara a ella misma, pero pensaba que su salud y su estado físico se lo impedían. Entonces, en 1836, siendo el decimocuarto aniversario de su conversión, sola una noche, Charlotte Elliot, de cuarenta y siete años de edad, escribió su autobiografía en verso. En esta oración de confesión derramó sus sentimientos a Dios: sentimientos con los cuales se han identificado incontables personas en las generaciones que han seguido. La tercera estrofa, tal vez más que otras, describe su propio peregrinaje.

Tal como soy, de penas combatido,
De torpes dudas, de conflicto lleno,
De temores y luchas rodeado,
¡Oh, Cordero de Dios! Acudo, vengo.

Años más tarde, al reflexionar sobre el impacto de su hermana al escribir este himno, el Reverendo Henry Venn Elliott dijo: "En el curso de un largo ministerio espero se me haya permitido ver algunos de los frutos de mi labor, pero siento que ha hecho mucho más mi hermana con un solo himno: 'Tal Como Soy.'"

—Ruth A. Tucker, *Sacred Stories*

———————————

ME SENTÉ CON MI BATA del hospital puesta, esperando; aterrorizado. Estaba en la enfermería de la escuela Morristown, una escuela privada solo para varones. Un grupo de muchachos de mi grado estábamos esperando nuestro turno para el examen físico.

Algunos de los compañeros estaban haciendo bromas de mal gusto, nada cómicas, sobre cómo iba a ser el examen, pero yo no podía unirme a ellos en las risas y bromas. Estaba demasiado cohibido por la odisea que el examen iba a ser para mí. Estaba plenamente al tanto de que de todos los muchachos allí yo era el único que era muy diferente en lo físico. Para decirlo francamente, en una forma desagradable, sabía que yo era deforme.

Aunque esto se podía ocultar en su mayor parte por la ropa, cuando me desvestía se notaba a leguas. Vivía con un sentimiento de vergüenza; y lo detestaba. Deseaba más que cualquier otra cosa ser como los demás muchachos con sus cuerpos erguidos y sin defectos. Pronto el médico empezaría a decir: "Pues bien Joe, quítate la bata y déjame echarte un vistazo," y esto me daba pavor. Jamás, nunca me quitaba la ropa ante nadie. . . .

Un accidente y una tuberculosis de la columna vertebral me había dejado con una joroba en medio de la espalda la cual podía ocultar fácilmente cuando tenía toda mi ropa puesta, pero nunca podía ocultar ese defecto de mí mismo, y vivir con este sentimiento constante de inferioridad física me dolía mucho.

Al fin llegó mi turno y entré a la sala de exámenes. Detrás del escritorio estaba sentado un hombre alto, de pelo canoso, leyendo la ficha clínica que tenía en la mano.

"A ver, Joseph," me dijo: "estás en cuarto grado. . . .Está bien, vamos al grano. Primero, súbete a la balanza." Vino a la balanza, ajustó las pesas y luego ajustó la vara para medir mi estatura. Apuntó con cuidado estas cifras en mi hoja clínica y luego, sin alzar la vista dijo: "Ahora, quítate la bata."

Me enredé con las tiras, con las manos temblando, hasta que finalmente logré desatar la tira que sujetaba la bata al cuello y me la quité. Me sentí horrible parado allí.

De repente el médico dejó mi hoja clínica y vino hacia de mí y con bondad puso sus manos sobre mis mejillas, mirándome profundamente a los ojos.

"¿Crees en Dios?" me preguntó.

Quedé asombrado, pero dije la verdad. "Sí, señor," dije.

"Eso está bien," dijo "porque no hay nada que podamos hacer solos en este mundo. Mientras más fe tenemos en Él, más grande es la fe que tenemos en nosotros mismos."

"Sí señor," dije una vez más. Había algo en el toque de las manos de este señor sobre mi cara y la intensidad de su creencia en la dependencia del hombre en Dios que me penetró muy adentro y me hizo tiritar. De repente, tan rápido como me había mostrado ese aspecto de su carácter, otra vez se convirtió en el médico formal. Me dejó parado allí mientras volvía a su escritorio y escribía algo en mi hoja clínica. Luego se puso de pie y dijo: "Discúlpame un segundo; regreso al instante."

Me quedé parado allí por un momento, sintiendo frío y esperando que regrese pronto y toda esta odisea se acabe. Mis ojos se dirigieron hacia la hoja clínica que había dejado sobre su escritorio. "Me pregunto qué en verdad dice acerca de mí," me dije para mis adentros. "Me pregunto qué habrá escrito de mi deformidad." Tenía la garganta echa nudo, y me preparé para lo peor. Pero ahí en el papel, al lado de las palabras "Características Físicas," vi claramente escritas solo seis palabras: "Tiene la cabeza extraordinariamente bien formada."

Por un instante me quedé mirando fijamente las palabras, confundido; eran tan inesperadas, tan completamente diferente de los pensamientos que me obsesionaban. "Tiene la cabeza extraordinariamente bien formada." Leí las palabras una vez más. No, no había ningún error; eso era lo que en realidad había escrito; y aún más importante, nada más. ¡Absolutamente nada más!

Casi antes de que me diera cuenta, él volvió al cuarto, sonriéndome con sus ojos azules llenos de visión y compasión.

"Está bien, Joseph, ponte tu bata y dile al próximo muchacho que entre," me dijo.

Me quedé parado allí por un momento, aturdido, pero al fin me puse a tropezones la bata y le dije: "Gracias señor, gracias," y salí del cuarto.

Han pasado años de ese breve incidente; y ahora sé que mi cabeza no está mejor formada que la de cualquier otra persona. Pero entendí el mensaje que ese gran hombre tenía para dar: Enfocar lo mejor y no lo peor, en cualquier situación, creer que con la ayuda de Dios una persona puede aprender a vivir con cualquier discapacidad o dificultad.

Entendí el mensaje, y lo atesoraré mientras viva.

—Joseph Lahey, revista *Guideposts*, 1976

_____

DIEZ MANDAMIENTOS

(Ver *Biblia*)

_____

DINERO

(Ver también *Dar, Mayordomía, Riqueza*)

Alguien dijo acerca del dinero: "No es que necesariamente me guste, pero me calma los nervios."

—Joe Louis, citado en Lloyd Cory, *Quote Unquote*

_____

La junta administrativa de una iglesia decidió que las personas en la congregación se avergonzaban cuando pasaban los platos para recoger la ofrenda; así que decidieron implementar un nuevo método que no avergonzaría a nadie, especialmente a los que no podían dar. Le pidieron al pastor que diseñara una manera en que las personas pudiesen dar al entrar o salir de la iglesia. Así que él fabricó varios cofres interesantes y los puso junto a cada puerta. Pero esos cofres eran diferentes. Si se echaba un dólar o más, no hacía ningún ruido, no se oía nada. Si se echaba cincuenta centavos, sonaba un cascabel. Si se echaba una moneda de veinticinco centavos, sonaba un pito. Si se echaba diez centavos sonaba una sirena. Si se echaba cinco centavos sonaba un disparo. Si no echaba nada, ¡le tomaba una foto!

—Clyde Murdock, *A Treasury of Humor*

_____

EN EL BOLETÍN DE UNA IGLESIA aparecieron las siguientes palabras: "El Señor ama al dador alegre. También acepta del gruñón."

—Lloyd Cory, *Quote Unquote*

_____

DA TUS OFRENDAS mientras vives, así sabes a dónde van.

_____

UN ANCIANO RICO y con una actitud agria y amargada, visitó a un rabino que llevaba una vida sencilla. No habían estado conversando mucho tiempo cuando al rabino se le ocurrió una excelente idea para ilustrarle al hombre lo mala que era su forma de ser. Lo tomó de la mano y lo llevó a una ventana y le dijo: "Mire por la ventana y dígame lo que ve." Parado allí, el hombre dijo: "Pues bien, veo algunos hombres, algunas mujeres y algunos niños." "Muy bien." El rabino entonces le tomó de la mano y lo llevó al otro lado del cuarto a un espejo. "Ahora, dígame que ve." El hombre frunció el ceño y dijo: "Pues bien, obviamente me veo a mí mismo."

"Interesante," contestó el rabí. "La ventana es de cristal, el espejo es de cristal, pero el cristal del espejo está cubierto con una delgada capa de plata. Tan pronto como se le añade la plata uno deja de ver a otros, y solo se ve a uno mismo."

_____

EN UNA IGLESIA el predicador estaba llegando al final del sermón, y con énfasis creciente decía: "Esta iglesia, tal como el paralítico, tiene que ponerse de pie y caminar." Y la congregación respondió: "Así es, reverendo, que camine." Luego añadió:

"Esta iglesia, como Elías en el Monte Carmelo, tiene que correr." "Que corra, pastor, déjala que corra." "Esta iglesia tiene que levantar alas como las águilas y volar." "Que vuele pastor, déjela que vuele." Entonces el predicador añadió: "Ahora bien, si esta iglesia va a volar, vamos a necesitar dinero." "Que camine, pastor, déjela que camine."

—Clyde Murdock, *A Treasury of Humor*

LETRERO EN UN RESTAURANTE: "Si tiene 80 años de edad y viene con sus padres le cambiaremos el cheque."

—Lloyd Cory, *Quote Unquote*

UN JOVEN, observando la generosidad de su padre en la iglesia, que era un aspecto en el cual él había sido negligente, se sintió motivado a hacer lo mismo. Así que el siguiente domingo dio un dólar. Me lo comentó el domingo en la noche y añadió: "¡Y no va a creer que me encontré un dólar en el estacionamiento! ¡El próximo domingo voy a dar veinte!"

¿OYÓ DEL BORRACHO que estaba a gatas en la calle tarde una noche bajo un poste de luz? Estaba buscando en el suelo, tanteando, rebuscando entre las rendijas. Un amigo que pasaba por allí se acercó y le preguntó: "Sam, ¿que haces allí?" Sam contestó: "Perdí mi billetera." Así que el amigo se puso sobre sus manos y rodillas, y así ambos siguieron buscando. No pudieron hallarla. Finalmente, le preguntó a su amigo borracho." ¿Estás seguro de que perdiste tu billetera por aquí?"

"¡Claro que no! Se me cayó a media cuadra por allá."

"Entonces, ¿por qué estas buscando aquí?"

"Porque allá no hay ningún *poste de luz*."

—Billy Graham, *How to Be Born Again*

Un empleado que estaba en huelga llevaba el siguiente letrero: "El tiempo sana todas las heridas. ¡Sobretiempo las sana más rápido!"

—Earl Wilson, citado en Lloyd Cory, *Quote Unquote*

El conocido predicador estadounidense Ray Stedman una vez viajó al otro lado del país para asistir a una serie de reuniones. Sucedió que sus maletas no llegaron. Hasta donde recuerdo, ¡sus maletas fueron a Berlín! Necesitando unos cuantos trajes, se fue a una tienda de ropa usada y se alegró a ver una hilera completa de trajes. Cuando le dijo al vendedor: "Me gustaría comprar unos par de trajes," el hombre sonrió y le dijo: "Excelente, tenemos muchos. Pero quiero decirle que vinieron de la funeraria local. Todos ya están lavados y planchados, pero los usaban para vestir cadáveres. No tienen nada de malo, solo que no quería que eso le fuese a molestar." Ray le dijo: "No me molesta." Así que a apuro se los midió y compró unos cuantos por como veinticinco dólares cada uno.

Cuando regresó al cuarto de su hotel, empezó a cambiarse para las reuniones de esa noche. Al ponerse uno de los trajes, se sorprendió al ver que no tenía bolsillos. Estaban cosidos. Aunque algo sorprendido pensó: "¡Por supuesto, los muertos no se llevan nada cuando mueren!" Los trajes parecían como si tuvieran bolsillos pero solo tenían las cubiertas de los bolsillos. Mas tarde me dijo: "Me pasé toda la semana tratando de meter las manos en los bolsillos. ¡Tuve que colgarme las llaves en el cinturón!

—Charles R. Swindoll, *Living Above the Level of Mediocrity*

Hay muchas cosas que el dinero no puede comprar. El dinero puede comprar una cama pero no el sueño; libros pero no inteligencia; comida pero no apetito; galas pero no belleza; una casa pero no un hogar; medicina pero no salud; placeres pero no paz; lujos pero no cultura; entretenimientos pero no gozo; un crucifijo pero no un Salvador; una iglesia, pero no el cielo.

—Paul Lee Tan, *Encyclopedia of 7,000 Illustrations*

Vi una caricatura que tenía una divertida versión del formulario de declaración de impuestos a la renta. Tenía sólo dos renglones. El primer renglón decía: "Anote cuánto dinero ganó." El segundo renglón decía: "Envíelo todo."

—Ben Patterson, *The Grand Essentials*

La felicidad no se basa en el dinero; y la mejor prueba de eso es nuestra familia.

—Christina Onassis

El psiquiatra Dr. Kart Menninger una vez le preguntó a un paciente que era muy rico: "¿Qué piensa hacer con todo ese dinero?" El paciente le respondió, renuentemente: "Simplemente preocuparme por eso, supongo." Pues bien, Menninger continuó: "¿Encuentra tanto placer preocupándose por su dinero?" "No," contestó el paciente, "pero siento mucho terror solo al pensar en dárselo a otra persona."

—Richard Foster, *Money, Sex and Power*

Cuando era joven pensaba que el dinero era lo más importante en la vida; ahora que he madurado ¡*sé* que lo es!

—Oscar Wilde

Cuando uno fija los ojos en las cosas, invariablemente conduce al materialismo. Fije sus ojos en las cosas y continuamente se sentiría atraído a artefactos, dinero, abundancia de plástico, cromo, metal, madera y todo lo que tiene que ver con nosotros. Constantemente estará insatisfecho. Al millonario John D. Rockefeller una vez le preguntaron: "¿Cuanto se necesita para satisfacer por completo a un hombre?" Él dijo: "Se necesita un poco más de lo que tiene."

—Spiros Zodhiates, *Behavior of Belief*

DISFRUTO LOS COMENTARIOS de los atletas que aún tienen un sentido del humor. Lee Treviño es uno de ellos. Es un jugador de golf muy competitivo, pero nunca ha perdido su sentido del humor. Dice que cuando era niño, su familia era tan pobre que cuando su madre le tiraba un hueso al perro, el perro tenía que atraparlo en el aire, o si no los hijos se lo quitarían.

—Denis Waitley, *Seeds of Greatness*

UN HOMBRE EXPLICÓ por qué se compró un auto nuevo: "Tenía que decidir entre comprar una batería de $32 dólares para mi auto viejo o comprar un carro de $8.000 dólares; y querían que pagara la batería en efectivo."

DESPUÉS DE QUE LO DESPIDIÓ la compañía automotriz Ford, Lee Iacocca se vio obligado a reevaluar sus motivos y a responder a unas cuantas preguntas básicas respecto a su deseo de aferrarse con tanta tenacidad a su empleo en la compañía Ford. Su confesión de codicia no es algo oculto. Sin duda, ¡es difícil para cualquiera dejar atrás un salario de un millón al año, más bonificaciones! El que tiene meseros en frac blanco a sus órdenes con sólo hacer tronar los dedos, y un chofer que lo lleva y lo trae a la casa y al trabajo, se le hace extremadamente difícil dejar todo eso. En un momento de vulnerable honestidad, Iacocca admitió que de los siete pecados capitales, la codicia es el peor de todos. Oiga lo que dice citando a su padre, que nació en Italia: "Mi papá siempre me decía: 'Ten cuidado con el dinero. Cuando tienes cinco mil, querrás diez mil. Cuando tengas diez mil, querrás veinte mil.' Él tenía razón. Sin que importe cuánto tengas, nunca es suficiente."

—*Iacocca, An Autobiography*

UNO GASTA MIL MILLONES AQUÍ y mil millones allá. Tarde o temprano eso resulta dinero de verdad.

—Senador Everett Dirkson

EL PUNTO DE VISTA QUE EL GOBIERNO tiene de la economía se puede resumir en unas pocas frases breves: Si se mueve, ponle un impuesto. Si se sigue moviendo, regúlalo. Y si se deja de mover, subsídialo.

—Ronald Reagan

LOS PARROQUIANOS de un cantina local estaban tan seguros de que su cantinero era el hombre más fuerte de todos, que mantenían en pie una apuesta de mil dólares. El cantinero exprimía un limón hasta que le sacaba todo el jugo y luego se lo daba al que lo estaba retando. Cualquiera que le pudiese sacar apenas una gota más de jugo al limón, ganaba el dinero. Muchos habían tratado a través de los años (levantadores de pesas, marineros, etc.) pero nadie pudo ganarle. Un día, un hombre bajo de estatura y calvo entró a la cantina. Tenía unos anteojos de marco negro y un traje de lana peinada. Le hizo saber al cantinero en una voz baja y casi chillona: "Me gustaría intentarlo."

Después que se calmó la risa, el cantinero le dijo: "Está bien," empuñó un limón y lo exprimió. Luego le entregó al hombrecito las sobras secas y arrugadas del limón. El hombre apretó el puño alrededor del limón y la risa de los presentes se convirtió en silencio total al ver una gota caer en el vaso, . . . y luego otra, y otra. Seis gotas en total exprimidas de un limón totalmente reducido a pulpa.

Mientras que la multitud celebraba, el cantinero le pagó los mil dólares y luego le preguntó al hombrecito: "¿En que se gana la vida? Es obvio que usted no es ni leñador ni levantador de pesas."

Una sonrisa casi imperceptible asomó a los labios del hombre mientras respondía con voz tranquila y satisfecha: "Trabajo para el departamento de impuestos."

DIOS

UNA MAESTRA DE JARDÍN DE INFANTES les dijo a sus alumnos que dibujen un cuadro de lo que era importante para ellos. En la parte de atrás del salón, Juanito empezó a dibujar. Todos terminaron y entregaron su dibujo, pero él no. Él seguía dibujando. La maestra gentilmente se acercó y le puso el brazo sobre el hombro y le dijo:

"Juanito:¿qué estás dibujando?" Él ni siquiera levantó la vista; siguió dibujando con fervor. Él dijo: "Dios." "Pero Juanito," dijo ella suavemente, "nadie sabe cómo es Dios." Él respondió: "Lo sabrán cuando yo acabe."

—Em Griffin, *The Mind Changers*

¿RECUERDA USTED cuando los cosmonautas hicieron aquel primitivo viaje fugaz alrededor de la tierra por primera vez? Volvieron con sus pulgares debajo de sus tirantes fanfarroneando: "Hemos estado en el aire. Hemos estado alrededor de la tierra. ¡Y no vimos a Dios!" Al siguiente domingo W. A. Criswell, pastor de la Primera Iglesia Bautista de Dallas, hizo este comentario clásico: "Ah, si esos cosmonautas hubieran salido de su nave espacial, ¡hubieran visto a Dios!"

ROBERT DICK WILSON enseñaba hebreo en el Seminario Teológico Princeton y uno de sus estudiantes fue Donald Barnhouse. Barnhouse cuenta que volvió al seminario a predicar después de haberse graduado allí hace doce años. El Dr. Wilson llegó a la Capilla Miller y tomó asiento cerca del frente. Hay algo más bien intimidante en eso de volver a la institución en donde uno se educó y enseñar las Escrituras a los que le enseñaron a uno.

Al terminarse la reunión el Dr. Wilson se acercó a Donald Barnhouse y dijo: "Si vuelves, no vendré para oírte predicar. Vengo sólo una vez. Me alegro de que tú tengas un Dios grande. Cuando mis muchachos vuelven, vengo para ver si tiene un Dios grande o un Dios pequeño, y entonces sé lo que será su ministerio." Barnhouse le pidió que lo explicara.

"Pues bien, algunos tienen un Dios pequeño, y siempre tienen problemas con él. Él no puede hacer ningún milagro. No puede encargarse de la inspiración y transmisión de las Escrituras hacia nosotros. Él no interviene a favor de su pueblo. Tienen un Dios pequeño, y yo los llamo de esa manera. También hay los que tienen un Dios grande. Él lo dice y se hace. Él ordena, y se ejecuta. Él sabe mostrarse fuerte y a favor de los que le temen. Tú, Donald, tienes un gran Dios; y él bendecirá tu ministerio." Se detuvo un momento, sonrió, y dijo: "Que Dios te bendiga," y salió.

—Donald Barnhouse, *Romans*

QUEREMOS, en verdad, no tanto un Padre celestial sino un abuelo celestial; una benevolencia senil que, como dicen, "le gusta ver que los jóvenes se diviertan" y cuyos planes para el universo fueran simplemente que en serio se pudiera decir al fin de cada día: "todos pasaron un buen rato."

—C. S. Lewis, *The Problem of Pain*

¿HA SERVIDO USTED EN LAS FUERZAS ARMADAS? ¿Recuerdan lo maravilloso que era ir a la oficina del comandante del batallón? Recuerdo haber hecho eso una vez. Él no dijo: "Ah, Chuck; qué bueno que pases por aquí. Entra, hijo. Toma asiento. ¿Qué hay en tu corazón hoy?" Las primeras palabras que oí y que puedo repartir aquí fueron: "¿Qué quieres?" Eso es un maravilloso saludo para un individuo que está en posición de firmes con las rodillas castañeteando una contra otra. ¿Saben? Ni siquiera pude recordar, lo que empeoró las cosas.

Cuando era niño, sentía eso en cuanto a Dios. Lo capté de una caricatura. Había un hombrecito caminando con un garrote que tenía un clavo en la punta. Estaba buscando gente. Y cuando yo era pequeño solía pensar: "¡Ese es Dios! Simplemente buscando gente y diciendo: '¡Ahí está!'" y luego *¡pum!*

Veo el mal que me rodea,
Y me siento culpable por dentro;
Oigo, con gemidos y lamentos,
Que el mundo confiesa su pecado.

Sin embargo, en el enloquecedor laberinto de las cosas,
Y lanzado de un lado a otro por la tempestad y la inundación,
A una confianza fija se aferra mi espíritu:
¡Sé que Dios es bueno!

—John Greenleaf Whittier

Yo Soy

Yo lamentaba el pasado
Y temía el futuro . . .
De repente el Señor hablaba:
"MI NOMBRE ES YO SOY." Se detuvo.
Yo esperé. Él continuó:

"CUANDO TÚ VIVES EN EL PASADO,
CON SUS ERRORES Y LAMENTOS,
ES DIFÍCIL. YO NO ESTOY ALLÍ.
MI NOMBRE NO ES *YO FUI.*

"CUANDO VIVES EN EL FUTURO,
CON SUS PROBLEMAS Y TEMORES,
ES DURO. YO NO ESTOY ALLÍ.
MI NOMBRE NO ES *YO SERÉ.*

"CUANDO VIVES EN EL MOMENTO,
NO ES DURO.
YO ESTOY ALLÍ.
MI NOMBRE ES *YO SOY."*

—Helen Mallicoat, citado en Tim Hansel, *Holy Sweat*

_____

DIOS: AMOR DE

Lo que Dios ha prometido
Dios no ha prometido
Cielos siempre azules,
Sendas regadas con flores
Todas nuestras vidas;
Dios no ha prometido
Sol sin lluvia,
Alegría sin tristeza,
Paz sin dolor.

Pero Dios ha prometido
Fuerza para el día,
Descanso del trabajo,
Luz para el camino,
Gracia para las pruebas,
Ayuda desde arriba,
Simpatía infaltable,
Amor que no muere.

—Annie Johnson Flint, citado en Donald Kauffman,
Baker's Pocket Treasury of Religious Verse

A KARL BARTH, famoso teólogo, una vez le preguntaron: "¿Cuál es el pensamiento más grande que ha tenido?" Su respuesta: "Cristo me ama, bien lo se, Su Palabra me hace ver ."

—Dale Galloway, *Rebuild Your Life*

LO QUE INTERESA POR SOBRE TODO, por lo tanto, no es, en última instancia el que yo conozca a Dios, sino el hecho más grande que está en la base de todo esto: el hecho de que Él me conoce a mí. Estoy esculpido en las palmas de sus manos. Estoy siempre presente en su mente. Todo el conocimiento que tengo de Él, depende de la sostenida iniciativa suya de conocerme a mí. Lo conozco porque Él me conoció primero, y sigue conociéndome. Me conoce como amigo, como uno que me ama; y no hay momento en que su mirada no esté sobre mí, o en que su ojo se distraiga de mí; no hay momento, por consecuencia, en que su cuidado de mí flaquee. Se trata de un conocimiento trascendental. Hay un consuelo indecible...el saber que el amor que me tiene es eminentemente realista, basado en forma invariable en un conocimiento previo de lo peor que hay en mí, de manera que nada de lo que pueda descubrir e cuanto a mi persona en lo adelante pueda desilusionarlo, ni anular su decisión de bendecirme.

—J. I. Packer, *Knowing God*

UNA NOCHE TUVE UN SUEÑO. Caminaba por la playa con el Señor, y por los cielos relampagueaban escenas de mi vida. En cada escena noté dos juegos de pisadas en la arena. Unas eran mías, y las otras eran del Señor. Cuando la última escena de mi vida apareció ante mí, miré hacia atrás a las huellas en la arena, y para mi sorpresa, noté que muchas veces en el sendero de mi vida había sólo un juego de pisadas. Noté que fueron en los momentos más bajos y tristes de mi vida. Le pregunté al Señor al respecto: "Señor: tú dijiste que una vez que decidiera seguirte, tú irías a mi lado todo el camino. Pero noto que durante los momentos más problemáticos de mi vida, hay sólo un juego de pisadas. No entiendo por qué te fuiste de mi lado cuando más te necesitaba." El Señor dijo: "Mi precioso hijo: Nunca te dejé durante tu tiempo de pruebas. En donde ves solamente un juego de pisadas, era yo que te llevaba cargado."

—Margaret Rose Powers, revista Guideposts, julio de 1992

_____

CUANDO ESTABA EN LA MARINA en el Lejano Oriente decidí en serio dedicarme al ministerio. Estaba asombrado de que Dios me hubiera cambiado el corazón en ese tiempo. Mi hermana, Luci, que supo de mi interés por una carta que le había escrito, me envió un libro que todavía tengo en mi biblioteca. Lo atesoro. Abrí el libro la tarde en que lo recibí y vi que ella había escrito dentro de la pasta del libro esta inscripción: "A quien tenemos, Señor, sino a ti, para satisfacer la sed del alma. Fuente inagotable, el agua es libre, todos los demás arroyos se secan." (Esto viene del himno "Whom Have We, Lord, but Thee" "A quién tenemos, Señor, sino a Ti") de Mary Bowley Peters. El amor de Dios es una fuente inagotable.

_____

NO HAY UNA MAYOR BENDICIÓN que pueda darte, ningún don tan precioso ni tesoro tan refrescante, nada que pueda aprovisionarte para la jornada que todos estamos haciendo, que decirte que Alguien está buscándote con diligencia. Él no es un Dios estacionario. Él está loco por ti. El gasto que Él ha hecho no es razonable, ¿verdad? La cruz no fue un rescate muy digno. Por decir lo menos, fue la extravagancia del amor y gloria derramada en ti y en mi: "Siendo aún pecadores, Cristo murió por nosotros." "El pastor que tiene cien ovejas, si pierde una, deja a las noventa y nueve para ir a buscar a la que se perdió y la busca con diligencia hasta que la encuentra."

Dios es como ese pastor. Eso basta para hacerme reír y llorar.

—David A. Redding, *Jesus Makes Me Laugh with Him*

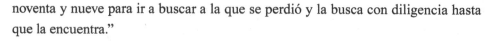

DIOS: MISERICORDIA DE

J. DWIGHT PENTECOST solía decir: "Misericordia es el ministerio de Dios al desdichado." Es tanto intensamente personal como inmensamente práctico. Porque cuando me tratan injustamente, la misericordia de Dios alivia mi amargura. Cuando me aflijo por una pérdida, alivia mi dolor, ira y negación. Cuando lucho con la discapacidad, me alivia de sentir lástima de mí mismo. Cuando soporto dolor físico, alivia mi desesperanza. Cuando trato con ser pecador, alivia mi culpa.

LA PELÍCULA *Misericordias tiernas* trata de dos personas opuestas que se casan. Él es un hombre que batalla con el licor, amargado por haber perdido una carrera como músico. Ella es una viuda cuyo esposo murió en Vietnam. Ella nunca le hace demandas enormes a su esposo alcohólico, nunca lo amenaza, nunca espera demasiado. Con tranquilidad, con gracia, con paciencia, con misericordia tierna, ella confía en que Dios tratará con su esposo.

La historia llega a su clímax cuando el esposo, en las garras de la depresión, compra una botella y se va en su camioneta. Mientras tanto, su esposa espera en la cama, citando pasajes bíblicos para animarse a sí misma mientras él está fuera. Finalmente, él vuelve, y le dice: "Compré una botella, pero la vacié. No bebí nada." Su vida da la vuelta en ese punto; y él vuelve al trabajo que en un tiempo le encantaba: componer canciones.

Misericordias tiernas; eso es lo que Dios usa para cambiar vidas.

CONTAMOS CON LA MISERICORDIA de Dios para nuestros errores pasados, en el amor de Dios para nuestras necesidades presentes, y en la soberanía de Dios para nuestro futuro.

—Agustín

NADA MÁS en la circunferencia de su vida [de Abraham] pudo haber sido tal prueba como algo conectado con el heredero de la promesa, el hijo de su vejez, la risa de su vida. . . . Así que Dios lo puso a una prueba suprema, para que todos los hombres puedan desde entonces saber que un mortal puede amar a Dios tanto como para ponerlo a Él primero, aunque el que más quiere esté en la escala opuesta de la balanza del corazón.

—F. B. Meyer, *Abraham*

MANTÉNGANSE FERVIENTES EN EL AMOR. *Ferviente* es una palabra que habla de intensidad y determinación. Es un término del atletismo que significa extenderse para romper la cinta. ¿Ha visto usted a los corredores en la pista? Cuando dan la vuelta por última vez y se acercan a la meta, corren hasta la misma cinta de llegada, y entonces se estiran hacia adelante. Los he visto incluso caerse allí mismo en la pista, porque se extienden para llegar a la cinta antes que los demás competidores. Es la idea de intensidad, de estirarse. Los que participan en salto de longitud, saltan al aire, extienden sus pies hacia delante y, con intensidad, estiran todo músculo de sus cuerpos para alcanzar la mayor distancia que puedan. Lo mismo con los que participan en salto de altura. Se estiran lo más que pueden para alcanzar el límite. Eso es lo que implica la palabra *ferviente*.

Dios la fuente de todo bien
Oh Señor Dios, que habitas en la eternidad,
los cielos declaran tu gloria,
la tierra tus riquezas,

el universo es tu templo;
tu presencia llena la inmensidad,
y sin embargo tú de tu placer creaste la vida,
    y comunicaste felicidad;
tú me has hecho lo que soy,
y me ha dado lo que tengo;
en ti vivo, y me muevo, y existo;
tu providencia ha puesto los límites de mi habitación,
    y con sabiduría administra todos mis asuntos.
Te agradezco por tus riquezas para mí en Jesús,
    por la revelación no nublada de él en tu Palabra,
        en donde contemplo su persona, carácter, gracia, gloria,
        humillación, sufrimientos, muerte y resurrección;
Concédeme sentir una necesidad de tu salvación continua,
    y clamar como Job: "soy vil,"
        como Pedro: "perezco,"
        como el publicano: "sé misericordioso de mí, pecador."
Subyuga en mí el amor al pecado,
hazme conocer la necesidad de renovación tanto como de perdón
    a fin de servirte y disfrutar de ti para siempre.
Vengo a ti en el nombre todo prevaleciente de Jesús,
    sin nada propio que aducir,
    ni obras, ni dignidad, ni promesas.
A menudo me descarrío,
    a menudo a sabiendas me opongo a tu autoridad,
    a menudo abuso de tu bondad;
mucho de mi culpa surge de mis derechos religiosos,
    mi baja estimación de ellos,
    mi fracaso de usarlos para provecho,
pero no soy descuidado de tu favor respecto a tu gloria;
impresióname profundamente con un sentido de tu
    omnipresencia,
        que tú estás alrededor de mi sendero, mis caminos, mi
        acostarme, mi fin.

—Arthur Bennett, *The Valley of Vision*

DIOS: PALABRA DE

(Ver *Biblia*)

_____

DIOS: SOBERANÍA DE

> Los corazones que son grandes siempre están solos
> Nunca manifestarán lo mejor
> Su mayor grandeza es desconocida
> La tierra sabe un poco
> Dios el resto.

—Abram Joseph Ryan

_____

HUBO UN HOMBRE que le entregó su negocio a Dios. Había luchado con eso por años. Había luchado y peleado por dos décadas. Un día decidió: "Ya me cansé; ¡ya basta!" Había oído de su pastor ese domingo por la mañana en cuanto al valor de entregarle por completo su empresa a Dios. Fue cuando conducía a su casa, después del culto, que decidió que se había preocupado lo suficiente. Para cuando llegó a su casa, en forma total e inequívoca le había entregado a Dios su negocio.

Esa noche el edificio se incendió. Él recibió una llamada de emergencia. En forma más bien calmada condujo al lugar de su comercio y se quedó en la calle, viendo como el lugar se reducía a cenizas. En cierto sentido estaba sonriendo. Uno de sus colegas corrió a su lado y cuestionó su actitud relajada sobre lo que sucedía. "¡Vaya! ¿No sabes lo que te está pasando? ¡Se está quemando!"

Él replicó: "Lo sé. Lo sé. No hay problema, Fred. Esta mañana le entregué a Dios esta compañía, y si Él quiere quemarla, es asunto suyo."

—Charles R. Swindoll, *Living on the Ragged Edge*

_____

LA VOLUNTAD DEL HOMBRE es libre porque Dios es soberano. . . . Tal vez una limitada ilustración pudiera ayudarnos a entender.

Un trasatlántico salió de Nueva York con destino a Liverpool, Inglaterra. Su destino lo habían determinado las autoridades apropiadas. Nada podía cambiarlo. Esto es apenas un débil cuadro de soberanía.

A bordo del barco hay varias veintenas de pasajeros. No están en cadenas, ni tampoco sus actividades se determinan por decreto. Son completamente libres de moverse por donde quieran. Comen, duermen, juegan, dormitan en la cubierta, leen, conversan, hacen lo que les place; pero mientras tanto el gran trasatlántico está llevándolos continuamente hacia un puerto predeterminado.

Tanto la libertad como la soberanía están presentes aquí y no se contradicen entre sí. Así es, pienso, con la libertad del hombre y la soberanía de Dios. El poderoso trasatlántico del diseño soberano de Dios mantiene su curso firme sobre el mar de la historia. Dios avanza imperturbable y sin estorbo hacia el cumplimiento de los propósitos eternos que se propuso en Jesucristo desde antes de que el mundo empiece. No sabemos todo lo que incluyen esos propósitos, pero sí se nos ha revelado lo suficiente como para proveernos de un bosquejo amplio de las cosas por venir y para darnos esperanza y firme seguridad de un futuro bienestar.

—A. W. Tozer, *The Knowledge of the Holy*

_____

La caligrafía de Dios

Él escribe con letras demasiado grandes
para que nuestra corta vista entienda;
nosotros captamos sólo rasgos quebrados, y tratamos
de desentrañar todo el misterio
de esperanzas marchitas, de muerte, de vida,
la guerra interminable, el conflicto inútil;
pero allá, con vista más amplia, más clara,
veremos todo esto; su camino es el correcto.

—John Oxenham, citado por V. Raymond Edman, *Disciplines of Life*

_____

El telar del tiempo

La vida del hombre es puesta en el telar del tiempo
con patrones que él no ve,

mientras que los tejedores trabajan y la lanzadera vuela
hasta la aurora de la eternidad.

Algunas lanzaderas están llenas de hilos de plata
y otras con hilos de oro,
pero a menudo matices oscuros
son todo lo que ellas pueden contener.

Pero el tejedor observa con ojo diestro
cada lanzadera que vuela de aquí para allá,
y ve el patrón tan diestramente producido
mientras el telar se mueve con firmeza y lentitud.

Dios con certeza planeó el patrón:
cada hebra, las oscuras y las claras,
la escoje su destreza maestra
y la coloca en la trama con cuidado.
Sólo Él conoce su belleza,
y guía las lanzaderas que tienen
los hilos tan inatractivos,
como también los hilos de oro.

No es sino cuando el telar queda en silencio,
y las lanzaderas dejen de volar,
que Dios revelará el patrón
y explicará la razón por qué.

Los hilos oscuros son tan necesarios
en la mano diestra del tejedor
como los hilos de oro y plata
para el patrón que Él planeó.

—Autor desconocido, citado por Hazel Felleman,
Best Loved Poems of the American People

HABÍA UN HOMBRE en Kansas cuya casa quedó destruida por un ciclón. El predicador local, viendo esto como una oportunidad, le dijo al hombre: "El castigo por el pecado es inevitable." "Ah, en verdad," dijo el hombre, "y, ¿sabía usted que también su casa quedó destruida?" "Pues bien," dijo el predicador, "los caminos del Señor son inescrutables."

—Oren Arnold, *Snappy Steeple Stories*

La soberanía de Dios

Con insensatas e
impacientes manos
enredamos
los planes
que el Señor ha trazado.

Y cuando clamamos
en dolor, Él dice:
"Silencio, amado,
mientras yo desenredo el nudo."

— V. Raymond Edman, *Disciplines of Life*

Una oración al Dios de flujo y reflujo

Querido Señor:

Hoy pensé en las palabras de Vincent van Gogh. Es cierto que hay flujo y reflujo pero el mar sigue siendo mar. Tú, oh Dios, eres el mar. Aunque yo atravieso muchos altibajos en mis emociones, y a menudo siento grandes cambios y movimientos en mi vida interior, tú sigues siendo el mismo. Tu inmutabilidad no es la misma de la roca, sino la inmutabilidad del que ama con fidelidad. Me sostiene y a tu amor siempre soy llamado de nuevo. Mi única tentación real es dudar de tu amor, de pensar de mí mismo como estando más allá de tu amor, de separarme yo mismo de la radiante sanidad de tu amor. Hacer estas cosas es pasar a la oscuridad de la desesperanza.

Oh, Señor, mar de amor y bondad, concédeme no temer tanto las tormentas o vientos de mi vida diaria. Y, concédeme conocer que hay flujo y reflujo, pero que el mar sigue siendo mar. Amén

————————————

Luz brillando en la oscuridad
Dios se mueve de una manera misteriosa,
sus maravillas para realizar;
Él planta su pie en el mar,
y cabalga en la tormenta.

Profundo en insondables minas
de destreza que nunca falla,
Él atesora sus brillantes diseños,
y obra su voluntad soberana.
Ustedes, santos que temen, nuevo valor tomen;
las nubes que ustedes tanto temen
son grandes en misericordia, y se romperán
en bendiciones sobre su cabeza.

—William Cowper

————————————

Las cosas no simplemente pasan
Las cosas no simplemente nos pasan a los que amamos a Dios,
 son planeadas por su propia mano amorosa,
luego moldeadas y forjadas, y calculadas según su reloj,
 las cosas no simplemente pasan; son planeadas.
Nosotros no simplemente adivinamos los asuntos de la vida;
 los creyentes simplemente descansamos en nuestro Señor,
nos dirige su voluntad soberana,
 a la luz de su Palabra santa.
Los que amamos a Jesús andamos por fe,
 sin ver un paso de lo que está por delante,

sin dudar ni un momento lo que nuestra suerte pudiera ser,
    sino mirando a Jesús, más bien.
Alabamos a nuestro amado Salvador por amarnos tanto,
    por planear cada cuidado de nuestra vida;
luego darnos fe para confiar en Él para todas
    las bendiciones tanto como el conflicto.
Las cosas no simplemente nos suceden a los que amamos a Dios,
    los que hemos tomado nuestra posición;
sin que importe la suerte, el curso, o el precio,
    las cosas no simplemente suceden; son planeadas.

—Esther Fields, citado en Barbara Johnson, *Fresh Elastic for Streched Out Moms*

Primero, Él me trajo acá, es por su voluntad que estoy en este lugar estrecho: en ese hecho descansaré.

Luego, Él me guardará aquí en su amor, y me dará la gracia para comportarme como su hijo.

Entonces, Él hará de la prueba una bendición, enseñándome lecciones que Él propone que yo aprenda, y

obrando en mí la gracia que Él quiere conceder.

Por último, a su tiempo de bondad Él puede sacarme de nuevo; cómo y cuándo Él lo sabe.

Déjeme decir que estoy aquí,
(1) Por decisión de Dios
(2) A su cuidado
(3) Bajo su entrenamiento
(4) por su tiempo.

—V. Raymond Edman, *In Quietness and Confidence*

La crisis presente
La verdad para siempre en el andamio,
el mal para siempre en el trono;

sin embargo ese andamio oscila al futuro, y,
detrás de lo tenue desconocido,
está Dios dentro de la sombra,
cuidando a los suyos.

—James Russell Lowell

_____

SOMOS un pueblo singularmente bendecido. Incluso tenemos un origen de lo más singular. Cristóbal Colón, en un libro raro, su *Libro de Profecías,* incluyó estas palabras:

Fue el Señor quien puso en mi mente (podía sentir su mano sobre mí) el hecho de que sería posible navegar de aquí a las Indias. Todos los que oyeron mi proyecto lo rechazaron con risa, ridiculizándome. No hay duda de que fue la inspiración del Espíritu Santo, porque Él me consoló con rayos de maravillosa inspiración de las Santas Escrituras. . . .

Yo soy un pecador de lo más indigno, pero he clamado al Señor gracia y misericordia, y ellas me han cubierto por completo. He hallado la más dulce consolación desde que hice todo mi propósito disfrutar de su maravillosa presencia. Para la ejecución del viaje a las Indias, no hice uso de inteligencia, matemáticas o mapas. Es sencillamente el cumplimiento de lo que Isaías había profetizado. . . .

Nadie debe temer acometer alguna tarea en el nombre de nuestro Salvador, si es justa y si la intención es sólo para su servicio santo. El resultado de todas las cosas lo ha asignado a cada persona nuestro Señor, pero todo sucede de acuerdo a su soberana voluntad, aunque Él da consejos. A Él no le falta nada que esté en poder de los hombres darle. ¡Oh, que Señor de gracia, que desea que la gente realice para Él las cosas por las cuales el mismo se considera responsable! Día y noche, momento tras momento, toda persona debería expresarle la más devota gratitud.

—Peter Marshall, *The Light and the Glory*

_____

HELEN ROSEVEARE, médica misionera británica durante el levantamiento en el Congo cuando los revolucionarios Mau-mau invadieron, fue atacada. A esta pura, santa, y cortés inocente mujer de Dios, la violaron, golpearon, humillaron, y la dejaron aferrándose a una fe que no podía ser estremecida. Mientras se recuperaba de ese terrible suceso, Helen y el Señor se acercaron mucho más de lo que antes habían estado. Ella escribió una declaración en forma de una pregunta que toda persona necesita hacerse: "¿Puedes agradecerme por confiarte con esta experiencia, aunque nunca te diga el por qué?"

———————

EL RUIDO FUE ENSORDECEDOR.

Aunque no había nadie cerca lo suficiente como para oírlo, en última instancia repercutió por todo el mundo. Ninguno de los pasajeros del DC-4 jamás supo lo que sucedió; murieron al instante. Eso fue el 15 de febrero de 1947. El vuelo de Avianca con destino a Quito, Ecuador, se estrelló contra el pico El Tablazo, a más de tres mil metros de altura, no muy lejos de Bogotá. Entonces cayó, como masa incendiada de metal, en el precipicio muy abajo. Un joven neoyorquino, Glenn Chambers, fue una de sus víctimas. Él planeaba empezar su ministerio con *La Voz de los Andes*, sueño de toda una vida que de súbito quedó abortado en una pesadilla.

Antes de salir del aeropuerto de Miami, temprano ese día, Chambers al apuro garabateó una nota a su mamá en un pedazo de papel que halló en el piso de la terminal. Ese pedazo de papel era un anuncio publicitario con sólo dos palabras impresas en el centro ¿POR QUÉ? Pero entre el franqueo y la entrega de esa nota, Chambers murió. Cuando la carta en efecto llegó, allí, contemplando a su mamá estaba la pregunta apremiante: ¿POR QUÉ? De todas las preguntas esta es la más penetrante, la más atormentadora. Ninguna verdad sola elimina la necesidad de preguntar ¿Por qué? como esta. Aquí está:

> DIOS ES DEMASIADO BONDADOSO PARA HACER NADA
> CRUEL . . .
> DEMASIADO SABIO PARA COMETER UNA
> EQUIVOCACIÓN . . .
> DEMASIADO PROFUNDO PARA EXPLICARSE.

La Sra. Chambers dejó de preguntar ¿por qué? cuando vio al Quien detrás de la escena. Todos los otros sonidos se apagan cuando afirmamos su absoluta soberanía; incluso los ruidos ensordecedores del DC-4 que se estrella.

——————— —William Petersen, *How to Be a Saint While Laying Flat on Your Back*

ACEPTACIÓN es tomar de la mano de Dios absolutamente cualquier cosa que Él escoge darnos, mirar a su cara con amor y confianza—incluso con acción de gracias—y saber que los confines del cerco dentro del cual Él nos ha colocado son buenos, incluso perfectos, por dolorosos que pudieran ser, simplemente porque Él mismo los ha dado.

DIOS: VOLUNTAD DE

LA MANERA EN QUE ALGUNOS intentan conocer la voluntad de Dios serviría para una grandiosa serie de televisión titulada *Eso es increíble*. Leí la semana pasada de una señora que toda su vida tuvo el deseo de ir a la Tierra Santa. Consiguió un folleto de una gira a la Tierra Santa y lo leyó con todo cuidado. Tenía el tiempo y el dinero para el viaje, pero no estaba segura de si era la voluntad de Dios. Así que antes de irse a la cama esa noche, volvió a leer el folleto y notó en los detalles del plan que viajarían en un jumbo jet 747, de ida y regreso. Ella luchó toda la noche, revolviéndose en la cama, preguntándose cuál sería la voluntad de Dios. Cuando se despertó a la mañana siguiente, miró a su reloj digital, y leyó 7:47. Eso la convenció de que era la voluntad de Dios que hiciera el viaje. Eso es increíble.

—Leslie y Bernice Flynn, *God's Will: You Can Know It*

¿QUIÉN NO HA OÍDO DE EXTENDER UN VELLÓN ANTE DIOS? Un hombre que luchaba por saber la voluntad de Dios oraba mientras conducía: "Si es tu voluntad que yo haga esto, entonces que la luz del próximo semáforo esté en verde cuando yo llegué allá." Otro que luchaba por saber la voluntad de Dios dijo: "Señor, que mi teléfono suene a las 9:21 esta noche si tu respuesta para mí es que sí."

—Leslie y Bernice Flynn, *God's Will: You Can Know It*

HAY TAMBIÉN EL EJEMPLO de creyentes que usan el método de ventana abierta para buscar la voluntad de Dios. Uno pone la Biblia en la ventana y (¡fiu!) las páginas se abren y uno pone el dedo en un versículo. Un hombre hizo eso y señaló el versículo: "Judas fue y se ahorcó." No era un versículo muy bueno para la vida, así que lo hizo de nuevo. Esta vez puso su dedo en el versículo que decía: "Ve y haz tú lo mismo." El tercer versículo que leyó decía: "Lo que vas a hacer, hazlo pronto."

— Leslie y Bernice Flynn, *God's Will: You Can Know It*

UN HOMBRE CONDUCÍA su coche en Washington, D. C., y estaba buscando la voluntad de Dios para su futuro. Su coche se quedó sin gasolina frente a la embajada de las Filipinas. Él tomó eso como una señal de que la voluntad de Dios era que fuera a las Filipinas como misionero. Me pregunto lo que haría él si se hallara atascado en un ascensor con una joven soltera llamada María.

— Leslie y Bernice Flynn, *God's Will: You Can Know It*

UN GRUPO DE TEÓLOGOS debatían sobre la predestinación y el libre albedrío. Cuando la discusión se acaloró, los disidentes se dividieron en dos grupos. Un hombre, incapaz de decidir a qué grupo unirse, se puso en el grupo de la predestinación. Cuando le preguntaron por qué estaba allí, dijo: "Vamos, vine por mi propio libre albedrío." El grupo le informó: "¿Libre albedrío? ¡No puede estar con nosotros!" Él se fue al grupo opuesto y lo recibieron con el mismo reto. "Me enviaron acá," dijo con toda franqueza. "¡Fuera!" estallaron ellos. "No puede unirse a menos que venga de su propio libre albedrío."

¿Quién tiene razón? Oí de un hombre que tropezó y se cayó por las escaleras de una iglesia grande. Un arminiano lo vio y dijo: "¿Me pregunto por qué hizo eso? ¿Me pregunto cómo sucedió?" Un calvinista observó y dijo: "Apuesto a que se alegra de que se acabó."

— Leslie Flynn, *Great Church Fights*

UN UNIVERSITARIO necesitaba un carro y una noche soñó varias veces, y todo era amarillo, ¡todo! Temprano a la mañana siguiente se fue a buscar carros usados, mirando uno tras otro. Finalmente halló la voluntad de Dios para él: un carro amarillo,

amarillo por dentro y por fuera. Ni siquiera pidió probarlo. Simplemente lo compró. Resultó ser chatarra.

—Leslie y Bernice Flynn, *God's Will: You Can Know It*

Tu voluntad, no la mía
Tu voluntad, no la mía, oh Señor,
¡por oscura que sea!
guíame con tu propia mano,
escoge la senda por mí.

Por lisa que sea o áspera,
será con todo la mejor;
sinuosa o derecha, conduce
derecho a tu descanso.

No me atrevo a escoger mi suerte;
no lo haría, si pudiera;
escoge tú por mí, mi Dios;
y así caminaré derecho.

El reino que busco
es tuyo; así que haz que el camino
que conduce al mismo sea tuyo;
de otra manera con certeza me descarriaré.

Toma tú mi copa,
y llénala con alegría o tristeza,
como mejor te parezca;
escoge tú mi bien y mi mal.

Escoge tú para mí mis amigos,
mi enfermedad o mi salud;
escoge tú mis cuidados,
mi pobreza o riqueza.

No mía, no mía la selección,
en cosas grandes o pequeñas;
¡sé tú mi guía, mi fuerza,
mi sabiduría, y mi todo!

—Horatio Bonar, citado en Donald T. Kauffman,
Baker's Pocket Treasury of Religious Verse

DIRECCIÓN

CUANDO ESTABA en la marina nuestro barco una vez estaba en la esquina noreste de Formosa (ahora llamada Taiwán) cerca de Taipei. Nos detuvimos a la entrada de la bahía y esperamos la llegada del piloto de puerto, que vino y tomó el timón del barco y empezó a llevarnos en forma sinuosa por las aguas sin sendero que conducían al mismo muelle. A primera vista eso parecía algo innecesario. Podíamos ver el muelle como a una milla de distancia. Pero al mirarlo con más detenimiento, y mientras más mirábamos sobre el costado del barco en las aguas cristalinas, pudimos ver el por qué. Había minas colocadas al azar por debajo de la superficie del agua. Si el casco de nuestro barco hubiera empujado una mina apenas lo suficiente, hubiera ocurrido un desastre. Pero el piloto del puerto sabía dónde estaba cada mina.

———————

SUPÓNGASE QUE USTED Y YO queremos ir al África de cacería de presas mayores. Ahora bien, no sé absolutamente nada en cuanto al África. Todo lo que sé es que es un continente enorme, que uno tiene que llegar allí por barco o por aire, y que una vez que aterriza, me pierdo. Así que, ¿qué hacemos? Contratamos a un guía, un individuo que se especializa en hallar grandes presas. Así salimos en safari con el guía. Con certeza, él hace su trabajo, y nos vemos ojo a ojo con el blanco. ¿Le decimos al guía: "Dispárele, dispárele?" No. Decimos: "Abran paso." Entonces cargamos el arma, apuntamos y disparamos.

Usted no lleva al guía al taxidermista para que lo embalsame. Tampoco nadie regresa de un safari con un enorme retrato del guía para que adorne las paredes de la sala. ¿En qué se convierte el guía? En alguien insignificante. A lo mejor usted ni se acuerda de su nombre. Sea que esté pescando meros en el lago o presas grandes en África, el guía es parte del viaje, pero sólo es una parte transitoria. Él trabaja para hacerse invisible. Le lleva de lo desconocido a lo conocido, y luego retrocede y dice: "Ahora es su turno."

DISCIPULADO

Conocí al Maestro

Yo había caminado por la senda de la vida con paso fácil,
Yo había seguido a donde la comodidad y el placer conducen;
Y entonces por casualidad en un lugar quieto
Me encontré con mi Maestro cara a cara.

Con posición, rango y salud por meta,
Mucho pensamiento para el cuerpo pero nada para el alma,
Había entrado para ganar esta carrera loca de la vida;
Cuando encontré a mi Maestro cara a cara.

Lo encontré y lo conocí, y me sonrojé al ver
Que sus ojos llenos de tristeza estaban fijos en mí;
Yo tropecé, y caí a sus pies ese día
Mientras mis castillos se esfumaban y se desvanecían.

Esfumados y desvanecidos; y en su lugar
No vi nada más sino la cara de mi Maestro;
Y clamé en voz alta: "Oh, hazme apto
Para seguir las marcas de tus pies heridos."

Mi pensamiento es ahora por las almas de los hombres;
He perdido mi vida para hallarla de nuevo,
Desde cuando solo, en ese lugar santo,
Mi Maestro y yo estuvimos cara a cara.

—John R. Rice, *Poems That Preach*

¿No Tienes Tú Cicatriz?

¿No tienes tú cicatriz?
¿Ninguna cicatriz oculta en el pie, en el costado, en la mano?
Te oigo cantar como poderoso en la tierra,
Te oigo elogiar tu estrella ascendente,
¿No tienes tú cicatriz?

¿No tienes tú herida?
Si embargo yo fui herido por los arqueros, acabado,
Apoyado contra un árbol para morir; y destrozado
por las fieras hambrientas que me rodearon, me desmayé:
¿No tienes *tú* herida?

¿Ninguna herida? ¿Ninguna cicatriz?
Sin embargo, como el Maestro será el siervo,
Y perforados los pies que me siguen;
Pero los tuyos están enteros: ¿puede haber seguido lejos
Él que no tiene ni herida ni cicatriz?

—Amy Carmichael, *Toward Jerusalem*

_____

Hazme tu Combustible

De la oración que pide que yo pueda ser
Protegida de los vientos que laten en ti,
Del temor cuando yo debo aspirar,
De flaquear cuando debo ascender más alto
Del yo sedoso, oh Capitán, libra
A tu soldado que te seguirá.

Del sutil amor por cosas suavizantes,
De las decisiones fáciles, debilitadoras,
No son así los espíritus fortificados,
No por este camino fue el Crucificado,
De todo lo que oscurece tu Calvario,
Oh Cordero de Dios, líbrame.

> Dame el amor que lleva al camino,
> La fe que nada puede desmayar,
> La esperanza que ninguna desilusión cansa,
> La pasión que arde como fuego,
> No me permitas que me hunda para ser un terrón:
> Hazme tu combustible, llama de Dios.

— Amy Carmichael, *Toward Jerusalem*

_____

Es POSIBLE SER un seguidor de Jesús sin ser un discípulo; ser un seguidor del campamento sin ser un soldado del Rey, ser un apegado en alguna gran obra sin cargar el propio peso. Una vez alguien estaba hablando con un gran erudito en cuanto a un joven, y le dijo: "Fulano de Tal dice que él fue uno de tus alumnos." El maestro contestó devastadoramente: "Él puede haber asistido a mis clases, pero no fue uno de mis alumnos." Hay un mundo de diferencia entre asistir a clases y ser un estudiante. Es una de las supremas desventajas que en la iglesia haya tantos seguidores distantes de Jesús y tan pocos discípulos reales.

— William Barclay, *The Gospel of Luke*

_____

EL POEMA DE ROBERT FROST "El camino no tomado" describe dos caminos que descubrió durante una caminata por el bosque. Frost sabe que puede explorar sólo uno, y se dice a sí mismo que algún día recorrerá el otro. Pero, en forma realista, sabe que nunca volverá. Para cuando llega al final del poema, nos damos cuenta de que el poeta está hablando de algo infinitamente mucho más importante que una simple elección de senderos.

> Debería estar diciendo esto con un suspiro
> En algún lugar, dentro de muchos años:
> Dos caminos divergían en un bosque, y yo—
> Yo tomé el camino menos transitado,
> Y eso ha hecho toda la diferencia.

No, Frost no está hablando de selección de senderos en un bosque, sino de la selección de senderos en la vida de una persona. Escoger un camino simboliza cualquier decisión que debemos tomar entre alternativas que parecen igualmente atractivas pero que conducen a destinos totalmente diferentes.

———————————

—Robert Frost, *Complete Poems of Robert Frost*

DISCIPULADO ES cualquier cosa que hace que lo que se cree en el corazón tenga consecuencias demostrables en nuestra vida diaria.

———————————

—Eugene Peterson

DIVERSIÓN

Desperdicié una hora una mañana a la orilla de un arroyo.

Atrapé una nube del cielo y me fabriqué un sueño.

En la quietud del amanecer, lejos de los acosos de los hombres,

Desperdicié otra noche de verano y me fabriqué un sueño otra vez.

¿Desperdiciado? Tal vez. Así dicen los que nunca han caminado con Dios.

Cuando los campos se tornan púrpura con los lirios o amarillos con girasoles.

Pero he encontrado fuerza para mis labores en esa breve hora de esa noche.

He encontrado gozo y contentamiento, he encontrado poder y paz.

Mis sueños me han dejado un tesoro, una esperanza que es fuerte y verdadera.

De horas desperdiciadas he edificado mi vida y renovado mi fe.

———————————

—Tim Hansel, *When I Relax I Feel Guilty*

EL TIEMPO LIBRE es una actitud mental y una condición del alma que estimula la capacidad de percibir la realidad del mundo. . . . En nuestro mundo occidental, la dedicación al trabajo ha hecho desaparecer el tiempo libre. A menos que retomemos el arte del silencio y de la perspectiva, la capacidad de no hacer nada, a menos que sustituyamos la verdadera diversión en lugar de nuestras diversiones frenéticas, destruiremos nuestra cultura y a nosotros mismos. La cultura depende de la diversión para su misma existencia. Y el tiempo libre, a su vez, no es posible a menos que tenga una conexión viva y duradera con la adoración a Dios.

—Josef Pieper, *Leisure: The Basis of Culture*

LOS QUE DISFRUTAMOS al montar motocicletas diríamos que la razón por la cual nos gusta tanto es porque uno se siente tan libre.

"Agárrese de aquí, mister." Me agarré.

"Agárrese fuerte, *plis*." Me agarré fuertemente.

"Cuando vuelva a la orilla y yo haga sonar la bocina, tira la cuerda, rápido."

En unos segundos yo estaba en el aire. Con un ruidoso ulular y un prolongado tirón de la cuerda, yo estaba a más de cien metros por sobre la pintoresca bahía de Puerto Vallarta. Probablemente ya lo adivinó . . . era la primera vez que yo me había subido a uno de esos paracaídas. Cuatro minutos y medio de un éxtasis indescriptible, emparedados con unos pocos segundos de puro pánico. ¡Qué divertido!

Sobre mí tenía el cielo más despejado y azul que se puede imaginar. Detrás de mí estaba un paracaídas rojo y azul brillante completamente desplegado. Delante de mí, sujeto a mi arnés y a una soga amarilla larga, iba una lancha a toda velocidad. En el mar azul, varios veleros, una larga hilera de hoteles, bañistas tomando el sol que parecían hormigas, y una preciosa señora preguntándose si pronto iba a quedar viuda.

El viento me alborotaba el pelo y me desgarró el traje de baño. Pero la sensación de volar en silencio sin nada a mí alrededor sino unas cuantas cuerdas de nylon era absolutamente impresionante. La vista espectacular y el incomparable gusto de sentir que estaba volando como golondrina me introdujo a una libertad que pocas veces encontramos los que moramos en esta tierra.

Debo confesar que por esos pocos minutos perdí todo preocupación por las cosas que normalmente ocupan mi atención. Mi preocupación por mi propia persona se desvaneció. Desparecieron las preocupaciones. Las demandas y fechas límites quedaron en el olvido, en forma extraña borradas por el ulular del viento. *¡Fue glorioso!* No creo en mi vida adulta me he sentido alguna vez tan libre, tan liberado, tan completamente alejado de las expectativas de otros y de mis propias responsabilidades.

Estos son unos pocos de los beneficios del tiempo libre; del relajamiento verdadero, auténtico y sin preocupación. Esta es la clase de tiempo libre que Jesús tenía en mente cuando animó a los doce a apartarse para descansar. Qué fácil es olvidarnos de la necesidad de recrearnos; ¡y qué rápido le restamos importancia! En nuestro neurótico impulso por más, y más, y más, ignoramos lo poco creativos y aburridos que llegamos a ser. Llenos de raíces, pero sin alas, tenemos todas las características del tedio. La vida nos encierra y se convierte en un quehacer en vez de un reto. A la risa y la diversión, originalmente diseñadas por Dios para eliminar la fricción de la monotonía de la maquinaria de la existencia, comenzamos a verlas como enemigas en vez de como amigas. La intensidad, esa horrible pero convincente gemela de la prisa, nos convence de que no tenemos el derecho de relajarnos. Pensamos que no debemos tomar el tiempo para descansar, que no podemos darnos esos lujos. Su mensaje es sonoro, lógico, sensible, fuerte *e incorrecto.*

Nosotros *necesitamos* descanso. *Debemos* descubrir manera para periódicamente aflojar las cuerdas y volar. Para citar el venerable profeta, Vance Havner: "Si de vez en cuando no nos apartamos, nos desbaratamos."

Créale a un novato paracaidista: ¡Atrévase! Deje de siempre pensar "mañana." Agárrese aquí. Agárrese fuerte, amigo.

—Charles R. Swindoll, *Growing Strong in the Seasons of Life*

SI TUVIERA QUE VIVIR mi vida de nuevo trataría de cometer más errores la próxima vez.

Me relajaría, sería más flexible, sería más divertido de lo que he sido en este viaje.

Sé de unas pocas las cosas que tomaría en serio. Viajaría más.

Sería un poco más alocado. Escalaría más montañas, nadaría más ríos, y contemplaría más atardeceres.

Caminaría y observaría más. Comería más helado y menos frijoles.

Tendría más problemas reales y menos problemas imaginarios.

Como ve, soy una de esas personas que viven la vida profiláctica y sensiblemente, hora tras hora, y día tras día. Y sí, he tenido mis momentos, y si tuviera que hacerlo todo de nuevo, tendría más de ellos.

Es más, trataría de no tener nada más, solo momentos, uno tras otro, en vez de vivir cada día tantos años por delante.

He sido una de esas personas que no van a ningún lado sin un termómetro, una botella de agua caliente, unas gárgaras, un impermeable, aspirina y un paracaídas.

Si tuviera que vivir mi vida de nuevo iría a lugares, haría cosas, y viajaría con menos equipaje del que he llevado.

Si tuviera que vivir mi vida de nuevo empezaría más temprano a andar descalzo en primavera, y me quedaría de igual manera hasta mucho más tarde en el otoño.

Me escaparía de clases más a menudo. No sacaría calificaciones tan buenas, excepto por casualidad.

Me subiría a más carruseles. Recogería más margaritas.

—Tim Hansel, *When I Relax I Feel Guilty*

DIVORCIO

(Ver también *Matrimonio*)

A UNA MUJER, casada por treinta años, se le preguntó: "En los muchos años de matrimonio, ¿alguna vez pensó en el divorcio? Ella dijo: "No, nunca pensé en el divorcio . . . en el asesinato, tal vez."

—Ray Stedman, sermón "How to Repent," 13 de enero de 1980

BILLY ROSE cuenta de un hombre que, después de veinte años de matrimonio decidió divorciarse de su esposa. Al prepararse para los arreglos financieros, él empezó a revisar los cheques viejos. Un cheque cancelado, uno tras otro, despertó recuerdos de un pasado ya olvidado hace tiempo: el cheque por el hotel en donde su esposa y él pasaron su luna de miel, el cheque de pago por el primer carro, el cheque de pago de la cuenta del hospital por el nacimiento de su hija, el cheque de la cuota de entrada de su primera casa.

Por fin, no pudo resistirlo. Hizo a un lado los cheques, tomó el teléfono y llamó a su esposa. Le dijo que ellos habían invertido demasiado el uno en el otro como para echarlo todo por la borda, y le pidió que empezará con él de una manera fresca. Las chequeras a menudo revelan dónde está nuestro tesoro.

HACE AÑOS un abogado de divorcios dijo que la mayoría de divorcios resultan de expectativas románticas. Juan piensa que casarse con Juanita será la bendición máxima. Él la llama su "ángel" y "corazoncito." Luego, poco antes de que las campanas nupciales se hayan vuelto eco, la verdad llega: hay mal genio desagradable, ganancia de peso, cenas quemadas, rizos en el pelo. Él en silencio se pregunta cómo se metió en eso. En secreto piensa que ella lo ha engañado.

Por otro lado, antes de casarse el corazón de Juanita acelera sus latidos cuando ella piensa en Juan. Será el cielo casarse con él. Luego hay cenizas de cigarrillos, su adicción a los partidos deportivos en la televisión, insensibilidades pequeñas pero dolorosas. . . . La perilla que él prometió arreglar todavía se le queda en la mano. Juanita llora mucho y empieza a buscar "consejeros matrimoniales" en las páginas amarillas.

La desilusión siempre parece seguir cuando esperamos que otros nos hagan felices. Tales expectativas son un desfile en el cual siempre llueve. El lugar llamado "Camelot" y la persona que se considera "precisa" simplemente no existen. . . . Una vez vi una caricatura de una mujer enorme parada ante su diminuto esposo sentado, exigiéndole: "Hazme feliz."

—John Powell, *Happiness Is an Inside Job*

CASARSE es como comprar un disco fonográfico: uno lo compra por lo que está en un lado, pero también tiene el otro lado. Divorciarse es como quedarse con el agujero del disco.

—Jim Smoke, *Growing Through Divorce*

EL RABINO Earl Grollman, profesional conferencista sobre el divorcio y autor que piensa que el divorcio puede ser más traumático que la muerte, dice: "La gran diferencia es que la muerte tiene clausura, se acabó. Con el divorcio, nunca se acaba."

—Charles Swindoll, *Strike the Original Match*

_____

DARSE POR VENCIDO NO ES UNA OPCIÓN si uno planea ganar la guerra . . . o triunfar en un matrimonio. Concuerdo firmemente como un abogado de San Francisco a quien oí decir: "Hay dos procesos que nunca se deben empezar en forma prematura: el embalsamamiento y el divorcio."

—Charles Swindoll, *Strike the Original Match*

_____

DOLOR

(Ver también *Adversidad, Pruebas, Sufrimiento*)

NUNCA HE LEÍDO un poema que exalte las virtudes del dolor, ni he visto una estatua levantada en su honor, o escuchado un himno dedicado a él. Al dolor por lo general se le describe como "desagradable." Los creyentes en realidad no saben cómo interpretar el dolor. Si se les acorrala en un momento secreto y oscuro, muchos creyentes con toda probabilidad admitirían que el dolor fue el único error de Dios. Él debía haber trabajado un poco más e inventado una mejor manera forma de lidiar con los peligros de este mundo. Estoy convencido de que al dolor le dan muy mala fama. Tal vez deberíamos de ver estatuas, himnos y poemas al dolor. ¿Por qué pienso eso? Porque visto de cerca, bajo un microscopio, la red del dolor se ve en una luz completamente diferente. Es, tal vez, el dechado de virtudes del genio creativo.

—Philip Yancey, *Where Is God When It Hurts*

_____

ALGUIEN DIJO: "El dolor planta la bandera de la realidad en la fortaleza del corazón rebelde." C. S. Lewis dijo: "Dios nos susurra en nuestros placeres, nos habla en nuestra conciencia, pero grita en nuestro dolor; el dolor es su megáfono para despertar a un mundo sordo."

—C. S. Lewis, *The Problem of Pain*

_____

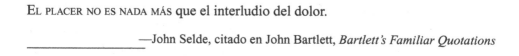

EL PLACER NO ES NADA MÁS que el interludio del dolor.

—John Selde, citado en John Bartlett, *Bartlett's Familiar Quotations*

DONES ESPIRITUALES

UN ESCOLAR ESTABA HACIENDO una prueba para un papel en el drama de la escuela. Su madre sabía que él había puesto su corazón en eso, aunque temía que no lo escogerían a él. En el día en que se repartieron los papeles, ella fue a recogerlo. El niño salió corriendo, con sus ojos reluciendo de orgullo y entusiasmo. Le dijo algunas palabras que deberían ser una lección para todos nosotros: "¡Me escogieron para que aplauda!" De la misma manera, Dios con todo amor nos ha escogido a cada uno de nosotros para una tarea diferente y especial.

—Michael Green, *Illustrations for Biblical Preaching*

EN MI VIDA ME HE CRUZADO con hombres que tienen el don de dar. Tal vez usted también. Cuando yo estaba en el Seminario de Dallas, Dios usó a un hombre en mi vida y en la vida de otros diez compañeros en ese tiempo. Howard Kane escogió pagar nuestra colegiatura; sin que se lo pidiéramos. Cada vez que había que pagar la colegiatura, había un cheque en el correo.

Recuerdo una vez vino a Dallas y nos reunió a los once y dijo: "Quiero que me acompañen." Después de un sándwich nos llevó a un almacén de ropa para hombres. Nos compró nuevos trajes, nuevas chaquetas deportivas; a uno tras otro. ¡Él estaba sentado allí y su cara resplandecía! ¡Él estaba más contento que nosotros! No era rico, pero había algo dentro de él (se llama un don espiritual) que no quedaba satisfecho mientras no hubiera una salida para ese don.

Ee _____

EDAD

CUANDO YA ERES DEMASIADO VIEJO para que te salgan granos, empezarán a salirte las arrugas.

—Lloyd Cory, *Quote Unquote*

UNO SABE QUE ESTÁ envejeciendo cuando:
>tus sueños son repeticiones;
>la mesera te ofrece café, té o leche de magnesia;
>te sientas en una mecedora y no puedes mecerte;
>todo te duele y lo que no duele ya no funciona;
>una muchacha bonita toma tu marcapaso para abrir la puerta de la
>cochera;<
>Le hundes los dientes a un bistec jugoso y se quedan allí.

La Edad de Oro
Me levanto cada mañana, sacudo mis agallas;
>Busco el diario y leo los obituarios.
>Si mi nombre no aparece, entonces sé que no estoy muerto;
>Así que me sirvo un buen desayuno y me vuelvo a acostar.

—Christine Taylor, citado en J. Allan Petersen, *The Marriage Affair*

SEÑOR, TÚ SABES MEJOR que yo que estoy envejeciendo y algún día seré viejo.

Líbrame de transformarme en una parlanchina, y en especial del hábito fatal de pensar que debo decir algo sobre todos los temas y en toda ocasión.

Líbrame del deseo de querer intervenir y arreglar los asuntos de todos.

Libra mi mente del recital de innumerables detalles: dame alas para ir derecho al grano.

Te pido gracia suficiente para escuchar los cuentos de los dolores de los demás. Ayúdame a aguantarlos con paciencia.

Pero sella mis labios a mis propios achaques y dolores, que se aumentan, y mi encanto al repetirlos se vuelve más dulce con el paso de los años.

No te pido que mejores mi memoria, sino humildad creciente, y menos petulancia cuando mi memoria parece no coincidir con la de los demás.

Enséñame la lección maravillosa de que ocasionalmente a lo mejor me equivoco.

Mantenme con una actitud razonablemente dulce. No quiero ser una santa —algunos de ellos son inaguantables— pero una anciana (o anciano) amargada es una de las obras maestras del diablo.

Hazme reflexiva pero no mal humorada; servicial pero no mandona.

Con mi vasta acumulación de sabiduría, parece una lástima no usarla;

pero tú sabes, Señor, que quiero tener unos cuantos amigos al final.

Dame la capacidad de ver buenas cosas en lugares inesperados, y talento en personas inesperadas. Y dame, Señor, la gracia para poder decírselos.

—Dale Evans Rogers, *Time Out, Ladies*

ZACARÍAS SE SENTÍA LIMITADO por su edad cuando el ángel le anunció que él y Elizabet tendrían un hijo llamado Juan. "¿En qué conoceré esto? Porque yo soy viejo, y mi mujer es de edad avanzada." Allí tenemos a un hombre bien educado. Él dice: "Yo soy viejo," pero este prudente y experimentado esposo no dice: "Mi mujer es vieja."

UNA NIÑA PRECOZ de diez años le preguntó a su abuela: "Abuela, ¿cuántos años tienes?" "Querida: cuando uno tiene mi edad, no le dice su edad a cualquiera." "Por favor, yo no se lo voy a decir a nadie." "No, eso es un secreto." Como unos veinte minutos más tarde la niña entró brincando y dijo: "Tienes sesenta y dos años y pesas setenta kilos." La abuela sorprendida dijo: "¿Como lo supiste?" "Fácil," dijo la niña, "me fijé en tu licencia de conducir que estaba sobre la mesa y lo calculé. También vi que te dieron una "F" en sexo."

—James Hewett, *Illustrations Unlimited*

_____

MI ESPOSA, Cynthia, recibió una tarjeta de cumpleaños que decía: "Ya no las hacen mejores que nosotras. Más jóvenes, sí; pero no mejores."

_____

CINCO CONSEJOS para mantenerse joven:
1. Tu mente no ha envejecido, continúa desarrollándola.
2. Tu humor no se ha acabado, sigue disfrutándolo.
3. Tu fuerza no ha desaparecido, continúa usándola.
4. Tus oportunidades no se han evaporado, sigue persiguiéndolas.
5. Dios no se ha muerto, sigue buscándolo.

_____

RECUERDA QUE LOS ANCIANOS valen una fortuna: tienen pelo de plata, oro en los dientes, piedras en los riñones, plomo en los pies, y gas en el estómago.

_____

¿HAS VISTO EL CARTELÓN que dice: "Estás de bajada cuando . . ."

Tus amigos visten de negro para tu fiesta de cumpleaños;
Abandonas los zapatos de moda a cambio de algo cómodo;
Hay más pelo atascado en el desagüe de la bañera que en tu cabeza;

Tienes demasiada piel en la cara;
La ley de la gravedad cobra un nuevo significado.

_____

ERMA BOMBECK dijo: "Tengo todo lo que tenía hace veinticinco años, pero ahora todo está diez centímetros más abajo."

—Charles R. Swindoll, *Strike the Original Match*

_____

EL CANON C. H. NASH fundó el Instituto Bíblico Melbourne y se jubiló a los setenta años. A los ochenta empezó la década más fructífera de su vida. Acercándose a los noventa comenzó a leer los seis volúmenes de *Monumental History* (Historia Monumental), de Toynbee, como ejercicio mental.

—J. Oswald Sanders, *Spiritual Manpower*

_____

UNA MUJER ESTABA LLENANDO UNA SOLICITUD DE EMPLEO, y llegó al renglón que pide la edad del solicitante. Ella escribió: "nuclear."

—Bennett Cerf, citado en Lloyd Cory, *Quote Unquote*

_____

TED WILLIAMS tenía 42 años cuando logró un jonrón en su último turno oficial al bate.

Mickey Mantle tenía veinte años cuando logró veintitrés jonrones durante su primer año en las grandes ligas.

William Pitt II tenía veinticuatro años cuando llegó a ser primer ministro de Gran Bretaña.

George Bernard Shaw tenía noventa y cuatro años cuando sus obras comenzaron a producirse.

Mozart tenía apenas siete años cuando se publicó su primera composición.

¿Y qué decir de Benjamín Franklin? A los 16 años era columnista editorial de un periódico, y a los ochenta y un años, fue uno de los que formularon la Constitución de los Estados Unidos de América. Nunca eres demasiado joven o demasiado anciano, si tienes talento.

Reconozcamos que la edad tiene muy poco que ver con la capacidad.

—Charles R. Swindoll, *Living Above the Level of Mediocrity*

LA JUVENTUD ES ALGO MARAVILLOSO. Es una pena derrocharla en los jóvenes.

—George Bernard Shaw, citado en Ray Stedman, *Solomon's Secret*

No importa lo pequeña que sea una pasa,
Siempre está llena de arrugas.
La pequeña pasa es como su padre,
pero el padre no tiene ni la mitad de las arrugas.

—Charles R. Swindoll, *Strike the Original Match*

LOS MONÓTONOS AÑOS de prosperidad a media vida son excelente clima para el ataque del diablo.

—C. S. Lewis, *Screwtape Letters*

AL CUMPLIR LOS SETENTA Y CINCO AÑOS Douglas McArthur escribió: "En el corazón hay un salón de grabación que recibe mensajes de esperanza que lo mantienen joven a uno; ponte pesimista y envejecerás."

—Adaptada de Lloyd Cory, *Quote Unquote*

TODO QUEDA MÁS LEJOS de lo que solía estar. Hay el doble de la distancia de mi casa a la estación del tren, y le han añadido una subida que acabo de notar. Los trenes se van más rápido también, pero yo dejé de correr para alcanzarlos porque corren más rápido que antes. Me parece que están haciendo las escaleras más empinadas que antes. Y ¿se ha dado cuenta usted de las letras diminutas que están usando hoy? Los periódicos están cada vez más y más lejos de mí cuando los sostengo para leerlos. Tengo que forzar mis ojos para leer las noticias. Es ridículo sugerir que una persona de mi edad necesite anteojos, pero es la única forma de estar al tanto de lo que está sucediendo sin que alguien tenga que leerme el diario en voz alta, y aun ni eso es de gran ayuda porque todos parecen hablar con una voz tan baja que casi ni puedo oírlos.

Los tiempos están cambiando. Me doy cuenta de que la tela de mi ropa se encoje en ciertos lugares. Los cordones de mis zapatos son tan cortos que me es casi imposible alcanzarlos. Y aun el clima está cambiando. Hace más frío en el invierno, y los veranos son muchos más calurosos de lo que solían serlo. La gente está cambiando también. Por un lado, son mucho más jóvenes de lo que solían ser cuando yo tenía su edad. Por otro lado, las personas de mi edad son mucho más viejas que yo.

La otra noche me encontré con un compañero de clases, y él ha cambiado tanto que ni me reconoció. "Has engordado, Bob," le dije. "Debe ser la comida moderna," me respondió, "parece ser que engorda más." Me puse a pensar en el pobre de Bob esta mañana mientras me afeitaba. Deteniéndome por un momento, me puse a observar mi propia imagen en el espejo. ¿Sabe?, ya no usan el mismo tipo de cristal en los espejos.

—Ray Stedman, sermón, *"Life Beyond Death,"* 1º de diciembre de 1968

EDUCACIÓN

(Ver también *Biblia, Conocimiento, Libros, Sabiduría*)

¿ALGUNA VEZ HAN NOTADO que algunos parecen ser estudiantes profesionales? Una vez oí a alguien decir: "¿La universidad? Los mejores doce años de mi vida."

ALGUNOS LUCHAN POR hallar respuestas. Un universitario le dijo al profesor de la escuela de medicina que en algunos puntos sus conferencias discrepaban con el libro de texto. Cuando le mostró en donde estaban esas discrepancias en el libro de texto, el profesor arrancó esas páginas, y dijo: "Ahora concuerda conmigo."

———————

UN UNIVERSITARIO le preguntó una vez al rector de su institución si había un curso que podría tomar que fuera más corto que el prescrito. "Ah, sí," replicó el rector, "pero depende de lo que quieras ser. Cuando Dios quiere hacer un roble, se toma cien años; pero cuando quiere hacer una calabaza, le lleva sólo como seis meses."

—Miles J. Stanford, *Principles of Spiritual Growth*

———————

EDUCACIÓN: el gran galimatías y fraude de las edades, pretende equiparnos para vivir y se prescribe como remedio universal para todo, desde la delincuencia juvenil a la senilidad prematura. En su mayor parte sirve para aumentar la insensatez, inflar el engreimiento, aumentar la credulidad, y poner a los que están sujetos a ella a la misericordia de los que lavan el cerebro con imprentas, radio y televisión a su disposición.

—Malcolm Muggeridge, *Jesus Rediscovered*

———————

LEER HACE a un hombre completo; hablar, un hombre listo; escribir, un hombre preciso.

—Francis Bacon

———————

EGO

(Ver también *Orgullo, Yo*)

HABÍA UN joven predicador talentoso cuya predicación estaba un escalón por encima de lo ordinario. Conforme las filas de su congregación crecían, también su cabeza. Después de haber predicado su última obra maestra una mañana, una de sus feligreses leales le estrechó calurosamente la mano y le dijo: "Usted está convirtiéndose en uno de los más grandes expositores de esta generación, pastor."

Después de embutir su cabeza en el coche, y sentarse detrás del volante, con su fatigada esposa a su lado y los hijos en el asiento de atrás, él no pudo resistir repetir el episodio.

"La Sra. Williams me dijo que pensaba que yo soy uno de los más grandes expositores de esta generación," dijo con orgullo, embelesado en el torbellino del exagerado elogio de la mujer.

No hubo respuesta.

Tratando de pescar afirmación, echó un vistazo a su esposa que guardaba silencio, con una leve sonrisa y le acicateó: "¿Me pregunto cuántos grandes expositores hay en esta generación?"

No pudiendo resistir la oportunidad de corregir el historial, ella dijo con calma: "Uno menos de los que piensas, querido."

—Al Bryant, *1,000 New Illustrations*

AL CONCLUIR la fase europea de la Segunda Guerra Mundial, un día, el general Jorge Patton estaba conversando con el general Omar Bradley. Patton estaba preocupado de que ahora que la batalla en Europa estaba terminando, no habría más necesidad de sus servicios. Bradley le aseguró a Patton que no sería así. Todavía había una batalla que librar en el Pacífico, y el general Douglas MacArthur estaría contento de contar con su ayuda. Patton replicó: "No, MacArthur no me lo pedirá. Como ves, luchamos en la misma compañía en la Primera Guerra Mundial; MacArthur era capitán, y yo era su teniente. Un día se le ordenó a nuestra compañía que tomara una colina, pero nuestras tropas estaban rodeadas por la artillería del enemigo. Cuando MacArthur recibió la orden, se puso de pie y se lanzó a la colina urgiendo a sus hombres que le siguieran. Yo le seguí, paso a paso, hasta la misma cumbre; entonces Patton añadió: "MacArthur nunca me ha perdonado eso."

—Haddon Robinson, "Responsible and Dynamic Leadership: A Challenge"

EDITH VIVIÓ en un pequeño mundo limitado al norte, al sur, al este, y al oeste por Edith.

—Martha Ostenso, *Dictionary of Humorous Quotations*

SIEMPRE QUE ME SIENTO TENTADO a sentirme auto importante y autoritativo, recuerdo lo que la madre ballena le dijo a su ballenato: "Cuando llegas hasta arriba y empiezas a 'soplar,' ¡allí es cuando te arponean!"

—James Dobson, *The Strong-Willed Child*

UNA BUENA PRUEBA DEL EGOÍSMO es notar cómo escuchas cuando elogian a otros. Hasta que puedas hacerlo sin darte a la distracción, necesitas llevar ese impulso bajo la gracia de Dios.

—Robert Louis Stevenson, *The Reaper*

BOB ZUPPKE, un famoso entrenador una vez hizo la pregunta: "¿Qué hace a un hombre luchar?" Él respondió a su propia pregunta diciendo: "Dos fuerzas luchan en todo luchador, el ego y un objetivo. Una sobredosis de amor a uno mismo, mimar al ego, hace vagabundos a hombres que debían ser campeones. Olvidarse de uno mismo, completa absorción en la meta, a menudo hace campeones a los vagabundos."

—Charles Allen, *Joyful Living in the Fourth Dimension*

EL EGOÍSMO ES una de las manifestaciones del orgullo. Es la práctica de pensar y hablar mucho de uno mismo, el hábito de magnificar los logros e importancia de uno. Le lleva a uno a considerar todo en relación a uno antes que en relación a Dios y al bienestar de su pueblo.

—J. Oswald Sanders, *Spiritual Leadership*

EJEMPLO

(Ver también *Influencia, Liderazgo)*

_____

EMOCIONES

Quisiera que hubiera algún lugar maravilloso
    Llamado la tierra del Comenzar de Nuevo,
Donde todos nuestros errores y todos nuestros corazones rotos
    Y toda nuestra pobre aflicción egoísta
Se pudiera dejar como un vetusto abrigo viejo a la puerta
    Y nunca más volver a ponérselo.
Quisiera que pudiéramos llegar allá sin darnos cuenta,
    Como el cazador que halla un rastro perdido;
Quisiera que aquel a quien nuestra ceguera haya hecho
    La más grande injusticia de todas
Pudiera estar a las puertas, como un viejo amigo que espera
    Por el compañero que con la mayor alegría elogia.

—Hazel Felleman, *Best Loved Poems of the American People*

_____

¿Te sientes decaído?
Cómprate algo de ropa.
¿Te sientes solo?
Enciende la radio.
¿Te sientes abatido?
Lee un libro cómico.
¿Te sientes aburrido?
Ve televisión.
¿Te sientes vacío?
Cómete un helado.
¿Te sientes inútil?
Limpia la casa.
¿Te sientes triste?

Cuenta un chiste.

¿No es esta edad moderna maravillosa?

No tienes que sentir nada,

¡Hay un sustituto para todo!

¡Dios tenga misericordia de nosotros!

—Lois Cheney, *God Is No Fool*

_____

UN MUCHACHO VIVÍA muy arriba en los Alpes suizos. A menudo, sólo para oír el sonido de su propia voz respondiéndole en eco, salía, ahuecaba sus manos sobre de su boca y gritaba: "¡Hola!" De los cañones reverberaba la respuesta: "HOLA . . . HOLA . . . Hola . . . hola." Luego él gritaba: "TE QUIERO. . . . TE QUIERO . . . Te quiero. . . . Te quiero."

Un día el muchacho se portó muy mal y su abuelo lo disciplinó con severidad. Reaccionando violentamente, el muchacho sacudió su puño y gritó: "¡TE ODIO!" Para su sorpresa, las peñas y rocas de las montañas le respondieron de igual manera: "¡TE ODIO! . . . TE ODIO . . . Te odio . . . te odio."

Lo mismo es con la familia. Podemos llamarla una de las leyes inmutables de la naturaleza física. Más particularmente, *la naturaleza humana.* Recibimos de vuelta exactamente lo que damos. Todo regresa. Increíbles ecos reflejan nuestras acciones a un grado enfático, a veces en mayor medida de lo que damos. Los resultados a menudo son bochornosos . . . o trágicos.

Tennyson dijo: "Nuestros ecos retumban de alma en alma y crecen para siempre y para siempre."

— Charles R. Swindoll, *Standing Out*

_____

UN PASTOR QUE CONOZCO me contó de una señora que fue a verlo porque quería unirse a la iglesia. Ella dijo que la había enviado el médico. Poco tiempo atrás ella se había sometido a una cirugía facial y cuando su médico le dio de alta, le dio este consejo: "Estimada señora, yo he hecho un trabajo extraordinario en su cara, y así puede verlo en el espejo. Le he cobrado una gran cantidad de dinero, que usted ha pagado con todo gusto. Pero quiero darle un consejo gratis. Busque un grupo de personas que amen a Dios, y que le amen a usted lo suficiente como para ayudarle a lidiar con todas las emociones negativas que tiene por dentro. Si no, usted volverá a mi consultorio en poco tiempo, con su cara en peor forma que antes."

—Bruce Larson, *There's A Lot More to Health Than Not Being Sick*

"No puedo ver, no puedo ver,"
        Dice el hombre que no quiere mirar.
¿Hay colores en el arco iris?
        ¿Son todavía verdes las praderas?
¿Están las flores todavía floreciendo,
        y se ven mariposas?

"No puedo oír, no puedo oír,"
        Dice el hombre que no quiere oír.
¿Han dejado las aves de cantar?
        ¿Los arroyos han perdido su canto?
¿Ha dejado la música de tocar,
        y han desaparecido las sinfonías?

"No siento nada, no siento nada,"
        Dice el hombre que no quiere interesarse.
¿No son los sentimientos si no el saber
        de cosas buenas y malas?
¿De interesarse por otros
        de alegría y tristeza?

"No hay vida, no hay vida,"
        dice el hombre que no quiere vivir.
La vida no es nada sino lo que se busca;
        Sí, la vida es sencillamente vivir.
Y la vida no es coleccionar cosas,
        la vida es realmente vivir.

"Nadie me quiere, nadie me quiere,"
dice el hombre lleno de cólera.
¿No es el amor simplemente reflejos
de lo que uno primero da
Por todos los demás
con quienes uno debe vivir?

"No hay Dios, no hay Dios,"
dice el hombre que no tiene fe.
Ver las manos de Dios en las estrellas
en los cielos.
En las oraciones de un niño,
y tus noches en silencio.

—Anónimo

EMPLEOS

(Ver también *Negocios*)

LA PERSONA PROMEDIO solo emplea el veinticinco por ciento de su energía y capacidad en su trabajo. El mundo honra a los que emplean el cincuenta por ciento de su capacidad, y se pone de cabeza por las pocas y distantes almas que dedican el ciento por ciento.

—Andrew Carnegie, quoted in Lloyd Cory, *Quote Unquote*

SOLO HAY DOS TIPOS DE ENTRENADORES: Los que han sido despedidos y los que están por serlo.

—Bum Phillips

CUANDO EL DR. CLYDE COOK estaba en el parque de diversiones Sea World notó que habían unas cotorras entrenadas a las que les habían enseñado a patinar. Tenían pequeños patines sujetos a sus patas y patinaban sobre la acera por diferentes partes del parque. Me dijo: "Sabes, Chuck, mientras veía esas cotorritas, me daba cuenta que podían hacerlo, pero su corazón no estaba en eso."

———————

AÑOS ATRÁS, Walt Kelly, el creador del encantador personaje de tiras cómicas Pogo, presentó a su amiguito pescando en un pantano. De vez en cuando un patito llega y se sienta junto a Pogo. El pato comienza la conversación: "¿Has visto a mi primo?" Pogo contesta: "¿Tu primo? "Sí, mi primo. Está emigrando desde el norte en un carrito." Pogo pregunta: "¿Viene por carro?" "Sí; tiene miedo de volar. Tiene miedo de caerse." "Pues, ¿por qué no nada entonces?" responde Pogo. "Pues bien, no le gusta nadar porque se marea." Con una cierta medida de sabiduría Pogo comenta: "Cuando tu primo decidió ser pato, escogió la carrera equivocada."

Esta pequeña tira cómica es una de las "bienaventuranzas de la vida." "¡Bendito es el pato que, cuando decide ser un pato, hace lo que un pato debe de hacer!"

——————— —Sermón de Haddon Robinson, Ontario Bible College, 12 de septiembre de 1983

———————

AL FINADO PETER MARSHALL, elocuente orador y por muchos años Capellán del Senado de los Estados Unidos de América, le encantaba contar el relato del "Guardia de las Fuentes," un tranquilo campesino que vivía en los bosques muy alto, más arriba de una aldea de Austria, en las faldas orientales de los Alpes. Al anciano le había empleado un consejo municipal joven para limpiar la maleza que caía en los estanques de agua entre las grietas de las montañas que alimentaban el encantador arroyo que corría por la población. Con regularidad silenciosa, él patrullaba las lomas, quitando las hojas y ramas, y limpiando el sedimento que de otra manera hubiera atascado y contaminado la corriente fresca de agua. Con el tiempo, la población se convirtió en una atracción popular para los que venían de vacaciones. Hermosos cisnes flotaban en la cristalina fuente, y las ruedas de molinos de varios negocios ubicados cerca del agua daban vueltas día y noche, y las granjas recibían la irrigación natural, y la vista desde los restaurantes era pintoresca.

Así pasaron los años. Una noche el consejo municipal convocó a su reunión semi-anual. Al revisar el presupuesto, los ojos de un hombre se percataron del salario que se le pagaba al poco conocido guarda de las fuentes. Dijo el tesorero: "¿Quien es el viejo? ¿Por qué lo tenemos año tras año? Nadie jamás lo ve. Por todo lo que sabemos, este extraño montañero no nos sirve para nada. ¡Ya no lo necesitamos!" Por voto unánime cancelaron los servicios del anciano.

Por varias semanas nada cambió. Al empezar el otoño los árboles empezaron a deshacerse de sus hojas. Pequeñas ramas se rompieron y cayeron en los estanques de agua, impidiendo el libre flujo del agua cristalina. Una tarde alguien notó un tinte amarillento en el agua. Unos días mas tarde, el agua estaba mucho más oscura. Al pasar otra semana, una capa viscosa cubría secciones del agua por las orillas y pronto se notó un hedor desagradable. Las ruedas de los molinos giraban más despacio, hasta que algunos se pararon por completo. Los cisnes desaparecieron, al igual que los turistas. Los tentáculos de las enfermedades e infecciones penetraron hondo en la aldea.

Muy rápido el avergonzado consejo convocó a una junta extraordinaria. Dándose cuenta de su grave error de juicio, emplearon de nuevo al guarda de las fuentes . . . y a las pocas semanas el río verdaderamente de vida empezó a correr limpio una vez más. Las ruedas de los molinos volvieron a girar, y nueva vida regresó a aquella aldea de los Alpes.

—Catherine Marshall, *Mr. Jones, Meet the Master*

Donald Barhouse cuenta una fascinante historia de un joven que se dirigió a la oficina de empleo de Western Union buscando trabajo entregando telegramas. El gerente le hizo saber que tenía una vacante para alguien que pudiera empezar de inmediato y le preguntó al joven si podía comenzar en ese mismo instante.

"Pues bien," dijo el joven, "hay algo que le debo advertir antes de comenzar. Mi formación psicológica es tal que no puedo tolerar ninguna escena de tristeza. Estoy dispuesto a entregar sólo buenas noticias. Anuncios de nacimientos están bien. Felicitaciones por algún éxito, fortunas que se han recibido, promociones, compromisos matrimoniales; todo lo que tenga que ver alegrías y felicidad, eso lo puedo entregar. Pero las de enfermad, y fracaso, y muerte, y todo eso, son ajenas a mi naturaleza. No las entregaré."

No le llevó mucho al gerente decirle: "Entonces aun estoy buscando al que pueda llenar esta vacante, porque este trabajo requiere también anunciar malas noticias."

Así es el trabajo del que lleva el evangelio. Son Buenas Nuevas maravillosas pero no están completas mientras no se entregue también las malas noticias.

—Donald Barnhouse, *Man's Ruin, Romans,* Vol. 1

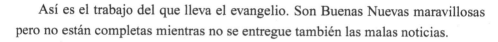

CHARLIE STEINMETZ era enano y con una deformidad terrible, pero lo que le faltaba en lo físico le sobraba mentalmente. Pocas personas sabían más de electricidad que el Sr. Steinmetz. Henry Ford se dio cuenta y lo empleó para fabricar los enormes generadores que proveerían la energía para la primera fábrica Ford en Dearborn, Michigan. Así llego Steinmetz, quien, con su genio extraordinario, fabricó esas enormes y maravillosas maquinarias que dan gran ganancia a la compañía automotriz Ford.

Un día, de repente, sin previo aviso, todo se detuvo por completo. Ford contrató a algunos mecánicos regulares y a algunos ayudantes fornidos, pero nadie pudo dar con el problema. Finalmente, aprovechó de su amistad con el Sr. Steinmetz y le pidió que fuera e hiciera la reparación. Steinmetz movió algún medidor, y traveseó con algún motor, oprimió ciertos botones, conectó unos cables, movió algún interruptor y luego el interruptor principal. En cuestión de pocas horas todo estaba arreglado y los motores estaban funcionando una vez más.

A los pocos días Stentimetz le envió por correo a Ford una cuenta por el monto de $10.000 dólares. A Henry Ford, aunque sumamente rico, no le agradó la idea de pagar una exorbitante suma de dinero por lo que parecía ser tan poco trabajo. Así que le escribió una carta a su amigo, devolviéndole la factura. "Charlie: Esta factura de $10.000 dólares me parece demasiado alta para alguien que apenas hizo unos cuantos ajustes en unos cuantos motores." Steinmetz preparó una nueva factura y se la envió al Sr. Ford. "Henry: por hacer ajustes en unos cuantos motores, $10 dólares; por saber cuales ajustar, $9.990 dólares."

ENCARNACIÓN

(Ver también *Jesús, Navidad*)

Las manos de un nene en Belén
eran pequeñas y suavemente dobladas;

pero sostenían dentro de sus dedos doblados
la esperanza de todo el mundo.

—Leslie Savage, citado en Charles R. Swindoll, *Growing Deep in the Christian Life*

Ellos buscaban a un Rey
que matara a sus enemigos y los elvara en alto;
Tú viniste como un pequeño nene
que hizo a una mujer llorar.

—George MacDonald, citado en Charles R. Swindoll, *Growing Deep in the Christian Life*

UNA CRUDA NOCHE DE INVIERNO un hombre oyó un golpeteo irregular contra la puerta de la cocina. Fue a una ventana y observó como algunas diminutas golondrinas, atraídas por el evidente calor de adentro, se estrellaban en vano contra el cristal.

Conmovido, el agricultor se abrigó como es debido, y se abrió paso por entre la nieve fresca para abrir el granero para que entraran las aves. Encendió las luces, puso algo de paja en una esquina, y regó pedazos de galletas para guiarlas al granero. Pero las golondrinas, que se esparcieron en todas direcciones cuando él salió de la casa, seguían escondidas en la oscuridad, con miedo de él.

Intentó varios métodos: irse detrás de los pájaros para empujarlos al granero, lanzarles pedazos de galletas al aire, retirarse a la casa para ver si ellas volaban al granero por cuenta propia. Nada sirvió. Él, una criatura extraña y gigantesca las había aterrorizado; los pájaros no podían entender que él en verdad deseaba ayudarles.

Se retiró a su casa y contempló por la ventana a los pájaros condenados a morirse. Mientras los contemplaba, un pensamiento lo golpeó como relámpago en un cielo azul: si tan sólo pudiera convertirme en pájaro, uno de ellos, apenas por un momento. Entonces no los asustaría tanto. Podría mostrarles el camino al calor y a la seguridad. En ese mismo momento, otro pensamiento se le ocurrió. Captó todo el principio de la encarnación.

El que un hombre se convierta en pájaro no es nada comparado a Dios haciéndose hombre. El concepto de un Ser soberano más grande que el universo que Él creó, confinándose a un cuerpo humano fue, y es, demasiado para que algunos crean.

—Paul Harvey

Una cabeza rojiza y calva,
    una carita rolliza,
manos a ciegas moviéndose
    en el aire;
un asomo de débil sonrisa,
    un alarido fornido,
metros de tela
    para esconderlo todo;
sí, eso es un nene.
Un montón de dulzura
    lleno de bendición,
una cosa por la cual
    llorar y besar;
una bendición enviada
    derecho desde arriba,
un kilo de cuidado,
    una tonelada de amor;
¡Ahora eso es un nene!

—G. B. F. Hallock, *2500 Best Modern Illustrations*

_____

WILSON CHURCHILL describió a Rusia como "un acertijo, envuelto en un misterio, dentro de un enigma." Eso es apropiado también para describir la encarnación.

—John Barlett, *Barlett's Familiar Quotations*

_____

ENEMIGOS

Que los que nos quieren, nos quieran;
y que a los que no nos quieren,
que Dios convierta sus corazones;
y si Él no convierte sus corazones,
que les tuerza los tobillos
para que los conozcamos porque cojean.

—Oración irlandesa

No podemos ignorar a los enemigos. Cuando yo era muchacho, mi papá y yo fuimos a una cabaña en una bahía en el sur de Texas. Cuando llegamos allá, descubrimos que la cabaña estaba llena de avispas. Nunca he visto nada como eso en mi vida. Había como un millón de avispas. Cuando abrimos la puerta, simplemente se abalanzaron sobre nosotros. Estaban incluso entre el visillo de la ventana. Abrimos ese visillo y salieron las avispas. Estaban por todo el lugar. Pues bien, nos dedicamos a trabajar y limpiamos todas las avispas. Luego esa noche nos fuimos a dormir y yo oí el ruido típico de alas debajo de mí. Levanté mi almohada, y las avispas estaban todavía entre los dos colchones de mi cama. De nuevo, las limpiamos. ¿Por qué? Pues bien, con una reunión familiar que empezaba en un día o dos, queríamos que el lugar esté limpio para cuando ellos llegaran. Era esencial para la salud y felicidad de la familia que resolvamos ese problema.

_____

Los enemigos vienen en todos tamaños. Leí hace tiempo de un hombre que salió una mañana en su Cadillac nuevo, brillante y reluciente, de su casa y se dirigió a la autopista para ir como todos los días a su trabajo en el centro de la ciudad. Estaba muy atareado rasurándose mientras conducía; operación normal para él. Supongo que tenía el radio encendido, y que estaba escuchando las noticias o informes del tráfico mientras se dirigía a su oficina. Los testigos dicen que de súbito él se puso la mano debajo del cuello, y se dobló sobre el volante. El coche se desvió y se fue a una zanja, y el hombre se mató. Su carro quedó destruido por completo.

Se ordenó la autopsia. Conforme empezaron a descubrir los detalles, un médico muy perspicaz notó un pequeño pinchazo detrás de la oreja del hombre donde una avispa, probablemente saliendo de detrás del asiento, o de alguna otra parte del auto, le había picado, paralizando temporalmente un área en particular del nervio y cegándole por el dolor. Él se dobló sobre el volante, perdió el control del coche, y murió. Normalmente un hombre adulto, con fuerza normal, puede simplemente espantar a una pequeña avispa sin problema. Pero cuando esa avispa le picó en ese sitio, eso produjo un choque fatal.

_____

ENFOQUE

LAS DISTRACCIONES EXTERNAS de nuestros intereses reflejan una falta interna de integración en nosotros mismos. Estamos tratando de ser varias personas a la vez sin organizarnos nosotros mismos por una sola Vida dominante dentro de nosotros.

—Thomas Kelly, *A Testament of Devotion*

_____

¿CÓMO PODEMOS CONSEGUIR LO MÁS por lo menos? La mayoría de nosotros somos notorios para buscar gangas. Sea que se trate de alguna venta especial de ropa, o buscando en el periódico cupones de descuento. También es cierto en cuanto a los carros que conducimos. Queremos lo más que podamos en un carro por la menor cantidad de dinero. Así es cómo pensamos. Cuando se trata de comprar, esa es nuestra filosofía. Nos gusta regatear.

Me hace recordar la experiencia de un grupo de turistas que recorría la antigua ciudad de Roma. El guía italiano estaba pasando un buen rato con este grupo internacional. Todos ellos abrían la boca y lanzaban exclamaciones de asombro por toda clase de cosas. El hombre se dejó llevar por su entusiasmo cuando llegó a un corral lleno de gallinas. Dio un paso atrás y dijo: "Damas y caballeros: estos son pollos muy raros y distintivos. Resulta que son descendientes del gallo que cantó la noche en que Pedro negó a su Maestro, Jesús de Nazaret."

Pues bien, todos arrimaron la nariz contra la malla del gallinero para contemplar a los pollos. Hubo un inglés en el grupo que dijo: "¡Vaya! ¡Qué abolengo más asombroso!" Típicamente, un estadounidense en el grupo de inmediato sacó su chequera, y le preguntó al guía: "¿Cuánto cuestan?" En el grupo había un escocés que había observado lo que sucedía. En voz baja le preguntó al guía: "¿Ponen huevos?"

—Ray Stedman, *What More Can God Say?*

_____

ANTES DE QUE ANDREW JACKSON llegara a la presidencia de los Estados Unidos de América, sirvió como general mayor en la milicia de Tennessee. Durante la guerra de 1812 sus tropas llegaron a un momento en que tenían la moral muy baja. Como resultado empezaron a pelear y discutir entre ellos mismos. Se informó que el general los reunió en una ocasión cuando las tensiones estaban en su peor punto, y les dijo: "¡Caballeros! ¡Recordemos el enemigo está *allá*!"

—Charles R. Swindoll, *Hope Again*

Tomás Henry Huxley era un devoto discípulo de Darwin. Famoso biólogo, maestro y autor, defensor de la teoría de la evolución, intrépido, convincente, autonombrado filósofo humanista, y conferencista itinerante.

Habiendo terminado otra serie de conferencias de ataques públicos contra varias verdades que los cristianos consideran sagradas, Huxley estaba muy apurado a la mañana siguiente para tomar el tren a la siguiente ciudad. Tomó uno de los famosos taxis de Dublín tirados a caballo, y se acomodó con los ojos cerrados para descansar por unos minutos. Dio por sentado que el portero del hotel le había dicho al conductor el lugar adonde se dirigía, así que todo lo que le dijo cuando se subió fue: "Apúrese, estoy atrasado. ¡A toda velocidad!" Los caballos empezaron a correr cruzando Dublín a paso vigoroso. Al rato Huxley miró por la ventana y frunció el ceño al darse cuenta de que estaban yendo hacia el oeste, alejándose del sol, y no hacia el mismo.

Inclinándose hacia delante, el erudito gritó: "¿Sabe usted a dónde va?" Sin volverse para mirar, el conductor le grito una línea clásica, que no tenía ninguna intención de ser cómica. "¡No, su señoría! ¡Pero estoy conduciendo *muy* rápido!"

—Charles R. Swindoll, *Growing Strong in the Seasons of Life*

Los objetivos se pueden perder fácilmente. Lentamente se erosionan antes que estallen de repente, ¿lo ha notado? Para ilustrar cómo esto puede suceder, considere esta experiencia real que un hombre tuvo en una ciudad del sur de los Estados Unidos de América.

Cuando vivía en Atlanta, hace varios años, noté en las páginas amarillas, en el listado de restaurantes, un renglón para un lugar llamado Parrillada de la Iglesia de Dios. El nombre peculiar despertó mi curiosidad y marqué el número. Contestó un hombre con un alegre: "¡Parrillada de la Iglesia de Dios para servirle!" Le pregunté cómo su restaurante había recibido un nombre tan extraño, y me contestó: "Pues bien, teníamos una pequeña misión aquí, y empezamos a vender platos de pollo después del culto del domingo para ayudarnos a pagar las cuentas. Pues bien, a la gente le gustó tanto el pollo, y el negocio marchaba tan bien, que a la larga suprimimos el culto. Después de un tiempo simplemente cerramos la iglesia por completo y seguimos sirviendo pollo. Conservamos el nombre con que empezamos, y es la Parrillada de la Iglesia de Dios.

—Charles Paul Conn, *Making It Happens*

_____

ES UN VIEJO HÁBITO IRÓNICO de los seres humanos de correr más rápido cuando hemos perdido el camino.

—Rollo May

_____

ENGAÑO

(Ver también *Mentiras*)

TAL VEZ HAYA OÍDO del individuo que se enamoró de la cantante de ópera. Casi ni la conocía, puesto que solo había visto a la cantante a través de unos binoculares desde la galería. Él estaba convencido de que podría vivir "feliz para siempre" casándose con una voz como esa. Casi ni notó que ella tenía considerablemente muchos más años que él. Tampoco se preocupó de que ella anduviera cojeando. Su voz de mezzosoprano compensaría lo que sea que pudiera venir. Después de un romance vertiginoso y una ceremonia al apuro, se fueron juntos a su luna de miel.

Ella empezó a prepararse para su primera noche juntos. Mientras él la observaba, su quijada se le cayó casi al pecho. Ella se sacó un ojo de vidrio y lo echó en un vaso en la mesita de noche. Se sacó su peluca, se sacó sus pestañas falsas, se sacó su dentadura postiza, se desató su pierna artificial, y le sonrió mientras se quitaba los anteojos que ocultaban su auricular. Aturdido y horrorizado, él dijo: "Por todos los cielos, mujer, canta, canta ¡CANTA!"

—Charles R. Swindoll, *Strike the Original Match*

_____

EN UNA ENCUESTA . . . se halló que el 15 por ciento de las mujeres se teñían el pelo, el 38 por ciento llevaban peluca, el 80 por ciento usaban maquillaje, el 98 por ciento se ponían sombra en los ojos, el 22 por ciento usaban pestañas falsas, el 93 por ciento se pintaba las uñas; y el ciento por ciento votó a favor de una resolución condenando todo tipo de paquetes falsos.

—Lloyd Cory, *Quote Unquote*

———————————

UN VENDEDOR se hallaba lejos de casa, conduciendo por una carretera rural desconocida. De repente pasó frente a un granero que tenía un enorme blanco pintado en la pared. Casi ni podía creer lo que sus ojos veían. Allí, en medio del blanco, había cientos de flechas. Toda flecha estaba dentro del blanco. Mientras conducía alejándose, la curiosidad le ganó. Se dio la vuelta y volvió hasta el granero, para echar otro vistazo. Distinguió una casa cerca, así que se fue allá y habló con el granjero. Después de presentarse, le dijo: "Dígame: ¿podría decirme quién es el excelente arquero que disparó todas las flechas dentro del blanco?" El granjero se rió con buenas ganas, y luego explicó: "Eso es obra del payaso del pueblo. Él había disparado todas sus flechas contra la pared del granero, luego se subió, y pintó el blanco alrededor de las flechas para dar la impresión de que es un gran arquero."

———————————

UN HOMBRE DE LA ciudad de Nueva York conoció y se casó con una mujer que tenía un gato. En realidad el gato la tenía a ella. Ella quería al gato. Lo acariciaba, lo peinaba, le daba de comer, y lo mimaba. El hombre detestaba al gato. Era alérgico al pelambre del gato, detestaba la pestilencia de la defecación del gato, no podía aguantar los arañazos en los muebles, y no podía dormir bien por la noche porque el gato solía saltar con frecuencia a la cama. Una vez que su esposa salió de la ciudad, un fin de semana, él puso al gato en una bolsa con algunas piedras, lo echó al río Hudson, y pronunció una feliz despedida al gato. Cuando su esposa volvió y no pudo hallar gato, quedó abrumada por la aflicción.

Su esposo le dijo: "Mira, querida. Sé lo mucho que ese gato significaba para ti. Voy a poner un anuncio en el periódico y ofrecer una recompensa de $500 al que halle al gato."

Ningún gato se asomó, así que unos pocos días más tarde él dijo: "Cariño, tú significas para mí más que cualquier cosa en la tierra. Si ese gato es tan preciado para ti, es preciado para mí. Te voy a decir lo que voy a hacer. Voy a pagar por otro anuncio, y subir la recompensa. Aumentaremos la recompensa a mil dólares."

Un amigo vio el anuncio y exclamó: "Debes estar loco; no hay gato en la tierra que valga mil dólares."

El hombre replicó: "Pues bien, el que sabe lo que yo sé, puede darse el lujo de ser generoso."

—Haddon Robinson, *What Jesus Said about Succesful Living*

UN AMIGO MÍO comió comida de perros una noche. No; no estaba en una fiesta de iniciación de alguna fraternidad ni en una fiesta de vagabundos . . . en realidad estaba en una recepción elegante de estudiantes en la casa de un médico cerca de Miami. Sirvieron la comida de perros en pequeñas galletas delicadas con una cuña de queso importado, pedacitos de tocino, una aceituna, y una tajada de pimiento encima. Como lo oyen, amigos y amigos, eso es bocaditos *a la Alpo.*

¡La anfitriona es una juguetona de primera clase! Usted tiene que conocerla para apreciar este relato. Ella acababa de graduarse de un curso de cocina gourmet, así que decidió que era tiempo de poner su destreza a la prueba máxima. ¡Vaya que lo consiguió! Después de preparar esos miserables bocadillos y ponerlos en un par de bandejas de plata, con una sonrisa socarrona las observó desaparecer. Un hombre (mi amigo) no podía dejar de comerlas. Volvía por más y más. No recuerdo cómo le dieron las noticias . . . pero cuando descubrió la verdad, probablemente ladró y le mordió a ella la pierna. Con toda certeza debe haber sentido náuseas.

COMO UN demonio citó una vez a Ajenjo este doblete de su padre:
El viejo error en vestido nuevo
es con todo error como siempre.

—Walter Martin, *Screwtape Writes Again*

ENTUSIASMO

CUANDO GEORGE WHITEFIELD lograba sacar de sus camas a la gente de Edimburgo a las cinco de la mañana para oír su predicación, un hombre que se dirigía al tabernáculo encontró a David Hume, el filósofo y escéptico escocés. Sorprendido de verlo en camino para oír a Whitefield, el hombre le dijo: "Pensé que usted no creía en el evangelio." Hume respondió: "Yo no, ¡pero él sí!"

—Clarence E. Macartney, *Preaching without Notes*

NADA GRANDE jamás se consiguió sin entusiasmo.

—Ralph Waldo Emerson

HACE AÑOS alguien le preguntó a Charles Haddon Spurgeon: "¿Cómo puedo comunicarme como usted lo hace?" "Es muy sencillo," contestó él. "Todo lo que tiene que hacer es echarse encima un balde de querosín, y encenderse, y la gente vendrá para verlo arder."

—Howard G. Hendricks, *Say It with Love*

ENVIDIA

(Ver también *Celos*)

SHAKESPEARE LLAMÓ A LA ENVIDIA "la enfermedad verde." Bacon admitió "que no tiene días feriados." Horacio declaró que "los tiranos nunca han inventado un mayor tormento." Barrie dijo que "es el más corrosivo de los vicios." Sheridan se refería a ella en su obra *El crítico* cuando escribió: "no hay pasión tan fuertemente arraigada en el corazón humano como esta." Philip Bailey, el elocuente poeta inglés de años idos, vívidamente la describe como "un abrigo [que] sale siseando y candente del infierno."

Y hablando del infierno, nadie ha hecho mejor trabajo para describir la envidia que Dante. En su obra *El purgatorio* . . . la envidia se sienta como mendigos ciegos contra una pared. Sus párpados están cerrados y cosidos. El simbolismo es apto; mostrando al lector que es uno de los pecados más ciegos; en parte porque es irrazonable, y en parte porque el envidioso está cosido en sí mismo e hinchado con pensamientos venenosos en un mundo oscuro, restringido de casi insoportable angustia autoimpuesta.

La envidia fue a la iglesia

La envidia fue a la iglesia esta mañana.
Siendo Legión, se sentó en cada otra banca.
La envidia palpó telas de lana y seda,
Colgó etiquetas de precios en trajes y corbatas.
La envidia recorrió el estacionamiento
Escudriñando el cromado y la pintura.
La envidia marchó al santuario con el coro
Durante el procesional. . . .
La envidia acicateó a esposas del montón
Y a esposas brillantes casadas con aburridos mequetrefes,
Y toda clase de hombres casados con brujas de lengua afilada.
La envidia golpeó a las viudas y viudos,
Vapuleó y pateó a universitarias sin novio,
Encendió incendios invisibles en chaquetas caquis.
La envidia conferenció a menudo esta mañana
Con todos sus hermanos;
Le gustó lo que consiguió este domingo
Pero no lo suficiente;
Algunos de sus posibles clientes
Habían bebido un antídoto llamado Gracia,
Y llevaban una flor llamada Amor.

—Elva McAllaster, *Christian Life,* enero de 1970

¿QUÉ ES EXACTAMENTE LA ENVIDIA? ¿Cómo difiere de su gemelo, los celos? La envidia (la más sofisticada de los dos) es una consciencia dolorosa y resentida de una ventaja que otro disfruta . . . acompañada de un fuerte deseo de poseer la misma ventaja. La envidia quiere tener lo que otro posee. Los celos quieren poseer lo que ya tienen. Los celos son crueles y grotescos. La envidia es ladina y sutil. Los celos se aferran y sofocan. La envidia siempre está extendiendo las manos, añorando, entrecerrando los ojos, pensando (y diciendo) insinuaciones siniestras.

_____

ERRORES

(Ver también *Futilidad*)

UN JOVEN SE PREPARABA PARA VIAJAR AL EXTERIOR. Varias personas le advirtieron que se cuidara de los carteristas al llegar en especial a cierta ciudad a donde iba. Si estaba en la atestada estación del tren subterráneo, un carterista podría robarle la billetera y subirse al tren; al cerrarse las puertas el ladrón se escaparía. Así que decidió andar con cautela.

Una noche, después de llegar a la ciudad, llevaba puesta una chaqueta deportiva cuando se vio entre el gentío en la estación del metro. Tal como se lo dijeron, al abrirse las puertas y las personas comenzando a entrar, sintió que un hombre chocaba contra él y pensó: "Qué extraño." ¡Así que metió la mano en su bolsillo ¡y no halló su billetera! Pues bien, agarró el abrigo del hombre justo cuando la puerta empezaba a cerrarse. Finalmente, logró quedarse con el abrigo mientras que el hombre dentro del tren lo miraba confuso mientras el tren se alejaba. Orgulloso de sí mismo, el joven pensó, *Para que aprenda*. Pero cuando buscó en el abrigo del hombre, no encontró su billetera. Todo eso y para nada. Pero la historia tiene un final feliz; encontró su billetera en la cómoda de su hotel.

_____

UN DIARIO DE LA CIUDAD DE SAN DIEGO, California, publicó la crónica de una mujer que tenía un canario al que por cariño le puso por nombre Cantor. El pajarillo llenaba la casa con sus hermosas melodías.

Un día, mientras pasaba la aspiradora pensó: "Vaya, el fondo de la jaula de Cantor está bastante sucia. Pasaré la aspiradora solo por el fondo de la jaula." Mientras pasaba la aspiradora timbró el teléfono. Cuando intentó levantar el auricular, levantó la boquilla de la aspiradora y ésta se tragó a Cantor, por toda la manguera y finalmente hasta la misma la bolsa de la aspiradora. Por supuesto, abrió la bolsa de la aspiradora y ahí estaba Cantor luchando por sobrevivir. Ella lanzó un suspiro de alivio. Entonces pensó: "Está tan sucio" Así que lo puso bajo la llave de agua y la abrió. Cuando terminó de bañarlo bajo la llave, donde por poco lo ahoga, lo secó con un secador de pelo. Un reportero le preguntó: "Pues bien, ¿cómo está ahora?" Ella contestó: "Pues bien, ya no canta como antes."

—Max Lucado, *In the Eye of the Storm*

UN PROFESOR DE BIOLOGÍA llevó a sus estudiantes al desierto para un estudio intensivo. A kilómetros de la civilización, el vehículo en que viajaban se dañó. El grupo comenzó a recorrer a pie lo que se calculaba que serían tres días de regreso a la universidad. Después de dos días de arduo viaje, llegaron a la cumbre de una enorme duna de arena. Sedientos y quemados por el sol, miraron a su alrededor. A lo lejos a la derecha, vieron lo que parecía ser un lago rodeado de árboles pequeños. Los estudiantes saltaron y brincaron de felicidad. Pero el profesor, que había estado en la región antes, sabía que estaban viendo un espejismo. Les hizo saber la mala noticia, suavizándola lo mejor que pudo. Pero, insistiendo que sus ojos no podían engañarlos, los estudiantes se rebelaron. Incapaz de convencerlos de su error, el profesor permitió que los estudiantes se dirigiesen en dirección del presunto "lago," mientras él iba a tomar otro rumbo. Les hizo prometer que después que se dieran cuenta que era solo un espejismo, se quedarían en ese sitio hasta que el regresara con ayuda. Tres horas más tarde los estudiantes llegaron a un nuevo hotel en medio del desierto que tenía cuatro piscinas y seis restaurantes. Dos horas más tarde se fueron en un vehículo con guardabosques para buscar a su profesor. Nunca lo encontraron.

—Charles Sell, *The House on the Rock*

UN HOMBRE ACABABA DE INSTALAR UNA ALFOMBRA NUEVA en una casa. Estaba muy contento porque había terminado en menos tiempo del que esperaba. Pero notó, al examinar la alfombra, que había un pequeña protuberancia en un esquina. No quería tener que volver a levantar toda la alfombra. Entonces notó que había perdido su cajetilla de cigarros. Así que pensó: "Eso es el bulto." Con esas, tomó su martillo y lo aplastó hasta que la alfombra quedó plana y lisa. Satisfecho, salió de la casa y se subió a su vehículo y se dio cuenta que sus cigarros estaban sobre el tablero de instrumentos. Entonces oyó a la señora de la casa gritarle desde la puerta: "¿Ha visto usted a mi periquito?"

_____

POR FALTA DE UN CLAVO se perdió una herradura, por falta de una herradura se perdió un caballo, por falta de un caballo se perdió un jinete.

—Benjamín Franklin

_____

UNA MUJER FRISANDO MÁS DE OCHENTA AÑOS estaba decidida a seguir conduciendo. Naturalmente, su familia estaba preocupada por sus reflejos más lentos. Salía de noche sola, y ellos temían por su seguridad. Le hablaron de los asaltos, atracos, secuestros y robos de carros. Pensaban que esto la mantendría en casa. Pero no fue así.

Más bien, ella fue y se compró una pistola, calibre .38. No tenía la más mínima idea de cómo usarla, pero la cargó y la puso en su cartera. Decidió que la usaría si alguien le daba problemas.

Pues bien, un día ella salía de un almacén durante las fiestas navideñas con sus paquetes. Miró y vio a tres hombres que cerraban con fuerza la puerta del auto. Ella piensa: "Este es el momento." Así que busca en su cartera, saca la pistola y se dirige hacía el auto y dice: "¡Fuera de mi carro! ¡Suelten ese volante! ¡Muévanse!" Los tres hombres salieron y corrieron en diferentes direcciones.

Para entonces se habían congregado un grupo de mirones que la contemplaban y sonreían. Ella se sentía orgullosa de sí misma. Así que metió el revolver en su cartera y sacó sus llaves, y las llaves no funcionaban en la cerradura. No era su auto.

_____

UN HOMBRE QUE NUNCA HABÍA PESCADO en hielo compró todo lo necesario para hacerlo. Tarde una noche se deslizó al hielo, armó su pequeña tienda de campaña, y comenzó a tratar de perforar el hielo. Entonces oyó una voz que le dijo: "¡No hay peces aquí!"

Así que avanzó unos seis o siete metros, volvió a sentarse en el taburete, y empezó otra vez a tratar de perforar el hielo. Y otra vez la voz dijo: "¡Tampoco hay peces allí!"

Con algo de miedo dijo: "¿Quién eres? ¿Dios?" La voz le contestó: "No, soy el gerente de esta pista de patinaje."

UN AVIÓN COMERCIAL a reacción viajaba desde Chicago hasta Los Ángeles. Como una hora después de haber despegado, los pasajeros a bordo oyeron una voz por el altavoz. Decía: "Esto es una grabación. Ustedes tienen el privilegio de estar a bordo del primer avión controlado por completo electrónicamente. El avión despegó electrónicamente. Ahora mismo está volando a 12.000 metros de altura, electrónicamente. Y aterrizará electrónicamente."

"Este avión no tiene piloto, ni copiloto, ni ningún ingeniero de vuelo porque ya no son necesarios. Pero no se preocupen, nada puede fallar . . . puede fallar . . . puede fallar . . . puede fallar . . . puede fallar . . . puede fallar . . . puede fallar."

—James C. Humes, *Podium Humor*

UNA MUJER ESTABA HACIENDO ESCALA en un aeropuerto. Tenía como hora y media de espera, así que decidió hojear un poco los diarios. Sintió hambre, así que se fue al café y se compró un paquete de galletas, y se sentó a una mesa para leer su diario.

Mientras leía, comenzó a oír un ruido, como de papel celofán que se rasgaba. Alzó la vista por encima del diario y para su sorpresa, un hombre bien vestido, totalmente desconocido, estaba sentado a la misma mesa, abriendo sus galletas y comiéndoselas.

Perpleja, no quiso hacer un escándalo, así que mantuvo el diario frente a su cara, deliberadamente estiró la mano, tomó el paquete de galletas y las acercó, sacó una y empezó a comérsela.

Pasó como un minuto, y para su asombro, escuchó otra vez el ruido de celofán. Echó un vistazo alrededor del diario y vio al hombre, que ni siquiera la miraba, simplemente comiéndose otra de sus galletas.

Antes de que ella pudiera extender su mano (para entonces ya habían llegado al fondo del paquete), el señor tomó la última galleta, la partió por mitad y con mala cara se la acercó hacia ella. Él terminó de comer su mitad de la galleta, recogió su maletín y se fue por la terminal.

Ella echaba chispas mientras se comía la mitad de la última galleta. Entonces oyó que llamaban para abordar su vuelo y se dirigió a la puerta por donde debía abordar el avión. Necesitaba su boleto, así que abrió su cartera y, para tremenda sorpresa, vio su paquete de galletas, sin abrir, aún en su cartera.

¡En alguna parte del mismo aeropuerto había un hombre moviendo la cabeza, preguntándose cómo esa mujer tuvo el atrevimiento de comerse sus galletas!

—James Hewett, Illustrations Unlimited

_____

DE TODAS LAS PALABRAS TRISTES que se puedan decir o escribir, las más tristes son: ¡Pudo haber sido!"

—John Greenleaf Whittier

_____

DOS MUCHACHAS del sur de California pasaron el día entero en Tijuana, ciudad fronteriza de México a pocos kilómetros al sur de San Diego, haciendo sus últimas compras navideñas. Después de un exitoso día buscando gangas, regresaron a su hotel. Una de las jóvenes miró en la alcantarilla y notó que algo se movía, retorciéndose, como si estuviese adolorido. Al agacharse para mirar más de cerca, las dos jóvenes vieron lo que parecía un perro chiquito, un Chihuahua, luchando por su vida. Respiraba con dificultad, temblaba, y casi ni podía moverse. Se conmovieron al ver el pobre animal. Su compasión no les permitió irse y dejar al pobre animal para que muriera ahí.

Decidieron llevárselo a casa y hacer todo lo posible para que se recuperara. Con miedo a que las detuvieran los oficiales de la patrulla fronteriza y que éstos se dieran cuenta de la criatura que traían, lo envolvieron cuidadosamente entre algunos de los paquetes que traían dentro del portamaletas del auto. En pocos minutos estaban de regreso en California y a sólo un par de horas de casa. Una de las mujeres llevó en sus brazos al pequeño chihuahua enfermo el resto del camino.

Al llegar a la casa de una de ellas, decidieron que ella debería quedarse con el animal esa noche y haría todo lo posible para que el animalito recobrara sus fuerzas. Trato de darle algo de comida, pero no quería comer. Le acariciaba, le hablaba, lo arrullaba, y finalmente lo envolvió en una sábana y lo puso junto a ella en la cama para que durmiera con ella. De vez en cuado le acariciaba para asegurarse de que estaba bien.

Temprano la siguiente mañana ella podía darse cuenta de que al animal no le iba nada bien. Antes del amanecer, decidió llevarlo a la sala de emergencia de una clínica veterinaria cercana. Entregándole el débil animal al veterinario de turno, comenzó a describir lo que había hecho para ayudar a la pequeña criatura.

El veterinario la interrumpió muy rápido y le preguntó: "¿Donde encontraron este animal?"

Por temor a que la reprendieran por traer un animal por la frontera, le dijo que era de una amiga que se lo había encontrado, y que ella solo lo estaba cuidando.

"No permitiré que usted se vaya," le dijo muy serio, "mientras no me diga donde consiguió esto."

Ella dijo: "Estábamos de compras en Tijuana y encontramos este pequeño Chihuahua en la alcantarilla cerca de nuestro auto. Nos dio tanta lastima . . . "

"Esto no es ningún Chihuahua, jovencita. Lo que se trajeron es una rata mexicana con rabia."

—Charles R. Swindoll, *Living Above the Level of Mediocrity*

_____

JOE GIBBS, que fue entrenador de los Pieles Rojas de Washington, me contó un episodio cómico que tenía que ver con uno de sus amigos.

El amigo de Joe, a quien le llamaré Frank, es dueño de un perro labrador. Un día, Frank estaba mirando por la ventana y vio a su fiel amigo sentado en el porche. Frank notó que algo colgaba de las mandíbulas del perro. No se equivocó, y al acercarse halló que el perro tenía en el hocico el conejo de su vecino, muerto. Frank se quedó atónito. Sin saber exactamente qué hacer, le pasaron varias opciones por la mente hasta que decidió hacer lo que le parecía mejor, aunque requería un proceso un poco tedioso.

Con suavidad le quitó al perro el conejo, lo llevó al lavamanos, lo lavó y le quitó todo el lodo y la mugre. Luego lo llevó al baño, y con un secador de pelo se pasó varios minutos secando al animal muerto, hasta dejarlo con el pelambre suave y esponjoso. Esa noche, cuando todo estaba oscuro en el vecindario, Frank paso por sobre la cerca al lado del patio del vecino, abrió la puerta de la jaula del conejo, puso allí el conejo muerto, y cerró la puerta. Luego, a gatas en la oscuridad, brincó de nuevo la cerca y respiró aliviado.

A la mañana siguiente alguien llamaba a la puerta fuertemente. Frank abrió la puerta y, para su sorpresa, vio a su vecino con el conejo muerto en la mano. El amigo echaba chispas.

"Frank, tenemos a alguien verdaderamente enfermo en el vecindario."

"¿En serio? ¿Por qué dices eso?"

"Pues, verás . . . mi conejo se murió hace tres días y lo enterré. Algún individuo lo sacó, lo limpió, *y lo puso de nuevo en la jaula.* ¡Estamos hablando de *alguien realmente enfermo,* Frank!"

—Charles R. Swindoll, *Simple Faith*

Leí de un accidente de un avión de la aerolínea Eastern en los Everglades del estado de la Florida. El avión era el ahora famoso vuelo 401, que viajaba de Nueva York a Miami, lleno de pasajeros en la época navideña. Al acercarse el gigantesco avión al aeropuerto de Miami para aterrizar, la luz indicadora del descenso apropiado del tren de aterrizaje no se encendió. El avión voló en círculo sobre los pantanos de los Everglades mientras que la tripulación de la cabina investigaba el fallo de la luz. ¿Sería que el tren de aterrizaje en realidad no había salido, o sería solo algún defecto con el bombillo?

Para comenzar, el ingeniero del vuelo comenzó a examinar el bombillo. Trató de sacarlo, pero no salía. Otro miembro de la tripulación trató de ayudarlo . . . y luego otro. Uno por uno, aunque usted no lo crea, todos los ojos estaban puestos en ese pequeño bombillo que no quería salir. Nadie se dio cuenta que el avión estaba perdiendo altitud. Finalmente, el avión se estrelló en el mismo pantano. Muchos murieron en ese accidente. Mientras que una tripulación de pilotos de alto salario y amplia experiencia trataba de lidiar con un bombillo de pocos centavos de costo, se perdió un avión entero y muchos de sus pasajeros. Por un momento la tripulación le olvido lo más importante de todas las reglas en el aire: "No se olviden de pilotear el avión."

—Charles Paul Conn, *Making It Happen*

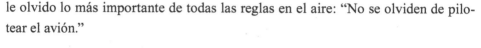

NUESTRO HIJO MAYOR se preparaba para ir a una reunión de toda la noche en un programa llamado Brigada de Servicio Cristiano. Teníamos todas las provisiones necesarias, excepto una cantimplora. Así que me fui a toda prisa a uno de los almacenes locales y busqué en los anaqueles tratando de encontrar una. Encontré una en un cajón; la única que quedaba. El problema era, sin embargo, que no tenía la etiqueta del precio. La tomé y me dije: "¡Qué problema! ¿Cuánto costará?" Busqué alrededor; y allí mismo en el cajón estaba una etiqueta de precio suelta. Tomé la etiqueta y se la puse a la cantimplora. Primer error.

Sin saberlo, estaba siendo fotografiado por una cámara de vigilancia. Fui a la caja, pagué por la cantimplora y salí. Justo cuando traspuse el umbral, dos enormes gorilas se acercaron y me dijeron: "Un momento." Al instante supe que no debí de haber recogido esa etiqueta y habérsela puesta a la cantimplora porque era la etiqueta equivocada. La policía me llevó al cuartel y me echaron en la cárcel.

Estaba tan avergonzado que no sabía que hacer. Me mantuvieron en la cárcel hasta que mi esposa llegó para pagar la fianza y sacarme de allí.

Ese fue uno de los momentos más vergonzosos de mi vida. Cuando las puertas de esa celda se cierran, es de verdad. Gracias a Dios, estuve ahí solo por unos minutos. Pero hay otros que se quedan allí por años, por errores que cometieron.

TODOS COMETEMOS ERRORES. Las travesuras son una señal de nuestra humanidad. Las Escrituras contienen los errores de los hombres para enseñarnos. Creo que esos errores caen en cinco categorías:

1. Los errores causados por el pánico por lo general tienen que ver con temor, prisa o preocupación.
2. Los errores de buenas intenciones tienen que ver con el momento indebido o métodos incorrectos.

3. Los errores de negligencia pasiva resultan de la vagancia, falta de disciplina, o inconsistencia.

4. Los errores de la curiosidad no refrenada tienen que ver con lo demoníaco o lo sensacional.

5. Los errores de puntos ciegos por lo general surgen debido a la ignorancia, los hábitos o las influencias.

UN HOMBRE ACABABA DE ABRIR UN NUEVO NEGOCIO y su amigo le envió un arreglo floral. El amigo pasó a verlo unos días más tarde y se sintió mal al ver que la nota adjunta a las flores decía "Descansa en Paz." Llamó a la floristería para quejarse. El florista le dijo: "Pudo haber sido peor. En un cementerio de la ciudad hay un arreglo floral que dice: 'Felicitaciones por tu nuevo local.'"

HAGA UN ALTO Y PIENSE EN LAS MANERA que la gente puede concebir para no asumir la responsabilidad y confesar que han cometido un gran error. Los médicos entierran sus errores. Los errores de los abogados quedan encerrados en la cárcel, en forma literal. Los dentistas extraen sus errores. Los errores de los plomeros se tupen. Los carpinteros convierten sus errores en aserrín. Me gusta lo que leí en una revista hace poco.

En caso de que usted halle errores en esta revista, favor de recordar que fueron puestos allí a propósito. Tratamos de ofrecerle algo para todos. ¡Algunos siempre andan en busca de errores y no quisiéramos desilusionarlos!

ESCLAVITUD

VIENDO A UN ESCLAVO vivo ofrecido en Nueva Orleans en la venta de esclavos: "Hubo un aborrecimiento creciente dentro de mí contra la esclavitud, y juré que si algún día pudiera hacer algo al respecto, haría algo al respecto."

—Abraham Lincoln

EN EL SEGUNDO DISCURSO DE TOMA DE POSESIÓN DE ABRAHAM LINCOLN, poco antes de su asesinato en 1865, él habló de cómo ambas partes detestaban la guerra, y sin embargo la guerra vino. Continuó: "Ninguna parte esperaba la guerra, la magnitud o la duración que ya ha tenido. Cada uno esperaba un triunfo fácil. Ambos leían la misma Biblia, y oraban al mismo Dios; y cada uno invocaba su ayuda contra el otro."

Y con eso Lincoln dejó ver sus propios sentimientos al hablar de cuán extraño era, "que algún hombre se atreviera a pedir la justa ayuda de Dios para exprimir su pan del sudor de las caras de otros hombres."

A la larga los esclavos negros fueron puestos en libertad, en teoría el primer día del año de 1863, en lo que ha llegado a conocerse como la Proclamación de la Emancipación.

"La palabra se regó," en las palabras de un historiador, "desde el Capitolio por la ciudad, a los valles y campos de Virginia y las Carolinas, e incluso a las plantaciones de Georgia, Mississippi y Alabama. '¡La esclavitud legalmente abolida!' decían los titulares, y sin embargo algo asombroso tuvo lugar. La gran mayoría de esclavos en el sur siguieron viviendo como si no hubiera sido emancipados. Eso continuó durante todo el Período de Reconstrucción."

"El negro permaneció encerrado en un sistema de castas de 'etiqueta de raza' tan rígido como cualquiera había conocido en la esclavitud anterior, y todo esclavo podía repetir, con igual validez, lo que un esclavo de Alabama había dicho entre dientes cuando se le preguntó lo que pensaba del gran Emancipador cuya proclamación había entrado en vigencia. 'Yo no sé nada en cuanto a Abraham Lincoln, excepto que dicen que nos hizo libres; y tampoco sé nada de eso.'"

¡Qué trágico! Se estaba librando una guerra. Se había firmado un documento. Los esclavos eran legalmente libres. La palabra es emancipados. Y sin embargo la mayoría continuó viviendo sus años, y muchos de sus hijos algunos de sus años, en temor diciendo: "No sé nada de eso tampoco." En un contexto de libertad, los esclavos escogieron seguir siendo esclavos, aunque eran legalmente libres. Aunque habían sido emancipados, continuaron sirviendo al mismo amo toda su vida.

—Shelby Foote, *The Civil War*

_____

EN 1824 el Perú ganó su libertad de España. Poco después Simón Bolívar, el general que había dirigido las fuerzas liberadoras, convocó una convención con el propósito de redactar una constitución para el nuevo país.

Después de la convención, una delegación se acercó a Bolívar y le pidió que fuera su primer presidente. Bolívar declinó, diciendo que pensaba que otro merecía el honor más que él.

Pero la gente quería hacer algo especial para Bolívar para mostrarle su aprecio por todo lo que había hecho por ellos, así que le ofrecieron un regalo de un millón de pesos, una fortuna muy grande en esos días.

Bolívar aceptó el regalo y luego preguntó: "¿Cuántos esclavos hay en Perú?" Se le dijo que como tres mil. "¿Y por cuanto se vende un esclavo?" quiso saber. "Como 350 pesos por un hombre capaz," fue la respuesta.

"Pues bien," dijo Bolívar, "yo añadiré lo que sea necesario a este millón de pesos que me han dado y compro todos los esclavos del Perú y los pongo en libertad. No tiene sentido libertar a una nación, a menos que todos sus ciudadanos disfruten de la libertad por igual."

LEÍ QUE el ciclo de vida de un gusano de seda, de huevo a gusano y a oruga incluye el estado en el cual el gusano se envuelve a sí mismo en un capullo asombroso. Ese pequeño saco se compone de unos 500 metros de fibras de seda que sella desde adentro mientras espera su metamorfosis. A la conclusión del ciclo, la polilla adulta romperá el capullo, rompiendo las finas fibras de seda que la atan, y volará libre. Pero el que cría gusanos de seda no permite que la mayoría lleguen a adultos. En un punto clave del ciclo, a vapor impide que maduren las polillas que están dentro. Si no hiciera eso, saldrían libres, dejando un rastro de hilos rotos que son inútiles para los que los cultivan. Si se les permite que maduren y escapen, de paso, la polilla reproductiva pondrá como unos 350 huevos. Pero no se les permite que lo hagan.

¿Podría ser que a muchos creyentes inmaduros, enjaulados, no se les permite madurar porque sus "captores" eclesiásticos no pueden cumplir sus propósitos egoístas en personas libres? ¿Quien quiere que sus tradiciones seguras, aunque inmaduras, queden atrás en pedazos? Y no podemos olvidar el trabajo, tampoco. Enseñarle a la gente cómo volar exige mucho más tiempo y esfuerzo que simplemente permitirles que se arrastren.

UN CUARTO LLENO de polillas es por cierto un reto mucho mayor que una caja llena de gusanos.

—Charles R. Swindoll, *Growing Strong in the Seasons of Life*

ESCRIBIR

LOS AUTORES CREYENTES debemos confesar que hemos aburrido a muchas personas. Hasta aquí el público evangélico lector ha sido tolerante, comprando millones de libros de calidad desigual cada año. Pero el punto de saturación es inevitable. Para que los escritos cristianos no sólo mantengan interés en la audiencia creyente perdonadora, sino que despierten interés en el mundo escéptico más allá de la subcultura cristiana, entonces deben crecer.

Si necesitamos modelos sobre cómo hacerlo bien, todo lo que necesitamos mirar es la Biblia. Sólo el diez por ciento del material de la Biblia, las epístolas, se presenta en un formato de pensamiento organizado. El resto contiene divertidas historias de amor, drama, historia, poesía y parábolas. Allí, a la humanidad se la presenta en forma tan realista como en cualquier literatura.

¿Para qué otra cosa existen los libros en pares de Samuel, Reyes y Crónicas, sino para dar un contexto detallado del medio ambiente en el cual a los profetas iracundos se les dijo que prediquen sus mensajes? ¿Podemos imaginarnos un entretejido más diestro de la naturaleza y lo sobrenatural que los grandes salmos de la naturaleza, el alto drama teológico de Job, y las parábolas domésticas de Jesús? ¿Qué personajes literarios demuestran una mezcla más útil de bien y mal que David, o Jeremías, o Jacob? Y, de la desesperanza de Eclesiastés a las narraciones de conversión en Hechos, ¿queda sin expresarse alguna longitud de onda del espectro de la fe y duda en las páginas de la Biblia?

C. S. Lewis una vez asemejó su papel como escritor cristiano a un adjetivo humildemente procurando señalar a otros al Nombre de la verdad. Para que las personas crean en ese Nombre, nosotros los escritores cristianos debemos mejorar nuestros adjetivos.

—Philip Yancey, "The Pitfalls of Christian Writing," *Open Windows*

Sɪ ᴛᴏᴅᴏ ᴇs ᴏʀɪɢɪɴᴀʟɪᴅᴀᴅ ʏ ɴᴀᴅᴀ ᴅᴇ ᴘʟᴀɢɪᴏ hace aburrida la predicación.

—Charles H. Spurgeon

_____

Pɪᴇɴsᴏ ǫᴜᴇ ᴛᴏᴅᴀ ᴏʀɪɢɪɴᴀʟɪᴅᴀᴅ sin ninguna cita de otras fuentes hace la lectura aburrida.

_____

ESPERANZA

Uɴᴀ ᴍɪsɪᴏɴᴇʀᴀ estaba sentada a la ventana en el segundo piso de su casa, cuando recibió una carta. Al abrir la carta, halló un billete nuevo y crujiente de $10. Quedó muy complacida, pero mientras leía la carta sus ojos se desviaron por el movimiento de un extraño mal vestido en la calle, apoyado contra un poste frente al edificio. Ella no pudo apartarlo de su pensamiento. Pensando que él pudiera estar en mayor dificultad financiera que ella, metió el billete en un sobre, y encima escribió: "No se desespere." Lo lanzó por la ventana. El extraño lo tomó, lo leyó, miró hacia arriba, le sonrió, le hizo una venia y se fue.

Al día siguiente ella estaba a punto de salir de su casa cuando alguien llamó a la puerta. Allí encontró al hombre mal vestido, que sonriendo le entregó un fajo de billetes. Cuando le preguntó de qué se trataba, él replicó:

"Eso son los $60 que usted ganó, señora. _No se desespere_ ganó y pagó cinco a uno.

—Charles R. Swindoll, _Growing Strong in the Seasons of Life_

_____

Mɪᴇɴᴛʀᴀs ᴇsᴛᴀʙᴀ ᴅᴇ ᴠᴀᴄᴀᴄɪᴏɴᴇs terminé de leer un libro llamado _Adrift_ (A la deriva). Es el relato de un hombre que construyó una embarcación para navegar a vela por todo el Atlántico, dándole la vuelta. Encontró mal tiempo y su embarcación se hundió. Él existió en una balsa por casi ochenta días. Lo que mantuvo vivo al hombre fue la esperanza. Sus días más bajos fueron cuando no podía ver ninguna esperanza y no podía ver la posibilidad de que lo rescataran o llegar a alguna isla, o cruzar por las rutas comerciales, y que lo hallaran alguno de los enormes barcos que navegan por esas rutas. Su esperanza lo mantuvo vivo.

Alguien ha dicho: "Podemos vivir cuarenta días sin comida, ocho días sin agua, cuatro minutos sin aire, pero sólo unos pocos segundos sin esperanza."

No nos atrevíamos a elevar una oración,
ni a dar enfoque a nuestra angustia.
Algo había muerto dentro de cada uno de nosotros,
y lo que había muerto era la Esperanza.

—Oscar Wilde, *The Ballad of Reading Gaol*

HACE AÑOS un submarino S-4 chocó contra otro barco fuera de las costas de Massachussets; y se hundió de inmediato. Toda la tripulación quedó atrapada en esa prisión de muerte. Se hizo todo esfuerzo para rescatar a la tripulación, pero a la larga todo falló. Casi al fin de la odisea, un buzo de mar profundo que estaba haciendo todo lo posible por rescatar a la tripulación, pensó que oyó un golpeteo en la pared de acero del submarino hundido. Colocó su casco contra la pared de la embarcación y se dio cuenta de que era código Morse. Siguió pegado a la pared, y deletreó mentalmente el mensaje que estaban golpeando desde adentro. Repetía la misma pregunta. La pregunta era, desde adentro: "¿Hay . . . alguna . . . esperanza?"

—Ben Patterson, *The Grand Essentials*

LA ESPERANZA NOS LIBRA que la desesperanza de que nada que hagamos importa, y nos permite acometer con vigor incluso los trabajos más humildes. Elmer Bendiner cuenta la impresionante experiencia de un bombardero B-17 que voló en una misión de bombardeo sobre Alemania en los últimos días de la Segunda Guerra Mundial. Varias balas y proyectiles de fuego antiaéreo perforaron al avión, y algunas penetraron directamente en el tanque de combustible. En forma milagrosa, el bombardero no explotó. Cuando aterrizó, ¡sacaron del tanque de combustible once proyectiles de veinte milímetros! Desarmaron los proyectiles, y para sorpresa de todos, todas las balas no tenían explosivos. Dentro de una de las balas hallaron una nota escrita en checo. Cuando la tradujeron, decía: "¡Esto es lo que podemos hacer por ustedes ahora!" Un miembro de la resistencia clandestina checa, que trabajaba en una fábrica de municiones alemana, había dejado sin explosivos por lo menos once de las balas de veinte milímetros en la línea de ensamblaje.

Aquel obrero debe haberse preguntado a menudo si el trabajo silencioso que estaba haciendo para trastornar el esfuerzo de guerra nazi iba va a determinar alguna diferencia en alguna manera en el resultado de la guerra.

—Ben Patterson, *The Grand Essentials*

_____

LA ESPERANZA ES UNA PROYECCIÓN de la imaginación; y lo mismo la desesperanza. La desesperanza con demasiada prontitud abraza los males que supone; la esperanza es una energía que despierta la mente para explorar toda posibilidad para combatirlas. En respuesta a la esperanza, la imaginación se despierta para imaginar todo asunto posible, a probar toda puerta, a probar incluso el encaje de las piezas más heterogéneas del rompecabezas. Después de que se ha hallado la solución es difícil recordar los pasos que siguió; muchos de ellos están simplemente debajo del nivel de la conciencia.

—Thornton Wilde, citado en Ben Patterson, *The Grand Essentials*

_____

ESPÍRITU SANTO

A MUCHOS KILÓMETROS del Valle de Los Ángeles hay un río. El hombre ha contenido el río con un dique, y gracias al genio e innovación de los ingenieros, han construido una represa que, en el proceso de su trabajo, alberga electricidad: cientos de miles de voltios que alimentan al Valle de Los Ángeles. Si usted va a la planta, la fuente, y sigue las líneas que vienen a la ciudad, llegará a varias plantas de transmisión en el camino, que están marcadas con rótulos muy grandes: "Peligro. Alto voltaje." "No entrar. Peligro." Cientos de miles de voltios están a su disposición, en energía, para su casa, pero, ¿quién necesita cien mil voltios, a menos que quiera carbonizar su casa? Sabiendo eso, los ingenieros han integrado transformadores en el sistema; no transmisores, sino transformadores. El transformador no hace otra cosa que reducir a unidades significativas la electricidad que usted necesita.

Tengo en casa, por ejemplo, otro transformador. Una Navidad me compré un tren modelo. Le puse en el paquete del regalo el nombre de mi hijo, pero en realidad el tren era para mí. Así que nos divertimos mucho armándolo. Hay en ese tren una diminuta unidad llamada un transformador, y reduce los ciento diez voltios del enchufe de la pared incluso a menos. ¿Por qué? Si usted enchufa directamente los 110 voltios, esa cosa ardería al instante por un segundo y quedaría bien tostada. Pero ese transformador la reduce al punto en que ese diminuto tren, cuya locomotora usted puede sostener en la mano, puede simplemente traquetear alrededor de las rieles y entretenerme por horas; todo debido a que hay un pequeño transformador que dispensa la electricidad al nivel necesario.

Cuando el Espíritu Santo (el Transformador) viene, Él toma la majestuosa verdad de Dios y la dispensa justo al nivel que usted necesita, dándosela de una manera en que usted puede tomarla y usarla. El Espíritu se deleita en tomar la plena verdad de Dios y hacer una cosa significativa para aquella mujer, otra cosa totalmente diferente para aquel hombre, y algo muy diferente para el otro individuo que está más allá. Esa es la obra del Espíritu, y Él nunca se equivoca. Él da justo lo que usted puede manejar.

¿Dónde está el poder de Dios?
Una ciudad llena de iglesias
gran predicador, hombres letrados,
música grandiosa, coros y órganos;
si todo esto falla, ¿qué, entonces?
Buenos obreros, fervientes, dispuestos,
que laboran hora tras hora:
pero, ¿dónde, oh dónde, hermano mío,
está el poder de Dios Todopoderoso?

Es el Espíritu Santo,
que despierta el alma.
Dios no acepta la adoración del hombre,

ni se postra ante el control del hombre.
Ninguna innovación humana,
ninguna destreza o arte del mundo,
puede dar verdadero arrepentimiento,
o quebrantar el corazón del pecador.

¡Gran Dios, revívenos en verdad!
Y guárdanos cada día;
para que los hombres todos puedan reconocer,
que vivimos tal como oramos.
La mano del Señor no se ha acortado,
Él todavía se deleita en bendecir,
Si nos apartamos del mal
y confesamos todos nuestros pecados.

—Samuel Stevenson, citado en John R. Rice, *Poems That Preach*

No distante Señor

No distante Señor tengo yo,
Que le gusta estar lejos.
Encarnado por mí no puede descansar
Hasta que está en mí. . . .

Ascendido ahora a Dios
Mi testimonio para estar allí,
Su testimonio aquí soy yo porque
Su Espíritu mora en mí.

—Marlbie D. Babcock, citado en James Dalton Morrison,
Masterpieces of Religious Verse

RECUERDO HABER REPETIDO hace años, cuando estaba en la escuela: "En un plato de trigo tres tristes tigres comían trigo. ¿Cuánto trigo comen los tres tristes tigres?"

¿Cambia eso en algo su vida? Se llama un trabalenguas, y está diseñado para mostrar el uso de las mismas palabras, vez, tras vez, tras vez.

Suena como 2 Corintios 1:3-4: "Bendito sea el Dios y Padre de nuestro Señor Jesucristo, Padre de misericordias y Dios de toda consolación, el cual nos consuela en todas nuestras tribulaciones, para que podamos también nosotros consolar a los que están en cualquier tribulación, por medio de la consolación con que nosotros somos consolados por Dios."

El mismo pensamiento vez tras vez: consuelo, consolación, consuelo. Consolar es traer a alguien al lado de uno. *Paracletos. Pará* ("al lado de") y *kaleo* ("llamar"). Describe al Espíritu Santo. Siempre tiene presente la idea de ayudar.

Cuando mi carro no funciona, llamo a un hombre que trae un camión muy grande para remolcar mi carro al lugar donde pueden repararlo. Eso se debe a que cuando yo levanto el capó, todo lo que puedo hacer es orar. Llamo a alguien para que me ayude. Esa es la palabra que se usa en Juan 16:7 (NVI), cuando Jesús dice: "Pero les digo la verdad: Les conviene que me vaya porque, si no lo hago, el Consolador [*parakletos*] no vendrá a ustedes; en cambio, si me voy, se lo enviaré a ustedes." El Espíritu Santo es un *paracletos* para los creyentes.

ESTÍMULO

PIENSO QUE MUCHOS creyentes están "muriéndose en la vid" por falta de estímulo de parte de otros creyentes. Proverbios 15:23 dice: "El hombre se alegra con la respuesta de su boca; Y la palabra a su tiempo, ¡cuán buena es!" ¿No es esto cierto? Es un deleite recibir una palabra a tiempo. Proverbios 15:30 dice: "La luz de los ojos alegra el corazón, Y la buena nueva conforta los huesos." No tome eso en forma literal. Quiere decir que le dará prosperidad emocional, que aligerará su corazón, que hará que su día parezca más soportable.

UN PEQUEÑO DE NUEVE AÑOS se cansó de practicar el piano. Su madre oyó que el gran Paderewsky venía a la ciudad para dar un concierto. Compró dos boletos, uno para ella misma y otro para su hijo. Lo llevó a rastras, lo sentó a su lado en su traje de gala, y ella empezó a conversar con sus amigas. El muchacho miró a la plataforma, y allí estaba un gigantesco piano de cola negro, un Steinway de gran concierto. La tapa del teclado estaba levantada, y la banca de cuero estaba allí. Él vio al piano, hizo crujir sus nudillos, y se dijo: "Ah, vaya, me gustaría tocar eso."

Así que se escurrió por el corredor, se fue al frente, subió las gradas, tomó asiento y empezó a tocar: "Palillos Chinos."

Pues bien, los que estaban al frente dijeron: "¿Quién, . . . quién es?" "¡Bájate!" "¡Oye, muchacho, cállate!" "¿Dónde está su madre?" Por supuesto, ella estaba abochornada a más no poder.

El gran Paderewsky, que estaba detrás de bastidores arreglándose la corbata, oyó lo que sucedía. Sin que el muchacho lo viera, entró de puntillas al escenario y se acercó por detrás, estiró sus manos alrededor del niño e improvisó una hermosa melodía para acompañar a "Palillos Chinos." Luego le dijo al muchacho: "Sigue tocando. No dejes de tocar. No dejes de tocar."

—D. H. DeHaan, *Windows on the Word*

_____

UNO DE LOS MÁS GRANDES deberes humanos es el deber del estímulo. . . . Es fácil reírse de los ideales de los hombres; es fácil echar agua fría sobre su entusiasmo; es fácil desalentar a otros. El mundo está lleno de desalentadores. Tenemos un deber cristiano de animarnos los unos a los otros. Muchas veces una palabra de elogio, o de agradecimiento, o de aprecio, o de estímulo, ha mantenido a un hombre sobre sus pies. Bendito el hombre que dice tal palabra.

—William Barclay, *The Letter to the Hebrews*

_____

EN UNA CARICATURA que vi hace años, un pequeño recibe un sermoneo de su hermana y de sus amigos por su nuevo "llamamiento" que acababa de hallar: dar palmaditas en las cabezas de los pajaritos. Los pajaritos afligidos se acercaban, bajaban sus cabecitas emplumadas para que él se las acariciara, lanzaban un profundo suspiro, y se alejaban contentos. Le daba, a él, satisfacción sin fin; a pesar de las bromas de los demás. "¿Qué tiene de malo dar palmaditas a los pájaros en la cabeza?"

quiso saber. "¿Qué hay de *malo* en eso?" le respondieron sus amigos avergonzados. "¡Nadie más lo hace!"

Si su nicho es dar ánimo, por favor, no se detenga. Si es abrazar, demostrar calor, compasión y misericordia a plumas que han sido estropeadas por la ofensa o lastimadas por adversidad, por amor de Dios, siga dando palmaditas. No deje de hacer, sea lo que sea lo que haga. Si Dios le hizo uno "que da palmaditas en la cabeza," entonces siga dando palmaditas en la cabeza para la gloria de Dios.

———————

La falta de estímulo es casi una epidemia. Para ilustrar este punto, ¿cuándo fue la última vez que usted animó a otro? Con toda firmeza pienso que un individuo no se parece más a Cristo que cuando está lleno de compasión por los que están caídos, necesitados, desalentados u olvidados. ¡Cuán terriblemente esencial es nuestra dedicación al dar ánimo!

¿Hay algún alma que usted conoce y que necesita una voz de aliento? ¿Un estudiante que ha dejado los estudios, una joven pareja que enfrenta dificultades, una divorciada que lucha por recuperar aceptación propia, un siervo de Dios olvidado que lucha en un ministerio oscuro y difícil, una viuda que necesita algo de compañía, alguien que ha probado algo nuevo y fracasó? ¡Sea generoso para dar una voz de aliento!

¡ÁNIMO! Una nueva palabra como lema para nuestros tiempos. Grítela. Pásela.

———————

ESTRÉS

(Ver también *Afán, Ansiedad, Temor*)

Una agotada secretaria le dijo a su jefe: "Cuando estas carreras se acaben, voy a tener un quebrantamiento nervioso. Me lo he ganado, me lo merezco, y nadie me lo va a quitar."

———————

—Billy Graham, *The Secret of Happiness*

No IMPORTA cuán grande es la presión. Lo que en realidad importa es dónde está la presión, sea si viene entre mí y Dios o si me oprime más cerca de su corazón.

—Howard Taylor, *Hudson Taylor's Spiritual Secret*

_____

Hazme andar más despacio, Señor.

    Calma los latidos acelerados de mi corazón aquietando mi mente.

    Calman mi paso apurado con una visión del alcance eterno del tiempo.

    Dame, en medio de la confusión del día, la calma de las colinas eternas.

    Rompe la tensión de mis nervios y músculos con la música calmante de los arroyos cantarinos que viven en mi memoria.

    Enséñame el arte de tomar vacaciones de un minuto: de detenerme para mirar una flor, conversar con un amigo, acariciar un perro, sonreír a un niño, leer unas pocas líneas de un buen libro.

Hazme andar más lento, Señor, e inspírame para echar mis raíces hondo en el terreno de los valores duraderos de la vida, para que yo pueda crecer hacia un destino más grande.

Recuérdame cada día que la carrera no siempre es de los veloces; que hay más en la vida que un aumento en su velocidad.

Permíteme mirar hacia arriba al roble gigantesco y saber que creció grande y fuerte porque creció lento y bien.

—Orin Crain, citado en Charles R. Swindoll, *Three Steps Forward, Two Steps Back*

_____

El HOMBRE TRABAJADOR no tiene holganza para la verdadera integridad diariamente. No tiene tiempo para nada excepto para ser una máquina.

—Henry David Thoreau

_____

Sí, decimos que sí
    sin pensar ni por un momento en el día.
Corriendo y frenéticos para lograr pagar las cuentas,
    Corriendo de Susana, a Pepe, a Pedro.

Nuestras vidas, en trastorno, se han convertido en nerviosismo,
    Nunca completando, porque estamos demasiado ocupados.
Todo lo que debemos hacer para un alma tranquila,
    Es emplear una palabra, sólo una, llamada NO.

—Grant Howard, *Balancing Life's Demands*

LLEGUÉ A MI OFICINA más temprano que de costumbre una mañana. Las cosas estaban tranquilas, el cielo estaba nublado y gris, una mañana normal en el otoño en California. Mi mente estaba en mi horario mientras buscaba las llaves. En forma típica de Swindoll empujé la puerta de par en par de prisa . . . sólo para detenerme en seco. Un escalofrío me recorrió la espalda mientras atisbaba dentro del espeluznante estudio. El interruptor de la luz está al otro lado del cuarto, así que me quedé en la puerta contemplando el más aturdidor recordatorio de la realidad imaginable. En medio del piso, sobre ruedas, había un *ataúd;* ¡con un reguero de flores secas encima junto con un retrato de MÍ! Ahora, amigo mío, si usted quiere saber cómo despertar a alguien de la modorra temprana de la mañana, *¡esta rutina con certeza lo hará!* Supongo que me quedé allí como cinco minutos sin mover ni un solo músculo mientras parpadeaba y recuperaba mis fuerzas. Verifiqué mi reloj y me alegré de ver que el segundero todavía se movía. Todos mis reflejos respondían en forma correcta, y mi respiración todavía dejaba una niebla en el espejo. "Alabado sea Dios," pensé, "todavía estoy aquí." Fue un lóbrego recordatorio del estrés de trabajar demasiado y de la muerte. Necesitamos enfrentarlos.

La dieta del estrés

Desayuno
½ de toronja
1 rebanada de pan de trigo integral
8 oz. de leche descremada

Almuerzo
4 oz. de pechuga magra de pollo a la parrilla

1 taza de cabalaza al vapor

1 galleta de chocolate

Té de hierbas

Tentempié a media tarde

El resto del paquete de galletas de chocolate

1 litro de helado de crema

1 jarra de dulce de leche

Cena

2 hogazas de pan de ajo

Pizza grande de champiñones y peperoni

Jarra grande de refresco gaseoso

3 barras de chocolate con crema

Pastel de queso, congelado, entero, comido directamente del congelador

—Pamela Pettler, *The Joy of Stress*

UN HOMBRE fue a ver a su médico, quejándose de constantes dolores de cabeza. El médico le preguntó si fumaba.

"Sí, yo fumo," dijo el hombre.

"Pues bien, deje de fumar," dijo el médico.

Así que él dejó de fumar, pero los dolores de cabeza persistieron. Él regresó.

"¿Bebe usted licor?"

"Sí, bebo considerablemente."

"Deje de beber."

Así que dejó de beber licor. Los dolores de cabeza persistieron.

"¿Se dedica usted a trabajo físico que de alguna manera pone presión en su espalda?"

"Sí, lo hago."

"Renuncie a su trabajo."

Él dejó su trabajo y buscó otro empleo, pero los dolores de cabeza persistieron. Todos los días el dolor le martillaba la cabeza.

Por fin, descubrieron que él estaba usando camisa de cuello 38 para un cuello tamaño 40. ¡Con razón tenía dolores de cabeza!

Los problemas superficiales exigen soluciones superficiales; pero la vida real no es así; sus dolores de cabeza y tensión van mucho más adentro, derecho hasta el hueso. Tocan las áreas de nervios de nuestra seguridad. Pero Dios dice que Él es un pronto auxilio en las tribulaciones. Adelante, lea el Salmo 46. Vea la fuerza de Dios en los tiempos de tensión.

—Stuart Briscoe, *What Works When Life Doesn't*

ETERNIDAD

(Ver también *Cielo*)

UN PASTOR PREDICABA en cuanto a ir al cielo, y dijo: "¿A cuántos les gustaría ir al cielo esta noche?" Todos los presentes levantaron la mano excepto un niño en la galería. El probó de nuevo: "¿A cuántos les gustaría ir al cielo?" Todos excepto aquel pequeño en la galería. Así que él le dijo: "Hijo, ¿no quieres ir al cielo?" El pequeño dijo: "Sí, algún día, pero pensé que usted ya tiene la carga completa hoy."

—James Hewett, *Illustrations Unlimited*

SI TIENES UNA BOLA DE ACERO, de acero sólido, del tamaño de la tierra, de 40.000 kilómetros de circunferencia, y cada millón de años se suelta una golondrina para que aterrice sobre esa bola para afilarse el pico y alejarse, para volver otro millón de años más tarde y empezar de nuevo, para el tiempo cuando haya gastado la bola hasta el tamaño de un perdigón, la eternidad apenas habría empezado.

EVANGELIZACIÓN

(Ver también *Testificar*)

LA COSECHA EVANGELIZADORA siempre es urgente. El destino de hombres y mujeres siempre está siendo decidido. Cada generación es estratégica. No somos responsables por la generación pasada, y no podemos llevar toda la responsabilidad de la siguiente; pero sí tenemos a nuestra generación. Dios nos considerará responsables en cuanto a lo bien que cumplimos nuestras responsabilidades en esta edad y aprovechamos nuestras oportunidades.

—Billy Graham, citado en Lloyd Cory, *Quote Unquote*

EN MI OPINIÓN el mejor centro evangelizador en la gran área metropolitana de Boston no es una iglesia. Es una gasolinera en Arlington. Era de propiedad y la dirigía un hombre llamado Bob que temprano en su vida captó la visión de que su vocación y llamamiento debían unirse. Con el tiempo, su gasolinera llegó a ser conocida como el lugar para comprar gasolina, llantas nuevas, y otros servicios de mecánica. He visto como media docena de coches en hilera, uno tras otro, frente a las dos bombas de esa pequeña gasolinera, simplemente esperando a que ese hombre los atienda. No tiene pancartas, ni tampoco letreros "Jesús salva," ni letreros, ni "peces," nada que recubra la gasolinera o las ventanas, ni tampoco un letrero que diga: "Traiga su carro a Bob y lleve su alma a Jesús"; ¡él simplemente *hacía su trabajo!* Lo hacía tan bien que la gente sabía que él era socio con el Señor Jesucristo. Él condujo a docenas de personas a la fe en Jesucristo.

HE JUGADO LOS SUFICIENTES DEPORTES, y he estado en contacto con suficientes entrenadores, y visto suficientes partidos, y leído de cerca lo suficiente como para saber que hay una estrategia que es mortal; y que es tan sutil. Uno piensa que puede ganar siguiéndola, pero uno pierde. Se llama dormirse en los laureles. Si usted es un atleta o un deportista, sabe de qué estoy hablando.

Cuando estaba en la secundaria, nuestro equipo de baloncesto llegó a los finales estatales en Texas. En un juego final del estado, estábamos por delante a medio tiempo 26 a 18. El entrenador dijo: "Ahora ya los tenemos. Ya los tenemos. Simplemente tómenlo con calma." ¿Saben? Perdimos, 41 a 40. ¿Por qué? Porque tratamos de dormirnos en nuestros laureles. Pensamos que los habíamos derrotado, así que jugamos con una mentalidad de mantenimiento.

Una iglesia que crece nunca está tan adelante como para que pueda darse el lujo de "dormirse en los laureles." La complacencia es un peligro serio en la evangelización.

LOS CADÁVERES ECLESIÁSTICOS están por todas partes a nuestro alrededor. Los ataúdes en que se hallan están revestidos de satín, y decorados con flores. Como los demás ataúdes, tienen solo el suficiente espacio como para sus propios ocupantes sin lugar para los convertidos. Estas iglesias han muerto de respetabilidad y han sido embalsamadas en auto complacencia. Si, por la gracia de Dios, nuestra iglesia sigue viva, percátense de nuestra oportunidad o los pies de los que sepultaron a sus hermanos estarán a la puerta para sacarlos.

—A. J. Gordon

MI MADRE QUERÍA a la mujer que vivía al frente de nuestra casa y que se casó tarde en la vida. En realidad ella había hallado su seguridad en su esposo. Era un hombre maravilloso, y un día le dio un ataque al corazón y murió en segundos. Después de su funeral, ella empezó a visitar su tumba. Mi madre se preocupó mucho por su amiga Thelma.

Mi madre me dijo una tarde muy caliente de verano: "Charles: quiero que ores. Voy a llevar estas galletas y esta limonada al frente y voy a tratar de animar a Thelma. Simplemente ora que su corazón se abra a lo que tengo que decir. Le voy a hablar de Jesús."

Así lo hizo. Mi madre, en forma maravillosa, con mucha cortesía, la condujo a Cristo. Ella le dijo a Thelma: "¿Sabes, Thelma? Hay algo que necesito mencionarte. En realidad no necesitas seguir volviendo al cementerio." "Oh," dijo ella, "Lovell, tengo que hacerlo." Así que mi madre dijo: "Pues bien, permíteme sugerirte que lo hagas por otra razón. ¿Por qué no vuelves a ir, no tratando de hacer una 'conexión' con tu esposo, sino para ministrar a otros que están tratando de hacerlo?"

Thelma acató el consejo de mi madre. A decir verdad, ella es la única evangelista de cementerio que jamás conocí. Allí, en ese parque memorial de Houston, ella ha llevado a muchos a Jesucristo.

EXCELENCIA

EN SU LIBRO *Lyrics,* Oscar Hammerstein cuenta de la ocasión cuando vio un retrato de la parte de arriba de la cabeza de la estatua de la libertad, tomada desde un helicóptero. Se asombró por el detalle y el trabajo meticuloso que se había hecho en el peinado de la estatua. Hammerstein reflexionó que el escultor no podía haber imaginado, ni en sus sueños más remotos, que un día habría un artefacto que podía mirar desde la parte de arriba de la cabeza de su obra. Sin embargo, puso tanto cuidado a esa parte de la estatua como lo hizo para la cara, los brazos y las piernas. Él escribió: "Cuando estés produciendo una obra de arte, o cualquier otro tipo de obra, termina la obra a la perfección. Nunca sabes cuando un helicóptero, o algún otro instrumento que al momento no se ha inventado, pueda venir por allí y descubrirlo."

—Ben Patterson, *The Grand Essentials*

Cuando pierdo una semana de práctica, mi público lo sabe. Cuando pierdo un día, yo lo sé.

—Paderewski, citado en Jacob Braude,
Braude's Handbook of Stories for Toastmasters and Speakers

Sonrío al pensar lo que sucedió cuando hice cambiar el aceite de mi auto hace poco. Me arrodillé y vi al mecánico sacar una sección de debajo del motor de mi camioneta que nunca antes había visto que la quitaran, aunque otros mecánicos habían cambiado el aceite.

Le pregunté: "Oiga, ¿qué está haciendo allí?" Él se quedó mirándome y dijo: "¿Es usted el dueño?" Le dije: "¡Así es!" Él dijo: "Pues bien, hay que sacar esto y limpiarlo cada doce a quince mil kilómetros." Cuando finalmente lo quitó, tenía una costra pegajosa en el fondo. Él tomó un trapo y lo limpio. Luego puso ese protector de nuevo, por debajo, en donde nadie jamás vería lo que él había hecho. Le dije: "¿Siempre limpia usted todo eso ahí debajo?" Él dijo "¡Así es!" Le dije: "Nadie jamás lo verá." "Yo sí." La excelencia en su trabajo. ¿Adivinen adónde voy a llevar mi coche la próxima vez que necesite un cambio de aceite y lubricación?

Leonardo Da Vinci en un tiempo estuvo trabajando por largo tiempo en una gran obra maestra. Había trabajado largo y tendido para producir esta obra de arte y casi se acercaba a terminarla. De pie cerca de él estaba un joven estudiante que pasaba mucho tiempo con la boca abierta, asombrado ante su maestro con el pincel. Poco antes de terminar la pintura, da Vinci se volvió al joven estudiante y le dio el pincel y le dijo: "Ahora, termínala." El estudiante protestó y retrocedió, pero da Vinci le dijo: "¿Acaso lo que te he dado no te inspira a hacer lo mejor que puedas?"

Una sociedad que se burla de la excelencia en la plomería porque es una ocupación humilde y promueve filosofía mediocre porque se la exalta, no tiene ni buena plomería ni buena filosofía. Ni los tubos ni las teorías aguantarán.

—John Gardner, citado en la revista *Leadership,* verano de 1983

Bueno, mejor, lo mejor; nunca permitas que descanse; hasta que tu bueno sea mejor, ¡y tu mejor sea lo mejor!

—Daisy Hepburn, *Lead, Follow, or Get Out of the Way*

La gente es irrazonable, ilógica y egocéntrica.
>   ¡ÁMALOS DE TODAS MANERAS!
Si haces el bien, la gente te acusará de motivos egoístas ulteriores.
>   ¡HAZ EL BIEN DE TODAS MANERAS!
Si logras éxito ganarás falsos amigos y verdaderos enemigos.
>   ¡TRIUNFA DE TODAS MANERAS!
El bien que haces hoy será olvidado mañana.
>   ¡HAZ EL BIEN DE TODAS MANERAS!
La honestidad y la franqueza te harán vulnerable.
>   ¡SÉ HONESTO Y FRANCO DE TODAS MANERAS!
La gente favorece a los menos privilegiados pero sigue a los palos gruesos.

¡LUCHA POR ALGUNOS MENOS PRIVILEGIADOS DE TODA MANERA!

Lo que pasas años construyendo, puede ser destruido de la noche a la mañana.

¡CONSTRUYE DE TODAS MANERAS!

La gente realmente necesita ayuda pero puede atacarte si los ayudas.

¡AYUDA A LA GENTE DE TODAS MANERAS!

Dale al mundo lo mejor que tienes y recibirás una patada en los dientes.

¡DALE AL MUNDO LO MEJOR QUE TIENES DE TODAS MANERAS!

—Robert Schuller, *Though Times Never Last but Though People Do*

EXCUSAS

SE HA DEFINIDO UNA EXCUSA como la piel de la razón rellenada con una mentira.

—Michael Green, *Illustrations for Biblical Preaching*

NO PUEDO Y NO QUIERO. Los creyentes deben tener mucho cuidado en cuál de estos escogen. Parece que preferimos usar el *no puedo*.

"Simplemente *no puedo* llevarme bien con mi esposa."

"Mi esposo y yo *no podemos* comunicarnos."

"*No puedo* disciplinar a mis hijos como debiera."

"Simplemente *no puedo* dejar el enredo amoroso en que estoy."

"*No puedo* dejar de comer demasiado."

"*No puedo* hallar tiempo para orar."

"*No puedo* dejar de chismear."

No, cualquier creyente que toma en serio las Escrituras tendrá que confesar que las palabras empleadas deberían ser *no quiero*. ¿Por qué? Porque se nos ha dado el poder y la capacidad para vencer; literalmente.

Uno de los mejores libros que se puede leer para vencer la depresión es una espléndida obra por dos psiquiatras, Frank Minirth y Paul Meier. El volumen apropiadamente se titula *Happiness Is a Choice* (La felicidad es una decisión). "Como psiquiatras lo sentimos en carne viva cada vez que los pacientes [creyentes] usan la expresión no puedo. . . . Cualquier buen psiquiatra sabe que 'no puedo' y 'ya lo he tratado' son meramente excusas cojas. Insistimos en que nuestros pacientes sean francos consigo mismos y usen lenguaje que expresa la verdad de su situación. Así que exigimos que nuestros pacientes cambien sus *no puedo* a *no quiero*. . . . Si un individuo cambia todos sus *no puedo* a *no quiero*, deja de evadir la verdad, deja de engañarse a sí mismo, y empieza a vivir en la realidad. . . ."

"Simplemente *no quiero* llevarme bien con mi esposa."

"Mi esposo y yo *no queremos* comunicarnos."

"*No quiero* disciplinar a mis hijos como debiera."

"Simplemente *no quiero* dejar el enredo amoroso en que estoy."

"*No quiero* dejar de comer demasiado."

"*No quiero* hallar tiempo para orar."

"*No quiero* dejar de chismear."

Los no creyentes tienen todo derecho y razón para usar *no puedo,* ¡porque en verdad no pueden! Son víctimas, atrapados y encadenados como esclavos en una lucha feroz e interminable. Sin Cristo y su poder, carecen de lo que se necesita para cambiar en forma permanente. ¡No lo hacen porque no pueden! Es un hecho . . . una excusa válida.

Pero, ¿personas como nosotros? Vamos, enfrentémoslo, no lo hacemos porque no queremos . . . desobedecemos porque queremos desobedecer y no porque tengamos que desobedecer . . . porque escogemos hacerlo, no porque no se nos obligue a hacerlo. Mientras más pronto estemos dispuestos a apropiarnos en forma realista de nuestra responsabilidad y a dejar de participar en el juego de echar la culpa, sintiendo lástima por nosotros mismos, más aprenderemos y cambiaremos, y menos nos agotaremos y echaremos la culpa.

—Charles R. Swindoll, *Come Before Winter*

LOS VERDADEROS FANÁTICOS de los deportes tienen una asombrosa capacidad para recordar detalles, estadísticas, un diminuto tecnicismo de alguna regla . . . usted lo sabe, cosas que en general a nadie le importa excepto a otro fanático del deporte. Otra característica del fanático es un sentido indomable de compromiso y determinación. Contra increíbles probabilidades, lógica sólida, e incluso consejo médico, ¡los fanáticos del deporte perseverarán hasta el mismo fin!

A menudo me he preguntado qué sucedería si las personas tuvieran igual intensidad, dedicación y determinación en cuanto a la iglesia como la tienen en cuanto a los deportes; o por alguno de otros pasatiempos. Esto fue reforzado hace unos años en un artículo de *Moody Monthly* que ilustró doce excusas que uno puede usar para "abandonar los deportes." La analogía no es difícil figurarse.

Cada vez que iba, me pedían dinero.

La gente con quien tenía que sentarme no parecía muy amistosa.

Los asientos eran demasiado duros e incómodos.

El entrenador nunca vino a verme.

El árbitro tomó una decisión con la cual yo no estuve de acuerdo.

Yo estaba sentado con algunos hipócritas; sólo vinieron para ver lo que otros vestían.

Algunos partidos se fueron a sobretiempo, y yo llegué atrasado a casa.

La banda tocó piezas que yo ya había oído antes.

Los partidos estaban programados cuando yo tenía que hacer otras cosas.

Mis padres me llevaron a demasiados juegos cuando yo era pequeño.

Puesto que ya leí un libro sobre deportes, pienso que sé más que los entrenadores de todas maneras.

No quiero llevar a mis hijos, porque quiero que ellos escojan por sí mismos cuál deporte les gusta más.

ÉXITO

(Ver también *Ambición, Línea de llegada, Logro, Motivación*)

LA GENTE ESPERA que su barco regrese, pero nunca han enviado ninguno.

—*Wit and Wisdom*

Un joven le preguntó al mayor: "¿Cuál es el secreto de tu éxito?"

"Buenas decisiones," replicó el otro.

"¿Cómo aprendes a tomar buenas decisiones?"

"Se aprende por la experiencia."

"¿Cómo se logra experiencia?"
"Tomando malas decisiones."

—Tim Hansel, *Holy Sweat*

LA NEGACIÓN PROPIA es el desafío perenne de la humanidad. Un egoísmo rampante es omnipresente en toda generación, y la iglesia de los ochenta no es inmune al yo-ismo. Es más, muchos que declaran nuestra Sion han optado por una doble dosis. Clérigos y feligreses por igual calculan toda movida para aprovechar al máximo el beneficio personal. . . . Hoy nuestras fogatas de egoísmo las alimenta la gasolina de afluencia. . . . Hoy el egocéntrico que asiste a la iglesia le hace la misma pregunta a Dios, añadida a otra: "¿Qué harás por mí pronto?" Se pinta a Dios como el dispensador (y retenedor) de los premios de la vida: un animador de programa de juegos por televisión. . . . Concluimos que cosas tales como la buena salud, fortuna y éxito son indicadores seguros de su aprobación de nuestras vidas. Esta es la ética protestante que ha ido por el caño.

—Jon Johnston, "Growing Me-ism and Materialism,"
Christianity Today, 17 de enero de 1986

EL ÉXITO NO ES RARO. Es común. Muy pocos yerran una medida del mismo. No es cuestión de suerte o de competencia, porque con certeza ningún éxito puede venir de impedir el éxito de otro. Es cuestión de ajustar los esfuerzos de uno para vencer los obstáculos y las capacidades de uno para dar el servicio que otros necesitan. No hay otro éxito posible. La mayoría de personas piensan en términos de lograr; el éxito, sin embargo, empieza en términos de dar.

—Kenneth O. Gangel, *Thus Spake Qoheleth*

SI UNO AVANZA CON CONFIANZA en dirección de sus sueños, y se esfuerza por vivir la vida que imaginó, encontrará un éxito inesperado en horas comunes.

—Henry David Thoreau

EL PROBLEMA CON EL ÉXITO es que la fórmula es la misma del quebrantamiento nervioso.

—*Executive Digest,* citado en Lloyd Cory, *Quote Unquote*

_____

NUNCA HAY ÉXITO SUFICIENTE en la vida de nadie como para dejarlo completamente satisfecho.

—Jean Rosenabaum, citado en Lloyd Cory, *Quote Unquote*

_____

Esta es la fórmula sencilla que le permitirá manejar cualquier éxito que Dios envíe en su camino y le proveerá del alivio que necesita mientras espera:

SUMISIÓN + HUMILDAD - ANSIEDAD = ALIVIO

_____

UN CAZADOR salió al bosque cuando se encontró con un oso. Acosando al hombre, el oso le preguntó: "¿Qué quieres?" El cazador dijo: "Quiero un abrigo de pieles." El oso dijo: "Eso es justo. Yo, por otro lado, quiero un estómago lleno. ¿Podemos hablar al respecto y negociar? Tal vez podamos llegar a algún arreglo." Media hora más tarde el oso se levantó y se fue. En el suelo quedó el rifle del cazador. Cuando uno se detiene a pensar lo que sucedió, se da cuenta de que ambos consiguieron lo que deseaban: el oso consiguió su estómago lleno y el hombre consiguió su abrigo de pieles.

—Erwin Lutzer, *When a Good Man Falls*

_____

A UN HOMBRE LE ESTABAN RINDIENDO HONORES como ciudadano destacado de la ciudad. Cuando se le pidió que contara la historia de su vida, dijo: "Amigos y vecinos: Cuando llegué acá hace treinta años, llegué por una carretera de tierra con sólo el traje que tenía puesto, los zapatos que tenía en los pies y todas mis posesiones terrenales envueltas en un pañuelo rojo atado a un palo, que llevaba sobre el hombro. Hoy soy el presidente de la junta directiva del banco. Tengo hoteles, edificios de apartamentos, edificios de oficinas, tres compañías con sucursales en cuarenta y nueve ciudades, y pertenezco a la junta de todos los clubes principales. Sí, amigos, su ciudad ha sido buena conmigo."

Después del banquete un joven se le acercó al hombre exitoso y le preguntó: "Señor: ¿podría decirme qué es lo que traía envuelto en ese pañuelo rojo cuando llegó a esta ciudad hace treinta años?" El hombre dijo: "Pienso que sí, hijo. Era como medio millón de dólares en efectivo y $900.000 en bonos del gobierno."

—John C. Maxwell, Be All You Can Be!

_____

FAMILIA

(Ver también *Hermanos, Hijos*)

SE ESTUDIARON CON MUCHO CUIDADO a dos familias del estado de Nueva York. Una fue la familia de Max Jukes, y la otra la familia de Jonathan Edwards. Lo que descubrieron en este estudio es asombroso: de tal palo tal astilla.

Max Jukes fue un hombre no creyente que se casó con una mujer de carácter parecido la cual carecía de principios. Entre los descendientes conocidos, se estudiaron más de 1200. Trescientos diez se convirtieron en vagos profesionales; cuatrocientos cuarenta destruyeron físicamente sus vidas debido a la vida libertina; ciento treinta fueron a la cárcel por un promedio de trece años cada uno, siete de ellos por asesinatos. Hubo más de cien que fueron alcohólicos, sesenta fueron ladrones habituales, ciento noventa fueron prostitutas públicas. De los veinte que aprendieron un oficio, diez de ellos los aprendieron en la prisión estatal. Le costó al estado como un millón y medio de dólares y no hicieron ninguna contribución a la sociedad.

Más o menos en la misma época la familia de Jonathan Edwards llegó a la escena. Jonathan Edwards, hombre de Dios, se casó con una mujer de carácter parecido, y su familia llegó a ser parte de este estudio que se hizo. Trescientos llegaron a ser ministros, misioneros y profesores de teología; más de cien llegaron a ser profesores universitarios; más de cien fueron abogados, treinta de ellos fueron jueces; sesenta fueron médicos, más de sesenta fueron autores de buenos libros clásicos, catorce llegaron a ser rectores de universidades. Hubo numerosos gigantes en la industria de los Estados Unidos que surgió de esta familia. Tres llegaron a ser congresistas de los Estados Unidos de América, y uno llegó a ser vicepresidente de la nación.

—J. Oswald Sanders, *A Spiritual Clinic*

NINGUNA EMPRESA ES MÁS IMPORTANTE que cultivar una familia consagrada. Christiaan Barnard cuenta su triste historia en su libro *One Life* (Una vida):

> Fue una brillante mañana de abril cuando salí de Minneapolis. Parecía un siglo desde que había llegado allá, un tiempo más largo que todos los años anteriores. En Nueva York puse el carro en un barco y tomé un avión para Cape Town. Un viento del noroeste soplaba cuando llegamos por sobre el mar con las olas por debajo.
>
> Mi esposa estaba allí con los hijos. Yo no había escrito mucho en los últimos dos meses, sin embargo no estaba preparado para su saludo. "¿Por qué volviste?" Ya no había sonrisa en sus ojos. *Ay, Dios,* pensé, *he cometido la más terrible equivocación de mi vida.* "No te sorprendas," dijo ella. "Ya nos habíamos dado por vencidos en cuanto a ti. Decidimos que no ibas a volver." Yo respondí: "Fue sólo una pequeña demora. Escribí al respecto." "No, tú escribiste diciendo que no venías a casa." "Estábamos fabricando válvulas, válvulas de la aorta," él respondió. "No; estabas construyendo una familia. Eso es, hasta que la echaste sobre mis faldas," respondió ella con amargura. "Hemos dejado de existir para ti." Yo quería decir que volvía porque quería a mis hijos, y que pensaba que la quería a ella. Lo quería porque lo sentía, pero qué podría decir ahora para que no sonara sin sentido.

— Christiaan Barnard, *One Life*

LA INESTABILIDAD DE LA FAMILIA AFECTA A TODOS; especialmente a los hijos.

. . . las víctimas más vulnerables de la inestabilidad de la familia son los hijos que son demasiado pequeños para entender lo que les ha sucedido a sus padres.

Ese trágico impacto en la próxima generación me fue ilustrado gráficamente en una conversación reciente con una maestra de sexto grado en una ciudad pudiente de California. Ella estaba estupefacta al ver los resultados de una tarea de composición creativa que les dio a sus alumnos. Se les pidió completar una frase que empezaba con las palabras: "Quisiera." La maestra esperaba que los muchachos y muchachas expresaran que deseaban bicicletas, perros, aparatos de televisión, y viajes a Hawai. Más bien, veinte de los treinta alumnos hicieron referencia en sus respuestas a sus propias familias que se desintegraban. Unas pocas de sus frases reales son las que siguen:

"Quisiera que mis padres no pelearan, y quisiera que mi padre volviera."

"Quisiera que mi madre no tuviera un amante."

"Quisiera tener calificaciones sobresalientes para que mi papá me quiera."

"Quisiera tener sólo una mama y un papá para que los chicos no se burlen de mí. Tengo tres mamás y tres papás, y ellos arruinan mi vida."

"Quisiera tener una ametralladora M-1 para poder matar a los que se burlan de mí."

—James Dobson, *Love Must Be Tough*

_____

Risa en las paredes

Pasé algunas casas rumbo a casa:
    algunas lindas,
        otras caras,
            algunas invitadoras;
pero mi corazón siempre pierde un latido
    cuando doy la vuelta por la calle
y veo mi casa en la falda de la colina.
    Pienso que me siento orgulloso en forma especial
de la casa y de la forma en que se ve porque
    yo mismo tracé los planos.
Empezó con suficiente espacio para nosotros:
    yo tenía incluso mi estudio;
dos adolescentes ahora residen allí.
    Tenía un cuarto para invitados;
mis hijas y nueve muñecas son ahora invitados permanentes.
    Tenía un cuarto pequeño que Peg
había esperado que sería su cuarto de costura;
    los dos muchachos que se columpian en la puerta
se han apoderado del cuarto como si fuera suyo.
    Así que en realidad no parece mucho
que yo sea gran cosa como arquitecto.
    Pero volverá a agrandarse;
uno por uno ellos se irán
    a trabajar,

a la universidad,
al servicio militar,
a sus propias casas,
y entonces habrá espacio:
un cuarto para invitados,
un estudio,
y un cuarto de costura
para nosotros dos solos.
Pero no estará vacía;
cada rincón
de cada cuarto
cada mella en la mesa de café
estará repleta de recuerdos.
Recuerdos de paseos campestres,
fiestas, navidades,
vigilias junto a la cama, veranos,
fogatas, inviernos, andar descalzo,
salir de vacaciones, gatos,
conversaciones, ojos amoratados,
graduaciones, primeras salidas,
juegos deportivos, peleas,
lavar platos, bicicletas,
perros, viajes en botes,
llegar a casa después de vacaciones,
comidas, conejos, y
mil otras cosas
que llenan las vidas
de los que han criado a cinco.
Y Peg y yo nos sentaremos
callados junto a la chimenea
y escucharemos
la risa en las paredes.

—Bob Benson, *Laughter in the Walls*

FE

Su FE debe meterlo en problemas a veces. Si todos piensan que está loco, a lo mejor lo está. Está bien si algunos piensan que lo está. Probablemente estará en problemas si nadie piensa que lo está.

———————————

UN PROFESOR UNIVERSITARIO una vez fanfarroneaba: "Uno de mis llamamientos en la vida es destrozar la vida de los ingenuos fundamentalistas que llegan a mi clase. Nada más denme un aula llena de evangélicos jóvenes e ingenuos y abran paso. Ustedes pueden verlos caer como moscas con insecticida cuando les presento un reto a su fe de una manera deliberada o consistente."

———————————

ESTÁBAMOS EN EL SEMINARIO en Dallas en 1959; y, vaya, que hacía calor. Cynthia y yo dijimos: "En realidad necesitamos un aparato de aire acondicionado," puesto que no lo teníamos en nuestro pequeño departamento.

Así que le dije a Cynthia: "Hagamos esto. No le digamos a nadie nuestra necesidad; sólo oremos." Uno hace un montón de cosas extrañas como esas en el seminario. Uno confía en Dios, y no le dice nada a nadie. Así que eso hicimos.

Pasó el invierno. Vino la primavera, y nosotros seguíamos orando. Nos fuimos a casa para una rápida visita en Houston. Nos quedamos en la casa de los padres de mi esposa; y de la nada llegó una llamada telefónica de un hombre que vivía al otro lado de la ciudad y que nos había conocido años antes. Él dijo: "Chuck: tenemos un aparato de aire acondicionado. Es casi nuevo. ¿Podrías usarlo?" Pensé: Camina alrededor de la pared seis veces, y después siete veces. ¿Es realmente imposible? Así es como Dios opera.

Él lo trajo, lo pusimos en el portamaletas del carro, y lo llevamos a Dallas; lo colocamos en la ventana, y trabajó por todos los cuatro años que estuvimos allí. Fue fantástico. Una situación imposible que no anunciamos a nadie, y que Dios suplió de una manera imposible. Tal como Dios le dijo a Josué que tomara a Jericó. La fe ganaría la victoria.

———————————

LA FE ES DESCANSAR en el hecho de que Dios tiene un objetivo al dejarme en la escena cuando me siento inútil para Él o una carga para otros.

—Pamela Reeve, *Faith Is*

_____

¿Qué vas a hacer cuando el río se desborde?
La fe responde.
Voy a sentarme en el portal y verlo pasar.
¿Qué vas a hacer cuando todos los cerdos se ahoguen?
Voy a desear vivir en terreno más alto.
¿Qué vas a hacer cuando las vacas pasen flotando?
Voy a echarles una paca de heno.
¿Qué vas a hacer cuando el agua llegue al cuarto?
Voy a sacarla barriendo con una escoba de paja.
¿Qué vas a hacer cuando la choza se vaya?
Voy a trepar al techo y montarme sobre el cumbrero.
¿Qué vas a hacer cuando se desbarate?
Voy a decir: "¡Hola, Señor! Es el día del juicio."

—Ben Patterson, *Waiting*

_____

Si tan sólo te hubiera conocido
Señor:
    Me arrastré
        por el desierto
            hasta ti
            con mi taza vacía

insegura
    al pedir
        una pequeña gota
        de refrigerio.

Si tan sólo
    te hubiera conocido

mejor
hubiera venido
corriendo
con un balde.

—Nancy Spielberg y Dorothy Purdy, *Fanfare: A Celebration of Belief*

LA TRADICIÓN es la fe viva de los que ya están muertos. El tradicionalismo es la fe muerta de los que todavía viven.

—Jaroslav Pelikan, *The Vindication of Tradition*

LA LEYENDA DICE que un hombre se perdió en el desierto, y lo que más deseaba era un trago de agua. Llegó hasta una vieja choza; una vetusta choza, sin ventana, sin techo, azotada por el tiempo. Miró el lugar y halló algo de sombra para protegerse del calor del sol del desierto. Al mirar alrededor vio una bomba como a unos cinco metros; una vieja bomba oxidada. Llegó a tropezones, empuñó el mango, y empezó a bombear hacia arriba y hacia abajo, hacia arriba y hacia abajo. Nada salió.

Desalentado, regresó tropezando. Notó en un rincón un viejo recipiente. Lo miró, limpió el polvo y la suciedad, y leyó un mensaje que decía: "Primero tienes que cebar la bomba con toda el agua de este recipiente, amigo mío. P.D.: Asegúrate de llenar de nuevo el recipiente antes de irte."

Le quitó el corcho, y con toda certeza, ¡estaba casi llena de agua! De repente se vio frente a una decisión. Si se tomaba el agua, podría vivir. Ah, pero si echaba el agua en la vieja bomba oxidada, tal vez sacaría agua fresca y fría desde muy adentro del pozo; toda el agua que quisiera.

Estudió la posibilidad de ambas opciones. ¿Qué debería hacer: echar el agua en la vieja bomba y esperar que saque agua fría y fresca o beberse la que estaba en el viejo recipiente e ignorar el mensaje? ¿Debería desperdiciar toda el agua en la esperanza de esas inciertas instrucciones escritas, quién sabe cuánto tiempo atrás?

De mala gana echó toda el agua en la bomba. Entonces empuñó el mango y empezó a bombear. Chirrido, chirrido, chirrido. ¡Nada salió! Chirrido, chirrido, chirrido. Unas pocas gotas empezaron a caer. Luego un chorrito, y finalmente salió a chorros. Para su alivio agua fresca y fría salió de la vieja bomba. Con avidez, llenó el recipiente hasta el borde y bebió. Lo llenó otra vez, y de nuevo bebió su refrescante contenido.

Entonces llenó la jarra para el próximo viajero. Lo llenó hasta el tope, le embutió de nuevo el corcho, y añadió esta nota: "Créeme, en realidad funciona. Tienes primero que darlo todo antes de que puedas recibir algo de vuelta."

—Charles R. Swindoll, *Living Above the Level of Mediocrity*

LA FE ES interactuar con el más profundo gozo del cielo, sabiendo su insondable amor por mí mientras camino por el desolado y espinoso hoy.

—Pamela Reeve, *Faith Is*

DURANTE los ocho años que Alexandr Solzhenitsyn pasó en campamentos rusos, sus padres murieron y su esposa se divorció de él. Al salir de la cárcel estaba muriéndose de cáncer que estaba creciendo en él tan rápido que él podía sentir la diferencia en un lapso de doce horas. Fue en ese punto que se abandonó a Dios, tan hermosamente ilustrado en tres líneas de la oración increíble que brotó en esa hora oscura: "Oh Dios: Qué fácil es para mí creer en ti. Tú creaste una senda para mí en medio de la desesperanza. . . . Oh Dios, tú me has utilizado, y donde no pudiste utilizarme, has nombrado a otros. Gracias."

—Alexandr Solzhenitsyn, *One Day in the Life of Ivan Denisovich*

LA FE ES hablar la verdad en amor incluso al costo de la posición de las relaciones.

—Pamela Reeve, *Faith Is*

FILOSOFÍA

LA BUENA FILOSOFÍA DEBE DE EXISTIR aunque sea solo porque la mala filosofía necesita respuesta. La vida del conocimiento es, para algunos, un deber.

—C. S. Lewis, *The Weight of Glory*

EXISTE ESA GRAN FILOSOFÍA EPICÚREA PRONUNCIADA por mi amigo, el historiador, en uno de sus momentos brillantes: "Denos los lujos de la vida, y nosotros dispensaremos sus necesidades." Solo tráeme lo que divierte y nosotros apartaremos de lo que causa dolor.

—John Bartlett, *Bartlett's Familiar Quotations*

LAS FILOSOFÍAS DEL MUNDO HAN SIDO RESUMIDAS de esta forma: Grecia dijo: "Sé sabio, conócete a ti mismo." Roma dijo: "Sé fuerte, disciplínate a ti mismo." La religión dice: "Sé santo, confórmate tú mismo." El epicureismo dice: "Sé sensual, disfruta de ti mismo." La educación dice: "Se ingenioso, expándete tú mismo." El materialismo dice: "Satisfácete, agrádate a ti mismo. La psicología dice: "Confía en ti, realízate tú mismo." El orgullo dice: "Sé superior, promuévete tú mismo." El ascetismo dice: "Sé inferior, suprímete tú mismo."La filosofía humanística dice: "Sé capaz, cree en ti mismo." La filantropía dice: "Sé generoso, da de ti mismo." El legalismo dice: "Sé recto, limítate a ti mismo."

¿No es interesante que cada una de estas filosofías termina con las mismas palabras, y cómo cada una es diferente a la filosofía de Cristo: "Sé un siervo, piensa en los demás"?

FILOSOFÍA HUMANÍSTICA

HAY UNA AGENDA NARCISISTA chocante en nuestro siglo veinte. Me di cuenta de lo radical y severa que es cuando leí las palabras de una entrevista del *Washington Post* a la profetiza de la Nueva Era Shirley MacLaine:

El viaje más agradable que tomas es por ti misma. La única participación de amor que te sustenta es contigo misma. Cuando miras hacia atrás a tu vida y tratas de figurarte dónde has estado, y a dónde has ido, cuando miras tu trabajo, tus amoríos, tus matrimonios, tus hijos, tu dolor, tu felicidad; cuando examinas todo eso con cuidado, lo que en realidad hallas es que la única persona con quien te vas a la cama en verdad eres tú misma. Lo único que tienes está trabajando para la consumación de tu propia identidad. Y eso es lo que he estado tratando de hacer toda mi vida.

Y eso es lo opuesto, la antítesis, de lo que Jesús exige de sus seguidores.

—Charles Colson, *Loving God*

_____

La filosofía humanística no tiene manera de hallar lo universal en los aspectos de significado y valores. . . . La filosofía humanística ha cambiado el Salmo 23:

Ellos empiezan: Yo soy mi pastor

Luego: Las ovejas son mi pastor.

Luego: Todo es mi pastor

Finalmente: Nada es mi pastor.

Hay un deseo inherente de muerte en la filosofía humanística.

—Francis Schaeffer, *How Should We Then Live?*

_____

Invicto

En la noche que me cubre,
Negro como el abismo de polo a polo,
Agradezco a cualquier dios que sea
Por mi alma inconquistable.

Sentí la garra de la circunstancia
No me amilané ni grité.
Bajo los golpes de la suerte
Mi cabeza sangra, pero no se agacha.

Más allá de este lugar de ira y lágrimas
Se agazapa el Horror de la sombra,
Y sin embargo la amenaza de los años
Me halla y me hallará sin miedo.

No importa lo estrecho que sea la puerta
Cuán cargado con castigo el rollo,

Soy el amo de mi destino;
Soy el capitán de mi alma.

—William Ernest Henley

_____

Si USTED Y YO TENEMOS ALMAS que son inconquistables, el cielo es el límite. Si en realidad somos nuestros propios amos y capitanes, ¡abran paso, mundo!

Lo que parece tan acertado es, de hecho, herejía; la que yo considero la herejía más peligrosa de la tierra. ¿Cuál es? *El énfasis en lo que hacemos por Dios, en lugar de lo que Dios hace por nosotros. . . .*

La mayoría de personas se ven a sí mismas como "amos" de su propio destino, "capitanes" de su propia alma. Es una filosofía antigua profundamente penetrada en el corazón humano y, ¿por qué no? Respalda el tema favorito de todos los tiempos de la humanidad: el yo.

—Charles R. Swindoll, *The Grace Awakening*

_____

FILÓSOFOS

FILÓSOFOS SON LOS QUE escriben de cosas que no entienden y lo hacen sonar como que fuese culpa de uno.

—S. Lewis Johnson, *Bibliotheca Sacra,* Octubre a diciembre de 1962

_____

FRACASO

EL PREMIO para el arma más inútil de todos los tiempos va para los rusos. Ellos inventaron la "mina de perros." El plan era entrenar a perros para que asocien la comida con la parte debajo de la carrocería de los tanques, con la esperanza de que correrían con hambre por debajo de las divisiones Pantzer que avanzaban. Entonces se colocó bombas en el lomo de los perros, lo que puso a los perros en peligro al punto de que ninguna compañía de seguros quería asegurarlos.

Desdichadamente, los perros asociaron la comida solamente con los tanques rusos. El plan se empezó el primer día de la participación rusa en la Segunda Guerra

Mundial, y se abandonó al segundo día. Los perros con bombas en sus lomos obligaron a que una división soviética entera emprendiera la retirada.

—Charles R. Swindoll, *Growing Strong in the Seasons of Life*

STEPHEN PILE ha escrito un libro titulado *The Book of Failures*. Tiene cosas increíbles; como la ocasión en 1978, durante la huelga de bomberos en Inglaterra. Esto hizo posible uno de los más grandes esfuerzos de rescate de animales de todos los tiempos. Valientemente, y a causa de la emergencia, el ejército británico había asumido las funciones de bomberos. El 14 de enero los llamó una anciana del sur de Londres para que rescataran a su gato. Ellos llegaron con impresionante prisa, con mucha destreza y con cuidado rescataron al gato, y se prepararon para alejarse. Pero la señora estaba tan agradecida que invitó al escuadrón de héroes a tomar té. Al irse más tarde con cálidos recuerdos y agitada de brazos, atropellaron al gato y lo mataron.

—Charles R. Swindoll, *Growing Strong in the Seasons of Life*

CUANDO EL INDUSTRIAL DE ALEMANIA OCCIDENTAL Herr Freidrich Flick murió, dejó una fortuna personal calculada en mil quinientos millones de dólares, un imperio de negocios que abrazaba todas o parte de unas 300 firmas y una reputación de tal vez el más curtido y astuto magnate que jamás operó en la escena comercial de Alemania. Flick estaba dedicado por entero a su trabajo (enterró a su esposa a las tres de la tarde, un día de 1966 y estuvo de regreso en su escritorio dos horas más tarde), pero a diferencia de [otros] industriales alemanes . . . en realidad nunca hizo nada; sencillamente organizaba compañías. "Él siempre hizo los movimientos apropiados," resumió un observador asombrado. "Fue el Bobby Fischer del mundo industrial."

A su muerte, el imperio Flick generaba ventas anuales en exceso de tres mil millones de dólares. Pero por todo su enorme poder y riqueza, *el anciano tenía una debilidad muy humana: no pudo controlar a su familia.* Dijo un observador: "El dilema de Herr Flick es dramático. Podía 'organizar compañías,' pero no pudo moldear a su familia. Como los caballos y hombres impotentes del poema Humpty

Dumpty, todos los expertos tuvieron dificultades para vérselas con los destrozos que dejó detrás Flick por su fracaso como padre. ¡Qué tragedia humana!"

—*Newsweek,* 25 de septiembre de 1972

PREFIERO FRACASAR en una causa que en última instancia triunfe, que triunfar en una causa que en última instancia fracase.

—Woodrow Wilson, citado en Lloyd Cory, *Quote Unquote*

EL CAÑÓN DEL RÍO SNAKE (Culebra) se enroscó, hizo sonar su cola, y hundió sus colmillos en el que pretendía ser su conquistador. En una sofocante tarde de un domingo sus quijadas de 500 metros de ancho se abrieron en bostezo para tragar una cápsula de extraño sabor prescrita por el Dr. Robert C. Truax, el científico y diseñador de *Sky-Cycle X-2.* Como estrella principal estaba un individuo a quien la gente llamaba Capitán Maravilla, el cual parecía más como Billy Baston incapaz de recordar la palabra mágica. Pero antes de que lo rotulemos como actor, o fanfarrón, sugiero que consideremos el resultado de esta demostración.

Cualquier escolar de tercer grado podía haberle dicho que el salto en ese artefacto extraño cruzando el cañón fue un fracaso rotundo; una clásica trastada. La motocicleta se apagó en pleno aire, y el conductor flotó a la seguridad debajo de una nube de nailon. Pero usted no lo hallaría sentado con la cara larga en algún rincón oscuro hoy. La mayoría de la gente manda una ambulancia y una grúa para limpiar sus errores. Él podía haber enviado un camión blindado. Mientras los espectadores gritaban: "¡Fraude!" él estaba pensando en las recompensas. Cualquiera que puede alejarse de un fracaso con una sonrisa, una billetera abultada, y su orgullo todavía intacto tiene *algo* a su favor. El verdadero "Hombre Nuclear", si puede creerlo, es una maravilla en dos ruedas llamado Evel Knievel. Nadie, pero nadie en la larga historia de los deportes jamás se ha acercado a un fracaso más abismal que él. Los restos de la motocicleta fracasada del Dr. Truax quedaron regados en el cañón, pero el hombre que saltó como un pájaro salió de la experiencia como un banquero.

Cuando uno se detiene a pensarlo, hay una verdad permanente en esa extravagancia de Idaho que todos debemos captar y cultivar. Es mucho mayor que el dinero y mucho más profunda que un salto sobre un cañón. Hay una filosofía de la vida aquí que ahora estoy convencido que vale la pena seguir. Es ésta:

La persona que triunfa no es la que se cohíbe, temiendo el fracaso, ni tampoco la que nunca fracasa, sino la que avanza a pesar del fracaso.

Como Lowell escribió:

El crimen no es el fracaso, si no el apuntar muy bajo.

—Charles R. Swindoll, *Growing Strong in the Seasons of Life*

SEAN LOS QUE SEAN LOS FRACASOS QUE HE CONOCIDO, sean los que sean los errores que he cometido, sean las que sean las necedades que he presenciado en la vida pública y privada, han sido consecuencias de la acción sin pensar.

—Bernard Baruch

ROBERT WISE MENCIONA una experiencia que le animó a ser autentico. "Tenía un amigo que solía llamarme por teléfono los lunes por la mañana. Yo levantaba el teléfono y el ministro decía: 'Hola, te habla Dios. Tengo un don para ti hoy. Quiero darte el don de fracasar. Hoy no tienes que triunfar. Te concedo eso.'" Entonces colgaba. Yo me quedaba sentado por diez minutos, contemplando la pared.

"La primera vez no pude creerlo. Era en realidad el evangelio. El amor de Dios quiere decir, e incluye, que está bien fracasar. Uno no tiene que ser lo más grande del mundo. Uno puede ser simplemente quien uno es."

—Robert Wise, *Your Churning Place*

ANTES DE CONVERTIRSE EN ASTRO DE LA PANTALLA el joven Burt Lancaster fue artista de circo; trabajo que tuvo la suerte de conseguir, considerando su prueba menos que impecable. Se le pidió que hiciera ejercicios en paralelas, así que saltó a las barras y empezó su rutina. Debido a que estaba nervioso, se equivocó en los cálculos, y se cayó sobre la barra, yendo a caer de bruces como dos metros y medio más abajo. Quedó tan humillado que de inmediato saltó de nuevo a las barras. Al dar la voltereta de nuevo en el mismo punto, ¡volvió a errar y a estrellarse contra el suelo una vez más!

Burt tenía los muslos lastimados, tenía una cortada y estaba sangrando, ¡y él estaba ferozmente enfadado! Saltó de nuevo a las paralelas, pero la tercera ocasión fue incluso peor, porque esta vez cayó de espaldas. El gerente se acercó, le ayudó a levantarse, y le dijo: "Hijo, si no lo haces otra vez, ¡te doy el trabajo!"

— Robert Wise, *Your Churning Place*

UN AYUDANTE de Tomás A. Edison una vez trató de consolar al inventor porque este no había logrado nada en una serie de experimentos que había emprendido. "Es muy malo," le dijo, "hacer todo ese trabajo sin resultados." "Ah," dijo el Sr. Edison, "tenemos muchos resultados. Conocemos setecientas cosas que no sirven."

—Peter Marshall, *Joe Doe, Disciple*

C. S. LEWIS en *Cartas del diablo a su sobrino* vívidamente describe la estrategia de Satanás: logra que los creyentes se preocupen mucho por sus fracasos; desde entonces, la batalla está ganada.

—Erwin Lutzer, *Failure: The Back Door to Success*

FUTILIDAD

(Ver también *Errores*)

VI UNA VEZ UNA CARICATURA de marcianos que observan a los terrícolas corriendo de un lado para otro, atareados haciendo nada. Uno de los marcianos dice: "¿Qué están haciendo?" El otro contesta: "Están yendo." El primero dice: "Yendo, ¿a dónde?" El segundo responde: "Ah, no están yendo a ninguna parte; simplemente están yendo."

—William Barclay, *Letters to the Corinthians*

Cada vez que Ricardo Cory iba al centro de la ciudad,
Los peatones le mirábamos.
Era todo un caballero, de los pies a la cabeza,
Pulcro, bien presentado, e imperialmente apuesto.

Siempre estaba bien arreglado,
Y siempre era muy humano cuando hablaba:
Pero así y todo hacía que el pulso se acelerara cuando decía,
 "Buenos días," y relucía al caminar.

Y era rico, sí señor; más rico que un rey,
Y admirablemente educado en toda gracia:
A decir verdad, pensábamos que era todo
Como para hacernos anhelar estar en su lugar.

Así que trabajábamos, y esperábamos la oportunidad,
Y nos pasábamos sin carne, y maldecíamos el pan;
Y Ricardo Cory una noche quieta de verano,
Se fue a su casa y de un tiro se destapó los sesos.

—Edwind Arlington Robinson, citado en Hazel Felleman, *Poems That Live Forever*

No me digas, en números lamentables,
¡La vida no es sino un sueño vacío!
Porque muerta está el alma que dormita,
Y las cosas no son lo que parecen.

—Henry Wadsworth Longfellow, "A Psalm of Life"

UNO DE NUESTROS MÁS GRANDES PROBLEMAS no son las equivocaciones que cometemos en la vida, sino que no aprendemos de ellas. Si uno puede concebir nuevos errores creativos, eso es otra cosa, pero si uno está cometiendo los mismos vez tras vez, no está aprendiendo nada. Un sentimiento de futilidad puede venirnos. Uno puede empezar a identificarse con esa línea del cuento *Alicia en el país de las maravillas* de Lewis Carroll, que dice: "Tengo que correr muy rápido sólo para seguir en mi lugar." Tal vez es tiempo de dejar de correr. Deténgase y aprenda.

———————————

SI TUVIERA QUE VIVIR DE NUEVO TODA MI VIDA, no pienso que tendría la fuerza.

—Flip Wilson, citado en James Dobson,
What Wives Wish Their Husbands Knew About Women

———————————

PODEMOS ESPERAR días fútiles de tiempo en tiempo. Algo de lo que planeamos anda mal. Caminos que parecían promisorios se cerrarán y nos obligarán a retroceder. Columnas en las que nos apoyamos se derrumbarán y harán que nuestras esperanzas se derrumben.

Cuando la enfermedad nos viene o nos caen encima reveses financieros, los días fútiles se convierten en semanas o meses vacíos. Han habido ocasiones cuando hemos lanzado un profundo suspiro al arrancar la página de diciembre del calendario y dar la bienvenida a un nuevo año que ofrece mejores días que los anteriores.

Esta futilidad es similar a la ironía, porque está llena de sorpresas. La hallamos cuando menos lo esperamos. Los valores que atesoramos demuestran ser falsos; los esfuerzos que deberían tener éxito resultan en fracaso; los placeres que deberían satisfacernos aumentan nuestra sed. Futilidad irónica, ironía fútil; ese es el color de la vida.

—David Alan Hubbard, *Beyond Futility*

———————————

NUNCA TRATES de enseñarle a un cerdo a cantar. Eso desperdicia tu tiempo y fastidia al cerdo.

—Van Crouch, *Stay in the Game*

———————————

FUTURO

(Ver también *Segunda Venida*)

J. Dwight Pentecost, por largo tiempo profesor del Seminario de Dallas, aceptó una invitación para predicar en una iglesia relativamente pequeña. Le pidieron que hablara sobre la profecía. Dijo que lo haría; pero junto con cinco sermones sobre profecía, planeó específicamente en medio de la serie un mensaje al que tituló: "El encanto de Cristo," sobre los eventos históricos que condujeron a la muerte de Cristo. Era un mensaje que no tenía nada que ver con la profecía.

Las cinco noches en que habló sobre la profecía, el lugar estaba repleto. Incluso tuvieron que poner altoparlantes afuera para que la gente pudiera sentarse al fresco de la noche y por lo menos oír lo que decía. La noche en que habló sobre: "El encanto de Cristo" la iglesia no se llenó ni a la mitad. Todas las reuniones recibieron igual publicidad, y se promovió de la misma forma la asistencia. Hay una naturaleza increíble, inquisitiva, en nosotros, como una comezón por saber lo que nos traerá el mañana, pero hay un sentimiento tibio cuando miramos hacia atrás, a la historia y vemos lo que el ayer dejó.

———————

Debido a circunstancias imprevistas, no se realizará ninguna reunión de clarividencia hasta nueva notificación.

—*Union-Sun and Journal,* citado en Lloyd Cory, *Quote Unquote*

———————

Todos deberíamos preocuparnos por el futuro, porque tendremos que pasar el resto de nuestras vidas allí.

—Charles Kettering, citado en Lloyd Cory, *Quote Unquote*

———————

A principios del siglo doce, en la Edad del Oscurantismo, una vieja hechicera fue al papado con seis sobres que aducía tener dentro de ellos la revelación de Dios para la iglesia católico romana. Apareció ante el Papa y le dijo: "Le venderé a la iglesia esta revelación de Dios por medio millón en dinero contante y sonante." Pues bien, ellos se retorcieron, como uno lo haría, por dentro. Los prelados, junto con el Papa, decidieron que no, que no iban a comprar. Así que ante ellos, ella quemó el primer sobre hasta reducirlo a cenizas.

Con cierta medida de entusiasmo y ansiedad las autoridades la vieron quemarlo y empezaron a reconsiderar su respuesta, cuando ella dijo: "Ahora tengo cinco sobres, y vendo los cinco sobres restantes, que contienen el futuro para la iglesia de Roma, por la misma cantidad de medio millón. Mi precio no ha bajado." Ellos murmuraron, y hablaron entre sí, y decidieron que no; así que ella quemó el segundo sobre, dejando cuatro.

Con un sentido creciente de ansiedad, hubo un murmullo entre el clero. Ella dijo: "Ahora tengo cuatro sobres y por medio millón se los vendo." De nuevo, la respuesta fue que no. Como era de esperarse, ella quemó el cuarto sobre, dejando tres. Hizo lo mismo con el tercero, dejando dos. Finalmente dijo: "Ahora, por medio millón ustedes pueden tener los dos últimos sobres que contienen la relación de Dios." Para entonces, ellos no pudieron contenerse. Así que convinieron.

Pero, ¿quién iba a decirlo? El contenido del sobre estaba escrito en latín, y yo no sé latín. Así que no puedo decirles lo que decía. Todavía me estoy preguntando.

—Abel Ahlquist, *Light on the Gospels*

———————————

¿RECUERDA USTED volver a casa por la tarde después de clases sintiéndose con mucha hambre y su madre tenía la cena preparada? ¿Recuerda cuando ella había horneado un pastel? No sé por qué las madres torturan de esa manera a los hijos. Cuando uno tiene tanta hambre, el aroma del pastel llenaba toda la casa, y yo quería un pedazo de ese pastel. "No, sino después de la cena." Toda madre que yo he conocido dice eso. Siendo el hijo modelo que yo era, podía esperar con toda paciencia, excepto en algunas pocas ocasiones cuando le fastidiaba tanto pidiendo un pedazo de ese pastel. Entonces ella tomaba un cuchillo extremadamente bien afilado, con una hoja extremadamente delgada, y recortaba la tajada más delgada de pastel que uno puede imaginarse, y me daba un pequeño bocado de prueba del pastel. Era solamente una muestra de lo que vendría más tarde.

La resurrección de nuestro Señor Jesucristo fue apenas una tajada de mucho más de lo mismo que vendrá más tarde.

———————————

HACE AÑOS, cuando Dwight Eisenhower era presidente, en una ocasión fue de vacaciones a Denver. Se enteró de que un niño de seis años llamado Paul Haley estaba muriéndose de cáncer, y que tenía un gran sueño: algún día poder ver al presidente.

Dwight Eisenhower hizo algo que vivirá mucho más que sus grandes discursos cuando le dijo a uno de sus ayudantes: "Vamos a ver a Paul Haley." Se subieron a la limusina presidencial y se dirigieron una mañana un domingo de agosto a la casa de Paul Haley, que no sabía que venían. Con las banderas en los parachoques la limusina negra llegó. Se abrieron las puertas, y de allí salió el presidente, que llamó la puerta.

El Sr. Donald Haley, el padre, vistiendo pantalones de mezclilla, una vieja camisa sucia, y barba de un día, abrió la puerta, y dijo: "¿En qué puedo servirles?" El presidente respondió: "¿Está Paul? Dígale que el presidente quisiera verlo."

Y el pequeño Paul, para su sorpresa, salió de detrás de las piernas de su padre, se quedó parado, y miró hacia arriba a la cara del hombre que más admiraba. Dwight Eisenhower se arrodilló, le estrechó la mano, y luego lo llevó para que viera la limusina presidencial, y antes de despedirse abrazó al pequeño Paul Haley. Le estrechó de nuevo la mano, y se fue.

Los vecinos, estoy seguro, todavía están hablando de la visita del presidente. Sólo un hombre no quedó muy contento con eso, y fue Donald Haley, que dijo: "¿Cómo puedo jamás olvidar estar allí vestido como estaba en esos pantalones y esa vieja camisa sucia, y con la cara sin afeitar, para recibir al presidente de los Estados Unidos de América?" Él simplemente no estaba preparado.

—Billy Graham, *World Aflame*

HACE UN TIEMPO me propuse expresamente recorrer el Nuevo Testamento y marcar cada referencia a la venida del Señor Jesucristo, y observar el uso que se hace de esa enseñanza en cuanto a su venida. Me sorprendió de nuevo el hecho de que casi sin excepción, cuando se menciona la venida de Cristo, en el Nuevo Testamento, le sigue una exhortación a la santidad y la vida piadosa. Mientras que el estudio de la profecía nos da prueba de la autoridad de la Palabra de Dios, también revela el propósito de Dios y el poder de Dios, y nos da la paz y la seguridad de Dios. Nos perdemos todo el propósito del estudio de la profecía si no nos conforma al Señor Jesucristo en nuestra vida diaria.

—J. Dwight Pentecost, *Prophecy for Today*

SE CUENTA que un hombre que, caminando por la playa, halló en la arena una lámpara mágica usada. Cuando el genio respondió al frotarla, le dijo que la lámpara contenía sólo un deseo restante. El hombre lo pensó por un momento, y luego pidió una copia de la página de acciones bursátiles del periódico local, fechada exactamente un año después. Con una nube de humo, el genio desapareció, y en su lugar estaba la página de noticias financieras. Muy alegre, el hombre se sentó para leer de punta a punta su trofeo; él podría invertir con seguridad, sabiendo qué acciones serían las triunfadoras con un año de antelación. Cuando el periódico cayó sobre sus rodillas, se abrió en la columna de obituarios en el reverso de la página, y el nombre a la cabeza de la lista le llamó la atención: ¡era el suyo!

—Robert R. Shank, *Winning over Uncertainty*

_____

EL CRECIMIENTO EXPLOSIVO de la población no se detiene. En enero de 1982 la revista *Reader's Digest* citó un artículo del *New York Times,* titulado "Off the Chart—the People Boom" ("Fuera del gráfico: La explosión de la población").

Hay un gráfico de la punta de una bota a la parte de arriba de la caña de la bota (que es la mejor manera en que sé cómo describirlo), puesto que ilustra el crecimiento de la población. Se calcula que para el amanecer de la agricultura había cinco millones de personas. Para el nacimiento de Cristo había 200 millones. Cuando empezó la era de la literatura en 1650, había 500 millones. Eso llega hasta el borde de la caña y luego se dispara hacia arriba como 15 centímetros, de modo que en nuestra era espacial en 1982 la población del mundo es cómo de cuatro mil cuatrocientos millones. Ahora, no podemos imaginarnos cuánto es esa cantidad, pero quiero que capten un cuadro del crecimiento. Pasa a decir que si la población humana continúa creciendo en forma explosiva al ritmo presente hasta el año 3000 d.C., la línea subiría hasta unos 25,000 kilómetros. Esa clase de crecimiento producirá enormes complicaciones para el futuro.

GENTE RELIGIOSA

(Ver también *Sectas, Legalismo*)

LOS VIEJOS FARISEOS no mueren; simplemente se multiplican.

———————————

LOS VIEJOS FARISEOS no mueren; uno sólo desea que lo hiciesen.

———————————

HABIENDO PASADO BASTANTE TIEMPO con buenas personas, entiendo por qué a Jesús le gustaba pasar su tiempo con los cobradores de impuestos y pecadores.

—Mark Twain

———————————

A MENUDO ES DIFÍCIL predicar a un público "religioso." Para parafrasear Mateo 22:14: "Muchos están fríos y unos cuantos están congelados."

———————————

CARICATURA DE UN FARISEO HABLANDO DEL EVANGELIO: "¿Has escuchado de las 4973 leyes espirituales?"

———————————

Deseo comprar tres dólares de Dios, por favor. No lo suficiente como para explotar mi alma o que me perturbe el sueño, sino solo lo suficiente como para que iguale a un vaso de leche tibia o una siesta bajo el sol.

No quiero de Él lo suficiente como para me haga amar a un negro o recoger remolacha con un inmigrante. Quiero euforia, pero no transformación. Quiero el calor de un vientre, pero no un nuevo nacimiento. Quiero una libra de lo Eterno en una bolsa de papel.

Deseo comprar tres dólares de Dios, por favor. No, no, no quiero el de carne y hueso . . . me impediría que fuera a mi turno con la estilista y haría que me atrasara para mi fiesta de gala. Ensuciaría mis sábanas y rompería mi collar de perlas. No soporto a estudiados de Persia ni mucho menos a pastores sudorosos que pisoteen mi alfombra con sus pies enlodados. Mi nombre no es María, como usted sabe.

No quiero un Cristo vivo y que respire; sino uno que pueda sujetar en su cuna con una liga. Ese de plástico servirá bien.

—Wilbur Rees, citado en Charles R. Swindoll, *Improving Your Serve*

Un artículo titulado: "Las sorprendentes creencias de los futuros ministros," incluía los resultados de una encuesta tomada entre seminarios de varias de las principales denominaciones. Se hicieron las siguientes preguntas, y se recibieron estas respuestas:

"¿Cree usted en la resurrección física?" El cincuenta y cinco por ciento dijo que "No."

"¿Cree usted que Cristo nació de una virgen?" El cincuenta y seis por ciento dijo que "No."

"¿Cree usted en un cielo e infierno literal?" El setenta y un por ciento dijo que "No."

"¿Cree usted en la deidad de Cristo?" El ochenta y nueve por ciento dijo que "No."

"¿Cree usted que el hombre desde su nacimiento está separado de Dios (la doctrina de la depravación)?" El noventa y ocho por ciento dijo que "No" o que esto no le importaba.

"¿Cree usted en la segunda venida de Cristo?" El noventa y un por ciento dijo que "No."

—*Redbook,* Agosto 1961

Durante el gobierno de Oliver Cromwell en Gran Bretaña al gobierno se le agotó la plata para acuñar monedas. Cromwell envió a sus hombres a la catedral para ver si podían encontrar alguna plata allí. Le informaron: "La única plata que podemos encontrar es en las estatuas de los santos que están en las esquinas." A lo cual el gran soldado y líder estatal de Inglaterra respondió: "Muy bien. Fundiremos a los santos y los pondremos a circular."

———————————

—Richard Seume, *Shoes for the Roadside*

Walter Martín nos hizo un gran favor al escribir *Screwtape Writes Again*. Es un libro que sigue el mismo sabor del libro de C. S. Lewis, *Las cartas del diablo a su sobrino*. En esta ocasión Escrutopo le escribe a su sobrino Orugario, quien está entrenándose para ser emisario del diablo, para enseñarle cómo manejar los asuntos de Satanás y el mundo de Satanás para que el mundo y los cristianos se confundan y se pierdan. Todo es lo contrario al cristianismo. Por ejemplo, el libro termina: "Gloria a Lucifer en las profundidades, Suburbano."

Pero el siguiente es un párrafo que sobresale. Recuerde que todo es lo opuesto. El enemigo es Cristo y el espíritu del enemigo es el Espíritu Santo, porque de la perspectiva el abismo, todo se ve al revés.

Escrutopo le dice a Orugario: "Si puedes oscurecer estos hechos, hay una buena oportunidad de que él abrace lo que el infierno considera como el sinónimo perfecto de la religión verdadera: iglesismo. En esta maravillosa imitación de la iglesia del Enemigo, todo suena y se ve bien, pero el Espíritu del Enemigo está ausente en forma conspicua. Debes hacer arreglos para que él se convierta en un devoto metodista, o anglicano, o bautista, o presbiteriano, o lo que sea. Hazlo eso. Debe llegar al punto de aceptar a la iglesia como un tipo de club social religioso en donde las personas se congregan. Nada más. En una palabra, Orugario, ayúdalo a que se vuelva más religioso, pero por amor del infierno, ¡no en más cristiano!"

———————————

—Walter Martin, *Screwtape Writes Again*

GOBIERNO

(Ver también *Política*)

PROBABLEMENTE SE PODRÍA DEMOSTRAR con datos y cifras que no hay una clase criminal estadounidense distintivamente nativa, excepto el Congreso.

—Mark Twain, citado en James Patterson y Peter Kim, *The Day American Told the Truth*

HEMOS APOSTADO TODO EL FUTURO de la civilización estadounidense no en el poder del gobierno, lejos de eso. Hemos apostado el futuro de todas nuestras instituciones políticas en la capacidad de cada uno y todos nosotros de gobernarnos nosotros mismos de acuerdo a los Diez Mandamientos de Dios.

—Presidente James Madison

GOZO

EL HÁBITO de dejar una experiencia hasta tener los medios para pagarlo, o hasta que el tiempo sea adecuado, o hasta que se sepa cómo hacerlo, es uno de los más grandes ladrones del gozo. Anda con prudencia, pero una vez que te decidas; lánzate.

—Charles Swindoll, *Living on the Ragged Edge*

PIERRE TEILHARD DE CHARDIN, importante pensador cristiano de nuestro tiempo, dijo: "El gozo es la señal más segura de la presencia de Dios." Este sacerdote, antropólogo y teólogo jesuita tenía mucho en común con los sabios presbiterianos que escribieron la Confesión de Fe de Westminster. El punto final para usted y para mí es el siguiente: La melancolía no es una virtud del creyente. No hay santos tristes. Si Dios en verdad es el centro de la vida y ser de uno, el gozo es inevitable. Si no tenemos gozo, hemos perdido la esencia de las Buenas Nuevas y nuestros cuerpos, tal como nuestras almas, sufrirán las consecuencias.

—Bruce Larson, *There's a Lot More to Health Than Not Being Sick*

EL GOZO ES LA BANDERA que ondea sobre el castillo de nuestro corazón y que anuncia que el rey está hoy sentado en su trono.

—Walter B. Knight, *Knight's Master Book on New Illustrations*

C.S. LEWIS ME DIJO que hay demasiada solemnidad e intensidad al lidiar con asuntos sagrados, mucho hablar en tonos de santidad. La pérdida trágica en todo este despliegue de piedad la sufre la persona sentada en las bancas, que, en medio de las ostentosas demostraciones de religiosidad, empieza a sentirse incapaz de acercarse al Señor.

Hemos aprendido que el gozo es más que un sentido de lo cómico, más que placer terrenal, y para el creyente incluso más de lo que llamamos felicidad. El gozo es el disfrute de Dios y de todo lo bueno que proviene de su mano. Si nuestra nueva libertad en Cristo es como un pedazo de pastel, el gozo es el glaseado. Si la Biblia nos da las maravillosas palabras de vida, el gozo nos suple la melodía. Si el camino al cielo se convierte en una ardua cuesta empinada, el gozo instala el elevador.

—Sherwood Wirt, *Jesus, Man of Joy*

EL GOZO ES UN IMÁN que atrae a las personas porque es algo que ellas no tienen.

SOMOS ESCOGIDOS PARA EL GOZO. Por más difícil que sea el camino cristiano, el gozo está tanto en el andar como en el alcanzar la meta. Siempre hay gozo al hacer lo correcto. Cuando evadimos algún deber o alguna tarea, sólo cuando por fin ponemos manos a la obra nos llega el gozo. El creyente es un hombre de gozo. El creyente es el sonriente caballero de Cristo. Un creyente triste es una contradicción, y nada en toda su historia religiosa le ha hecho más daño al cristianismo que su asociación con ropas negras y caras largas.

—William Barclay, *The Gospel of John,* Vol. 2

GRACIA

CYNTHIA Y YO fuimos de vacaciones al parque Sea World, con algunos de nuestros hijos y nietos. Siempre me asombra ver a esos hombres y mujeres valientes que se zambullen en el tanque con Shamú, la ballena, y otras enormes criaturas. Pensé: "Esa ballena tiene mucha gracia como para no enviarlos a la eternidad apenas con un empujón de su nariz." Es más, uno siente a veces que están dándoles de comer puñados de pescados simplemente para aplacarlos, sólo para tenerlos de buen genio de modo que cuando los entrenadores se meten en el tanque puedan salir del tanque un poco más tarde. Los vi colgándose de sus aletas y tratando de sujetarse con los brazos intentando abrazar esos enormes cuerpos.

El tema de la gracia es como eso: un tema grande que uno trata de abarcar con los brazos y al cual aferrarse.

TRATAR DE GANAR, merecer o comprar la salvación es insultar al Dador. Imagínese que el presidente de los Estados Unidos de América lo invita a un banquete en la Casa Blanca. Lo sientan ante una mesa llena de los mejores manjares. Se ha hecho todo esfuerzo para darle una cena de lo más agradable. Al final de una encantadora visita, el presidente está a la puerta para despedirlo.

¿Qué hace usted? ¿Al salir le pone una moneda en la mano y le dice: "Muchas gracias por su bondad. He disfrutado mucho la cena. Me doy cuenta de que le ha costado mucho dinero, y quiero ayudarle a pagar por la comida?"

¿Es ésta la respuesta apropiada para su bondad? Por el contrario, es un gesto grosero e insultante. Lo mismo sería a la gracia de Dios.

—William MacDonald, *The Grace of God*

LA BIBLIA ES UN ÁLBUM de fotos lleno de retratos de la gracia de Dios. Una imagen penetrante se halla en las páginas de 2 Samuel. El escenario es el palacio del rey David. Adornos de oro y bronce relucen en las paredes. Techos elevados y de madera cubren cada salón espacioso. En el salón del banquete, David y sus hijos se reúnen para la cena. Absalón, bronceado y guapo, está allí, así como también la hermosa hija de David, Tamar. Se da el llamado a la cena, y el rey pasea su mirada por el salón para ver si todos están presentes. Una figura, sin embargo, está ausente.

Pum, ras, pum, ras. El ruido que viene de los corredores hace eco en el salón. *Pum, ras, pum, ras.* Por fin la persona aparece por la puerta y lentamente se arrastra hasta su puesto. Es el tullido Mefiboset sentado por gracia a la mesa de David; y el mantel cubre sus pies. Ahora el festín puede empezar.

Gracia en un lugar desolado
Yo era ese Mefiboset
tullido por mi orgullo torcido y
    escondiéndome de ti en un lugar desolado
        en donde no pudieras hallarme
        en donde no pudieras darme lo que me merezco.
Pero de alguna manera me encontraste y
no entiendo por qué pero tú
    me diste lo que no merezco.
No sólo que perdonaste mi vida desolada sino
    que me hiciste fructífero
y aquí en tu mesa
te agradezco,
    mi Rey.

—Julie Martin

UN SÁBADO POR LA TARDE yo estaba demasiado holgazán como para lavar mi pequeño Volskwagen convertible. Ahora bien, uno tiene que estar realmente holgazán como para no lavar lo que es medio carro en toda una tarde. Así que les dije a mis dos hijos menores: "Les pagaré 75 centavos si lavan el carro." (Se me conoce como el último de los despilfarradores). Así que mi hijo menor, Chuck, entró y respingó su nariz como diciendo: "¿Quién en el mundo va a lavar un carro por 75 centavos?" Así que me volví a Colleen, nuestra hija menor, y le dije: "Cariño, te daré $1.50 si tú lo lavas." Pues bien, ella rápidamente sacó el balde y el cepillo, y la manguera, y empezó. Trabajó como por una hora o algo así. Hizo un trabajo estupendo. Luego me llamó por dos razones. Una para que vea lo limpio que estaba, y otra para recibir su pago.

Chuck salió. Puesto que era tiempo de entregar el dinero, él me dijo que él había animado a su hermana. Si yo le hubiera dado aunque sea 10 centavos, eso habría sido un regalo por gracia. Que yo le pagara a ella $1.50 era salario. Se lo había ganado.

Humpty Dumpty tenía un problema insoluble. Nosotros también tenemos un problema, pero el nuestro tiene solución.

>Jesucristo vino a nuestra pared,
>Jesucristo murió por nuestra caída;
>así que sin que importe la muerte y a pesar del pecado,
>por gracia, Él puede volvernos a armar.

Hace varios años mi familia y yo estábamos disfrutando de una cena en un restaurante. Miramos a otra mesa y vimos a una pareja de nuestra iglesia. Los saludamos, y ellos devolvieron el saludo. Poco antes de irse vinieron a nuestra mesa, y nos saludamos. Cuando acabamos nuestra cena, me levanté y me dirigí a la cajera y le dije: "Todavía no recibo la cuenta de nuestra comida." Ella dijo: "Ah, no tiene que preocuparse por eso, porque alguien ya la pagó por usted." Le pregunté: "¿Quién la pagó?" Dijeron: "Pues bien, no sabemos quiénes son, pero fue una pareja que se acercó a ustedes para saludarlos." Quedé asombrado, pero dije: "Pues bien, ¿permítanme por lo menos darles la propina?" "No; eso también ya fue pagado." La cuenta había sido pagada por completo. Me costó mucho aceptar eso. Quise ir a casa, y llamarlos para decirles: "Oigan, ¿por qué no nos dividimos la cuenta?"

Hubo otro hombre aquel año que quiso darnos un regalo de Navidad lavando todas las ventanas de la casa, por dentro y por fuera. Me costó mucho decirle: "Está bien, hágalo." Yo andaba de arriba para abajo, preguntándome lo que podía hacer para pagarle. Es difícil aceptar algo absolutamente gratis. Pensamos que hay algún truco, o pensamos que hay algo que debemos hacer para pagarlo.

La gracia de Dios dice: "Yo ya pagué la cuenta. Yo me encargo de todo, por dentro y por fuera. Acéptelo. Créalo. Es un hecho declarado."

"¡Haz esto y vivirás!" la ley demanda,
pero no me da ni pies ni manos.
Una palabra mejor la gracia de Dios trae,
me invita a volar y me da alas.

—Kenneth Wuest, *Romans in the Greek New Testament*

Él da más

Él da más gracia cuando las cargas crecen,
    Él envía más fuerza cuando el trabajo aumenta;
a la aflicción añadida Él añade su misericordia,
    a las pruebas multiplicadas, su paz multiplicada.

Cuando hemos agotado nuestro acopio de resistencia,
    cuando nuestra fuerza ha fallado y el día anda por la mitad,
cuando llegamos al fin de nuestros recursos acumulados,
    el pleno dar de nuestro Padre apenas empezó.

Su amor no tiene límites, su gracia no tiene medida;
    su poder no tiene límites conocidos por los hombres;
porque de su infinita riquezas en Jesús
    Él da, y da, y da otra vez.

—Annie Johnson Flint, citado en John R. Rice, *Poems that Preach*

PARECERÍA . . . que la gracia es lo que sucede entre dos personas. Es una dando de sí misma a la otra. Es responsabilidad de unos a otros. Es una manera distintiva de relacionarse. En un mundo de hombres dándose las espaldas unos a otros, explotándose unos a otros, matándose unos a otros, chismeando unos de otros, tratando de poseer el uno al otro, y de controlar el uno al otro, la gracia es una persona aceptando y confrontando a otra en libertad y en responsabilidad.

—R. Lofton Hudson, *Grace Is Not A Blue-Eyed Blond*

———————————————

BENJAMIN WARFIELD dijo: "Gracia es el favor libre y soberano a los que no lo merecen."

—George Sweeting, *Great Quotes and Illustrations*

———————————————

HÁBITO

SOLÍA MORDERME LAS UÑAS hasta los mismos dedos. Las mordía tan pronto como notaba las primeras señales de que empezaban a crecer. La investigación ha mostrado que se requiere sólo tres o cuatro semanas de una actividad para que se vuelva hábito. Es maravillosamente reconfortante si es un buen hábito que estamos tratando de promover, como más oración o estudio bíblico. Pero, para la mayoría de nosotros, son los hábitos destructivos, como mi hábito de morderme las uñas, que nos encadenan hasta que nos esclavizan; dominados y manipulados por la bestia del hábito. Nos volvemos una contradicción viviente de la verdad liberadora de 1 Corintios 6:12: "Todas las cosas me son lícitas, mas no todas convienen; todas las cosas me son lícitas, mas yo no me dejaré dominar de ninguna." Usted no podía creer el fuego de convicción que ese versículo una vez encendió en mí. Una mirada de cerca revela que no es un versículo que habla de algo ilegal o perverso, sino de algo que en realidad es legal, pero no es provechoso. Mi primer encuentro con este versículo no fue mi encuentro final con este hábito doloroso; pero con certeza fue un momento decisivo para el cambio, gracias a Dios.

Las repercusiones de este testimonio en cuanto a morderme las uñas tienen efectos del largo alcance. Nadie que lea esto está libre por completo de malos hábitos, sean ilegales o legales. Es el precio que pagamos por ser humanos. Los hábitos son tan numerosos como todos los detalles de la vida; la lista es interminable. Pero enfoquemos cinco sugerencias que nos ayudarán a aplicar 1 Corintios 6:12 en nuestras vidas.

Deje de racionalizar. Rehúse hacer comentarios tales como: "Ah, así soy yo. Yo soy así; siempre lo he sido, y siempre lo seré. Después de todo, nadie es perfecto." Tales excusas le quitan el filo a la desobediencia y le anima a restarle importancia o ignorar por completo la obra de convicción del Espíritu Santo.

Aplique estrategia. Enfoque su blanco con un rifle, no con una escopeta. Tome un hábito a la vez, y no todos a la vez.

Sea realista. No sucederá rápido. No será fácil. Tampoco su determinación será permanente de la noche a la mañana. Fracasos periódicos, sin embargo, siguen siendo mejores que la esclavitud habitual.

Anímese. Dése cuenta de que está en camino al triunfo final, ¡por primera vez en años! El entusiasmo fortalece la disciplina propia y estimula una actitud de perseverancia.

Empiece hoy. Hasta aquí, este es el mejor momento en su vida. Dejarlo para luego es una admisión de derrota y todo lo que hará es intensificar y prolongar la batalla en cuanto a su confianza propia.

Extraer las espinas dolorosas de los hábitos capacita al peregrino a enfocar menos atención en sí mismo y más atención en Aquel que es digno. Lo más emocionante de todo esto es que Él estará precisamente allí en la mañana, listo para ayudarle todo el día con el poder que su voluntad necesita, un momento a la vez.

¿Necesita prueba? ¿Qué tal diez uñas y una lima para recortarlas?

—Charles R. Swindoll, *Growing Strong in the Seasons of Life*

LA SRA. PÉREZ ESTABA MUY FELIZ. "Curé a mi esposo del hábito de morderse las uñas." Le dije: "¿Después de todos estos años? Dígame como." "Le escondí los dientes," fue su respuesta.

LOS MALOS HÁBITOS pueden producir vergüenza personal y limitaciones físicas. El educador estadounidense Horacio Mann una vez describió el predicamento de esta manera: "El hábito es un cable; tejemos un hilo del mismo cada día, y al final no podemos romperlo."

—Charles R. Swindoll, *Growing Strong in the Seasons of Life*

LAS CADENAS DEL HÁBITO son demasiado débiles para que se las sienta hasta que son demasiado fuertes para que se las rompa.

—Lloyd Cory, *Quote Unquote*

HABLA

(Ver también *Comunicación, Consejo, Lengua*)

MARK TWAIN debía dictar una conferencia en una ciudad pequeña. Antes del discurso de la noche decidió que debía ir a una barbería local para que le recortaran el bigote, lo afeitaran y le cortaran el pelo. Entró sin ninguna alharaca, y esperó su turno. El barbero, preocupado con su trabajo y el día atareado, no notó que él era el famoso Mark Twain. Al empezar a recortar el pelo de Twain, le dijo a su nuevo cliente: «Usted es nuevo por aquí. Ha llegado a visitar nuestra ciudad en buen momento. Mark Twain va a hablar esta noche." El humorista respondió: "Pues bien, pienso que es así. Eso es lo que he oído." El barbero le preguntó: "¿Ya ha comprado su boleto?" Él dijo: "No. No todavía." El barbero le dijo: "Pues bien, ya se han agotado los boletos. Usted tendrá que quedarse parado para oírle hablar." "Esa es mi suerte," dijo Mark Twain, "siempre tengo que quedarme de pie cuando ese hombre habla."

—*The Little, Brown Book of Anecdotes*

ES MEJOR GUARDAR SILENCIO y dejar que todos piensen que eres un necio, que abrir la boca y quitarles toda duda.

—Lewis Sperry Chafer, citado en Ray Stedman, *Solomon's Secret*

Perdí una pequeña palabra
    apenas el otro día.
Fue una palabra muy mala
    y en realidad no quería decirla;
pero, luego, en realidad no se perdió
    porque cuando salió de mis labios,
mi hermanito menor la recogió
    y ahora él la dice también.

—Guy King, *A Belief That Behaves*

UNO DE MIS PROFESORES DE BIBLIA cuando yo estaba en el Seminario de Dallas, era firme a más no poder, y sin embargo puro de corazón. En una ocasión tenía que dictar una serie de conferencias, y fue a un barbero local para un corte de pelo. (Un amigo mío resultó que trabajaba allí y oyó esta conversación). El barbero, que no tenían la menor idea de quién era el hombre, empezó a hablar de varios asuntos del día, dando su opinión, como los barberos por lo general lo hacen. Él salpicaba cada frase con palabrotas. El profesor se mordió la lengua todo lo que pudo. Finalmente, empuñó el brazo del hombre, le hizo dar la vuelta alrededor de la silla, y le clavó la mirada al hombre en los ojos. Calmado pero firmemente lo hizo mirar dentro de su oído y le preguntó al barbero: "¿Le parece eso como un desagüe?" El resto del corte de pelo fue hecho en absoluto silencio.

—Charles R. Swindoll, *Hope Again*

HAY UNA NUEVA MANERA de referirse a la palabrería estos días. Esta es una de mis expresiones favoritas para la verborrea y charla excesiva. La nueva expresión es "cotorreo desconcertante." ¿Alguna vez lo ha oído? Esta es una muestra de cotorreo desconcertante.

Bell Data publicó un anuncio en el *Financial Times* de Canadá que decía: "Este es un sistema cabal, de última palabra, plenamente integrado, amistoso para el usuario, multifuncional, omnilingüe, de aplicaciones múltiples para procesamiento de palabras y datos, con capacidades avanzadas de generación de gráficos." Estaban describiendo un lápiz. No sé por qué no dijeron: "Vendemos lápices."

Un plomero no sabía si podía usar ácido hidroclorhídrico para destapar los desagües en los que estaba trabajando. Quería asegurarse de que era seguro hacerlo, así que le escribió a la Oficina Nacional de Estándares en Washington, DC. La respuesta que le dieron fue esta: "La eficacia de ácido hidroclorhídrico es indisputable, pero el residuo corrosivo es incompatible con sustancias metálicas." El plomero leyó la nota y les escribió de nuevo agradeciéndoles por el visto bueno que le habían dado para usar el ácido. Así que la oficina se asustó y trataron de nuevo con esta nota: "No podemos asumir la responsabilidad por la producción de residuo tóxico y peligroso que el ácido hidroclorhídrico puede producir; sugerimos que use un procedimiento alterno." Pues bien, el hombre se alegró porque le habían escrito una segunda vez para decirle que estaba bien usar el procedimiento. Todavía estaba un poco confuso. Por fin, uno de los comunicadores más altos de la oficina empuñó la comunicación y le escribió estas líneas: "No use el ácido. Se comerá las cañerías." Eso es buena comunicación. Eso es sencillo, y derecho al grano. Nada de cotorreo desconcertante ni extravagancia.

HERENCIA

CUANDO MINISTRABA en Nueva Inglaterra, dediqué tiempo para visitar el plantel de la Universidad de Harvard en varias ocasiones. Podía mirar a través de la reja de hierro, ya oxidada por el tiempo, y ver la estatua verde pálida de John Harvard. Una tarde que nevaba estuve allí con nieve hasta las rodillas, y limpié la nieve y el hielo de la piedra angular del plantel y leí estas palabras: "Después de que Dios nos hubo llevado seguro hasta Nueva Inglaterra, y habíamos construido nuestras casas, provisto lo necesario para nuestra vida, levantado lugares convenientes para adorar a Dios y establecido el gobierno civil, una de las próximas cosas que añorábamos y buscábamos era promover el aprendizaje y perpetuar la posteridad, temiendo dejar ministros analfabetos para las iglesias cuando nuestros presentes ministros yazcan en el polvo."

ADEMÁS DE LOS SANTOS MENCIONADOS en las Escrituras, tenemos casi 2000 años de historia que pueden y se deben usar como retos para la piedad y la fe. Nosotros, los protestantes, nos hemos preocupado tanto por evadir la veneración de los santos que a menudo hemos soslayado una rica herencia, una rica herencia de fe. Tal como el libro de Hebreos pasa lista a los creyentes, también nosotros podemos mirar incontables ejemplos de personas igualmente valientes que amaban a Dios.

—Harol Myra, *Christianity Today,* 22 de octubre de 1982

HERMANOS

(Ver también *Familia, Hijos*)

Mi COMIDA FAVORITA son los frijoles con carne.

Recuerdo la primera vez que traté de fumar. A decir verdad, se relaciona directamente con los frijoles con carne, así que se lo voy a contar. En realidad, pienso que fue la última vez, también, que jamás traté de fumar. Fue idea de mi hermana; pero permítame decirle las cosas tal como son, para empezar. Ambos estábamos en una casa que teníamos en un árbol, y ella tuvo la idea de que su hermanito menor debía tratar de fumar. Así que dijo: "Oye, Nene, (ella me llama Nene, con cariño, por lo general), vete a la cerca de cedro." Teníamos una cerca alrededor de la casa. Entonces dijo: "¿Por qué no arrancas varias tiras largas de la cáscara del cedro? Porque eso en realidad hace bastante humo." Así que yo, como buen tonto, arranqué un puñado de esa cáscara, como de treinta centímetros de largo, lo envolví en tres hojas de cuaderno, y me lo metí en la boca. Entonces ella lo encendió. Pues bien, eso fue como haber recibido el impacto de un petardo de gasolina, si usted puede imaginarse tal cosa.

Esa noche mamá sirvió la cena, ¿y qué más? Frijoles con carne; mi plato favorito. Ella no podía entender por qué yo no tenía hambre. Dije lo mejor que pude, con la lengua hinchada casi tanto como mi puño: "Ay, no tengo hambre." Otra página que pasé en el libro de "vive y aprende" de la vida.

ROBERT COLEMAN del Asbury College de Kentucky ha escrito un libro titulado *Written in Blood* (Escrito en sangre). Allí incluye una conmovedora narración de un niño y su hermana. El niño había tenido una terrible enfermedad y había sido librado en forma maravillosa de la muerte. Había quedado vacunado contra la enfermedad, pero la misma vacuna no funcionó en su hermana, que estaba muriéndose.

El médico, dándose cuenta de que ella necesitaba una transfusión de la sangre del niño (y bastante cantidad de ella), llamó al niño aparte y le preguntó si estaba dispuesto a permitirlo.

"¿Le darías tu sangre?" Los labios del niño temblaron y titubeó por un momento, mirando por la ventana, pensativo. Luego respondió: "Sí, lo haré." Llevaron a los dos niños a un cuarto, y empezaron la transfusión de sangre. Fue un milagro. La vida volvió al cuerpo de la niña.

Después de un rato el médico volvió y el niño lo miró y le preguntó: "¿Cuándo me muero? ¿Cuándo me muero?" El médico entendió por qué los labios del niño habían temblado y por qué hubo un momento de vacilación. Él había pensado que moriría, cuando todo lo que el médico quería era un poco de su sangre.

—Dennis DeHaan, *Windows on the World*

HIJOS

(Ver también *Familia, Hermanos*)
UNO DE LOS LIBROS que tengo en mi biblioteca es uno pequeño que contiene cartas que algunos niños le escribieron a Dios. Ellos le hacen preguntas interesantes tales como: "Querido Dios, ¿quién trazó las fronteras entre estados?" Otras también reflejan profundidad de pensamiento. "¿Qué hace Dios para divertirse?" Y, "¿Hay un Dios para Dios?"

¿RECUERDA CUANDO ESPERABA SU PRIMER BEBÉ: la expectación de llevar a casa ese pequeño suave, confiado, maravilloso y encantador? Finalmente nace y todo sale bien, y después de un día o algo así usted vuelve a casa. La primera semana usted se da cuenta de lo que tiene en realidad es una mezcla de "El Exterminador" y "El Monstruo del Pantano." Quiero decir, esta criatura duerme cuando usted está despierto y se despierta cuando usted está durmiendo, y tiene un par de pulmones como para ahogar el rugido del Concorde. Mi esposa solía decir: "Cariño: como que me estoy olvidando de cómo es la cara de nuestro bebé, porque paso mucho más tiempo mirándole el otro extremo."

¿Qué es un niño?

Entre la inocencia de la infancia y la dignidad de la edad adulta, encontramos a una criatura encantadora llamada un niño. Los niños vienen en tamaños, peso y colores variados, pero todos los niños tienen el mismo credo: disfrutar de cada segundo de cada minuto de cada hora de cada día, y protestar haciendo ruido (su única arma) cuando se le acaba el último minuto del día y un adulto los manda a la cama.

Los niños se encuentran en todas partes: encima de, debajo de, adentro de, trepados en, columpiándose en, corriendo o saltando. Las madres los quieren, las niñas los detestan, sus hermanos y hermanas mayores los toleran, los adultos los ignoran, y el cielo los protege.

Un niño es Verdad con tierra en la cara, Belleza con una cortada en su dedo, Sabiduría con goma de mascar en el pelo, y Esperanza de futuro con un sapo en su bolsillo.

Cuando uno está ocupado, un niño es una selva bulliciosa desconsiderada, fastidiosa, e intrusa. Cuando uno quiere que él deje una buena impresión, su cerebro se convierte en mermelada o se comporta como una criatura salvaje y sádica, decidida a destruir el mundo, incluyéndose a sí mismo.

Un niño es una combinación: tiene el apetito de un caballo, la digestión de un traga-espadas, la energía de una bomba atómica de bolsillo, la curiosidad de un gato, los pulmones de un dictador, la timidez de una violeta, la audacia de una trampa de acero, el entusiasmo de un petardo, y cuando hace algo tiene cinco pulgares en cada mano.

Le gustan los helados, los cuchillos, los serruchos, la navidad, los cómicos, el amigo de enfrente, madera, agua (en su sitio natural), animales grandes, trenes, la mañana del sábado y motobombas.

No lo gusta mucho la Escuela Dominical, las visitas, la escuela, libros sin cuadros, lecciones de música, corbatas, las niñas, abrigos, los adultos, o irse a la cama.

Nadie se divierte tanto en los árboles, con los perros, y en el viento. Nadie puede embutir en un bolsillo una navaja oxidada, una manzana medio comida, un metro de piola, dos caramelos, seis centavos, una resortera, un pedazo de una sustancia desconocida, y un anillo supersónico auténtico con un compartimiento secreto.

Un niño es una criatura mágica: uno puede mantenerlo fuera de su taller, pero no puede mantenerlo fuera de su corazón. Lo puede sacar de su oficina, pero no puede sacarlo de su mente.

Mejor que se dé por vencido. El niño es su captor, su carcelero, su jefe y su amo; un paquete de ruido pecoso, de tamaño enano y que persigue gatos. Pero cuando sus sueños se derrumben y el mundo es un desastre, él puede reunir los pedazos en solo un abrir y cerrar de ojos, con un par de palabras mágica: "Te quiero."

—Dale Evans Rogers, *Time Out, Ladies!*

_____

EN UNA DE SUS PUBLICACIONES, una iglesia episcopal reveló algunas de las respuestas que dieron los niños a preguntas que les hicieron. Todas son hermosamente incorrectas.

Una respuesta decía: "La esposa de Noé era Juana de Arco."

¿El quinto mandamiento? "El quinto mandamiento es bromear a tu padre y tu madre."

Una de mis favoritas: ¿Quién fue la mujer de Lot? "La mujer de Lot fue una columna de sal durante de día y una bola de fuego por la noche."

Una niña dijo: "El cristiano sólo puede tener una esposa. A esto se le llama monotonía."

—*The Beacon*, St. Timothy's Episcopal Church

_____

¿Qué es una niña?

LAS NIÑAS SON LO MEJOR que le puede pasar a uno. Nacen con un poco de resplandor angelical que aunque se pierde a veces, siempre retiene lo suficiente como para enlazar tu corazón; aun cuando ellas están sentadas en el barro, o derramando lágrimas por una rabieta, o desfilando por la calle con las mejores ropas de su madre.

Una niña puede ser más dulce (o más mala) con mayor frecuencia que nadie más en el mundo. Puede brincar de un lado a otro, zapatear y hacer ruidos extraños que trastornan nuestros nervios, pero justo cuando uno va a abrir la boca, ella se queda quieta, recatada, y con esa mirada especial en los ojos.

Una niña es inocencia jugando en el barro, belleza parada de cabeza, y maternidad arrastrando a su muñeca por el pie.

Las niñas están disponibles en cinco colores: negras, blancas, coloradas, amarillas o cafés, pero la Madre Naturaleza siempre se las arregla para seleccionar su color favorito cuando usted las ordena. Ellas refutan la ley de la oferta y demanda: hay millones de niñas, pero cada una es tan preciosa como un rubí.

Dios toma prestado de muchas criaturas para hacer una niña. Usa el canto de un pájaro, el chillido de un puerco, la terquedad de una mula, las travesuras de un mono, la agilidad de un saltamontes, la curiosidad de un gato, la agilidad de una gacela, la astucia de un zorro, la suavidad de un gatito, y por encima de todo el aña- de la mente misteriosa de una mujer.

A una niña le gustan los zapatos nuevos, vestidos de fiesta, animales pequeños, el primer grado, matracas, la amiga de al lado, las muñecas, lecciones de danza, helados, libros para colorear, maquillaje, latas de agua, ir de visita, tomar el té con otras y un niño.

A ella no le importa mucho las visitas, los niños en general, perros grandes, ropa de segunda mano, sillas en orden, legumbres, trajes para la nieve, o quedarse en el patio del frente. Ella es la que habla más fuerte cuando uno está pensando, la más hermosa cuando lo ha enfadado a uno, la más ocupada antes de irse a la cama, la más callada cuando uno quiere que muestre lo que sabe, y la más ingeniosa cuan- do uno en forma absoluta no debe dejarse convencer.

¿Quién más puede causarle más dolor, gozo, irritación, satisfacción, vergüenza, y deleite auténtico que la combinación de Eva, Salomé, y Florencia Nightingale?

Ella puede desordenar su casa, su pelo, y su dignidad; luego, justo cuando su paciencia está lista para estallar, su luz del sol se deja ver y usted pierde otra vez.

Sí, ella es un fastidio que rompe los nervios, nada más que un paquete ruido- so de travesuras. Pero cuando sus sueños se derrumban, y su mundo es un desas- tre —cuando parece que usted, después de todo, es un necio—ella puede hacerlo sentir como un rey cuando se sube a sus rodillas y le susurra: "Te quiero más que a nadie."

—Dale Evans Rogers, *Time Out, Ladies*

_____

LE PREGUNTARON A LA MADRE de tres preescolares revoltosos si tendría hijos otra vez si tuviera la oportunidad de empezar todo de nuevo. "Claro que sí," respondió, "pero no los mismos tres."

—Revista *Preaching*, mayo y junio de 1990

A VECES LOS RECUERDOS de los hijos pequeños son muy graciosos. Recuerdo un incidente que sucedió alrededor de nuestra mesa durante la cena. Antes de comer, comencé a sugerirle a mi hijo Curtis (quien tenía seis años) que él debía servir a Charissa (quien tenía cuatro años) antes de servirse él mismo. Naturalmente, él se preguntó por qué, puesto que la bandeja de pollo estaba directamente ante él . . . y él tenía hambre como un león. Le expliqué que era cortés que los hombres sirvan a las damas antes de servirse a sí mismos. La regla le pareció extraña, pero estaba dispuesto a hacerlo . . . siempre y cuando ella no se demore demasiado.

Pues bien, usted ni se imaginará lo que sucedió luego. Después de la oración, él levantó la enorme bandeja, la extendió hacia su hermana, y le preguntó que presa de pollo quería ella.

A ella le encanto toda la atención. Pero por ser todavía de poca edad, no sabía qué presa tomar. Así que con toda seriedad respondió: "Quiero una pata."

Mi hijo miró en dirección a mí, frunció su ceño mientras su estómago gruñía por el hambre, luego la miró y le dijo: "Eh . . . Charissa, ¡mamá no cocina patas!

Ella entonces dijo: "¿Dónde está?"

Con ansiedad creciente, él respondió (un tanto más fuerte): "¡Yo no sé! La pata está en algún otro lugar, pero no en esta bandeja. Mira, simplemente escoge una pieza. ¡Apúrate!"

Ella se quedó estudiando la bandeja y dijo: "Bueno, dame una mano."

Para ese entonces mi esposa y yo nos mordíamos los labios para contener la risa. Hubiéramos intervenido pero decidimos dejar que lo resuelvan solos. Eso es parte del proceso de entrenamiento.

"Un pollo no tiene manos, tiene alas, Charissa."

"No me gustan las alas, Curtis . . . Oh, bueno entonces dame la cabeza."

Para entonces no me quedó otra que ir al baño. Ya no podía contener la risa. Curtis perdió los estribos por completo. Su hermana estaba frustrada por completo por no poder conseguir la pieza que quería.

Dándose cuenta de la irritación de su hermano y la ausencia de una pata o una mano o una cabeza, ella finalmente dijo con un tono de exasperación: "¡Está bien! ¡Me conformo con el ombligo!"

Eso lo colmó. Curtis estiró su brazo, tomó una pieza, y dijo: "¡Esto es lo mejor que te puedo ofrecer!" Él le dio una pechuga, que era lo más cercano al ombligo que había.

Divertido. Son tiempos entretenidos cuando buenas risas y comentarios risibles le quitan el filo a las afiladas demandas e intensas de la vida. Familia y diversión son dos cosas que van juntas, como la crema batida encima de un helado de chocolate.

—Charles R. Swindoll, *Come Before Winter*

HIPOCRESÍA

(Ver también *Autenticidad*)

LA HIPOCRESÍA ES HORROROSA. Lo que es el cáncer al cuerpo, lo es la hipocresía a la iglesia. Es un agente mortífero. Desdichadamente, la hipocresía también es adictiva. Y aunque Jesús reservó sus palabras más severas de condenación para los hipócritas, todavía parece que preferimos ese estilo de vida en lugar de la verdad y la autenticidad.

—John R. W. Stott, *Sermon on the Mount*

UN HOMBRE ASISTIÓ a un culto en una iglesia y después al irse casa se quejó del sermón, se quejó del tráfico, se quejó del calor, y se quejó de la demora del servicio de la comida. Luego agachó la cabeza y elevó su oración. Su hijo estaba observado toda esa experiencia posterior al culto. Justo cuando empezaban a servir la comida dijo: "Papá: ¿Te oyó Dios cuando salimos de la iglesia y empezaste a quejarte del sermón, y del tráfico, y del calor?" El padre se sonrojó, y dijo: "Pues, sí, hijo; Él me oyó." "Pues bien, papá, ¿te oyó Dios cuando empezaste a orar por la comida?" Le dijo: "Pues bien, sí, hijo; Él . . . Él . . . Él me oyó." "Entonces, papá, ¿cuál de las dos cosas te va a creer Dios?"

—Spiros Zothiates, *Behavior of Belief*

Hipocresía

Es todo en vano predicar la verdad,
a los oídos anhelantes de juventud confiada,
si, cuando el muchacho está a tu lado,
te ve engañar y te oye mentir.

—Edgar A. Guest, citado en Jacob M. Braude, *Speaker's Encyclopedia*

JESÚS LES ADVIRTIÓ a sus discípulos que debemos cuidarnos de la hipocresía: pretender ser algo que no somos, actuar con una máscara que cubre nuestra cara. La hipocresía es una terrible señal de problema en el corazón; sólo espera el día en que se la exponga. Porque, como Juan Milton lo dice en *El paraíso perdido:* "Ni los hombres ni los ángeles pueden discernir la hipocresía, el único mal que anda invisible; excepto a Dios."

—Joseph Bayly, citado en Charles R. Swindoll, *The Quest for Character*

Señor yo soy como Jacobo y Juan.
Señor: yo me aprovecho de otros
en términos de lo que ellos pueden hacer por mí;
cómo ellos pueden promover mi programa,
alimentar mi ego,
satisfacer mis necesidades,
darme una ventaja estratégica.

Exploto a la gente,
ostensiblemente por causa de ti,
pero en realidad por amor a mí mismo.

Señor, acudo a ti
para recibir información de adentro
y obtener favores especiales;
tu dirección para mis esquemas;
tu poder para mis proyectos;
tu aprobación para mis ambiciones;
tu cheque en blanco para lo que se me antoja.
Yo soy como Jacobo y Juan.

Cámbiame, Señor.
Hazme un hombre que te pregunta a ti y a otros:
¿qué puedo hacer por ti?

—Robert Raines, *Creative Brooding*

EL DOBLE ÁNIMO es una enfermedad común que deja a sus víctimas paralizadas por la duda.

¡Cuánto mejor tener autenticidad! Nada de galimatías. Nada de farsa religiosa. Nada de decir una cosa pero querer decir otra. Nada de hipocresía farisaica en donde las palabras son baratas y las cosas externas son santurronas en forma enfermiza. Los auténticos son cortos en credos y grandes en obras.

Se interesan, en realidad se interesan. Son humildes, en realidad humildes. Aman, en forma genuina aman. Tienen carácter, carácter auténtico.

———————————

Un salmo por la autenticidad
Señor de la realidad
hazme real;
no plástico,
sintético,
impostor,
actor desempeñando su papel,
hipócrita.
No quiero
tener una lista de oración,
sino orar;
no agonizar para hallar tu voluntad,
sino obedecer
lo que ya sé;
discutir
teorías de la inspiración,
sino someterme a tu Palabra.
No quiero
explicar la diferencia
entre *eros* y *filós*
y *agape*,
sino amar.
No quiero
cantar como si lo sintiera;

quiero sentirlo.

No quiero

decirlo como si fuera

sino que sea

como tú lo quieres.

No quiero

pensar que otro me necesita,

sino necesitarlo,

de otra manera no estoy completo.

No quiero

decirles a otros cómo hacerlo,

sino hacerlo;

siempre tener la razón,

Sino admitir cuando me equivoco.

No quiero ser un empadronador,

sino un obstetra,

no una persona que interviene, un profesional,

sino un amigo.

No quiero ser insensible,

sino sufrir cuando otros sufren,

no decir que sé cómo te sientes,

sino decir que Dios lo sabe

y yo trataré

si eres paciente conmigo

y mientras tanto yo me quedaré quieto.

No quiero la mofa de los clisés de otro

sino querer decir todo lo que digo

incluyendo esto.

—Joseph Bayly, *Psalms of My Life*

_____

SONREÍ al leer la paráfrasis del veterano maestro bíblico Ralph L. Keiper, de la ocasión cuando Pablo confrontó a Pedro con la hipocresía, según Gálatas 2:11-13. "Pedro: Percibo jamón en tu aliento. Te olvidaste de tus refrescadores de aliento. Hubo un tiempo cuando no comerías jamón como parte de tu esperanza de salvación. Luego, después de que confiaste en Cristo, no te importaba si comías jamón; pero ahora que estos que no comen jamón han venido de Jerusalén, tú has vuelto a tus costumbres kosher. Pero el aroma de jamón todavía está en tu aliento. Eres de lo más inconsistente. Tú obligas a los creyentes gentiles a observar la ley judía, que jamás puede justificar a nadie."

Eso es confrontación fuerte; y para que no pensemos que fue hecha en las sombras o en la cámara secreta del estudio de Pedro, notemos: "dije a Pedro delante de todos." (¡Uf!) Eso es asunto serio.

—Leslie Flynn, *Great Church Fights*

HONRADEZ

(Ver también *Integridad*)

UN PREDICADOR debía predicar sobre la honradez y les dijo a todos que lean Josué 25. El próximo domingo llegó y dijo: "¿Cuántos lo leyeron?" La mitad de los presentes en la iglesia levantaron la mano. Él dijo: "Excelente. Es a ustedes a quienes voy a hablar hoy. Josué tiene sólo 24 capítulos, y me preocupo especialmente por ustedes."

—Bob Philips, *The World's Greatest Collection of Heavenly Humor*

UN HOMBRE DE LA CIUDAD de Long Beach, California entró a un restaurante de pollo frito para comprar pollo para él y la joven que lo acompañaba. Ella esperó en el carro mientras él entraba a comprar el pollo. Sin darse cuenta el gerente del restaurante le entregó al hombre el paquete en que había puesto las entradas del día, en vez de la caja de pollo. Él se disponía a ir al banco a depositar el dinero, y lo había camuflado poniéndolo en una caja de pollo frito.

El hombre tomó el paquete, se fue al carro, y se fueron. Cuando llegaron al parque, y abrieron la caja, descubrieron que tenían una caja llena de dinero. Ahora bien, eso es un momento muy vulnerable para el individuo promedio. Sin embargo, dándose cuenta del error, volvió a subirse a su carro, y volvió al lugar y le entregó el dinero al gerente. Pues bien, el gerente no podía estar más contento. Se alegró tanto que le dijo al joven: "No se vaya. Voy a llamar a los periódicos y quiero que ellos tomen su retrato. Usted es el hombre más honrado de la ciudad."

"Ay, no; ¡no haga eso!" dijo el otro.

"¿Por qué no?" preguntó el gerente.

"Pues bien," dijo el otro, "soy casado, y la mujer con quien estoy no es mi esposa."

—*Dallas Times Herald,* 23 de septiembre de 1966

LA EMPRESA DOUGLAS AIRCRAFT competía con la empresa Boeing para venderle a la aerolínea Eastern sus primeros jets hace años. Se dice que Eddie Rickenbacker, entonces gerente general de la aerolínea Eastern, le dijo a Donald Douglas que las especificaciones y afirmaciones hechas por la compañía Douglas para el DC-8 eran muy próximas a las de la Boeing en todo, excepto en la supresión del ruido. Rickenbacker le dio a Douglas una última oportunidad para superar a la Boeing en este asunto. Después de consultar con sus ingenieros, el Sr. Douglas le informo a Rickenbacker que consideraba que no podía hacer tal promesa. Rickenbacker sonrió y respondió: "Ah, yo sé que no pueden; sólo quería ver si usted todavía es honrado. Tienen una orden de $135 millones. ¡Ahora vuelva a su taller y reduzcan el ruido de esos jets!"

—Jerry White, *Honesty, Morality, and Conscience*

HUMILDAD

OÍ DE UN pastor al que nombraron el pastor más humilde de la nación. La congregación le dio una medalla que decía: "Al pastor más humilde de la nación." Se la quitaron el domingo porque se la puso.

LA ÚNICA ESPERANZA de menguar uno mismo es aumentar en Cristo.

—F. B. Meyer, *John the Baptist*

LA GALERÍA DIMITRI VAIL de Dallas es muy interesante. Dimitri Vail es un artista. Es uno de esos individuos que puede pintar con tanta delicadeza y perfección que uno juraría que es una fotografía, hasta que se acerca. Sus pinturas incluyen artistas famosos tales como Jack Benny con su violín, Sophie Tucker, Bill Cosby, Rowan y Martin, Ed Sullivan, Red Buttons, Frank Sinatra, John Wayne y James Dean.

Al caminar por la galería vi pinturas de un par de presidentes. Luego llegué a un retrato pequeño que me fue absolutamente desconocido. Es gris, hecho en tonos castaños y grises. Al principio pensé que era inapropiado. En medio de aquellos deslumbrantes comediantes y personas famosas colgaba este retrato de un desconocido. Le pregunté al empleado: "¿Quién es ese?" Sonrió y dijo: "Muchos me hacen esa pregunta. Es un autorretrato del artista. Es Dimitri Vail. Él lo pintó durante uno de los períodos más oscuros de su vida. Es una obra muy reciente."

EN TANTO Y EN CUANTO, entonces, no estoy unido a Dios, estoy dividido dentro de mí mismo y estoy en perpetuo conflicto dentro de mí mismo. Ahora esta unión con Dios se puede lograr sólo por el amor. Y la sujeción a Él se puede basar sólo en la humildad. Y la humildad puede ser el resultado sólo de saber y creer la verdad, lo que es decir, tener las nociones apropiadas de Dios y de mí mismo.

—Bernardo de Claraval

DE SU SABIDURÍA Robert Morrison de China escribió: "La gran falta, pienso, en nuestra misión es que a nadie le gusta ocupar el segundo lugar." El mundo todavía tiene que ver lo que puede suceder si toda persona perdiera el deseo de recibir la gloria. ¿No sería un lugar maravilloso si a nadie le importara quién recibe el crédito?

—J. Oswald Sanders, *Spiritual Leadership*

UN GRUPO DE TURISTAS visitaba la casa donde Beethoven, el gran compositor, pasó sus últimos años. Llegaron a un cuarto especial, el conservatorio, donde está su piano. El guía les dijo, en voz más bien baja: "Y allí está el piano del maestro."

Una imprudente joven se abrió paso, se sentó a la banca y empezó a tocar una de las sonatas de Beethoven, y entonces se detuvo y le dijo al guía y a los demás del grupo: "Supongo que muchos disfrutan tocando este piano." "Pues bien, señorita," le dijo el guía, "Ignacio Paderewsky estuvo aquí el verano pasado con un grupo y algunos querían que tocara. Su respuesta fue: 'No, no puedo. No soy digno.'"

LA MAYOR EXPRESIÓN DE HUMILDAD, en ocasiones, es simplemente guardar silencio y permitir que el aplauso vaya a la otra persona, la persona de grandeza.

—G. B. F. Hallock, *2,500 Best Modern Illustrations*

SI APAREZCO GRANDE a sus ojos, el Señor con toda gracia me está ayudando a ver cómo no soy absolutamente nada sin Él, y me está ayudando a mantenerme pequeño en mis propios ojos. En efecto Él me utiliza; pero me preocupa tanto que Él me utilice, y que no soy yo el que hace el trabajo. El hacha no puede jactarse de los árboles que ha cortado. No puede hacer nada sin el leñador. Él la hizo, la afiló, y la usó. El momento en que la pone a un lado, se convierte en hierro viejo. Ah, que yo nunca pierda de vista esto. El líder espiritual de hoy es con toda probabilidad uno que ayer expresó su humildad al trabajar alegre y fielmente en segundo lugar.

—Samuel Logan Brengle, citado en C. W. Hall, *Samuel Logan Brengle*

SI ERES HUMILDE, no escribas un libro sobre lo humilde que eres, con doce retratos de tamaño real.

—Leslie Flynn, *Humorous Incidents and Quips*

LA MEJOR PROTECCIÓN que uno puede tener del diablo y sus artimañas es un corazón humilde.

—Jonathan Edwards, citado en Frank S. Mead, *12,000 Religious Quotations*

¿No es asombroso encontrarse con personas significativas, verdaderamente famosas, que no se enorgullecen de sus propios laureles? John Wooden, el entrenador más famoso de baloncesto que he oído, llevó a los Bruins de la Universidad de California en Los Ángeles al campeonato nacional diez veces en doce años. Una vez llamó a un conocido y le dijo: "Hola, soy John Wooden. Entiendo que la universidad de ustedes necesita un entrenador, y tengo en mente un hombre al que me gustaría recomendarles. Ha estado entrenando baloncesto por un par de años, y pensé que a lo mejor les gustaría aceptar esta recomendación."

¡Un par de años entrenando baloncesto! El hombre escribe libros sobre el tema; pero, ¿no es refrescante que no presuma que el otro reconocerá su voz, o que se impresionará con su nombre?

Leí de un británico llamado Tomás Hardy, que a la vuelta del siglo se hizo tan famoso, que como novelista y poeta podía haber exigido la cantidad que se le antojara a cualquier periódico que estuviera dispuesto a pagar, si simplemente les presentara algo para que impriman. Pero cada vez que presentó un poema o alguna pieza de literatura siempre incluyó un sobre dirigido a sí mismo, con estampillas, para que le devuelvan el manuscrito si lo rechazan. Él permaneció lo suficientemente humilde como para pensar que su trabajo podía ser rechazado por algún editor que nunca sería tan famoso como él.

—William Barclay, *The Gospel of Luke*

La humildad del rector Cairns era fenomenal, y muy bien conocida en el mundo educativo. Nunca entraba primero a un salón. Siempre se hacía un lado y decía: "Ahora, entre usted y yo le sigo," aunque era bien conocido y el público lo respetaba.

En una ocasión, cuando él se levantó para subir las gradas y pasar a uno de los asientos de la plataforma, el público notó quién era y de inmediato prorrumpió en un aplauso. Aturdido, se dio la vuelta, y miró, y retrocedió, e hizo que el hombre que le seguía pasara adelante. Aplaudió al hombre que venía detrás de él, pensando que el aplauso era para aquél. Eso no era humildad fingida; eso era verdadera humildad. Nunca se le ocurrió que el público estaba aplaudiéndolo a él.

—William Barclay, *The Gospel of Luke*

PIENSO que la primera prueba de un hombre verdaderamente grande es la humildad. No quiero decir por humildad que dude de su propio poder. Pero la gente grande en realidad tiene un sentimiento curioso de que la grandeza no está en ellos, sino por medio de ellos. Ven algo divino en otros y son interminable, necia e increíblemente misericordiosos.

—John Ruskin, citado en Lloyd Cory, *Quote Unquote*

HUMOR

Es malo reprimir la risa, porque cuando lo haces, retrocede y se esparce por tus caderas.

—Fred Allen, citado en Lloyd Cory, *Quote Unquote*

¿QUÉ TAL ES SU SENTIDO DEL HUMOR? ¿Están los tiempos en que vivimos empezando a reflejarse en su actitud, su cara, su perspectiva? Salomón lo dice de frente, amigo. Él (bajo la dirección del Espíritu Santo) dice que tres cosas ocurrirán cuando hemos perdido nuestro sentido del humor: un espíritu quebrantado, una falta de sanidad interior, y huesos secos (Proverbios 15:13, 15; 17:22). ¡Qué retrato más vacío!

¿Ha empezado usted a secarse en un creyente amargado, impaciente, criticón? El Señor nos dice que la solución es sencilla: "un corazón alegre" es lo que necesitamos . . . y si alguna vez lo necesitamos, es ahora.

Por sentido del humor no me refiero a las bromas de mal gusto o vulgares, ni tampoco a la charla insensata y ridícula que es a destiempo, ofensiva y sin tacto. Quiero decir el ingrediente necesario de la chispa: esas expresiones humorísticas, alegres, y deliciosas, o pensamientos que elevan nuestro espíritu y aligeran nuestro día. Cuando perdemos nuestra capacidad de reírnos—y quiero decir reírnos *en serio*—los ataques opresivos de la vida nos confinan a la mazmorra oscura de la derrota.

El humor no es pecado. Es una escotilla de escape que Dios nos ha dado, una válvula de seguridad. Poder ver el lado ligero de la vida es una virtud rara, y vital. Personalmente, pienso que un saludable sentido del humor se lo determina por lo menos por cuatro capacidades:

La capacidad de reírnos de nuestros propios errores.

La capacidad de aceptar la crítica justificada; ¡y superarla!

La capacidad de entrelazar (o por lo menos disfrutar) humor sano cuando estamos rodeados de una situación tensa, acalorada.

La capacidad de controlar las afirmaciones que serían inapropiadas: aunque pudieran ser cómicas.

James M. Gray y William Houghton fueron dos grandes hombres piadosos de la Palabra. El Dr. Houghton escribe de una ocasión cuando él y el Dr. Gray estaban orando juntos. El Dr. Gray, aunque avanzado en años, todavía se interesaba en ser un testigo y expositor efectivo. Concluyó su oración diciendo: "Y, Señor, mantenme alegre. ¡No dejes que me convierta en un viejo cascarrabias!"

Usted y yo deberíamos elevar la misma oración.

—Charles R. Swindoll, *The Finishing Touch*

———————————

EL HUMOR ES UNA GRAN VENTAJA en la vida misionera, aunque usted no lo crea. En verdad, si a un misionero le falta un buen sentido del humor, tiene una seria deficiencia.

Leí de un misionero sueco al que sus amigos trataron de persuadirle de que abandone la idea de volver a India porque allá era demasiado caliente. "Vamos," le dijeron, "¡la temperatura sube como a 50 grados a la sombra!" "Pues bien," dijo el sueco con noble desdén, "no tenemos que estar siempre a la sombra, ¿verdad?"

—J. Oswald Sanders, *Spiritual Leadership*

———————————

LA PRENSA CRITICABA constantemente a Charles Haddon Spurgeon por su humor. ¿Sabía usted que a veces en pleno sermón echaba la cabeza hacia atrás y se reía a carcajadas en ese gran tabernáculo de Londres? Eso aturdía a muchos a más no poder. La prensa escribía: "Miren eso. Irreverente." Pienso que la mejor respuesta que él dio fue esta: "Si los que me critican sólo supieran cuánto me contengo, me elogiarían."

—J. Oswald Sanders, *Spiritual Leadership*

_____

¿No deberíamos ver que las líneas de la risa, sobre los ojos, son casi tanto marcas de fe como lo son las líneas de cuidado y seriedad? ¿Se bautiza sólo al fervor? ¿Es la risa pagana? Ya hemos permitido demasiado de lo que es bueno se pierda de la iglesia y hemos echado muchas perlas a los cerdos. Una iglesia anda en el mal camino cuando expulsa del santuario a la risa y se la deja al cabaret, al club nocturno y a los que brindan con licor.

—Helmut Thielecke

_____

Hay tres cosas que son reales: Dios, la necedad humana y la risa. Puesto que las dos primeras están más allá de nuestra comprensión, debemos hacer todo lo que podamos con la tercera. Esa es la filosofía por la que vivo.

—Jerry Lewis

_____

Robert Hall Grove, estadista misionero de una generación pasada, habló ante un grupo de personas encumbradas en la ciudad de Nueva York. Su sermón se titulaba: "Cosas que empacaría en mi baúl misionero si volviera al campo misionero hoy." ¿Saben lo primero que mencionó? Un sentido del humor.

_____

Tres pruebas del buen humor: "¿Puedes reírte de tus propios errores? ¿Puedes contenerte cuando no es apropiado? ¿Puedes disfrutarlo sólo?"

_____

Los ascensores son lugares extraños, ¿verdad? Especialmente los atiborrados.

Uno se empaca en forma estrecha con individuos que nunca ha conocido, así que uno trata lo más que puede de no tocarlos. Nadie habla, tampoco. Lo único que se oye es un ocasional: "Permítame salir, por favor" o "Lo lamento" como si alguien por accidente hubiera pisado los callos de otro. Tampoco se mira a nadie; es más, no se mira a ningún lugar excepto hacia arriba, mirando a los necios números subir o bajar. Extraño. Toda esta gente que está a la misma altura y habla el mismo lenguaje, de repente se quedan en silencio como un cuarto lleno de monjas cuando ocupan un espacio común.

Es como si hubiera un letrero oficial que dice: *"No se permite hablar, ni sonreír, ni tocar, ni contacto alguno sin permiso por escrito de la administración. ¡Sin excepciones!"*

Hace años fui a hablar a la Universidad de Oklahoma. Después de la reunión, un grupo de tres o cuatro amigos me invitaron a tomar un refresco con ellos. Puesto que estábamos varios pisos arriba, en el centro estudiantil, decidimos bajar por el ascensor. Cuando la puerta se abrió, el artefacto estaba repleto de personas que nos dieron esa mirada clásica "Oigan, ustedes no van a tratar de meterse, ¿verdad?" Pero nos metimos, naturalmente. Yo fui el último. No había espacio ni siquiera para darme la vuelta. Sentí que la puerta se cerraba a mis espaldas mientras que todos los demás miraban en dirección a mí. Sonreí ampliamente y dije en voz alta: "¡A lo mejor ustedes están preguntándose por qué hemos convocado esta reunión!" Se destornillaron de risa. Fue lo más asombroso de observar: gente en realidad *hablando,* en realidad relacionándose unos con otros, *en un ascensor.*

—Charles Swindoll, *Growing Strong in the Seasons of Life*

_____

Algún tiempo después de que me mudé a California, me invitaron para asistir a la Conferencia del Distrito Suroeste en la Iglesia Evangélica Libre de Los Ángeles. El pastor de la iglesia y un comité habían planeado la conferencia hasta el más último detalle.

El viernes por la noche, cuando la conferencia empezó, todos los pastores estaban sentados en las gradas del coro en sillas plegables. Cuando yo me dispuse a levantarme para leer las Escrituras, mi abrigo se enredó en el asiento que se dobló, y oí que algo se rasgó. Pensé: "¿Qué debo hacer ahora?" Mientras los demás esperaban que yo me levante, por fin me quité el abrigo, y lo dejé allí, y fui y leí las Escrituras.

Después de la lectura de la Biblia, otro debía tocar un solo en un barítono. Al levantarse para tocar, dejó caer su boquilla. Cuando se agachó para recogerla, el instrumento tropezó contra el atril, desparramando las hojas de la partitura.

Nada salió como habían planeado. A poco, todo el público estaba riéndose. Para empeorar las cosas, lo que seguía en el programa era que uno de los miembros de la iglesia debía hablar de su nuevo trabajo, pero se le había dormido la pierna, así que al levantarse tropezó, y se cayó. ¡Luego el solista se olvidó de la letra!

Para colmo, había música de jazz que se oía por el sistema de altoparlantes. El sistema recogía la música de una cantina que había a corta distancia.

El comité no logró lo que quería, pero pasamos un muy buen rato porque convertimos la reunión en algo de lo que podíamos reírnos. Cuando no logramos lo que queremos, debemos manejarlo con humor.

IGLESIA

(Ver también *Adoración, Alabanza*)

El MINISTERIO DE LA IGLESIA es un ministerio a personas. Cuando una iglesia vive, vive porque las personas dentro de ella están vivas y activas. Cuando una iglesia muere, se marchita y muere no porque los ladrillos y mezcla, bancos y alfombra se gastan y comienzan a romperse y deshacerse. Una iglesia se marchita y muere porque sus miembros se marchitan y mueren.

Pienso que una ilustración vívida de esto es la experiencia real de un joven ministro que llegó a una iglesia pequeña pero con larga trayectoria, con la esperanza de reavivar el ministerio de ella. El joven tenía grandes esperanzas para el futuro. Él pensaba que podía lograr que la iglesia resurgiera; e hizo su mejor esfuerzo y entregó lo mejor que tenía semana tras semana.

Finalmente, se le ocurrió una última idea, que pareció servir. Publicó en el diario local del sábado que la iglesia había fallecido y que el domingo por la tarde iba a haber un funeral en la misma iglesia, y todos lo que quisieran podrían asistir. Por primera vez en sus años allí el salón estaba repleto. Es más, había incluso gente afuera mirando por las ventanas este insólito servicio fúnebre para una iglesia.

La gente llegó veinte o treinta minutos antes de la hora anunciada procurando conseguir asiento. Para su asombro, hallaron que había un ataúd al frente, casi cubierto por arreglos florales. El joven le dijo a la congregación que tan pronto como terminara su mensaje podrían pasar a ver los restos de la amada a quien estaban despidiendo por última vez ese día. La gente casi no se pudía esperar hasta que él terminara su mensaje. Con lentitud el joven abrió el ataúd, empujó las flores a un lado, y la gente desfiló, uno por uno, para ver dentro y retirarse corrido, sintiéndose culpables al salir por la puerta, porque dentro del ataúd el predicador había colocado un gran espejo. Al pasar, ellos vieron la iglesia que se había muerto.

—Lloyd Cory, *Quote Unquote*

Una ciudad repleta de iglesias
Grandes predicadores, hombres letrados,
Música majestuosa, coros y órganos;
Si todo eso fallara, ¿qué sucedería?
Ministros dedicados, entusiastas, fervientes,
Que trabajan hora tras hora:
¿Pero dónde, oh dónde, mi hermano,
Está el poder de Dios Todopoderoso?
¡Refinamiento, educación!
Quieren lo mejor de lo mejor.
Sus planes y estrategias son perfectos,
No se dan ningún descanso;
Buscan el mejor talento,
Dan lo más que pueden,
¡Pero lo que necesitan, mi hermano,
Es el Espíritu Santo de Dios!

—Samuel Stevenson, citado en John R. Rice, *Poems that Preach*

UNA IGLESIA SIN AMOR es más trágica que un hogar sin vida. Alfred Joyce Kilmer escribió un poema acerca de esto. Lo que sigue es una paráfrasis.

Cuando camino por Asia,
Por bahía azul,
Paso por un templo muy grande
Con sus personas fuertes y verdaderas.
Creo que habré pasado por allí ciento de veces,
Pero hoy me detuve por un momento
y miré a esa iglesia;
Esa trágica iglesia,
Una iglesia que no tiene amor por mí.

Otra variación o paráfrasis sería:

Cuando camino por mi ciudad,
Por la Avenida Central,

Paso por una congregación grande;
Con sus coches estacionados por todas partes.
Creo que habré pasado por allí cientos de veces,
Pero hoy me detuve por un momento
Y miré a iglesia con miles de fieles;
Esa congregación necesita que yo traiga mi amor.

EN UNA PELIGROSA COSTA DEL OCÉANO, notoria por sus naufragios, había una rudimentaria estación salvavidas pequeña. En realidad, la estación no era sino una choza con un solo bote, pero los pocos miembros devotos mantenían constante vigilancia sobre el turbulento mar. Sin pensar en sí mismos, incansablemente, día y noche, se hacía a la mar en busca de los que estaban en peligro o perdidos. Muchas vidas se salvaron gracias a este pequeño grupo de hombres que con fidelidad trabajaban como equipo en esa estación salvavidas. Con el correr de los días, el lugar se hizo famoso.

Algunos de los que habían sido salvados, así como otros que pasaron por esa costa, querían asociarse con la estación salvavidas. Estuvieron dispuestos a dar su tiempo, energía y recursos para respaldar sus objetivos. Se compraron nuevos botes. Se adiestró nuevas tripulaciones. La estación que una vez era oscura y cruda, y virtualmente insignificante empezó a crecer.

Algunos de sus miembros estaban descontentos por la choza tan destartalada y casi sin ningún mueble ni equipo. Pensaban que se debía proveer un lugar más cómodo. Por consiguiente, los catres de emergencia fueron reemplazados por hermosos muebles. El equipo tosco y hecho a mano fue reemplazado por sistemas sofisticados y de clase. La choza, por supuesto, se tuvo que derribar para tener espacio para todo el equipo adicional, muebles, sistemas y personal.

Cuando quedó terminada, la estación salvavidas se había convertido en un lugar popular de reunión, y los objetivos empezaron a cambiar. Ahora se usaba como una especie de club, un edificio atractivo para reuniones públicas. Salvar vidas, dar de comer a los hambrientos, fortalecer a los atemorizados y calmar a los atribulados eran ya cosas raras.

Ahora muy pocos miembros se interesaban en desafiar el mar en misiones de rescate, de modo que emplearon tripulaciones profesionales para que hicieran el trabajo en los botes salvavidas. El propósito original de la estación no quedó en el olvido por completo, no obstante. Los motivos de salvar vidas todavía eran notorios en las decoraciones del club. Es más, había un bote salvavidas litúrgico preservado en el "Salón de los Dulces Recuerdos," con luz suave e indirecta, que ayudaba a ocultar la capa de polvo que cubría el barco que una vez se usó.

Por ese tiempo naufragó un buque muy grande frente a las costas, y las tripulaciones de los botes salvavidas trajeron cantidad de personas tiritando de frío, empapadas, mareadas, y medio ahogadas. Estaban terriblemente sucios. Algunos muy enfermos y solos. Otros eran negros y "diferentes" de la mayoría de los miembros del club. El hermoso club nuevo de repente se convirtió en una trifulca y quedó atiborrado con esta gente. Se nombró un comité especial para construir de inmediato una ducha "fuera" y "alejada" del edificio, para que las víctimas de los naufragios pudieran bañarse "antes" de entrar.

En la siguiente reunión se dijeron palabras fuertes y ásperas, lo que resultó en la división de los miembros. La mayoría quería que dejaran las actividades de salvar vidas y toda participación en ayudar a las víctimas de naufragios. Decían: "Es tan desagradable; es un estorbo a nuestra vida social, y es una puerta abierta para tipos que no son de nuestra categoría."

Como era de esperarse, algunos insistían en salvar vidas, pues ese era el objetivo primordial, la única razón para su existencia todavía era ministrar a "cualquier" necesitado, sin que importara la hermosura del club o las decoraciones. Se les dijo que se callaran y que si querían salvar vidas de otras categorías de personas que naufragaran en esas aguas, que podían empezar su propia estación salvavidas en algún otro lugar de la costa. ¡Así lo hicieron!

Con el paso de los años, la nueva estación atravesó los mismos cambios. Se convirtió igualmente en una especie de club, y más adelante se empezó otra estación salvavidas. La historia continuó repitiéndose, y si usted visita esa costa hoy encontrará numerosos clubes exclusivos, impresionantes, de propiedad y bajo órdenes de expertos profesionales, que han perdido todo interés en salvar vidas.

Los naufragios todavía ocurren en esas aguas, como usted comprenderá, pero ya no se salva a la mayoría de las víctimas. Todos los días perecen en el mar, y son tan pocos los que parecen preocuparse por eso . . . tan pocos.

—Charles R. Swindoll, *Growing Strong in the Seasons of Life*

Es MARAVILLOSO ESTAR EN UNA TRINCHERA junto a otros. El apoyo mutuo estimula a otros a hacer buenas obras. Una vez asistí a una iglesia que tenía un letrero a la salida que decía: "Ahora usted está entrando al campo misionero."

CUANDO YO ERA CHICO solíamos jugar a la iglesia. Poníamos las sillas en hileras, nos peleábamos para ver a quién le tocaba predicar, dirigíamos con vigor los cantos, y por lo general la pasábamos muy bien.

Los chicos más agresivos, en forma natural, querían estar al frente, dirigiendo o predicando. Los más callados se conformaban con quedarse sentados y dejar que los demás los entretengan.

Alguna vez aparecía un sensacionalista que nos fascinaba; como la niña que dijo: "¡Buuu! ¡Soy el Espíritu Santo!" Pero en general, si los que estaban al frente eran bastante buenos, podrían mantener la atención del público por un buen rato. Si no eran muy buenos, a la larga los chicos se escabullían para ir a jugar otra cosa; como saltar la soga.

Esa generación ya ha crecido, pero la mayoría de ellos no han cambiado mucho. Cada domingo todavía juegan a la iglesia. Toman sus asientos en filas para que los entretengan. Si el programa es ameno, la iglesia tal vez crezca en asistencia. Pero si el programa no es muy atractivo, a la larga se escabullen para jugar a otra cosa: como irse a pescar o a cambiar esposas.

—Anne Ortlund, *Up with Worship*

IGLESIA: COMPAÑERISMO

LA CANTINA DEL BARRIO es posiblemente la mejor falsificación que hay de la comunión que Cristo quiere darle a su iglesia. Es una imitación, dispensando licor en vez de gracia, una escapatoria en vez de la realidad, pero es permisiva, tolerante, e incluyentes. Nada la asusta. Es democrática. Uno puede contarle a la gente secretos y por lo general nadie se los cuenta a otros o ni siquiera quiere hacerlo. La cantina prospera no porque la mayoría de las personas sean alcohólicas sino porque Dios ha puesto en el corazón del hombre el deseo de conocer y de ser conocido, de amar y ser amado, y tantos buscan una falsificación por el precio de un par de cervezas.

De todo corazón pienso que Cristo desea que su iglesia sea inmovible, democrática, permisiva: un compañerismo al que personas puedan acudir y decir: "¡Estoy hundido!" "¡Estoy destrozado!" "¡Estoy acabado!" Los Alcohólicos Anónimos tienen esta calidad. Nuestras iglesias a menudo no la tienen.

—Keith Miller y Bruce Larson, *Edge of Adventure*

IGLESIA: CRECIMIENTO

No se asuste por el tamaño de una congregación. Animo a los pastores, cuando el Señor Jesucristo por alguna razón le llama a ser parte de un movimiento donde hay crecimiento, del tipo que sólo Él puede dar, que no se resistan a aceptarlo. Pero tampoco manipule para lograrlo. No actúe como si usted fuera el que lo hizo posible. Pero uno tiene que responder a eso como si fuera una familia.

Quiero decir, imagínese que está casado y no tienen hijos. Están tratando de tenerlos. Usted va a ver al médico y hace lo que le recomienda. A lo mejor paga cantidades crecidas de dinero a cambio de poder tener una familia. Pero nada funciona. Quizás han estado casados por once, doce, trece años, y usted decide: "Mira. Vamos a tener que adoptar si queremos criar hijos." Así que comienza ese proceso, lo que le lleva uno o dos años más.

¡Y quién lo iba a decir! El Señor lo conduce de una manera maravillosa. No sólo recibe uno, sino que le dan mellizos. Los lleva a su casa y dos meses más tarde su esposa queda encinta. Así ha pasado antes. Para su mayor sorpresa y la de sus vecinos usted descubre que hay dos corazones latiendo. Ella va a tener mellizos.

Hasta ahora su pequeño departamento le servía muy bien, pero ahora necesita uno más amplio, con varias habitaciones. Después de la mudanza y el nacimiento de los mellizos, tal vez quince meses más tarde, su esposa le dice que van a ser padres nuevamente y van a tener trillizos. Ahora necesita mudarse a una casa. Un día su esposa le dice: "Cariño, siéntate. Acabo de saber algo. Vamos a tener mellizos otra vez." Usted ya tiene una familia grande. Todo el tiempo usted ha estado aumentando camas literas, añadiendo espacio, mudándose. Usted se ha adaptado y ajustado a las circunstancias.

Hay que hacer lo mismo con la iglesia. Acomodarse y adaptarse conforme crece.

NUESTRO DESAFÍO es mantenernos relevantes con los tiempos, servir a nuestra generación, pero sin alterar las verdades de la Palabra de Dios. Estilos y métodos cambian, y deben mantenerse al día. ¿Pero la verdad? La verdad es eterna. Nunca cambia . . . *Debemos estar dispuestos a abandonar lo familiar sin comprometer lo esencial.* Para ministrar efectivamente la iglesia debe despertarse a lo que cambia . . . y a lo que no. . . . La iglesia que se queda sentada mirando mal al futuro, haciendo poco más que pulir las manzanas de ayer, se transformará en una iglesia que carece de relevancia y entusiasmo. Al mismo tiempo, la iglesia que suaviza su posición teológica y altera las Escrituras para encajar con estilos futuros, perderá su poder.

—Charles R. Swindoll, *The Bride*

———————————

PEDRO: ESTA REUNIÓN fue convocada a petición de Mateo, Juan, Tomás, y Santiago. Bartolomé, ¿podrías guiarnos en oración?

Bartolomé: Dios todopoderoso: Pedimos tu bendición en todo lo que hacemos y decimos, y pedimos de todo corazón que te pongas a favor nuestro. Amén.

Pedro: Jesús: Te hemos estado siguiendo de lugar a lugar por algún tiempo ya, y estamos preocupados por el número de asistentes a las reuniones. Tomás, ¿cuántos hubo ayer en el monte?

Tomás: Treinta y siete.

Pedro: Esto se está volviendo ridículo. Vas a tener que comenzar a hacer cosas más sorprendentes. Esperamos que sucedan cosas.

Juan: Te sugiero que hagas unos cuantos milagros más. Para mí lo máximo fue verte caminar sobre el agua, pero sólo unos pocos lo vimos. Si unos mil pudieran verlo, tendríamos más personas de las lo que podríamos controlar.

Santiago: Estoy de acuerdo. Los milagros de sanidad hacen buen impacto, pero sólo unos cuantos en realidad logran ver lo que sucede. Debes convertir más agua en vino, multiplicar más pescados y panes (nunca está de más llenar el estómago de la gente), calmar más tormentas, hacer más señales. Esto es lo que la gente necesita.

Pedro: Correcto. Y otra cosa, la publicidad es esencial; pero tú le dices a la mitad de la gente que curas que no se lo digan a nadie. Hay que dejar que la palabra se riegue.

Mateo: Yo estoy a favor de los milagros; pero también quiero oír unas cuantas narraciones que pueda entender. Eso de "El que tiene oídos para oír, oiga" simplemente nubla el asunto. Tienes que ser más claro o si no la mayoría de nosotros no vamos a poder entender nada.

Santiago: Yo quisiera sugerir un orden del culto. Primero un relato, luego un gran milagro seguido por la ofrenda, luego algún dicho o algo así, seguido de otro milagrito para que vuelvan la próxima vez. Ah, sí, y una oración si lo quieres.

Tomás: Tenemos que hacer algo.

Santiago: Eso es seguro. La asistencia ha sido deplorable.

Judas: Quisiera decir que si vamos a continuar reuniéndonos en este aposento alto, deberíamos hacer algo en cuanto a la alfombra . . .

—Richard K. Wallarab, *Christianity Today*, 17 de enero de 1979

IGLESIA: PROBLEMAS

SI QUIERE UNIRSE A UNA IGLESIA que no tenga problemas, no lo haga; la va a arruinar.

CUANDO MI ESPOSA, CYNTHIA, Y YO VOLVIMOS a casa luego de un viaje de vacaciones y ministerio a mediados de 1992, abrimos la puerta de casa y nos recibió una terrible pestilencia. Esperábamos que se tratar de algo podrido en el refrigerador. Pero no lo era. Pensamos que podría ser algo que se quedó en los recipientes de basura, o tal vez algún animal que se había muerto en la cochera. Después de una rápida investigación, no era ni lo uno ni lo otro. Luego de pasar una noche terrible en el piso bajo, porque en el segundo piso la pestilencia era insoportable, descubrimos que el hedor venía del desván.

Llamé a nuestro hijo mayor, y él vino. Era uno de esos días de agosto, con temperatura por sobre los 40 grados centígrados. Él se subió al desván y para su sorpresa y nuestro asombro, encontró que el problema era una comadreja enorme y bien muerta, que estaba ya llena de gusanos.

"¡Papá!" gritó él desde el otro extremo del desván. "Papá, esto es como una novela de suspenso. ¡Es tan grande que ni siquiera cabe entre las vigas y anda regado por todos lados!"

Así que busqué una caja y una bolsa de plástico para ponerle encima. Mi hijo puso los restos del animal dentro de la caja, la metimos dentro de la bolsa de plástico y llevé ambas cosas al recipiente de basura. Pero lo que no sabíamos es que cuando uno se deshace del cadáver no se libra de los gusanos, ni tampoco del mal olor, porque había empapado la madera y el revestimiento de yeso.

Se me había dicho que cuando hay mal olor dentro del refrigerador, uno tiene que limpiarlo con bicarbonato de soda. Compré seis cajas bien grandes del producto y mi hijo volvió a subir al desván. Cuando bajó dijo: "¡Esto es todo de mi parte, papá! Lo que falta, es asunto tuyo."

Pues bien, las seis cajas de bicarbonato lo único que hicieron fue convertirse en pestilencia blanca, pero no hizo nada para reducir el hedor; simplemente cambió el color de la sustancia.

Usted debe entender que todo esto estaba justo encima del clóset de nuestro dormitorio principal que había estado cerrado todos esos días tan calurosos. Como es natural, allí estaba toda nuestra ropa. Sacamos todo y lo pusimos sobre la cama . . . un desastre, pero no quiero salirme por la tangente.

Un mes más tarde la pestilencia todavía persistía. Para entonces ya casi nos habíamos acostumbrado a dormir en el piso bajo, en el sofá y el sillón. Pero también para ese entonces los gusanos también se habían mudado por las paredes de nuestra habitación, y a la cocina, y la sala. Incluso se metieron entre la lana de la alfombra, como si pensaran que se tratara del pelambre de algún animal. Así que tratamos de eliminarlos con la aspiradora. Así fue como pasamos la última parte de nuestras vacaciones.

Por si no lo sabe, los gusanos se convierten en moscas. Así que a la semana siguiente nuestra casa estaba repleta de moscas sucias.

La parte final del episodio es que descubrimos un producto químico que puede eliminar el mal olor. Tuve que echar cuatro litros sobre la mancha en el desván y otros cuatro dentro de la casa. Se supone que eliminará el hedor.

¿Qué tiene que ver este episodio con el tema de la iglesia? En los últimos años, algo trágico ha sucedido en la iglesia que ha hecho que el mundo se dé cuenta de que sus peores sospechas han sido realidad, que hay algo muerto en el desván de la iglesia. Hay una pestilencia de integridad en compromiso, de escándalo, de engaño. Los que vivimos dentro de la iglesia tenemos que atender el problema, no ignorarlo, y asegurarnos que se tomen las medidas necesarias para mantener limpia la casa.

LEÍ ACERCA DE UN PADRE que estaba en su estudio leyendo cuando escuchó una fuerte conmoción fuera de su ventana. Resultó ser su hija jugando con sus amigas. El bullicio se hizo cada vez más fuerte y el tono de la conversación era cada vez más acalorado. El padre finalmente no pudo soportarlo más, abrió la ventana y dijo: "Ya basta. ¿Cuál es el problema, cariño?" Después del regaño, ella respondió: "Papá, sólo estamos jugando a la iglesia."

—Leslie Flynn, *Great Church Fights*

ILUSTRACIONES

A VECES LLEGAMOS A algunos problemas enredados en la Biblia. Es como comprar una lata de jugo de naranja congelado y concentrado. Nadie bebe lo que trae la lata, es decir, nadie que pueda leer y seguir instrucciones. Hay que mezclarlo con bastante agua para diluirlo, de modo que se vuelva agradable al paladar. Es demasiado concentrado para que uno pueda ingerirlo. Hay que mezclarlo con mucha agua. Los pasajes enredados necesitan que se los mezcle con otros pasajes bíblicos para que su pleno sabor quede equilibrado.

LA MENTE DEL HOMBRE se deleita en una escena o espectáculo conmovedor, sea que se trate del campo de batalla de la tentación o una escena imaginaria de triunfo y gloria en lugares celestiales. Que el predicador recuerde esto, y abra de par en par tanto como pueda las puertas doradas de la imaginación. Napoleón dijo: "Los hombres de imaginación gobiernan el mundo." El predicador de imaginación es el príncipe del púlpito.

—Clarence Macartney, *Preaching without Notes*

GOLIAT ERA EL CAMPEÓN de los filisteos que "tenía de altura seis codos y un palmo." Permítame contarle algo que me sucedió cuando yo traté de ilustrar esto a mi congregación.

Percatándome de lo difícil que es para nosotros comprender esa estatura, puesto que nosotros no medimos las cosas en codos y palmos, sino en metros y centímetros, llevé una ayuda visual de cartón al púlpito un domingo, para mostrar la estatura de Goliat. Goliat tenía casi tres metros de altura. Podía haber sido centro delantero del equipo de baloncesto de cualquier universidad. Enfrentémoslo, era un hombre enorme.

Por supuesto, fue interesante llevar ese objeto a la iglesia, para empezar. Yo conducía un escarabajo, un Volkswagen, y no había manera de meter la figura adentro. Yo estaba algo apurado, y no había hecho otros planes. Así que, como a las 7:30 de la mañana puse a la figura contra el costado del carro, y me subí. Después de cerrar la puerta, saqué la mano por la ventana y sostuve a Goliat fuera del carro.

Al dirigirme a la iglesia, el viento empezó a sacudir la figura de cartón. Al doblar una esquina, con ese objeto sacudiéndose por todas partes, había un oficial de policía, que me hizo señas para que me detenga.

Ahora bien, yo había escrito en el revés de la figura: "No quitar. Este es Goliat." Había hecho planes para poner esa figura junto al púlpito, y no quería que los porteros la quitaran.

Así que el policía se acercó, y me preguntó: "¿Qué está haciendo?" Le dije: "Estoy llevando esto a la iglesia." Él me dijo: "¿Y qué es esto?" Le dije: "Este es Goliat." Me preguntó: "¿Quién es usted?" Le dije: "Soy ministro y voy a la iglesia." Él preguntó: "¿Está yendo a esa iglesia en la otra calle?" Le dije: "Sí señor, esa es la iglesia." Él dijo: "Puede seguir." Siempre quise agradecerle por su cortesía.

Pienso que la congregación se impresionó con los casi tres metros. Añádale a eso la altura de los brazos cuando los alza por sobre la cabeza, y puede ver que criatura imponente que era.

INCREDULIDAD

HACE UNOS AÑOS APARECIÓ en la revista *New Yorker* un relato de un residente de Long Island, Nueva York que ordenó un barómetro extremadamente sensible de una compañía respetada, Abercrombie and Fitch. Cuando llegó el instrumento el hombre quedó desencantado al descubrir que la aguja indicadora parecía estar atascada en el sector que marcaba: "Huracán." Después de sacudir el barómetro vigorosamente varias veces—lo cual nunca es una buena idea con un mecanismo sensible—y no lograr que la aguja se moviera, el nuevo dueño escribió una carta incisiva al almacén, y, a la siguiente mañana, de camino a su oficina en la ciudad de Nueva York, la franqueó. Es anoche volvió a Long Island para hallar que no sólo había desaparecido el barómetro ¡sino también su casa! La aguja del instrumento había señalado correctamente. El mes era septiembre, y el año 1938, el día del terrible huracán que casi arrasó Long Island.

—Adaptado de *Bits and Pieces,* citado en Lloyd Cory, *Quote Unquote*

INDIFERENCIA

(Ver también *Apatía, Autocomplacencia, Insensibilidad*)
EL PEOR PECADO no es aborrecer a un semejante sino ser indiferente hacia él. Eso es la esencia de la humanidad.

—George Bernard Shaw, citado en John Barlett, *Barlett's Familiar Quotations*

SOBRE EL TEMA DE LA INDIFERENCIA, un antiguo santo dijo: "Quiero en forma deliberada animar este poderoso anhelo de Dios. La falta del mismo nos ha llevado a nuestro presente estado bajo. La calidad rígida y estirada de nuestras vidas religiosas es el resultado de nuestra falta de espera santa. La complacencia es un enemigo mortal de todo crecimiento espiritual. El deseo agudo debe estar presente o si no, no habrá manifestación de Cristo a su pueblo. Él espera que se lo quiera. Es muy malo que con muchos de nosotros Él espere tanto, tanto tiempo, en vano.

INESPERADO

BUSQUE UNA HOJA DE PAPEL y un lápiz o pluma.
    Escoja un número entre 1 y 10 y anótelo.
    Multiplique ese número por 9.
    Si tiene un número de dos dígitos, sume el primero y el segundo.
    Réstele cinco.

Seleccione la letra del alfabeto que corresponde a su número. (A es 1, B es 2, etc.)

Piense en un país del mundo que empieza con esa letra.

Tome la siguiente letra del alfabeto y piense en un animal que empieza con esa letra.

De toda las naciones y animales del mundo, ¿piensa que puedo adivinar cuáles escribió usted? Su respuesta son Dinamarca y elefante. ¿Tengo razón? Muy asombroso, ¿verdad?

UN LADRÓN VIGILABA un barrio observando casas que quedaban vacías cuando la gente se iba de vacaciones. Observó como una familia cargaba sus maletas en el coche y se iban. Esperó hasta la oscuridad, y luego se acercó a la puerta del frente y tocó el timbre. No hubo respuesta. El ladrón nítidamente falseó la cerradura y entró. Dijo en la oscuridad: "¿Hay alguien en casa?" Se asustó cuando oyó una voz que respondía: "Yo te veo, y Jesús te ve." Aterrado, el ladrón dijo: "¿Quién está allí?" De nuevo vino la voz: "Yo te veo, y Jesús te ve." El ladrón encendió una linterna y dirigió la luz en dirección a la voz. Al instante sintió alivio cuando la luz reveló una cotorra enjaulada repitiendo la frase: "Yo te veo, y Jesús te ve." El ladrón se rió fuertemente, y encendió las luces. Entonces lo vio. Debajo de la jaula de la lora había un enorme perro doberman. Entonces la lora dijo: "¡Ataca, Jesús, ataca!"

—R. C. Sproul, *Pleasing God*

EL BIEN CONOCIDO MISIONERO a las Nuevas Hébridas, John G. Paton, se había ganado la enemistad de un jefe nativo local por su éxito al predicar el evangelio, así que el jefe contrató a un hombre para que mate al misionero. El hombre fue a la casa del misionero, pero en lugar de matar a Paton volvió aterrado, diciendo que había una fila de hombres, vestidos de blanco, rodeando la casa del misionero. El jefe pensó que el hombre había tomado demasiado licor y le animó a que vaya de nuevo. La próxima vez otros de la tribu lo acompañaron. Esa noche todos vieron tres filas de hombres rodeando la casa de Paton. Cuando el jefe le preguntó al misionero en dónde guardaba durante el día a los hombres que rodeaban la casa de noche,

Paton, sin saber nada de lo que había ocurrido, descartó toda la idea. Cuando el jefe, asombrado, le relató la historia, el misionero se dio cuenta de que los nativos habían visto un ejército de ángeles que Dios había enviado para protegerle.

—Paul Little, *Know What and Why You Believe*

TENGO UN GRAN AMIGO en Montgomery, Alabama, que hace unos años me contó una historia inolvidable de unas vacaciones de verano que él planeó para su esposa y sus hijos. Él mismo no pudo ir debido a su trabajo, pero les ayudó a planear cada día del viaje de excursión en el vehículo de la familia desde Montgomery hasta California, subiendo por la costa occidental, y después volviendo a casa.

Él sabía la ruta exacta y la hora precisa en que estarían cruzando la Gran División Continental. Así que mi amigo arregló para volar hasta el aeropuerto más cercano (sin decirle nada la familia) rentó un coche con chofer para que lo lleve al mismo lugar donde debía pasar todo coche. Se sentó a un lado de la carretera por varias horas esperando la vista del coche de la familia. Cuando apareció, se bajo a la calzada, levantó su dedo para pedir un aventón con su familia, que daba por sentado que él estaba a cinco mil kilómetros de distancia.

Le dije: "Coleman: Me sorprende que ellos no se salieron de la carretera por el terror, ni les dio un ataque al corazón. Qué historia más increíble. ¿Por qué te tomaste toda esa molestia?" Me encanta la respuesta.

"Pues bien, Bruce," dijo, "algún día voy a morirme, y cuando eso suceda quiero que mi esposa y mis hijos digan: 'Sabes, papá siempre fue muy divertido.'"

Vaya, pensé. Ahí está un hombre cuyo plan de juego es dar diversión y felicidad a otros.

Me hizo preguntarme lo que mi familia recordará de mí. Estoy seguro que dirán: "Pues bien, papá fue un buen tipo que se preocupaba mucho por apagar las luces, y cerrar las ventanas, y podar el césped, y recoger las cosas por toda la casa." También me gustaría que puedan decir que papá fue un individuo que hizo su vida muy divertida.

—Bruce Larson, *The One and Only You*

INFIERNO

EL CAMINO MÁS SEGURO AL INFIERNO es gradual; un declive suave, camino fácil al pisar, sin vueltas súbitas, sin hitos, sin letreros. . . . Los largos y monótonos años de la prosperidad o la adversidad de la mediana edad son temporadas de campaña excelentes [para el diablo].

—Charles R. Swindoll, *Living Above the Level of Mediocrity*

_____

E. STANLEY JONES escribió de una persona imaginaria (uno de sus personajes) que vivía una vida de fantasía. Todo lo que tenía que hacer es pensarlo y (¡puf!) sucedía. Así que el hombre en un instante metió sus manos en los bolsillos, se inclinó hacia atrás, y se imaginó una mansión y (¡puf!) tenía una mansión de tres pisos, con quince dormitorios, con criados que andaban de puntillas para atender todas sus necesidades.

Un lugar como ese necesita varios carros de lujo, así que de nuevo cerró los ojos, se imaginó la entrada a su casa llena con lo mejor que podía comprar el dinero. Luego los condujo a donde quería, y se sentó en el asiento trasero de su carro que tenía una división de cristal, mientras el chofer lo llevaba a dondequiera que quería.

No había ningún otro lugar adonde viajar, así que volvió a su casa y deseó una comida suculenta y (¡puf!) tenía la comida frente a él, con todo su aroma y belleza; que comió solo. Pero todavía necesitaba algo más que eso.

Por fin se aburrió y no encontraba retos, y le susurró a uno de sus criados: "Quisiera salir de esto. Quiero producir algo. Quiero ganarme algo. Quiero incluso sufrir algunas cosas. Prefería estar en el infierno antes que estar aquí." A lo cual el criado en voz baja le respondió: "¿Dónde crees que estás?"

—E. Stanley Jones, *Growing Spirituality*

_____

ESTOS SON ALGUNOS PENSAMIENTOS de los "predicadores de fuego, infierno y condenación" que decían las cosas tal como son:

Los hombres inconversos caminan sobre el abismo del infierno encima de una cubierta podrida, y hay innumerables lugares en que la cubierta es tan débil que no soporta su peso, y estos lugares no se ven. La ira de Dios arde contra ellos.

—Jonatán Edwards

CONCIBA ESTO, si todas las enfermedades del mundo le cayeran encima a un hombre, y si todo el tormento que todos los tiranos del mundo pudieran diseñar se lanzaran contra él, y si todas las criaturas del cielo y de la tierra conspiraran para la destrucción de este hombre, y si todos los demonios del infierno trabajaran para aplicarle castigo, uno pensaría que este hombre estaría en una condición miserable. Y sin embargo, todo esto es nada más que un rayo de la indignación de Dios. Si los rayos de la indignación de Dios son tan candentes, ¿cuál es la plena suma de su ira cuando cae sobre el alma de una criatura pecadora en toda su medida?

—Thomas Hooker

Hay fuego real en el infierno, tan cierto como tienes un cuerpo real; un fuego exactamente como el que tenemos en la tierra, excepto esto: no te consumirá aunque te torturará. Tú has visto asbestos en medio de brasas de carbón al rojo vivo, pero no se consumen. Tu cuerpo lo prepara Dios de tal manera que se quemará para siempre sin consumirse. Con los nervios abiertos en vivo por la llama ardiente, y sin embargo nunca insensibilizados por toda su furia rugiente, y el humo acre de los vapores sulfúricos que calcinan tus pulmones y asfixian tu aliento, clamarás por la misericordia de la muerte, pero ella jamás, nunca, jamás vendrá.

—Charles H. Spurgeon

Estas palabras están escritas sobre las puertas del infierno:
Sólo los elementos que el tiempo no puede gastar

Fueron hechos antes de mí, y más allá del tiempo yo estoy.
Abandonen toda esperanza los que entran aquí.

—Dante, *El infierno*

En 1741 Jonatán Edwards, brillante estudiante de las Escrituras, predicó un sermón que nunca se ha olvidado: "Pecadores en las manos de un Dios colérico." Los que estuvieron allí para oír ese sermón testificaron que podían sentir las llamas del infierno lamiéndoles en las bancas en donde estaban sentados.

INFLUENCIA

(Ver también *Ejemplo, Liderazgo*)

En 1645 un voto le dio a Oliverio Cronwell el control de Inglaterra.

En 1649 un voto hizo que se ejecutara a Carlos I de Inglaterra.

En 1845 un voto le dio a Texas admisión a los Estados Unidos de América.

En 1868 un voto impidió la destitución del presidente Andrew Jackson.

En 1875 un voto cambió a Francia de monarquía a república.

En 1876 un voto le dio a Rutherford B. Hayes la presidencia de los Estados Unidos de América.

En 1923 un voto le dio a Adolfo Hitler el control del partido nazi.

—Paul Lee Tan, *Encyclopedia de 7,700 Illustrations*

No me diga, en cifras lastimeras,
    ¡que la vida no es sino un sueño vacío!

. . .

Las vidas de los grandes hombres nos recuerdan
Que podemos hacer de nuestras vidas sublimes,
Y, al partir, dejar detrás de nosotros
Huellas en la arena del tiempo.

—Henry Wadsworth Longfellow

En 1809 los noticieros de la noche se hubieran concentrado en Austria, no en Bretaña o los Estados Unidos de América. La atención de todo el mundo estaba en Napoleón, mientras él barría aldeas impotentes como incendio en un trigal maduro. Ninguna otra cosa tenía la mitad de la significación en la escena internacional. Los brochazos amplios en la tela del historiador dan singular énfasis a las sangrientas escenas de tiranía producidas por el enano dictador de Francia. De Trafalgar a Waterloo su nombre era sinónimo de superioridad.

Durante ese tiempo de invasiones y batallas, nacían nenes en Bretaña y en los Estados Unidos. Pero, ¿a quién le importan nenes y biberones, cunas y camas, mientras se estaba haciendo historia? ¿Qué podía ser posiblemente más importante en 1809 que la caída de Austria? ¿A quién le importaban nenes nacidos en Inglaterra ese año cuando Europa estaba bajo los reflectores?

Alguien debería haberse interesado. Todo un ejército muy notorio de pensadores y estadísticas respiraron por primera vez en 1809.

- Guillermo Gladstone nació en Liverpool.
- Alfred Tennyson empezó su vida en Lincolnshire.
- Oliver Wendell Holmes lloró en Cambridge, Massachusetts.
- Edgar Alan Poe, a poca distancia de Boston, empezó su breve y trágica vida.
- Un médico apellidado Darwin y su esposa le pusieron a su hijo el nombre de Carlos Roberto.
- El político y filántropo Robert Charles Winthrop recibió sus primeros pañales.
- Una cabaña rústica en el condado de Hardin, Kentucky, de propiedad de un peón ambulante analfabeto, se llenó con los gritos infantiles de un bebé recién nacido llamado Abraham Lincoln.

Sólo un puñado de fanáticos de la historia podrían mencionar aunque sea un solo nombre de la campaña austriaca; pero, ¿quién puede medir el impacto de estas otras vidas? Lo que parecía ser súper significativo al mundo ha demostrado no ser más emocionante que un bostezo un domingo por la tarde. Lo que parecía ser totalmente insignificante fue, en verdad, el génesis de una era.

—Charles R. Swindoll, *Growing Deep in the Seasons of Life*

_____

CUANDO YO ERA NIÑO asistíamos al culto de la iglesia todos los domingos en un gran bastión presbiteriano gótico de Chicago. La predicación era poderosa y la música grandiosa. Pero para mí, el momento más impresionante del culto de la mañana era la ofrenda, cuando doce ujieres solemnes, vestidos de frac, marchaban al unísono por el pasillo principal para recibir los platos de bronce para recoger las ofrendas. Estos hombres, tan serios en cuanto a su responsabilidad de servir al Señor en esa imponente casa de adoración, eran dirigentes de negocios o profesionales de Chicago.

Uno de los doce ujieres era Frank Loesch. Él no era un hombre de presencia imponente, pero en Chicago era una leyenda viviente, porque fue el hombre que se levantó contra Al Capone. En los años de prohibición, el gobierno de Capone era absoluto. La policía local y estatal, e incluso la Oficina Federal de Investigaciones tenían miedo de oponérsele. Pero estando sólo, Frank Loesch, laico creyente y sin ningún respaldo del gobierno, organizó la Comisión de Crimen de Chicago, un grupo de ciudadanos que estaba determinado a llevar al señor Capone a juicio y encerrarlo. Durante los meses en que se reunió la Comisión del Crimen, la vida de Frank Loesch estuvo en constante peligro. Se lanzaron amenazas contra la vida de su familia y amigos; pero él nunca vaciló. A la larga él ganó el caso contra Capone y fue el instrumento para quitar esa lacra de la ciudad de Chicago. Frank Loesch había arriesgado su vida para poner en práctica su fe.

Cada domingo, en ese momento del servicio, mi padre, también hombre de negocios de Chicago, nunca dejó de tocarme y en silencio señalar a Frank Loesch con orgullo. A veces yo descubría una lágrima en los ojos de mi padre; para mi papá y para todos nosotros esto era y es lo que es llevar una vida auténtica.

—Bruce Larson, *There's a Lot More to Health Than Not Being Sick*

A MEDIADOS DE 1805 un grupo de jefes y guerreros indígenas se reunieron en concilio en Buffalo Creek, Nueva York, para oír una presentación del mensaje cristiano por un tal Sr. Cram, de la Sociedad Misionera de Boston. Después del sermón, Chaqueta Roja, uno de los jefes principales, dio una respuesta. Entre otras cosas, el jefe dijo:

Hermano: Dices que hay sólo una manera de adorar y servir al Gran Espíritu. Si hay sólo una religión, ¿por qué tu gente blanca difiere mucho al respecto? ¿Por qué no todos concuerdan, puesto que todos leen el Libro?

Hermano: Se nos dice que has estado predicando a los blancos en este lugar. Ellos son nuestros vecinos. Los conocemos. Esperaremos un poco para ver qué efecto tu predicación ejerce en ellos. Si hallamos que les hace bien, que los hace honrados y menos dispuestos a engañar a los indígenas, entonces consideraremos de nuevo lo que acabas de decir.

—Warren W. Wiersbe, *Be Hopeful*

EL FAMOSO comerciante de diamantes de Nueva York Harry Winston oyó que un rico comerciante holandés estaba buscando un cierto tipo de diamante para aumentar su colección. Winston llamó al comerciante, le dijo que pensaba que tenía la piedra perfecta, e invitó al coleccionista a venir a Nueva York para examinarla.

El coleccionista voló a Nueva York, y Winston le dijo a un vendedor que lo recibiera y le mostrara el diamante. Cuando el vendedor le presentó el diamante al comerciante, describió la costosa piedra señalando todos sus lujosos detalles técnicos. El comerciante escuchó y elogió la piedra pero se volvió para irse diciendo: "Esta es una piedra maravillosa pero no es exactamente lo que quiero."

Winston, que había estado observando la presentación desde una distancia, detuvo al comerciante y le preguntó: "¿Le importaría si yo vuelvo a mostrarle el diamante?" El comerciante convino y Winston le presentó la misma piedra. Pero en lugar de hablar de los detalles técnicos, Wilson habló espontáneamente de su propia admiración genuina del diamante y de lo rara que era su belleza. Súbitamente, el cliente cambió de pareceres y compró el diamante.

Mientras esperaba que se empacara el diamante para llevárselo, el comerciante se volvió a Winston y le preguntó: "¿Por qué se lo compré a usted, cuando no tuve ninguna dificultad de decirle que no a su vendedor?"

Winston respondió: "Ese vendedor es uno de los mejores hombres en el negocio, él sabe de diamantes más que yo. Le pago un buen salario por lo que sabe. Pero con gusto le pagaría el doble si yo pudiera darle algo de lo que yo tengo y a él le falta. Como ve, él *sabe* de diamantes, pero a mí *me encantan*."

Ese episodio ilustra uno de los solos principios más grandes de la persuasión. La gente se persuade más por lo hondo de sus creencias y emociones que por cualquier cantidad de lógica o conocimiento que usted tenga.

—Michael Lebeouf, *How to Win Customers and Keep Them for Life*

DESPUÉS DE SERVIR al Señor por unos quince años en Pakistán, el misionero Warren Webster fue invitado a hablar en la ahora famosa Conferencia Misionera Urbana. Parte de su mensaje son estas palabras:

Si yo tuviera que vivir de nuevo mi vida, la viviría para cambiar las vidas de la gente, porque uno no cambia nada mientras no ha cambiado la vida de las personas.

Cambiar al mundo requiere cambiar la vida de las personas.

—Charles R. Swindoll, *Growing Deep in the Christian Life*

_____

UNA MAÑANA DE 1888 Alfredo Nóbel, inventor de la dinamita, el hombre que había pasado su vida acumulando amasar una fortuna fabricando y vendiendo armas, se despertó y leyó su propio obituario. El obituario salió impreso como resultado de un sencillo error periodístico. El hermano de Alfredo había muerto, y un reportero francés al descuido informó la muerte del hermano equivocado. Cualquiera se hubiera perturbado bajo las circunstancias, pero para Alfredo la sorpresa fue abrumadora porque se vio a sí mismo como el mundo lo veía: "el rey de la dinamita (el fabricante de armas)," el gran industrial que había amasado una inmensa fortuna vendiendo explosivos. Esto, en lo que al público general le preocupa, era todo el propósito de su vida (así decía el obituario). Ninguna de sus verdaderas intenciones: derribar las barreras que separaban a los hombres y las ideas, se reconocieron o se les dieron consideración seria. A los ojos del público él era sencillamente un mercader de la muerte, y se lo recordaría sólo por eso. . . . Al leer su obituario con horror aturdidor, resolvió aclarar al mundo el verdadero significado y propósito de su vida. Esto se haría mediante la disposición final de su fortuna. Su testamento sería una expresión de los ideales de su vida. . . . El resultado fue el premio más valioso dado hasta hoy a los que han hecho más por la causa de la paz mundial: el Premio Nóbel de la paz.

Eso me llamó la atención porque a veces me pregunto cómo diría mi obituario si apareciera de súbito. Le pido que considere este aterrador pensamiento por un momento. ¿Por qué cosas se conoce su vida? ¿Por qué cosas se le recordará?

—Nicholas Halasz, citado por Robert Raines, *Creative Brooding*

ME ENCANTAN LOS DEPORTES, y en la década de los 60 mi equipo favorito era increíble. Pero, ¿sabe? Traté de recordar el alineamiento inicial de ese equipo, y no me acordé de ningún nombre. Podía recordar los apellidos de sólo uno o dos jugadores. Y yo que pensaba que jamás los olvidaría. Eran famosos en ese entonces, pero hoy están en el olvido.

Bobby Richardson habla de esto en un poema al final del libro de su vida. Si usted es un fanático del béisbol, sabrá quién es Bobby Richardson, puesto que todo mundo sabía que jugaba en segunda base para el equipo de los Yanquis, pero tres, cuatro o cinco años más tarde, "¿quién es ese individuo?" Famosos entonces, pero olvidados después. O piense en algunos de los grandes equipos de baloncesto, de aquellos que simplemente se llevan el campeonato año tras año.

Estoy usando los deportes sólo como ejemplo. Lo mismo se puede decir de astros y estrellas. Lo mismo se podría decir de grandes científicos. Vienen y se van. Nos han dejado sus obras, pero sus nombres quedan en el olvido. Los hombres dan gran honor y destacan a los famosos, y después se olvidan de ellos. Dios, sin embargo, recuerda a los desconocidos y nunca nos olvida. Eso es un pensamiento que alienta.

"NO SE DEJEN ENGAÑAR: «Las malas compañías corrompen las buenas costumbres»" (1 Corintios 15:33). Siendo todas las demás cosas iguales, si usted anda con malas compañías, lo corromperán. Es como ponerse un par de guantes blancos, recoger lodo y mezclarlo con las manos. El lodo nunca se enguanta. Nunca he visto lodo enguantado en mi vida. Pero invariablemente, los guantes se enlodan.

TEDDY STALLARD por cierto calificaba como "uno de los más pequeños." Desinteresado en la escuela, mustio, ropas arrugadas, y su pelo siempre despeinado. Era uno de esos escolares con cara cadavérica, sin expresión; con una mirada vidriosa, ausente. Cuando la Srta. Thompson le hablaba, él siempre respondía en monosílabos. Nada atractivo, sin motivación y distante, era simplemente difícil quererlo.

Aunque su maestra decía que quería a todos en la clase por igual, muy adentro ella sabía que eso no era totalmente verdad.

Siempre que calificaba los deberes de Teddy, ella hallaba un cierto placer perverso en tachar las respuestas erradas y al poner la calificación "mala" encima de los deberes, lo que ella siempre hacía con elegancia. Ella debía haberlo sabido mejor; ella tenía el historial de Teddy y sabía más de él de lo que quería admitir. El historial dice:

Primer grado: *Teddy muestra promesa en su trabajo y actitud, pero mala situación en su casa.*

Segundo grado: *Teddy puede rendir mejor. La madre está gravemente enferma. Recibe escasa ayuda en casa.*

Tercer grado: *Teddy es un buen niño pero demasiado serio. Aprende muy lento. Su madre murió al año pasado.*

Cuarto grado: *Teddy es muy lento, pero se porta bien. Su padre no muestra ningún interés.*

Llegó la Navidad y los niños y niñas de la clase de la señorita Thompson le trajeron regalos. Amontonaron los regalos en el escritorio de ella y se arremolinaron a su alrededor para ver cuando los abría. Entre los regalos había uno de Teddy Stallard. Ella se sorprendió de que él le haya traído un regalo, pero así era. El regalo de Teddy estaba envuelto en papel de empaque, y sujeto con cinta engomada. En el papel estaban escritas las palabras sencillas: "Para la Srta. Thompson, de Teddy." Cuando abrió el regalo de Teddy, apareció una pulsera de piedras de imitación, con la mitad de las piedras faltando, y una botellita de perfume barato.

Los otros niños y niñas empezaron a reírse y a mofarse del regalo de Teddy, pero la Srta. Thompson por lo menos tuvo suficiente buen sentido para hacerlos callar de inmediato poniéndose la pulsera y aplicándose algo de perfume en la muñeca. Extendiendo su muñeca para que los otros niños lo huelan, dijo: "¿No les parece que huele rico?" Los otros niños, captando el indicio de la maestra, de buen grado convinieron con expresiones de asombro.

Al fin del día, cuando los otros niños se habían ido, Teddy se quedó. Con lentitud se acerco al escritorio de la maestra, y le dijo en voz suave: "Srta. Thompson . . . Srta. Thompson, usted huele como mi mamá . . . y su pulsera se ve muy linda en usted. Me alegro de que le gustaron mis regalos." Cuando Teddy se fue, la Srta. Thompson se arrodilló y le pidió a Dios que la perdone.

Al día siguiente, cuando los niños llegaron a la clase, los recibió una nueva maestra. La Srta. Thompson se había vuelto una persona diferente. Ya no era simplemente la maestra; se había convertido en agente de Dios. Ahora era una persona dedicada a amar a sus niños y a hacer por ellos cosas que vivirían después de ella. Ayudaba a todos los niños, especialmente a los más lentos, y en especial a Teddy Stallard. Para el fin del año escolar, Teddy mostró mejora dramática. Se había igualado con casi todos los demás compañeros, e incluso había superado a algunos.

Ella no oyó de Teddy por largo tiempo. Luego, un día, recibió una nota que decía:

Querida Srta. Thompson:
Quería que usted sea la primera en saberlo.
Me graduaré en segundo lugar en mi clase.
Con amor,
Teddy Stallard.

Cuatro años después, vino otra nota:

Querida Srta. Thompson:
Acaban de decirme que seré el mejor estudiante de mi clase. Quería que usted sea la primera en saberlo. La universidad no ha sido fácil, pero me gustó.
Con amor,
Teddy Stallard.

Cuatro años después:

Querida Srta. Thompson:
A partir de hoy, soy Theodore Stallard, Dr. en Med. ¿Qué le parece? Quería que usted fuera la primera en saberlo. Voy a casarme el mes que viene, el 27, para ser exactos. Quisiera que usted viniera y se sentara donde mi madre se hubiera sentado si viviera. Usted es la única familia que tengo ahora; papá murió el año pasado.
Con amor,
Teddy Stallard.

La Srta. Thompson fue y se sentó en donde la madre de Teddy se hubiera sentado. Ella merecía sentarse allí; ella había hecho por Teddy algo que él nunca podría olvidar.

—Anthony Campolo, *Who Switched the Price Tags?*

INMORALIDAD

(Ver también *Adulterio, Pecado*)

SÉNECA DIJO: "Las mujeres se casaban para divorciarse, y se divorciaban para casarse." En Roma los años se identificaban por los nombres de los cónsules, pero se decía que las damas de sociedad identificaban los años por los nombres de sus esposos. Juvenal cita un caso de una mujer que tuvo ocho esposos en cinco años. La moralidad estaba muerta en el primer siglo.

En Grecia la inmoralidad siempre había sido muy flagrante. Demóstenes hace mucho tiempo escribió: "Tenemos prostitutas para el placer; tenemos amantes para las necesidades corporales cotidianas; tenemos esposas para tener hijos y para que sean las guardianes fieles de nuestras casas."

—William Barclay, *The Letter to the Thessalonians*

HACE AÑOS John Stienbeck le escribió una carta a Adlai Stevenson. En ella decía: "Hay un pernicioso y sutil gas penetrante de inmoralidad que empieza en la sala cuna y no se detiene sino cuando llega a las oficinas más altas, tanto de las corporaciones como del gobierno."

—Billy Graham, *World Aflame*

CUANDO FUI AL servicio militar en el extranjero con la marina, estaba en una barraca con otros cuarenta y ocho compañeros. Más del 95 por ciento de ellos tenían o habían tenido enfermedades venéreas. Todo el pelotón estaba contaminado por un estilo de vida ilícito.

Un joven vivía en pecado abierto. Nunca había conocido lo que era estar libre de la dirección paterna. Una noche se fue a la ciudad y se acostó con una mujer. Regresó terriblemente asustado, pensando que habría contraído una enfermedad. Tropezó medio borracho hasta la cama en donde yo estaba. Se puso a hablar con otro y luego vino a mí y me dijo: "Oye; quiero que me hables. Estoy asustado hasta los huesos." Salimos a dar una caminata esa noche por el comedor y después al único lugar donde había luz: la capilla. Esa noche Frank se arrodilló y dijo: "Le pido a Jesucristo que venga a mi vida." También dijo: "Señor, tengo un hábito que tú tienes que romper." Por los próximos siete meses lo discipulé en las cosas de Cristo. Pero cuando yo dejé la isla, él volvió a la ciudad. Como ven, esa esclavitud ganó otra victoria.

———————————

Primera a los Corintios 5:6 dice: "un poco de levadura leuda toda la masa." Recuerdo oír un relato interesante que uno de mis profesores de griego les contó a sus estudiantes. Él enseñaba una clase a las ocho de la mañana. A esa hora algunos simplemente no funcionan bien, especialmente en griego. Un estudiante luchaba por traducir 1 Corintios 5:6. Sabía lo que decía la versión regular de la Biblia, pero sabía que no podía repetir eso, porque el profesor se daría cuenta de que no había traducido del griego. Así que se le ocurrió el familiar: "una pizca basta." Eso fue lo mejor que se le pudo ocurrir.

¡Así es! Una pizca basta para afectar el todo. Ponga una manzana pequeña, insignificante, pero podrida, en un recipiente de manzanas buenas, y las manzanas buenas jamás le hará ningún bien a la manzana podrida. ¿Qué sucederá? Exactamente lo opuesto. Primero las manzanas buenas que están junto a la manzana podrida empezarán a podrirse y a decaer. Si se las deja allí suficiente tiempo, usted habrá arruinado todo el recipiente con esa pizca de podredumbre.

———————————

La homosexualidad se extendió como cáncer por Grecia, y de Grecia invadió a Roma. Casi ni podemos imaginarnos cuán infestado estaba con ella el mundo antiguo. Incluso un hombre tan grande como Sócrates la practicaba. Se dice que el diálogo de Platón *El banquete* es una de las más grandes obras de amor en el mundo, pero su tema es el amor no natural. Catorce de los primeros quince emperadores romanos practicaron este vicio contra la naturaleza. Fue durante ese tiempo que Nerón fue emperador. Él había tomado a un joven llamado Esporo y lo hizo castrar. Luego se casó con él en ceremonia de bodas con todos los arreos, y después lo llevó en procesión a su casa y vivió con él. Cuando Nerón fue eliminado y Oto llegó al trono, una de las primeras cosas que hizo fue apropiarse de Esporo. Mucho después de esto, el nombre del emperador Adriano estará asociado para siempre con un joven de Bitinia llamado Antonino. Vivió con él inseparablemente, y cuando murió lo deificaron y cubrieron el mundo con estatuas que inmortalizaban su pecado y le pusieron a una estrella el nombre de él.

—William Barclay, *The Letters to the Corinthians*

INSENSIBILIDAD

(Ver también *Apatía, Autocomplacencia, Indiferencia*)

INTEGRIDAD

(Ver también *Honradez*)

Después de sus mensajes del domingo, el pastor de una iglesia de Londres se subió al tranvía el lunes en la mañana para regresar a su oficina en la iglesia. Pagó su pasaje, y el conductor le dio demasiado cambio. El pastor tomó asiento y revisó las monedas, y volvió a mirarlas, y las contó ocho o diez veces. Y, usted sabe la racionalización: "es maravilloso como Dios provee." Se dio cuenta de que tenía una situación apretada esa semana, y esto era exacto lo que necesitaba para salir adelante, o por lo menos tener suficiente para el almuerzo. Luchó consigo mismo todo el camino hasta que las viejas rieles del tranvía lo llevaron hasta su oficina. Finalmente llegó a la parada y se levantó, y no pudo más; se dirigió al conductor del tranvía y le dijo: "Oiga, me dio demasiado cambio, por equivocación." El conductor le dijo: "No, no fue por equivocación. ¿Sabe? Estuve en su iglesia anoche cuando usted hablaba sobre la honradez, y pensé en ponerlo a prueba."

—Paul Lee Tan, *Encyclopedia of 7,700 Illustrations*

El mundo necesita hombres . . . [y yo añadiría *mujeres*]
a los que no se pueda comprar;
cuya palabra es su fianza;
que ponen el carácter por sobre la riqueza;

que poseen opiniones y voluntad;

que son más grandes que sus profesiones;

que no vacilan en correr riesgos;

que no pierden su individualidad en una multitud;

que sean tan honrados en las cosas pequeñas como en las cosas grandes;

que no son transigentes con el mal;

cuyas ambiciones no están confinadas a sus propios deseos egoístas;

que no digan que lo van a hacer "porque todo el mundo lo hace";

que son fieles a sus amigos en las buenas y en las malas,

en la adversidad tanto como en la prosperidad;

que no creen que la astucia, sagacidad y tozudez

son las mejores cualidades para el éxito triunfador;

que no se avergüencen y tengan miedo de defender la verdad cuando es impopular;

que dicen que "no" con énfasis, aunque el resto del mundo diga que "sí."

—Ted Engstrom, *The Making of a Christian Leader*

EN 1958 una población pequeña en el noreste de Pennsylvania construyó un edificio de ladrillo rojo para su departamento de policía, su departamento de bomberos, y sus oficinas municipales. Se sentían orgullosos del edificio; era el resultado de contribuciones hasta el sacrificio y planeamiento cuidadoso. Cuando se terminó el edificio, tuvieron una ceremonia de inauguración, y asistieron más de seis mil personas; casi todos los residentes de la ciudad. ¡Fue el suceso más grande del año!

En menos de dos meses, sin embargo, empezaron a notar algunas ominosas grietas en las paredes del edificio de ladrillo rojo. Algún tiempo más tarde, se notó que las ventanas no cerraban por completo. Luego se descubrió que no podían cerrar las puertas. A la larga, los pisos se agrietaron, dejando horribles grietas en el piso y las esquinas. El techo empezó a gotear. A los pocos meses tuvieron que evacuarlo, para vergüenza del constructor y disgusto de los contribuyentes.

Una empresa hizo un análisis poco después y halló que las explosiones de una mina cercana estaban lenta pero efectivamente destruyendo el edificio. Imperceptiblemente, muy por debajo del cimiento, había pequeños cambios y movimientos que ocurrían, e hicieron que todo el cimiento se agrietara. No se podía sentirlo, y ni siquiera se podía verlo desde la superficie, pero calladamente muy adentro se estaba debilitando. Un funcionario de la ciudad finalmente tuvo que escribir en la puerta del edificio: "Condenado. No apropiado para uso público." A la larga tuvieron que demoler el edificio.

—Charles R. Swindoll, *Hand Me Another Brick*

MIENTRAS MEJOR EL HOMBRE, mejor el predicador. Cuando se arrodilla junto a la cama del moribundo, o cuando sube al púlpito, entonces toda negación propia que ha hecho, toda benignidad cristiana que ha mostrado, toda resistencia al pecado y tentación, volverá a él para fortalecer su brazo y darle convicción a su voz. De igual manera toda evasión del deber, toda indulgencia de sí mismo, todo acomodo con el mal, todo pensamiento, palabra u obra indignas, estará allí al tope de las gradas al púlpito para recibir al ministro el domingo por la mañana, para quitarle el brillo de sus ojos, el poder de su ímpetu, la solidez de su voz, y el gozo de su corazón.

—Clarence Macartney, *Preaching without Notes*

INTEGRIDAD NO ES SÓLO LA FORMA EN QUE UNO PIENSA sino incluso más la manera en que uno actúa. Dicho en forma sencilla, integridad es hacer lo que uno dice que va a hacer. Es tan básico como guardar la palabra, y cumplir lo que se promete.

—Ted Engstrom, *Integrity*

MI COMANDANTE EN LA MARINA me llamó y me preguntó por qué yo no había participado en algo en particular que era, según él dijo, "obligatorio" para toda la compañía. Hasta donde yo puedo recordar, esa era la única vez que yo había desobedecido directamente una orden. El capitán Burch me dijo: "¿Quién crees que eres?" Yo respondí en ese momento: "No gran cosa, al momento. Pero quiero que sepa, capitán, por qué dije que no podía participar." Él dijo: "Habla rápido." Lo hice. Declaré mi lealtad a Jesucristo. Se quedó literalmente boquiabierto. Sus palabras finales para mí fueron: "Te admiro. ¡Vete!"

EL HOMBRE MÁS FUERTE DE LA TIERRA es el que puede pararse en la mayor parte sólo.

—Henrik Ibsen

INTIMIDAD

UNA PAREJA SE DIRIGÍA A CASA después de una noche encantadora celebrando sus bodas de plata. Ella estaba sentada en el asiento del pasajero, y él al volante. Ella dijo, con un poco de añoranza: "Cariño, ¿recuerdas cuando solíamos sentarnos muy juntitos en el carro?" Sin titubear él respondió: "Pues bien, cariño, yo nunca me he movido. Yo he estado aquí todo el tiempo."

—Leslie Flynn, *Humorous Incidents and Quips*

MATEO 9:36-37 tiene un cambio en la metáfora que muestra una intimidad de compañerismo. "En las ovejas y el pastor vemos la necesidad del hombre suplida por Dios. Pero en la siega y los obreros vemos la necesidad de Dios suplida por el hombre."

—G. Campbell Morgan, *The Gospel of Matthew*

Adiós
Oh, cuando estoy seguro en mi casa en el bosque,
camino en el orgullo de Grecia y Roma;
cuando me ejercito debajo de los pinos,
en donde la estrella vespertina brilla tan santa,
me río de la alcurnia y orgullo del hombre
en escuelas de sofistas y del clan estudiado;
porque, ¿qué son todos ellos, en alta arrogancia,
cuando el hombre en la zarza con Dios puede encontrarse?

—Ralph Waldo Emerson

LA CONFIANZA CON QUE en un tiempo nos acercábamos a Dios se puede ver en las cartas que los niños le escriben a Dios. Vea si las que se incluyen a continuación no le llevan de regreso al tiempo de la inocencia y apertura en su relación con Dios.

Querido Señor:
Gracias porque hoy hizo un lindo día. Hasta le hiciste quedar mal al anunciador del tiempo de la televisión.

Hank (7 años).

Querido Señor:
¿Alguna vez te enfadas?
Mi mamá se enfada siempre, pero ella es sólo un ser humano.
Sinceramente tuyo,

David (8 años).

Querido Señor:
Necesito un aumento en mi mesada. ¿Podrías mandar a alguno de tus ángeles para que se lo diga a mi papá?
Gracias.

David (7 años).

— Bill Adler, Dear Lord

_____

Querido Dios:
Un auto atropelló a mi gato. Si tú lo permitiste, ¿podrías decirme por qué?

Harvey.

Querido Dios:
¿Puedes adivinar cuál es el río más grande de todos? Pues, el Amazonas. Deberías saberlo porque tú lo hiciste. Ja. Ja.

Adivina Quién.

_____ —Eric Marshall y Stuart Hample, More Children's Letters to God

PADRE: QUIERO CONOCERTE, pero mi corazón cobarde teme dejar sus juguetes. No puedo separarme de ellos sin sangrar por dentro, y no trato de esconder de ti el terror de esta separación. Vengo temblando, pero vengo. Por favor, saca de mi corazón todas esas cosas que yo he atesorado por tanto tiempo y que han llegado a ser una parte integral de mi ser vivo, para que tú puedas entrar y morar allí sin rival. Entonces tú harás glorioso el lugar de tus pies. Entonces mi corazón no tendrá necesidad del sol que brille en él, porque tú mismo serás la luz de él, y allí no habrá noche. En el nombre de Jesús, amén.

—A. W. Tozer, *The Pursuit of God*

DILE A DIOS TODO LO QUE TIENES EN TU CORAZÓN, como él que descarga el corazón, sus placeres y sus dolores, a un amigo querido. Dile tus problemas, para que Él pueda consolarte; dile tus alegrías, para que Él pueda moderarlas; dile tus anhelos, para que Él pueda purificarlos; dile lo que no te gusta, para que Él pueda ayudarte a conquistarlo; háblale de tus tentaciones, para que Él pueda escudarte de ellas; muéstrale las heridas de tu corazón, para que Él pueda sanarlas; deja desnuda tu indiferencia al bien, tu gusto depravado por el mal, tu inestabilidad. Dile cómo el amor propio te hace injusto a otros, y cómo la vanidad te tienta a ser insincero, cómo el orgullo te disfraza de ti mismo y otros.

Si de esta manera derramas todas tus debilidades, necesidades y problemas, no te faltará qué decir. Nunca agotarás el tema. Continuamente se renovará. A los que no tienen secretos unos de otros nunca les falta tema de conversación. Ellos no pesan sus palabras, porque no hay nada que reservar; ni tampoco buscan algo qué decir. Hablan de la abundancia de su corazón, sin consideración dicen lo que piensan. Benditos los que logran tal interacción familiar, sin reservas, con Dios.

—Francois Fenelon

HAY ALGO EMOCIONANTE, EN EXTREMO, en cuanto a un desayuno improvisado en la playa, ¿verdad? ¿Cuándo fue la última vez que usted hizo eso? Pues bien, ha pasado demasiado tiempo. Es preciso que lo haga. Simplemente busque algo de tiempo cerca del mar. El mar tiene su lenguaje propio, ¿verdad? Es casi como si los dedos de Dios empujaran esas olas grandes y enormes. En el misterioso enlace entre la luna y la marea, y en la abrumadora imponencia de esa caminata por la playa, de alguna manera usted se une a Dios. De alguna manera hay un lugar en donde el hijo del corazón de Dios simplemente queda limpio, fresco. Pasamos demasiado tiempo en las selvas de las veredas de nuestro hábitat. Gracias a Dios que Él ha preservado algunos lugares en donde podemos estar cerca de Él.

IRA

(Ver también *Venganza*)

Cuando tenemos una pelea con mi esposa, ella no se pone histérica: se pone histórica.

Muchos todavía tienen el deseo de asesinar (cólera) en su corazón. Fíjese, por ejemplo, en este aviso clasificado:

Se vende vestido de novia, sin uso.

Se acepta canje por revolver calibre 38.

—*Preaching* magazine, marzo y abril de 1993

La ira no se corrige a sí misma . . . como una llanta desinflada o un pañal sucio. Recuerdo haber leído de un águila que se lanzó en picada al suelo, atrapando a una comadreja con sus poderosas garras. Pero mientras se alejaba, sus alas en forma inexplicable dejaron de moverse, el águila cayó al suelo como muñeca sin vida. Según resultó, la comadreja había mordido a su atacante, matando así al águila en pleno vuelo. Si nos aferramos a una actitud de ira o celo, eso, como la comadreja, nos hundirá sus dientes cuando menos lo esperamos.

EL CORAZÓN DE LOS INSENSATOS está en su boca; pero la boca del sabio está en su corazón. Tener el corazón en la boca significa hablar sin pensar como lo hace por lo general el iracundo. Tener la boca en el corazón significa hablar con todo cuidado. . . . Yo nunca trabajo mejor que cuando me inspira la ira; cuando estoy enojado puedo escribir, orar, y predicar bien, porque entonces todo mi temperamento se aviva, se afila mi comprensión y mis acostumbradas irritabilidades y tentaciones se van.

—Martín Lutero

LA IRA ES UNA ZONA ERRÓNEA, un tipo de gripe psicológica que te incapacita tal como una enfermedad física lo haría. . . . Enfadarse es una decisión, tanto como un hábito. Es una reacción aprendida en respuesta a una frustración, en la cual te comportas de maneras que preferirías no hacerlo. A decir verdad, la ira severa es una forma de locura.

—Wayne W. Dyer, *Your Erroneous Zones*

CUANTO MÁS ACALORADO SEA EL DESACUERDO, más se acerca al punto de estallido la presión del tanque interno de vapor; y eso es todo lo que podemos hacer para mantener la cordura en todo el explosivo episodio. Me hace recordar al granjero cuáquero que tenía una vaca de mal genio. Cada vez que la ordeñaba, era un choque de dos voluntades. Una mañana en particular la vaca estaba más irritable que de costumbre, pero el hombre estaba determinado a soportar la sesión sin cruzar media palabra. Después de que el granjero comenzó a ordeñarla, la vaca le pisó con todo su peso. Él lo aguantó en silencio, se quejó en forma contenida, libró su pie, y se sentó otra vez en el taburete. La vaca entonces sacudió su cola sobre la cara del granjero como si fuera un largo látigo. El hombre se limitó a moverse un poco de modo que la cola no le llegara. Entonces la vaca pateó el balde, que para entonces estaba lleno hasta como por la mitad de lecha caliente. El granjero empezó de nuevo, diciéndose a sí mismos unas cuantas palabras entre dientes, pero sin nunca perder los estribos. Una vez que terminó con la odisea, lanzó un suspiro de alivio, recogió el balde y el taburete, y mientras salía ella arremetió y le dio una coz que lo lanzó contra la pared del granero como a cinco metros de distancia. Eso lo colmó. Se puso de pie, marchó hasta quedar delante de la vaca, le clavó los ojos a esos ojos grandes, y señalándola con su largo dedo huesudo, gritó, "Sabes que soy un creyente cuáquero. También sabes que no puedo desquitarme a golpes . . . ¡pero sí puedo venderte a un presbiteriano!

—Clyde Murdock, *A Treasury of Humor*

————————————

JESÚS

(Ver también *Encarnación, Navidad, Resurrección*)

Así COMO EL BRILLO de una joya se muestra sobre una tela negra, el amor de Jesús se muestra contra la negrura del pecado, y la mugre de la carne.

El toque de la mano del Maestro
Estaba estropeado y rayado y el rematador
Pensó que casi ni valía la pena
Desperdiciar mucho tiempo en el viejo violín,
Pero lo levantó con una sonrisa:
"¿Cuánto me ofrecen, buena gente," gritó,
"¿Quién empieza el remate?"
"Un dólar, un dólar; luego ¡dos! ¿Sólo dos?
Dos dólares. ¿Quién ofrece tres?
Tres dólares a la una; tres dólares a las dos;
Tres dólares a las . . ." pero no,
De la parte más atrás del cuarto, un hombre de pelo cano
Pasó al frente y tomó el arco;
Luego, limpiando el polvo del viejo violín,
Y de ajustar las cuerdas flojas,
Tocó una melodía pura y dulce
Como podrían cantar villancicos los ángeles.

La música cesó y el rematador,
Con voz callada y suave,
Dijo: "¿Cuanto me ofrecen por el viejo violín?"

Y lo sostuvo en alto con el arco.
"Mil dólares, y ¿quién ofrece dos mil?"
¡Dos mil! ¿Alguien ofrece tres mil?
Tres mil a la una, tres mil a las dos,
Vendido y vendido," dijo.
La multitud aplaudió, pero algunos lloraron,
"No entendemos
Lo que cambió su valor." Rápidamente vino la respuesta:
"El toque de la mano del maestro."

Y muchos hombres con la vida desafinada,
y estropeados y rayados por el pecado,
Se ofrecen en barata a la multitud insensata,
Como aquel viejo violín.
Un "plato de lentejas," una copa de licor;
Una apuesta; y él se va.
El se va "a la una," y se va "a las dos,"
"A las . . ." y casi vendido.
Pero el Maestro viene, y la multitud necia
Jamás puede entender
El valor de un alma y el cambio que produce
El toque de la mano del Maestro

—Myra Brooks Welch, citado en John R. Rice, *Poems That Preach*

SOÑÉ QUE vi al Salvador. Tenía su espada desnuda y había un soldado levantando su brazo y descargando ese horrible azote y flagelo. En mis sueños me levanté y sostuve el brazo del soldado. Cuando lo hice, el soldado se volvió asombrado y me miró. Y cuando yo lo miré, me reconocí a mí mismo.

—W. A. Criswell, *Expository Sermons on Galatians*

SOMOS REPRESENTANTES del Señor Jesucristo . . . como mano en guante. Nosotros somos el guante. Él es la mano. La gente nos ve a nosotros. Ve nuestro movimiento.

Ve nuestro impacto. Sienten el apretón de nuestra vida, el calor de la mano. Ellos no pueden verle a Él sino mediante el guante. Así que el guante aparece regularmente en la superficie de la vida. Y la gente lo distingue cuando hay paz en nuestras vidas, porque no hay paz en nuestro mundo.

—Ian Thomas, *The Saving Life of Christ*

_____

AQUÍ ESTOY TRATANDO AQUÍ de prevenir que alguien diga algo realmente necio y que la gente a menudo dice: "Estoy listo para aceptar a Jesús como un gran maestro moral, pero no acepto su reclamo de ser Dios." Eso es algo que no debemos decir. El hombre que es meramente hombre y dice las cosas que Jesús dijo no sería un gran maestro moral. Sería bien sea un lunático—al nivel del hombre que dice que es un huevo frito—o sería el diablo del infierno. Tú debes escoger. Bien sea este hombre fue, y es, el Hijo de Dios; o fue un loco o algo peor.

—C. S. Lewis, *Mere Christianity*

_____

Si nuestra mayor necesidad hubiera sido información,
    Dios nos hubiera enviado un educador.
Si nuestra mayor necesidad hubiera sido tecnología,
    Dios nos hubiera enviado un científico.
Si nuestra mayor necesidad hubiera sido dinero,
    Dios nos hubiera enviado un economista.
Si nuestra necesidad mayor hubiera sido placer,
    Dios nos hubiera enviado un comediante.
Pero nuestra mayor necesidad fue el perdón,
    ¡Así que Dios nos envió un Salvador!

—Charles R. Swindoll, *The Grace Awakening*

_____

ÉL ES EL DIOS HOMBRE. No es Dios morando en un hombre. De los tales ha habido muchos. No un hombre deificado. De los tales ninguno ha sido salvado en los mitos del sistema pagano de pensamiento; sino Dios y hombre, combinando en una personalidad las dos naturalezas, un enigma y misterio perpetuo, aturdiendo la posibilidad de explicación.

—G. Campbell Morgan, *The Crises of the Christ*

El Hacedor del universo

Sus dedos santos formaron la rama
    que tuvo las espinas que coronaron su frente;
los clavos que perforaron sus manos fueron excavados
    de lugares secretos que Él diseñó.

Él hizo los bosques de dónde brotó
    el árbol del cual su cuerpo santo colgó;
Él murió en una cruz de madera,
    pero Él hizo la colina en la cual estuvo la cruz.

El sol que ocultó de Él su cara
    ¡por su decreto fue puesto en el espacio!
El cielo que se oscureció sobre su cabeza
    por sobre la tierra Él lo extendió.

La lanza que hizo que salga su sangre preciosa
    fue templada en los fuegos de Dios.
La tumba en la cual su forma fue puesta
    fue cavada en roca que su mano había hecho.

—F. W. Pitt, citado en Henry Gariepy, *100 Portraits of Christ*

Hubo un caballero de Belén,
    cuya riqueza fue lágrimas y tristezas,
cuyos hombres armados fueron corderitos,
    sus trompetistas fueron golondrinas.
su castillo fue una cruz de madera
    en la cual fue colgado muy alto;

Su casco fue una corona de espinas,
   Cuya cresta en efecto tocó el cielo.

—William Barclay, *The Gospel of Luke*

_____

Una vida solitaria

Aquí tenemos a un hombre que nació en una aldea oscura, hijo de una campesina. Trabajó en una carpintería hasta que tuvo treinta años, y entonces por tres años fue predicador itinerante. Jamás escribió un libro. Nunca ocupó algún cargo. Nunca tuvo casa. Nunca asistió a la universidad. Nunca tuvo familia. Nunca puso su pie en alguna ciudad grande. Nunca se alejó más de trescientos kilómetros del lugar donde nació. Nunca hizo ninguna de esas cosas que por lo general acompañan a la grandeza. No tenía otros credenciales que él mismo. No tenía nada que hacer con este mundo excepto el poder desnudo de su divina humanidad. Siendo aún joven, la marea de la opinión popular se volvió en su contra. Lo entregaron a sus enemigos. Lo sometieron a una farsa de juicio, y lo clavaron en una cruz en medio de dos ladrones. Cuando moría, sus verdugos se jugaron el único objeto que poseía mientras estaba en la tierra, su túnica. Muerto, lo bajaron y lo colocaron en una tumba que le prestó un amigo compasivo. Tal fue su vida humana; se levanta de los muertos. Diecinueve amplios siglos han venido y han pasado, y hoy es el mismo Centro de la raza humana, es el Líder de la columna del progreso. Doy precisamente en el blanco cuando digo que todos los ejércitos que jamás han marchado, todas las armadas que jamás se han construido, y todos los parlamentos que jamás se han convocado, y todos los reyes que jamás han reinado, puestos juntos, no han afectado la vida del hombre sobre esta tierra tan poderosamente como esa vida solitaria.

—James C. Heffley, citado en J. B. Fowler Jr.,
Great Words of the New Testament

_____

En presencia estar de Cristo

En presencia estar de Cristo,
Ver su rostro ¿qué será?
Cuando al fin en pleno gozo
Mi alma le contemplará.

¡Cuánto gozo habrá con Cristo,
Cuando no haya más dolor,
Cuando cesen los peligros
Y ya estemos en su amor!

Cara a cara, ¡Cuan glorioso
ha de ser así vivir!
¡Ver el rostro de quien quiso,
Nuestras almas redimir!

Cara a cara espero verle,
más allá del cielo azul;
Cara a cara en plena gloria
he de ver a mi Jesús.

—Vicente Mendoza, *Celebremos su Gloria* #556

_____

¿Qué diría Él?

Si Él viniese hoy y encontrase mis manos tan llenas
De planes futuros, por más justos que sean
Y en ninguno de ellos interviene mi Salvador
¿Qué diría Él?

Si Él viniese hoy y encontrase mi amor tan frío
Mi fe tan débil y sombría
Que ni siquiera le hubiese buscado
¿Qué diría Él?

Si Él viniese hoy y encontrase que a ningún alma
Le hablé de mi Amigo celestial
Cuyas bendiciones siempre adornan mi camino
¿Qué diría Él?

Si Él viniese hoy, yo me alegraría
Recordando que Él murió por todos

Y nadie a través de mí ha oído su llamado
¿Qué diría Él?

—Grace Troy

_____

"Me gusta pensar de la ascensión de nuestro Señor de esta manera sencilla pero sublime. A lo mejor me hubiera aterrorizado si yo hubiera sido Eliseo caminado con Elías cuando los caballos y carros de fuego vinieron y se lo llevaron, pero no hubo nada aterrador en la ascensión de Cristo. Él no fue un profeta de fuego; Él fue gentil, manso y humilde, y no hubo nada que inspirara terror en la forma que ascendió al cielo. En mi mente, es hermoso pensar que no hubo ningún medio utilizado en conexión con su ascensión, ni alas de ángeles que lo elevaran hacia arriba, ningún brazo visible de omnipresencia que lo levantara suavemente de la tierra; ningún águila de Júpiter para arrebatar a este Escogido y Selecto. No; pero Él sube por su propio poder y majestad; no necesita la ayuda de nadie. Contentos hubieran estado los ángeles al venir una vez más a la tierra así como lo hicieron en su nacimiento, así como habían ido al desierto, así como habían ido a la tumba; con gusto hubiesen venido y le hubiesen ministrado; pero Él no necesitaba de su ministerio. Él demostró el poder innato de su Deidad, mediante el cual podía partir del mundo cuando quisiera, desafiando la ley de gravedad. "Y le recibió una nube que le ocultó de sus ojos," porque supongo que los que observaron este suceso ya habían visto todo lo que debían ver; y talvez, detrás de esa nube hubieron escenas de gloria que no le es posible al ojo humano contemplar, y palabras que no es legítimo que oídos humanos oigan. De eso no sé. Pero me gusta la forma en que se expresa el compositor respecto a los ángeles, después que la nube le hubo escondido de los ojos mortales:

Desde lo alto trajeron Su carruaje,
Para llevarlo a su trono.
Aplaudieron con sus alas triunfantes y gritaron,
Que la obra gloriosa ha terminado.

—Charles H. Spurgeon, *The Treasury of the Bible*

_____

ENCUENTRA EL CUERPO de ese judío, y todo el cristianismo se derrumba.

—Arnold Toynbee, *Man's Concern with Death*

_____

JUICIO

UNA DE LAS ILUSTRACIONES BÍBLICAS MAS CONOCIDAS sobre el juicio tiene que ver con Sodoma y Gomorra. Aparece veintidós veces en la Biblia.

UN POETA, Friedrick Von Logam, dijo: "Aunque los molinos de Dios muelen lentamente, muelen muy fino." William Wadsworth Longfellow lo amplió y dijo: "Aunque los molinos de Dios muelen lentamente, muelen con finura extraordinaria. Aunque con paciencia Él espera, lo muele todo con exactitud."

—John Bartlett, *Bartlett's Familia Quotations*

ÉL QUE NO CASTIGA EL MAL, ordena que se haga.

—Leonardo da Vinci

CON CERTEZA LA FRASE "la ira de Dios" es muy malentendida. Muchos piensan, invariablemente, en algún tipo de deidad enfadada, un tipo de ser cósmico explosivo de mal temperamento que se deleita en violentos y descontrolados despliegues de ira cuando los seres humanos no hacen lo que deben hacer. Pero tal concepto sólo revela las limitaciones de nuestro entendimiento. La Biblia nunca presenta la ira de Dios de esta forma. De acuerdo a las Escrituras, la ira de Dios es la integridad moral de Dios. Cuando el hombre rehúsa rendirse a Dios, produce ciertas condiciones, no solo para sí mismo, sino también para otros, que Dios ha determinado para mal. Es Dios el que hace que la maldad resulte en dolor, tristeza, injusticia y desesperación. Es la manera en la que Dios le dice al hombre: "Mira, tienes que encarar la verdad. Fuiste hecho para mí. Si decides que no me quieres, entonces tendrás que cargar con las consecuenciàs." La ausencia de Dios es destructiva para la vida humana. Esa ausencia es la ira de Dios. Y Dios no la puede suprimir. En su integridad moral, Él insiste en que estas cosas ocurran como resultado de nuestra desobediencia. Él pone en un mismo marco el pecado del hombre y su ira.

—Charles R. Swindoll, *Living Above the Level of Mediocrity*

HACE MUCHOS AÑOS, cuando era yo sólo un adolescente, mi hermana trajo de la universidad un disco de larga duración. Se titulaba "God's Trombones" ("Los Trombones de Dios"). Creo que Harry Belafonte hizo la narración. "God's Trombones" por James Johnson, originalmente publicado en 1927, consiste de siete sermones de la cultura negra de la década de los veinte. Si alguna vez usted ha escuchado predicadores negros, ha oído términos vívidos sobre cualquiera que sea el tema: la creación, la vida, la muerte o, en este caso, el día del juicio.

El Día del Juicio

En ese gran día,
Gente, en ese gran día,
Dios hará llover fuego.
Dios va a sentarse en el aire
Para juzgar a los vivos y los muertos.

Temprano una de estas mañanas,
Dios va a llamar a Gabriel
El alto y reluciente ángel Gabriel,
Y Dios le va a decir: Gabriel,
Toca tu trompeta de plata,
Y despierta las naciones vivientes.

Y Gabriel le va a preguntar: Señor,
¿Cuán fuerte debo tocarla?
Y Dios le va a decir: Gabriel,
Tócala suave y con calma.

Entonces, poniendo un pie sobre una montaña,
Y otro en medio del mar,
Gabriel se parará y tocará su trompeta,
Y despertará a las naciones vivientes.

Y tú, pecador,
¿dónde estarás,
En ese gran día cuando Dios haga llover fuego?
A ti, que sueles apostar, ¿dónde te vas a parar?

Y tú, mujeriego, ¿dónde estarás?
Ustedes, mentirosos y descarriados; ¿dónde estarán
En ese gran día cuando Dios haga llover fuego?

Y Dios separará las ovejas de los cabritos
Las unas a la derecha y los otros a la izquierda
Y a los que están a la derecha Dios les dirá:
Entren en mi reino.
Y los que han atravesado grandes tribulaciones,
Y lavado sus ropas en la sangre del Cordero,
Ellos entrarán,
vestidos de blanco inmaculado.

Pero a los que están a la izquierda Dios le va a decir:
Apártense de mí a la oscuridad eterna,
Al abismo sin fondo.
Y los malvados como trozos de plomo empezarán a caer,
De cabeza por siete días y siete noches caerán,
Derecho dentro de la enorme, negra y ardiente boca del infierno.

¡Demasiado tarde, pecador! ¡Demasiado tarde!
¡Adiós, pecador! ¡Adiós!
¡Al infierno, pecador! ¡Al infierno!
Fuera del alcance del amor de Dios.

Y oí una voz, clamando, clamando:
¡El tiempo no será ya más!
¡El tiempo no será ya más!
¡El tiempo no será ya más!
Y el sol se apagará como vela al viento.

La luna se volverá a sangre que chorrea,
Las estrellas caerán como chispas,
Y el mar quemará como alquitrán;
Y la tierra se derretirá y disolverá,
Y los cielos se enrollarán como un rollo.

Con un ademán de su mano Dios acabará con el tiempo,
Y hará que empiece a girar la rueda de la eternidad.

Pecador, oh pecador,
¿Donde estarás
En ese gran día cuando Dios haga llover fuego del cielo?

—James Weldon Johnson, *God's Trombones*

JUSTICIA

(Ver también *Moralidad, Santidad*)

¿ALGUNA VEZ HA OLIDO CARNE PODRIDA? ¿Recuerda haberse olvidado por semanas algo que dejó en el refrigerador? Hay un hedor que acompaña a la descomposición que no se iguala a nada. En Houston, donde crecí, estábamos apenas a unos setenta kilómetros del puerto de Galveston, Texas. Mariscos deliciosos y frescos estaban disponibles en varios restaurantes del área; y todavía lo están. Pero nosotros le dábamos otros usos a los mariscos, especialmente a los camarones. Cuando un amigo se casaba, una de nuestras bromas preferidas era quitarle los tapacubos a las ruedas del auto en el que se iban a su luna de miel y llenarlos de camarones. ¡Era grandioso! Los camarones no harían ningún ruido mientras daban vueltas y vueltas en el calor del sur de Texas. Pero el resultado era irreal. Luego de dos o tres días de estar viajando, estacionados bajo el sol y en el tráfico regular de la ciudad, la novia comenzaba a deslizarse más cerca de la puerta. Comenzaba a preguntarse si a su amado flamante esposo se la había olvidado aplicarse desodorante. ¡Conforme avanzaba el día, él comenzaba a preguntarse lo mismo de ella! Mientras tanto esos camaroncitos estaban haciendo lo suyo en las ruedas. Por último (¡y a veces no descubrían la broma sino una semana después!), el joven Don Juan quitaba el tapacubos de las ruedas; y no tengo que contarte el resultado. Camarones podridos dentro de unas ruedas por una semana hacen que el líquido que dispara un zorrillo parezca perfume Chanel No. 5. ¡Es grotesco!

Para conservar camarones, hay que preservarlos. Si no, se dañan. Años atrás se usaba sal. Hoy día, usamos el hielo más a menudo.

Piense de esta tierra como camarones. Los habitantes de la tierra están en un constante estado de descomposición. Nosotros somos la "sal de la tierra." R. V. G. Tasker, profesor emérito de exégesis del Nuevo Testamentaria en la Universidad de

Londres, tiene razón: "Los discípulos, en consecuencia, son llamados a ser un desinfectante moral en un mundo donde los estándares morales son bajos; constantemente cambian, o no existen."

—R. V. G. Tasker, *The Gospel According to St. Matthew*

Era 1977, septiembre, en Moline, Illinois. Durante esa temporada anterior a la navidad, Terry Schafer tenía un regalo especial que quería comprarle a su esposo, David. Pero temía que tal vez fuera demasiado caro. Ah, no sería muy caro para algunas familias, pero cuando se tiene que vivir con el salario de un policía, podría ser demasiado caro. Lo mantuvo en mente mientras caminaba por la Quinta Avenida, esperando encontrar algo parecido o tal vez exactamente lo que tenía en mente.

Y así fue. Entró al almacén y le preguntó al bondadoso vendedor: "¿Cuánto cuesta?" "$127.50." ¡Ay! Sus temores se convirtieron en desaliento al pensar: "Eso es demasiado para nosotros. No podemos darnos esos lujos."

Entonces se le ocurrió una idea. Le dijo: "Aunque usted no me conoce, tal vez usted me permitiría separarlo. Puedo pagarle una parte hoy, y para fines de octubre le puedo traer algo más. Le prometo, para cuando lo tenga envuelto con regalo antes de Navidad, le habré pagado todo."

Habiendo sido comerciante por mucho tiempo, él hombre sabía si podía confiar en una persona solo con verla. Así que sonrió y le dijo: "Voy a decirle algo. Ya que su esposo es policía (puesto que ella le había hablado de esto), tengo toda razón del mundo para confiar en usted. ¿Qué tal si me da el primer pago? Se lo envolveré como regalo y voy a dejar que se lo lleve hoy mismo." Ella estaba contentísima. Salió con este maravilloso regalo que tenía tantas ganas de darle a su esposo.

Y como muchos, no pudo mantener el secreto. Así que esa noche mientras David abría el regalo, Terry sonreía de oreja a oreja. Él quedó encantando por la atención de ella y la llenó de besos y abrazos. Ninguno de los dos se dio cuenta, sin embargo, de la importancia de ese regalo sencillo. A decir verdad, en un futuro no muy distante, determinaría la diferencia entre la vida y la muerte para David.

El primero de octubre de ese mismo año, el patrullero David Schafer estaba trabajando en el turno de la noche y recibió una llamada. Se estaba cometiendo un robo en una farmacia. Yendo a toda velocidad a la escena, llegó justo a tiempo para ver el sospechoso subirse a su auto, encender el motor, y arrancar a toda velocidad.

David de inmediato encendió las sirenas y emprendió la persecución. Tres cuadras más adelante el vehículo de fuga se detuvo y se estacionó a un lado de la carretera.

El sospechoso aún estaba detrás del volante de su coche mientras David se acercaba con toda cautela. Cuando llegó como a un metro de la puerta del conductor, la puerta se abrió de repente y el sospechoso disparó una pistola automática una vez, enviando una bala calibre .45 hacia el estómago de David.

A las siete de la mañana al día siguiente, Terry contestó a la puerta de su domicilio. Con mucho cuidado y calma, el policía le explicó que le habían disparado a David mientras trataba de apresar a un sospechoso de robo. Al describirle los detalles de lo que le sucedió a David, el oficial tenía buenas y malas noticias. Cuando escuchó el relato, Terry Schafer estaba pensando en cuánto se alegraba de no haber esperado hasta Navidad para darle el regalo, y cuánto se alegraba de que el vendedor estuviera dispuesto a que se lo pagara más tarde. De otro modo, David Schafer, a quien le dispararon a quemarropa con una pistola de calibre .45, de seguro hubiese muerto. Pero la buena noticia era que estaba vivo en el hospital; no con una herida de bala, sino con un enorme y profundo moretón en el abdomen.

La Navidad había llegado temprano ese año porque David tenía consigo el regalo de vida que su esposa no pudo esperar para darle; un nuevo chaleco a prueba de balas.

Y por eso fue que vino Cristo, para darnos el chaleco de la justicia, para pagar el precio con su sangre, y así protegernos con un escudo que el pecado jamás podría penetrar.

—Paul Aurandt. *More of Paul Harvey's The Rest of the Story*

———————————

Años atrás Joe Bayly, el fallecido columnista de la revista *Eternity*, visitó algunos creyentes alemanes que habían sido devotos soldados en el ejercito alemán durante de Segunda Guerra Mundial. Dos de ellos habían sido nombrados para recibir la promoción a tenientes del ejército Nazi. El comandante les dijo que aprobaría las promociones con una condición: que se unieran al Club de Oficiales. Ser miembros del Club requería que asistieran a algunos bailes el fin de semana. Estos jóvenes pensaban que bailar era malo porque podía llevar a la inmoralidad. Debido a sus convicciones, no aceptaron sus promociones.

Más tarde en sus carreras a los dos hombres los acantonaron en los campos de concentración en donde miles de judíos los metían en hornos y los mataban.

Aunque no participaron en forma directa en la masacre, estaban al tanto de lo que pasaba; sin embargo nunca protestaron.

Cuando Joe Bayly habló con ellos muchos años después de la Guerra, ellos miraban hacia atrás a sus experiencias sin ningún remordimiento, convencidos de que habían tomado la decisión correcta. Para ellos, el no conformarse a la presión social y rehusar bailar era un acto de justicia. Y conformarse al asesinato masivo y mantenerse en silencio mientras incineraban a miles de judíos en los hornos, no dejó en ellos ningún sentimiento de injusticia.

Cuando determinamos nosotros mismos nuestro propio estándar de justicia externa, somos capaces de cualquier maldad. Cuando somos llenos de la justicia de Cristo, no hay ningún bien que sea demasiado grande.

—Haddon Robinson, *What Jesus Said about Successful Living*

———————————

JUSTIFICACIÓN

ALGUIEN UNA VEZ ME DIJO: "La justificación es el acto soberano de Dios por el cual Él declara justo al pecador que cree, mientras que ese pecador está aún en su estado de pecado." Significa que cuando aun éramos propensos a pecar, Dios nos vio en Cristo y dijo: "¡Eres justo! Te declaro justo en mis ojos. No tienes que esforzarte para hallar favor delante de mí." La gracia dice: "Dios se extendió hacia abajo en Cristo, nos rescató, nos declaró justos y dijo: 'De ahora en adelante son justos en mis ojos.'"

Algunos han tergiversado este concepto y han enseñado que quiere "justos como si nunca hubiera pecado." Pero eso es demasiado superficial. Eso no dice lo suficiente. Lo correcto es: "Aunque yo soy un pecador terrible, Él me declaró justo," y no simplemente como si yo nunca hubiera sido pecador.

Permítame ilustrarlo. Un par de amigos y yo alquilamos un arado manual a motor para cambiar la hierba del patio trasero de la iglesia por cuarta vez. Allá afuera, sobre la tierra, encendimos el arado. Tierra, polvo y basura volaron por todas partes, y todo nos cayó sobre el cuerpo, así que quedamos muy sucios de pie a cabeza.

Terminamos y yo entré a la ducha y abrí la llave. Me bañé y me sequé. Podía haberme ido al espejo y haber dicho: "Ah, es como si nunca hubiera estado sucio." Pero eso no hubiese transmitido adecuadamente el poder y el valor del agua y del jabón. Por otro lado, podía haberme parado frente al espejo y decir: "Yo estaba sucio y ahora estoy limpio." Esa es la diferencia.

_____

ALGUIEN HA PROPAGADO LA LEYENDA (si es verdadera o no, no lo sé) que Martín Lutero, cuando llegó a ver la verdad de que el ser humano es justificado por la fe y no por obras, literalmente quedó aturdido por la impresión. Salió fuera de su celda y caminó por los corredores del monasterio y vio una soga. Estaba a punto de caerse cuando se agarró de la soga para sostenerse. Cuando lo hizo, por supuesto, su peso le dio un tirón a la soga, y era la cuerda del campanario, e hizo repicar las campanas a media noche, como diciéndole al mundo: "¡El justo por la fe vivirá! ¡El justo por la fe vivirá!"

LEGALISMO

(Ver También *Gente religiosa, Sectas*)

UNO DE LOS MÁS SERIOS PROBLEMAS que encara la iglesia cristiana ortodoxa de hoy día es el legalismo. Uno de los más serios problemas que enfrentaba la iglesia en los días de Pablo era el legalismo. Siempre es lo mismo. El legalismo le roba el gozo del Señor al creyente, y cuando se acaba el gozo del Señor en la vida del creyente también se esfuma la posibilidad de servir con ardor y adorar con fervor. Nada queda, solo la sombría, sofocante, aburrida y tediosa profesión. Se traiciona la verdad y el glorioso nombre del Señor llega a ser sinónimo de un lóbrego aguafiestas. El creyente que vive bajo la ley es una desdichada parodia de lo verdadero.

—S. Lewis Johnson, "The Paralysis of Legalism"
("La parálisis del legalismo"), *Biblioteca Sacra,* abril a junio de 1963

HACE UNOS MESES conversaba con un hombre al que admiro mucho. Es un líder cristiano en un cargo que lleva consigo grandes y amplias responsabilidades. Me dijo que le afligía la situación de una familia misionera que él y su esposa habían conocido por años. El legalismo que habían encontrado vez tras vez en el campo misionero y de parte de colegas misioneros era tan mezquino, tan increíblemente infantil, que regresaron a los Estados Unidos de América y decidieron no continuar como misioneros. Me contó que tenía que ver con un frasco de mantequilla de maní. Pensé que estaba bromeando, a lo cual él me respondió: "No, no es una broma." Casi no pude creer la historia.

En el lugar particular a donde fueron a servir al Señor no tenían acceso a mantequilla de maní. A toda esta familia le encantaba la mantequilla de maní; así que hicieron arreglos con unos amigos en los Estados Unidos para que les mandaran mantequilla de maní de vez en cuando para así poder disfrutarla con algunas de sus comidas. El problema fue que no sabían, sino cuando empezaron a recibir los envases, que los otros misioneros consideraban una señal de espiritualidad no tener mantequilla de maní para las comidas. Supongo que el argumento era algo parecido a lo siguiente: "Creemos que como no podemos obtener mantequilla de maní aquí, debemos renunciar a la misma por la causa de Cristo," a algo así de ridículo. Una base de espiritualidad era el "llevar la cruz" de vivir sin mantequilla de maní.

La joven familia no estaba de acuerdo con esa forma de pensar. A la familia le seguían llegando envíos de mantequilla de maní. No hacían alarde, y sólo la disfrutaban en lo privado de su hogar. La presión comenzó a aumentar. Uno pensaría que misioneros ya adultos serían maduros lo suficiente como para permitir que otros coman lo que quieran, ¿verdad? No. El legalismo era tan mezquino, que la presión se volvió tan intensa, y el trato tan injusto, que los acabó espiritualmente. Finalmente se cansaron. No pudiendo continuar en contra de la creciente presión, hicieron sus maletas y se regresaron, desilusionados y probablemente con un poco de descreimiento. Lo que aquí tenemos es un clásico ejemplo de legalistas de vista corta espiando y atacando la libertad del otro. Ni siquiera los misioneros están exentos.

— Charles R. Swindoll, *The Grace Awakening*

_____

CONOZCO UN HOMBRE que va a cumplir los sesenta, y al que todavía le aterra el recuerdo de haberse criado con padres hipócritas. Le ha llevado la mayor parte de su vida adulta hacerle frente a la plena verdad del abuso que sufrió emocional y espiritualmente por el engaño de ellos. Toda su niñez la familia asistió a una iglesia donde se enseñaba que no se debía ir al cine. Esto se imponía tan firmemente que durante los cultos de los domingos, a las personas se les llamaba al altar para confesar si habían cometido ese o algún otro pecado. El problema era que su familia iba al cine el viernes o sábado por la noche, siempre en secreto. Pero le dijeron muy claramente que él no debía decir nada al respecto. Le inculcaban sin cesar: "Mantén la boca cerrada." Y allí estaba él, apenas un niño, recibiendo el sermón al regresar del cine a casa: "No le digas a nadie el domingo que hicimos esto." Por supuesto, iban al cine a kilómetros de la iglesia para que los miembros no se dieran cuenta. No fue sino hasta hace poco que aquel hombre ha llegado a darse cuenta del daño que esa hipocresía le hizo a su caminar con Cristo.

_____

El legalismo no tiene piedad de las personas. El legalismo hace de mi opinión su carga, hace de mi opinión su límite, hace de mi opinión su obligación.

—Max Lucado, *Up Words,* mayo de 1993

_____

Nada mantendrá al creyente más inmaduro que tratar de observar una lista.

_____

En una iglesia una señora estaba tejiendo mientras esperaba que comenzara el culto. Había estado allí ya cuarenta y cinco minutos. Otra amable señora le dijo: "Querida, no hacemos eso en la casa del Señor." Pues bien, ¿entonces qué hace uno por una hora si tiene que esperar que comience el culto? Otro estaba estudiando para un examen en la universidad, y alguien le dijo: "Sabes, aquí leemos la Biblia."

_____

En 1928 dirigí una conferencia bíblica en una ciudad del estado de Pennsylvania, para unos doscientos jóvenes y unos cuantos adultos. Un día dos señoras mayores se quejaron de que dos jovencitas no tenían medias puestas. Estas señoras querían que yo les reprendiera. Mirándoles fijamente a los ojos les dije: "La Virgen María nunca usó medias." Se atragantaron y preguntaron: "¿No?" Les contesté: "En los tiempos de María, las medias ni siquiera existían. Hasta donde sabemos, las empezaron a usar las prostitutas en Italia en el siglo quince, al comienzo del Renacimiento. Más tarde, una señora de la nobleza escandalizó a la gente cuando asistió a un baile de gala con medias puestas. Al poco tiempo todas las mujeres de clase alta estaban poniéndose medias, y ya para el tiempo de la Reina Victoria las medias eran un símbolo de recato." Estas señoras, que eran rezagos de la época victoriana, no tenían más que decir. No regañé a las jóvenes por no tener medias puestas. Uno o dos años más tarde, la mayoría de las jóvenes no se ponían medias durante el verano, y a nadie parecía importarle.

No pienso que esto causó la desintegración moral de los Estados Unidos de América. Los tiempos estaban cambiando, y alejarse del legalismo de la época victoriana era lo que convenía.

—Donald Barnhouse, *Let Me Illustrate*

DE NIÑO, crecí en una pequeña congregación de un pueblo pequeño. Había un hombre pudiente que pertenecía a la iglesia. El resto éramos pobres, pero él, al tener un poco más que nosotros, sobresalía. Era el presidente del banco de nuestro pueblo, el mismo banco que más tarde quebró y cerró. Se vestía impecablemente y hablaba como un hombre de mucha cultura.

Un día lo llevaron ante a la iglesia y lo acusaron de bailar. Se convocó a una sesión de la iglesia. Jamás lograría imaginarse un pleito más agrio. El hombre se acercó al predicador y le dio una bofetada en la cara. Allí estaba yo, apenas un niño, sentado en una banca observando todo eso, toda esa controversia. Expulsaron de la iglesia al banquero. Eso hizo pedazos a esa pequeña iglesia.

Ahora bien, no estoy diciendo aquí si debían haberlo expulsado de la iglesia o no, pero sí puedo decirles cómo me sentí. Sentado en la iglesia y escuchando a las personas de la iglesia acusar al banquero de bailar y todas las demás cosas que dijeron de él, y todo lo que sucedió en esa reunión, hasta que finalmente hicieron una votación y lo expulsaron, vi la triste repercusión en los corazones de esas personas coléricas. La tragedia dejó una marca indeleble en mí. Al ver el asunto como niño que era, pensaba en los que lo expulsaron, si en verdad eran mejores que el hombre al que habían expulsado. Talvez él debió haberlos expulsado a ellos.

—W. A. Criswell, *Expository Sermons on Galatians*

VAMOS A SUPONER QUE COMENZAMOS UNAS VACACIONES con toda la familia en un auto nuevo. Llenamos el tanque de combustible, nos subimos todos y arrancamos. El auto caminaba magníficamente; el motor ronroneaba, y corríamos a 80, a veces a 90 kilómetros por hora.

Sin embargo, mientras más avanzábamos por la carretera, mucho antes de que tuviéramos que detenernos para poner gasolina de nuevo, empezamos a notar más y más personas empujando sus autos. Nos saludaban mientras pasábamos y nosotros les devolvíamos el saludo y seguíamos.

Finalmente, llegamos a un área de descanso como a 300 kilómetros del punto de partida, fuera del aire contaminado, en el campo fresco. Al detenernos para descansar un poco, alguien que había estado empujando su auto llega a la misma área de descanso y nos dice: "Hola, ¿como están ustedes?" Nosotros contestamos: "Bien." El que estaba empujando su auto nos pregunta: "¿A dónde se dirigen?" "Pues bien, vamos hacia el norte. Vamos a ir hasta el otro extremo de la nación, y disfrutar del paisaje." Entonces nos pregunta: "Pues bien, ¿por qué están conduciendo? Todos los demás estamos empujando."

"Sí, nos dimos cuenta de eso, pero no entendemos por qué," le contestamos. "Ah, si uno empuja el auto el aire se mantiene limpio. Tiene mucho sentido el empujar el auto. Solíamos depender del combustible, pero ya no. Ahora que entendemos cómo es todo este asunto, empujamos. No conducimos." Esa fue su explicación.

Así que dejamos que se le acabe el combustible al auto. Toda la familia se baja y empezamos todos a empujar este lindo, encantador y cómodo automóvil al lugar de nuestras vacaciones y de regreso a casa.

De eso es lo que escribe Pablo en Gálatas 3:2-3. En esencia dice: "¿Me están diciendo que ustedes que comenzaron con un tanque lleno del Espíritu Santo ahora están empujando en el camino de la vida? ¿Me están diciendo que ese es un mensaje mejor? Les digo que es un mensaje que degenera. Eso quiere decir que Cristo, el que obraba milagros, ahora da un paso atrás y les contempla mientras que ustedes (por así decirlo) tratan de lograr una vida espiritual que nunca antes tenían. ¿A quién engañan? Los autos fueron hechos para conducirlos, no para empujarlos."

———————————

LA CUESTIÓN DEL LEGALISMO se puede ilustrar con una persona que cuestiona la forma que otra maneja su dinero. Esto es lo que le dice el legalista: "Corrígeme si me equivoco, Jorge, pero acaso tú no . . . eh, ¿no has estado gastando demasiado dinero en un carro?" Jorge, el fuerte, contesta: "No, (parece que Jorge goza de libertad, ¿verdad?), no." "¿No?, no piensas que el dinero se podría utilizar mejor, como por ejemplo, en el fondo para leprosos?"

——————————— —Fritz Ridenour, *How to Be a Christian Without Being Religious*

LENGUA

(Ver también *Comunicación, Consejo, Habla*)

NADIE FUE MEJOR para insultar que Wilson Churchill, que no tenía ningún cariño con Lady Astor. En realidad, el sentimiento era mutuo. En una ocasión ella halló al gran estadista obviamente ebrio en un ascensor en un hotel. Con desdeñoso disgusto ella dijo: "Sir Wilson, ¡usted está borracho!" A lo que él respondió: "Señora mía, usted es *fea*. Mañana yo estaré sobrio." Eso sería un ejemplo clásico de cómo *no* hacerle frente a un insulto.

—*The Little, Brown Book of Anecdotes*

EN OTRA OCASIÓN Winston Churchill y Lady Astor se enzarzaron en una lucha verbal cuando ella le dijo: "Si yo fuera su esposa, le pondría arsénico en el té." Él respondió: "Si yo fuera su esposo, me lo tomaría."

—*The Little, Brown Book of Anecdotes*

MI DIETA ES BALANCEADA. Mi comida es la mejor.
Pero son las palabras que he comido lo que no puedo digerir.

Para guardar tus labios de desliz,
Cinco cosas observa con cuidado:
A quién hablas; de quién hablas;
y cómo, y cuándo, y dónde.

—William Norris

POR LO MENOS UNA VEZ AL DÍA deberías oír un canto, leer un buen poema, ver una buena pintura y, si es posible, decir unas pocas palabras razonables.

—Johann von Goethe

LA LENGUA es la única herramienta que se afila más con el uso constante.

—Washington Irving

UNA CARICATURA MUESTRA una hilera de bancas y la misma frase se pasa verbalmente de una banca a la otra.

Primera banca: "Me duele el oído."

Segunda banca: "Al pastor le duelen los oídos."

Tercera banca: "El pastor tiene un auricular para oír."

Cuarta banca: "El pastor tiene dificultades para oír."

Quinta banca: "El pastor tiene aretes en las orejas."

Última banca: Una señora anciana con bastón está saliendo y gritando: "Ya basta. ¡Me voy! El pastor tiene dos aretes."

—Revista *Leadership,* invierno de 1990

LO QUE LA GENTE DICE de nosotros nunca es totalmente verdad, ni nunca totalmente falso; siempre yerra el blanco, pero rara vez deja de dar en el blanco.

—Lloyd Cory, *Quote Unquote*

TAL VEZ USTED, COMO YO, ha recibido una llamada telefónica de alguien que le dice: "Quiero hablarle respecto a Fulano de tal." Entonces yo digo: "Un momento. ¿Puedo repetirlo y decir que usted lo dijo?" Por lo general hay una larga pausa; y entonces dicen: "Pues bien, no estoy seguro de que eso sería una buena idea." Invariablemente mi respuesta es: "Entonces, no me interesa lo que usted tiene que decir. Si no le interesa poner su nombre en eso, si no está interesado en estar allí cuando confrontemos al individuo, no me interesa oír lo que usted quiere decir." Los chismes y los rumores han arruinado más de un alma, ¿verdad?

XANTUS, EL FILÓSOFO, una vez le dijo a su criado que al día siguiente iba a tener algunos amigos como invitados para cenar y que debería conseguir lo mejor que pudiera en el mercado. El filósofo y sus invitados se sentaron al día siguiente a la mesa. Todo lo que había era lengua: cuatro o cinco platos de lengua; lengua guisada de esta manera, y lengua preparada de esta otra manera. El filósofo finalmente perdió su paciencia y le dijo a su criado: "¿No te dije que consiguieras lo mejor del mercado?" El criado dijo: "En efecto conseguí lo mejor del mercado. ¿No es la lengua el órgano de la sociabilidad, el órgano de la elocuencia, el órgano de la bondad, y el órgano de la adoración?"

Entonces el filósofo Xantus dijo: "Mañana quiero que consigas lo peor que hay en el mercado." Al día siguiente el filósofo se sentó a la mesa, y todo lo que había era lengua: cuatro o cinco platos de lengua: lengua de esta forma y lengua de la otra manera. El filósofo perdió su paciencia de nuevo y dijo: "¿No te dije que consiguieras lo peor del mercado?" El criado replicó: "Lo hice: porque, ¿no es la lengua el órgano de la blasfemia, y el órgano de la difamación, y el órgano de la mentira?"

———————————

—Spiros Zodhiates, *The Behavior of Belief*

LIBERTAD

VIGILANCIA ETERNA es el precio de la libertad.

———————————

—William Barclay, *The Revelation of John*

ALGUNOS HAN VIVIDO en el ámbito de la libertad por tanto tiempo que se han olvidado de lo que es ser esclavo en el estado perdido que Pablo describe en Romanos 6:2 cuando dice: "Porque los que hemos muerto al pecado, ¿cómo viviremos aún en él?" Si es así, las palabras siguientes serán útiles:

Es mi más profunda convicción que toda persona debería estar en la cárcel por lo menos una vez en su vida, y que ese encarcelamiento debe ser por sospechas antes que por prueba; debe durar por lo menos cuatro meses. Debe parecer sin esperanza, y preferiblemente el prisionero debería estar enfermo la mitad del tiempo. . . . Sólo en tal encarcelamiento aprende él lo que vale la libertad real.

———————————

—Gordon S. Seagrave, citado en Lloyd Cory, *Quote Unquote*

Se había librado una guerra; la más sangrienta de la historia de la nación. Se había asesinado a un presidente. Una enmienda a la constitución había sido firmada y convertida en ley. Hombres, mujeres y niños que en un tiempo eran esclavos, ahora estaban emancipados legalmente. Sin embargo, en forma asombrosa, muchos continuaron viviendo en el temor y en la miseria como si nunca hubiera sucedido todo lo anterior. En un contexto de libertad ganada arduamente, los esclavos escogieron seguir siendo esclavos.

—Charles R. Swindoll, *The Grace Awakening*

———————————

Los campos de muerte es toda una película. Es la historia verdadera de un reportero del *New York Times* que trabajaba en Camboya durante un tiempo de terrible derramamiento de sangre. Su ayudante era un camboyano que más tarde fue capturado por el régimen marxista, el Khmer Rouge, un grupo totalitario conocido por su crueldad y torturas. Lo que el ayudante camboyano sufrió mientras trataba de hallar la libertad es casi imposible de creer.

La trama de la película gira alrededor del escape del ayudante de la esclavitud de ese terrible régimen. No es una película para los pusilánimes. Hay cosas que él ve y soporta, que desafían la imaginación. Lo golpean brutalmente, lo encarcelan y lo maltratan. Muriéndose de hambre, sobrevivió chupando la sangre de una bestia en el campo. Vive en las peores condiciones posibles. Finalmente, planea su escape. Corre de una escena trágica a otra. En una ocasión, mientras va huyendo, se hunde en un pantano sólo para descubrir que es un infierno de agua lleno de carne humana podrida, huesos y cráneos que forman espuma en la superficie mientras él lucha por salir. Huyendo de un horror a otro, se sorprende cuando llega a un claro.

Habiendo resistido los rigores de la selva mientras lo perseguían sus captores, finalmente llega a un claro y mira hacia abajo. Para su completa sorpresa, ve la frontera de Camboya. Abajo ve un pequeño campamento de refugiados. Sus ojos distinguen un hospital y una bandera; y en esa bandera, una cruz. Allí, por fin, ¡la esperanza se despierta! En ese punto la música sube a un clímax. La luz regresa a su agotada cara, que dice de una docena de diferentes maneras: "¡Estoy libre. Estoy libre!" El gozo y deleite, de su largamente esperada libertad, son suyos de nuevo. A la larga, él llega a los Estados Unidos de América y disfruta de una reunión con lágrimas con su amigo; todo porque está libre. ¡Libre por fin!

—Stuart Briscoe, *Spiritual Stamina*

———————————

LIBROS

(Ver también *Conocimiento, Educación, Libros, Sabiduría*)

La expresión "Denme alguien que lea" ya no es clarinada de la industria o administración, o incluso ventas. Tampoco se conoce hoy en día, como lo fue en un tiempo, al profesional por la amplitud de su conocimiento . . . y eso incluye (para mi desagrado) a los ministros.

Pocas tragedias contemporáneas me duelen más. Es un hecho que la mitad de los estudiantes que se gradúan de la universidad nunca vuelven a leer otro libro. Aunque un doctorado es virtualmente obsoleto después de cinco años a menos que la persona continúe leyendo, muchos optan por una salida más fácil. Nos sorprendería saber cuán poco lee la persona que representan en la corte u opera en nuestros cuerpos o nos da consejos financieros. Aparte de la dosis diaria de *TV Guide* (la revista de mayor venta en los Estados Unidos de América), una breve risa a las tiras cómicas del domingo, y una ojeada rápida a la sección de deportes, muchos ni siquiera abren otra revista o libro.

Leer limpia las telarañas, aumenta nuestro poder de concentración, nos hace personas más interesantes con quienes estar, y fortalece nuestra capacidad de recoger verdad en la Palabra de Dios. Aun en la cárcel, Pablo quería sus libros, especialmente los pergaminos (2 Timoteo 4:13). Él habría concordado con Juan Wesley, que dijo: "¡Lee o deja el ministerio!"

—Charles R. Swindoll, *Come Before Winter*

———————————

Sir Robertson Nicoll fue indudablemente el periodista cristiano más prolífico y respetado en el mundo de habla inglesa de 1886 a 1923. Preste atención a su hoja de vida.

Él fue "el representante literario no oficial" de reconocidos escritores tales como Marcus Dods, George Adam Smith, A. B. Bruce, y Alexander Maclaren. Persuadió a Maclaren a publicar todas sus obras; y todos los que estamos en el ministerio le estaremos agradecidos por el resto de nuestras vidas. Gracias a Nicoll, Maclaren hizo imprimir todo su material.

Nicoll mismo escribió más de 40 libros. Compiló, editó o supervisó la publicación de más de 250 títulos. Tenía una biblioteca personal de 25,000 volúmenes. Leía un promedio de dos libros por día. Editaba un periódico semanal, tres revistas mensuales, y un torrente continuo de libros académicos, incluyendo los 50 volúmenes de *The Expositor's Bible* (El Expositor Bíblico) y *The Expositor's Greek Testament* (El Testamento Griego del Expositor). Le fue otorgado el título de caballero en 1909 por respeto a su distinguido servicio en logros literarios.

Cuando murió, Charles Haddon Spurgeon dijo: "Ha caído como una torre, y su desaparición significa para muchos un cambio en todo el paisaje de la vida."

—Warren W. Wiersbe, *Walking with the Giants*

_____

LOS LIBROS SON COMO LOS AMIGOS . . . individuales, únicos, e inestimables. Cada uno contribuye algo diferente pero indispensable a nuestras vidas. Debemos elegirlos cuidadosamente, disfrutarlos con aprecio, y darles tiempo para interiorizarlos. Leer nos transporta de la oscuridad a la luz, de la ignorancia al conocimiento, de la esclavitud a la libertad. Mediante la lectura podemos entender mejor el significado y posibilidades de la vida. Las voces de la razón, triunfo, belleza, fe, historia, poesía, ciencia. . . nos llegan desde la pluma del autor para instruirnos y animarnos, y por eso somos mejores.

Los libros poseen el poder de elevarnos del entorno en el que vivimos y trabajamos. Es como si tuvieran la capacidad de transportarnos a otro ámbito de ser. Emily Dickinson captó ese mismo pensamiento:

> El que comió y bebió palabras preciosas,
> Su espíritu se fortaleció;
> Ya no sabía que era pobre,
> Ni que su cuerpo era polvo.
> Danzó en días nublados,
> Y este legado de alas
> Era un libro. ¡Qué libertad
> Trae un espíritu relajado!

—Luci Swindoll, *Wide My World, Narrow My Bed*

_____

EL QUE NUNCA LEE, nunca será leído; el que nunca cita a nadie, nadie nunca lo citará. El que no usa los pensamientos del cerebro de otros demuestra que él mismo no tiene cerebro propio. Hermanos, lo que es verdad acerca de los ministros es verdad de toda nuestra gente. Usted necesita leer.

—Charles H. Spurgeon, citado en Bob L. Ross,
A Pictorial Biography of C. H. Spurgeon

_____

TUVE UN PROFESOR EN EL SEMINARIO que solía animarme a que comprara libros. Él decía: "¿En qué otra parte puedes tener a dos mil profesores si tienes dos mil libros?"

_____

LIDERAZGO

(Ver también *Ejemplo, Influencia*)

EL LIDERAZGO ES NECESARIO. Los líderes son los que sueñan los sueños. Los líderes son los visionarios. Ellos son los que tienen que responder las preguntas más difíciles en el grupo. Lidian con los asuntos mas complicados. Hay a la vez riesgo y emoción en el cuadro completo de lo que tienen en mente, ya que son ellos los que están al frente y continuamente consideran la perspectiva, hacia adonde vamos.

Incluso una jauría de perros esquimales, cuando están enjaezados a un trineo, necesitan un líder. La principal diferencia entre el perro que guía y los que lo siguen es el paisaje. El que esta al frente tiene una mejor vista.

_____

EL VERDADERO VALOR DE UN LÍDER puede a veces medirse por la cantidad de tiempo que puede estar muerto en su oficina sin que nadie lo note.

_____

No PODEMOS PENSAR CORRECTAMENTE acerca de Dios sino cuando empezamos a pensar de Él como el que siempre está ahí, y allí primero. Josué tuvo que aprender esto. Había sido por tanto tiempo el siervo del siervo de Dios, Moisés, y había con gran seguridad recibido la palabra de Dios de su boca, que en su manera de pensar Moisés y el Dios de Moisés se habían combinado, tan combinados que casi ni podía separar los dos pensamientos; por asociación en la mente de Josué los dos siempre aparecían juntos. Ahora Moisés ha muerto, y para evitar que el joven Josué se desanime Dios le habla dándole asegurándole: "Como estuve con Moisés así estaré contigo." Moisés había muerto, pero el Dios de Moisés aun estaba vivo. Nada había cambiado; nada se había perdido. Nada de Dios se muere cuando muere un hombre de Dios.

—A. W. Tozer, *The Divine Conquest*

_____

Dios NO ME LEVANTÓ para dirigir la liquidación de un imperio. Prometo sangre, sudor y lágrimas, pero nunca nos daremos por vencidos.

—Winston Churchill

_____

SIR WINSTON CHURCHILL, en una reunión del gabinete durante la Segunda Guerra Mundial animaba a no rendirse. Dijo: "Encuentro que es de inspiración [el pararse solo]. No hay nada más emocionante en la vida que le disparen a uno sin resultados."

—*Bartlett's Familiar Quotations*

_____

CUANDO TRABAJABA EN UNA IGLESIA en Waltham, Massachussets, había una iglesia vecina con una historia increíble. Había realizado una obra para Cristo que virtualmente no tenía comparación en esa región. Había sido pastoreada por un ministro singular que ahora es rector de una universidad. Cuando él llegó a ser el pastor, la iglesia era un desastre. La gente se sentaba en las tres últimas filas del templo, y era un edificio *largo*. Lo primero que hizo fue levantar el pulpito, llevarlo por el pasillo y ponerlo frente a la primera banca donde los asistentes estaban sentados.

Los historiadores me cuentan que al estudiar esa interesante obra, hallaron que domingo tras domingo él iba moviendo el pulpito más y más de regreso, hasta que ya finalmente casi llegó a las gradas del coro, con personas por todas partes. Predicaba la Palabra de Dios, y con fidelidad trabajó bajo tremenda oposición. Estaba lastimado y sangrando; pero Dios, en su gracia, lo sacó de esa situación y lo llevó a una institución educativa fantástica, la cual ha marchado muy bien bajo su liderazgo.

Le siguió en su puesto un hombre vengativo, un pendenciero; un hombre brillante con dos doctorados. Tenía experiencia, había viajado, había sido oficial en el ejército. Pero como alguien lo dijo alguna vez, él pudo haber empezado a mover su pulpito hacia atrás hasta que finalmente, ¿sabe a lo que llegó? Contrató policías y guardias para que controlaran quiénes tocarían los instrumentos y a quiénes se les permitiría entrar o salir de la iglesia. Uno por uno, mediante debate o discusión pública, o una acción vengativa tras otra, la iglesia se fue quedando vacía. Yo pensaba, al conducir por allí y ver seis, ocho, o a lo más diez carros, pensaba que Dios podía escribir "Icabod" sobre las puertas de esa iglesia. Sí, el pastor ganó las discusiones, pero perdió la guerra.

———————

UNA CUALIDAD PROMINENTE EN TODO LÍDER es un fuerte sentido de propósito y dirección dominantes en la vida. Es el que sabe con una fuerza de convicción mayor del promedio lo que quiere lograr y hacia donde quiere ir. El mundo se hace a un lado para dejar pasar al hombre que sabe a dónde va.

—Ordway Tead, *The Art of Leadership*

———————

EL GRAN PELIGRO del líder cristiano es el letargo intelectual y tener una mente cerrada. El creyente debe ser un pensador o si no fallará en su tarea. Ser un pensador creyente es ser un pensador que se aventura mientras la vida dura. Es muy cierto que a la mayoría de nosotros las mismas cosas nos vencen año tras año, que somos victimas de las mismas faltas, las mismas fallas de carácter. Fallamos por las mismas razones que, año tras año, no avanzamos.

—William Barclay, *The Letters to Timothy, Titus and Philemon*

EL HOMBRE QUE NO PUEDE TOLERAR la debilidad no será eficaz en su liderazgo. La evidencia de nuestra fuerza radica no en abalanzarse hacia adelante, sino en la disposición para adaptar nuestro andar al paso más lento de los hermanos más débiles, sin perder la delantera. Si nos adelantamos mucho perdemos la capacidad de influir en otros.

———————————

EN LO QUE SE REFIERE A CARACTERÍSTICAS de liderazgo, Nehemías no fue muy diferente de otras personas sobresalientes cuyos nombres son más familiares para nosotros. El presidente Teodoro Roosevelt de los Estados Unidos de América fue un líder de gran tenacidad. En los días de su gobierno la gente lo admiraba o lo odiaba. Uno de sus ardientes admiradores una vez le dijo: "Sr. Roosevelt: ¡Usted es un gran hombre!" Con la sinceridad que le caracterizaba él respondió: "No, Teddy Roosevelt es simplemente un hombre sencillo, común y corriente; pero muy motivado." Se puede decir que su respuesta describe a los líderes más grandes.

—Charles R. Swindoll, *Hand Me Another Brick*

———————————

¿QUE QUEREMOS DECIR cuando usamos la palabra *liderazgo*? Si se me pidiera que lo definiera en una sola palabra, esa palabra seria *influencia*.

El presidente de los Estados Unidos de América, Harry Truman, a menudo se refería a los líderes como personas que hacen que otros hagan lo que no quieren hacer; y hacer que disfruten al hacerlo.

—J. Oswald Chamber, *Spiritual Leadership*

———————————

PAGARÉ MÁS por la capacidad de lidiar con las personas que por cualquier otra capacidad del mundo.

—John D. Rockefeller, citado en Ted Engstrom,
The Making of a Christian Leader

———————————

LIDERAZGO ES LA CAPACIDAD y decisión de reunir a hombres y mujeres alrededor de un propósito común, y tener el carácter que inspira confianza.

—Bernard L. Montgomery, *Memoirs of Field Marshall Montgomery*

SI NO PUEDO PONER MIS PIES SOBRE EL ESCRITORIO, y mirar por la ventana, y pensar sin una agenda, talvez esté administrando la Universidad Yale, pero no la voy a estar dirigiendo.

—Benno Schmidt Jr., *New York Times,* 11 de diciembre de 1985

EL DR. NICHOLAS MURRABY BUTLER, presidente de la prestigiosa Columbia University, divide el mundo en tres partes: Los que hacen que las cosas pasen, los que miran lo que está pasando, y los que no saben lo que está pasando.

—Bill Bright, *Revolution Now*

LÍNEA DE LLEGADA

(Ver también *Ambición, Éxito, Logro, Motivación*)
EN UN DEPARTAMENTO de bomberos voluntarios de una ciudad de Minnesota tienen este eslogan: "Sabremos a dónde vamos cuando lleguemos allá."

EN LOS JUEGOS OLÍMPICOS DE VERANO DE 1988 en Seúl, Corea del Sur, Ben Johnson de Canadá ganó la carrera de los cien metros planos, estableciendo un nuevo récord olímpico y un nuevo récord mundial. El corredor estadounidense, Carl Lewis, llegó segundo, y la mayoría se quedó asombrada de que no hubiera ganado la medalla de oro. Después de la carrera, los jueces se enteraron de que Johnson tenía una sustancia ilegal en su cuerpo. Corrió la carrera ilegalmente, así que los jueces le quitaron la medalla. Aunque corrió muy rápido y dejó una impresión inolvidable, no merecía el galardón.

—Charles R. Swindoll, *Hope Again*

HORAS DETRÁS del corredor que iba delante de él, el último maratonista por fin entró en el estadio olímpico. Para entonces, el drama de los acontecimientos del día casi se había acabado y la mayoría de los espectadores se habían ido. La historia de este atleta, sin embargo, todavía estaba teniendo lugar.

Cojeando al entrar en la arena, el corredor de Tanzania contraía la cara con cada paso, con su rodilla sangrando y vendada por una caída. Su grotesca presencia de inmediato captó la atención de los que quedaban, que le alentaron hasta la línea de llegada.

¿Por qué siguió en la carrera? ¿Qué le hizo soportar sus heridas hasta el fin? Cuando le hicieron estas preguntas más tarde, respondió: "Mi país no me envió a diez mil kilómetros de distancia para empezar la carrera. Me enviaron a diez mil kilómetros para que la termine."

—Revista *Quote,* julio de 1991

EN UNA CONFERENCIA DE PASTORES hace varios años había un hombre que había regresado de un período de servicio en la guerra de Vietnam. Sirvió tanto como soldado de infantería en un pelotón de morteros y después como capellán. Dijo que las cosas eran más difíciles como capellán que en el pelotón de morteros porque constantemente estaba en la línea del frente. Respiró los vapores de la muerte en forma continua por como seis o siete meses. Le pregunté: "¿Cuánto tiempo estuvo allá?" Me dijo: "trescientos sesenta y seis días." Pienso que él podría haberme dicho incluso el número de horas y segundos si le hubiera insistido. Le dije: "Hacia el fin, ¿cómo eran las cosas?" Me respondió: "Añoraba mi casa como nadie puede imaginarse."

EN 1952 una joven muy valiente y fuerte se metió al Océano Pacífico. Florence Chadwick estaba decidida a romper otro récord. Hasta la fecha ninguna mujer jamás había cruzado a nado el canal entre la isla Catalina y la costa de California.

Nadar largas distancias no era nuevo para Florence. Ella era una veterana competidora de larga distancia. Es más, ella fue la primera mujer que cruzó nadando el canal inglés en ambas direcciones.

Pero esto era una distancia de veintiséis millas marinas. Las condiciones de esa mañana de julio no eran óptimas. No sólo que el agua estaba increíblemente fría sino que una capa espesa de neblina había surgido. Y para empeorar las cosas, ¡había tiburones que le seguían el rastro y tuvieron que espantarlos varias veces!

El entrenador de Florence y su familia la seguían en un bote pequeño, alentándola. "¡Adelante, Florence! ¡Tú sí puedes!"

Pero había mucha niebla. Mucha niebla; e incluso cuando ella había estado nadando por quince horas, Florence todavía no podía ver la orilla.

Un poco desalentada y muy cansada, finalmente dio última brazada, diciéndole a la familia que simplemente no podía seguir.

Abandonó el intento.

Todos consolaron a Florence cuando la subieron a bordo, y ella se dejó caer agotada.

Pues bien, según resultó, Florence se rindió demasiado pronto esa fría mañana de julio. Nadó veinticinco millas y media, pero porque no podía ver el fin, no podía ver la costa, Florence se quedó apenas a media milla marina de su meta. ¡Si lo hubiera sabido! ¡Sólo media milla!

De paso, Florence no se dio por vencida. Lo intentó de nuevo. Apenas dos meses después de su primer intento, se convirtió en la primera mujer en la historia que cruzó nadando el canal de veintiséis millas marinas. También impuso un nuevo récord.

—Leadership Journal

_____

LOGRO

(Ver también *Ambición, Éxito, Línea de llegada, Motivación*)

"A MENUDO UNO BUSCA PASTOS MÁS VERDES en el cercado ajeno, sólo para hallar, cuando se llega allá, que no es comestible. A veces, sin embargo, lo es. Pero si la hierba es más verde en el cercano ajeno, uno puede apostar que la cuenta por el agua también es más alta."

Sɪ ʜᴀs ʟᴏɢʀᴀᴅᴏ todo lo que planeabas para ti mismo, probablemente no planeaste lo suficiente.

—*Meggido Message*, citado en Lloyd Cory, *Quote Unquote*

¿Hᴀ ᴠᴇɴɪᴅᴏ ᴇʟ ᴇɴᴇᴍɪɢᴏ y se ha llevado los trofeos de los recuerdos de la buena mano de Dios para contigo? Concéntrate en lo que se ha logrado, no en lo que falta por lograrse.

Aʀɴᴏʟᴅ Pᴀʟᴍᴇʀ ᴅɪᴊᴏ: "Las cosas mas gratificantes que haces en la vida a menudo son las que parecen que no se pueden hacer."

—Arnold Palmer, citado en Lloyd Cory, *Quote Unquote*

Un gran compositor no se sienta a trabajar porque se siente inspirado, se inspira porque está trabajando. Beethoven, Bach y Mozart escribieron con regularidad que un contador usa los números. No perdieron tiempo esperando la inspiración.

—Ernest Newman, citado en Lloyd Cory, *Quote Unquote*

Eʟ ᴛᴀᴍᴀÑᴏ ɴᴏ ᴛɪᴇɴᴇ nada que ver con el logro. Si lo fuera, una vaca podría ganarle corriendo a un conejo.

—Junior Samples, pograma de televisión Hee Haw

Escolar en el pizarrón a su maestro: "No soy yo el que logra muy poco; usted espera demasiado."

_____

Hay una diferencia entre lograr algo y heredar algo. Por ejemplo, tener un capital de dos millones de dólares como resultado de toda una vida de trabajo es un logro merecido. Si un joven simplemente hereda esa fortuna, hay una actitud más descuidada hacia el dinero por el que nunca hizo nada para ganárselo.

_____

Imagínese la escena de dos amigos graduándose de la universidad. Uno se va para la India como misionero, mientras el otro llega a ser un hombre exitoso de negocios. Ambos reciben la invitación para una reunión de ex alumnos y allí comparan sus vidas. Puede ser fácil que el misionero piense de sí mismo como un fracaso. Necesitamos superar la valla de la comparación. El verdadero logro para cada uno de nosotros está en oír y obedecer la voz que dice: "Sígueme."

_____

Teddy Roosevelt sostenía que: "Mucho mejor es atreverse a cosas grandes, alcanzar triunfos gloriosos, aunque el camino esté salpicado de fracasos, que acompañar a aquellos pobres de espíritu que ni disfrutan mucho ni sufren mucho porque viven en la penumbra gris donde no hay victorias ni derrotas."

—Charles R. Swindoll, *Starting Over*

_____

Retener lo que se ha ganado no es virtud más pequeña que hacer nuevas adquisiciones.

—Juan Calvino

Un ARTÍCULO publicado en *Newsweek* titulado "Advice to a (Bored) Young Man" ["Consejos a un Joven (Aburrido)"] arroja luz sobre la vida de un individuo dedicado a la exploración y el descubrimiento.

Muchos que leen esta página lo están haciendo con la ayuda de bifocales. ¿Su inventor? Benjamín Franklin, a los 79 años.

La imprenta que imprimió esta página fue impulsada por electricidad. Uno de sus primeros descubridores fue B. Franklin, a los 40 años.

Algunos están leyendo este artículo en el plantel de alguna universidad de prestigio. ¿Su fundador? B. Franklin, a los 45 años.

Otros, en una biblioteca. ¿Quién fundó la primera biblioteca en los Estados Unidos de América? B. Franklin, a los 25 años.

¿Quién inició el primer departamento de bomberos? B. Franklin, a los 31 años.

¿Quién inventó el pararrayos? B. Franklin, a los 43 años.

¿Quien diseñó la estufa de calefacción que todavía se usa hoy? B. Franklin, a los 36 años.

Ingenioso, conversador, economista, filósofo, diplomático, impresor, lingüista (hablaba y escribía cinco lenguas), promotor del paracaidismo (desde globos aerostáticos) un siglo antes de que se inventara el avión. Todo esto hasta los 84 años.

Y tuvo exactamente dos años de educación formal. Apuesto a que usted ya tiene más conocimiento puro que lo que Franklin tenía cuando él tenía su edad.

Tal vez usted piensa que no tiene sentido probar algo nuevo, que ya todo ha sido hecho. Se equivoca. . . . Vaya y haga algo al respecto.

—Ted Engstrom, *Motivation to Last a Lifetime*

_____

Por NUEVE LARGOS AÑOS el récord de carrera de una milla rondaba por los cuatro minutos. Ya en 1945, Gunder Haegg se había acercado a esa barrera con el tiempo de 4:01.4. Muchos decían que se había llegado al límite de la capacidad física; era imposible quebrar la barrera de los cuatro minutos. Pero en 1954, Roger Bannister rompió la cinta a los 3:59.4. ¿Y cuál fue el resultado? Tan pronto como el mito de la "barrera imposible" se desvaneció, la milla en cuatro minutos fue acometida y muchos lo lograron con aparente facilidad. Casi en menos de lo que uno lo cuenta, sesenta y seis corredores diferentes superaron el récord de cuatro minutos. Si uno le resta la importancia a este hecho como meramente el poder de la competencia, se pierde el punto. Había igual espíritu competitivo antes de que se rompiera el récord. Lo que descubrieron los que corrieron después de Bannister fue que se podía hacer.

—Alan Loy McGinnis, *Bringing Out the Best in People*

HAZ DE ÉL un lisiado, y tienes a Sir Walter Scott.

Enciérralo en una celda, y tienes a un Juan Bunyan.

Entiérralo en la nieve de Valley Forge, y tienes a un Jorge Washington.

Críalo en la más abyecta pobreza y tienes a un Abraham Lincoln.

Somételo a amargo prejuicio religioso, y tienes a un Disraeli.

Inmovilízalo con parálisis infantil y llega a ser un Franklin D. Roosevelt.

Quémalo tan severamente en un incendio de una escuela que los médicos dicen que nunca podrá caminar otra vez, y tendrás a un Glenn Cunningham, que en 1934 estableció el récord mundial por correr una milla en cuatro minutos y 6.7 segundos.

Ensordece a un genio compositor y tienes a un Ludwig Van Beethoven.

Haz que ella o él nazca con piel negra, en una sociedad llena de discriminación racial, y tienes a un Booker T. Washington, un Jorge Washington Carver o un Martin Luther King, Jr.

Haz que sea el primer hijo que vive de una pobre familia italiana con dieciocho hijos, y tienes a un Enrico Caruso.

Haz que nazca de padres que sobrevivieron un campo de concentración nazi, paralizado de la cintura para abajo a los cuatro años de edad, y tienes al incomparable violinista de conciertos, Itzhak Perlman.

Llámalo lento para aprender, "retrasado," y descártalo por incapaz de educarse, y tienes a un Alberto Einstein.

—Ted Engstrom, *The Pursuit of Excellence*

SI PUDIERA RESUMIR en una frase todos los consejos de mi padre sería: "Ponte en acción, hijo."

—Lorne Sanny de Los Navegantes

MADUREZ

BAJO LA LEY ROMANA llegaba el tiempo cuando el hijo llegaba a la mayoría de edad. Pero la edad cuando esto tenía lugar no era fija, como uno pudiera dar por sentado. Más bien, el padre tenía la discreción de fijar la edad de la madurez de su hijo. Un hijo romano se convertía en adulto durante el sagrado festival romano conocido como *Liberalia* que se llevaba a cabo una vez al año el diecisiete de marzo. Durante esa fiesta, se reconocía oficialmente al hijo como hijo y heredero de su padre, y se le daba la túnica sencilla que usaban los adultos en lugar de la toga con borde angosto púrpura que usaban los hijos. Luego los amigos y familiares lo llevaban al foro y lo presentaban formalmente a la vida pública. Lloyd Douglas nos dio un vistazo de la conmovedora naturaleza de este momento en la vida de Marcelo en las primeras páginas de su libro *El manto sagrado*.

―――――――――

HASTA DÓNDE LLEGARÁS EN LA VIDA depende de que seas ser amable con los niños, paciente con los ancianos, comprensivo con los que sufren, tolerante del débil y del fuerte, porque en algún momento en tu vida habrás sido todo eso.

—George Washington Carver

―――――――――

Si

Si puedes conservar la cabeza cuando a tu alrededor
todos la pierden y te echan la culpa;
Si puedes confiar en ti mismo cuando los demás dudan de ti,
pero también les das lugar para que duden.

Si puedes esperar y no cansarte de esperar,

o, siendo blanco de mentiras, esgrimir la verdad,

o, siendo odiado, al odio no le das cabida,

y no obstante no haces alarde de bondad ni ensalzas tu juicio.

Si puedes soñar sin dejar que tus sueños te dominen;

Si puedes pensar y no hacer de tus pensamientos tus objetivos.

Si puedes encontrarte con el triunfo y el fracaso

y tratar a estos dos impostores de la misma manera;

si puedes soportar que tu frase sincera

sea tergiversada por bribones, para hacer una trampa para necios

o mirar hechas trizas las cosas a las que habías dedicado tu vida,

y agacharte y reconstruirlas con herramientas desgastadas.

Si puedes hacer un montón con todos tus triunfos,

y arriesgarlos a una carta

y perder, y comenzar de nuevo por el principio,

y sin dejar escapar una palabra sobre tu pérdida.

Si puedes obligar a tu corazón, a tus nervios, a tus músculos,

a servirte en tu camino, mucho después de que hayan perdido sus fuerzas,

para emplearlos cuando en ti todo flaquea,

excepto la Voluntad que les dice: "Aguanten."

Si puedes hablar con la multitud y preservar la virtud,

o andar entre reyes y no cambiar tu manera de ser.

Si ni los amigos ni los enemigos pueden hacerte daño.

Si todos los hombres cuentan contigo pero ninguno demasiado;

Si puedes emplear el inexorable minuto

recorriendo una distancia que valga sesenta segundos.

Tuya es la Tierra y todo lo que hay en ella.

Y, lo que es más, importante, ¡serás un hombre, hijo mío!

—Rudyard Kipling, citado en Hazel Felleman,
The Best Loved Poems of the American People

Después de un tiempo

Después de un tiempo aprendes la sutil diferencia entre

tomar de la mano y encadenar un alma,

y aprendes que el amor no significa inclinarse
y compañía no significa seguridad.
Después de un tiempo aprendes que los besos no son contratos
y los regalos no son promesas,
y comienzas a aceptar tus derrotas
con tu frente en alto y tus ojos abiertos,
con la gracia de un adulto, no la aflicción de un niño.
Después de un tiempo aprendes a construir tus caminos de hoy porque
los terrenos del mañana son demasiado inciertos como para planear.
Después de un tiempo aprendes que hasta el sol quema
si te expones demasiado a sus rayos. Así que planta tu propio jardín
y decora tu propia tierra en vez de esperar
que otro te traiga flores.
Y aprenderás que en realidad puedes aguantar,
. . . que en realidad eres fuerte
. . . y que en verdad eres valioso.

—Anónimo

LA MADUREZ COMIENZA cuando sientes que tu preocupación por otros sobrepasa tu preocupación por ti mismo.

—John McNaughton, citado en Lloyd Cory, *Quote Unquote*

UNA DE LAS SEÑALES DE LA MADUREZ es la capacidad para discrepar sin llegar a ser desagradable.

—Charles R. Swindoll, *The Grace Awakening.*

MADUREZ ES LA CAPACIDAD DE HACER UN TRABAJO, bajo supervisión o no; terminarlo una vez que lo comienzas; llevar dinero y no gastarlo; y . . . aguantar una injusticia sin querer desquitarse.

—Fred Cook, citado en Lloyd Cory, *Quote Unquote*

La madurez se desarrolla en cuatro etapas: ayúdame, dime, muéstrame, sígueme.

¿Que significa ser maduro? Significa cosas tales como haberse desarrollado por completo, tener característica de sabiduría, no solo de conocimiento; la auto disciplina y dedicación de un autentico andar con Cristo siete días a la semana; la determinación de obedecer a Dios y someterse a la verdad de su Palabra cueste lo que cueste; la capacidad de nutrirme yo mismo como individuo que cree en la Palabra de Dios; la compasión de alcanzar y cuidar a otros cuyas necesidades son diferente a las mías; la disposición para tener parte en las responsabilidades del hogar; todo esto con una actitud de un espíritu contagioso y positivo.

No somos muy diferentes del adolescente de trece años que mide casi dos metros, a quien un día su papá le dice: "Hijo: creo que deberías pensar en jugar baloncesto." Él tiene la estatura, pero nadie cuestionaría su falta de madurez. Póngalo a jugar con el astro de baloncesto Moses Malone, y es pan comido. A Malone le encanta jugar con esa clase de personas. ¿Por qué? No porque el muchacho se quede corto en su estatura, sino que no tiene la resistencia. No tiene la madurez. ¿Qué necesita el muchacho? Necesita madurar. Aunque nunca crezca ni un centímetro más ya tiene estatura más que suficiente para jugar en cualquier equipo profesional. Lo que necesita es madurar.

Madurez es pasar de piel suave y corazón duro, a piel dura y corazón suave.

MATERNIDAD

¿Que es una Madre?

En algún lugar entre la energía juvenil de una adolescente y los años dorados de una mujer, vive una persona maravillosa y cariñosa conocida como "Madre."

Una madre es una interesante mezcla de paciencia, bondad, entendimiento, disciplina, esfuerzo, pureza y amor.

Una madre puede ser a la vez y al mismo tiempo "consejera sentimental" de una hija con el corazón partido y "entrenadora" de fútbol para su hijo deportista.

Una madre puede coser las puntadas más diminutas en la tela del vaporoso vestido para la fiesta de graduación y tener igual destreza para conducir por entre el tráfico más pesado en su vehículo.

Una madre es la única criatura en la tierra que puede llorar cuando está feliz, reírse cuando le han destrozado el corazón, y trabajar aún estando enferma.

Una madre es mansa como una oveja y fuerte como un gigante. Solo una madre puede aparentar ser débil e incapaz y a la vez ser la misma que aprieta tan fuerte la tapa del frasco fruta que ni papa puede quitarla.

Una madre es un cuadro de inutilidad cuando papá está cerca, y una maravilla de ingenio cuando está sola.

Una madre tiene la voz angelical de un miembro de un coro celestial cuando le canta la canción de cuna de Brahms al nene que sostiene muy apretadamente en sus brazos, y sin embargo esa misma voz puede superar al ruido del amplificador cuando llama a sus hijos a cenar.

Una madre tiene la fascinante capacidad de poder estar casi en todos los lugares a la vez y solo ella puede embutir tanto de la vida en un día cualquiera.

Una madre es "anticuada" para sus hijos adolescentes; solo "Mamá" para su hijo de tercer grado y simplemente "Mami" a su pequeña de dos años.

Pero no hay mas grande emoción en la vida que señalar a esa maravillosa mujer y poder decirle al mundo: "¡Esa es mi madre!"

—Fred Kruse

_____

Madre mía

Si me crucificaren en el monte más alto,
¡Madre mía, Oh madre mía!
Sé el amor de quién me seguiría,

¡Madre mía, Oh madre mía!

Si me ahogaren en el mar más profundo,

¡Madre mía, Oh madre mía!

Sé las lágrimas de quien me alcanzarían,

¡Madre mía, Oh madre mía!

Si me condenaran en cuerpo y alma,

¡Madre mía, Oh madre mía!

Sé las oraciones de quien me restaurarían

¡Madre mía, Oh madre mía!

—Rudyard Kipling, citado en John R. Rice, *Poems That Preach*

LA SIGUIENTE ES UNA LISTA DE "te debo" que se aplica a todas las madres, y que hace tiempo deberíamos haber pagado. Deténgase después de cada una y considera el incalculable valor de aquella que hizo su vida posible: su madre.

Querida mamá:

Al caminar por el museo de mis recuerdos,

Te debo: por tu *tiempo.* Día y noche.

Te debo: por tu *ejemplo.* Consistente y seguro.

Te debo: por tu *apoyo.* Estimulante y desafiante.

Te debo: por tu *humor.* Ágil y rápido.

Te debo: por tus *consejos.* Sabios y tranquilos.

Te debo: por tu *humildad.* Genuina y llena de gracia.

Te debo: por tu *hospitalidad.* Sonriente y amena.

Te debo: por tu *visión.* Aguda y honesta.

Te debo: por tu *flexibilidad.* Paciente y llena de gozo.

Te debo: por tus *sacrificios.* Numerosos y rápidamente olvidados.

Te debo: por tu *fe.* Sólida y segura.

Te debo: por tu *esperanza.* Incesante e indestructible.

Te debo: por tu *amor.* Devoto y profundo.

—Charles R. Swindoll, *Strong Family*

Lamento de un ama de casa

Hacer las camas, vendar cabezas,
Limpiar el cuarto;
Lavar las ventanas, cortar el césped,
Ver los tulipanes florecer.

Llevar a los hijos a la escuela,
Recogerlos de nuevo.
Recibir la reunión de Cachorros
y luego limpiar la "cueva."

Ser parte del comité,
Asistir las reuniones de padres de familia.
Me olvidé de comprarles zapatos a los hijos . . .
No tengo tiempo hoy.

Pagar las cuentas, escribir una nota,
Llenar el frasco de galletas.
Ay, se me olvido
Llevar el auto a reparar.

Ponerme al día con el planchado
Trapear el piso de la cocina
Contestar el teléfono y a la puerta
¿Tengo que mencionar algo más?

Lo que más me molesta, debo admitir,
Y tú con certeza estarás de acuerdo,
Cuando alguien me pregunta, "¿Trabajas?"
Contesto, "No, yo no."

—Caryl M. Kerber

¿Que es una abuela?

ESCRITO POR UN ESCOLAR de tercer grado

Una abuela es una señora que no tiene hijos propios. Le gustan los hijos e hijas de otras personas. Un abuelo es una abuela, pero hombre. Sale a caminar con los muchachos, y hablan de pescar y cosas así.

Las abuelas no tienen que hacer nada, solo estar ahí. Son mayores, así que no deben jugar fuerte o correr. Es suficiente si nos llevan al almacén donde está el caballo mecánico, y tienen muchas monedas listas. O si nos llevan a caminar, deben detenerse al ver cosas lindas como las hojas u orugas. Nunca deben decir: "Apúrate."

Por lo general las abuelas son gordas, pero no demasiado gordas como para no poder anudarte los cordones de los zapatos. Usan anteojos y ropa interior cómica. Se pueden sacar sus dientes y sus dentaduras.

Las abuelas no tienen que ser inteligentes, sólo deben saber cómo contestar preguntas tales como: "¿Por qué Dios no está casado?" y "¿Por qué los perros persiguen a los gatos?"

Las abuelas no les hablan a los niños como nenes así como lo hacen las visitas, porque es difícil de entender. Cuando nos leen no se saltan partes del cuento ni les importa leer el mismo cuento de nuevo.

Todos deberían tratar de tener una abuela, especialmente si no se tiene un televisor, porque son los únicos adultos que tienen tiempo.

—James Dobson, *What Wives Wish Their Husbands Knew about Women*

NADIE ES POBRE si tiene una madre consagrada a Dios.

—Abraham Lincoln

No a los héroes coronados,
Que conquistan y derrotan,
Sino una canción a las que los engendraron,
Las madres, más valientes que ellos.
Sin nunca toque de trompetas,
Sin nunca un estallido de aplausos,

Marchan al invisible peligro;
Pálidas, paciente, voluntarias.

—Mark De Wolfe Howe, "The Valiant" ("Las valientes")

_____

MADRES, VALE LA PENA. Vale la pena. Cada hora, vale la pena. Vale la pena cada desvelo. Vale la pena cada consejo.

_____

MATRIMONIO

(Ver también _Divorcio_)

SI LE GUSTAN LOS CUENTOS QUE TIENEN UN FINAL FELIZ, le encantará el cristianismo. Es triunfo, victoria, unidad, armonía, gozo, exaltación, deleite con Jesús. En un sermón una vez también comenté que no habrían pleitos con las esposas y cuatro de los hombres dijeron: "Amén." Y cuando añadí: "o con sus esposos," cientos de mujeres dijeron: "Amén."

_____

CUATRO PALABRAS LO DICEN TODO. Aparecieron escritas en letras grandes en la vitrina de una joyería de Hollywood, California. Decía: "Alquilamos Anillos de Matrimonio." Si hay algo que está en la lista de asuntos en situación crítica de hoy, después de ser madre, es el matrimonio. Qué mala fama se le ha dado. Los programas de opinión en televisión lo usan como pelota de fútbol que pueden patear de un lado a otro. En la oficina se lo considera chiste.

¿Lo duda? Preste atención la próxima vez que alguien en su lugar de empleo anuncia que piensa casarse. Solo preste atención. No diga nada. Trate de oír palabras de afirmación y luego compárelas con los comentarios sarcásticos y bromas pesadas. Cuando la persona anuncia sus planes de casarse este verano, uno pensaría que acaba de anunciar sus planes de comprar una pitón de diez metros.

_____

A Susanita, de cuatro años, acababan de leerle el cuento de Blancanieves por primera vez en su vida. Ella casi ni podía esperar llegar a casa para contársela a su mamá. Con los ojos bien abiertos por la emoción, volvió a contarle el cuento de hadas esa tarde a su mamá. Después de relatar cómo el príncipe encantador había llegado en su hermoso caballo blanco, y había besado a Blancanieves para volverla a la vida, Susanita preguntó en voz bien alta:

"Y, ¿sabes lo que sucedió entonces?"

"Sí," dijo su mamá, "y vivieron felices para siempre."

"No," respondió Susanita, frunciendo el ceño: "se casaron."

—Cecil Osborne, *The Art of Understanding Your Mate*

El matrimonio comienza con mucho calor e intimidad pero con el tiempo puede enfriarse y convertirse en una relación más comercial. Considere las siete etapas de un resfriado matrimonial.

El primer año el esposo dice: "Corazoncito, estoy preocupado por mi nenita. Tienes un grave moqueo. Te voy a llevar al hospital para un examen completo. Sé que la comida es pésima pero he hecho arreglos con el restaurante italiano para que te lleven la comida todos los días."

El segundo año: "Escucha, cariño, no me gusta como suena esa tos. He llamado al Dr. Miller y en un instante estará aquí. Ahora, ¿por qué no te vas a la cama como niña buena, por mí; por favor?"

El tercer año: "Talvez deberías acostarte, mi amor. No hay nada como un poco de descanso cuando uno se siente mal. Te traeré algo de comer. ¿Tenemos sopa enlatada?"

El cuarto año: "Mira querida, sé sensible. Después de que le hayas dado de comer a los hijos y hayas lavado los platos, deberías acostarte."

El quinto ano: "¿Por qué no te tomas un par de aspirinas?"

El sexto año: "Si tan sólo hicieras gárgaras o algo así, en vez de estar tosiendo como una foca."

El séptimo año: "Por todos los cielos, deja de estornudar. ¿Acaso estás tratando de que me dé una neumonía?"

HACE ALGUNOS AÑOS una vez fui a predicar al Instituto Bíblico Moody, y una señora me escribió después una nota que decía: "Yo no me preocupaba por casarme. Dejé mi futuro en las manos de Dios. Pero todas las noches colgaba un pantalón de hombre en la cama, y me arrodillaba y elevaba esta oración: 'Padre celestial: oye mi oración; y si puedes, concédemela. He colgado un pantalón aquí. Por favor, llénalo con un hombre.'" ¿No le parece una carta maravillosa?

Pues bien, la leí a la semana siguiente, al volver a la iglesia que pastoreaba en Fullerton, California. A decir verdad, no tenía nada que ver con mi sermón; pero de todas maneras la leí porque pensaba que era una carta muy impresionante. El padre y el hijo mayor de una de nuestras familias de la iglesia estaban en el servicio pero la mamá se había quedado en casa con la hija, que estaba enferma. Mis ojos estaban en ellos cuando leí la carta de la señora. El padre se echó a reír, pero el hijo se quedó muy serio. En forma interesante, unas cuantas semanas más tarde recibí una carta de la madre que no había estado en ese culto. Ella escribió: "Querido Chuck: quiero saber si esto es algo de lo que me debo preocupar. He notado que nuestro hijo, cuando se va a la cama por la noche, cuelga un biquini al pie de su cama."

SVEN Y HULDA, eran una pareja cristiana de Escandinavia. Cantaban en el coro, asistían a la Escuela Dominical todos los domingos, oraban antes de cada comida, asistían a todas las reuniones de la iglesia; pero no podían llevarse bien. En casa, la situación era terrible: discusiones, peleas, quejas. Una mañana, después de su tiempo devocional, cada uno por separado, claro, Hulda le dijo a Sven: "Sabes, Sven, he estado pensando. Tengo la respuesta a esta situación irremediable que estamos viviendo. Creo que deberíamos orar para que el Señor se lleve a uno de nosotros a su presencia. Y luego Sven, yo puedo irme a vivir con mi hermana."

—Bruce Larson, *Believe and Belong*

¿HA OÍDO DEL HOMBRE que tenía una esposa rezongona? "Hablar, hablar, hablar, hablar," le dijo a su amigo. "Es todo lo que ella hace, hablar, hablar, hablar." Su amigo le respondió: "Pues bien, ¿y qué es lo que dice?" "No sé," contestó el otro, "nunca lo dice."

—Ray Stedman, *Solomon's Secret*

Un jefe de una tribu de África llamó a todos los hombres de la aldea para que se reunieran en la plaza de la aldea. Temía, les dijo, que ya no habían hombres verdaderos en la aldea. Tenía la impresión de que las esposas manejaban a los hombres.

Para ver si esto era verdad, les pidió a todos los hombres que pensaban que sus esposas los manejaban que salgan por la puerta al lado derecho de la choza. Los que pensaran que ellos eran los que mandaban en casa, debían salir por el lado izquierdo. ¿Y quién lo iba a decir? Todos los hombres salieron por la puerta a la derecha, excepto uno que se quedó.

A la larga, salió por la puerta a la izquierda. Así que el jefe llamó de nuevo a los hombres y elogió al lobo solitario. "Por lo menos hay un hombre de verdad en la aldea," dijo. "¿Podrías decirnos tu secreto?" El hombre parecía más bien abochornado, y al fin dijo: "Jefe, cuando salí de la casa esta mañana, mi esposa me dijo: "Marido, nunca hagas lo que otros hacen."

—Walter Trobisch, *The Misunderstood Man*

———————————

El Dr. Dan Amsler me contó de Matrimonios Anónimos. Lo leyó en un libro de uno de sus amigos. Es esto: Cuando a un hombre soltero en verdad le llega el deseo de casarse, se sienta y llama a un cierto número de teléfono. Matrimonios Anónimos entonces le envía a una vieja bruja en un camisón horrible y una bata de cama vieja. Tiene el pelo en moño, las medias enrolladas en los tobillos, la cara llena de crema, y lo hostiga hasta que él pierde el deseo de casarse.

—Ray Stedman, sermón "Alone but not Lonely" ("A solas pero no solo"), 15 de octubre de 1978

———————————

No tarda mucho para que los recién casados descubran que "nadie halla todo una persona." Pronto aprenden que la licencia matrimonial es solo un permiso de aprendizaje y preguntan con agonía: "¿Habrá vida después del matrimonio?"

Un viejo proverbio árabe dice que el matrimonio empieza cuando un príncipe besa a un ángel y termina con un calvo mirando a una señora gorda al otro lado de la mesa. Sócrates una vez le dijo a sus estudiantes: "Por lo que más quieran, cásense. Si encuentras una buena esposa, serás doblemente bendecido. Si encuentras una mala esposa, te convertirás en filósofo." Bien lo dijo el conde Herman Keyserling al decir: "Las dificultades esenciales de la vida no terminan, sino que más bien comienzan con el matrimonio."

—Joe Aldrich, *Secrets to Inner Beauty*

———————————

EL ÉXITO NO ES TANTO casarte con la persona que te hace feliz, sino escaparte de muchas otras que podrían hacerte desdichado.

—Clyde Narramore

———————————

¡El Matrimonio!
Es duro. Es difícil. Cuesta.
Cualquiera que dice que no lo es
Es porque nunca ha estado casado.
El matrimonio tiene problemas muchos más graves
Que aplastar el tubo de pasta dental
Por la mitad.

El matrimonio significa . . .
Esforzarse, doler, luchar.
Quiere decir aguantar
Debilidades de personalidad
Aceptar críticas
Y el darse el uno al otro libertad para fallar.
Es compartir sentimientos profundos
Sobre el temor y el rechazo.
Es convertir la autocompasión en risa
Y salir a caminar para retomar el control.

El matrimonio significa . . .
Gentileza y gozo
Resistencia y fuerza
Justicia y perdón
Y una gran cantidad de sacrificio.

El matrimonio significa . . .
Aprender cuándo no decir nada
Cuando seguir hablando
Cuando empujar un ápice
Y cuando hacerse a un lado.
Significa darme cuenta de que
"Yo no puedo ser Dios para ti;
También lo necesito a Él."

El matrimonio significa . . .
Que tú eres la otra parte de mí
Y yo soy la otra parte de ti.
Trabajaremos juntos
Sin jamás pensar en abandonarnos.

El matrimonio significa . . .
Dos cónyuges imperfectos
Edificando permanentemente
Dándose por completo
En unidad con un Dios perfecto.
¡El matrimonio, mi amor, somos tú y yo!

—Ruth Harás Calkin, *Love Is So Much More, Lord*

En esos días
las palabras: "Te amo, mi amor"
se decían en cinco diferentes inflexiones.
y significaban cincuenta cosas diferentes.
    Podrían haber significado,
gracias por abrir la botella de salsa de tomate,
aunque tú dijiste que yo ya la había aflojado.
    O, disfrutar de nuestras conversaciones
cuando llegas del trabajo
y estamos solos tú y yo para conversar y soñar.
    O simplemente que aprecio todas esas cosas

que te hacen ser quien eres:
tu fuerza sensible,
la manera como con una sonrisa me bajas de mi estrado,
o la manera en que pretendes que me estás oyendo
mientras lees el diario.

    Pero en algún punto en el camino dimos la vuelta
y en vez de seguir con la corriente
ahora luchamos contra ella.

    No fue una acción, o una palabra,
sino una serie de pequeños pleitos y peleas no resueltas
que ahora hacen de la televisión la solución
a los problemas de un día duro
y nos hace guardar silencio cuando deberíamos decir
"gracias" o "te ves hermosa hoy."

    Hoy, ya no te digo que te amo
porque el sonido de esas palabras
hace burla del significado especial que llevaban
cuando estábamos recién casados,
y es muy doloroso el recordar
que esos sentimientos que dijimos que nunca perderíamos
los dejamos, lágrima por lágrima, en el pasado.

—Deborah Jean Morris Swindoll, 2 de marzo de 1980

_____

LA MUJER NO FUE HECHA de la cabeza del hombre como para que lo domine, ni de sus pies como para que él la pisotee; sino de su costado, para que sea igual que él; debajo de su brazo para que la proteja; y de cerca de su corazón para que la ame.

—Matthew Henry, citado en Benjamín P. Browne, *Illustrations for Preaching*
_____

UNA ESPOSA ESTABA SENTADA desayunando cuando le preguntó a su esposo: "¿Que tal si algo me sucede y yo muero primero? ¿Te casarías de nuevo?" Él lo pensó por un momento y luego respondió: "Sí, probablemente lo haría." Luego ella preguntó: "¿Traerías a tu nueva esposa a vivir en esta casa y dormir en nuestra cama?"

"Pues bien, no he pensado en eso, pero probablemente sí," contestó él. Ella indagó un poco más: "¿Le dejarías que usara mis palos de golf?" A lo cual él respondió: "No, porque ella es zurda."

En un programa de televisión hace un tiempo el invitado era un actor, muy conocido por varios papeles románticos en varias películas. Como se esperaba, le preguntaron: "¿Qué es lo que hace a un buen amante?" Estoy seguro de que todos los que estaban viendo el programa (incluyéndome a mí) esperaban la respuesta típica del mujeriego. Para sorpresa del animador y del público, su respuesta debe haber dejado boquiabiertos a muchos. Él dijo lo siguiente:

"Un buen amante es un hombre que puede satisfacer a una misma mujer toda la vida de ella, y que puede estar satisfecho con una misma mujer toda su vida. Un buen amante no es el que va de mujer en mujer, en mujer. Cualquier perro puede hacer eso."

¡Vaya! Que haya más como él.

—Charles R. Swindoll, *Strike the Original Match*

El matrimonio no es tanto hallar a la persona correcta sino ser la persona correcta.

—Charles W. Shedd, *Letters to Karen*

MAYORDOMÍA

(Ver también *Dar, Dinero, Riqueza*)

Cuando el Dueño del cielo y de la tierra te dio el ser y te colocó en este mundo, te puso aquí no como el dueño sino como mayordomo.

—Juan Wesley

M<small>AYORDOMÍA</small> <small>ES</small> "el uso de los recursos dados por Dios para realizar las metas dadas por Dios."

—Ron Blue, *Master Your Money*

_____

MEDIO AMBIENTE

U<small>NA</small> <small>VEZ</small> hice un experimento con algo que resultó exactamente como esperaba. Corté un pedazo de una hermosa enredadera que crecía afuera de mi ventana. A propósito seleccioné un pedazo que se veía supremamente saludable, para empezar. Estaba creciendo. Tenía retoños que salían hacia arriba. Era de color verde profundo, y de lujo. Lo puse en mi estudio, en un gran medio ambiente: justo entre dos libros, *Robust in Faith* (Robusto en la fe) y *All the Prayers in the Bible* (Todas las oraciones en la Biblia). ¿Saben? Los libros no le sirvieron para nada a esa enredadera. Empezó a secarse aunque estaba rodeada de buenos libros, un buen medio ambiente, quietud y comodidad. Tan pronto como la corté, perdió todo su valor.

_____

MEDIOCRIDAD

H<small>AN</small> <small>PASADO</small> <small>VARIAS</small> <small>DÉCADAS</small> desde mis días inolvidables en el entrenamiento básico para la marina. Pero algunas de las lecciones que aprendí aún están conmigo; lecciones tales como escuchar a la voz correcta, ignorar los pasos de la mayoría, y tener la disciplina suficiente como para discernir entre lo esencial y lo incidental. Las ramificaciones de esta clase de disciplina han cambiado mi vida. Incluyen, por ejemplo, dedicarme a la excelencia mientras muchos se conforman con lo mediocre, apuntar a metas altas aunque otros parecen preferir el tedio de metas bajas, y marchar al son de otro tambor cuando a uno lo rodea la cacofonía de sonidos persuasivos rogándome que me una a sus fila. Recuerdo la forma como lo dice James Russell Lowell:

> La vida es una hoja de papel blanco
> Donde cada uno de nosotros puede escribir
> Sus dos o tres palabras, y luego llega la noche.
> ¡Empieza con grandeza! aunque tienes tiempo

apenas para una línea, sé así de sublime;
No el fracaso, sino una meta baja, es el crimen.

—Charles R. Swindoll, *Living Above the Level of Mediocrity*

_____

Mediocridad

Soy un hombre pequeño y solitario, amigo mío,
El mundo no me hará un monumento,
De alguna manera me he hundido
En el lodo de la mediocridad.
Solo a lo largo del sendero tortuoso de la vida
Repitiendo mis obras sin sentido,
Los errores tempranos ahora me acosan
Y como tumor ahora me carcomen.
Grandes cosas dejadas a otros hombres,
Grandes decisiones no a mi cuidado,
Nobles pasos y momentos
No es mi privilegio tener.
Cada vida tiene sus encrucijadas,
Cuidado con la que escoges,
Una vida de grandeza y felicidad
Es demasiado fácil perder.

Es mi firme convicción que aquellos que impactan y redefinen el mundo son los que se comprometen a vivir por sobre el nivel de la mediocridad. Todavía hay demasiadas oportunidades para la excelencia, demasiada demanda de distinción, como para quedar satisfechos con lo mínimo. Como lo dijera Isaac D'Israeli: "es un sabor desdichado contentarse con la mediocridad cuando la excelencia está frente a nosotros."

—Charles R. Swindoll, *Living Above the Level of Mediocrity*

_____

LA EXCELENCIA COMPETITIVA requiere el ciento por ciento todo el tiempo. Si lo duda, trate de mantener excelencia con sus normas al 92 por ciento. O incluso al 95 por ciento. La gente se figura que les va bien siempre y cuando logren acercarse en algo a ese nivel. La excelencia se reduce a lo aceptable, y a poco lo aceptable ya no parece valer la pena si uno puede pasársela con lo adecuado. Después de eso la mediocridad está a la vuelta de la esquina.

¿Alguna vez ha visto las consecuencias de "casi pero ni tanto"? Gracias a una muy buena investigación por Natalie Gabal, capté un nuevo conocimiento de lo que sucedería si el 99.9 por ciento se considerara suficiente. Si así fuese, en los Estados Unidos de América en este año el Departamento de Impuestos perdería unos dos millones de documentos; diariamente se le entregaría doce niños a los padres equivocados; 291 operaciones de marcapasos se harían en forma incorrecta; se recetarían veinte mil medicinas equivocadas; se entregarían 114.500 pares de zapatos incorrectos (y eso simplemente para citar unos pocos ejemplos).

—Charles R. Swindoll, *The Finishing Touch*

MENTIRAS

(Ver también *Engaño*)

ME ENCANTA LA RESPUESTA que un pequeño le dio a su mamá cuando ella le preguntó: "¿Qué es un mentira, cariño?" Él contestó: "Mamá, una mentira es una abominación al Señor, pero es un pronto auxilio en nuestras tribulaciones." A veces parece ser un pronto auxilio, pero nos saldrá el tiro por la culata, y convertirá la bendición en maldición y uno vivirá para detestarlo.

—Paul E. Holdcraft, *Snappy Stories That Preachers Tell*

LA DIFERENCIA ENTRE UNA PERSONA QUE DICE LA VERDAD y el que miente es que el que miente tiene que tener mejor memoria.

—Mark Twain, citado en Burton Stevenson, *The Home Book of Proverbs, Maxims, and Familiar Phrases*

UN VENDEDOR LLAMÓ a la puerta de un dilapidado departamento en una sección de los barrios pobres de la ciudad. La madre no quería hablar con el hombre, así que le dijo a su hijo pequeño que le dijera que no podía ir a la puerta porque estaba en la bañera. El niño fue a abrir la puerta y le dijo: "No tenemos bañera, pero mi mamá me dijo que le dijera que está allí."

—Jerry White, *Honesty, Morality and Conscience*

En los días cuando los niños viajaban en ferrocarriles para ir de un lugar a otro con sus padres, no cobraban por los niños menores de cinco años. Así que a un niño de seis años su madre le dijo, mientras llevaban sus maletas al tren: "Diles que tienes cinco años." El niño frunció el ceño, se subió al tren y se sentó. El conductor se acercó y le dijo: "¿Cuantos años tienes, hijo?" Él contesta: "Eh, cinco." Así que no pagó. Su madre pagó el boleto de ella y el conductor se retiró.

El conductor regresó un par de horas más tarde solo para conversar con el niño; le pasó la mano por el pelo al pequeño y le dijo: "Pues bien, ¿como te va en el viaje?" El niño contestó: "Muy bien." El conductor continuó su charla y dijo: "A ver, ¿cuando vas a cumplir seis años?" Y el niño dijo: "Cuando me baje del tren tendré seis años."

MILAGROS

Gary Richmond dijo: "Si estuvieran sucediendo a diario no se llamarían milagros, se llamarían regulares." Pienso que eso es una gran verdad. Los milagros no son regulares. Son de vez en cuando, talvez una vez en toda una vida; quizás dos.

Encontrar un lugar donde estacionarse en el lote de estacionamiento de un almacén conocido durante la temporada de Navidad no es un milagro. (Sé que parece ser un pequeño milagro pero no lo es, como usted sabe). El que deje de doler la muela no es un milagro . . . o que la cicatriz de la operación del apéndice no sea muy grande. Eso no es un milagro; es solo un muy buen cirujano.

¿JONÁS TRAGADO POR UN PEZ? ¡Lo creería si la Biblia dijera que Jonás se tragó el pez! No es difícil creer si se cree en un Dios de milagros.

—Billy Graham

MINISTERIO

(Ver también *Ministros, Pastores, Predicación*)

MINISTROS

(Ver también *Ministerio, Pastores, Predicación*)

SOBRE EL ESCRITORIO de un funcionario del Pentágono, estaba el siguiente letrero, en letras grandes:

LO SECRETO DE MI TRABAJO NO ME PERMITE
SABER LO QUE ESTOY HACIENDO.

Eso me recuerda a un letrero similar que se podría poner en el escritorio de muchos ministros jóvenes:

LO SAGRADO DE MI TRABAJO NO ME PERMITE
SABER LO QUE ESTOY HACIENDO.

—Charles R. Swindoll, The Bride

HACE TIEMPO leí un artículo en el cual el pastor de una iglesia describía sus actividades durante un cierto día, que supuestamente eran típicas de su rutina. Decía algo como esto: Al llegar a la oficina de la iglesia a las ocho de la mañana, tenía la intención de dedicar por lo menos dos horas a la preparación de su sermón del domingo, una charla al mediodía en un club local, y cinco mensajes de radio para la semana siguiente. Sin embargo, su secretaria le hizo recordar que había aceptado escribir un artículo para el boletín de la iglesia, que tenían enviar a la imprenta al mediodía. También tenía que hacer tres llamadas, una de ellas al presidente del comité de finanzas. Después de terminar esos deberes solo le quedaban treinta minutos para la preparación de su sermón, ya que a las diez tenía que reunirse con el comité de programa de la Asociación de Ministros. Cuando apenas empezaba a estudiar, recibió la noticia de que la madre de la presidenta de sociedad de damas de la iglesia acababa de fallecer, y querían la presencia del pastor en esa casa de inmediato. Esto, por supuesto, hizo que no pudiera asistir a la reunión del comité de ministros, pero sí logró asistir a su almuerzo a las doce y media con la auxiliar femenil. Luego de esto habló en un grupo de estudio bíblico. A las dos ofició un matrimonio. A las tres de la tarde comenzó sus visitas en los hospitales de la ciudad, y terminó justo a tiempo para la cena de caballeros, en donde elevó la invocación. La cena duró hasta la 7:30, permitiéndole al pastor que saliera justo a tiempo para asistir a una reunión del Comité de Encuesta de Todo Miembro. Estuvo presente apenas para dar unas cuantas sugerencias y animar al comité. Habiendo terminado, su día llegó a su fin y llegó a casa agotado a las 9:30 de la noche.

Este era el propio recuento del pastor de pasó un día completo. Ahora bien, sin ninguna reflexión o crítica de este hombre, puesto que no sé todas las circunstancias que hubiesen exigido de él tal horario, me preguntaría: ¿Estaba él cumpliendo la obligación que Dios le dio como pastor de iglesia? ¿Es así como Dios quiere que él pase su día? Cuando un hombre asume un pastorado, ¿se justifica que pase la mayor parte de su tiempo en reuniones administrativas, reuniones de juntas, reuniones de comités, reuniones de planificación de presupuestos; reuniones de preparación de programas, almuerzos, cenas y banquetes?

—Richard DeHaan, *Men Sent From God*

_____

DIEZ RAZONES POR LAS que los pastores deberían quedarse en sus iglesias y no renunciar demasiado rápido:

1. Necesito llegar a la altura de las nuevas demandas que estoy enfrentando en lugar de buscar una excusa para escapar.
2. Rehúso dejarme guiar por mis emociones.
3. Mi familia necesita amor y estabilidad.
4. Desarrollar personas lleva tiempo.

5. Quiero que nuestros misioneros tengan un sentir de estabilidad en su iglesia.

6. Un ministerio prolongado sirve mejor a la iglesia y a la comunidad.

7. El apoyo de los ancianos viene gradualmente.

8. La gente ha sido generosa conmigo.

9. No debo evadir la confesión y el perdón.

10. Puedo confiar en Dios y no darme al pánico.

—Don Bubna, "Ten Reasons Not to Resign"
("Diez razones para no renunciar"), *Leadership*, otoño de 1983

LA NATURALEZA DEL MINISTERIO es servicio. Tal vez se sorprenda saber que la palabra "ministro" o "ministerio" tiene en su raíz el término griego para "servicio" o "servir." Recuerde que nuestro Señor mismo "no vino para ser servido, sino para servir," Marcos 10:45.

En estos días de enarbolar una gran imagen, es fácil perder de vista el valor del servicio. En efecto sufrimos. Como John R. W. Stott lo ha escrito, sufrimos: "el vergonzoso culto de las personalidades humanas."

—Warren W. Wiersbe, *Making Sense of the Ministry*

MISIONES

UNA IGLESIA dio a sus miembros un cuestionario para que evaluaran por sí mismos su interés en las misiones. Compare por usted mismo dónde estaría, considerando estos ejemplos de criterios "alto" y "bajo":

Cuando se trata de mi comprensión bíblica de las misiones . . .
    puedo explicar como cada libro de la Biblia tiene que ver con la evangelización del mundo.
    no tengo una Biblia.

Cuando se trata de educación sobre las misiones . . .
    ayudo a otros a entender lo que Dios está haciendo en las misiones.
    concientemente evito cualquier énfasis sobre misiones o información sobre misiones.

Cuando se trata de la oración . . .
   oro y ayuno en forma regular por peticiones específicas de misioneros.
   no creo en la oración.

Cuando se trata de animar a los misioneros . . .
   los visito en los lugares donde laboran.
   no tengo nada que ver con misioneros.

Cuando se trata de ofrendas . . .
   animo a otros y doy con sacrificio para misiones.
   les quito dinero a los misioneros.

Cuando se trata de buscar candidatos a misioneros . . .
   en forma activa educo a otros sobre la necesidad de más misioneros en todo el
   mundo.
   pienso que deberían quedarse en sus casas y ganarse la vida.

Una pareja misionera regresaba a bordo de un barco después de muchos años
de fiel servicio en África. Resulta que en el mismo barco venía un diplomático al
que se le daba trato especial y mucha atención. Cuando llegó el barco, la pareja
se quedó atrás observando desde la cubierta mientras la banda tocaba y a la gente reunida y el gran aplauso. Mientras el diplomático desembarcaba y lo llevaban
al apuro a una limosina al sonido de la música y el aplauso, el hombre abrazó a su
esposa, y bajó con ella a las calles de Nueva York. "Cariño," le dijo: "no parece justo que al volver a casa después de todos estos años nos traten a nosotros así mientras que a ese individuo le dan atención especial." Echándole el brazo a su esposo
ella le dijo: "Pero, cariño, todavía no hemos llegado a nuestro hogar."

—Al Bryant, *1,000 New Illustrations*

_____

Un par de años después de que Cynthia y yo nos casamos, yo tuve que cumplir el servicio militar obligatorio. Me enliste en el cuerpo de la marina, fui al entrenamiento
básico, y al entrenamiento de infantería, y me destacaron a un período de servicio
en la ciudad de San Francisco, en California.

Luego recibí una carta del presidente Dwight Eisenhower. Era una carta urgente que cambiaba mi lugar de servicio de San Francisco a Okinawa, Japón. Hice lo mismo que usted hubiera hecho. Miré la carta para asegurarme de que en verdad yo era el destinatario. Sí, la carta era para mí. Todo mi marco de referencia cambió. Cynthia y yo nos dormimos llorando. Ese período de servicio militar me iba a alejar de ella dieciséis meses o más, muy temprano en nuestro matrimonio. Ni me imaginaba eso cambiaría por completo mi carrera. Lo que yo consideré la carta mas desdichada llegó a ser una afirmación directa de Dios para mí.

Al partir, mi hermano me puso en la mano un libro titulado *Through the Gates of Splendor* (Portales de esplendor), que trata de la historia de cinco misioneros que perdieron sus vidas, y cuyas viudas siguieron con sus vidas, a la larga evangelizando a los indios aucas en Ecuador. En el viaje de San Diego a Japón, y luego a Okinawa, obtuve un marco de referencia nuevo por completo. Por primera vez desde que recibí la carta mi mente dejó de presentar resistencia. Por primera vez comencé a pensar que talvez había un plan detrás de todo eso.

Mientras estuve en la isla de Okinawa entablé una amistad especial con un señor llamado Bob Newkirk. Una de las primeras cosas que Bob me dio fue un Nuevo Testamento Ampliado. Leí ese librito de Escrituras tres veces antes de salir de la isla. Él había marcado un versículo para mí. Filipenses 3:10 que, en la Versión Ampliada en inglés dice: "[Porque mi propósito es] conocerle; que progresivamente pueda llegar a conocerle más profunda e íntimamente, percibiendo, reconociendo y comprendiendo [las maravillas de su persona] más fuertemente y con más claridad."

¡Eso es! ¡Por eso fui! Humanamente hablando, nunca habría conocido a Bob Newkirk en San Francisco o en Houston, Texas. Pero en aquel lugar, lejos de todas mis muletas, de todas las cosas que nos dan comodidad, de todo lo familiar, tuve la oportunidad de ver las misiones por primera vez; y el gobierno lo pagó. Por primera vez estaría en una casa de un misionero. Por primera vez estaría en una cultura diferente, rodeado de otro lenguaje. Por primera vez en mi vida yo sería el extranjero. Y me hallaría vez tras vez teniendo que averiguar algo, y aprender toda una nueva manera de andar; y mi amor por Cristo en realidad comenzó a florecer.

———————————

A un artista famoso una vez le comisionaron para que pintara un cuadro de una iglesia muriéndose. Se esperaba que pintara una iglesia pequeña y humilde en un edificio dilapidado. Más bien él pintó un majestuoso edificio con un lujoso púlpito y magníficas ventanas; y cerca de la puerta estaba una caja para las ofrendas, rotulada "Misiones," con la ranura llena de telarañas.

Guillermo Carey, el gran misionero a India, le dijo una vez a un grupo de personas: "Yo bajo si ustedes sostienen las sogas." Es una gran idea. Es un gran cuadro mental. "Yo voy a las cuevas, yo voy a los lugares donde ustedes nunca irán, pero ustedes tienen que sostener las cuerdas. Yo bajo si ustedes las sostienen. Yo voy si ustedes las sostienen firmemente, y las sostienen con fuerza."

—Basil Miller, *William Carey: The Father of Modern Missions*

MISTERIO

Un hombre se crió en las montañas del estado de Virginia Occidental; tan lejos en el campo que nunca en su vida había visto una gran ciudad, para no decir nada de las invenciones modernas y luces de neón. Se casó con una chica vecina y pasaron sus años de casados en el mismo campo. Tuvieron un hijo, al que creativamente le pusieron por nombre Junior. Cuando Junior iba a cumplir dieciséis años el papá comenzó a darse cuenta de que en unos cuantos años el hijo se haría hombre y haría su propia vida. Le preocupaba que su hijo llegara a la mayoría de edad y terminara consiguiendo un trabajo en la ciudad, sin saber desenvolverse en el mundo real. Se sentía responsable y decidió hacer algo al respecto.

Él y su esposa comenzaron a ahorrar a fin de que los tres pudieran ir a la ciudad. Como tres años más tarde llegó el gran día. Echaron unas cuantas pertenencias en una vieja camioneta y emprendieron camino por las sinuosas y desiguales carreteras, hacia la ciudad. Su plan era pasar unos cuantos días en un destartalado hotel y disfrutar de todo lo que pudieran ver. Llegando a las afueras de la metrópolis, el padre comenzó a inquietarse: "Mamá, cuando lleguemos al hotel quédate en la camioneta mientras que Junior y yo vamos a inspeccionar un poco. Luego volvemos a buscarte. ¿te parece?" Ella asintió.

Luces relampagueantes de neón y porteros uniformados los saludaron cuando llegaron. La mamá se quedó en la camioneta y el papá y el hijo entraron a la recepción del hotel con los ojos casi saliéndoseles. ¡Ninguno podía creer lo que miraban sus ojos. Al pararse sobre un rodapié, las puertas se abrieron en forma automática. Adentro, se quedaron parados como estatuas, mirando el primer candelabro que jamás habían visto. A la izquierda había una cascada enorme, descendiendo sobre piedras incrustadas en la pared. "¡Junior, mira!" El padre señalaba el largo corredor del centro comercial, donde apurados compradores entraban y salían de los hermosos almacenes. ¡Papá, mira eso! En el piso bajo había una pista de patinaje sobre hielo; *bajo techo.*

Mientras ambos se quedaron en silencio, mirando cosa tras cosa que los dejaba sin respiración, escuchaban el sonido que se repetía detrás de ellos. Finalmente, Papá se dio la vuelta y vio un asombroso cuartito con puertas que se abrían desde el centro. "¿Qué es esto?" Las personas se acercaban, oprimían un botón y esperaban. Las luces sobre las puertas se encendían y luego *clic,* las puertas se abrían. Algunas personas salían y otras entraban y daban la vuelta mientras con otro *clic* las puertas se cerraban. Mirando todo esto el padre y el hijo se quedaron completamente boquiabiertos.

En ese momento una señora vieja y arrugada se acercó casi arrastrando los pies hasta las puertas, sola. Oprimió el botón y esperó apenas unos cuantos segundos. *Clic,* las puertas se abrieron con un susurro y la mujer entró con paso lento al cuartito. Nadie más entró con ella, así que con un *clic* las puertas se cerraron. En apenas otros veinte segundos las puertas se abrieron de nuevo; y ahí estaba una preciosa joven, rubia y atractiva, como de veinte años; con tacones altos, excelente figura, cara hermosa; ¡una belleza! Al salir, les sonrió y se dio la vuelta para alejarse. El papá le codeó a su hijo y le dijo en voz baja: "Junior, ¡ve a traer a tu madre!"

—Michael Green, *Illustrations for Biblical Preaching*

_____

MUCHAS COSAS en la vida son misterios. La muerte es así. Nadie jamás ha regresado de la muerte para decirnos como es, así que sigue siendo todavía un enigma, un acertijo, un misterio. También el mar. Su relación extraña con la luna que controla la marea continua siendo en la mente del poeta un constante y cambiante misterio.

Así son los espacios que nos rodean. Quién puede sondear los misteriosos movimientos de ese magistral reloj que siempre está en órbita, veinticuatro horas al día, 365 días al año. Si miramos suficiente tiempo por un telescopio, nuestros ojos se salen del lente y nuestra boca se abre mientras tratamos de sondear los misterios de los espacios que nos rodean.

Considere también el mundo invisible que nos rodea, como se puede ver sólo por el lente de un microscopio. Sea por el telescopio o por el microscopio, la vida parece estar envuelta en misterio. ¿Se ha dado cuenta usted de que si se pudiera aumentar el tamaño de un electrón al tamaño de una manzana y si a un ser humano se le pudiera agrandar en la misma proporción, esa persona podría sostener el sistema solar entero en la palma de su mano y tendría que usar un lente de aumento para poder verlo?

No todos los misterios son así de profundos. Algunos se hallan en algún punto entre lo aturdidor y lo humorístico. Muchas casas tiene el misterio de la maquina de lavar ropa. Mi casa es la peor. Uno puede poner doce pares de calcetines, y de alguna manera misteriosa y fenomenal se saca sólo ocho calcetines, y ninguno es par de ninguno. Y no me mande esas cositas que supuestamente los mantienen juntos, porque hasta esas cosas se han perdido. Todavía espero el día en que pueda sacar los calcetines faltantes y ponerlos con sus pares.

Añádale a eso el misterio de las líneas de tráfico. El misterio que a cada carril a que uno se cambia comienza a andar más despacio. ¿Quién lo podrá explicar alguna vez? Y luego existe el misterio del pan con mermelada de fruta y mantequilla de maní. Nunca se cae en la cocina, siempre en la sala. Algún chusco dijo que el hecho de que el sándwich caiga con la mantequilla de maní hacia abajo o hacia arriba están en proporción directa al precio de la alfombra.

Luego existe el misterio de la mecánica de autos. El auto da problemas por tres semanas. Finalmente, uno se da prisa una mañana antes de ir a trabajar para llevárselo. El auto funciona a la perfección mientras el mecánico se rasca la cabeza, pensando en por qué uno le llevó el auto. Uno sigue su camino al trabajo y el auto se daña a una cuadra del trabajo y hay que llamar a la grúa para que lo lleve al taller.

———————————

MORALIDAD

(Ver también *Justicia, Santidad*)

NO PUEDES JUGAR CON EL ANIMAL que hay en ti sin convertirte por completo en animal. El que desea mantener su jardín nítido, no reserva una parcela para hierbas malas.

—Dag Hammarskjold, *Markings*

_____

EN UNA NOCHE TÍPICA los canales de televisión presentan programa tras programa de actividad policial, problemas sociales, problemas sexuales, perversión.

Por ejemplo, en una nochebuena un matrimonio se separa luego de una pelea; hay un borracho en una cantina amenazando a los clientes con una botella rota; asesinan en forma salvaje a un sacerdote en una iglesia; hay un chofer ebrio; hay una bailarina desnudista; hay un hombre atisbando a mujeres desnudas; otros siete asesinatos; y más de media docena de heridos.

En los Estados Unidos de América los investigadores han encontrado que cuando una persona a los dieciocho años, ha pasado mas de veinte mil horas frente al televisor, mucho más que en cualquier salón de clase.

Durante la temporada pasada, la televisión mostró la violación de un ama de casa, una crónica de la vida y sentimientos de una prostituta, y una pareja homosexual viviendo juntos; temas que hace poco tiempo eran tabú.

Las telenovelas diarias de la década de los setenta continúan reflejando una versión de la vida "típica" estadounidense que incluye abortos, relaciones sexuales antes del matrimonio, relaciones extramaritales, chantaje, asesinatos, drogas, espionaje y corrupción.

La violencia forma una parte tan grande del simulacro de la vida real en la televisión que los estudios demuestran que se puede ver ocurrir de cinco a nueve veces por hora durante la hora de mayor sintonía, y unas treinta veces por hora durante los dibujos animados los sábados. Al estudiar las respuestas de 120 muchachos de cinco a catorce años, los investigadores hallaron clara evidencia de que "los que veían mucha televisión" ya ni se asombraban ni horrorizaban por la violencia.

Será difícil que niños que se crían en esta época, cuando lleguen a ser adultos, puedan ser los que toman decisiones entre lo bueno y lo malo, porque no han tenido parámetros. No tendrán la más mínima idea de lo que es un concepto moral.

_____

—*U.S. News and World Report,* 13 de octubre de 1975

MOTIVACIÓN

(Ver también *Ambición, Éxito, Línea de llegada, Logro*)

UNA PERSONA QUE SABE MOTIVAR llegará a la cumbre pináculo más pronto que un genio. Cuando Andrew Carnegie contrató a Charles Schwab para que administrase su floreciente imperio de acero, Schwab se convirtió en el primer hombre en la historia en ganar un millón de dólares al año siendo empleado de otra persona. Le preguntaron un día qué lo calificaba para ganar tres mil dólares al día. ¿Era su conocimiento de fábricas de acero? "Ni soñarlo," dijo Schwab. "Tengo muchos empleados que saben más en cuanto al acero que yo." Schwab ganaba un salario tan alto en gran parte por su capacidad de inspirar a otros. "Considero que mi capacidad para despertar en otras personas el entusiasmo es mi mayor atributo," dijo, "y cualquier líder que puede hacer eso, puede llegar casi a cualquier lugar y pedir casi cualquier salario."

—Alan Loy McGinnis, *Bringing Out The Best in People*

EL OPTIMISMO, VALENTÍA Y LA FIDELIDAD se alimentan de alta moral. La capacidad para continuar avanzando, solo si fuese necesario, requiere una visión clara. A fin de poder alcanzar las metas tiene que haber un entusiasmo desde adentro, una chispa que enciende la llama de la esperanza, diciéndonos: "Manos a la obra" cuando nuestras mentes están listas para convencernos de: "¡Ay, ¿de qué sirve?" Se llama motivación.

LOS ENTRENADORES SON BUENOS PARA ESTO. (Más les vale. Hay un adjetivo para los que no lo son: desempleados). Todos lo hemos visto suceder. El equipo está perdiendo en grande. Parece que no pueden acertar ni una en el primer tiempo. Es como que estuviesen jugando con guantes de seda. En vez de tomar las riendas, los tienen dominados.

Pero luego; ¡magia!

En el vestidor, alejados de sus fanáticos, el equipo y su entrenador se enfrentan cara a cara; y resulta punto menos que algo fenomenal. Uno apostaría a que otro grupo de atletas se pusieron los uniformes y jugaron un segundo tiempo victorioso, puesto que salieron y aplastaron a sus rivales. Pero estos en verdad son los mismos jugadores; ¿o lo son? Fueron transformados por unos minutos de inspiración con alguien que es experto para levantar la moral y aclarar la visión.

—Charles R. Swindoll, *The Finishing Touch*

_____

LA PERSONA MÁS MOTIVADA DEL MUNDO es una persona de 1.5 metros de estatura que no sabe nadar en una piscina de 1.6 metros de profundidad.

_____

EN LO MÁS DURO de la Guerra Civil en los Estados Unidos de América, Abraham Lincoln a menudo encontraba refugio en una iglesia presbiteriana en Washington, D.C. Iba con uno de sus ayudantes, se sentaba, ponía su sombrero sobre sus rodillas, y nunca interrumpía la reunión ya que sabía que la congregación se distraería si supieran que el presidente había venido a esa reunión entre semana. Se sentaba a un lado, cerca de la oficina del pastor, mientras que el ministro abría las Escrituras y enseñaba la palabra de Dios y dirigía la reunión. La guerra estaba destrozando al país y su alma. Habiendo perdido un hijo, Lincoln estaba en lo más bajo, y necesitaba consuelo y sostén.

Cuando el pastor terminó su mensaje y la gente empezó a salir, el presidente en silencio se puso de pie, se arregló su chaqueta, tomó su sombrero en la mano y comenzó a salir. El ayudante le detuvo y le preguntó: "¿Que pensó acerca del sermón, Sr. Presidente?" Él dijo: "Pienso que el sermón estuvo muy bien organizado y articulado." El ayudante dijo: "¿Piensa que fue un gran sermón?" Lincoln dijo: "No; yo pienso que él falló." "¿Falló? ¿Pero cómo, por qué?" "Porque no nos pidió que hagamos nada grande."

—Bruce Larson, *What God Wants to Know*

_____

JAKE, UN GUARDABOSQUES, siempre se sorprendía porque su amigo Sam, pescador, llegaba al final del día con dos o tres sartas de pescados. Esto sucedía aun cuando los demás pescadores regresaban con solo dos o tres pescados. El lago particular en que pescaban estaba lleno de peces, pero parecían eludir al pescador común y corriente, así que no había límite al número de pescados que podía pescar, sino sólo en cuanto al tamaño. Y todos los pescados que había pescado Sam tenían tamaño suficiente como para llevárselos a casa.

La curiosidad del guardabosques finalmente llegó a su límite. Así que en una ocasión le dijo a Sam: "Me gustaría conocer tu secreto." Sam, un hombre de pocas palabras, le dijo: "Te espero aquí mañana por la mañana"

Al día siguiente, mucho antes de que amaneciera, el guardabosques estaba ahí. Sam llegó, encendió el motor, y en treinta o cuarenta minutos estaban en una parte recluida del lago. Era importante para Sam que no hubiese ninguna otra persona alrededor. Cuando apagaron el motor, todo estaba tan callado como puede estarlo. Jake decidió cruzarse de los brazos y observar y mirar lo que Sam iba a hacer. Sam buscó en su caja de instrumentos de pesca, sacó una taco de dinamita, encendió le mecha y la lazó al aire. Cuando cayó al agua hubo una explosión enorme. En cuestión de segundos, pescados de todos tamaños comenzaron a flotar en la superficie del lago. Sin decir una sola palabra, Sam comenzó a recoger los peces más grandes, y a ponerlos en una cuerda.

Jake gritó. "¡Un momento. Estás quebrantando toda regla y regulación. Te voy a aplicar la ley sin contemplación. Vas a tener que pagar muchas multas. Te voy a echar en la cárcel."

Al mismo tiempo, Sam buscó en su caja y sacó otro taco de dinamita. Encendió la mecha y la lanzó a las rodillas de Jake diciéndole: "¿Vas a quedarte sentado allí todo el día o vas a pescar?"

—Max Lucado, *No Wonder They Call Him Savior*

EN UNA OCASIÓN me hospedé en el hotel Peabody de la ciudad de Orlando, Florida. Una de las cosas que le da fama a este hotel es que dos veces al día tienen un singular desfile de patos. Mientras se oye en el trasfondo la marcha "Stars and Stripes Forever" ("Estrellas y franjas para siempre"), de John Phillip Sousa , los patos salen de todas partes y se reúnen frente a la fuente del primer piso del hotel y se saca una alfombra roja. Los patos marchan, sin lanzar ni el más mínimo graznido, desde la fuente hasta detrás de una cortina. No lo podía creer. Pensé mientras miraba, que tiene que haber alguna razón. Aquellas aves iban desfilando por la alfombra mientras todos aplaudíamos el espectáculo.

Así que decidí una tarde que haría lo que nadie en el grupo hacía. Los seguiría hasta detrás del telón. Así que lo hice, no sobre la alfombra, por supuesto, sino a un lado. Caminé hasta la cortina, y cuando el desfile terminó y la gente se iba, miré detrás de la cortina. Ahora sé por qué los patos hacen eso. Detrás de la cortina no hay ningún orden. Hay comida de pato regada por todas partes. Hay graznidos y ruido, y todo tipo de cosas detrás de la cortina. ¡Por eso es que lo hacen! Me di cuenta al mirarlos desfilar que no marchaban porque quisieran hacerlo de corazón. Sus corazones, sus mentes (uno podía notarlo en sus ojos), estaban en la comida al final del desfile.

———————————

DIEZ RECORDATORIOS PARA MANTENERNOS MOTIVADOS:

Uno: Despiértate feliz. El optimismo y el pesimismo son actitudes de conducta. Escucha una grabación motivadora al ir a tu trabajo. Lee libros educativos y motivadores, y artículos que te levanten el ánimo por la mañana. Comienza tu día con oración y lectura de la Palabra de Dios.

Dos: Háblate a ti mismo palabras positivas desde la mañana hasta la noche. "Por lo general las cosas resultan bien." "Espero que este año sea excelente." "La próxima vez lo haré mejor." "Lo lograremos."

Tres: Mira los problemas como oportunidades. Haz una lista de tus problemas más apremiantes, los que estorban tu crecimiento personal y profesional. Escribe una o dos líneas definiendo cada problema. Ahora escribe la definición una vez más, solo que esta vez míralo como una oportunidad o ejercicio de desafío de tu creatividad e ingenio.

Cuatro: Concentra tu energía e intensidad sin distracción en completar tu más importante tarea actual. Olvídate de las consecuencias de fallar. El fracaso es nada más que un cambio de dirección temporal que endereza tus pies para el próximo paso.

Cinco: Busca algo bueno en todas tus relaciones personales y acentúa las bendiciones.

Seis: Aprende a mantenerte relajado y amigable sin que importe bajo cuánta tensión te halles.

Siete: Piensa y habla positivamente de tu salud.

Ocho: Espera lo mejor de los demás. Recuerda que dar aliento y aprecio es contagioso.

Nueve: Esta semana busca y habla en persona con alguien que esta haciendo lo que tú más deseas hacer y que haces bien.

Diez: La mejor forma de mantenernos optimistas es asociándonos con personas optimistas.

—Dennos Waitley, *The Winner's Edge*

MUERTE

(Ver también *Aflicción*)

Epitafio:

Aquí yacen los huesos de María Pérez

Porque su vida no tuvo terrores;

Vivió como solterona

Murió como solterona

Nada de carreras, nada de bateo, nada de errores.

Epitafio:

De seguirte no estoy contento

Mientras no sepa a dónde fuiste.

Una anciana fue al almacén de lápidas para ordenar una lápida para la tumba de su esposo. Después de explicar que quería una pequeña, sin ningún adorno, les dijo que pusieran la leyenda "A mi esposo," en un lugar apropiado. Cuando le entregaron la lápida, ella leyó, horrorizada, esta inscripción:

A mi esposo

en un lugar apropiado.

—Lloyd Cory, *Quote Unquote*

Muchos tratan de la muerte usando humor. Un letrero en un parachoques decía: "No tomes la vida demasiado en serio. No saldrás de ella vivo."

—Elbert Hubbard, *Dictionary of Humorous Quotations*

No es que tenga miedo de morir. Simplemente no quiero estar allí cuando suceda.

—Woody Allen, citado en Lloyd Cory, *Quote Unquote*

El presidente Harry Truman contaba de un hombre que recibió un golpe en la cabeza y cayó en profunda coma. Se quedó así por largo tiempo. La gente pensó que se había muerto así que lo enviaron a una funeraria, en donde le pusieron en un ataúd. A las dos de la mañana, estando él solo en el salón débilmente iluminado, se sentó y miró a su alrededor. "¡Vamos!" dijo. "¿Qué sucede? Si estoy vivo, ¿por qué estoy en un ataúd? Y, si estoy muerto, ¿por qué tengo ganas de ir al baño?"

—James Hewett, *Illustrations Unlimited*

Muerte, No Te Enorgullezcas

Muerte, no te enorgullezcas, aunque algunos te han llamado
poderosa y aterradora, porque no lo eres;
porque aquellos a quienes piensas que tú has derrocado
no mueren, pobre Muerte; ni tampoco puedes matarme.
Del descanso y sueño, de los que tú eres cuadro,
mucho placer; entonces de ti mucho más debe fluir;
y pronto nuestros mejores hombres contigo ir;
¡Descanso de sus huesos y liberación del alma!
Tú eres esclava del destino, la suerte, reyes y hombres desesperados,
y tú con el veneno, guerras y enfermedad moras;
y menjurjes y hechizos pueden hacernos dormir por igual
y mejor que tu golpe. ¿Por qué te hinchas entonces?
Un corto sueño pasa, nos despertamos eternamente,
y la Muerte ya no será más: Muerte, tú morirás.

—John Donee

Un Salmo de Extremidad

Derramo lágrimas
a ti, Señor
lágrimas
porque no puedo hablar.
Las palabras se pierden
entre mis temores
dolor
aflicciones
pérdidas
heridas
pero lágrimas.
Tú entiendes
mi oración sin palabras.
Tú oyes
Señor
Limpia mis lágrimas
todas las lágrimas
no de una manera distante
sino ahora
aquí.

—Joseph Bayly, *Psalms of My Life*

_____

En los Campos de Flanders

En los campos de Flanders las amapolas florecen
Entre las cruces, fila tras fila,
Que marca nuestro lugar; y en el cielo
Las alondras, todavía cantando valientemente, vuelan
Casi sin que se las oiga en medio de los cañones abajo.
Somos los Muertos. Hace pocos días
Vivíamos, sentíamos la aurora, veíamos la caída del sol resplandecer,
Amábamos y nos amaban, y ahora yacemos
En los campos de Flanders.

Toma nuestra lucha contra el enemigo:
A ti de manos que fallan te lanzamos
La antorcha; que sea tuya para que la mantengas en alto.
Si te abres a la fe con nosotros los que morimos
No dormiremos, aunque las amapolas crezcan
en los campos de Flanders.

—John McCrae, citado en Hazel Felleman,
The Best Loved Poems of the American People

_____

SÓLO EL HOMBRE . . . tiene conocimiento previo de su muerte venidera . . . y, poseyendo ese conocimiento previo, tiene una posibilidad, si escoge tomarla, de meditar sobre lo extraño de su destino. . . . [Él] tiene por lo menos una posibilidad de hacerle frente, puesto que está dotado de la capacidad de pensar en eso de antemano y . . . de hacerle frente y lidiar con eso de alguna manera que sea digna de la dignidad humana.

—Arnold Toynbee, *Man's Concern with Death*

_____

USTED Y YO vamos a morir. No hay escape. Quién no ha oído de los dos hechos sin escapatoria: la muerte y los impuestos. Me gusta el comentario que Joan Welsh hizo: "Tal vez la muerte y los impuestos son inevitables, pero la muerte no empeora cada vez que el congreso se reúne."

—Lloyd Cory, *Quote Unquote*

_____

HAY UNA LÍNEA del Talmud judío que lo dice muy bien: "El hombre nace con sus manos apretadas; muere con ellas abiertas de par en par. Al entrar en la vida, desea agarrarlo todo; al dejar el mundo, todo lo que ha poseído se le ha ido."

—Charles R. Swindoll, *Living Above the Level of Mediocrity*

Lo que sigue es una selección del poema "Thanatopsis."
Mientras el largo tren
De las edades se desliza, los hijos de los hombres:
La juventud en la primavera verde de la vida, y él que va
En la plena fuerza de los años, señora y criada,
Y el dulce bebé, y el hombre de cabeza cana;
Serán reunidos uno por uno a tu lado,
Por aquellos, que a su vez los seguirán.

Así que vive para que cuando tu llamado venga para unirte
A la innumerable caravana que se muda
A ese misterioso ámbito, en donde cada uno tomará
Su cámara en los corredores silenciosos de la muerte,
Tú no vayas, como el esclavo de la cantera por la noche,
Flagelado a su pocilga, sino, sostenido y aliviado
Por una confianza inquebrantable, acércate a la tumba,
Como él que envuelve el cobertor de su sillón
Alrededor suyo, y se acuesta para sueños agradables.

—James Gilchrist Lawson, *The World's Best Loved Poems*

LAS ESTADÍSTICAS DE LA MUERTE son muy impresionantes: uno de cada uno muere.

—George Bernard Shaw

UNA VIEJA LEYENDA CUENTA que un mercader de Bagdad envió un día a su criado al mercado. A poco el criado volvió, pálido y temblando, y muy agitado le dijo a su patrón: "En el mercado me tiró del brazo una mujer de la multitud, y cuando me di la vuelta vi que era la muerte que me había tirado del brazo. Me miró, e hizo un gesto amenazador. Amo, por favor, préstame tu caballo, porque debo apresurarme para evitarla. Huiré a Samarra y allí me esconderé, y la muerte no me encontrará."

El comerciante le prestó su caballo, y el criado se alejó galopando a toda prisa. Más tarde el mercader fue al mercado y vio a la muerte entre la multitud. Se acercó y le preguntó: "¿Por qué asustaste a mi criado esta mañana? ¿Por qué le hiciste un gesto amenazador?"

"Eso no fue un gesto amenazador," dijo la muerte. "Fue sólo el inicio de la sorpresa. Me sorprendió verlo aquí en Bagdad, porque tengo una cita para encontrarme con él esta noche en Samarra."

Pedro Marshall, John Doe, Disciple, Sermons for the Young in Spirit

HAY DOS PUNTOS FIJOS en nuestras vidas: el nacimiento y la muerte. La muerte es especialmente inflexible. Un astuto escritor usó estas palabras para describir lo que todos hemos sentido.

> Esto nos frustra, especialmente en tiempos de avances científicos y conocimiento que crece en forma explosiva, que podamos romper el medio ambiente de la tierra y sin embargo nos deja fríos el misterio implacable de la muerte.
>
> Un electroencefalograma puede reemplazar a un espejo sostenido frente a la boca, las autopsias pueden llegar a ser más sofisticadas, el embalsamamiento cosmético puede reemplazar a las monedas en los párpados y los sudarios de tela, pero la muerte continúa confrontándonos con su pared negra. Todo cambia; la muerte es inmutable.
>
> Podemos posponerla, podemos domar su violencia, pero la muerte todavía está esperando. La muerte siempre espera. La puerta de la carroza nunca se cierra.
>
> El lechero y el vendedor viven a la sombra de la muerte, junto con el ganador del Premio Nóbel y la prostituta, la madre, el infante, el adolescente y el viejo. La carroza espera por el cirujano que trasplanta un corazón tanto como el esperanzado paciente que lo recibe, por el director de la funeraria tanto como por el cadáver que él manipula. La muerte no perdona a nadie.

—Joseph Bayly, The Last Things We Talk About

CUANDO DAN RICHARDSON, entusiasta creyente en Cristo, perdió su batalla contra el cáncer, repartieron lo siguiente en su servicio fúnebre.

El cáncer es limitado . . .

No puede limitar el amor,

No puede corroer la fe,

No puede carcomer la paz,

No puede destruir la confianza,

No puede matar una amistad,

No puede borrar de nuestros recuerdos,

No puede silenciar el valor,

No puede invadir el alma,

No puede reducir la vida eterna,

No puede apagar el espíritu,

No puede disminuir el poder de la resurrección.

—Charles R. Swindoll, *The Finishing Touch*

PREGÚNTENLE A LA GENTE en cuanto a la muerte y el cielo y recibirá respuestas asombrosas, especialmente de los niños.

Alan, de 7 años:

"Dios no te dice cuándo vas a morir por qué quiere que sea una gran sorpresa."

Aarón, de 8 años:

"El hospital es el lugar donde la gente va camino al cielo."

Raymundo, de 10 años:

"Un médico bueno puede ayudarte para que no te mueras. Un médico malo te envía al cielo."

Estefanía, de nueve años:

"Los médicos te ayudan para que no te mueras mientras no pagues todas sus cuentas."

Marcia, de 9 años:

"Cuando te mueres, no tienes que hacer deberes escolares en el cielo a menos que tu maestra también esté allí."

Carlos, de 10 años, es muy valiente:

"No tengo miedo de morir porque son boy scout."

Rafael, de 8 años:

"Cuando los pájaros están listos para morir simplemente se van volando al cielo."

—*Good Housekeeping*, marzo de 1979

_____

BILLY GRAHAM predicó en el funeral de Dawson Trotman. Dawson había creído en el ministerio de Billy. Era un individuo que sabía alentar. La revista *Time* dijo, al informar de su muerte: "Dawson Trotman siempre estaba elevando a alguien." Cuando se ahogó en el Lago Schroon después de salvarle la vida a otra persona, su esposa, Lila, dijo: "Le llegó la hora. Nuestro Dios está en el cielo; Él ha hecho lo que le agrada hacer (Sal. 115:3).

_____

EL 25 DE ENERO DE 1973, en el Memorial Hospital, Juan Riso, pelirrojo, risueño, alto, de 18 años, conductor de tractores, vaquero, enamorado, tímido; murió después de dos años y medio de leucemia. Después de seis semanas de fiebre calcinante, remedios experimentales, sangrías, un absceso en el recto que se volvió gangrenoso, murió quieta y suavemente, por fin, después de seis horas de violentos estertores de muerte. Su cara estaba tan flaca, su pelo era sólo un recuerdo, apenas una pelusa roja, los brazos azules y verdes por las inyecciones y alimentación intravenosa; parecía una vieja fotografía de un santo después de que su tortura se había terminado.

Su madre escribió: "¿Por qué un Dios bondadoso haría lo que le hizo a Juan, o me haría algo así a mí? Yo soy pobre; sólo tengo muebles y ropas usadas. Las cosas de valor eran mi esposo y mi hijo. Todas nuestras vidas hemos luchado por sobrevivir. Cómo puedo vivir con el recuerdo de la agonía que él sufrió. Parte del tiempo estaba en coma, y repetía: 'Mamá, ayúdame. Mamá, ayúdame. Mamá, ayúdame.' Yo no podía hacer nada; esto me mata. Le susurraba a su oído: 'Juan, Juan, te quiero mucho.' De repente, su brazo se puso tieso y cayó por mi espalda, y muy calladamente dijo desde alguna profundidad muy vasta: 'Yo, también . . . yo, también.'"

Yo añadiría esta oración: "Padre: la vista desde una carroza es lóbrega. Es algo en lo que nos gusta pensar. Los tubos y equipo de los hospitales, y el olor de las medicinas, estas cosas nos parecen repulsivas para nosotros. La cara pálida de un niño que se muere, los ojos hundidos de un padre, un cónyuge, los duros golpes de la vida; oh Dios, hay mucho de eso por aquí. Te pido por los que atraviesan el valle y no hay muchos allí para consolarlos. Te pido que tú levantes hombres y mujeres misericordiosos que se interesen lo suficiente como para extender la mano y estar cerca, no con cañones de artillería doctrinal, no en ese tiempo, sino con la compasión de Jesucristo, que se dio a sí mismo por nosotros."

—Joseph Bayly, *A View from the Hearse*

_____

Un Salmo en la Muerte de un Hijo de 18 años
Qué desperdicio, Señor
este ungüento precioso
aquí derramado
es tesoro grande
más allá de lo que mi mente piensa.
Por años
hasta esta medianoche
estaba seguro
contenido
esperando uso cuidadoso
ahora roto
desperdiciado
perdido.
El mundo es pobre
tan pobre que necesita cada gota
de eso guardado.
Este tesoro gastado
podría alimentar a una multitud
por todos sus días
y entonces rendir más.
¿Este mundo es pobre?
Es más pobre ahora
el tesoro se ha perdido.
Respiro su fragancia que se queda
pronto incluso eso

cesará.

¿A qué propósito sirvió?

El acto está desprovisto de razón

sentido

Señor

los locos hacen tales obras

no los cuerdos.

El cuerdo acapara su tesoro

lo gasta con cuidado

si bien

para dar de comer a los pobres

o para alimentarse a sí mismo.

Déjame solo Señor

Tú me has quitado

lo que yo le di a tu mundo.

No puedo ver

tal desperdicio

que quites

lo que los pobres necesitan.

Tú tienes un cielo

lleno de tesoro

¿no podías esperar

para ejercer tu reclamo

sobre esto?

Oh, perdóname, Señor, perdona

para que yo pueda ver

más allá de este mundo

más allá de mí mismo

Tu plan soberano

y no viendo

que yo pueda confiar en ti

que arruinaste mi tesoro

Ten misericordia, Señor,

aquí está mi renuncia.

—Joseph Bayly, *Psalms of My Life*

Antes de que los vientos que soplan cesen,
Enséñame a morer dentro de tu calma;
Antes de que el dolor haya pasado a paz,
Dame, mi Dios, cantar un salmo.
No permitas que pierda la oportunidad de probar
La plenitud del amor que capacita,
Oh amor de Dios, haz esto por mí:
Mantén una victoria constante.
Antes de que yo deje la tierra desierta
Por la pradera de la flor inmortal,
Condúceme donde los arroyos a tu orden
Fluyen por las fronteras de las horas,
Para que cuando el sediento venga, yo pueda
Mostrarle las fuentes del camino.
Oh amor de Dios, haz esto por mí:
Mantén una victoria constante.

—Amy Charmichael, citado en V. Raymond Edman,
In Quietness and Confidence

_____

REFLEXIONE POR UNOS MOMENTOS en esta penetrante analogía entre el nacimiento y la muerte:

Cada una de nuestras muertes individuales se puede ver con un nacimiento. Imagínese lo que sería si usted tuviera plena conciencia como feto y ahora pudiera recordar esas sensaciones.

Su mundo es oscuro, seguro. Le rodea un líquido abrigado, acojinado de todo golpe. Usted no hace nada por sí mismo; recibe comida automáticamente, y el golpeteo de un latido le asegura que alguien más grande que usted suple todas sus necesidades. Su vida consiste sólo en esperar; no está seguro de qué es lo que espera, pero cualquier posibilidad parece distante y asusta. Usted no encuentra objetos puntiagudos, ni dolor, ni aventuras amenazadoras. Muy buena existencia.

Un día usted siente un tirón. Las paredes se le vienen encima. Esos cojines suaves ahora están oprimiéndolo y golpeándolo, aplastándolo hacia abajo. Su cuerpo está doblado dos veces, sus extremidades retorcidas y entrelazadas. Usted está cayéndose, de cabeza. Por primera vez en su vida siente dolor. Usted está en un mar de sustancia viscosa. Hay más presión; casi demasiada intensa como para soportar. Le aplastan la cabeza hasta que quede case plana, y lo empujan más fuerte, más fuerte dentro de un túnel negro. Ah, el dolor. Ruido. Más presión.

Usted siente que le duele todo. Un gemido y un repentino temor horroroso le recorren el cuerpo. Está sucediendo; su mundo se está derrumbando. Usted está seguro de que es el fin. Ve una luz penetrante y cegadora. Manos frías, ásperas, lo jalan. Una palmada dolorosa. ¡Uaaa!

Felicitaciones; usted acaba de nacer.

La muerte es así. Desde este extremo del canal del nacimiento, parece aterradora, portentosa y llena de dolor. La muerte es un túnel tétrico y una fuerza poderosa nos arrastra hacia allá.

—Philip Yancey, *Where Is God When It Hurts?*

_____

Había un hombre muy cauteloso
Que nunca se reía ni jugaba.
Nunca se arriesgaba, nunca se cansaba
Nunca cantaba ni oraba.
Y cuando un día
Falleció le negaron su seguro
Porque puesto que en realidad nunca vivió
Adujeron que nunca murió.

_____

MUNDO

Es un mundo maravilloso. Puede destruirse a sí mismo, pero podrás verlo por televisión.

—Bob Hope

_____

Vi una caricatura que decía: "La carrera de ratas se acabó; las ratas ganaron."

_____

¿Se ha preguntado alguna vez lo que los arqueólogos excavarán de nuestra civilización? Letreros de McDonald; discos de grabaciones de Michael Jackson, arcos de fútbol, submarinos nucleares, artefactos religiosos del Templo del Pueblo, y libros como *Give Me That Prime Time Religion (Dame esa religión de hora pico)*. Pornografía, licor, drogas, música, películas; todo eso demostrará que somos una generación loca.

———————————

LOS FILÓSOFOS SÓLO HAN interpretado el mundo en forma diferente. El punto es cambiarlo.

—Karl Marx

———————————

PUEDO IMAGINARME una caricatura que tal vez pudiera parecer en alguna revista de negocios, mostrando a un hombre de negocios cansado tarde una noche; con la corbata floja después de un día atareado, viendo el reportaje de negocios. Sólo que esta vez los informes son mucho más realistas. Imagínese su mirada asombrada cuando oye:

Los promedios de las transacciones bursátiles en la escena humana fueron mezclados hoy día:

- Amor fraternal: rebajó un par de puntos.
- Interés propio: subió medio punto.
- La vanidad ni subió ni bajó.
- Optimismo cauto: cayó un punto en comercio lento.
- En general, nada cambió en realidad.

—Charles R. Swindoll, *Growing Deep in the Christian Life*

———————————

Deberes de las enfermeras en 1887

Además de atender a sus cincuenta pacientes, cada enfermera seguirá las siguientes regulaciones:

1. Diariamente barrer y trapear los pisos de su sala, desempolvar los muebles de los pacientes y las ventanas.

2. Mantener una temperatura estable en su sala, trayendo suficiente carbón para el día.

3. La luz es importante para observar la condición del paciente. Por consiguiente, cada día deben llenar las lámparas de querosín, limpiar las chimeneas, y recortar las mechas. Lavar las ventanas una vez por semana.

4. Las notas de la enfermera son importantes para ayudar al trabajo del médico. Preparen sus plumas con cuidado; pueden afilar las plumas a su gusto individual.

5. Toda enfermera de turno se reportará todos los días a las 7:00 a.m., y saldrá a las 8:00 p.m.; excepto el sabat, en el cual estarán libres de las 12 del mediodía hasta las 2:00 p.m.

6. Las enfermeras graduadas y en buena posición con la directora de enfermeras gozarán de una noche cada semana con propósitos de cortejo o dos noches a la semana si asisten regularmente a la iglesia.

7. Cada enfermera debe separar cada día de pago una buena suma de sus ganancias para sus beneficios durante sus años de declinación, de manera que no se vuelva una carga. Por ejemplo, si gana $30 al mes, debe poner aparte $15.

8. Toda enfermera que fuma, usa licor en cualquier forma, se peina en un salón de belleza, o frecuenta salones de baile le dará a la directora de enfermeras buena razón para sospechar de su valía, intenciones e integridad.

9. A la enfermera que realice su trabajo y sirva a sus pacientes y médicos con fidelidad y sin falta por un período de cinco años, la Administración del hospital le dará un aumento de cinco centavos al día, siempre y cuando no haya deudas pendientes del hospital.

—Charles R. Swindoll, *The Quest for Character*

UN HISTORIADOR DICE que la edad promedio de las grandes civilizaciones del mundo es un lapso como de doscientos años cada una. Casi sin excepción, cada civilización ha pasado por la misma secuencia. De esclavitud a la fe espiritual, de la fe espiritual a gran valor, de gran valor a la libertad, de la libertad a la abundancia, de la abundancia al ocio, del ocio al egoísmo, del egoísmo a la complacencia, de la complacencia a la apatía, de la apatía a la dependencia, de la dependencia a la debilidad, de la debilidad de nuevo a la esclavitud. Tiene sentido, ¿verdad? Empieza y termina en la esclavitud. ¿Por qué? Porque gira sobre el eje de la depravación.

— Lloyd Cory, *Quote Unquote*

Se calcula que Jesús, hace dos mil años, habló tal vez a unas veinte a treinta mil personas en toda su vida. Hoy, si viviera, en una sola prédica podría hablar a más de mil millones de personas en un instante, gracias a los satélites.

—Ben Armstrong, *The Electric Church*

Sonrío cuando leo esto en el periódico. "El mundo es demasiado grande para nosotros. Hay demasiado que está sucediendo, demasiados crímenes, demasiada violencia. Por más que uno se esfuerce siempre se queda atrás en la carrera. Es una incesante tensión para mantenerse a la par. Con todo, uno pierde terreno. La ciencia vacía tan rápido sus descubrimientos sobre uno que uno tropieza debajo de ellos en aturdimiento, sin esperanza. El mundo político es noticia que se ve tan rápidamente que uno se queda sin aliento tratando de mantenerse a la par con quien está a la moda y quién ya no está. Todo es de alta presión. ¡La naturaleza humana no puede soportarlo mucho más!"

Ahora bien, no es eso lo que me hizo sonreír. Fue lo que apareció el 16 de junio de 1833; hace más de 150 años. Eso eran los "buenos días antiguos." Y usted no tiene ni idea, ni tampoco yo, de lo que el *Boston Globe* tuvo como titular el 13 de noviembre de 1857: Cuatro palabras: "ACECHA CRISIS DE ENERGÍA." Eso fue en *1857*. El subtítulo decía: "¡El mundo puede quedarse a oscuras puesto que escasea la grasa de ballena!"

Usted sonríe, ¿verdad? No puede hacer otra cosa que sonreír, porque todo tiene que ver con perspectiva. Para algunos, los "buenos días antiguos" quieren decir que era sencillo, nada complicado, hermoso, libre de los horrores de nuestros tiempos presentes. Oh, ¿hubo alguna vez un tiempo así?

Mis "buenos días antiguos" me llevan de regreso a una guerra mundial en donde había etiquetas en las ventanas de toda la calle donde yo vivía en Houston, y padres afligidos que retiraban esas etiquetas de las ventanas cuando sus hijos morían en la guerra.

Los "buenos días antiguos" lo llevarían de regreso al tiempo cuando los caballos morían en las calles de Nueva York debido al cólera. Los "buenos días antiguos" eran tiempos cuando en la era de mi padre los coches no arrancaban desde adentro. Uno tenía que salir, y darles manivela. Uno tenía que caminar en días de lluvia en calles lodosas, porque entonces no había superficies duras ni hermosas autopistas y carreteras.

Un comentarista lo dice muy bien. Fue Paul Harvey. "Si el primer producto que usó electricidad hubiera sido la silla eléctrica, ¡todos tendríamos miedo de conectar la tostadora por la mañana!" Es asunto de cómo uno lo mira, ¿verdad?

—Denis Waitley, *Seed of Greatness*

MÚSICA

A Martín Lutero le encantaba la música. A los catorce años sus padres le exigieron que trabaje y lo hacía cantando en las calles. Debe haber cantado bien o si no se hubiese muerto de hambre. Así que sabía algo de canciones. Y llegó a ser su pasión, a la larga, que se exprese el cristianismo en el lenguaje de su pueblo, los alemanes, para que ellos puedan cantar.

Alguien escribió: "La iglesia evangélica sustituyó la adoración a Cristo, como nuestro único Mediador, con la adoración a la virgen madre. Reprodujo y mejoró los antiguos himnos y melodías compuestos en latín y la lengua vernácula, y produjo una cantidad mayor de originales. Introdujo el canto congregacional." La Reforma Alemana le dio a la gente un himnario con el cual podían cantar de su fe. "Este canto tomó el lugar de los cantos llanos de sacerdotes y coros. Los himnos llegaron a ser, luego de la Biblia en alemán y los sermones en alemán, los más poderosos misioneros de las doctrinas evangélicas del pecado y la redención, y acompañaron a la Reforma en su marcha triunfal. Fueron los primeros tratados que se imprimieron. Estos himnos se difundieron por todas partes, y se cantaban en las casas, en las escuelas, en las iglesias y en las calles."

Otro dijo de la era de la Reforma: "No es posible ir a los campos y no al arador con sus aleluyas y al jardinero con sus himnos." ¿No es eso maravilloso? ¿Entona usted su fe mientras conduce, o mientras da una caminata, o al tratar de motivarse para alguna tarea difícil? Qué tesoro tener en nuestra posesión, una Biblia en una mano, y un himnario en la otra.

───────────

WILLIAM CONGREVE, dramaturgo inglés del siglo dieciocho, fue el primero en usar las palabras familiares: "La música tiene el encanto para apaciguar a la bestia salvaje, suavizar las piedras, torcer un roble nudoso."

Hallé interesante leer en una revista de deportes un artículo sobre los pasatiempos de muchos de los jugadores profesionales. Para mi sorpresa, más de una media docena de ellos pasan su tiempo libre oyendo música. También muchos de nosotros.

Vengo de una familia musical. Mis más atesorados recuerdos, sin contar los veranos que pasaba con mi abuelo al que quería de todo corazón, en una casita cerca al mar, son los recuerdos de la familia cantando alrededor del piano con un hermano que tocaba como genio, una madre que cantaba soprano y una hermana que canta contralto. Yo trataba de rellenar lo que quedaba, y se nos iba la noche cantando.

La familia Bloodworth vivía al lado. Eran bastante ricos. Los padres a menudo dejaban a los hijos en casa durante el fin de semana mientras ellos salían a divertirse, lo cual terminó en forma trágica cuando la madre se suicidó, y el padre abandonó a los hijos. Dejó a sus hijos para que se críen solos.

Durante una época de Navidad estábamos cantando por horas una noche. Como se estaba haciendo tarde, y no queríamos molestar a los vecinos, así que bajamos una de las ventanas. Nuestro teléfono sonó en menos de un minuto. Era el mayor de los cuatro niños vecinos que nos pidió: "¿Podrían hacer el favor de subir la ventana de nuevo . . . No hemos oído cantar de esa forma . . ." Recuerdo que subí la ventana y miré hacia la casa y los vi sentados como patos en la ventana, solos esa noche, oyendo la música que aliviaba sus corazones. Ese es el ministerio de la música. Nada lo puede duplicar.

> Sin una canción el día nunca terminaría;
> Sin una canción el camino nunca daría vueltas;
> Cuando todo va mal el hombre no tiene amigo,
> Sin una canción.

. . .

Tengo mis problemas y aflicciones,
Pero estoy tan seguro como que el Jordán seguirá corriendo,
Podré seguir mientras un canto es fuerte
en mi alma. . . .

Aunque esta canción fue compuesta antes de que yo naciera, muchas veces me encuentro regresando a esa melodía. Me viene al pensamiento, por ejemplo, mientras me baño al principio del día, entre reuniones y compromisos en un día ocupado, y cuando vuelvo a casa después de un día agotador. De alguna manera añade un poco de aceite a la rutina, suavizando un poco las cosas. El cantante estadounidense Willie Nelson recientemente desempolvó la vieja canción. Yo todavía la canto.

Es así, ¿verdad? La combinación correcta de letra, melodía y ritmo pocas veces deja de funcionar como magia. Y dadas las presiones y demandas con las cuales personas como nosotros tenemos que lidiar diariamente, nos serviría bien un poco de esa magia. La mayoría de las personas que conozco nunca están completamente libres del ajetreo del diario vivir. De hecho, ¡el ajetreo nunca se acaba! El vendedor tiene que alcanzar una cuota. El artista tiene que practicar constantemente. El terapeuta no puede escaparse de persona tras persona deprimida. El piloto tiene que quedarse sentado y con el cinturón de seguridad abrochado por horas. El predicador nunca termina de preparar sermones. El locutor no puede escaparse del reloj, como tampoco el burócrata puede escapar del tedio del papeleo. Los días no terminan, los caminos no dan vueltas. ¡Socorro!

En vez de continuar fustigando el mismo punto, ya que no podemos escapar el ajetreo diario, tenemos que encontrar una forma de vivir más allá del mismo. La pregunta es: ¿cómo? La respuesta es, una canción. ¿Recuerda? "Sin una canción el día nunca terminaría." ¡Pero no cualquier canción! Por cierto no las tonadas sin sentido que nos lanzan a alaridos un grupo de individuos estrafalarios con cabello anaranjado y azul, vestidos de cuero negro y cadenas como cinturones, y con los micrófonos metidos a medias en la garganta. No, eso no. Estoy pensando en canciones que son realmente viejas. De hecho, de antaño. En realidad son las que inspiró y compuso nuestro Creador, Dios, la música de la Roca original, mayúscula. Se les llama los salmos.

Son canciones que trascienden el tiempo; que han dado su delicioso fruto a toda generación. No son boberías sin sentido, sino melodiosos mensajes fuertes escritos tomando en mente el ajetreo diario, y especialmente diseñados para ayudarnos a vivir por encima de todo eso. Para tomar prestado de nuevo del compositor: "Seguiremos avanzando mientras en nuestra alma haya un fuerte salmo." En realidad creo eso. ¿Por cuál otra razón habría inspirado Dios esas antiguas composiciones? Con certeza se dio cuenta del valor duradero de cada obra musical maestra, y por lo tanto las preservó para ayudarnos a perseverar. Destilan el aceite de gloria que nos capacita vivir más allá del ajetreo de día tras día.

—Charles R. Swindoll, *Living Beyond the Daily Grind*

NAVIDAD

(Ver también *Encarnación, Jesús*)

DE ACUERDO A UNA LEYENDA Satanás y sus demonios celebraron una fiesta de navidad. Cuando los demonios se iban, uno le dijo a Satanás con una sonrisa socarrona: "Feliz Navidad, majestad." Satanás respondió gruñendo: "Sí, manténganla feliz. Si alguna vez la gente la toma en serio, estaríamos en problemas." Pues bien, tomémosla en serio. Es el nacimiento del Niño Jesús. Es la venida del Señor. Es la intervención de la presencia de Dios entre los hombres.

———————

LA NAVIDAD no es Navidad sin regalos.

—Louisa May Alcott, *Little Women*

———————

UNA SEÑORA LLEVÓ A SU HIJO DE CINCO AÑOS a un almacén por departamentos durante la temporada de navidad. Ella sabía que sería divertido para el chico ver las decoraciones, vitrinas, juguetes y a Papá Noel. Mientras la mujer caminaba apurada sosteniéndolo de la mano, al doble de la velocidad con que podían moverse las piernas del niño, él comenzó a molestar y llorar, agarrándose del abrigo de su madre. "Santo cielo, ¿qué te pasa?" le regañó ella impaciente. "Te traje para que te contagies del espíritu navideño. ¡Papa Noel no les trae regalos a los niños llorones!"

Él siguió molestando mientras ella trataba de hallar algunas gangas de última hora en el ajetreo del 23 de Diciembre. "¡No te voy a volver a traer de compras nunca más, sino dejas de gimotear! Quizás estás molesto porque tienes los cordones desatados y te hacen tropezar," dijo la mujer, arrodillándose para anudarle los cordones.

Al agacharse, ella de causalidad miró a su alrededor. Por primera vez, ella pudo ver los almacenes por los ojos de su hijo de cinco años. A esa altura no había guirnaldas, ni adornos, ni cintas, ni regalos, ni exhibiciones encantadoras en las mesas, o juguetes animados. Todo lo que se podía ver era un laberinto de corredores demasiado altos como para ver lo que había por encima, repletos de piernas gigantescas como columnas, y enormes asentaderas. Estos enormes extraños, con pies grandes como patinetas, empujaban, pisaban y tropezaban, y se movían a toda velocidad, y aplastaban. Lejos de ser divertida, la escena era aterradora por completo. La mujer decidió regresar a la casa y se dijo a sí misma que nunca más impondría sobre su hijo su definición de diversión. Al salir del almacén, la madre vio a Papá Noel sentado en un sector decorado como si fuera el polo norte. Ella en seguida pensó que su hijo olvidaría la desagradable experiencia que hasta ahora había vivido si por lo menos pudiera conocer a Papá Noel en persona.

"Cariño, ponte en fila con esos otros niños, y luego Papá Noel te sentará en sus rodillas," sugirió la madre. "Dile lo que quieres para navidad y sonríe mientras hablas con él para que te podamos tomar una foto."

Aunque al llegar habían visto a un Papá Noel repicando una campanita en la entrada del centro comercial, y aunque en el centro comercial anterior se habían cruzado con otro Papá Noel, empujaron al pequeño de cinco años para que disfrute de una conversación personal con el "verdadero Noel."

Cuando el extraño con barba, anteojos, y traje rojo relleno de almohadones sentó al pequeño en sus rodillas, se rió estruendosamente y le hizo cosquillas al niño.

"¿Qué es lo que quieres para navidad?" le preguntó Papá Noel.

"Quiero bajarme," respondió el pequeño.

—Denis Waitley, *Seeds of Greatness*

_____

—Uno de nuestros talentosos amigos de Insight For Living nos envió estos pensamientos sobre la Navidad:

Un año de ministerio concluye,

Aliviando a muchos de culpa y vergüenza;

Un pecador cree: una nueva vida comienza,

Porque en su corazón, él pronuncia ese Nombre.

Otra temporada navideña se acerca
Trayendo su mensaje, siempre el mismo:
Una madre suspira, un Niño bosteza,
Y en su corazón, Él pronuncia tu nombre.

———————————

Navidad Eterna

En el alma pura, sea que cante o que ore,
Cristo nace de nuevo día a día;
La vida que le conoce será apartada
Y tendrá Navidad eterna en su corazón.

—Elizabeth Stuart Phelps, *Masterpieces of Religious Verse*

———————————

El día después de Navidad

Era el día después de Navidad,
Donde en todo el lugar
Había mal humor y discusión;
Incluso a mamá no parecía calentarla ni el sol.

Ya no había nada debajo del árbol,
Y la casa era todo un desastre;
La ropa nueva no entraba . . .
Y papá no dejaba de quejarse.

La familia estaba irritable,
Y los chicos todos incontrolables;
Porque las instrucciones para el columpio
¡Eran todas indescifrables!

No más sonidos de campanas,
Ni villancicos que cantar;
No más luces en el árbol
Y muchos platos que lavar.

> Los almacenes estaban llenos de personas,
>> Devolviendo sus obsequios,
> Muchos compradores inconformes
>> Porque lo comprado ya estaba a mitad de precio.

> Era el día después de Navidad;
>> El espíritu festivo había desaparecido;
> La única esperanza para el Año Nuevo
>> ¡Eran ver en la tele las finales partido!

—Charles R. Swindoll, "Since Christ has Come . . . What's Happening?" ("Puesto que Cristo ha venido . . . ¿qué está sucediendo?"), 27 de diciembre de 1992

_____

DE TODAS LAS HERMOSAS TRADICIONES de Navidad, pocas son más antiguas y ricas en simbolismo como el bastón de caramelo.

Sus colores –Las líneas blancas representan el nacimiento puro y sin pecado de Jesús. Las líneas rojas finitas, simbolizan el castigo que Jesús soporto antes de morir y la línea roja ancha, la sangre que derramo por nosotros en la cruz...todo esto lo hizo por amor a nosotros.

Su sabor –La menta es el regalo de especias a la realeza. Además, la frescura que siente nuestra alma al disfrutar de la gracia de Dios.

Su forma –El dulce tiene forma de bastón de pastor, lo que nos recuerda que Jesús es el Buen Pastor y su interés por nosotros.

Y, como Su verdadero regalo de navidad para nosotros, es para que lo rompa y lo comparta.

_____

La Oración de Papá Noel en la Noche Buena
El trineo estaba cargado y los renos habían comido,
Pero Papá Noel con todo se arrodilló junto a su cama.

Querido Padre, dijo en oración, acompáñame esta noche,
Tengo demasiado trabajo para hacer y el tiempo apenas justo.

Debo montar en mi trineo y volar como flecha por el cielo,
Sabiendo bien que un reno no puede volar.

Voy a visitar cada casa antes del amanecer,
Recorreré todo el mundo en sólo una noche.

Aterrizaré en cada techo al repicar de cascabeles,
En medio del suave golpeteo de cada casco pequeño.

Entrar a la casa es la parte difícil,
Así que bajaré por la chimenea del corazón de todo niño.

Mi talega tiene juguetes para conceder todos sus deseos,
La provisión será interminable, tal como lo fue el pan y los
    pescados.

Dejaré suficientes regalos y no dejaré huellas,
Comeré todas las galletitas que me dejen como golosina.

Puedo hacer todas estas cosas, Señor, solo por medio de ti,
Solo necesito tu bendición; entonces es fácil hacerlo.

Todo esto para honrar el nacimiento de Aquel
Que fue enviado para redimirnos, Tu Hijo Santísimo.

Así que a todos mis amigos, para que yo no te prive de tu gloria,
Recuérdales, Señor, quién fue el que me dio este trabajo. Amén.

—Warren D. Jennings

—————————————

A VECES LOS REGALOS DE NAVIDAD son verdaderas sorpresas. Quizá usted ha tenido esa experiencia. Cuando yo era niño, lo que más quería en el mundo era una pelota de baloncesto. Intentaba lo más que podía hacérselo saber a mis padres. Una vez llamé a mi mamá haciéndome pasar por otra persona y le dije que su hijo merecía tener una pelota de baloncesto. Busqué los mejores precios y dejé la lista sobre la mesa. Cosas así. Finalmente, apareció debajo del árbol de navidad una caja del tamaño justo de una pelota de básquetbol. ¡Vaya! Podía verme lanzándola al aro. Llegó el día de Navidad. ¡Desenvolví el paquete en un santiamén! Y era un globo terráqueo. ¿Alguna vez ha intentado driblar con un globo terráqueo? Ni siquiera se puede inflar esa cosa. ¡Fue una sorpresa increíble! ¡No se parecía en nada a lo que yo esperaba!

NEGOCIO

(Ver también *Empleos*)

UNA DECISIÓN ES UN JUICIO. Es una elección entre dos alternativas. Rara vez es una decisión entre lo bueno y lo malo. En el mejor de los casos es una decisión entre lo "casi correcto" y lo "probablemente incorrecto;" pero mucho más a menudo es una decisión entre dos cursos de acción, ninguno de los cuales está probablemente más cerca a lo correcto que el otro.

—Peter Drucker, *The Effective Executive*

OÍ DE UN HOMBRE en cuyo vuelo sirvieron la cena. Después que la azafata le sirvió la comida, él le quitó el plástico a la ensalada y notó justo encima una cucaracha considerablemente grande. Furioso, colérico, casi ni pudo esperar la hora de llegar a su casa y escribir una carta al presidente de la compañía; candente y al grano.

En cuestión de pocos días recibió la respuesta en entrega especial y firmada por el mismo presidente; elegantemente mecanografiada en papel membretado de la aerolínea. La carta destilaba disculpas. "He tomado acción inmediata," decía. "Es más, he retirado temporalmente de servicio al avión. Hemos sacado los asientos. Hemos quitado el tapizado. No volverá a volar mientras todo no esté en las mejores condiciones. Tiene mi palabra. La auxiliar de vuelo que le sirvió esa comida está en peligro de perder su empleo. Le aseguro que esto no volverá a suceder. Por favor, continúe volando con nuestra compañía."

Pues bien, el hombre se quedó muy bien impresionado. No obstante, observó algo desusado. Por accidente la secretaria del presidente había dejado que la carta original viniera pegada detrás de esta. Al dar vuelta a la hoja, una nota al pie de la página decía: "Envíele a este tipo la carta regular para los que se quejan por las cucarachas."

Los Diez Mandamientos para un Buen Negocio

El cliente es la persona más importante en cualquier negocio.

El cliente no depende de nosotros; nosotros dependemos de él.

El cliente no es una interrupción en nuestro trabajo; él es el propósito del mismo.

Un cliente nos hace un favor cuando viene; nosotros no le estamos haciendo un favor cuando lo atendemos.

Un cliente es parte de nuestro negocio; no un extraño.

Un cliente no es una estadística fría; es un ser humano de carne y hueso con sentimientos y emociones como las nuestras.

Un cliente no es alguien con quien discutir o ponerse a pelear.

Un cliente es digno del trato más cortés y del tratamiento más atento que podemos darle.

Un cliente es la vida de todo este y de todo otro negocio.

EL ANTIGUO POLÍTICO ROMANO, Publio, acertó cuando escribió: "Un plan que no da lugar para modificaciones es un mal plan."

—Charles R. Swindoll, *Make Up Your Mind*

¿SE PUEDE MEZCLAR EL CRISTIANISMO CON LOS NEGOCIOS? ¿Se interesa Dios en la manera en la que hacemos nuestro trabajo? ¿Se interesa Él en el tornero y en la cantidad y calidad de su producción? ¿Se interesa Dios en el vigilante que cuida las bodegas en la oscuridad y silencio de la noche? ¿Se interesa Dios en la mecanógrafa, y la manera en que ella escribe las cartas? ¿Se interesa Dios en el vendedor y lo que le dice a un interesado en la compra? ¿Le preocupa a Dios los negocios del hombre de negocios? ¿Está Dios presente cuando el comerciante llena su declaración de impuestos o su informe de gastos? ¿Se interesa Dios en la campaña publicitaria y en lo que la empresa fabricante afirma sobre el producto? ¿Está Dios presente en las entrevistas de personal, conferencias, juntas directivas, negociaciones gremiales, convenciones comerciales, almuerzos de negocios y banquetes de gala? ¿Se interesa Dios en el fracaso o éxito de un hombre de negocios?

Responder con un No a estas preguntas es relegar a Dios a un lugar de ninguna importancia en el mismo aspecto de la vida de una persona en donde pasa la mayoría de sus horas de vigilia. Por otro lado, el que responde con un Sí a estas preguntas, sin importar si es juez de la corte suprema o recogedor de basura, transforma su vocación en algo digno, con propósito elevado, de satisfacción y entusiasmo.

—John E. Mitchell, Jr. *The Christian in Business*

A PESAR DE NUESTRO MUNDO DE ALTA TECNOLOGÍA y procedimientos eficientes, la gente sigue siendo el ingrediente esencial de la vida. Cuando nos olvidamos esto, sucede algo extraño: comenzamos a tratar a las personas como inconveniencias en lugar de como haberes.

Esto es precisamente lo que Robert Henry, humorista y comunicador profesional, encontró una tarde cuando fue a un almacén en busca de unos binoculares.

Al acercarse al mostrador apropiado notó que él era el único cliente en el almacén. Detrás del mostrador habían dos vendedoras. Una estaba tan preocupada hablando por teléfono con su "Mamita," que fingió no darse cuenta que Robert estaba allí. En el otro extremo del mostrador, otra vendedora estaba sacando mercadería de una caja y colocándola en las estanterías. Impaciente, Robert se dirigió hasta donde estaba ella y se paró frente a la mujer. Finalmente, ella alzó la vista a Robert y le preguntó: "¿Ya tiene un número?"

"¿Que si tengo qué?" preguntó Robert, tratando de controlar su asombro ante lo absurdo de la pregunta.

"¿Tiene un número? Tiene que sacar un número."

Robert dijo: "Señora, ¡soy el único cliente en el almacén! No necesito un número. ¿No se da cuenta de lo ridículo que es su pregunta?" Pero ella no pudo ver el absurdo e insistió que Robert sacara un número si quería que lo atienda.

Para ese entonces, para Robert era obvio que ella estaba más interesada en seguir los procedimientos que en servir al cliente. Así que fue a la máquina que dispensa números, sacó un boleto que tenía el número 37, y volvió a donde estaba la vendedora. Con eso, la mujer de dirigió al contador de números, que indicaba que el último cliente al que se había atendido había tenido el número 34. Así que ella gritó: "¡35! . . . 35! . . . ¡36! . . . ¡36! . . . ¡37!"

"Yo tengo el 37," dijo Robert.

"¿En qué puedo servirle?" le preguntó la vendedora, sin ni siquiera sonreír.

"No se moleste," le dijo Robert. Se dio la vuelta y salió.

—Michael Leboeuf, *How to Win Customers and Keep Them for Life*

UN HOMBRE HABLANDO SOBRE LA INTEGRIDAD en el lugar de trabajo dijo que los creyentes con frecuencia son como los del mundo en su carencia de excelencia. Uno necesita:

- Pagar las cuentas,
- Respetar al jefe,
- Controlar su lengua,
- Valorar a las personas,
- Conocer sus límites,
- Dar lo mejor

EDWARD ROY TENÍA UN PROBLEMA SERIO, pero no estremecedor. No era una situación como para conversar durante la cena, pero sí importante lo suficiente como para quitarle el sueño por algunas noches.

Él tenía un negocio no muy llamativo, llamado *Jiffy Johns,* en Pompano Beach, Florida, que consistía en alquiler de inodoros portátiles, de los cuales tenía unos 500. Los rentaban para conciertos, construcciones, paseos campestres de iglesias, reuniones al aire libre, etc. Pero ese no era el problema de Edward. Como lo esperaba cuando empezó su negocio en 1982, muchas personas de Florida necesitaban de un lugar en donde hacer sus necesidades cuando se hallaban al aire libre. El número de esos inodoros rentados iba creciendo. Eso era bueno y malo a la vez.

Ahora tenía que encontrar la forma de deshacerse de todos esos desperdicios . . . y *ese* era su problema.

Muchos se hubieran dado por vencidos por la exasperación y hubieran gastado la mitad de sus ganancias contratando a alguna otra compañía para que se haga cargo de los desperdicios. Pero Edward no pensó así. Él creía que debía haber una alternativa mejor.

En busca de una solución, encontró un proceso de calentamiento solar que convertía los desperdicios en fertilizante. Fue así que se le ocurrió una idea fenomenal de mercadeo: en vez de tratar de vender la tecnología directamente a las comunidades del estado, amplió su compañía y comenzó a operar tres plantas cuyo costo fue de $3 millones cada una. Bajo este nuevo arreglo, la compañía cobraba una suma por procesar los desperdicios y convertirlos en fertilizante, el cual a su vez venderían con ganancia substancial. Una compañía de responsabilidad limitada pronto reunió los fondos, y adoptó un nuevo nombre corporativo, *Jiffy Industries, Inc.* Se podría decir que Edward transformó literalmente su problema en un proyecto.

¡Y qué proyecto! Las acciones de Jiffy fueron las de mayor crédito en la actividad bursátil de los Estados Unidos de América durante ese año, subiendo de 92 centavos a $16.50; ganancia espectacular del 1693 por ciento. La revista *Newsweek* informó hace poco que "dado que docenas de estados se ven afectados por exceso de desperdicio . . . los 'Digestivos Anaeróbicos' de la empresa Jiffy están de moda por todos lados."

Aunque puede sonar grotesco, dudo que vaya a olvidarme del problema que Edward tuvo con sus inodoros. Sencillamente él rehusó permitir que el problema lo venciera. ¡Qué gran lección para todos nosotros!

———————————— —Charles R. Swindoll, *Growing Strong in the Seasons of Life*

SE CUENTA DE dos comerciantes que eran feroces rivales. Sus locales estaban ubicados uno enfrente del otro, y los dueños pasaban el día sentados a la puerta de su almacén vigilando el movimiento del competidor. Cuando un cliente entraba al local, el dueño le sonreía victorioso a su contrincante. Una noche, un ángel se le apareció en sueños a uno de los dueños y le dijo: "Dios me ha enviado a enseñarte una lección. Él te dará todo lo que pidas, pero quiero que sepas que, sea lo que sea que recibas, tu rival del frente recibirá el doble. ¿Quieres ser rico? Puedes ser muy rico, pero el otro será dos veces más rico. ¿Quieres tener larga vida y salud? Puedes tenerlo, pero el otro vivirá más años y tendrá mejor salud. Puedes ser famoso, tener hijos que sean tu orgullo, o cualquier otra cosa que desees. Pero sea lo que sea, el otro recibirá el doble." El hombre frunció el ceño por un momento y dijo: "Está bien, este es mi pedido: déjame ciego de un ojo."

—Harold S. Kushner, *When Bad Things Happen to Good People*

Tom Fatjo se dedica a recoger basura.

Ah, pero no siempre se ha dedicado a eso. Solía ser un contador ejecutivo callado y eficiente. Era uno de esos correctos y formales graduados de la Universidad Rice que se proponen hacer las cosas como es debido, esquivar los riesgos, y conformarse con una vida predecible, aburrida pero estable; y segura. Todo estaba marchando a pedir de boca según sus planes hasta que una noche Tom se encontró en un salón repleto de propietarios furiosos. Sentado entre toda esa gente irritada en el salón de conferencias del Willowbrook Civic Club en la sección suroeste de Houston, los engranajes internos de su mente comenzaron a moverse.

Lo que pasaba era que la municipalidad se rehusaba a recoger la basura que se pusiera en la puerta trasera de la casa. Los vecinos habían contratado a una compañía privada para que lo hicieran, pero la empresa estaba atravesando serios problemas. Así que la basura empezaba a acumularse. Había moscas por todas partes, lo que complicaba aún más la situación miserable que ya se vivía ese candente verano en el sur de Texas. Palabras coléricas volaban por todo el salón.

Esa noche Tom Fatjo no pudo dormir.

Una idea alocada comenzó a darle vueltas en su cabeza. Un sueño demasiado irreal como para contárselo a otro. Un sueño que desató una serie de pensamientos increíbles, y que resultó en la compra de un camión recolector de basura. Esto lo llevó a una aventura de diez años que cuesta creer. Eso creció hasta llegar a ser la compañía de recolección de desechos sólidos más grande del mundo, Browing-Ferris Industries Inc.; con ventas anuales que sobrepasan (¿está listo para saberlo?) 500 millones de dólares. Y eso sólo fue el comienzo. Tom también jugó un papel instrumental en el establecimiento de otras diez compañías grandes, tales como Criterion Capital Corporation, cuyas subsidiarias y afiliadas manejan más de *$2 mil millones*.

Y todo comenzó con un camión recolector de basura.

No, más bien con un sueño.

—Charles R. Swindoll, *Quest for Character*

NOMBRES

TODOS LOS QUE CONOCEN el libro *El Progreso del Peregrino* no tienen inconveniente para recordar que el nombre del peregrino en todo el libro es Cristiano. Para sorpresa mía, pocos recuerdan el nombre original, aunque se lo menciona con claridad en la alegoría. En la escena donde aparece por primera vez, el peregrino conversa con el portero:

Portero: ¿Cómo te llamas?

Peregrino: Ahora me llamo *Cristiano*, pero antes me llamaba *Singracia*.

Lo mismo se puede decir hoy de todos los que proclamamos el nombre de Cristo como nuestro Señor y Salvador. Ahora nos llamamos Cristianos, pero no siempre ha sido así. Ese título nos fue dado el momento en que creímos, el instante en que creímos en la palabra de Dios y recibimos la dádiva de la vida eterna que Él nos ofreció. Antes de ese cambio de nombre, nuestro nombre era en verdad *Singracia*.

—Charles R. Swindoll, *The Grace Awakening*

_____

EN EL SERMÓN DE CRISÓSTOMO sobre cómo criar hijos les aconsejaba a los padres que "a sus hijos varones les dieran algún gran nombre espiritual y que le enseñen repetidas veces la historia detrás del que originalmente llevó su nombre, para así darle un estándar al cual aspirar e inspiración para vivir cuando lleguen a ser adultos." ¿No es eso maravilloso? ¿Sabe cuál es su nombre? Hijo de Dios. Medite en eso. Hijo de luz. En una sociedad pecadora y sin ley un creyente limpio es una reprensión silenciosa.

—William Barclay, *The Letters of John and Jude*

_____

$\mathscr{O}o$ _____

OBEDIENCIA

EN UN HOSPITAL DE NIÑOS había un niño que se había ganado la reputación de portarse extremadamente mal con las enfermeras y los empleados. Un día una visitante que sabía del terror que era aquel muchacho le ofreció un trato: "Si te portas bien por una semana," le dijo, "te daré diez centavos cuando regrese." Una semana más tarde estaba junto a su cama. "Voy a decirte algo," le dijo. "No les voy a preguntar a las enfermeras si te portaste bien. Debes decírmelo tú mismo. ¿Te mereces los diez centavos?"

Luego de una pausa, una pequeña voz saliendo de las sabanas dijo: "Déme un centavo."

_____ —Lewis and Faye Copeland, *10,000 Jokes, Toasts and Stories*

EL ESCRITOR MARK TWAIN se encontró con un negociante sin escrúpulos en Boston durante sus viajes que se jactaba diciendo que nadie jamás lograba salirse con la suya una vez que él había decidido hacer algo. Dijo: "Antes de morir voy a hacer un peregrinaje a la Tierra Santa. Voy a escalar el Monte Sinaí; ¡y cuando llegue a la cumbre voy a leer los Diez Mandamientos en voz alta a todo pulmón!" Sin impresionarse, Twain respondió: "Tengo una mejor idea. Quédate en Boston y guárdalos."

_____ —*The Little, Brown Book of Anecdotes*

MI ESPOSA Y YO tuvimos el gran placer de cenar una noche con el astronauta General Charles M. Duke. Todos los que estábamos en el salón nos quedamos fascinados mientras él nos contaba de su misión a la luna en *Apolo 16*, incluyendo algunos detalles sobre el vehiculo solar "Rover," y su experiencia de haber andado sobre la superficie de la luna. Todos teníamos muchas preguntas, que el General Duke con paciencia y atención contestó una por una.

Yo pregunté: "Una vez que estaba ahí, ¿no tenía usted la libertad de tomar sus propias decisiones y hacer sus propios experimentos . . . es decir, hacer lo que se le antojara; tal vez quedarse un poco más tiempo, si quisiera?" Sonrió, y dijo: "Claro, Chuck, ¡si no hubiéramos querido regresar a la tierra!"

Luego describió el intrincado plan, las instrucciones precisas y exactas, la disciplina esencial, la obediencia instantánea necesaria hasta la última fracción de segundo. De hecho, nos dijo que su aterrizaje en la luna había sido algo "pesado." Se refería a las reservas de combustible. Tenía bastante. Adivine cuánto. *Un minuto.* Aterrizaron con sesenta segundos de combustible sobrante. ¡Hablando de ser exactos! Me dio la impresión de que un rebelde no cabe dentro de un traje de astronauta. Quien quiera que participe en el programa espacial debe tener un respeto incondicional por la autoridad.

—Charles R. Swindoll, Strengthening Your Grip

OBRAS DE BENEFICIENCIA

(Ver también *Dinero, Mayordomía, Ofrendas, Riqueza*)

UN VAGABUNDO ESTABA BUSCANDO ALGO para comer en un pintoresco pueblito inglés. Hambriento y casi a punto de desmayarse, se paró frente a una cantina que llevaba el clásico nombre de *Inn of St. George and the Dragon* (Posada de San Jorge y el Dragón).

"Por favor, señora, ¿me podría dar algo para comer?" preguntó el vagabundo a la mujer que salió a abrir cuando él llamó a la puerta de la cocina.

"¿Algo para comer?" gruño ella. "¿Para un vago mendigo apestoso? ¡No!" dijo ella mientras que por poco le machuca la mano, al hombre, con el portazo.

A medio camino, al alejarse, el pordiosero se detuvo, giró sobre sus talones, y leyó las palabras *St. George and the Dragon* (San Jorge y el Dragón). Volvió y llamó de nuevo a la puerta de la cocina. "Ahora, ¿qué quieres?" preguntó la mujer colérica.

"Pues bien, señora, si está San Jorge, ¿podría hablar con él?"

—David Augsburger, The Freedom of Forgiveness

AÑOS ATRÁS, LA REVISTA *Newsweek* publicó una caricatura de un hombre muerto de hambre con un tazón vacío delante de él. Un hombre con un enorme cigarro estaba vertiendo palabras de una bolsa para llenar el tazón. Debemos hacer más que solo hablar; se necesitan acciones.

OPORTUNIDAD

TODOS ENFRENTAMOS una serie de brillantes oportunidades disfrazadas como problemas insolubles.

—Howard G. Hendricks, *Taking A Stand*

UNO DE MIS FILÓSOFOS FAVORITOS escribe a menudo. Se llama Pogo. Pogo puso su dedo sobre uno de los más grandes retos de la vida cuando dijo: "Señores, estamos rodeados de oportunidades insuperables."

—Tim Hansel, *When I Relax I Feel Guilty*

EL TIEMPO ES CORTO. La oportunidad está llamando. Por favor, contesta. El antiguo aforismo sigue siendo verdad: "Cuatro cosas no vuelven: la palabra dicha, la flecha disparada, el tiempo pasado, y la oportunidad desperdiciada."

—Charles R. Swindoll, *Strengthening Your Grip*

OPTIMISMO

ZIG ZIGLAR dice que es tan optimista que saldría a cazar a Moby Dick en un bote de remos y llevaría consigo la salsa para el pescado.

—James S. Hewett, *Illustrations Unlimited*

EL GENERAL DEL CUERPO DE MARINA Chesty Puller desembarcó en Inchon, Cora del Norte. Había norcoreanos por delante, había norcoreanos a la derecha, y había norcoreanos a la izquierda, y el océano detrás de ellos; entonces dijo: "¡Grandioso! ¡Ahora no sé nos podrán escapar!"

_____

ORACIÓN

LA ORACIÓN ES UN TIEMPO DE REFRIGERIO. Howard Taylor, hablando de su padre, Hudson Taylor, dijo: "Por cuarenta años el sol nunca salió sobre China sin que Dios lo encontrase de rodillas."

—Howard Taylor, *Hudson Taylor and the China Inland Mission*

_____

FRANÇOIS FÉNELON, un católico romano francés del siglo diecisiete dijo esto acerca de la oración:

> Dile a Dios todo lo que hay en tu corazón, tal y como uno descarga con un amigo querido el corazón, sus placeres y dolores. Dile tus problemas, para que Él te consuele; dile tus alegrías, para que Él las modere; dile tus anhelos, para que Él los purifique; dile lo que no te gusta, para que Él pueda ayudarte a conquistarlo; háblale de tus tentaciones, para que Él pueda escudarte de ellas; muéstrale las heridas de tu corazón, para que Él pueda sanarlas; descubre tu indiferencia a lo bueno, tus depravados deseos por el mal, tu inestabilidad. Dile como el amor egoísta te hace ser injusto con otros, cómo la vanidad te tienta a ser insincero, cómo tras el orgullo te disfrazas de ti mismo y de otros.
>
> Si de esa forma derramas todas tus debilidades, tus necesidades, tus problemas, nunca te faltarán palabras. Nunca agotarás el tema. Continuamente se renueva. Los que no tienen secretos entre sí, nunca les falta tema de conversación. No pesan sus palabras, porque no hay nada que ocultar; ni tampoco andan buscando algo para decir. Hablan de la abundancia de su corazón, sin consideraciones dicen exactamente lo que piensan. Benditos los que disponen de un diálogo con Dios así de familiar y sin reservas.

—Charles R. Swindoll, *Come Before Winter*

EN UNA OCASIÓN el evangelista Dwight L. Moody había recibido del Señor numerosos beneficios. En su abundancia, de repente se percató de que su Padre Celestial le estaba colmando casi con más de lo que él podía aprovechar. Animado y conmovido, se puso a orar. A voz en cuello simplemente dijo: "¡Detente, Señor!" Ahora bien, eso es ser *espontáneo*. Es también un hermoso cambio de: "Eterno, Todopoderoso, lleno de gracia Padre de todo lo bueno, tu mano ha suplido en forma abundante y gloriosa todas mis necesidades. Cuán agradecidos estamos de poder venir ante ti y declarar ante ti . . . " y seguir, y seguir, y seguir hasta que nos quedamos dormidos roncando.

Después que relaté esto en un culto, un joven me dijo: "Tengo otra para Dios. ¡Dios, comienza! Que se detenga con Moody, pero que empiece conmigo. Yo necesito un poco de eso."

—Charles R. Swindoll, *Strengthening Your Grip*

―――――――――――

EL YA FALLECIDO y grandemente admirado pastor y autor estadounidense Donald Barnhouse, una vez pasó al púlpito y dijo unas palabras que dejó atónita a su congregación: "¡La oración no cambia nada!" Se podría haber oído una aguja caer al piso en la abarrotada iglesia de Filadelfia. Su comentario, por supuesto, tenía el propósito de hacer que los creyentes se dieran cuenta de que Dios está soberanamente a cargo de todo. Nuestro tiempo está literalmente en sus manos. Ningún diminuto ser humano sólo con decir unas palabritas en oración puede tomar las riendas de los acontecimientos o cambiarlos. Dios es el que los moldea; es Él quien tiene las riendas. Barnhouse tenía razón, excepto en un pequeño detalle. La oración me cambia a mí. Cuando usted y yo oramos, cambiamos, y esa es una de las principales razones por las que la oración es una terapia que contrarresta la ansiedad.

—Charles R. Swindoll, *Strengthening Your Grip*

―――――――――――

Gracias por decir que no

Señor, día tras día te he dado gracias
Por decir que sí.
¿Pero cuando te he dado gracias genuinamente
Por decir que no?

Sin embargo, tiemblo al pensar
En los posibles embarres
Las manchas cumulativas en mi vida
Si no hubieses sido lo suficientemente sabio
Para darme un *inalterable* no.

Así que gracias por decir que no
Cuando mi lista de deseo de cosas
Excedía con mucho mi deseo por ti.
Cuando pedí una piedra
Neciamente pensando que había pedido pan
Gracias por decir que no.

A mi petulante: "¡Sólo esta vez, Señor!"
Gracias por decir que no
A las excusas sin sentido
A los motivos egoístas
A las diversiones peligrosas.

Gracias por decir que no
Cuando la tentación que me seducía
Me hubiese atado sin dejarme escape.

Gracias por decir que no
Cuando te pedí que me dejaras en paz.

Sobre todo
Gracias por decir que no
Cuando en angustia preguntaba
"Si te doy todo lo demás
¿Me podría quedar con *esto*?"

Señor: mi asombro aumenta
Al ver la sabiduría
De tu divino "no."

—Ruth Harms Calkin, *Tell Me Again Lord, I Forget*

PUEDES HACER MÁS QUE ORAR después de que has orado, pero no puedes hacer más que orar hasta que hayas orado.

—Juan Bunyan

_____

LA ORACIÓN ES RENDIRSE: rendirse a la voluntad de Dios y cooperar con esta voluntad. Si lanzo un ancla desde un bote y la clavo en la orilla y jalo, ¿jalo la orilla hacia mí, o me llevó a mí mismo hacia la orilla? La oración no es jalar a Dios a mi voluntad, sino alinear mi voluntad con la voluntad de Dios.

—E. Stanley Jones, *A Song of Ascents*

_____

WILLIAM R. NEWELL dice que orar de rodillas es una buena manera de orar porque es incómodo. Daniel oraba de rodillas. Jaime Elliot dijo: "Dios aún está en su trono, nosotros todavía somos el estrado de sus pies, ¡y sólo hay una rodilla de distancia entre los dos!" También dijo: "El santo que avanza sobre sus rodillas, nunca retrocede."

_____

DURANTE NUESTROS DÍAS EN EL SEMINARIO, Cynthia y yo teníamos en nuestra iglesia a una señora a la que llamábamos Tía Mae. Ella se mantenía en contacto con nosotros en forma regular para preguntarnos por nuestras necesidades. Y nos decía: "Ahora ustedes tienen que darme cuentas a mí. Estoy orando por ustedes. Y necesito saber cómo les va." Luego decía: "La última vez que hablamos, ustedes mencionaron _____ . ¿Cómo se resolvió eso?" "Pues bien, bastante bien." "Está bien." Ella sacaba su lápiz y lo tachaba en su lista. Luego decía: "Quiero saber por qué otra cosa debo orar."

_____

HAY ALGO EXQUISITAMENTE LUJOSO en el servicio a la habitación en un hotel. Todo lo que uno tiene que hacer es levantar el teléfono, y hay alguien listo para traer el desayuno, el almuerzo, la cena, un batido de chocolate, o cualquier cosa que el corazón desea y el estomago pueda tolerar. O con otro movimiento lánguido de la mano se puede llamar a alguien para que se lleve la camisa manchada y la limpie o un traje ajado y lo transforme en uno planchado. Ese es el concepto que muchos de nosotros tenemos de la oración. Hemos creado a Dios a la imagen de un botones divino. La oración, para nosotros, es lo máximo en servicio a la habitación, obtenido por llamado directo. Además, no hay que dar propina, y todo se carga a esa gran tarjeta de crédito celestial. Ahora bien, la oración es muchas cosas, pero estoy bien seguro de que ésta no es una de esas cosas.

—Kenneth Wilson, citado en Lloyd Cory, *Quote Unquote*

_____

EL CIELO TIENE UN CUARTO lleno que nos sorprenderá a todos cuando lo veamos. El cuarto contiene grandes cajas nítidamente empacadas y con un precioso lazo con tu nombre. Dice: "Nunca entregado a la Tierra porque nunca fue pedido."

_____

LA ORACIÓN NO ES UN SUBSTITUTO para el trabajo, pensar, velar, sufrir o dar; la oración es lo que respalda todos esos esfuerzos.

—George Buttrick, citado en Lloyd Cory, *Quote Unquote*

_____

Le pedí a Dios fuerza para poder lograr;
Me hizo débil, para que aprendiese humildemente a obedecer.
Le pedí a Dios salud, para hacer cosas más grandes;
Me dio enfermedad, para que pudiera hacer cosas mejores.
Le pedí a Dios riquezas, para ser feliz;
Me dio pobreza, para que pudiera ser sabio.
Le pedí a Dios poder, para tener el elogio de los hombres;
Me dio debilidad, para que pudiera sentir mi necesidad de Dios.

Le pedí todas las cosas, para poder disfrutar de la vida,
Me dio vida, para que pudiera disfrutar de todas las cosas.
No recibí nada de lo que pedí sino todo lo que esperaba.
Soy, entre todos los hombres, el más ricamente bendecido.

—*Un soldado confederado*
—Croft M. Pentz, *Speaker's Treasury of 400 Quotable Poems*

———————

DONALD BARNHOUSE a menudo terminaba los cultos de su iglesia con la siguiente oración: "Señor, despídenos con tu paz, excepto a los que no te conocen; mantenlos en la desdicha hasta que lleguen a conocer al Príncipe de Paz."

———————

LA PROFUNDIDAD, no el largo, es lo importante. . . . Cuando el campo de batalla de Gettysburg se convirtió en cementerio nacional, Edward Everett debía dar el discurso de dedicación y al presidente Abraham Lincoln se le pidió que diga "unas pocas palabras apropiadas." Everett habló elocuentemente por una hora y cincuenta y siete minutos, y luego tomó asiento mientras la multitud rugía con aprobación entusiasta. Entonces Lincoln se puso de pie, se acomodó sus anteojos de marco de acero, y empezó lo que hoy se conoce como "El discurso de Gettysburg." Palabras penetrantes ". . . el mundo casi ni notará ni recordará . . ." —de repente, había terminado. No más de dos minutos después de haber empezado se detuvo. Sus palabras habían sido tan parecidas a una oración que casi parecía inapropiado aplaudir. Cuando Lincoln se dejó caer en su silla, Juan Young del *Philadelphia Press* le dijo al oído: "¿Eso es todo?" El presidente contestó: "Sí, eso es todo."

Nadie se acuerda hoy del discurso de Everett. Muchos se saben de memoria el breve discurso de Lincoln.

No subestime dos minutos con Dios en oración.

—Charles R. Swindoll, *Quest for Character*

———————

Sɪ ᴘᴜᴅɪᴇsᴇ ᴏíʀ ᴀ Cristo orando por mí en el cuarto de al lado, no temería a un millón de enemigos. Y sin embargo la distancia no le hace. Él está orando por mí.

—Robert Murray McCheyne, citado en Lloyd John Ogilvie, *Drumbeat of Love*

Dɪᴏs ᴄᴏɴᴛᴇsᴛᴀ en forma rápida y repentina algunas oraciones; y nos avienta a la cara aquello por lo que hemos orado. Un guante con un regalo dentro.

—Elizabeth Barrett Browning, "Aurora Leigh"

Es ᴘᴏsɪʙʟᴇ mover a los hombres por medio de Dios con la oración sola.

—J. Oswald Chambers, *Spiritual Leadership*

Bʀᴏᴏᴍ Hɪʟᴅᴀ, personaje de tiras cómicas, es una bruja de menos de un metro de estatura que es todo pelo y cara. En una de esas tiras cómicas ella se acerca a un pozo del deseo y, parada junto al pozo, pone sus manos sobre el borde y a toda voz grita: "¡No quiero nada!" El próximo cuadro todo está tranquilo. Luego ella se echa para atrás y dice: "Pensé que te gustaría saber que hay por aquí una persona agradecida."

Eʟ ᴘᴇʀsᴏɴᴀᴊᴇ ᴅᴇ ᴛɪʀᴀs ᴄóᴍɪᴄᴀs, Ziggy está de pie mirando a una montaña. El cielo está oscuro y hay una nube. Ziggy dice: "¿Me han dejado en espera por el resto de mi vida?"

A veces, la oración parece así, ¿verdad? "¿Me contestarás algún día?" Cómo lo dijo alguien: "Los cielos son de bronce y nada regresa."

—Caricatura de Tom Wilson, Universal Press Syndicate, 18 de julio de 1980

Dos HOMBRES, Patricio y Miguel, por un pelo escapan de la muerte después que su barco naufragó. Estaban flotando en las frígidas aguas del océano en dos pedazos de madera. Patricio era dado a las más groseras palabrotas y pensó que debería arrepentirse y así el Señor vendría a su rescate. Miguel pensaba que su teología era sólida. Patricio empezó a orar, pero antes de llegar a la tesis principal de su oración, Miguel alcanzó a ver un barco que se acercaba a ellos. Encantado como Colón cuando divisó el Nuevo Mundo, Miguel gritó: "Espera, Patricio. No te comprometas a nada. Allá viene un barco." ¡Patricio al instante dejó de orar! ¿Acaso no es así como somos muchos? La única vez que oramos es cuando estamos en aprietos. Al momento en que las cosas mejoran, nos olvidamos de Dios.

—John Haggai, *How to Win over Worry*

_____

OH, TÚ QUE NOS HAS DADO TANTO, en tu misericordia concédenos una cosa más: un corazón agradecido.

—George Herbert

_____

MINISTRO: "Así que tu mamá ora por ti todas las noches. ¿Y que dice?" El pequeño contestó: "Gracias a Dios que ya se durmió."

_____

UN LEÓN RUGIENTE Y HAMBRIENTO perseguía a un hombre. Sintiendo el aliento de la bestia sobre su cuello y sabiendo que le quedaba poco tiempo, él hombre oraba mientras corría. En desesperación clamó al Señor: "Oh Señor: has que este león se convierta en cristiano." En segundos el hombre se dio cuenta de que el león había dejado de perseguirlo. Cuando miró hacia atrás vio al león arrodillado, con sus labios moviéndose, obviamente en oración. Aliviado grandemente por el cambio en la situación, y deseoso de unirse al león en su meditación, se acercó al rey de la jungla. Cuando estaba cerca lo suficiente, escuchó al león orando: "¡Y bendice, oh Dios, esta comida por la cual estoy muy agradecido!"

_____

ORGULLO

(Ver también *Ego, Yo*)

ME DIO NÁUSEA LA SEMANA PASADA. No se debió a algo que comí, sino a *alguien* que conocí. Mi viaje resultó en un curso breve en el arte liberal del elogio propio para enseñarme algunas cosas que espero nunca olvidar. Este era un individuo cristiano de unos cincuenta años que ha viajado mucho, con mucha educación, y mucha experiencia. Se dedicaba a un ministerio que toca muchas vidas. Es bíblico en su teología y creencias, y evangélico en su énfasis. Por varios años ha ocupado un cargo que conlleva muchas responsabilidades y mucho tiempo está bajo los reflectores. Tales credenciales exigen cierto respeto como los galones en los hombros de un militar o las medallas que lleva en el pecho. Ambas cosas exigen el saludo sin importar quien lleve puesto el uniforme. No tengo ninguna intención de disminuir la importancia de su cargo ni sus logros. Pero mi punto es el siguiente. Él sabe mejor. Tenía la capacidad de corregirse a sí mismo, ¡pero más bien escogió ser un predicador presumido!

Uno queda con la impresión que cuando uno está con él, la persona más importante no es uno. Los pequeños errores lo enervaban. Las pequeñas omisiones lo irritaban. La actitud de siervo en él brillaba por su ausencia. Para él, era sumamente importante que todos supieran quien era, dónde había estado, cómo le había ido y lo que él pensaba. En tanto que todos los demás presentes preferíamos que nos llamaran por nuestro nombre de pila (en lugar de "reverendo" o "señor") él exigía: "Llámenme Doctor." Su voz tenía tono profesional. Cuando sucedía algo cómico, él no hallaba razón para sonreír, y conforme el grupo se unía más y más en espíritu, él se sentía cada vez más amenazado. Confieso que tuve la tentación de jugarle una broma: ordenar una cerveza para que se la manden a su habitación del hotel; o pedirle a la recepcionista que lo despierten a las dos y media de la madrugada, y le griten: "¡Está bien, compañero, fuera de la cama. Arriba!" Pero no lo hice. Ahora casi pienso que debía haberlo hecho. ¡Solo para divertirme viéndolo retorcerse!

—Charles R. Swindoll, *Growing Strong in the Seasons of Life*

EL ORGULLO ES LA ÚNICA ENFERMEDAD conocida en la humanidad que enferma a todos excepto al que la padece.

—Buddy Robinson, citado en Lloyd Cory, *Quote Unquote*

Un hombre llamado Tío Zeke que vivía en una pequeña ciudad llamada Muleshoe, Texas, no podía admitir cuando estaba equivocado, ¡no importa lo que fuese!

Un día el Tío Zeke iba caminando por la calle y llegó al taller del herrero, y halló que había aserrín por todo el piso. Lo que no sabía era que apenas momentos antes de que llegara, el herrero había estado trabajando con una herradura rebelde y la martilló hasta que quedó negra. Aún estaba caliente, pero como la herradura no quería cooperar, la tiró al suelo entre sobre el aserrín. Zeke entró, miró al suelo abajo y vio la herradura. La recogió sin saber que aún estaba caliente. Naturalmente, lo dejó caer al instante. El viejo herrero miró por encima de sus lentes, y le dijo: "Un poco caliente, ¿verdad, Zeke?" ¿Sabe lo que dijo Zeke? "No; es que no necesito mucho tiempo para examinar una herradura."

—Jess Moody, *A Drink at Joel's Place*

_____

Un pastor amigo mío me dijo una ocasión: "Sabes: Prediqué un mensaje excelente un domingo, y después del mensaje, vaya que los comentarios fueron excelentes. Un buen comentario tras otro. Me alegré mucho al ver que la gente se dio cuenta de que fue un sermón destacado."

Luego se fue a casa. Su esposa estaba ocupada tratando de preparar el almuerzo y sus cinco hijos parecían que estaban en todas partes a la misma vez. En vez de: "Bienvenido a casa, gran predicador" (o cualquier otra cosa similar), escuchó desde la cocina: "Cariño, el bebe está sucio. ¿Podías cambiar el pañal?" Ese fue el primer comentario que recibió cuando llegó a casa. Así que pensó: "Que tarea tan vil para alguien que acaba de predicar un mensaje tan excelente." Pero cambió al bebé. Luego ella dijo: "También hay que sacar la basura. Ya tiene unos cuantos días ahí." Él pensó: "Esto es terrible." Pero lo hizo.

Finalmente el almuerzo estaba listo y se sentó a la mesa, listo para comer. Dijo: "Pues bien, ¿qué pensaste del sermón?" Él estaba listo para que ella se desbordara en elogios. Ella le dijo: "Cariño, los oí en la puerta hoy y te dijeron bastante como para que te dure dos semanas."

_____

Alguna vez cuando te estés sintiendo importante,
Alguna vez cuando tu ego esté por las nubes;
Alguna vez cuando des por sentado
Que eres el "cachorro" ganador;
Alguna vez cuando pienses que tu ausencia
Dejaría un agujero imposible de llenar,
Solo sigue estas sencillas instrucciones,
Para que veas lo rápido que hace humilde tu alma.
Toma un balde y llénalo de agua,
Mete tu mano allí hasta la muñeca.
Ahora sácala rápidamente y el agujero que queda
Es la medida de cuánto se te echará de menos.
Tal vez salpiques todo lo que quieras al entrar,
Y agitar lo más que puedas el agua,
Pero DETENTE y al minuto verás
Que regresa a donde estaba antes.

—A Dudley Dennison, Jr., *Windows, Ladders and Bridges*

NADA ES DE MAYOR DISGUSTO A Dios que la altanería. El primer y fundamental pecado en realidad tiene como meta entronar el *yo* aunque nos cueste Dios. . . . El orgullo es un pecado de cuya presencia su víctima es la que menos se da cuenta. . . .Si
somos honestos, cuando medimos nuestra vida con la del Señor Jesucristo quien se
humilló hasta morir en una cruz, no nos queda más que sentirnos abrumados por lo
barato, innoble, y hasta vileza de nuestro corazón.

—J. Oswald Sanders, *Spiritual Leadership*

PACIENCIA

En cada vida
Hay una pausa que es mejor que un ímpetu hacia adelante,
Mejor que el dar forma o la obra más poderosa;
Es el estarnos quietos ante la voluntad Soberana.
Hay una quietud mejor que el más ferviente discurso,
Mejor que los quejidos o el llanto del desierto;
El estar quieto ante la voluntad Soberana.
La pausa y la quietud hacen una doble canción
En unísono y por todo el tiempo.
Oh, alma humana, la realización del plan de Dios
Continúa, ni necesita la ayuda del hombre!
¡Esténse quietos y vean!
¡Esténse quietos y sepan!

—V. Raymond Edman, *The Disciplines of Life*

HABÍA UNA VEZ UN JOVEN que con su padre cultivaban una pequeña parcela. Unas cuantas veces al año cargaban de legumbres la vieja carreta tirada por bueyes y se iban a la ciudad más cercana para vender sus productos. Excepto por su apellido y el pedazo de tierra, el padre y el hijo tenían poco en común. Al viejo pensaba que había que tomar las cosas con calma. El joven siempre estaba apurado; del tipo de armas tomar.

Una mañana, muy temprano, enjaezaron al buey a la carreta y comenzaron su largo viaje. El hijo decidió que si caminaban más rápido todo el día y toda la noche, llegarían al mercado temprano por la mañana al día siguiente. Así que constantemente aguijoneaba al buey con un palo, instando a la bestia a que avanzara.

"Tómalo con calma, hijo," decía el viejo. "Vivirás más."

"Pero si llegamos al mercado antes que los demás, tendremos mejor oportunidad de obtener buenos precios," argumentó el hijo.

No hubo respuesta. El padre se bajó el sombrero sobre los ojos y se quedó dormido en su asiento. Molesto e irritado, el joven siguió aguijoneando al buey a que anduviera más rápido. El paso terco del buey rehusaba cambiar.

Cuatro horas y seis kilómetros más allá, llegaron a una casita.

El padre se despertó, sonrió y dijo: "Ahí está la casa de tu tío. Vamos a detenernos y saludarlo."

"Pero ya hemos perdido una hora," se quejó el hijo.

"Entonces unos cuantos minutos no van a importar. Mi hermano y yo vivimos tan cerca, y sin embargo no nos vemos muy a menudo," contestó el padre con calma.

El hijo se revolvió y echaba chispas mientras los dos viejos se reían y conversaban por casi una hora. De camino otra vez, el hombre tomó su turno para dirigir el buey. Al llegar a un cruce en la carretera, el padre dirigió al buey a la derecha.

"Es más corto el camino por la izquierda," dijo el hijo.

"Lo sé," contestó el viejo, "pero este camino es más bonito."

"¿No te importa el tiempo?" preguntó el joven con impaciencia.

"¡Ah, sí, lo respeto mucho! Por eso me gusta usarlo para ver la belleza y disfrutar de cada momento a lo máximo."

El camino sinuoso atravesaba prados preciosos, flores silvestres y seguía junto a un arroyo; todo lo cual el joven se perdió puesto que se retorcía por dentro, preocupado y ardiendo de ansiedad. Ni siquiera se dio cuenta de lo hermoso que estaba el atardecer ese día.

Al ponerse el sol se encontraban en lo que parecía ser un enorme jardín lleno de color. El viejo respiró el aroma, escuchó el borboteo del arroyo, y detuvo al buey. "Vamos a dormir aquí," suspiró.

"Este es el último viaje que hago contigo," rezongó el hijo. "¡Te interesa mas ver la puesta del sol y oler las flores que en ganar dinero!"

"Eso es lo más lindo que has dicho en mucho tiempo," sonrió el padre. Unos pocos minutos más tarde el viejo estaba roncando; mientras el hijo tenía la mirada clavada en las estrellas. La noche transcurrió con mucha lentitud, el hijo estaba inquieto.

Antes de que saliera el sol el joven con prisa sacudió a su padre para despertarlo. Engancharon al buey y siguieron su camino. Como a un kilómetro se encontraron con otro granjero, un total extraño, tratando de sacar su carreta de una zanja.

"Vamos a ayudarlo," susurró el viejo.

"¿Y perder más tiempo?" explotó el hijo.

"Tranquilízate, hijo. Algún día tal vez tú estés en una zanja. Tenemos que ayudar a los que están en necesidad; nunca olvides eso." El joven desvió la mirada, enojado.

Eran casi las ocho de la mañana cuando la otra carreta estaba de nuevo sobre el camino. De repente un enorme relámpago iluminó el cielo. Algo que sonaba como un trueno le siguió. Más allá de las colinas, el cielo se oscureció.

"Parece que está lloviendo muy fuerte en la ciudad," dijo el viejo.

"Si nos hubiéramos apurados, ya casi hubiéramos vendido todo," se quejó el hijo.

"Tómalo con calma y vivirás más. Y disfrutarás mucho más de la vida," le aconsejó el bondadoso viejo.

Era ya tarde cuando remontaron de la montaña que daba hacia la ciudad. Se detuvieron y se quedaron contemplando el panorama por un largo, largo tiempo. Ninguno dijo una palabra. Finalmente, el joven le puso a su padre una mano sobre el hombro y le dijo: "Ya veo lo que quieres decir, papá."

Dieron vuelta a la carreta y comenzaron a alejarse con lentitud de lo que anteriormente había sido la cuidad de Hiroshima.

—Charles R. Swindoll, *Come Before Winter*

¿Podrías apurarte un poco?

Señor: sé que hay un sin número de veces,

Cuando debo de esperarte con paciencia.

La espera desarrolla perseverancia.

Fortalece mi fe

Y profundiza mi dependencia en ti.

Sé que eres un Dios soberano:

No el mandadero

Que responde cuando hago tronar mis dedos.

Sé que tu tiempo está envuelto con todo cuidado

En tu sabiduría incomparable.
Pero, Señor,
Tú has puesto la oración
¡Para obtener respuestas!
Aun el salmista David exclamó
Con denuedo y certeza:
"Es tiempo de que actúes, Señor."
Dios, en esta mañana silenciosa y sin sol
Cuando estoy rodeado por todos lados
Yo también clamo con intrepidez.
Tú eres mi Padre y yo soy tu hijo.
Así que, Señor, ¿podrías apurarte un poco?

—Ruth Harms Calkin, *Lord, Could You Hurry A Little?*

DIOS TIENE SUS TIEMPOS FIJADOS. No nos corresponde a nosotros saberlos. De hecho, no nos es posible saberlos. Tenemos que esperarlos. Si Dios le hubiese dicho a Abraham cuando estaba en Harán que tenía que esperar todos esos años hasta poder estrechar contra su pecho al hijo prometido, el corazón le habría fallado. Así que en amor y gracia, le escondió la largura de esos años. Y sólo cuando estaban ellos ya casi agotados y sólo faltaban unos cuantos meses de espera, Dios se lo dijo, de acuerdo al tiempo de la vida: "Sara tendrá un hijo."

Si Dios te dijera desde el principio cuánto tendrías que esperar para poder realizar tu deseo, o tu placer, o tu sueño, desmayarías. Te cansarías de hacer el bien. Yo también. Pero Él no. Él sólo dice: "Espera. Yo cumplo mi palabra. No tengo ninguna prisa. En el proceso del tiempo estoy desarrollándote para alistarte para la promesa."

—F. B. Meyer, *Abraham*

UN JOVEN deseaba ir a la India como misionero con la organización London Missionary Society. Nombraron al Sr. Wilks para evaluar si el joven reunía los requisitos para el cargo. Le escribió al joven y le dijo que se encuentre con él a las seis de la mañana al día siguiente.

Aunque al solicitante vivía a muchos kilómetros, estuvo en la casa puntualmente a las seis y le llevaron al despacho. Esperó, y esperó, y esperó pensando, pero con paciencia. Por fin, el Sr. Wilks entró al cuarto como a media mañana.

Sin disculparse, el Sr. Wilks comenzó. "Pues bien, joven, ¿conque quieres ser misionero?"

"Sí, señor, así es."

"¿Amas al Señor Jesucristo?"

"Sí, señor, lo amo."

"¿Tienes educación?"

"Sí, señor, algo."

"Pues bien, veamos. ¿Puedes deletrear 'gato'?"

El joven parecía un poco confuso, y casi ni sabía como contestar pregunta tan estrafalaria. Su mente evidentemente se detuvo entre la indignación y la sumisión, pero al momento contestó con firmeza: "g-a-t-o."

"Muy bien," dijo el Sr. Wilks. "Ahora, ¿puedes deletrear 'perro'?"

El juvenil Job quedó aturdido pero contestó, "p-, e-, r, r-, o."

"Pues bien, eso es correcto; Veo que podrás servir bien en deletreo; y ahora, matemáticas: ¿cuantos es dos por dos?"

El paciente joven dio la respuesta correcta y terminó la entrevista.

El Sr. Wilks dio su informe al comité. Dijo: "Cordialmente recomiendo a este joven; he examinado debidamente su carácter y testimonio. Probé su negación de sí mismo, y él estuvo levantado muy temprano en la mañana; probé su paciencia al mantenerlo esperando; probé su humildad y su temperamento insultando su inteligencia. Le irá bien."

—Charles H. Spurgeon, *Lectures to My Students*

_____

PALABRA DE DIOS

(Ver también *Biblia*)

_____

PASCUA

(Ver también *Resurrección*)

EL DR. GORDON trajo un Día de Resurrección una vieja jaula de pájaros oxidada y la puso junto al púlpito. Al predicar su sermón esa mañana de resurrección levantó la jaula y dijo: "Ustedes se estarán preguntando por qué está esto aquí. A decir verdad, no es una parte normal de un culto de resurrección eso de tener aquí una jaula de pájaros."

Luego dijo: "Permítanme contarles lo que pasó. Hace varios días vi a un muchacho en pantalones gastados y con agujeros y una camiseta sucia, con una gorra hacia un lado, silbando, caminando por un callejón, llevando en la mano esta jaula. Aferradas al fondo de la jaula había dos golondrinas que había atrapado. Así que le detuve y le dije: 'Dime, hijo, ¿qué tienes allí?' Él dijo: 'Ah, tengo unos pájaros.' '¿Qué vas a hacer con ellos?' le pregunté. 'Ah, jugar con ellas un poco, y fastidiarlas, algo así.' 'Pues bien,' le pregunté, 'cuando te canses de ellas, ¿qué vas a hacer?' Él lo pensó por un momento, y dijo: 'Pues bien, tengo un par de gatos en casa, y les gustan los pájaros. Pienso que dejaré que se las coman.'"

El Dr. Gordon dijo que su corazón se conmovió por los pájaros, así que le hizo al muchacho una oferta. "¿Cuánto quieres por los pájaros?" Sorprendido, el muchacho le dijo: "Señor, esos pájaros no sirven para nada." "Eso no importa," dijo el Dr. Gordon, "¿cuánto quisieras por ellos?" El muchacho dijo: "¿Qué tal dos dólares?" Él dijo: "Vendido." Así que metió la mano en su bolsillo y sacó dos billetes de un dólar. El muchacho le estiró la jaula contento de su golpe de buena suerte.

Cuando el muchacho se fue, el pastor se fue a alguna distancia, abrió la puerta de la jaula y dijo: "Fuera, fuera." Y las empujó por la puerta y ellas salieron libres.

La jaula vacía era la ilustración perfecta de cómo Satanás había tenido a la raza humana atrapada y asustada. Jesucristo no sólo pagó el precio de nuestra libertad; nos hizo libres.

—Paul Lee Tan, *Encyclopedia of 7,700 Illustrations*

_____

SI LE PIDIERA que describa la Pascua de Resurrección sin usar palabras, y si podría usar sólo signos de puntuación, ¿qué signo de puntuación escogería para describir la resurrección para sí mismo? Tal vez para usted la Pascua de Resurrección es una coma. Le hace detenerse, hacer una pausa, pensar, escuchar, pero eso es todo. Tal vez hoy es un receso; un gran punto. Usted pensaba que se entusiasmaría, pero más bien parece como un ritual vacío. Usted se siente como que no está dentro, sino fuera; como un espectador.

Fue un día cuando para los discípulos de Jesús la vida parecía como un punto. Él había muerto. Estaba sepultado. Era el fin de sus expectativas. Pero, un momento; noticias de una tumba vacía; el punto ya no es un punto; es un signo de interrogación. Eso es peor que un punto. Ahora empiezan las dudas. ¿Dónde está Él? Ellos están perplejos. Los guardias han desaparecido; la piedra ha sido quitada. Él no está allí; y si Él no está allí, ¿en dónde está?

Y un ángel habla: "—¿Por qué buscan ustedes entre los muertos al que vive? No está aquí; ¡ha resucitado! Recuerden lo que les dijo cuando todavía estaba con ustedes en Galilea: "El Hijo del hombre tiene que ser entregado en manos de hombres pecadores, y ser crucificado, pero al tercer día resucitará." ¡Por supuesto que se acordaron! Los puntos han desaparecido. Se han quitado los signos de interrogación. ¡Ahora hay un enorme signo de exclamación!

De eso es de lo que se trata la resurrección; una exclamación de gratitud y alabanza por la resurrección de Jesucristo y por la salvación que su victoria nos trajo sobre la muerte.

—Joe LoMussio, *If I Should Die Before I Live*

PASTORES

(Ver también *Ministerio, Ministros, Predicación*)

ME RESISTÍA A ENTRAR en el ministerio del evangelio en parte porque conocí a muchos que parecen ministros. ¿Podría yo ser ministro y no parecerme a ellos? Pues bien, sí, es posible. De vez en cuando me descuido y parezco un poco ministerial, con los hombros caídos, triste, juzgando a otros, sabes, con ese tipo de apariencia. Una muchacha vio a un joven parado en una fila. Él se veía serio y tenso, y ella le dijo: "Disculpe, ¿es usted un ministro?" El dijo: "No, pero he estado enfermo por como tres semanas."

—John Haggai, *How To Win Over Worry*

Mi consejo a los que estamos en el ministerio es que mantengamos un balance saludable. Si enseña, sea también un buen estudiante. Sea enseñable. Lea. Escuche. Aprenda. Observe. Esté dispuesto a cambiar. ¡Y cambie! Admita que se equivocó cuando se equivocó. Sea firme cuando sabe que tiene razón. Puesto que ha sido llamado a ser un líder, siga bien. Usted no lo puede hacer todo, así que delegue. Tiene un gran trabajo que hacer, deje que otros le ayuden. Y cuando lo hagan bien, déles el crédito. Usted tiene un trabajo serio, así que mantenga un buen sentido del humor.

A menudo digo: tome a Dios en serio pero no se tome a sí mismo demasiado en serio. Y no tenga miedo de reírte hasta de las cosas que una vez dijo; yo hago eso una vez al año. Todos mis mensajes se graban, lo cual es de cierto modo algo que asusta. Al fin del año los que producen nuestras grabaciones y hacen el trabajo para ponerla por la radio, me dan una cinta con todo lo que recortaron de mis mensajes. Es como un regalo de Navidad. Algunos incluso han tenido la audacia de tocar estas cintas durante una fiesta de Navidad para que cientos las oigan y disfruten. Casi ni puedo creer las necedades que he dicho. Es suficiente como para hacer que me sienta del tamaño de una hormiga.

Hay una nueva carta en cadena que circula por las iglesias. No cuesta nada. Uno le manda una copia de la carta a seis otras iglesias que también están cansadas de sus ministros. Luego se empaqueta al pastor y se lo manda a la iglesia que está al final de la lista. ¡En una semana usted recibirá 16.436 ministros, uno de los cuales de seguro será perfecto! Pero tenga cuidado, una iglesia rompió la cadena y recibió de vuelta al mismo ministro que tenían antes.

—Paul Lee Tan, *Encyclopedia of 7,700 Illustrations*

En el Antiguo Testamento tenemos un gran retrato de un pastor al que voy a llamar pastor principal de la Iglesia Evangélica del Desierto. Se llama Moisés. ¡Que ministro tan raro! Uno jamás lo hubiera escogido si fuera parte del comité encargado de conseguir un nuevo pastor para esta poco usual "iglesia." Para empezar, la iglesia en la que va a ministrar es fuera de lo común por su tamaño: como dos millones de personas, con unos cuantos miles de más o de menos. Además, su trasfondo es cuestionable. Mató a un hombre. Tampoco tiene un record impresionante durante los últimos cuarenta años: lo cual nos trae al asunto de su edad. Tiene *ochenta* años, que no es la edad ideal para alguien que tiene que pastorear tantas personas sin tener ningún otro personal. ¡Y ni siquiera hay un edificio! . . . Y ¿mencioné que tiene un impedimento al hablar? Aparte de su vejez, y un currículo nada impresionante en su contra, el hombre *tartamudea*. Querido Moisés . . . ¡que tremendo reto!

—Charles R. Swindoll, *The Bride*

UNA MADRE HABÍA NOTADO CÓMO SU HIJO decaía en ánimo conforme avanzaba la semana. Para el fin de semana él había perdido todo deseo de levantarse y comenzar su día. Desde la otra habitación ella oyó que sonaba el despertador de él. Pasaron nueve minutos y el despertador sonó de nuevo. Al parecer, él continuaba oprimiendo el botón de repetición del despertador para que dejara de sonar. Por último, después de tres o cuatro veces de escuchar el despertador, ella decidió tomar las riendas, entró al cuarto y le dijo: "Hijo, es hora de levantarte. Tienes que levantarte." Él atisbó por debajo de las sabanas y dijo: "¿Puedes darme tres buenas razones por las cuales tengo que levantarme?" Ella dijo: "Pues bien, sí. Primero que nada, es domingo, y tienes que vestirte para ir a la iglesia. Segundo, tienes cuarenta y tres años y sabes mejor que quedarte acostado. Tercero, eres el pastor de la iglesia y la gente espera que estés allí."

—James Hewett, *Illustrations Unlimited*

DESPUÉS DE CIEN AÑOS se ha encontrado un predicador que les agrada a todos. Predica exactamente veinte minutos y luego se sienta. Condena el pecado, pero nunca hiere los sentimientos de nadie. Trabaja desde las 8:00 a.m. hasta las 10:00 p.m. en todo tipo de trabajo, desde predicar hasta servicio de limpieza. Da el diezmo todas las semanas y siempre está listo para dar su contribución para toda buena obra que se presenta.

Tiene veinte seis años y ha estado predicando por treinta años. Es alto y bajito, flaco y gordo, y de buen parecer. Tiene un ojo azul y otro marrón, se parte el pelo por el medio, con el lado izquierdo negro y liso, y el lado derecho rubio y rizado.

Tiene un gran deseo de trabajar con los jóvenes, y se pasa todo su tiempo con los ancianos. Sonríe todo el tiempo con cara seria ya que tiene un sentido del humor que le permite dedicado con seriedad a su trabajo. Hace quince visitas al día a los miembros de la iglesia, y se pasa todo el tiempo evangelizando a los no convertidos, y nunca está fuera de su oficina.

—*Christian Beacon,* citado en Paul Lee Tan, *Encyclopedia of 7,700 Illustrations*

MI MINISTRO se parece mucho a Dios: No lo veo durante toda la semana, y no le entiendo los domingos.

—Haddon Robinson, *Biblical Preaching*

LAS SIGUIENTES SON ALGUNAS IDEAS INTERESANTES y creativas sobre cómo una iglesia puede deshacerse de su pastor. Primeramente, puedes mirarlo directamente a los ojos mientras está predicando y decir "Amén" de vez en cuando, y en unas cuantas semanas él se mataría predicando. O lo puedes animar y animar por sus buenas cualidades y con toda probabilidad se mataría trabajando antes del fin del año. Otra forma de hacerlo sería dedicar tu vida a Cristo y pedirle al predicador que te dé algún trabajo para hacer, preferiblemente algún alma perdida que podrías ganar para Cristo, y el pastor se moriría de inmediato de un paro cardíaco. O puedes reunir a la iglesia para orar por el pastor . . . pronto él será un pastor tan eficaz que una iglesia más grande vendrá y se los quitará, y así no tendrán que preocuparse más.

—Richard DeHann, *Men Sent From God*

OÍ DE UN PASTOR que dejó el pastorado después de veinte años. Decidió dedicarse a dirigir una funeraria. Alguien le preguntó: "¿Por qué hizo eso?"

Él contestó: "Pues bien, me pasé doce años tratando de enderezar a Juan. Nunca se enderezó. Me pasé catorce meses tratando de enderezar el matrimonio de la familia Pérez, y nunca se enderezó. Me pasé tres años tratando de enderezar a Susana, y nunca se enderezó. Ahora cuando los enderezo, se quedan enderezados."

Caballeros: Enterado de que su púlpito está vacante, me gustaría solicitar el cargo. Tengo muchas cualidades. He sido un predicador con mucho éxito y también he tenido un poco de éxito como escritor. Algunos dicen que me organizo bien. He sido líder en la mayoría de los lugares donde he estado.

Tengo más de cincuenta años. Nunca he predicado en el mismo lugar por más de tres años. De algunos lugares he tenido que salir porque mi trabajo ha causado motines y disturbios. Debo admitir que he estado encarcelado unas tres o cuatro veces, pero no fue por nada malo que yo haya hecho. No estoy muy bien de salud, aunque todavía hago bastante. Las iglesias donde he predicado han sido pequeñas, aunque están en ciudades grandes. No me he llevado muy bien con los dirigentes religiosos de las ciudades donde he predicado. De hecho, algunos me han amenazado e incluso me han atacado físicamente. No soy bueno para mantener archivos. Se sabe que me olvido hasta de los que he bautizado.

Sin embargo, si me pueden utilizar, les daré lo mejor.

Pablo

—Paul Lee Tan, *Encyclopedia of 7,700 Illustrations*

UN AMIGO ME DIO UN CONSEJO MUY ÚTIL. "Hay cuatro cosas con las que tienes que luchar como dirigente espiritual: tú mismo, el sexo, la holgazanería, y la plata."

Un buen pastor debe tener:
La fuerza de un buey,

La tenacidad de un buldog,
La audacia de un león,
La sabiduría de un búho,
La inocencia de una paloma,
La laboriosidad de un castor,
La gentileza de una oveja,
La versatilidad de un camaleón,
La visión de un águila,
La piel de un rinoceronte,
La perspectiva de una jirafa,
La disposición de un ángel,
La resistencia de un camello,
El salto de un canguro,
El estómago de un caballo,
La lealtad de un apóstol,
La fidelidad de un profeta,
La ternura de un pastor,
El fervor de un evangelista,
La devoción de una madre,
¡Y ni así agradará a todo el mundo!

—Richard DeHaan, *Men Sent From God*

_____

NO SE PUEDES SEPARAR LA VERDAD del que la está predicando.

—Merrill Tenney

_____

HACE TIEMPO, en la ceremonia de graduación de un seminario: "Temo por esta clase . . . que estamos graduando demasiado estudiantes que tienen un gran numero de creencias, pero no suficiente convicción."

—John Walvoord

_____

SE NECESITA: Ministro para una congregación creciente. ¡Un reto para la persona adecuada! ¡Oportunidad de conocer mejor a las personas!

El solicitante debe de tener experiencia en carpintería, trabajo de oficina, educación (a todos los niveles incluyendo universitaria), artista, vendedor, diplomático, teólogo, político, jefe de tropa de Boy Scouts, trabajo con niños, ligas deportivas, atleta, psicólogo, asesor vocacional, psiquiatra, director fúnebre, consultor de bodas, maestro de ceremonias, payaso de circo, misionero y trabajador social. Útil, pero no necesario: experiencia como carnicero, panadero, vaquero, mensajero.

Debe sabe todo en cuanto a problemas de nacimiento, matrimonios y muerte; también estar versado en las más ultimas teorías y ejercicio de pediatría, comercio y ciencia nuclear.

El hombre adecuado también debe tener convicciones firmes sobre todo tema, y al mismo tiempo ser prudente para no ofender a los que no están de acuerdo. Debe ser directo, pero flexible; responder a las criticas y los chismes con amor cristiano y perdón.

Debe tener una disposición extrovertida y amistosa todo el tiempo. Debe ser un orador cautivador y saber oír con atención.

Su educación debe ser superior a un doctorado, pero siempre esconderla con modestia sencilla y manera de hablar común. Debe ser capaz de hablar como erudito a veces, pero la mayoría de las veces hablar y portarse como Juan Pueblo. Debe estar familiarizado con la literatura que lee la mayoría de la congregación.

Debe estar dispuesto a trabajar largas horas, dispuesto a que se le llame a todas horas del día o de la noche; y adaptarse a interrupciones repentinas. Debe pasar por lo menos veinticinco horas a la semana preparando sus sermones; y otras diez horas adicionales leyendo libros y revistas.

La esposa del solicitante debe de ser hermosa pero sencilla, vestirse a la moda pero en forma conservadora, amable y capaz de llevarse bien con todo el mundo. Debe estar dispuesta a trabajar en la cocina de la iglesia, enseñar en la Escuela Dominical, cuidar niños, operar la fotocopiadora, servir de mesera, nunca prestar atención a los chismes, y nunca desanimarse.

Los hijos del solicitante deben de ser ejemplares en conducta y carácter; de buen comportamiento, pero no muy diferentes de los demás niños; decentemente vestidos.

Oportunidad para vivir cerca del lugar de empleo. Se provee casa amueblada; y se impone la norma de tener la puerta siempre abierta. Debe tener en cuenta que la casa no le pertenece.

Directamente responsable por los puntos de vista y conducta de todos los miembros de la iglesia y visitantes, y no confinarse a la dirección o respaldo de ninguna persona en particular. El salario no tiene nada que ver con la experiencia o la necesidad; no se paga sobretiempo. Todas las solicitudes se tratarán con carácter confidencial. A todos los solicitantes se les hará una investigación completa para determinar su cordura.

—*Kethiv Qere,* Dallas Theological Seminary Student Newsletter, 26 de marzo de 1975

LOS MINISTROS se están muriendo porque sus congregaciones esperan que caminen sobre el agua. "Me siento como una vaca a la que han ordeñado demasiadas veces."

—Jay Kesler, *Being Holy, Being Human*

¿Que es un pastor?

SI EL PASTOR ES JOVEN, dicen que no tiene experiencia. Si tiene canas, se está poniendo muy viejo para los jóvenes. Si tiene cinco hijos, tiene demasiados. Si no tiene ninguno, está dando mal ejemplo. Si predica con notas, tiene sermones enlatados y es seco. Si predica sin notas, no es profundo. Si presta atención a los pobres de la iglesia se dice que solo está haciéndolo para que lo vean. Si le presta mucha atención a los ricos, está tratando de ser aristócrata. Si usa demasiadas ilustraciones, ignora la Palabra. Si no usa suficientes historias, no es claro. Si condena el mal, es cascarrabias. Si no predica contra el pecado, es transigente. Si predica la verdad, es ofensivo. Si no predica la verdad, es un hipócrita. Si no logra agradar a todo el mundo, le está haciendo daño a la iglesia y debería irse. Si agrada a todo el mundo, no tiene convicciones. Si maneja un auto viejo, avergüenza a su congregación. Si maneja un auto nuevo, está poniendo su mirada en las cosas terrenales. Si predica todo el tiempo, la gente se cansa de escuchar al mismo hombre. Si invita a otros predicadores, está esquivando sus responsabilidades. Si recibe un buen salario, es mercenario. Si recibe un bajo salario, pues bien, dicen que no vale mucho, de todas maneras.

—Richard DeHaan, *Men Sent From God.*

¿Quién cambió?

Había un predicador que me solía gustar. Yo pensaba que era
    excelente.
Sus sermones eran maravillosos—mientras me caía bien.
Su forma de hablar me agradaba—mientras me caía bien.
Vivía una vida limpia—mientras me caía bien.
Trabajaba duro—mientras me caía bien.
Era el hombre para la obra—mientras me caía bien.
De hecho, yo lo apoyaba—mientras me caía bien.

Pero, un día me ofendió. Si lo sabe él o no, no lo sé.
Desde ese día, ha dejado de ser buen predicador.
Sus sermones no son tan maravillosos—desde que me ofendió.
Su forma de hablar no es tan agradable—desde que me ofendió.
Sus faltas son más prominentes—desde que me ofendió.
No es un buen trabajador—desde que me ofendió.
No es el hombre para la obra—desde que me ofendió.
De hecho, estoy tratando de poner a todas las personas en su
    contra para librarnos de él—desde que me ofendió.
Es una vergüenza que él haya cambiado tanto.

—Glen Wheeler, *1010 Illustrations, Poems and Quotes*

_____

EL MINISTERIO ES UNA DE LAS PROFESIONES más peligrosas . . .

Satanás sabe que la caída de un profeta de Dios es una victoria estratégica para él, así que no descansa ni de día ni de noche inventando trampas escondidas y tropiezo para el ministerio. Tal vez una mejor analogía es el dardo envenenado que solo paraliza a su víctima, ya que pienso que Satanás tiene poco interés en matar al predicador por completo. Un ministro ineficaz, vivo a medias, es un mejor anuncio para el infierno que un buen hombre muerto . . .

En realidad hay algunos peligros muy reales del tipo más grotesco contra los cuales el ministro debe cuidarse, tales como el amor por el dinero y las mujeres; pero los peligros más letales son mucho más sutiles que estos . . .

Hay, por ejemplo, el peligro de que el ministro llegue a pensar de sí mismo como que pertenece a una clase privilegiada. Nuestra sociedad "cristiana" tiende a aumentar este peligro al darles a los ministros descuentos y otras cortesías . . .

Otro peligro es que puede desarrollar un espíritu de profesionalismo en el desempeño de la obra del Señor. La familiaridad puede dar lugar al desdén incluso en el altar de Dios. Qué aterrador es cuando el predicador se acostumbra a su trabajo, cuando pierde su sentido de asombro, cuando se acostumbra a lo sobrenatural, cuando pierde su temor solemne en presencia del Altísimo y Santo; cuando, para decirlo sin ambages, se aburre un poco de Dios y las cosas celestiales . . .

Otro peligro que enfrenta el ministro es que puede inconscientemente llegar a amar más las ideas filosóficas y religiosas que a los santos y los pecadores. Es posible sentir por el mundo perdido el mismo tipo de afecto que el naturalista Fabre sintió por una colmena de abejas o un hormiguero. Son algo que hay que estudiar, de lo que se puede aprender, y tal vez ayudar, pero no algo por qué llorar o por lo que dar la vida . . .

Otra trampa en la que puede caer el predicador es hacer lo que surge naturalmente y tomar las cosas con alma . . . Es fácil que el ministro se convierta en un privilegiado ocioso, un parásito social con la mano abierta y apariencia de expectativa. No tiene jefe a la vista; no se le exige que mantenga horas regulares, así que puede trabajar a un nivel cómodo que le permite holgazanear, jugar, dormir y hacer lo que se le antoje. Y muchos hacen precisamente eso.

Para evitar este peligro el ministro debe expresamente trabajar duro.

—A. W. Tozer, *God Tells the Man Who Cares*

———————————

¿ME DIRIJO AL SIERVO DE DIOS aquí que tiene miedo de perder su reputación? Esta no es una razón que resistirá el examen. Hermano mío, ese es un temor que no me preocupa. He perdido mi reputación varias veces, y no cruzaría la calle para recogerla. A menudo he pensado que es algo que debería gustarme perder, a fin de ya no sentir la presión de esta gran multitud, sino poder predicar a doscientas o trescientas personas en una aldea, y cuidar sus almas, y dar buenas cuentas a Dios al fin por cada una de ellos; mientras que aquí estoy atado a una obra que no puedo realizar: ¡pastor de más de cinco mil personas! ¡Una enorme responsabilidad! ¿Cómo puedo cuidar de todas esas almas? Tendría una consciencia tranquila si tuviera una iglesia de un tamaño moderado, la cual pudiese cuidar con eficiencia. Si la reputación es lo que lo pone a uno en el cargo que ocupo hoy, por cierto no es una bendición a desear. Pero si tienes que hacer algo por Cristo y que hará que pierdas el respeto de buenas personas, y estás convencido de que tienes que hacerlo, nunca pienses dos veces en tu reputación; porque si lo haces, es porque ya se ha ido a ese lugar secreto donde solo deberías atesorarla. La más alta reputación en el mundo es el ser fiel: fiel a tu Dios y a tu propia consciencia. En cuanto a la aprobación de la multitud inconversa, o de los profesores del mundo, no te preocupes en lo más mínimo; puede que sea una herencia mortal. Son muchos los hombres que son más esclavos de sus admiradores de lo que piensan; el amor a la reputación es más esclavitud que una mazmorra. Si has hecho lo debido delante de Dios, y no le temes al Gran Trono del Juicio, no temas nada, y sigue adelante.

—Charles H. Spurgeon, *Metropolitan Tabernacle Pulpit*

PATERNIDAD

A cualquier papá

Hay pequeños ojos viéndote, y
    te observan noche y día.
Hay pequeños oídos que muy rápido copian
    cada palabra que dices;
Hay pequeñas manos anhelando hacer
    todo lo que tú haces,
y un pequeño niño que sueña
    en el día en que será como tú.

Tú eres el ídolo del pequeño, tú eres
    el más sabio de los sabios;
En su mente tierna ninguna sospecha
    en cuanto a ti jamás brota;
Él cree en ti con devoción, se aferra a
    que todo lo que tú dices y haces
él lo dirá o hará a tu manera cuando
    crezca y sea como tú.

Hay un pequeño con ojos bien abiertos que
    cree que siempre tienes razón,
Y sus oídos siempre están abiertos y
    te observa día y noche,
Tú estás poniendo un ejemplo todos los días en
    todo lo que haces,
Para el pequeño que está esperando crecer
    para ser como tú.

—Croft M. Pentz, *The Speaker's Treasury of 400 Quotable Poems*

UN PADRE es una criatura que se ve obligada a soportar el nacimiento sin anestesia. El padre gruñe cuando se siente bien y se ríe cuando está asustado hasta los huesos.

El padre nunca se siente digno de la adoración que ve en los ojos de su hijo. Nunca es el héroe que su hija piensa; nunca el hombre que su hijo piensa que es, y esto le preocupa; a veces. Así que trabaja demasiado duro tratando de alisar los lugares ásperos en el camino para los suyos que le seguirán.

El padre se enoja cuando las calificaciones escolares no son tan buenas como él piensa que deberían ser. Así que regaña a su hijo; aunque sabe que es culpa del maestro. Un padre le entrega a su hija a otro hombre que ni siquiera es lo suficientemente bueno; para poder tener nietos que son más listos que los de cualquiera. Un padre apuesta con las compañías de seguros en cuanto a quién vivirá más tiempo. Un día, él pierde; y la apuesta se la pagan a los que quedan detrás.

—Paul Harvey, citado en Lloyd Cory, *Quote Unquote*

CUANDO TENÍA ONCE AÑOS, nuestra familia condujo de Toronto al oriente de Ontario, a la región del norte del río St. Lawrence, en donde mi padre había nacido. Llegamos a las pequeñas poblaciones de Ventnor y Spencerville justo antes de medianoche; los residentes ya hacía rato que se habían ido a la cama. Pero papá necesitaba direcciones para hallar el antiguo lugar, en donde debíamos pasar la noche. Renuentemente se detuvo en una casa a oscuras y llamó a la puerta. Después de varios minutos de espera, la luz del jardín se encendió, y un anciano abrió la puerta. Pude oír a mi padre pidiendo disculpas por la molestia, y luego se identificó como el hijo de Pearson Lockerbie; mi abuelo muerto por más de unos veinte de años.

"Ah, pasa, pasa," dijo el anciano. "No es molestia. Conocimos a tu padre."

. . .Ese es el mejor legado que un hombre puede dejarle a su hijo.

—Bruce Lockerbie, Fatherlove

———————————

RECUERDO QUE ME ROBÉ seis pelotas de béisbol cuando trabajaba como dependiente en una tienda de baratillo en mis primeros años de la secundaria. Recuerdo tratar de hallar algún lugar para esconderlas cuando llegué a casa. No se qué mismo planeaba hacer con seis pelotas. Hasta hoy todo eso me aturde, la lógica de ello. Pero las metí en la parte de atrás de uno de los cajones de mi cómoda en donde las halló mi madre. Mi padre se presentó y me dijo que íbamos a la tienda en donde yo iba a hablar con el dueño e iba a confesarle.

Nunca olvidaré sus instrucciones en el camino. Quiero decir, yo estaba sentado allí simplemente muriéndome al pensarlo. Era como tragarse cuchillas de afeitar pensar en ponerme frente a mi empleador. Pues bien, allí estuve, y le conté lo que había hecho. Mi papá estaba esperando en el carro. Él no entró conmigo. Y oí a mi jefe decir: "Estás despedido."

Regresé a tropezones al carro y me senté. Tenía los ánimos por los suelos como nunca recuerdo haberlo estado. En el camino, recuerdo que mi papá empezó a reedificar mis emociones. Yo había hecho mal, y había aprendido una lección increíble. Él no exagero, pero me martilló que cuando uno roba, a uno lo despiden. Y si no lo despiden al instante, uno pierde algo que no se puede comprar a ningún precio, y es el respeto propio. Recuerdo, también, que llegamos al tema de que mismo iba a hacer yo con esas seis pelotas.

Pero hubo algo en cuanto al ornamento de la gracia que me vino alrededor del cuello, de parte de mi padre quien, antes de que entremos en la casa, tomó su tiempo para abrazarme y para entender. Aquel adolescente estaba más preocupado porque su padre no se lo diga a sus amigos; y hasta donde yo sé, él se llevó la historia a la tumba, y nunca lo dijo.

———————————

PAZ

En la aceptación se encuentra la paz

Él dijo: "Olvidaré los rostros moribundos;
Los lugares vacíos,
Se llenarán otra vez.
Oh, voces que gimen dentro de mí, cesen."
Pero vana la palabra; vana, vana:
La paz no está en el olvido.

Él dijo: "Amontonaré acción sobre acción,
El conflicto de facciones
Me estimularán y sostendrán;
Oh, lágrimas que ahogan el fuego de la hombría, cesen."
Pero vana la palabra; vana, vana:
La paz no está en el esfuerzo.

Él dijo: "Me recluiré y me quedaré quieto,
¿Por qué entrometerme en las complicaciones de la vida?
Cerrada esté mi puerta al dolor.
Deseo, me engañas, cesarás."
Pero vana la palabra; vana, vana.
La paz no está en el alejamiento.

Él dijo: "Me someteré; estoy vencido
Dios ha agotado
Mi vida de toda su riqueza.
Oh, inútiles murmullos, ¿por qué no cesan?"
Pero vana la palabra; vana, vana.
La paz no está en la sumisión.

Él dijo: "Aceptaré la tristeza que destroza
Que Dios mañana
A su hijo explicará."
Entonces fue que la crisis dentro de él cesó.

No vana la palabra, no vana;
Pues solo en la aceptación está la paz.

—Amy Carmichael, Toward Jerusalem

———————————

Retiro Espiritual

Este era mi plan calculado:
Pondría a un lado mi horario usual:
Los quehaceres serviles que se introducen de rutina.
En la paz y quietud de mi sala
Me relajaré en tu gloriosa presencia.
Cuán gozosamente imaginé esas horas:
¡Mi retiro espiritual personal!
Con Biblia y cuaderno a mano
Estudiaría y meditaría;
Intercedería por el mundo necesitado.

Pero cuán diferente fue Señor:
Nunca ha sonado el teléfono con tanta persistencia.
Las emergencias repentinas seguían apareciendo
Como aguaceros de verano.
Mi esposo vino a casa enfermo.
Hubo citas que cancelar
Planes que reorganizar.
El cartero trajo dos cartas perturbadoras
Un primo cuyo nombre ni podía recordar
Se detuvo en casa al pasar por la ciudad.
El entusiasmo de la mañana se desinfló.

Y sin embargo, amado Señor,
¡Estuviste conmigo en todo!
Puedo sentir tu vital presencia:
Eres mi guía cierta y segura.
Ni una sola vez me dejaste varada.
Tal vez en tu gran sabiduría

Anhelabas enseñarme una verdad práctica:
Cuando *Tú* eres mi Retiro Espiritual
No tengo que ser una reclusa espiritual.

—Ruth Harms Calkin, *Lord, You Love to Say Yes*

_____

LA PAZ es el breve glorioso momento en la historia cuando todos alrededor están cargando otra vez sus armas.

—Lloyd Cory, *Quote Unquote*

_____

Señor, mantenme quieto,
Aunque se agiten las olas de la tormenta
Y aunque las olas inunden mi pequeña barca,
O aunque en la oscuridad tenga que avanzar;
Señor, mantenme quieto.

Las olas están en tus manos,
El más recio mar se calma a tu orden.
Dirige mi barca con seguridad hacia el puerto
Y mantenme quieto,
Mantenme quieto.

—Autor desconocido, citado en Al Bryant, *Sourcebook of Poetry*

_____

LA PAZ ES la quietud de espíritu que no se altera por la adversidad, no la nubla una conciencia de remordimiento, ni la perturba el temor.

_____

HORATIO SPAFFORD, un hombre de negocios de Chicago, mandó a su esposa y sus tres hijas a Europa por barco mientras él permanecía en los Estados Unidos, con la intención de reunirse con ellas más tarde. En ruta hubo una terrible tormenta y un naufragio en el cual sus tres hijas se ahogaron. La Sra. Spafford se salvó y le escribió diciendo: "Todas nuestras hijas han perecido. Solo yo me he salvado."

Él tomó el próximo barco. Cuando se acercaron al lugar donde sus hijas se ahogaron, el capitán del barco señaló el lugar donde el otro barco había naufragado. Fue ahí, sobre la cubierta de ese barco que él escribió estas conmovedoras palabras:

> Cuando la paz como un río se halla en mi camino,
> Cuando la tristeza como las olas del mar se levanta;
> Sea lo que sea mi suerte, Tú me has ensenado a decir,
> "Está bien, está bien con mi alma."

—John Haggai, *How to Win Over Worry*

> Señor, ¡hazme un instrumento de tu paz!
> Donde haya odio, siembre yo amor;
> Donde haya herida, perdón;
> Donde haya duda, fe;
> Donde haya desaliento, esperanza;
> Donde haya oscuridad, luz;
> Donde haya tristeza, gozo;
> Oh Divino Maestro, concédeme que no busque tanto
> Ser consolado, como consolar;
> Ser entendido, como entender;
> Ser amado, como amar.
> Porque es al dar que recibimos;
> Es al perdonar que somos perdonados;
> ¡Es al morir que renacemos en vida eterna!

—Francisco de Asís

EL TIEMPO HA LLEGADO para que reorganice mi vida, mi paz; clamo. No puedo ajustar mi vida para obtener ninguna paz segura y fructífera. Aquí estoy a los sesenta y cuatro años, todavía buscando la paz. Es un sueño sin esperanza.

—H. G. Wells, citado en Leroy Brownlow, *Better Than Medicine*

LA CIUDAD DE WASHINGTON tiene una gran variedad de monumentos a la paz. Construimos uno después de cada guerra.

—Don MacLean, citado en Lloyd Cory, *Quote Unquote*

QUIERO PRIMERO QUE NADA, de hecho, como fin a todos los demás deseos, estar en paz conmigo mismo. Quiero una visión clara, pureza en mis intenciones, un núcleo central en mi vida que me permita desempeñar estas obligaciones y actividades lo mejor que pueda. Deseo, en verdad, para tomar prestado del lenguaje de los santos, vivir en "gracia" lo más posible. No estoy usando este término en sentido estrictamente teológico. Cuando digo gracia quiero decir la armonía interior, esencialmente espiritual, que se puede traducir en una armonía exterior. Estoy buscando tal vez lo que Sócrates le pidió en oración a Fedro cuando dijo: "Que el hombre exterior y el interior sean uno." Me gustaría alcanzar un estado de gracia interior del cual pueda funcionar y dar como fui diseñada a los ojos de Dios.

—Anne Morow Lindbergh, *Gift from the Sea*.

PECADO

(Ver también *Adulterio, Inmoralidad*)

UN DÍA EL PRESIDENTE Calvin Coolidge volvió a su casa después de asistir a la iglesia un domingo. Su esposa no había podido asistir, pero quería saber de qué había hablado el ministro en el culto. Coolidge respondió: "El pecado." Ella insistió en recibir algo más de explicación. Siendo un hombre de pocas palabras con su esposa, él respondió: "Pues bien, pienso que él está en contra de eso."

—Paul Lee Tan, *Encyclopedia of 7,700 Illustrations*

UN HOMBRE QUERÍA vender su casa en Haití por $2000. Otro hombre quería comprarla, pero debido a que era pobre, no podía pagar el precio completo. Después de mucho regateo, el dueño convino en vender la casa por la mitad del precio original con sólo una estipulación: él retendría la propiedad de un clavo pequeño que sobresalía sobre la puerta.

Después de varios años, el dueño original quiso la casa otra vez, pero el nuevo dueño no quería venderla. Así que el primer dueño salió, buscó la carroña de un perro muerto, y la colgó del clavo que todavía era de su propiedad. Pronto se hizo imposible vivir en la casa, y la familia se vio obligada a vendérsela al dueño del clavo.

La moraleja de la parábola es: "Si le dejamos al diablo aunque sea con un pequeño clavo en nuestra vida, él volverá para colgar allí su basura podrida, haciendo nuestra vida inservible como habitación para Cristo."

—*Leadership,* primavera de 1983

EL PECADO NO SIRVE BIEN como jardinero en el alma. Arregla el contorno del alma hasta que todo lo hermoso queda feo; hasta que todo lo alto queda rebajado; hasta que todo lo que es promisorio se desperdicia. Entonces la vida es como el desierto: calcinado y vacío; desprovisto de propósito; despojado de felicidad. El pecado, entonces, no es sabio, sino un desperdicio. No es una puerta, sino sólo una tumba.

—C. Neil Strait, citado en Lloyd Cory, *Quote Unquote*

MIENTRAS MÁS GRANDE EL HOMBRE, más caro paga por una corta temporada de placer del pecado.

F. M. Meyer, *David*

LOS CREYENTES A TRAVÉS DE LA HISTORIA DEL CRISTIANISMO: los padres de la iglesia primitiva, los reformadores o los puritanos, se han sentido inspirados por las Escrituras, a reducir la espiritualidad a dos listas conocidas como "los siete pecados mortales y las siete virtudes" de la santidad. La primera incluye orgullo, envidia, ira, ociosidad, avaricia, glotonería y lujuria. La segunda incluye sabiduría, justicia, valor, temperancia, fe, amor y esperanza.

Aunque halla sus orígenes en uno cuya vida no estaba centrada en Cristo nuestro Señor, la propia lista de Mahatma Gandhi, de "siete pecados mortales," en forma de contrastes, merecen nuestra atención: riqueza sin trabajo, placer sin conciencia, conocimiento sin carácter, comercio sin moralidad, ciencia sin humanidad, adoración sin sacrificio, política sin principio.

—Max DePree, *Leadership Is an Art*

———————————

EL PASTO EN EL CERCADO AJENO a menudo no es más verde y con frecuencia no es comestible.

—James Dobson

———————————

EL PRIMERO y peor de todos los fraudes es engañarse a uno mismo. Todo pecado es fácil después de eso.

—Philip Bailey, poeta del siglo diecinueve

———————————

DIGAMOS que reuniéramos a los veinte mejores atletas de salto largo del mundo y lo lleváramos al muelle de Huntington Beach, en California y los pusiéramos en fila. Digamos que les instruyéramos: "Queremos que salten lo más lejos que puedan en el agua." Algunos lograrían saltar como siete metros. Algunos tal vez llegarían al récord de casi diez metros. Tal vez alguno pudiera establecer un nuevo récord y saltar más de diez metros. Pero nadie podría saltar hasta la isla Catalina. Es humanamente imposible. Toda persona erraría el blanco porque la isla Catalina está a casi cincuenta kilómetros. En Romanos 3:23 hay la afirmación universal que Dios da a todos los hombres cuando dice: "Por cuanto todos pecaron, y están destituidos de la gloria de Dios."

Todos han errado el blanco. Todos tal vez han tratado, pero ninguno ni siquiera se acerca a la Catalina espiritual, por así decirlo. Todos saltan, y todos tratan todo tipo de cosas, pero por nacimiento, por decisión, por acción, por naturaleza, el hombre constantemente yerra el blanco, por buenas que sean sus intenciones.

—J. Vernon McGee, citado en Paul Lee Tan, *Encyclopedia of 7,700 Illustrations*

DURANTE MI PERÍODO DE SERVICIO EN LA MARINA en 1958, estaba estacionado en Okinawa, en donde había un leprocomio. En ese tiempo tocaba en la banda de la tercera división del Cuerpo de Marina, y debíamos presentar una función en la parte norte de la isla de Okinawa.

Yo había leído en cuanto a la lepra, pero nunca había visto a un leproso, y en realidad no estaba preparado para lo que vi. Pasamos sobre un puente o dos, y entramos al interior de aquel plantel. Vi muñones en vez de manos. Vi muñones en vez de dedos. Vi medias caras. Vi una oreja en vez de dos. Vi los harapos de la humanidad imposibilitados incluso de aplaudir nuestras presentaciones. Vi en las caras de hombres, mujeres e incluso algunos adolescentes, la angustia clamando. Tocamos música para ellos, pero no podíamos limpiarlos de su enfermedad.

En la Biblia la lepra es un cuadro del pecado; y vemos que se la limpia en vez de sanarla. Sólo la sangre de Jesús tiene el poder de limpiarnos de nuestra condición de corrupción de pecado. Ahora entiendo cuando la Biblia dice: "Tuvo compasión de él."

Debido al pecado el hombre ha sacado
 de la religión la deidad,
 del cristianismo lo sobrenatural,
 de la Biblia la autoridad,
 de la educación a Dios,
 de la literatura la moralidad y virtud,
 del arte la belleza y verdad,
 de los negocios la ética,
 y del matrimonio la fidelidad.

PELIGRO

EN EL ESTADO DE California, como en otras regiones montañosas del mundo, hay muchas carreteras pintorescas por entre las montañas. Algunas son estrechas y peligrosas, pero todas ellas conducen a paisajes de belleza impresionante. Los que han conducido por la Carretera 1 del Pacífico, nunca podrán olvidar las increíbles escenas naturales que se extienden por esa escabrosa costa desde Los Angeles a San Francisco. Unas cuantas de las curvas son especialmente peligrosas, y hay que negociarlas despacio y con mucho cuidado. Hay precipicios traicioneros, que aumentan a la vez a la belleza y al peligro del viaje.

Se me ocurrió que las autoridades podrían ofrecer dos alternativas a los viajeros que recorren esas peligrosas carreteras de montaña. Primero, las autoridades podrían construir clínicas bien equipadas al fondo de esos precipicios en donde las carreteras dan vueltas. Cada vuelta cerrada podía tener su propia clínica al pie del precipicio. Cuando los conductores que conducen a demasiada velocidad se caen al abismo, los de la clínica estarían allí para rescatarlos y atenderlos. Segundo, las autoridades podrían colocar letreros bien claros, bien colocados, antes de cada curva, que digan: *"Peligro. Curva peligrosa. Conduzca despacio."* De seguro que no le sorprende saber que el Departamento de Carreteras escogió la segunda opción, y no la primera. Plan inteligente.

Debemos aprender de esa decisión. Primera de Juan 1:9 es la clínica correctiva al fondo del abismo. Nos rescata y nos atiende, lo que es maravilloso, pero no es la mejor alternativa. Romanos 6, por otro lado, es el consejo preventivo, que provee letreros: "No hay necesidad de estrellarse . . . reduzca la velocidad . . . Peligro por delante." Debemos calcular la importancia de estos "letreros" espirituales y reconocerlos como verdad.

—Charles Swindoll, *The Grace Awakening*

———————————

EL 20 DE NOVIEMBRE DE 1959, una pequeña cantidad de solvente explotó y destruyó una puerta de una celda de procesamiento del Laboratorio Oak Ridge de la Comisión de Energía Atómica. Alrededor de medio gramo de plutonio (elemento radioactivo) fue esparcido por el aire; ¡apenas medio gramo! La AEC (por sus siglas en inglés) más tarde informó lo que se necesitó para limpiar este pequeño accidente atómico.

1. Toda persona en un área de dos hectáreas tuvo que entregar su ropa para que la descontaminen.
2. A toda persona la examinaron por completo para asegurarse de que no había inhalado o ingerido plutonio.
3. La planta de procesamiento y el reactor de investigación cercano fueron apagados por completo.
4. Se lavó a los edificios con un detergente fuerte, y se cambió el tejado a todos los edificios.
5. Se quitó la capa de hierba de los alrededores y se la llevó a un lugar distante donde la enterraron muy profundo.
6. Se cambiaron cien metros lineales del asfaltado de una carretera cercana.
7. Para impedir que pueda esparcirse el más ligero vestigio de plutonio que pudiera haber quedado se pintó totalmente todo edificio con una sustancia muy resistente.

El costo total de esta renovación y proceso de limpieza fue de $350.000.

NUNCA HABÍA TENIDO LA PERSPECTIVA APROPIADA de lo que Daniel debe haber enfrentado hasta que mi familia y yo fuimos a visitar un parque que tiene un safari de leones, hace varios años. He estado en zoológicos en varias ciudades, pero nunca había participado en un safari de turistas que era una atracción en el condado donde vivíamos. Por alguna extraña razón había una bestia más bien gigantesca que parece que le gustó nuestro coche, o algo en el carro. Recuerdo que no había muchos animales, pero uno de los reyes de la selva parece que gustó de nosotros, y quería andar junto a nosotros. Pudimos detenernos y estudiarlos, con la muy fuerte puerta del carro entre nosotros y esas criaturas. Pero mientras estudiaba a ese león particularmente majestuoso, capté un nuevo aprecio de lo que debe haber sido para Daniel estar en un foso lleno de varios carnívoros como aquél.

LE DIJE A MI ESPOSA, Cynthia, una tarde: "Voy a dar una vuelta. Necesito pensar y orar en cuanto a una situación." Así que mientras conducía, tenía mi Biblia abierta sobre el volante, y dije: "Señor: Voy a leer el Nuevo Testamento hasta que halle tu voluntad en esta situación."

Pues bien, leer y conducir no son actividades que se relacionan entre sí en forma natural. Mencioné esto en un sermón, y después un hombre se acercó y simplemente me puso en la mano una tarjeta, diciendo: "Por si alguna vez me necesita," y se alejó. Era una tarjeta de un servicio de grúas y de reparación de vehículos.

———————

TODA PERSONA TIENE VIDA ETERNA. La pregunta es dónde vamos a pasarla. Imagínese a una persona irremediablemente atrapada en el sexto piso de un hotel incendiado. Los ascensores ya no funcionan. Las escaleras son infiernos en llamas. Para vivir, la persona debe saltar a una red que los bomberos están sosteniendo en la calle. Imagínese al hombre atrapado gritando desde una ventana rota: "No voy a saltar mientras no me den una explicación satisfactoria a varias cosas: (1) ¿Cómo empezó el incendio? (2) ¿Por qué se extendió tan rápido? (3) ¿Qué pasó con el sistema de rociadores? Y (4) ¿cómo sé con certeza que la red me va a sostener? A menos que ustedes me den respuestas satisfactorias, ¡aquí me quedo en el cuarto 612!"

Divida eso y analícelo de la manera que quiera, cuando reducimos nuestras respuestas a la oferta divina de salvación, todo se reduce a la fe: estar dispuesto a abandonarse uno mismo, sin paso atrás, a la red eterna que Dios extiende: saltar mientras se cree, con absoluta confianza de que Él hará lo que prometió.

—Charles Swindoll, *Destiny*

———————

EN UNA OCASIÓN apareció una caricatura en el *National Observer* que me llamó la atención, probablemente porque la escena era muy familiar. Se trataba de una inter-sección muy transitada, y había coches en hilera en todas las cuatro direcciones. Las bocinas sonaban, y los motores se recalentaban, y el mal genio afloraba. Había impa-ciencia en la cara de todos los conductores. Había un peatón en una esquina mirando al otro lado de la calle, sin poder creer lo que leía en la luz advertencia. En lugar de las leyendas normales de "Camine" o "No camine," decía: "Buena suerte."

— *National Observer,* 29 de mayo de 1967.

PERDÓN

(Ver también *Aceptación, Autoestima*)

UNA CARICATURA en la revista *New Yorker* mostraba a un padre exasperado diciéndole a su hijo pródigo: "Esta es la cuarta vez que hemos matado el cordero gordo." Dios hace eso vez tras vez en nuestras vidas.

—Bruce Larson, *Setting Men Free*

———————————

UN BOXEADOR IRLANDÉS triunfador se convirtió y llegó a ser predicador. Estaba en una nueva ciudad preparando sus reuniones de evangelización cuando un par de fortachones malandrines notaron lo que él estaba haciendo. Sin saber nada de su trasfondo, le lanzaron unos cuantos insultos. El irlandés se limitó a volverse y quedarse mirándolos. Exagerando su suerte, uno de los patanes le lanzó un puñetazo que se estrelló contra la mejilla del ex boxeador. Él sacudió la cara, y no dijo nada mientras se masajeaba la quijada. El otro le lanzó otro puñetazo a la otra mejilla. En ese momento el predicador se quitó su chaqueta, se subió las mangas, y dijo: "El Señor no me ha dado ninguna instrucción para después de eso." ¡Pum!

—J. Vernon McGee, *Matthew*

———————————

La página en blanco
Con paso incierto se acercó a mi mesa
La lección terminada:
—Otra hoja limpia para mí, maestro,
He arruinado esta.

Tomé su hoja emborronada y sucia,
otra hoja limpia, en blanco le entregué;
y al infundirle en mi sonrisa aliento,
hazla mejor, ahora, murmuré.

Al trono me acerqué lleno de pena,
la carrera del año al terminar.

—Otro año nuevo, para mí, Maestro,
he perdido el que acaba de pasar.

Tomó mi año destrozado, inútil,
y otro año nuevo en blanco me entregó,
y al infundirme en su sonrisa aliento:
—Cumple mejor ahora —murmuró.
—Autor desconocido

———————

JOHN D. ROCKEFELLER desarrolló el gran imperio de la Standard Oil. Sin que sea sorpresa, Rockefeller era un hombre que exigía alto desempeño de los ejecutivos de su compañía. Un día, uno de esos ejecutivos cometió un error de dos millones de dólares.

La noticia del enorme error del hombre se regó rápido por las oficinas ejecutivas, y los demás empezaron a esfumarse. Temerosos de la reacción de Rockefeller, ninguno quería cruzarse en su camino.

Un hombre no tuvo otra alternativa, sin embargo, puesto que debía reunirse con su jefe. Así que enderezó los hombros, se apretó el cinturón, y entró en la oficina de Rockefeller.

Cuando el hombre se acercó al escritorio del monarca de petróleo, Rockefeller levantó la vista de un papel en el que estaba escribiendo.

"Supongo que habrás oído del error de dos millones que nuestro amigo hizo," dijo de repente.

"Así es," dijo el ejecutivo, esperando que Rockefeller explote.

"Pues bien, he estado sentado haciendo una lista de las buenas cualidades de nuestro amigo en este papel, y he descubierto que en el pasado él le ha dado a nuestra compañía una ganancia igual a la cantidad de dinero que perdió por su error hoy, multiplicada muchas veces. Sus buenos puntos pesan mucho más que este error humano. Así que pienso que debemos perdonárselo, ¿te parece?"

—Dale Galloway, *You Can Win with Love*

———————

NOS PARECEMOS MÁS A LAS BESTIAS cuando matamos. Nos parecemos más a los hombres cuando juzgamos. Nos parecemos más a Dios cuando perdonamos.

—William Arthur Ward, *Thoughts of a Christian Optimist*

EL PERDÓN ES ceder mi derecho a lastimarte porque tú me ha lastimado.

—Archibald Hart, citado en James Dobson, *Love Must Be Tough*

ES MARAVILLOSO ver a un pródigo que regresa y aplaudirlo. Conozco un pastor que atravesó los horrores de la disciplina pública de un hermano en su iglesia, y fue horroroso. Es más, salió en los periódicos. Muchos oímos de la disciplina de un cristiano bien conocido que había naufragado. Él se alejó de Dios por varios años, pero a la larga volvió. Escribió una carta pidiendo perdón. Él dijo: "Tenían razón. Yo pequé. Ustedes pusieron el dedo en la llaga. Me rebelé y lo rechacé; pero quiero que sepan que veo el mal de mis acciones y he regresado."

¿Saben lo que hizo esa iglesia? Hicieron fiesta; la misma iglesia que lo había disciplinado. Le compraron una chaqueta deportiva y un par de zapatos. Le pusieron un anillo de oro en su dedo, y sirvieron filetes de primera. Fue una noche de alabanza cuando este hermano fue recibido de nuevo en la comunión. Y eso también salió en las noticias. No hay suficientes noticias de esta clase.

UNA VEZ AL PRESIDENTE LINCOLN le preguntaron qué iba a hacer en cuanto a los sureños rebeldes cuando finalmente los habían derrotado y ellos habían vuelto a la unión de los Estados Unidos de América. El hombre esperaba que Lincoln optaría por feroz venganza, pero él contestó: "Los trataré como si nunca se hubieran alejado."

—William Barclay, *The Gospel of Luke*

PERFECCIONISMO

Era un hombre tan perfeccionista que mantenía un periódico debajo del pajarito del reloj.

—Tom Eisenman, *Temptations Men Face*

———————

Uno de las más interesantes promociones de Volkswagen muestra un auto impecable: con una llanta baja. La leyenda dice: "Nadie es perfecto."

———————

PERSEVERANCIA

¿Recuerdas el juguete de niños que es un muñeco gigante de vinilo con un depósito redondo al fondo lleno de arena? Uno le da un golpe y él se endereza de nuevo. Se le vuelve a dar un golpe, y de nuevo vuelve a su posición. De manera similar, los cristianos de la iglesia inicial volvían a levantarse.

—Donald Barnhouse, *Romans*

———————

Perseverando
Soñé muchos sueños que no se hicieron realidad,
Los he visto desvanecerse al amanecer;
Pero se me han realizado suficiente sueños, gracias a Dios,
Para hacer que continúe soñando.

He elevado muchas oraciones sin recibir respuesta,
He esperado con paciencia y largo tiempo;
Pero respuestas han venido a suficientes oraciones
Para hacer que siga orando.

He confiado en muchos amigos que me han fallado
Y me han dejado llorando solo;

Pero he encontrado suficientes amigos de verdad
Para hacerme seguir confiando.

He sembrado muchas semillas que cayeron por la vereda
Solo para que se la comieran los pájaros;
Pero he sostenido en mi mano suficientes gavillas doradas
Para hacer que siga sembrando.

He bebido de la copa del desaliento y del dolor
He pasado muchos días sin canción,
Pero he saboreado suficiente néctar de la rosa de la vida
Para hacer querer seguir viviendo.

—Charles Allen, *The Secret of Abundant Living*

_____

DURANTE UN DISCURSO EN Harrow School el 29 de octubre de 1941: "Nunca te des por vencido, nunca te des por vencido, nunca, nunca, nunca, nunca; en nada, sea grande o pequeño, grandioso o insignificante; nunca cedas excepto a las convicciones de honor y sentido común. Nunca te des por vencido." Luego se sentó.

—Winston Churchill

_____

GUILLERMO CAREY dijo de su biógrafo: "Si me da crédito por ser un arador, me habrá descrito con justicia. Cualquier cosa mas allá de eso será demasiado. Puedo arar. Puedo perseverar en cualquier encomienda. A esto le debo todo."

—John Woodbridge, *Great Leaders of the Christian Church*

_____

UNA VEZ OÍ A W. A. CRISWELL, por largo tiempo pastor de la Primera Iglesia Bautista de Dallas, Texas, contar de un evangelista que le encantaba ir de cacería. El hombre compró dos cachorros setter de lo mejor. Los tenía en el patio de su casa, donde los entrenaba. Una mañana, un arrogante y furioso buldog pequeño llegó caminando y resoplando por el callejón. Se metió por debajo de la cerca y entró al patio donde los setter pasaban el día. Era fácil notar que el buldog iba en serio. El primer impulso del evangelista fue llevar a sus setter al sótano y encerrarlos para que no despedazaran al pequeño buldog. Pero decidió dejar que la criatura aprenda una lección que nunca olvidaría. Como era de esperarse, se enfrascaron en una pelea en el patio, y los dos setter y el buldog se persiguieron vez tras vez alrededor del patio. El pequeño buldog por fin decidió que había recibido lo suficiente, así que se escurrió por debajo de la cerca y se fue. Todo el resto del día se quejó y se lamió las llagas. Interesantemente, al día siguiente, como a la misma hora, por ahí venía el mismo arrogante buldog; de nuevo por debajo de la cerca y a perseguir a los setter. Una vez más los dos perros de caza hicieron de las suyas con el pequeño y gambado animal, y se lo hubiesen comido si no se hubiese escapado de nuevo por el callejón. ¿Puede creerlo? ¡Al día siguiente volvió! A la misma hora, por el mismo sitio, y con los mismos resultados. Una vez más, después de que el buldog ya no pudo aguantar mas, se escurrió por debajo de la cerca y se fue camino a su casa a lamerse sus heridas.

"Pues bien," dijo el evangelista, "tuve que viajar para predicar en una campaña. Estuve fuera por varias semanas. Cuando regresé, le pregunté a mi esposa qué había sucedido. Ella me dijo: "Cariño: no vas a creer lo que sucedió. Todos los días, a la misma hora cada mañana, ese pequeño buldog volvía a nuestro patio y peleaba con nuestros setter. ¡No se perdió ni un solo día! Y quiero que sepas que hemos llegado al punto en que nuestros setter oyen al buldog resoplando por el callejón y notan que está escurriéndose por debajo de la cerca, y al instante empiezan a quejarse y corren al sótano. Ese pequeño buldog trota por nuestro patio como que fuese el dueño."

—Charles R. Swindoll, *Living Above the Level of Mediocrity*

_____

Dos ranas cayeron en un tazón de crema,
La una era optimista;
Pero la otra veía todo oscuro,
"Nos vamos a ahogar,"exclamó, sin mucho pensar.
Así que con un último grito de desesperanza,
Alzó sus patas al aire y dijo: "Adiós."
Dijo la otra rana con una sonrisa alegre:
"No puedo salir, pero no me daré por vencida.

Nadaré hasta que se me acaben las fuerzas,
Entonces moriré más contenta."
Con valentía nadó hasta que parecía
Que sus esfuerzos comenzaron a revolver la crema.
Encima de la mantequilla finalmente se detuvo,
Y del tazón alegremente saltó.
Y ¿cuál es la moraleja? Es fácil de ver:
Si no puedes saltar, sigue nadando.

—Walter Knight, *Knight's Master Book of New Illustrations*

SIGUE HACIA ADELANTE. Nada en el mundo puede tomar el lugar de la persistencia. El talento no basta; nada es más común que personas con talento pero sin éxito. El genio no basta. El genio no reconocido es casi proverbial. La educación no basta; el mundo está lleno de vagabundos educados. Sólo la persistencia y la determinación son omnipotentes.

—Calvin Coolidge

A VECES ES MUY DIFÍCIL SEGUIR ADELANTE cuando parece que no se está llegando a ningún lado. Cuando Thomas Carlyle terminó el primer volumen de su libro *The French Revolution* (La revolución francesa)*,* le entregó el manuscrito ya terminado a su amigo John Stuart Mill y le pidió que lo leyera. Al Sr. Mill le llevó unos cuantos días leerlo y mientras lo leía se dio cuenta de que en verdad era una obra maestra literaria. Tarde una noche, habiendo terminado la última página puso el manuscrito sobre el piso junto a una silla en la sala de su casa. A la mañana siguiente vino la criada, vio los papeles en el piso, pensó que eran para botar. Los echó al fuego y los quemó.

El 6 de marzo de 1835, y él nunca se olvidó de la fecha, Mill fue a ver a Carlyle con profunda agonía y le contó que su obra había sido destruida. Carlyle respondió: "Está bien. Estoy seguro que puedo comenzar por la mañana y hacerlo de nuevo."

Al fin, luego de muchas disculpas, John Mill salió y regresó a su casa. Carlyle miró a su amigo alejándose y le dijo a su esposa: "Pobre Mill, siento lástima por él. No quería que viera lo aplastado que en verdad estoy."

Luego lanzando un gran suspiro, dijo: "Pues bien, el manuscrito ya no existe, así que más vale comenzar a escribir de nuevo."

Fue un proceso largo y difícil especialmente porque la inspiración ya se la había ido. Siempre es difícil tratar de captar de nuevo el fervor y vigor si un hombre tiene que hacer algo así dos veces. Pero se puso a hacerlo de nuevo hasta que lo terminó.

Thomas Carlyle se alejó del desánimo. No podía hacer nada en cuanto al manuscrito que se había quemado. Igual es con nosotros: Hay momentos para levantarnos y seguir hacia delante, y dejar que lo que pasó, pasó.

—William Barclay, *The King and The Kingdom*

PERSONAS

Cada vez que oigo los nombres de los dos hijos de Isaías: Maher-salal-hasbaz y Sear-jasub: me río pensando que la cena se acabaría antes de que terminasen de llamarlos a comer.

Una ajetreada compradora fue a la sección de perfumes y le preguntó a la atareada vendedora: "¿Tiene todavía *Pasión* de Elizabeth Taylor?" A lo cual ella respondió: "Corazón, si la tuviera, ¿estaría yo trabajando aquí?"

No hay personas ordinarias. Nunca has hablado con un mero mortal. Las naciones, culturas, artes, civilizaciones: estas cosas son mortales y su vida es para la nuestra como la de un mosquito. Pero es con los inmortales con los cuales bromeamos, trabajamos, nos casamos, desdeñamos y explotamos: horrores inmortales de esplendores eternos.

—C. S. Lewis, *The Weight of Glory*

GARY SMALLEY y John Trent presentan un seminario encantador en el que hablan de los temperamentos en las familias. Han concatenado estos temperamentos con el reino animal.

El temperamento *león* es un individuo fuerte de corazón, decidido, resistente. Decisivo, terco, por lo general ruidoso.

Luego está el *golden retriever* que le gusta cuidar y es compasivo. No exige nada. Uno puede descargarse con el *golden retriever*. Se queda sentado y entiende.

Luego está la *nutria*. La nutria que disfruta y es despreocupada. Por lo general es el menor de la familia. ¿Sabes lo que dice la nutria. "Vamos, da lo mismo, ¿sabes? Mi hermano mayor, él se encargará de todo. Vete a verlo. Yo lo tomo con calma, amigo. No es gran cosa."

Cuarto, es el trabajador y diligente *castor*. Responsable, organizado. Los castores no tienen un maletín; tienen dos. Y no son esos delgados maletines. Son de los que se expanden y parecen pequeñas maletas. Necesitan ruedas para llevarlos por el aeropuerto. Y saben exactamente a dónde van. Si tienes una combinación de *león y castor*, ¡vaya! Es algo en verdad.

————————————

UN PIANISTA FRUSTRADO le gritó al solista: "Yo estoy tocando las teclas negras y las teclas blancas, ¿por qué insistes en cantar en las grietas?"

————————————

UN CIENTÍFICO NECIO hacía planes para enviar un cohete al sol. Alguien le dijo: "Se va a quemar." "No," contestó el científico," "vamos de noche."

————————————

¿SUFRES POR LAS COMPARACIONES? Alguien me dijo una vez: "No hay nada como pastor anterior o un ex esposo."

————————————

Un hombre fue a ver al psicólogo local. Cuando el médico le preguntó por qué había ido a verlo, el hombre dijo: "Sufro de un complejo de inferioridad."

En las semanas que siguieron el psicólogo sometió a su nuevo paciente a toda una serie de exámenes. Luego vino el largo tiempo de espera mientras se tabulaban los resultados y se sacaban las correlaciones apropiadas.

Por fin, el médico llamó al hombre y le pidió que vuelva al consultorio. "Tengo noticias interesantes para usted," comenzó el doctor.

"¿Qué noticias?" preguntó el hombre.

"No es ningún complejo," replicó el psicólogo. "Usted en verdad es inferior."

———————————————
—Charles R. Swindoll, *Three Steps Forward, Two Steps Back*

Una frase que todavía oigo es: "todo alborotado," que fue popularizada por el finado Elvis Presley. Hace varios años la revista *Newsweek* publicó un artículo interesante sobre este hombre. Se titulaba: "All Shook Up" (*Todo Alborotado).* Elvis Presley nació en extrema pobreza en un pueblecito de Mississipi en los Estados Unidos de América, hijo único. A los dieciocho años, ganando catorce dólares a la semana conduciendo camiones, decidió, de la nada, hacer una grabación. Se convirtió en el artista mejor pagado en la historia de los Estados Unidos de América. A los veintitrés años perdió a su madre.

Poco antes de su muerte a los cuarenta y dos años, deseaba poder tener una semana en la que pudiese vivir una vida normal, recorriendo las calles de su ciudad sin que lo hostiguen. Estaba dispuesto a pagar un millón de dólares por una semana de paz.

Pat Boone dijo de Elvis: "Quería mucho a Elvis. Él siguió el camino incorrecto. Irónicamente, nos encontramos la última vez cuando yo iba hacia el Este y él hacia la ciudad de Las Vegas. Me preguntó: 'Pat, ¿a dónde vas?' Y yo le dije que iba a participar en algún tipo de ministerio. Y él me dijo: 'Yo voy para Las Vegas. Pat, todo el tiempo que te he conocido, siempre has seguido el camino incorrecto.' Pat Boone le contestó: 'Elvis, eso depende de dónde vienes y a dónde vas.'"

———————————————
—*Newsweek,* 29 de agosto de 1977

PERSPECTIVA

Desde el nacimiento hasta los dieciocho años una muchacha necesita buenos padres; desde los dieciocho a los treinta y cinco necesita ser hermosa; de los treinta y cinco a los cincuenta y cinco necesita una hermosa personalidad, y de los cincuenta y cinco en adelante necesita dinero.

————————————— —Sophie Tucker, citado en Rosalind Russell, *Life Is a Banquet*

El ciego y el elefante

Eran seis de Indostaní
   A muchos aprender inclinados,
Que fueron a ver al elefante
   (Aunque todos eran ciegos),
Que cada uno por observación
   Pudiese satisfacer su mente.

El primero se acercó al elefante,
   Y, resultó que cayó
Sobre el ancho y sólido costado,
   Al instante comenzó a clamar:
"¡Válgame; pero si el elefante
   Se parece mucho a una pared!"

El segundo, palpando los colmillos
   Gritó: "¡Ah!, ¿qué tenemos aquí
Tan redondo, liso y puntiagudo?
   Para mí está muy claro
Que esta maravilla de elefante
   ¡Es como una lanza!"

El tercero se acercó al animal,
   Y, resultó que tomó
Entre sus manos la trompa que se revolvía,
   Así con intrepidez habló:
"Ya veo," dijo, "el elefante,
   ¡Es muy parecido a una culebra!"

El cuarto extendió con ansias la mano
    Y tocó cerca de la rodilla.
"A lo que más se asemeja esta maravillosa bestia
    Es bastante obvio," dijo él;
Es fácil ver que el elefante
    Es como un árbol."

El quinto que resultó que tocó la oreja
    Dijo: "Hasta el hombre más ciego
Puede darse cuenta de que esto más se asemeja.
    Negar el hecho, quién puede,
Esta maravilla de elefante
    ¡Es como un abanico!"

Apenas había comenzado el sexto
    A pasarle la mano a la bestia,
Cuando, agarrando la cola que oscilaba de un lado a otro
    Que resultó estar a su alcance,
"Ya veo," dijo, "el elefante
    ¡Se parece mucho a una soga!"
Y esos hombres de Indostaní
    Discutieron largo y tendido,
Cada uno en su propia opinión
    Sumamente firme y fuerte,
Aunque cada uno tenía en parte la razón,
    Y todos se equivocaban.

Así también a menudo en las guerras teológicas
    Los que disputan, supongo,
Argumentan en ignorancia total
    De lo que el otro quiere decir
Y discuten acerca de un elefante
    ¡Al que ninguno de ellos ha visto!

—John Godfrey Saxe, citado en James Cilchirist Lawson,
The World's Best-Loved Poems

UN NUEVO MIEMBRO del parlamento inglés llevó a su hija de ocho años en una gira breve por su querida Londres. Llegaron a la catedral de Westminster y la grandeza de la misma asombró a la niña. Se quedó mirando hacia arriba las grandes columnas, y estudiando la belleza y la grandeza de aquel edificio gótico. La concentración de la niña intrigó al padre. La miró y le dijo: "Cariño, ¿en qué piensas?" Ella dijo: "Papito, estaba pensando en lo grande que pareces en casa y lo pequeño que te ves aquí."

———————————

CONSIDERAR LAS ALTERNATIVAS a menudo nos ayuda con la perspectiva. Un joven que llevaba a la espalda una pesada mochila de preocupaciones, afanes y responsabilidades de la vida avanzaba penosamente por el camino. El camino parecía más y más áspero cada vez, y la mochila más pesada. Al fin, se desplomó y dijo: "¡Estoy listo para morir!" De repente, el ángel de la muerte se le apareció y le dijo: "¿Me llamaste?" Levantándose al instante dijo: "Sí, ¿puedes ayudarme a ponerme de nuevo la mochila a la espalda?"

———————————

UN HOMBRE PARECÍA que vivía la vida por encima de todas las circunstancias. Nunca tenía un mal día. Llegaba al trabajo contento. Se iba a la casa feliz. Las personas a su alrededor se preguntaban cuál era su secreto.

Un día un amigo descubrió que estaba fingiendo. Le dijo: "Ahora sé por qué siempre estás tan alegre. ¡En realidad lo has logrado! Ayer de tarde estaba yendo en un taxi cuando te vi pasar. Estabas ahí sentado, escuchando atentamente a una hermosa joven de espaldas a la calle, y estabas disfrutando de una golosina en un encantador café."

"Pues bien," le dijo el otro en voz baja, "permíteme decirte la verdad. Esa hermosa joven es mi esposa que me estaba diciendo que me estaba dejando; y esos eran nuestros muebles en la acera." Las cosas no siempre son lo que aparentan ser. A veces son peores.

—Lloyd Cory, *Quote Unquote*

———————————

Pocas cosas son peores que vivir en una ciudad y no saber moverse en ella. Eso nos pasó a nosotros cuando vivimos en San Francisco por unos meses a fines de 1957. Es fácil perderse. Todas las calles a un lado de la calle Mission van en una dirección: diagonal. Todas las calles al otro lado de la calle Mission son perpendiculares. Luego hay que añadir esas increíbles colinas y las calles sinuosas, y los diminutos letreros que deberían haber sido pintados de nuevo años atrás, y los edificios, muchos de los cuales parecen ser iguales, y la niebla, y las subidas y bajadas, y el tranvía, y es seguro que uno se pierde.

Cynthia y yo estábamos con unos amigos en la terraza del Hotel Hilton San Francisco en una ocasión, y las cosas cambiaron. El Hilton tiene más de veinte pisos. Por primera vez pude ver con claridad el plano de la ciudad. No puedo explicar por qué, pero hasta entonces no lo entendía. En cierta dirección estaba el puente Golden Gate. A otro lado el puente Bay. Más abajo estaba el muelle de Pescadores, y luego el barrio Nob Hill, y luego Chinatown, y hacia atrás, Daly City y otros puntos de la península. Desde esa perspectiva, podíamos ver todo a la vez.

Un hombre que estaba perdiendo la memoria fue a ver a su médico para pedir consejo. Recibió el siguiente diagnóstico de su medico: "No podemos hacer nada acerca de su memoria sin que le afecte la vista. Usted escoge. ¿Prefiere poder ver o poder recordar?" El hombre pensativamente respondió, "Francamente, prefiero mi vista a mi memoria. Como ve usted, prefiero ver hacia donde voy en vez de recordar dónde he estado."

—Edwin Lutzer, *Failure: The Back Door to Success*

Una universitaria les escribió la siguiente carta a sus padres:

Queridos Mamá y Papá:
Pensé en escribirles una nota para hacerles saber mis planes. Me he enamorado de un muchacho llamado Jim. Él abandonó la secundaria es su penúltimo año para casarse. Como hace un año se divorció.

Hemos estado saliendo juntos ya por dos meses y planeamos casarnos a fines de año. Hasta que llegue ese tiempo he decidido irme a vivir con él (pienso que estoy embarazada).

Sea como sea, dejé de ir a clases desde la semana pasada, aunque me gustaría terminar la universidad algún día en el futuro.

En la siguiente página, la carta continuaba,

Mamá y Papá,

Solo quiero que sepan que todo lo que escribí en esta carta es falso. NADA es verdad.

Pero Mamá y Papá, SÍ es verdad que saqué una C en francés y reprobé matemáticas. SÍ es verdad que voy a necesitar mucho más dinero para poder pagar la universidad.

¡Esta chica dejó en claro su punto! Hasta las malas noticias puede sonar buenas si se las ve desde otra perspectiva.

—Edwin Lutzer, *Failure: The Back Door to Success*

UN AGRICULTOR TENÍA UNA VACA que parió dos terneros. Esa noche durante la cena él hombre encantado le dijo a su esposa: "La vieja Jefa tuvo dos terneros hoy. Sabes, cariño, vamos a darle uno de esos terneros al Señor y nos quedaremos con el otro. Así debe de ser." Después de unos pocos días ella lo notó callado y taciturno, y le preguntó que le pasaba. Él dijo: "Pues bien, cariño, fui al granero y encontré que el ternero del Señor se ha muerto."

—D. Martín Lloyd-Jones

PESIMISTAS

UN PESIMISTA ES una persona que está mareada todo el viaje de su vida.

—*Grit, citado en* Lloyd Cory, *Quote Unquote*

TENGO UN AMIGO PASTOR que ha estado en la misma iglesia por casi cuarenta años. Algunos de los miembros de la junta estaban ahí cuando el pastor anterior estaba, y aún permanecen en la junta. Cuando lo vi la ultima vez me dijo: "Me encontré con uno de los ancianos de la junta el otro día. Me dijo que sentía mucho no haber podido asistir a la junta la otra noche. Me dijo: 'Tenía muchas ganas de votar que no.'"

UNA VEZ OÍ DE UN CAMPESINO que era optimista continuamente, rara vez desanimado o triste. Tenía un vecino que era todo lo contrario. Afligido y taciturno, comenzaba cada mañana con un pesado suspiro.

El agricultor alegre y optimista veía salir el sol y por sobre el rugido del tractor gritaba: "¡Miren que sol tan hermoso y que cielo tan despejado!" Y frunciendo el ceño el vecino negativo contestaba: "¡Sí; probablemente quemará la cosecha!"

Cuando se juntaba las nubes y empezaba a caer la muy necesitada lluvia, nuestro amigo positivo sonreía al otro lado de la cerca: "¡No es esto maravilloso; Dios está regando nuestro maíz!" De nuevo, la misma respuesta negativa: "Ajá, pero si deja de llover pronto se va a inundar y arrastrará todo."

Un día el optimista decidió poner a la prueba máxima a su vecino pesimista. Compró el más inteligente y más costoso perro de cacería que pudo encontrar. Lo entrenó para que hiciera cosas que ningún otro perro en la tierra podía hacer; hazañas imposibles que de seguro sorprenderían a todos.

Invitó al pesimista a que fuera a cazar patos con él. Se sentaron en el bote, escondidos bajo la lona de camuflaje. Llegaron los patos. Ambos dispararon y varios patos cayeron en el agua. "¡Ve y búscalos!" le ordenó el dueño con brillo en sus ojos. El perro saltó del bote, caminó sobre el agua y recogió los pájaros uno por uno.

"Bueno, ¿qué piensas de eso?"

Sin sonreír el pesimista contestó: "No sabe nadar, ¿verdad?"

—John Haggai, *How to Win over Worry*

POLÍTICA

(Ver también *Gobierno*)

UN LETRERO EN UN ESCRITORIO de un funcionario del Pentágono decía: "Lo secreto de mi trabajo no me permite saber lo que estoy haciendo."

—Charles R. Swindoll, *The Bride*

En discurso durante su campaña presidencial, Teddy Roosevelt fue interrumpido por un hombre del público que constantemente gritaba: "Soy demócrata." Roosevelt detuvo su discurso y se dirigió al impertinente individuo: "¿Por qué es usted demócrata?" El hombre con orgullo contestó: "Mi abuelo fue demócrata, y mi papá fue demócrata. ¡Por eso soy demócrata!" Roosevelt movió la cabeza de un lado a otro y le contestó: "Supongamos que su abuelo fue un burro y su papá fue un burro. ¿Que serías usted?" "Republicano," contestó el otro.

—Tim Timmons, *Maximum Living in a Pressure Cooker World*

MÁS IMPORTANTE QUE GANAR LAS ELECCIONES es gobernar a la nación. Esa es la prueba de un partido político; la prueba final y de ácido.

—Adlai Stevenson, citado en John Bartlett, *Bartlett's Familiar Quotations*

NEGOCIAMOS con los rusos de ojo a ojo y ambas partes tienen miedo de pestañar.

—Dean Rusk, citado en John Bartlett, *Bartlett's Familiar Quotations*

SER PRESIDENTE de los Estados Unidos de América es estar solo, muy solo, en los momentos de grandes decisiones. El tener que tomar decisiones produce soledad debido a las consecuencias que siguen a cada decisión. Uno toma una decisión, firma un papel, da una orden, y muchas, muchas personas están involucradas en las consecuencias.

Pienso, también, que los líderes sienten soledad por la gran demanda de su tiempo y energía. El presidente estadounidense Woodrow Wilson dijo: "Es terrible ser presidente de los Estados Unidos de América. Significa dejar a un lado casi todo lo que uno ama. La presidencia se vuelve una barrera entre el hombre y su esposa, entre el hombre y sus hijos."

—Warren W. Wiersbe, *Lonely People*

A JUAN WYCLIFFE se le puede llamar el génesis de una era. Aunque el hombre virtualmente ha sido olvidado en el mundo de hoy, este santo del siglo catorce fue un individuo serio y decidido. No podía soportar la idea de pensar que la Biblia estuviera encadenada al púlpito en la lengua muerta del clero y los prelados de la iglesia. Así que, siendo su lengua en inglés, decidió poner el Nuevo y el Antiguo Testamento en el inglés vernáculo.

Fue una tarea gigantesca, y la hizo contra toda clase de ataques verbales y físicos. Sin embargo, este fiel erudito, este predicador de justicia, perseveró en la tarea hasta que quedó virtualmente terminada. Luego, en tenaz desafío contra los enemigos de su día, escribió estas palabras en la solapa interior de la traducción: "Esta Biblia es traducida y hará posible un gobierno del pueblo, por el pueblo, y para el pueblo."

Wycliffe ni siquiera se imaginó que quinientos años más tarde un flaco y destrozado presidente de un nuevo gobierno que se había establecido en el nuevo continente tomaría prestadas de la solapa de esa Biblia las mismas palabras que usaría un lóbrego día de noviembre en un lugar llamado Gettysburg. En ese campo de batalla bañado en sangre Lincoln dijo: "Aquí y ahora resolvemos firmemente que estos muertos no habrán muerto en vano, que está nación bajo Dios tendrá un nuevo nacimiento de libertad, y que el gobierno del pueblo, por el pueblo y para el pueblo no desaparecerá de la tierra."

Fue menos de un año y medio después que el Presidente Lincoln fue asesinado. Entre los cientos de hombres y mujeres que informaron de su muerte, un reportero de pensamiento agudo lo dijo bien cuando dijo: "Esta no es una muerte. El asesinato de Lincoln es el fin de una era."

—Stuart P. Grover, *Our Christian Heritage*

POSTERGACIÓN

La postergación es mi pecado
Me trae nada más que angustia.
Sé que debería de dejar de hacerlo,
De hecho, lo dejaré de hacer: mañana.

—Gloria Pitzer, citado en Lloyd Cory, *Quote Unquote*

_____

UNA ESPOSA DIJO: "Cuando un hombre tiene que hacer algo en la casa, pasa por tres etapas: contemplar *cómo* lo va a hacer, contemplar *cuándo* lo va a hacer, contemplar."

—Marcelene Cox, citado en Lloyd Cory *Quote Unquote*

_____

Al doblar la esquina

Al doblar la esquina tengo un amigo,
En esta gran ciudad que no tiene fin;
Pero sin embargo días pasan, y semanas,
Y sin darme cuenta, hasta un año,
Y nunca veo a mi viejo amigo,
Porque la vida es una terrible y rápida carrera.
Él sabe que lo quiero mucho
Como en los días cuando llamaba a su puerta,
Y él llamaba a la mía también,
Y ahora somos hombres ocupados y cansados:
Cansados de jugar un juego sin sentido,
Tratando en vano de lograr ser alguien.
"Mañana," digo, "llamaré a Jim,
Para hacerle saber que pienso en él."
Pero mañana viene, y mañana se va,
Y la distancia entre nosotros crece.

¡Al doblar la esquina! Pero a kilómetros de distancia . . .

"Aquí tiene un telegrama, señor."
"Jim murió hoy."

Y eso es lo que logramos, y merecemos al final:
Al doblar la esquina un amigo que ya no está.

—Charles Hanson Towne, citado en Hazle Felleman, *Poems That Live Forever*

Un agricultor alemán se estableció en Guatemala y prosperó. Luego de un tiempo decidió ir a visitar a su familia en Alemania. Así que ahorró el dinero suficiente y abordó un barco.

Luego de estar unos días en alta mar notó una pequeña infección en unos de los dedos de sus pies y se dio cuenta de que una pequeña especie de pulga tropical llamada *nigua* había puesto sus huevos debajo de su uña, y eso le causaba una picazón e inflamación terrible. "Ahora, la forma de aliviar el problema," dijo Townsend, "es buscar una aguja, ir debajo de la uña y sacar a la nigua." Suena terrible, pero alivia el problema.

Pues bien, este agricultor alemán decidió hacerlo. Así que buscó una aguja y se sentó. Luego pensó: "Mi tío y su familia en Hamburgo nunca han visto una *nigua.*" Así que pensó: "La dejaré donde está, la preservaré y luego cuando llegue y la vean, entonces me la sacaré."

Para cuando llegó a Hamburgo el dedo estaba hinchado y el pie le dolía bastante. Pero se lo mostró al tío Otto, quien dijo: "Vaya, a la familia entera le encantaría ver esto." Así que el hombre la dejó en el dedo hasta que toda la familia pudiera verlo. ¿Sabe lo que paso? La sangre se envenenó y el hombre se murió.

Si quieres cometer suicidio espiritual, que hasta te puede llevar a la muerte física, deja al rescoldo en tu corazón algo en contra de otra persona. Cultívalo. Haz que otros lo sepan. Hazles saber a otros lo mala que la otra persona fue contigo. Y si lo sigues haciendo, una raíz de amargura se formará, y estarás en problemas.

—Cameron Townsend, cofundador de los Traductores Bíblicos Wycliffe

PREDICACIÓN

(Ver también *Ministerio, Ministros, Pastores*)

C. S. LEWIS fue a visitar a un joven amigo y a escucharlo predicar. Todo marchó bien hasta que el hombre llegó al clímax de su mensaje. Entonces dijo: "Si no crees en el Señor Jesucristo, si rehúsas recibirlo como tu Señor, sufrirás grandes ramificaciones escatológicas." Luego continuó y terminó su sermón. Lewis frunció el ceño. Cuado tuvo la ocasión de hablar con el joven sobre la conclusión de su mensaje, le dijo: "¿Quisiste decir que los que rehúsan recibir el evangelio irán al infierno?" "Pues, claro," dijo el joven. "Eso fue lo que quise decir." La respuesta de Lewis fue hermosa: "¡Entonces dilo así!"

—Michael Green, *Illustrations for Biblical Preaching*

ALGUNOS PASAJES de la Biblia son más difíciles de predicar que otros. A menudo he dicho que si le das a un predicador cinco minutos, él puede complicar o confundir cualquier pasaje de la Biblia entera.

UN PREDICADOR estaba enseñando sobre los Profetas Menores uno detrás del otro. Por último llegó al libro de Amós. "Hemos ahora llegado a Amós," dijo: "y ¿que haremos con Amós?" Un hombre sentado en la parte de atrás del salón dijo, en voz alta lo suficiente como para que todos lo oigan: "Pueden darle mi asiento; yo me voy a casa."

—F. B. Meyer, *Expository Preaching*

A FINES DE LA DÉCADA DE LOS SESENTA oficié una boda en una iglesia menonita pequeña en el estado de Iowa. Recuerdo haber visto el púlpito que había sido puesto a un lado para la ceremonia y en aquel viejo púlpito estaban las palabras: "Ponte de pie, di la verdad, y siéntate." Esto me recuerda del predicador que por lo general hacía un buen trabajo con sus sermones. Sus prédicas eran un poco largas, pero lo hacía bien. Buscando un halago de su esposa, mientras comían le preguntó: "Pues bien, ¿qué pensaste del sermón?" Ella respondió: "No estuvo mal, pero perdiste varias oportunidades para sentarte."

—Asburg Lenox, citado en Lloyd Cory, Quote Unquote

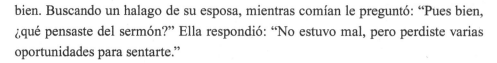

LEÍ DE UN JOVEN MINISTRO cuyo principal pecado no era la holgazanería sino la arrogancia. Con frecuencia fanfarroneaba en público diciendo que el único tiempo que necesitaba para preparar sus sermones era el tiempo que le llevaba caminar a la iglesia desde la casa pastoral, que estaba al lado del templo. Probablemente usted puede adivinar lo que la congregación aprobó hacer: Compraron una casa pastoral como a doce kilómetros de distancia.

UN JOVEN PASTOR de una congregación pequeña había estado allí apenas unos cuantos meses. Una semana estaba preparando su sermón sobre el amor de familia, pero no podía encontrar la introducción que quería. Leyó en el diario local que un muy conocido y famoso ministro estaría predicando en un pueblo cercano al suyo. Así que el jueves decidió visitar esa otra iglesia y escuchar el predicador. Estaba seguro de que encontraría alguna inspiración para la introducción que necesitaba.

Sorprendentemente, cuando el ministro subió al púlpito dijo que iba hablar sobre el amor. "A decir verdad," dijo: "la mujer más dulce y más maravillosa y cariñosa que jamás he tenido en mis brazos era esposa de otro hombre. Era mi madre."

El joven casi ni escuchó nada más. Pensó: "Qué gran introducción para mi sermón. Usaré eso." Desde luego, le preocupaba un poco porque era arriesgado usar una introducción de ese tipo, en especial porque había estado en esa iglesia apenas unos pocos meses.

Pues bien, aunque estaba nervioso, pasó para predicar y lo primero que dijo fue: "La mujer más maravillosa, cariñosa y más dulce que jamás he tenido en mis brazos era esposa de otro hombre." El asombro que cundió sobre la congregación hizo que se le olvidará el resto. Entonces añadió: "Y por vida mía que no puedo acordarme quién era."

—Dudley Dennison, Jr., Windows, Ladders and Bridges

EL TEÓLOGO DEL Antiguo Testamento Bruce Waltke cuenta de los días de su esposa en su curso de economía domestica en la universidad. Hicieron un experimento con dos ratones blancos. Las alimentaron con una dieta completamente diferente. Al primer ratón le dieron leche entera, pan de grano entero, avena, zanahorias, jugos de fruta. Al otro ratón le dieron rosquillas de dulce y café para el desayuno, pan blanco con mermelada de frutas para el almuerzo, y caramelos, papitas fritas, y gaseosa para la cena.

En menos de diez días habían marcadas diferencias entre los dos ratones. Uno estaba saludable y robusto, correteando por la jaula y el otro ya mostraba señales de mala salud, perdiendo pelo, irritable y retrayéndose y buscando estar sola. Al seguir la dieta ese ratón se acostó, y se quedó inmóvil hasta que pronto se murió. ¿Por qué? Dieta incorrecta.

Si alimentas a tu congregación con la dieta espiritual incorrecta acabarán agotados, irritables, agobiados, sin paz. Si les alimentas con la dieta correcta del "grano entero" de la Palabra de Dios y el agua de vida y la diferencia en su salud espiritual será admirable.

EL COMENTARIO DE Joseph Parker a un joven ministro es adecuado para que todos los pastores lo recuerden: "En cada banca hay un corazón destrozado. Habla a menudo sobre el sufrimiento y nunca te faltará una congregación."

Revista Leadership, otoño de 1982

LA MAYORÍA DE LOS SERMONES o discursos más cautivadores tienen dos fases críticas: una introducción memorable y una conclusión que parece martillar el punto. A menudo lo he comparado al vuelo de un avión. Se necesita un decolaje seguro y cómodo y, si es posible, un aterrizaje suave. No se tiene un vuelo completo sin un decolaje y un aterrizaje. Cualquiera que habla a menudo ante un público conoce la exasperante experiencia de tratar de hallar las palabras exactas para captar la atención de los oyentes y sacudirlos del letargo en el que parece que muchos caemos cuando nos sentamos a oír una charla de treinta o cuarenta y cinco minutos. Tenía un mentor en el seminario que solía repetirnos un antiguo proverbio ruso: "Es lo mismo con las personas como con los burros: quien quiera que desee agarrarlos debe agarrarlos fuerte por la orejas."

—Haddon Robinson, *Biblical Preaching*

LAS ILUSTRACIONES EN LOS SERMONES SON "las ventanas que traen claridad y permiten que algo que es un poco abstruso y abstracto pueda ser comprendido, que se aclare."

—Charles H. Spurgeon, *Lectures to My Students*

PARA QUE LAS PALABRAS entren en los corazones de los hombres y den fruto, deben ser las palabras adecuadas moldeadas como para poder superar las defensas de los hombres y explotar en silencio y con eficacia en sus mentes.

—J. B. Phillips, *Making Men Whole*

HAY OCASIONES cuando el trabajo de un pastor no es envidiable. Supongo que eso es lo que Vance Havner tenía en mente cuando dijo que nuestro trabajo es consolar a los afligidos y afligir a los cómodos. Preferiría mucho más hacer lo primero, aunque a veces tengo que hacer ambas cosas.

—Bruce Larson, *Setting Men Free*

DIOS ME DIJO QUE APACENTARA mis ovejas, no mis jirafas.

—H. A. Ironside, citado en Clarence Roddy, *We Prepare and Preach*

LA MAYORÍA NACEMOS OYENDO BIEN, pero todos debemos aprender a *escuchar*. Escuchar es una habilidad, un arte que hay que cultivar.

Ralph Nichols, autoridad en el tema, dice que pensamos cuatro o cinco veces mas rápido de lo que hablamos. Esto significa que si alguien dice ciento veinte palabras por minuto, el público piensa en quinientas palabras por minuto. Esta diferencia es una fuerte tentación para que los oyentes se entreguen a excursiones mentales, pensando en el juego de cartas de la noche anterior o el informe de ventas del día de mañana, o la necesidad de llevar el auto al mecánico antes del paseo del próximo de fin de semana, y luego volviendo una vez más a lo que dice el que habla.

Investigaciones en la Universidad de Minnesota revelan que al escuchar una charla de diez minutos, los oyentes operan con una eficiencia del 28 por ciento. Y mientras más sea larga la charla, menos entendemos, y menos podemos seguir con nuestros oídos lo que la boca de algún otro está diciendo. Eso podría asustar hasta los huesos a personas como yo que predicamos por cuarenta o cuarenta y cinco minutos de corrido. Eso también explica por qué algún chusco una vez dijo que predicar es "el arte de hablar mientras otros duermen."

—Charles R. Swindoll, *Come Before Winter*

_____

TODO TRABAJADOR sabe de necesidad de mantener sus herramientas en buenas condiciones. . . .Si el obrero pierde el filo . . . sabe que eso exigirá mayor desgaste de energía, o no podrá hacer bien su trabajo. Miguel Ángel, el genio de las artes, entendía tan bien la importancia de sus herramientas, que siempre preparaba sus propios pinceles con sus propias manos. Esto nos da una ilustración del Dios de gracia, que con especial cuidado hace ministros para sí mismo.

Somos, en cierto sentido, nuestras propias herramientas, y por lo tanto debemos de mantenernos en orden. Si quiero predicar el evangelio, solo puedo usar mi propia voz; por consiguiente debo de entrenar mis cuerdas vocales. Solo puedo pensar con mi propio cerebro, y sentir con mi propio corazón, y por consiguiente debo educar mis facultades emocionales e intelectuales. Puedo llorar y agonizar por las almas sólo en mi naturaleza interior renovada, por consiguiente debo mantener con cuidado la ternura que había en el Señor Jesucristo. En vano sería almacenar mi biblioteca u organizar sociedades, o preparar proyectos, si no me cultivo a mí mismo; porque los libros, y las agencias, y los sistemas son solo remotamente los instrumentos de mi llamado; mi propio espíritu, cuerpo y alma son la maquinaria más cercana para el servicio sagrado; mis facultades espirituales y mi vida interior son mi hacha de batalla y mis instrumentos de guerra . . .

Luego, citando de una carta del gran ministro escocés, Robert Murray McCheyney, concluye: "Recuerda: Tú eres la espada de Dios, su instrumento; confío en que seas un instrumento escogido por Él para llevar su nombre. En gran medida, de acuerdo a la pureza y perfección del instrumento, será el éxito. Lo que Dios bendice no es el mucho talento sino la semejanza a Jesús. Un ministro santo es un arma terrible en las manos de un Dios santo."

—Charles H. Spurgeon, *Lectures to My Students*

HAROLD OCKENGA y Donald Barnhouse viajaron juntos por treinta días para una serie de charlas. Cada noche intercambiaban quien hablaría primero. Ockegna predicaba un sermón diferente todas las noches, mientras Barnhouse predicaba el mismo sermón noche tras noche.

Ockenga, siendo un hombre brillante, escuchaba el mismo sermón noche tras noche y decidió memorizarse el sermón de Barnhouse. Concluyeron su gira en la Primera Iglesia Presbiteriana de Richmond, Virginia.

Esa noche, Ockenga comenzó. Pasó al púlpito y predicó, palabra por palabra, el sermón de Barnhouse. Barnhouse se quedó sentado y escuchó con concentrada atención el sermón sin siquiera pestañar. Cuando llegó su turno, Barnhouse se puso de pie y predicó un sermón totalmente diferente ni titubear.

Sin poder contenerse, Ockenga le dijo a Barnhouse al salir de la iglesia esa noche: "Parece que la congregación disfrutó de tu sermón esta noche," dijo con una sonrisa irónica; a lo cual Barnhouse respondió: "¡Sí, pero no tanto como cuando lo prediqué aquí hace tres meses!"

ES UNA BENDICIÓN ALIMENTARNOS en el mismo meollo de la Biblia hasta que uno llega a hablar con vocabulario bíblico y el espíritu se sazona con las palabras del Señor, a tal punto que tu sangre es *biblina* y la misma esencia de la Biblia fluye en uno.

—Charles H. Spurgeon, citado en John R. W. Stott, *Preacher's Portrait*

PREPARACIÓN

QUÉ TAL SI USTED LEE EN EL PERIÓDICO sobre una nueva aerolínea. Vamos a llamarle "Aerolínea Viejo Mundo." La iniciaron hace ocho días. Usted levanta el teléfono y llama. La joven contesta diciendo que está apurada porque también es la azafata del próximo vuelo. Dice: "Si quiere saber más acerca de nosotros, venga a vernos. Nuestras tarifas están a mitad de precio, sabe." Así que usted va. En la pista está un B-17 de 1944. Un piloto de diecinueve años se está subiendo y usted le pregunta: "¿Qué está haciendo?" "Pues bien, estamos de cierto modo apurados. Estamos atrasados." "¿Cómo es que pueden ofrecer tarifas a mitad de precio?" "Pues bien, no nos preocupamos por cosas innecesarias tales como mantenimiento o verificar los niveles de combustible. Y para la comida servimos sobras." Luego usted nota que él tiene puesto un paracaídas. ¡Ninguna persona en su sano juicio se subiría en ese avión! Por lo menos no sin tener un paracaídas propio. ¿Por qué? ¡Insuficiente preparación!

A PRINCIPIOS DE LA DÉCADA DE LOS CINCUENTA fui aprendiz en un taller de tornos. Mi padre pensaba que sería sabio que yo no solo obtenga conocimiento de libros, sino que también obtenga una idea práctica de la vida.

En una ocasión estaba trabajando en el taller con una trazadora. Era un equipo complicado. Me pasé meses trabajando en él. Siempre me decían: "Antes de cambiar la cuchilla corta el aluminio, apaga la máquina. De otro modo, te puedes lesionar y hasta matarte." Una vez batallaba contra el tiempo para cumplir la cuota de producción de ese día y no apagué el torno. La llave que estaba utilizando para aflojar la cuchilla del torno resbaló y mi mano chocó contra el mandril del trono y volvió a salir. El hueso de mi meñique ahora estaba en un lugar donde no debería de estar; fuera de la piel.

Fui a ver la enfermera industrial y le mostré mi dedo y le dije: "A lo mejor necesito una inyección." Ella dijo: "Y yo pienso que a lo mejor yo también. ¿Por qué no te sientas?" Luego llamó a los paramédicos, y ellos me llevaron al hospital donde un cirujano me puso un pedazo pasador de acero inoxidable dentro de la mano.

Semana tras semana yo volvía para chequeos. Finalmente, me dijo: "Regresa en tres o cuatro días y te sacaremos el pasador. Pero de en realidad yo no voy a estar aquí para hacerlo. Mi ayudante lo hará." Me despertó la curiosidad y le pregunté:

"¿Por qué no va a estar aquí?" Me explicó que tenía una pequeña verruga en el estómago y que tenía que internarse en el hospital para que se la saquen. Se levantó el mandil blanco, se abrió la camisa y me mostró un lugar, de tamaño como de la mitad de su uña pequeña.

Cuando volví para que me sacaran el pasador, pregunté cuando iba a regresar mi cirujano para el chequeo final. El ayudante se puso sombrío y me dijo: "Ah, se murió." Nunca olvidaré el sentido de vacío e incredulidad que me llenó.

Cuando lo abrieron en la cirugía se dieron cuenta de que su abdomen estaba cubierto de cáncer. Dos días después de la cirugía murió. Apenas tuvo tiempo suficiente para hacer su testamento.

Cuando trabajaba como aprendiz de torno en Houston hace años, trabajaba detrás de un hombre llamado Tex en una hilera de tornos. Tex mascaba tabaco. Metía en el bolsillo trasero del pantalón el paquete de tabaco, y lo dejaba abierto. Estábamos trabajando en el turno de la noche un día y un grillo se metió por la puerta del taller. Observé al grillo mientras mi torno funcionaba, y yo no tenía que volver a atenderlo sino en unos cinco o seis minutos. Pensé: "Ese grillo es del mismo color del tabaco de Tex; ¿me imagino si se daría cuenta?"

Así que atrapé al grillo, le arranqué la cabeza y se lo eché en la bolsa de tabaco, y esperé. Después de un rato Tex metió sus dedos llenos de callos en la bolsa de tabaco y se embutió una enorme pulgarada de tabaco en la boca. Se pasó escupiendo alas y otras partes del cuerpo toda la noche. Fue un deleite verlo. Tex nunca se dio cuenta de que había masticado un grillo; lo cual comprueba que si mascas tabaco no sabes lo que tienes en la boca.

Tex siempre decía algo que nunca olvidaré. Siempre estaba limpio y preparado cuando era tiempo para el silbato final. Cuando se trabaja en una fábrica, un silbato suena al comienzo del turno y entonces uno marca la hora de entrada y luego hay otro silbato para el almuerzo, y el día termina con un último silbato, y entonces uno marca la hora de salida. Tex siempre se había lavado y estaba listo para irse. Él era la pesadilla de cualquier patrono: listo para irse antes de que se cumpliera el tiempo. Un día le dije: "Tex, ¿cómo lo haces." Nunca olvidaré lo que me dijo: "Déjame decirte algo hijito. Yo me mantengo listo para no tener que alistarme."

PRESIÓN DE IGUALES

Una vez una araña hizo una hermosa telaraña en una casa vieja. La mantenía limpia y brillante para que las moscas la frecuentaran. Tan pronto como llegaba un "cliente," limpiaba para que las otras moscas no tuvieran sospechas.

Un día una mosca bastante inteligente llegó volando alrededor de la muy limpia telaraña. La vieja araña gritó: "Entra y toma asiento." Pero la inteligente mosca dijo: "No, señor. No veo ninguna otra mosca en su casa. ¡No voy a entrar solo!"

Pero al mismo tiempo vio en el piso bajo un grupo grande de moscas bailando sobre un papel marrón. ¡Quedó encantada! No tuvo miedo si otras moscas lo estaban haciendo, así que se dispuso a posarse.

Poco antes de que se posara pasó por su lado una abeja, diciendo: "¡No te poses allí, estúpida! ¡Eso es papel matamoscas!" Pero la mosca inteligente le gritó: "No seas ridícula. Esas moscas están bailando. Hay un buen grupo ahí. Todo el mundo lo está haciendo. ¡Tantas moscas no pueden estar equivocadas!" Pues bien, ya sabes lo que pasó. Murió al instante.

Algunos queremos tanto estar con el grupo que terminamos en aprietos. ¿De qué le aprovecha a una mosca (o a una persona) si escapa de la telaraña solo para terminar en la pega?

—Charles R. Swindoll, *Living Above the Level of Mediocrity*

_____

Si un hombre no se mantiene al paso de sus compañeros es tal vez porque está oyendo el repique de otro tambor. Déjalo que camine al son de la música que oye, sea mesurado o muy lejos.

—Henry David Thoreau, *Thoreau: Walden and Other Writings*

_____

Conocí una joven ciega de quince años que rehusaba admitir que tenía una discapacidad. No quería aceptar la ayuda de un profesor especial provisto por el colegio. Y sus padres ni siquiera podían convencerla de que usara un bastón blanco. El retumbar de sus pisadas por los corredores del colegio la distinguía de sus compañeros y no podía tolerar esa distinción. Me quedé mirándola un día mientras ella se dirigía a su próxima aula con la cabeza en alto como si supiese a donde iba. Antes de que pudiera detenerla, se estrelló contra un poste. Ni siquiera esta experiencia fue suficiente para hacer que ella utilizara el instrumento que otros adolescentes no necesitaban . . .

Trabajé con los padres de un niño de segundo grado que tenía problemas auditivos. No les permitía que le pongan un auricular en las orejas. Preferiría ser sordo a ser diferente. En verdad, la conformidad es un impulso poderoso para niños de toda edad . . .

En resumen, es importante que su pre-adolescente sepa de la presión de grupo antes de llegue a esta edad. Algún día puede estar sentado en un carro con cuatro amigos que se van a inyectar heroína. La preparación que usted le dé no es ninguna garantía de que él tendrá el valor para afirmarse solo en ese momento crítico, pero su conocimiento de la presión de iguales le puede proveer la independencia para hacer lo que es debido.

—James Dobson, *Hide or Seek*

_____

HACE UNOS AÑOS la psicóloga Ruth W. Berenda y sus socios llevaron a cabo un interesante experimento con adolescentes, diseñado para demostrar cómo una persona maneja la presión de iguales. El plan era sencillo. Trajeron a grupos de diez adolescentes en un salón para un examen. Subsiguientemente a cada grupo de diez se les instruyó que levanten la mano cuando el profesor señalaba la línea más larga en tres dibujos separados. Lo que una de las personas del grupo no sabía era que a los otros nueve que estaban en el cuarto se les había instruido de antemano que votaran por la segunda línea.

Sin que importe la instrucción que oían, una vez que todos estaban juntos en el grupo, los nueve no debían votar por la línea más larga, sino por la segunda línea más larga.

El deseo de los psicólogos era determinar cómo una persona reacciona al estar completamente rodeada de un gran número de personas que obviamente estaban en contra de lo que era verdad.

El experimento comenzó con nueve adolescentes votando por la línea equivocada. El candidato en forma típica miraba a su alrededor, con una expresión de confusión, y levantaba la mano con el resto del grupo. Repetían las instrucciones y se levantaba la siguiente gráfica. Vez tras vez, el candidato cohibido se quedaba sentado diciendo que una línea corta era más larga que una línea más larga, sencillamente porque les faltaba el valor para retar al resto del grupo. Esta sorprendente conformidad ocurrió en como el setenta y cinco por ciento de los casos, y ocurrió igual en niños y adolescentes. Berenda concluyó que, "Algunas personas preferirían ser presidente que tener razón," lo cual es por cierto una evaluación precisa.

—James Dobson, *Hide or Seek*

_____

Es DUDOSO que la mayoría alguna vez haya tenido razón.

—Arnold Toynbee, citado en Charles R. Swindoll,
Living Above the Level of Mediocrity

_____

PRIORIDADES

SI PONEMOS LO PRIMERO, primero, se nos añaden las cosas secundarias: Al poner las secundarias primero, perdemos tanto lo primero como lo secundario.

—Wayne Martindale, *The Quotable Lewis*

_____

¿TIENE SUS PRIORIDADES EN ORDEN? Oí de una pareja que vivía en la ciudad de Atlanta y leyó que la obra *My Fair Lady (My bella dama)* todavía estaba en función en Broadway en Nueva York. Tenían muchas ganas de verla, y por lo tanto compraron sus boletos con meses de anticipación y planearon sus vacaciones.

El largamente esperado día llegó y volaron a la ciudad de Nueva York. Presentaron sus boletos, entraron y se sentaron en cómodo asientos, en la séptima fila desde el frente, cerca de la orquesta.

El hombre se sorprendió al darse cuenta de que el lugar entero estaba lleno excepto el asiento que estaba a su lado. Tuvo curiosidad. Durante el intermedio, se inclinó para conversar con la señora que estaba al lado y le comentó el hecho de que tuvo que esperar meses par poder obtener asientos. Con tanta demanda, ¿cómo podría ser que alguien no viniera? ¿Tendría ella alguna idea? "Sí, a decir verdad, estos dos asientos son míos. Ese y este." Explicó un poco más. "Como ve usted, ese asiento le pertenecía a mi esposo y él murió." El hombre dijo: "Eeeh . . . lo siento mucho. Pero ¿no pudo haber invitado a algún amigo que venga con usted?" Su respuesta fue clásica: "No; todos están en el funeral a esta hora."

—B. Clayton Bell, Revista *Preaching*, mayo y junio de 1989

UNA ASUSTADA MUJER a bordo del *Titanic* se encontraba sentada en el bote salvavidas que estaba listo para ser bajado a las rugientes aguas del Atlántico. De repente pensó en algo que necesitaba a la luz de que la muerte era inminente. Pidió permiso para ir a su camarote. Le dieron sólo un momento, o de lo contrario iban a tener que irse sin ella.

Corrió por la cubierta del barco que ya estaba inclinada a un ángulo peligroso. Pasó por el salón de apuestas donde había dinero arrinconado en una esquina hasta la altura de los tobillos. Llegó a su camarote e hizo a un lado sus joyas, luego extendió la mano por encima de la cama y empuñó tres naranjas pequeñas y volvió al bote salvavidas.

La muerte había abordado el *Titanic*. Con solo un soplo de su horrible aliento había transformado todos los valores. Al instante, las cosas costosas se habían convertido en inútiles. Las cosas baratas se convirtieron en tesoros. En ese instante, la mujer prefirió tres naranjas pequeñas a un cofre de diamantes.

—W. E. Sangster, *The Craft of Sermon Illustrations*

UN INDUSTRIAL HABLÓ ante un grupo de ejecutivos durante un seminario de liderazgo en una ocasión. El tema tenía que ver con la motivación de los empleados: como lograr que se haga el trabajo y al mismo tiempo mantener el entusiasmo y dedicación del personal. Ofreció muchos consejos útiles, pero un concepto en particular se ha quedado conmigo: "Hay dos cosas que son las más difíciles de lograr que las personas hagan: pensar, y hacer las cosas en orden de importancia."

—Charles R. Swindoll, *Hand Me Another Brick*

PRIVACIDAD

UN DESCONCERTADO ESTUDIANTE INTERNACIONAL una vez dijo en mi presencia: "A los estadounidenses le gusta estar solos." Al principio me puse un poco a la defensiva. Su evaluación parecía demasiado drástica. Pero desde que oí a ese joven hacer ese comentario, he llegado a la conclusión de que tiene razón. Hay algunas maravillosas excepciones, pero son solo eso: la excepción y no la regla.

PRÓDIGO

MARÍA Y SU HIJA CRISTINA vivían en un barrio pobre en las afueras de un pueblo del Brasil. El esposo de María falleció cuando Cristina era niña de brazos y su madre nunca volvió a casarse. Pasaron tiempos difíciles pero al fin Cristina llegó a la edad suficiente como para conseguir un trabajo y ayudar.

Cristina a menudo hablaba acerca de ir a la ciudad. Soñaba en cambiar el polvo de su barrio por las avenidas y las aventuras de la vida en la ciudad. El solo pensar en eso horrorizaba a su madre, que sabía exactamente lo que Cristina iba a tener que hacer para poder ganarse la vida. Por eso se le partía el corazón. Por eso fue que no lo pudo creer cuando se despertó una mañana y encontró la cama de su hija vacía. Sabiendo hacia adonde se dirigía su hija, rápidamente echó algo de ropa en un bulto, recogió todo el dinero que tenía y salió de la casa corriendo.

De camino a la estación del autobús entró a una farmacia para hacer una última cosa. Fotografías. Se sentó en la caseta, cerró la cortina, y se pasó todo el tiempo que pudo tomándose fotos de sí misma. Con su cartera llena de pequeñas fotos en blanco y negro, abordó el próximo autobús a Río de Janeiro.

María sabía que Cristina no tenía ninguna forma de ganar dinero. También sabía que su hija era demasiado testaruda para darse por vencida. Cuando el orgullo se encuentra con el hambre, el ser humano hace cosas que antes hubiera considerado inimaginable. Sabiendo esto, María comenzó su búsqueda. Cantinas, hoteles, discotecas, cualquier lugar que tuviese la reputación de prostitutas o mujeres de la calle. Fue a todos ellos; y en cada lugar María dejaba su foto; pegada al espejo de los servicios higiénicos, en la cartelera, o en la caseta del teléfono público. Detrás de cada fotografía escribía una nota. Con el tiempo se le acabaron las fotos y el dinero, y María se fue a casa.

Unas semanas más tarde, la joven Cristina descendía por las escalera de un hotel. Su joven rostro estaba cansado. Sus sueños se habían convertido en una pesadilla. Pero al llegar al fondo de las escaleras, sus ojos notaron un rostro familiar. Miró de nuevo y ahí sobre el espejo de la entrada estaba una pequeña foto de su madre. Los ojos le ardieron y sintió que su garganta se le cerraba mientras atravesaba el cuarto y se dirigía hacia la foto. Escrita en el reverso estaba una invitación: "Lo que sea que hayas hecho, y en lo que sea que te hayas convertido, no importa. Por favor, regresa a casa." Y regresó.

—Adaptado de Max Lucado, *No Wonder They Call Him Savior*

UN HIJO PRÓDIGO llamado Roberto dejó su casa para dirigirse a París. Roberto despertó una mañana a la amarga realidad que todo su dinero se la había acabado. Todos sus acreedores andaban detrás de él. Al apuro salió de París y se fue a un pequeño pueblo en Normandía. Pero su pasado dio con él. Le incautaron todo lo que tenía. No le quedó otra cosa que buscar trabajo con uno de los agricultores del lugar. En ese ambiente algo: la voz del Espíritu de Dios en su corazón, le hizo volver en sí.

Pensó en "Twin Oaks" y la vida hermosa y ordenada que había dejado atrás. Con anhelo e ilusión comparó sus días con los que trabajaban en la hacienda de su padre. Recordaba con nostalgia la Navidad en su hogar. El pavo horneando, las bandejas de pollo frito, los panecillos, la sandía, las tortas de nueces y otros platos deliciosos.

Recordaba la mirada de su padre a la cabecera de la mesa cortando el pavo, y la mirada de tierno orgullo mientras miraba a su familia.

Una vez más podía sentir los brazos fuertes de su padre abrazándolo . . . esa mano inmensa que tiernamente acariciaba la cabeza de un niño el día que su cachorro murió.

Débilmente recordaba ciertos momentos mientras crecía cuando había pensado que su padre era anticuado y estirado. Y ahora todo su ser anhelaba un poco de ese amor a la antigua.

Esa noche se escurrió de la granja, y regresó a Cherbourg a pie, en dónde trabajó en un barco para cruzar el Atlántico.

Regresaba a casa.

¿Qué le hizo al joven regresar? El amor de un padre. El amor de un hogar. El hijo pródigo de Lucas 15 nunca dijo: "Me levantaré y regresaré a mi *casa*." No hay mucho que le atraiga a uno a regresar a una casa. Es el amor que nos atrae a nuestro hogar.

—Peter Marshall, *John Doe, Disciple*

_____

PROPICIACIÓN

(Ver *Sustitución*)

_____

PRUEBAS

(Ver también *Adversidad, Dolor, Sufrimiento*)

¿RECUERDA USTED el libro de Harold Kushner titulado *Cuando cosas malas les suceden a personas buenas?* R. C. Sproul tiene una gran respuesta para eso. Alguien le preguntó en una ocasión: "¿Por qué les suceden cosas malas a personas buenas?" Su respuesta es clásica. Él dijo: "Todavía no he conocido a ninguna persona buena, así que no lo sé."

—R. C. Sproul, *Doubt and Assurance*

_____

CUANDO VEO el imponente puente Golden Gate, recuerdo que un ingeniero debe tomar en consideración tres cargas, o tensiones, al diseñar puentes. Son: el peso muerto, la carga viva, y la carga del viento.

El peso muerto es el peso del puente mismo. La carga viva es el peso del tráfico diario que el puente debe soportar. La carga del viento es la tensión de las tempestades que soplan contra el puente. El diseñador planea anclajes que permitan que el puente soporte todas estas cargas.

Nosotros también necesitamos anclajes que nos hagan posible soportar el peso muerto de uno mismo, la carga viva de la vida diaria, y la carga del viento de las emergencias. Cuando ponemos nuestra confianza en Cristo, Él nos da la fuerza que necesitamos para resistir estas varias tensiones. Así, Él da a nuestras vidas utilidad, estabilidad y durabilidad.

—Wilbur Nelson, *Anedcotes and Illustrations*

CUATRO AMIGOS decidieron irse a escalar montañas un fin de semana. En medio de una subida, uno se resbaló y cayó por un precipicio, como a veinte metros y aterrizó con un tremendo golpe en una saliente más abajo. Los otros tres, esperando rescatarlo, gritaron: "José, ¿estás bien?"

"Estoy vivo, ¡pero pienso que me he roto ambos brazos!"

"Te vamos a lanzar una cuerda para sacarte. ¡Espérate!" dijeron los tres.

"Está bien," respondió José.

Un par de minutos después de dejar caer un extremo de la cuerda, empezaron a halarla juntos, gruñendo, trabajando con fervor para sacar a su compañero herido. Cuando lo habían subido como tres cuartas partes de la distancia, de repente se acordaron de que él se había roto ambos brazos.

"José, ¡si te rompiste ambos brazos, ¿cómo te estás sosteniendo?"

José respondió: "Con los dieeeeeeeeeennntes . . . . ."

—Charles R. Swindoll, *Standing Out*

CUANDO TRABAJABA en un taller de máquinas, teníamos un departamento que se lo llamaba tratado al calor. Allí se calentaba al metal al rojo blanco. Por encima de la superficie de ese líquido al rojo blanco había residuos de escoria, que un obrero limpiaba, vestido en traje de asbesto. El propósito de quitar la escoria era dejar el metal tan puro como fuera posible. El calor de nuestras pruebas saca a la superficie la escoria que nos ata. Jesús es el que la limpia.

UN PREDICADOR CAMPESINO dijo una vez: "Cuando el Señor nos envía tribulación, Él espera que tribulemos."

—Paul Lee Tan, *Encyclopedia of 7,700 Illustrations*

EL 22 DE SEPTIEMBRE DE 1967, V. Raymond Edman, rector de Wheaton College, se había enfermado pero con todo pasó para hablar en la capilla. Murió mientras hablaba sobre el tema "Una invitación para visitar al Rey." Temprano ese día había escrito estas palabras:

Me los quitaron todos—mis juguetes—

no me dejaron ninguno;

me pusieron aquí, trasquilado, despojado hasta de las alegrías más humildes,

Angustiado, afligido.

Me pregunté por qué. Ah, los años han volado.

A mi mano

se aferran otros más débiles, más tristes, que viajan solos—

Lo comprendo, lo comprendo.

—V. Raymond Edman, *The Disciplines of Life*

_____

Alabado sea Dios por el horno

Fue un entusiasmado Rutherford que podía gritar en medio de pruebas serias y dolorosas: "Alabado sea Dios por el martillo, la lima y el horno."

El martillo es una herramienta útil, pero el clavo, si tuviera sentimientos e inteligencia, podría presentar otro lado de la historia; porque el clavo conoce al martillo sólo como un oponente, un enemigo brutal e implacable que vive para someterlo a golpes, para golpearlo hasta sacarlo de la vista y aferrarlo a su lugar. Esa es la noción del clavo en cuanto al martillo, y es precisa excepto por una cosa: el martillo se olvida que tanto él como el martillo son siervos del mismo obrero. Que el clavo recuerde que al martillo lo sostiene el obrero y todo el resentimiento desaparecerá. El carpintero decide cuál cabeza debe golpear a cuál y cual martillo debe usar para golpear. Ese es su derecho soberano. Cuando el clavo se ha rendido a la voluntad del obrero y ha captado un pequeño vislumbre de sus planes benignos para su futuro se rendirá al martillo sin quejas.

La lima es incluso más dolorosa, porque su responsabilidad es desgastar el metal suave, limar y carcomer las aristas filos hasta moldear el metal a su voluntad. Sin embargo la lima no tiene, en verdad, ninguna voluntad real en el asunto, sino que sirve a otro maestro como el metal también. Es el amo y no la lima quien decide cuánto hay que limar, y qué forma tomará el metal, y cuánto durará el limado doloroso. Que el metal acepte la voluntad del amo y no tratar de dictar cuándo y cómo debe ser limado.

En cuanto al horno, es el peor de todos. Implacable y salvaje, ataca a todo combustible que entra en él y nunca afloja su furia mientras no haya reducido todo a cenizas sin forma. A todo lo que rehúsa quemarse lo derrite a una masa de un material impotente, sin voluntad o propósito propio. Cuando se ha derretido todo lo que tiene que derretirse, y se ha quemado todo lo que tiene que quemarse, entonces, y sólo entonces, el horno se calma y descansa de su furia destructiva.

—A. W. Tozer, *The Root of the Righteous*

_____

Tesoros

Una por una Dios me quitó
Todas las cosas que yo valoraba más;
Hasta que estuve con las manos vacías
Y todo juguete deslumbrante se perdió.
Y caminé por los caminos de la tierra
Afligiéndome en mis harapos y pobrezas,
Hasta que oí una voz que me invitaba:
"Alza a mí esas manos vacías."

Alcé mis manos hacia el cielo
Y Él las llenó con abundancia
De sus propias riquezas trascendentes
Hasta que no podían contener más.
Y al fin comprendí
Con mi mente necia y embotada,
Que Dios no puede derramar sus riquezas
En manos ya llenas.

—Martha Snell Nicholson, *Ivory Palaces*

_____

Agradezco a Dios por las cosas amargas;
Ellas han sido un "amigo a la gracia,"

Me han alejado de las sendas fáciles
Para que irrumpa en el lugar secreto.
Le agradezco por los amigos que no suplieron
La necesidad honda de mi corazón;
Ellos me han empujado a los pies del Salvador,
Para alimentarme en su amor.
Estoy agradecido también, que en todo el camino de la vida
Nadie pudo satisfacer,
¡Y así he hallado sólo en Dios
Mi provisión rica y completa!

—Florence Willett, Citado en V. Raymond Edman, *The Disciplines of Life*

CONTRARIO A LO QUE SE PUDIERA ESPERAR, miro hacia atrás con satisfacción particular a las experiencias que a veces parecieron en especial desoladoras y dolorosas. En verdad, puedo decir con completa veracidad que todo lo que he aprendido en mis setenta y cinco años en este mundo, todo lo que verdaderamente ha mejorado e iluminado mi existencia, ha sido mediante aflicción y no mediante felicidad. En otras palabras, si fuera alguna vez posible eliminar la aflicción de nuestra existencia terrenal mediante alguna droga o alguna otra galimatías médica, como Huxley vislumbraba en *Nuevo mundo valiente,* el resultado no sería hacer la vida deliciosa, sino hacerla demasiado banal y trivial como para soportarla. Esto, por supuesto, es lo que la cruz significa; y es la cruz, más que cualquier otra cosa, que me ha llamado inexorablemente a Cristo.

—Malcolm Muggeridge, *A 20th Century Testimony*

Invitados

El dolor llamó a mi puerta y dijo
Que había venido para quedarse,
Y aunque no le di la bienvenida
Sino que le dije que se fuera,
Entró. Como mi propia sombra
me seguía,

Y de su espada puntiaguda y punzante
No estuve ni un momento libre.

Luego otro día otro llamó
Más gentilmente a mi puerta.
Yo grité: "No: el dolor ya vive aquí,
Y no hay espacio para más."

Y entonces oí su tierna voz:
"Soy yo, no temas."
Y desde el día en que Él entró;
¡Hubo una gran diferencia!

Porque aunque no le dijo al otro que se fuera,
(Mi invitado extraño y no esperado),
Me enseñó a cómo vivir con Él.
Ah, yo nunca hubiera adivinado;

Que podíamos morar tan dulcemente aquí,
Mi Señor, el Dolor y yo,
Dentro de esta frágil casa de barro
¡Mientras los años pasan lentamente!

—Martha Snell Nicholson, Citado en John R. Rice, *Poems That Preach*

ARTHUR GORDON cuenta de un hombre que había contraído poliomielitis a los tres años, y sus padres, probablemente pobres por la depresión económica y abrumados, lo habían abandonado en un hospital en la ciudad de Nueva York. Lo recibió una familia prestada, y lo enviaron para que se quede con sus parientes en Georgia cuando tenía seis años, con la esperanza de que un clima más abrigado mejorara su condición. Lo que mejoró su condición, sin embargo, fue Maum Jean, una anciana negra que recibió en su corazón a ese "niñito frágil, perdido y solo." Por seis años ella le aplicó masajes diariamente a sus débiles piernas, aplicándole su propia hidroterapia en un arroyo cercano, y animándole espiritualmente con sus relatos, cantos y oraciones. Gordon escribe:

Noche tras noche Maum Jean continuó el masaje y la oración. Luego una mañana, cuando yo tenía como doce años, me dijo que tenía una sorpresa para mí.

Me condujo al patio, me puso de espaldas contra un roble; y puedo sentir hasta hoy la corteza áspera. Me quitó las muletas y soportes. Se retiró como a una docena de pasos y me dijo que el Señor le había hablado en un sueño, y le había dicho que había llegado el tiempo para que yo camine. "Así que, ahora," dijo Maum Jean, "quiero que vengas caminando hasta mí."

Mi reacción al instante fue temor. Sabía que no podía caminar sin ayuda; ya lo había tratado. Me empujé de espaldas contra el sólido soporte del roble. Maum Jean continuaba instándome.

Me eché a llorar. Supliqué. Rogué. Su voz de repente subió de tono, y ya no era gentil y estimulante sino llena de poder y orden. "¡Tú puedes caminar muchacho! ¡El Señor ha hablado! Ahora, camina hasta aquí."

Se arrodilló y me estiró los brazos. De alguna manera, impulsado por algo más fuerte que el temor, di un paso tambaleante, y otro, y otro, hasta que llegué a donde Maum Jean y caí en sus brazos, y ambos llorábamos.

Pasaron dos años más antes de que yo pudiera andar normalmente, pero nunca más volví a usar las muletas. . . .

Entonces llegó una noche cuando uno de los nietos de Maum Jean llamó a mi puerta. Era tarde; hacía frío. Maum Jean estaba muriéndose, dijo; que quería verme.

La vieja cabaña no había cambiado: piso de ciprés, ventanas con contraventanas de madera; sin vidrios, techo de palma mezclado con brea. Maum Jean estaba en cama, rodeada de familiares que la contemplaban en silencio, con su frágil cuerpo cubierto por una frazada de retazos. Desde una esquina del cuarto una lámpara de querosín arrojaba una tenue luz color azafrán. Su cara estaba en la oscuridad, pero la oí decir en voz baja mi nombre. Alguien puso una silla junto a la cama. Me senté y toqué su mano.

Por largo tiempo me quedé sentado allí. . . . De cuando en cuando Maum Jean decía algo en voz muy baja. Su mente estaba lúcida. Ella esperaba que yo recuerde las cosas que me había enseñado. Afuera, la noche cambió a un fuerte viento. En otro cuarto el fuego chisporroteaba, arrojando chispas anaranjadas. Hubo un largo silencio; ella se quedó con los ojos cerrados. Entonces, la vieja voz habló, más fuerte de repente: "Ah," dijo Maum Jean, con sorprendente alegría. "Oh, ¡es tan hermoso!" Lanzó un breve suspiro de contento, y murió. . . .

Todo eso sucedió hace mucho tiempo. Ahora vivo en otra ciudad, pero todavía pienso a menudo en Maum Jean, y lo principal que me enseñó: nada es una barrera cuando el amor es lo suficientemente fuerte; ni edad, ni raza, ni enfermedad, ni nada.

—Arthur Gordon, *A Touch of Wonder*

Libértame, Señor

Señor, acabo de leer
Que a Pablo y Silas
Los desnudaron y golpearon
Con látigos de madera.
"Vez tras vez las varas
Cayeron sobre sus espaldas desnudas."
Pero en su mazmorra desolada
Con sus pies sujetos en los grillos
Ellos oraron.
Cantaron.
Alabaron.
En esta noche lóbrega de mi vida
Presa en una mazmorra de confusión
Atada con cadenas de angustia
Ayúdame, por favor ayúdame
A orar
A cantar
A alabar
Hasta que los cimientos tiemblen
Hasta que las puertas se abran
Hasta que las cadenas caigan
Hasta que yo sea libre
Para proclamar las Buenas Nuevas
A otros presos encadenados.

—Ruth Harms Calkin, *Tell Me Again, Lord, I Forget*

UNA BARRA DE ACERO que vale cinco dólares, cuando se la convierte en herraduras ordinarias, vale entonces $10. Si a la misma barra de cinco dólares se la convierte en agujas, el valor sube a $350. Y sin embargo, si se la convierte en delicados resortes para relojes costosos, vale más de $250.000. La misma barra de acero es más valiosa cuando se la corta al tamaño apropiado, se la pasa por un horno tras otro, vez tras vez, se la martilla y manipula, golpea y lamina, se la termina y pule hasta que esté lista para esas tareas delicadas.

—M. R. DeHann, *Broken Things*

_____

EN 1659 un escritor puritano escribió:

"Dios, que es infinito en sabiduría e incomparable en bondad, ha ordenado nuestros problemas, sí, muchos problemas que vengan sobre nosotros de todo lado. Como con nuestras misericordias, así nuestras cruces rara vez vienen solas; por lo general una viene pisándole los talones a la otra; son como las lluvias de abril, que no bien termina una y otra viene. Es misericordia que toda aflicción no sea una ejecución, que toda corrección no sea una condenación. Mientras más son las aflicciones, más se eleva el corazón hacia el cielo."

—Thomas Brookes, *The Mute Christian under the Smarting Rod*

_____

Día tras día

Día tras día y con cada momento que pasa,
Fuerza hallo para enfrentar mis pruebas aquí.
Confiando en la sabia concesión de mi Padre,
No tengo causa para la ansiedad o para temer.
Él, cuyo corazón es bondadoso más allá de toda medida,
Da a cada día lo que Él considera mejor;
Con amor, su parte de dolor y placer,
Mezclando el sudor con la paz y el descanso.

—Linda Sandell

_____

PSIQUIATRAS

Dos PSIQUIATRAS pasaron junto a una mujer en un corredor. Ella les dijo: "Buenos días." Ellos se miraron el uno al otro y se preguntaron: "¿Qué habrá querido decir con eso?"

—Paul Lee Tan, *Encyclopedia of 7,700 Illustrations*

Fui al psiquiatra para que me psicoanalice
Para saber por qué maté al gato y le puse un ojo negro a mi
    esposo.
Me sentó en un sofá para ver lo que podía encontrar,
Y esto es lo que sacó de mi mente subconsciente:
Cuando tenía un año mi mama escondió mi muñeca en un baúl,
Y por eso naturalmente siempre estoy borracha.
Cuando tenía dos años vi a mi papá besar a la sirvienta un día,
Y por eso sufro de cleptomanía.
A los tres años tenía sentimientos de ambivalencia hacia mis
    hermanos,
Y por lo tanto naturalmente enveneno a todos mis amantes.
Pero ahora soy feliz. He aprendido la lección que todo esto me ha
    enseñado;
Que todo lo que hago de malo es culpa de alguna otra persona.

—Anna Russell, citado en Billy Gram., *How to Be Born Again*

¡BIENVENIDOS A LA LÍNEA DIRECTA PSIQUIÁTRICA!

Si usted es obsesivo-compulsivo: Oprima el 1 repetidas veces.

Si es codependiente: Pídale a alguien que oprima el 2.

Si tiene personalidades múltiples: Oprima el 3, 4, 5 y 6.

Si es paranoico y sufre de alucinaciones: Sabemos quién es y lo que desea. Solo siga en la línea para que podamos rastrear la llamada.

Si sufre de esquizofrenia: Escuche cuidadosamente: una vocecita le dirá cuál número debe oprimir.

Si es maníaco-depresivo: No importa cuál número oprima. Nadie le va a contestar.

—Charles R. Swindoll, *Hope Again*

_____

A CUALQUIERA que vaya a un psiquiatra le deberían de examinar la cabeza.

—Samuel Goldwyn, citado en Lloyd Cory, *Quote Unquote*

_____

CHARLES SCHULZ se ha ganado el cariño del público con su famoso y humorística tira cómica "Rabanitos," o "Carlitos." Al pensar en los psiquiatras no nos queda más que recordar a la más famosa de todas: Lucy. Ella se sienta en la caseta familiar y por lo general es Carlitos Brown que está al frente contando sus problemas. El letrero dice: "El Psiquiatra Está Presente—¡5 Centavos Por Favor!"

—Robert L. Short, *The Parables of Peanuts*

_____

PULCRITUD

ESTABA PREDICANDO una serie de sermones sobre los dones espirituales y un padre me dijo: "Nosotros somos una familia un tanto desorganizada, excepto uno de nuestros hijos: el mayor, Bill." Me dijo: "El otro día Bill estaba al volante del automóvil listo para llevar a la familia a casa después de escucharle hablar acerca del don de la administración, que es su don. Se quedó pensativo después de haber encendido el motor mientras todos esperábamos que salga del estacionamiento, y entonces dijo: "¿Cómo puede ser esto? Tener el don de la administración en una familia de cochinos desorganizados."

_____

BENJAMÍN WEST, pintor inglés, cuenta cómo se convirtió en pintor. Un día su madre salió, dejándolo a cargo de su hermana menor, Sally. Mientras su madre estaba fuera, él descubrió unas botellas de tinta de diferentes colores y comenzó a pintar un retrato de Sally. En el proceso, hizo un tremendo reguero de todo a su alrededor, con manchas de tinta por todas partes.

Su madre regresó. Vio el reguero pero no dijo nada. Tomó el papel en su mano y mirando el dibujo dijo: "¡Pero si es Sally!" Y se agachó y besó a Benjamín. Desde entonces Benjamín West solía decir: "El beso de mi madre me hizo pintor."

—William Barclay, *The Letters to the Galatians and Ephesians*

ALGÚN DÍA, CUANDO LOS HIJOS HAYAN CRECIDO, las cosas van a ser muy diferentes. La cochera no estará llena de bicicletas, rieles de trenes en tableros de madera, caballetes rodeados de retazos de palos y madera, clavos, martillos, sierras, "proyectos experimentales" y la jaula del conejo. Podré estacionar ambos autos exactamente en su lugar, y nunca más tropezaré con patinetas, una montaña de papel (que se guarda para recaudar fondos para la escuela) o la bolsa de comida del conejo; toda regada. ¡Uf!

Algún día cuando los niños hayan crecido, la cocina estará increíblemente nítida. El fregadero no tendrá ningún plato pegajoso, el triturador de desperdicios no estará atorado con ligas o vasos de papel, el refrigerador no estará atiborrado de nueve botellas de leche, y no perderemos las tapas de los frascos de salsa de tomate, mermelada, mantequilla de maní o mostaza. La jarra de agua no estará vacía en el refrigerador, las bandejas de hielo no se dejarán afuera toda la noche, la licuadora no se quedará por horas recubierta del residuo de la malteada a medianoche, y la miel se quedará dentro del recipiente. . . .

Sí, algún día cuando los hijos hayan crecido las cosas serán muy diferentes. Uno por uno se irán del nido, y todo el lugar empezará a tener cierta semejanza de orden y tal vez hasta un toque de elegancia. Se oirá el tintineo de de los platos de porcelana y cubiertos de plata de vez en cuando. El chisporroteo de la chimenea retumbará por todo el pasillo. El teléfono estará extrañamente en silencio. La casa estará tranquila, en calma, y siempre limpia, y vacía, llena de recuerdos, y sola, y no nos gustará para nada. Y pasaremos nuestros ratos no planeando para el mañana, sino más bien recordando el ayer. Y pensando: "¡Tal vez podemos cuidar a los nietos y ponerle algo de vida de nuevo a este lugar, para cambiar!"

—Charles R. Swindoll, *Come Before Winter*

REBELIÓN

(Ver también *Desobediencia)*

Un padre tenía un hijo bastante terco. Camino a la tienda un día le decía al hijo: "Siéntate y abróchate el cinturón." Pero el pequeño seguía parado en el asiento. Otra vez le dijo: "Siéntate y abróchate el cinturón." Después de unas cuantas veces el niño se dio cuenta que sería mejor sentarse o si no iba a ocurrir un desastre. Así que se sentó, se abrochó el cinturón y dijo: "Papito, por afuera estoy sentado pero por dentro estoy parado."

—Vance Havner, *The Best of Vance Havner*

_____

Todos nosotros de vez en cuando actuamos sólo para fastidiar, incluso tratando de justificar nuestras acciones para nosotros mismos.

_____

Un talentoso médico creyente tenía un hijo llamado Keith. Era intelectual y se graduó en el primer puesto entre su clase en la secundaria. Pero el padre comenzó a darse cuenta de que aparecían algunas raíces de rebelión que no respondían a los consejos del padre. Keith quería estudiar el primer año en la prestigiosa universidad Stanford. Ya que vivían en el suroeste del país eso significaría un gran gasto, así que le dijeron a Keith que tendría que trabajar para ayudar con los gastos. A regañadientes dijo que lo haría, y se fue.

Mientras estaba en Stanford, nunca buscó un empleo, pero sí se alimentó de toda la bazofia del mundo secular acerca de los padres y lo terrible que es estar sujetos a ellos, y toda esa basura. Así que regresó a casa durante vacaciones después de su primer año, y le anunció a su padre que se iba de casa.

Tremendo error. Su padre le dijo: "Está bien, hijo. Pero te voy a dice una cosa. Todo lo que tienes, yo te lo he comprado." Era un excelente violinista. Así que le dijo: "Ese violín Stradivarius, lo dejas en mi casa." El joven tragó en seco, parpadeó y dijo: "Está bien." Luego dijo: "Ah, y el nuevo auto que llevaste a la universidad es mío, así que déjalo en el garaje." "Está bien." "Y la ropa colgada en el closet te la compré yo. Déjala ahí." "¿La ropa?" "Sí; toda la ropa. Te puedes ir con la ropa que tienes puesta y te puedes quedar con los zapatos que tienes puestos. También el dinero que tienes en los bolsillos es mío. Déjalo sobre la mesa antes de que te vayas. ¿Veamos si hay algo más?" Keith estaba temblando y dijo: "Papá, pienso que te quedaste con todo lo que hay." El padre le dijo: "Está bien. Entonces ya puedes irte."

Esa noche se sentaron y tuvieron una larga conversación. Cara a cara aquel sabio padre le habló claro al joven rebelde. Hoy tienen una relación ejemplar.

―――――――――

REGALOS

HACE POCO OÍ DE UN hombre que le regaló a su novia un boleto de lotería que había comprado, y para sorpresa de ellos, el boleto ganó 3 millones. Pero el gobierno le cobró a él los impuestos por el dinero; y luego, como si eso no fuera suficiente, cuando su ex esposa oyó que él tenía mucho dinero, le exigió que aumentara los pagos por alimentos.

―――――――――

UN REGALO ES UNA DEMOSTRACIÓN de cariño del corazón de uno a otro. Un amigo me envió una vez un acróstico de mi nombre. Uno atesora esos regalos especiales y personales.

―――――――――

Una tarde el día antes de Navidad, cuando yo tenía como siete años, mi madre estaba preparando algo muy especial. En vez de la gelatina tradicional, con crema batida y bananas, ¡ella estaba horneando un enorme pastel!

Me puse a su lado, como los niños pequeños siempre lo hacen, mientras ella echaba un vistazo por un momento por la puerta del horno parcialmente abierta. "Perfecto," dijo ella. Con todo cuidado, con mucha cautela, lo sacó, cuando de repente se le resbaló de esas manos tan seguras, y una torre se derrumbó y cayó al piso, para nunca más volver a ser un pastel.

Mi madre, que no era dada a llorar, se cubrió la cara con su delantal y se echó a llorar. Yo me enfurecí porque Dios hubiera permitido que eso suceda; porque nadie, y eso quiere decir nadie, llora en la nochebuena.

"¿Por qué lo hizo ella, preparar este regalo para pequeños glotones hambrientos cuando la gelatina bastaba? Lo sé: era su manera de decirnos que éramos especiales. Más de sesenta años han venido y se han ido, sesenta Navidades, y recuerdo la mejor: y su regalo de lágrimas."

—Gerhard Frost, *Blessed Is the Ordinary*

_____

RELACIONES PERSONALES

SE CUENTA la historia de dos hermanas solteras que tuvieron una pelea tan agria que dejaron de hablarse. No pudiendo o no queriendo separarse, las dos vivían en un amplio cuarto con dos camas. Una línea dibujada con tiza dividía el cuarto por la mitad, separando la puerta y la chimenea, para que así ambas pudiesen ir y venir y preparar sus comidas sin pasar por el espacio de la otra. En la oscuridad de la noche cada una escuchaba la respiración de su enemiga. Por años coexistieron en detestable silencio. Ninguna estaba dispuesta a dar el primer paso hacia la reconciliación.

—Leslie Flynn, *When the Saints Come Storming In*

_____

DOS LÁGRIMAS PEQUEÑAS iban flotando por un río. Una lágrima le preguntó a la otra: "¿Quién eres?" La segunda lágrima le respondió: "Soy de una mujer que perdió a su amante. ¿Y tú?" "Soy de la mujer que se quedó con él."

—Michael Green, *Illustrations for Biblical Preaching*

_____

EL QUE LOS LOBOS le den razón de preocupación a las ovejas es obvio, pero el que las ovejas se den razón de preocuparse entre sí, esto no es natural, es monstruoso.

—Thomas Brookes, *The Golden Treasure of Puritan Quotations*

Fue difícil dejarte ir:
Ver como al convertirte en mujer fuiste arrebatada de mi mano
Mucho antes de que yo terminase de ser madre.
Pero si Dios escuchara a las madres y cediera,
¿Llegaría alguna vez el tiempo para dejar libres a nuestras hijas?

Fue difícil cuando te fuiste;
Porque cómo iba yo a saber
La serendipia de dejarte ir
Sería verte volver a casa
Y encontrarnos de forma diferente
De mujer a mujer;
De amiga a amiga.

—Marilee Zdenek, citado en Charles R Swindoll, *Make Up Your Mind*

ANTES DE EDIFICAR UNA PARED, pediría saber qué estoy encerrando o dejando fuera.

—Robert Frost, "Mending Wall"

LA RELACIÓN PERSONAL PURA, ¡qué hermosa es! Qué fácil se daña o se agobia con las irrelevancias; ni siquiera irrelevancias, sino la vida misma, las acumulaciones de la vida y del tiempo. Porque la primera parte de toda relación personal es pura, sea con un amigo o con un ser querido, esposo o hijo. Es pura, sencilla y sin estorbos . . .

Pero luego cuán rápido y cuán inevitablemente queda invadida esta perfecta unidad; la relación cambia; se complica, estorbada por su contacto con el mundo.

La relación original es muy hermosa. En su autolimitada perfección lleva la frescura de una mañana de primavera . . . Se mueve a otra etapa de crecimiento que uno no debe temer, sino darle la bienvenida como uno da la bienvenida al verano después de la primavera. Pero hay también una acumulación del peso muerto, una capa de valores falsos, hábitos y cargas que ensombrecen la vida. Es esta capa asfixiante hay que quitar en forma constante, de la vida y las relaciones personales.

—Ann Morrow Lindbergh, citado en Charles R. Swindoll, *Come Before Winter*

THOMAS CARLYLE se había casado con su secretaria, a quien amaba mucho, pero era insensible y dedicado a sus propios intereses y actividades, y trataba a su esposa como si todavía fuera su empleada.

Víctima de cáncer, ella estuvo confinada a la cama por largo tiempo antes de morir. Luego de su funeral, Carlyle regresó a la casa vacía. Desconsolado y afligido caminaba por la casa pensando en la mujer que amó. Después de un rato subió a su dormitorio y se sentó en la silla al lado de la cama donde ella había estado postrada por meses. Con doloroso remordimiento se dio cuenta de que no se había sentado allí con frecuencia durante su larga enfermedad. Notó el diario de ella. Si ella estaría viva, nunca lo leería, pero ahora que ella se había ido se sintió libre de tomarlo y hojearlo. Una porción le llamó la atención: "Ayer, él pasó una hora conmigo; y fue como estar en el cielo. Lo amo tanto." Pasó unas cuantas páginas más y leyó: "Me pasé el día entero esperando oír sus pasos por el pasillo. Ahora ya es tarde. Parece que no vendrá a verme." Carlyle leyó unas cuantas porciones más y luego lanzó el libro al piso y salió corriendo, bajo la lluvia, al cementerio. Cayó sobre el sepulcro de su esposa en el lodo, llorando: "Si solo hubiese sabido . . . si solo hubiese sabido."

—Clarence Macartney, *Macartney's Illustrations*

NO HACE MUCHO encontré un cartelón en una pared que me hizo retroceder para darle un segundo vistazo. No me acuerdo del cuadro, pero nunca he olvidado el contundente y penetrante mensaje: "Involucrarse con las personas siempre es algo muy delicado . . . Exige madurez involucrarse y no quedar todo trastornados."

—Pamela Reeve, *Relationships*

REMORDIMIENTO

Un banco empleó a un muchacho para la limpieza. Cerraron temprano un día, y él estaba apurado para llegar a casa, tal como el resto, así que rápidamente recogió la basura. En este banco particular, toda la basura era triturada. Así que vació todo lo que pensaba que era basura, y la pasó por la trituradora. Antes de terminar el último barril, la cajera descubrió que el asistente había triturado todos los depósitos del día.

Pues bien, dos cosas pasaron. Usted puede adivinar la primera. Después de que lo despidieron, a la mañana siguiente trajeron a varias personas y las sentaron a larga hilera de mesas. Trataron de volver a armas los cheques triturados, intentando compaginar diminutos fragmentos con firmas, sumas de dinero, lugares, eventos y cosas por el estilo. Salió en titulares de primera plana con dos palabras: "Trabajo imposible." No se puede volver a armar miles de cheques que habían sido triturados, sin que importe a cuántas personas se contrate. Es sencillamente imposible. El remordimiento del trabajador de limpieza no podía cambiar la realidad de este error fenomenal.

———————

A veces

A través de los campos de ayer a veces viene a mí,
Un pequeño niño regresando de jugar, el niño que solía ser.
Me sonríe pensativo una vez que entra en mí,
Es como si desease ver el hombre que pude haber sido.

—Thomas S. Jones, citado en Donald T. Kauffman,
Baker's Pocket Treasury of Religious Verse

———————

Remordimiento es la tristeza de ser descubierto y el dolor las consecuencias que siguen. Arrepentimiento es no preocuparnos por nosotros mismos sino tener un corazón contrito.

———————

RENDIRSE

(Ver también *Sumisión*)

PADRE: quiero conocerte, pero mi corazón cobarde teme dejar sus juguetes. No puedo separarme de ellos sin sangrar por dentro, y no trato de esconderte el terror de la separación. Vengo temblando, pero vengo. Por favor, arranca de mi corazón todas esas cosas que he atesorado tanto tiempo y que han llegado parte de mí mismo ser, para que tú puedas entrar y morar allí sin rival. Entonces harás glorioso el lugar de tus pies. Entonces mi corazón no tendrá necesidad del sol que brilla en él, porque tú mismo serás la luz en él, y no habrá allí noche. En el nombre de Jesús, amén.

—A W. Tozer, *The Pursuit of God*

_____

TAL VEZ USTED TENGA que admitir que ha sido demasiado orgulloso, y vivido demasiado en secreto. Cuando decidí bajar la guardia hace varios años, escribí esta oración sencilla a Dios. Me ayudó a derribar la resistencia al consejo de otros.

_____

Señor: Estoy dispuesto
a recibir lo que tú das
a carecer de lo que tú retienes
a renunciar a lo que tú tomas
a sufrir lo que tú infliges
a ser lo que tú requieres que sea.
Y, Señor, si otros deben ser
tus mensajeros para mí
estoy dispuesto a oír y a prestar atención
a lo que tú tienes que decir. Amén

—Nelson Mink, *Pocket Pearls*

_____

CUANDO NUESTRA HIJA MAYOR, Charissa, estaba en la secundaria, ella era parte del escuadrón de porristas. Un día en la oficina de la iglesia recibí una llamada de emergencia del colegio. Ella se había caído accidentalmente del tope de una pirámide de las otras porristas durante una práctica, y había caído sobre su nuca. Para sorpresa de ella y de todos, no podía moverse. Me llevó como quince minutos conducir de mi estudio en la iglesia al colegio. Oré por todo el camino: "Señor: tú estás a cargo de esta situación. No tengo ni idea de lo que voy a enfrentar. Tú eres el Señor y el Maestro. Confío en ti en todo esto."

Cuando llegué al colegio ya tenían a Charissa inmóvil en una camilla. Me puse de rodillas junto a ella.

"Papá: No puedo mover los dedos. Mis pies y mis piernas están dormidos," dijo ella. "No puedo sentir nada muy bien en mi cuerpo. Siento como un hormigueo."

En ese momento, confieso que sentí temor. Pero me acerqué a Charissa y le dije al oído: "Corazón, yo estaré contigo en todo esto; pero, más importante, Jesús está aquí contigo. Él es Señor sobre todo esto."

Su madre y yo estábamos totalmente impotentes. No teníamos ningún control de la situación o sobre la curación del cuerpo de nuestra hija. Ella estaba a merced de Dios. Todavía recuerdo lo deliberado con que reconocí a Cristo como Señor en mi corazón y le animé a ella a hacer lo mismo. Cynthia y yo esperamos por horas en el corredor del hospital mientras le sacaban toda suerte de radiografías y un equipo de médicos examinaba a nuestra hija. Oramos con fervor y confianza.

Hoy Charissa está bien físicamente. Se recuperó sin ningún daño permanente. En efecto sufrió una fractura, pero felizmente no fue una lesión que resultara en parálisis. Si hubiera quedado paralizada en forma permanente, con todo seguiríamos creyendo que Dios estuvo en control soberano. ¡Él seguiría siendo el Señor!

———————————

Cuando me dejo ganar por el pánico, corro.
Cuando corro, pierdo.
Cuando pierdo, Dios espera.
Cuando espero, Él lucha.
Cuando Él lucha, aprendo.

He aprendido a sostener todo en forma floja. De esa manera no duele cuando Dios me lo quita.

—Corrie Ten Boom

———————————

RESCATE

A G. K. Chesterton, escritor del siglo veinte, una vez le preguntaron cuál libro le gustaría más tener si estuviese en una isla desierta. Con su típico humor respondió: *Thomas' Guide to Practical Shipbuilding (Guía práctica de Tomás para construir barcos)*.

> Algunos desean vivir al alcance
> Del repique de campanas de una capilla o una iglesia;
> Yo quiero administrar una misión de rescate
> A unos metros del infierno.

—Norman Grubb, *C. T. Studd: Criketeer and Pioneer*

———————————

> *Me estoy ahogando*
> Señor, me estoy ahogando
> En un mar de desconcierto.
> Olas de confusión
> Se estrellan contra mí.
> Estoy muy débil
> Como para pedir auxilio.
> O bien calma las olas
> O elévame por sobre ellas;
> Es muy tarde
> Para aprender a nadar.

—Ruth Harms Calkin, *Tell Me Again Lord, I Forget*

———————————

LLEGUÉ UN DÍA a Pouletti, Persia, que ahora es Irán, a la orilla del mar Caspio, para seguir a la capital, Teherán. Había un hombre allí encargado del transporte. Estaba teniendo dificultades porque habían más pasajeros que carros. Vi un carro con un solo pasajero, así que le dije al encargado: "¿Por qué no me puedo ir en ese carro? Solo hay un hombre en él."

"Veré," me dijo.

Luego regresó a donde yo estaba alicaído. "Lo lamento, señor. Pero el hombre en ese carro dijo que no podía ir con usted, porque él es un diplomático francés y usted es nada más que un misionero."

Pues bien, supongo que podía haberme sentido aplastado, pero por dentro me enderecé y dije: "Pues bien, si él es diplomático francés, entonces él representa un inestable reino francés que ha tenido como veinte y seis presidentes en los últimos veinte años. Yo soy embajador de un reino inmovible que ha tenido un solo gobierno desde la fundación del mundo y tendrá solamente un gobierno hasta el final de todos los tiempos."

Mientras cruzábamos el mar Caspio en el barco, el diplomático se quedó encerrado en el servicio higiénico del barco debido a una cerradura defectuosa, y no podía salir. Así que por encima de la pared me gritaba frenético diciéndome: "Por favor, señor, sáqueme."

¡Ja! El embajador del reino de Dios sacó al diplomático del reino de Francia. Pero, ¿no es eso lo que los embajadores del reino de Dios deben hacer? Liberar a los diplomáticos de este mundo que se encierran a sí mismos en los baños de imposible maneras de vivir y están diciendo: si tan solo lo supieran: "¡Por favor, señores, sáquenme de aquí!"

—E. Stanley Jones, *Growing Spiritually*

_____

DURANTE LA SEGUNDA GUERRA MUNDIAL un piloto fue alcanzado por el fuego del enemigo y su avión comenzó a perder altitud. Volando casi a ras de los árboles, perdió parte del estabilizador del avión, una sección del timón, una punta del ala y el tren de aterrizaje. Por último, se detuvo sobre la copa de los árboles en su cabina. Lanzó un suspiro de alivio sentado allí en esa cabina que se bamboleaba precariamente de un lado a otro. Encerrado en la cabina completamente solo estaba seguro, aunque como por fuego. Estaba allí intacto, aunque no tenía para exhibir. Es ese el mensaje de 1 Corintios 3:15.

_____

Un niño pequeño y jorobado, junto con otros niños de su clase de Escuela Dominical, había memorizado algunos versículos de la Biblia. El domingo por la noche debía pasar al frente y repetir los versículos y luego salir de la plataforma. Un muchacho cruel, al ver el niño jorobado tropezar para subir al escenario le gritó: "Oye, tullido, ¿por qué no te quitas la mochila de la espalda?" Se hubiera podido oír el sonido de una aguja mientras el pequeño se detenía y se echaba a llorar.

De repente un hombre se levantó, recorrió el pasillo y se puso al lado del niño, y le echó el brazo a la espalda. Dijo: "No sé que tipo de persona diría algo así, pero quiero decir que la persona más valiente en esta sala hoy día es este niño. Como ven, es mi hijo, y estoy orgulloso de él." Al decir eso, se inclinó, levantó a su hijo en sus brazos y se lo llevó consigo a su asiento.

Yo pensé, al leer este relato, que eso es exactamente lo que Dios hace con nosotros. En la forma herida y jorobada de nuestras vidas hacemos lo mejor que podemos, y entonces tropezamos, y hacemos un desastre de las cosas. El Señor Jesús dice; "Ah, tú eres mío. Estoy orgulloso de ti. Te amo."

—Ray Steadman, "The Way to Wholeness," sermón, 5 de septiembre de 1971

A los que miran de lejos, algunas cosas parecen un ritual vacío, mientras que a la persona informada parecen tener más significado que la vida misma. Tome por ejemplo al viejo Ed del estado de Florida. Todos los viernes al atardecer, cuando el sol se pone del tamaño de una naranja, listo para hundirse en el agua, Ed viene caminando por la playa hasta llegar a su muelle preferido. En su mano huesuda tiene un balde lleno de camarones. Los camarones no son para él. Los camarones no son para los peces. Extrañamente, los camarones son para las gaviotas. Ed, solo con sus pensamientos, se va hasta el final del muelle con su balde, sin decir una palabra. Pero allí es donde el rito comienza.

Al poco tiempo el cielo se vuelve una masa de puntitos que graznan y chillan, dirigiéndose hacia el viejo Ed al extremo del muelle. Lo rodean con su presencia. El aleteo de sus alas suena como el rugir del trueno. Ed se pone de pie y le habla en voz baja mientras les da de comer los camarones. Es más, mete su mano en el balde y les lanza los camarones al aire. Uno casi puede oírlo decir: "Gracias, gracias." A los pocos minutos el balde queda vacío. Y Ed, se queda parado allí, casi como en un trance, pensando en otro tiempo y otro lugar. Luego, sin decir una sola palabra, tranquilamente regresa a casa.

¿Quien es el viejo Ed, de todas maneras? Su nombre completo es Eddie Rickenbacker. Fue capitán durante la Segunda Guerra Mundial. Volaba una fortaleza volante B-17. Él y siete otros fueron en una misión cruzando el Pacífico para localizar al General MacArthur; sin embargo, su avión se estrelló en el agua. Milagrosamente, todos pudieron salir del avión en una balsa salvavidas.

A bordo de la balsa lucharon contra el sol y los tiburones; pero sobre todo, lucharon contra el hambre, ya que cada uno de esos ocho hombres comió y bebió muy a menudo, hasta que al fin, al octavo día se les acabo la comida. Sin comida, y sin agua; necesitaban de un milagro para sobrevivir.

Luego del tiempo de devociones una tarde, los hombres oraron y trataron de descansar. Mientras Rickenbacker se quedaba dormido con un sombrero sobre sus ojos, algo aterrizó sobre su cabeza. Era una gaviota. Esa gaviota significaba comida . . . si la pudiese agarrar. Y la agarró.

Le quitó las plumas y cada uno comió un bocado. Luego usaron los intestinos como carnada para pescar. Pudieron sobrevivir hasta que los hallaron y rescataron, cuando ya casi no les quedaba vidas.

Más tarde, Billy Graham le preguntó al capitán Rickenbacker sobre la historia, porque oyó que esa experiencia le había llevado a un conocimiento salvador de Jesucristo. Rickenbacker le dijo a Graham: "No tengo ninguna explicación, excepto que Dios envió a uno de sus ángeles para rescatarnos."

El viejo Ed nunca se olvidó. Nunca dejó de decir: "Gracias." Por años hasta su muerte, todos los viernes al atardecer iba a ese viejo muelle con su balde lleno de camarones y un corazón lleno de agradecimiento por el rescate de ese día. "Gracias. Gracias. Gracias."

—Max Lucado, *In The Eye of the Storm*

_____

MIS MÁS FELICES RECUERDOS de mi adolescencia me llevan de regreso a la piscina del parque Mason al este de Houston. Antes de aprender a nadar, me zambullía en lo profundo (lo cual era en contra de las reglas) y nadaba por la orilla, saliendo en busca de aire junto a la escalera.

Nunca olvidaré una espantosa ocasión, al zambullirme, nadé en dirección contraria y me encontré en el lugar por donde salían los nadadores que se estaban zambulléndose desde el trampolín. Faltándome el aire, tragué agua, no pude gritar y me estaba ahogando. Teddy Muntz, el salvavidas de turno, se lanzó a la piscina, me agarró en sus enormes brazos y me salvó del peligro y probablemente de la muerte. Ese día él se convirtió en mi salvador y mi rescatador.

———————————

Los que se están ahogando a menudo luchan en contra de sus rescatadores debido a la histeria del momento aterrador. Lo mismo es verdad a menudo de los que se están ahogando espiritualmente porque su fe ha naufragado.

Un joven se apartó del Señor pero finalmente fue traído de regreso a los caminos del Señor con la ayuda de un amigo que lo quería de verdad. Cuando hubo completo arrepentimiento y restauración, le pregunté a este creyente cómo se sentía al estar alejado de Dios. El joven comentó que se sentía como estando en alta mar, en aguas profundas, en graves problemas, y todos sus amigos estaban en la orilla gritándole acusaciones acerca de la justicia, penas y el mal.

"Pero hubo un hermano creyente que en realidad se echó a nadar para rescatarme y no me soltó. Luché contra él, pero él hizo a un lado mi lucha, me agarró, me puso un chaleco salvavidas, y me llevó a la orilla. Por la gracia de Dios, él fue la razón por la cual fui restaurado. Nunca me soltó."

—Howard G. Hendricks

———————————

Hace muchos años un hombre llamado Felix de Nola estaba huyendo de sus enemigos. Halló refugio temporal en una agreste cueva en la falda de una montaña. No bien había entrado a la cueva cuando una araña comenzó a tejer su tela sobre la pequeña apertura. Con asombrosa rapidez la araña cerró completamente la entrada a la cueva con su telaraña bastante obvia, dando la apariencia de que nadie había entrado en esa cueva por semanas. Cuando los que perseguían a Felix pasaron por allí, vieron la telaraña y ni siquiera se molestaron en mirar adentro. Más tarde, cuando el fugitivo creyente salió a la luz del día de nuevo, exclamó estas penetrantes palabras: "Donde está Dios, una telaraña es un muro; donde Él no está, un muro es solo una telaraña." A Dios nunca se le han agotado las maneras para proteger a los suyos.

> Las huestes de Dios acampan alrededor
> De la morada de los justos.
> Salvación Él les provee a todos
> Los que en su promesa confían.

—Frank E. Gaebelein, ed., *The Expositor's Bible Commentary*

UN HOMBRE CONDUCÍA un viejo Ford por una carretera solitaria cuando el auto se apagó. No sabía qué hacer ya que no sabía gran cosa sobre autos. Pero se bajó, abrió el capó y comenzó a dar golpecitos aquí y allá, y a mover algunos alambres, y en ese momento oyó el ruido de un auto que se acercaba. Notó que el auto era un Lincoln flamante. El que lo conducía tuvo la gentileza de detenerse y preguntarle: "¿Cual es el problema?" "Oh," dijo él, "no puedo hacer que este viejo Ford arranque." "Pues bien," respondió el buen samaritano, "déjeme ver." Así que comenzó a hacer algo dentro y luego le preguntó: "¿Tiene un destornillador?" Ajustó algo, luego se subió al auto, y el motor arrancó al instante. "Vaya, ¡un millón de gracias! Eso es maravilloso. ¿Quién es usted?" Volviendo a ponerse su chaqueta, el hombre le dijo: "Ah, soy Henry Ford. Debo saber algo del auto que nosotros fabricamos."

—Billy Graham, *World Aflame*

RESPONSABILIDAD

LA RESPONSABILIDAD PERSONAL es invalorable. Hace poco recibí estímulo al saber acerca de un pastor que se reúne con un grupo de hombres una vez por semana. Se han comprometido a llevar una vida moralmente pura. Oran unos por otros. Hablan abiertamente y con franqueza de sus luchas, debilidades, tentaciones y pruebas. Además de estos asuntos generales, también se miran directamente a los ojos y responden a no menos de siete preguntas específicas:

1. ¿Has estado en esta semana con una mujer de una manera indebida o que otros pudieran interpretar como que están usando mal juicio?

2. ¿Te has conducido por completo sin reproche en todas tus actividades financieras esta semana?

3. ¿Te has expuesto a material pornográfico esta semana?

4. ¿Has pasado diariamente esta semana tiempo en oración y lectura de la Palabra de Dios?
5. ¿Has cumplido con el mandato de tu llamado esta semana?
6. ¿Has tomado tiempo libre para estar con tu familia esta semana?
7. ¿Acabas de mentirme?

—Charles Swindoll, *The Bride.*

HACE VARIOS AÑOS unos amigos de la iglesia reconocieron a mi Volkswagen Super-beetle blanco convertible de 1979, que cruzaba un semáforo en rojo. Mis acusadores me invitaron a que me reuniera con ellos en el Café de Randy o de lo contrario "divulgarían" el incidente a los periódicos. Pues bien, los tunantes me habían sorprendido con las manos en la masa, así que decidí ir al café listo y temprano. Me puse sobre la camisa un enorme letrero que decía: "Culpable." Me acerqué a la mesera a las siete y cuarenta y cinco de la mañana y le pedí que me sentara en una mesa con espacio para otros que me acompañarían. Le dije que iba a reunirme con algunos fariseos esa mañana. Dejó la carta y se alejó sacudiendo su cabeza. ¡A las ocho en punto llegaron! Después de que todos nos reímos por mi rótulo, le di la vuelta. Al reverso yo había escrito: "El que esté libre de pecado que arroje la primera piedra." Ellos pagaron por el desayuno. Aunque llegara a vivir hasta los cien años, dudo que pueda olvidar todo ese episodio. Cada vez que me veo tentado a pasarme un semáforo en rojo, aquel incidente vuelve a acosarme . . . ¡uno de los muchos beneficios de tener alguien a quien rendir cuentas!

—Charles Swindoll, *Dropping Your Guard*

ALGUIEN LE PREGUNTÓ una vez a Daniel Webster: "¿Cuál es el pensamiento más grande que puede ocupar la mente de una hombre?" Él respondió: "Su sentido de responsabilidad a Dios."

—Abel Ahlquist, *Light on the Gospels*

LAS CIENCIAS DEL COMPORTAMIENTO han expuesto en años recientes la verdad sencilla de que "la conducta que es observada cambia." Las personas que deciden por cuenta propia rendir cuentas a un grupo de amigos, de terapia, a un psiquiatra, consejero pastoral, a un grupo de estudio o de oración, son personas que quieren en serio cambiar su conducta, y están hallando que el cambio es posible.

Estudios realizados en fábricas han demostrado que tanto la calidad como la cantidad del trabajo aumentan cuando los empleados saben que están siendo observados. Si sólo Dios sabe lo que estoy haciendo, y puesto que Él no va a decírselo a nadie, tiendo a darme yo mismo toda clase de excusas. Pero si tengo que notificar a otra persona o grupo de otras personas, empiezo a vigilar mi conducta. Si alguien tiene un ojo sobre mí, mi conducta mejora.

———————————— —Bruce Larson, *There's a Lot More to Health Than Not Being Sick*

RESURRECCIÓN

(Ver también *Pascua*)

CUANDO ERA NIÑO jugaba béisbol en un lote vacío que estaba junto a una iglesia metodista. Siempre había un charco y mucho lodo al pie de un grifo que goteaba. Era el lugar donde muchos saltamontes venían a buscar agua. Una vez al año los insectos cambian de piel.

Si alguna vez ha visto esto, es increíble. Se asemeja con exactitud a un saltamontes, como de tres centímetros de largo, pero está vacío. Uno lo toma en la mano y es ligero como pluma. Tiene las patas y el caparazón, pero si se lo aprieta no tiene sino aire adentro. De alguna forma, la maravillosa forma en la cual Dios ha hecho a los insectos les da la capacidad de salirse del caparazón.

————————————

SI QUIERE ESTUDIAR un sesudo problema de resurrección, estudie la vida de Roger Williams; no el pianista, sino el reformador de años atrás. Roger Williams fue enterrado no lejos de un manzano. Las raíces del árbol de manzana penetraron el ataúd y se abrieron paso por entre el cráneo, por toda la espina dorsal, dividiéndose al llegar a las piernas, dando el resultado de que su cuerpo estaba habitado por las raíces del manzano. Los nutrientes del cadáver pasaron a ser parte del árbol y de la fruta. ¿Se están comiendo a Roger los que comen esas manzanas?

—Merril Tenney, *The Reality of the Resurrection*

_____

Cristo Resucitó

¡La muerte no puede detener su presa, Jesús, mi Salvador!
¡Él las barreras rompió, Jesús, mi Señor!
De la tumba Él resucitó,
Con poderoso triunfo sobre sus enemigos.
Resucitó Victorioso del dominio de la oscuridad
Y vive para siempre con sus santos a reinar
¡Resucitó! ¡Resucitó! ¡Aleluya! ¡Cristo Resucitó!

—Robert Lowry

_____

EN LOS TIEMPOS DE PABLO había un letrero en Atenas que decía: "Una vez que el hombre muere y la tierra bebe su sangre, no hay resurrección." Pablo discrepaba fervientemente. Ahora bien, tal vez algunos digan: "Cuando Atenas murió, también murió la duda de la resurrección." ¿Bromea usted? Tan recientemente como el siglo diecinueve había un poema que corría por Inglaterra que ha tomado a muchas personas desapercibidas. Loescribió Charles Swinburne.

De demasiado amor a vivir,
De la esperanza y del temor hechos libres,
Agradecemos con breve agradecimiento
A cualesquiera que sean los dioses
Que ninguna vida vive para siempre;
Que los muertos nunca se levantan;
Que aun el más abatido río
Acaba de alguna manera seguro en el mar.

¡Es mentira! ¡Los muertos se levantarán *un día!* ¡Y no hay seguridad en el mar aparte de Cristo! La resurrección es nuestra única esperanza.

———————————— —John Bartlett, *Bartlett's Familiar Quotations*

LA RESURRECCIÓN es el "¡Amén!" de Dios al "Consumado es" de Cristo.

—S. Lewis Johnson

RIQUEZA

(Ver también *Dar, Dinero, Mayordomía*)

DOS MUJERES se encontraron en una fiesta después de una separación de muchos años. Después del alegre intercambio inicial de saludos, la primera notó que su amiga llevaba un diamante extraordinario. No pudo evitar el comentario: "¡Ese es el diamante más hermoso y enorme que jamás he visto!" "Sí, es un diamante raro," fue la respuesta. "Es el diamante Calahan. Viene completo, con la maldición Calahan."

"¿Cuál es la maldición Calahan?"

"El Sr. Calahan, por supuesto."

———————————— —Bruce Larson, *There's a Lot More to Health Than Not Being Sick*

LA RIQUEZA a veces nos lleva a una bifurcación en el camino, un momento decisivo. ¿Recuerdan a Abraham y a Lot? H. C. Leupold nos recuerda que "la riqueza no es incompatible con la santidad en la vida." No piensen ni por un momento que toda riqueza es carnal. Pero, también, algunos toman malas decisiones. Como Leupold dice de Lot: "La degeneración gradual de un carácter relativamente bueno empieza en este punto."

———————————— —H. C. Leupold, *Exposition on Genesis*

Durante la Gran Depresión Económica, la pobreza cundió por todos los Estados Unidos de América como un huracán, destrozando sueños y echando las esperanzas al viento. Uno de tales torbellinos de pobreza azotó una pequeña parte de Texas en donde un hombre llamado Yates tenía un rancho de ovejas. Luchando por poner comida en la mesa, Yates y su esposa hicieron todo lo que podían para sobrevivir. Por último, tuvieron que aceptar subsidio del gobierno para no perder su casa y tierra a los acreedores.

Un día, en medio de toda esa lobreguez, llegó una cuadrilla geológica de una compañía petrolera. Querían que Yates les diera permiso para perforar un pozo de exploración en su propiedad, prometiéndole una porción grande de las ganancias si encontraban petróleo. "¿Qué puedo perder?" pensó Yates, y firmó los papeles.

La cuadrilla petrolera de inmediatamente instaló la maquinaria y empezó a perforar. A doscientos metros, todo era seco. A trescientos metros, todavía seco. Cuatrocientos metros hundieron la broca, y nada de petróleo. Por fin, a poco más de cuatrocientos metros encontraron una de las más grandes reservas de petróleo en Texas. El agujero lanzó su riqueza negra muy alto al aire, y pronto el pozo estaba bombeando ochenta mil barriles de petróleo al día.

De la noche a la mañana Yates y su familia se hicieron millonarios. Su propiedad, que en un tiempo se llamaba el Campo Yates, se llegó a conocer como el Estanque Yates. Pronto cientos de pozos de petróleo surgieron por la tierra en donde en un tiempo pastaban ovejas.

—Bill Bright, *How You Can Be Filled with the Holy Spirit*

Imagínese que usted es un prospector empobrecido, incansablemente buscando fortuna en su pequeño rancho de África del Sur durante la década de los treinta. Después de una fuerte tempestad, usted camina de aquí para allá por su tierra para ver si la lluvia ha dejado algo al descubierto. A la larga encuentra una piedra nada usual, del tamaño de un huevo de gallina. Al quitarle el lodo de la superficie, empieza a aparecer un diamante en bruto. Temblando por el entusiasmo, corre a casa para mostrarle la piedra a su familia. Unos pocos días usted vende la "piedra"; un diamante de 726 quilates, por $315.000. ¿Suena increíble? Sí, pero en realidad le sucedió a un pobre prospector llamado Jacobo Jonker.

—Victor Argenzio, *Diamonds Eternal*

Esta es la filosofía de uno: "Consigue todo lo que puedas; enlata todo lo que puedas; luego siéntate en la lata."

———————————

Una mujer de West Palm Beach, Florida, murió sola a los 71 años. El informe del forense fue trágico: "Causa de la muerte: *malnutrición.*" La anciana pesaba menos de 25 kilos. Los investigadores que la hallaron dijeron que el lugar en que vivía era una pocilga increíble, la más grande mugre que uno puede imaginarse. Un inspector experimentado declaró que nunca había visto una residencia en un caos más grande.

La mujer había mendigado comida por la puerta trasera de sus vecinos, y conseguido la ropa que llevaba en el almacén de Ejército de Salvación. Por todas las apariencias externas ella era una reclusa sin un centavo, una viuda lastimera y olvidada. Pero ese no era el caso.

En medio de las pertenencias sucias y desordenadas, hallaron dos llaves que llevaron a los funcionarios a cajas de depósito de seguridad en dos bancos locales diferentes. Lo que hallaron fue absolutamente increíble.

La primera contenía más de setecientos certificados de acciones de la empresa AT&T, más cientos de otros certificados valiosos, bonos y sólidas acciones financieras, para no mencionar billetes acumulados por más de $200.000. La segunda caja no tenía certificados, sino más efectivo; montones; $600.000 para ser exacto. Sumando el valor neto de ambas cajas, hallaron que la mujer tenía en su posesión más de UN MILLÓN DE DÓLARES. Charles Osgood, reportando en la radio CBS, anunció que la propiedad con probabilidad iría a manos de alguna sobrina o sobrino distante, ninguno de los cuales jamás soñó que tenía un centavo a su nombre. Ella era, sin embargo, una millonaria que murió víctima crasa del hambre en una vivienda destartalada a muchos kilómetros.

Yo celebré un funeral hace años para un hombre que murió sin familia y amigos. Todo lo que tenía era un perro fox terrier . . . al que le dejó toda su propiedad: como $76.000.

———————————

—Charles R. Swindoll, *Improving Your Serve*

RUIDO

Un indígena caminaba por el centro de la ciudad de Nueva York con un amigo, que residía en la ciudad. En el mismo centro de Manhattan, el indígena le tomó a su amigo por el brazo y le dijo: "¡Espera! Oigo un grillo."

Su amigo le dijo, "¡Vamos! ¿Un grillo? Viejo, este es el centro de Nueva York."

Él persistió: "No; en serio, lo oigo."

"¡Es imposible!" fue la respuesta. "No puedes oír un grillo. Los taxis están pasando. Las bocinas suenan. Hay gente que grita. Las cajas registradoras tintinean. El metro ruge al pasar. ¡Es imposible que oigas un grillo!"

El indígena insistió. "¡Espera un segundo!" Condujo a su amigo, con lentitud. Se detuvieron, el indígena caminó hasta la esquina, cruzó la calle, miró a su alrededor, e inclinó su cabeza a un lado pero no lo pudo encontrar. Cruzó otra calle y allí, en una matera grande de cemento donde había un árbol, metió la mano entre las hojas que estaban sobre la tierra y encontró al grillo. "¡Ves!" gritó, mientras sostenía al insecto en alto sobre su cabeza.

Su amigo cruzó la calle maravillado. "¿Como puede ser que pudiste oír al grillo en medio del ruido de Manhattan?"

El indígena le dijo: "Pues bien, mis oídos son diferentes a los tuyos. Todo depende de lo que escuchas. Permíteme demostrártelo." Metió la mano en su bolsillo y sacó un poco de dinero menudo: un par de monedas de veinticinco centavos, dos o tres de cinco centavos, y unos pocos centavos. Luego dijo: "Ahora, observa." Sostuvo las monedas a la altura de su cintura y las dejó caer sobre la acera. Toda cabeza en esa cuadra se volteó y miró hacia la dirección del indígena.

—Robert G. Lee, *Sourcebook of 500 Illustrations*

_____

La mayoría de los ruidos en la iglesia no me molestan. Los he oído todos.

Personas que roncan. Niños que lloran. La lluvia que cae. Los grillos que cantan. Equipos de radio que retumban. Inodoros que descargan. Platos de ofrenda y de la Cena del Señor que se caen. Sirenas que chillan y autos que pasan por fuera. Niños que gritan y teléfonos que suenan. Himnarios que caen sobre varias teclas del piano. Toses. Estornudos. Narices que se soplan. Risas. Llantos. Gritos. Susurros. Bostezos. Aplausos.

Uno no pasa la vida entera en la iglesia sin experimentar el espectro completo.

No es nada del otro mundo. Los ruidos son parte del territorio. Hasta algunos "ruidos alegres" son parte del paquete. He oído a algunos que cantan tan mal, que suenan como alce con las patas atrapadas, mientras cantan la parte del barítono del himno "Maravillosa Gracia." Y he oído a unas cuantas sopranos de las que en realidad alguien debería compadecerse. (Muchas veces he dado gracias que los vitrales de la iglesia no se quiebran). Pero lo hacían con buena intención, así que recibirán su recompensa. (Espero que incluya lecciones de canto celestial o si no va a ser una eternidad terriblemente larga).

Hay un ruido estridente, sin embargo, que es único en nuestra era electrónica, que hallo irritante e irresponsable. ¡Son los malhadados relojes digitales! Es irritante lo suficiente que timbren, suenen, tintineen, y haga toda clase de ruidos cada hora, pero siendo que no están sincronizados para que todos suenen a la vez, cada quince o veinte segundos se oye alguno de esos ruidos. Es suficiente como para que hasta el perro levante la cabeza y aúlle. . . .

De una forma u otra los cultos y los relojes son extraños compañeros. Con certeza el tiempo y la eternidad no hacen buena mezcla; o, como lo dijo un muy creativo amigo mío:

En este mundo de ruidos y ajetreo

¿No podríamos escapar

Toda esta tecnología por una hora

En tu casa?

Pienso que voy a darles una sugerencia a los pastores en todas partes. Díganles a sus congregaciones que si prometen tener un poco más de consideración con sus despertadores, usted será más puntual cuando llegue el tiempo de concluir el sermón. Pero adviértales que por cada extraño ruido, timbre, o despertador que usted oiga, añadirá diez minutos al sermón. ¿No será acaso divertido ver a todos clavándoles la mirada a los que convierten la reunión en una maratón? Pensándolo bien, he visto muchos letreros y oído muchos ruidos y he visto muchas vistas en la iglesia. Pero nunca he visto un motín congregacional un domingo en la iglesia. ¡Podríamos hacer historia!

—Charles R. Swindoll, *The Finishing Touch*

SABIDURÍA

(Ver también *Biblia, Conocimiento, Educación, Libros*)

TRATAMOS DE ESCONDER nuestra falta de sabiduría. Somos como el hombre que compró un yate. Su esposa estaba nerviosa porque él no tenía ninguna experiencia en navegación, pero él sabía que podía arreglárselas, y por semanas practicó en la bahía antes de hacerse a la mar. Por último, convenció a su esposa nerviosa a que se suba al yate con él. Con miedo ella subió a bordo. Saliendo de la bahía, él trató de calmarla. Le dijo: "Cariño, mira. He practicado lo suficiente en esta bahía como para saber dónde está cada roca, cada arrecife, cada banco de arena." En ese mismo momento una enorme roca escondida debajo de la superficie hizo un enorme ruido que recorrió de proa a popa. "Allí," dijo él corrido, "está una de las más grandes."

Sabiduría

Cuando haya cesado de romperme las alas
　　contra lo defectuoso de las cosas;
Y aprendido que el compromiso espera
　　detrás de cada puerta entreabierta;
Cuando pueda mirar a la vida a los ojos,
　　con calma y muy fríamente sabia,
La vida me habrá dado la verdad
　　quitándome a cambio mi juventud.

—Sara Teasdale, citado en Charles R. Swindoll,
Living on the Ragged Edge

¿Acaso no se podría rastrear mucho de la ineptitud de nuestra experiencia espiritual a nuestros hábitos de andar brincando por los corredores del reino como niños en el mercado, cotorreando sobre todo, pero sin detenernos a aprender el verdadero valor de nada?

—A. W. Tozer, *The Divine Conquest*

_____

Sabiduría es la capacidad de ver con discernimiento, de ver la vida como Dios la percibe.

Comprensión es la habilidad de responder con perspectiva.

Conocimiento es el rasgo raro de aprender con percepción; descubrir y crecer.

— Charles R. Swindoll, *The Strong Family*

_____

Sabiduría es la capacidad dada por Dios para ver la vida con objetividad rara y manejar la vida con estabilidad rara.

— Charles R. Swindoll, *Living on the Ragged Edge*

_____

¿Qué viene del Señor porque es imposible que los humanos la manufacturen? Sabiduría. ¿Qué viene de los humanos porque es imposible que el Señor lo experimente? Ansiedad. ¿Qué es lo que trae sabiduría y diluye la ansiedad? La adoración.

— Charles R. Swindoll, *The Quest of Character*

_____

Una vez había un viejo que vivía en una pequeña aldea. Aunque pobre, todos lo envidiaban, porque tenía un hermoso caballo blanco. Incluso el rey codiciaba su tesoro. Nunca antes se había visto un caballo como éste; tal era su esplendor, su majestad, su fuerza.

La gente le ofrecía sumas fabulosas por el caballo, pero el viejo siempre rehusaba. "Este caballo no es un caballo para mí," les decía. "Es una persona. ¿Cómo se puede vender a una persona? Es un amigo, no una posesión. ¿Cómo se puede vender a un amigo?" El hombre era pobre y la tentación era grande; pero él nunca vendió el caballo.

Una mañana halló que el caballo no estaba en el establo. Toda la aldea vino a verlo. "Tú, viejo necio," se mofaban. "Te dijimos que alguien se robaría tu caballo. Te advertimos que se lo robarían. Eres tan pobre. ¿Cómo jamás podrías tener la esperanza de proteger a un animal tan valioso? Te hubiera sido mejor venderlo. Hubieras podido conseguir cualquier precio que hubieras fijado. Ninguna cantidad habría sido demasiada alta. Ahora el caballo ha desaparecido, y tú has quedado bajo la maldición de la mala suerte."

El viejo respondió: "No hablen demasiado rápido. Digan sólo que el caballo no está en el establo. Eso es todo lo que sabemos; el resto es juicio. Si he sido maldecido o no, ¿cómo pueden saberlo? ¿Cómo pueden juzgar?"

La gente contestó: "¡No nos tomes por tontos! Tal vez no seamos filósofos, pero no se necesita gran filosofía. El simple hecho de que tu caballo se ha ido es una maldición."

El viejo habló de nuevo: "Todo lo que sé es que el establo está vacío, y el caballo no está. El resto no lo sé. Si es una maldición o una bendición, no puedo decirlo. Todo lo que veo es un fragmento. ¿Quién puede decir lo que vendrá después?"

La gente de la población se rió. Pensaban que el hombre estaba loco. Siempre habían pensado que era un tonto; puesto que no había vendido el caballo y vivido del dinero. Pero más bien, era un pobre leñador, y un viejo todavía cortando leña y arrastrándola del bosque y vendiéndola. Vivía rayando en la miseria de la pobreza. Ahora había demostrado lo que era, en verdad, un tonto.

Después de quince días el caballo volvió. No se lo habían robado. Él se había ido al bosque. No sólo que había vuelto, sino que trajo consigo una docena de caballos salvajes. De nuevo la gente se reunió alrededor de leñador y dijo: "Viejo, tenías razón y nosotros estuvimos equivocados. Lo que pensábamos que era una maldición fue una bendición. Por favor, perdónanos."

El hombre respondió: "De nuevo, ustedes van demasiado lejos. Digan sólo que el caballo ha vuelto. Digan sólo que una docena de caballos vinieron con él, pero no juzguen. ¿Cómo saben ustedes si esto es una bendición o no? Ustedes ven sólo un fragmento. A menos que sepan toda la historia, ¿cómo pueden juzgar? Ustedes leen sólo una página de un libro. ¿Pueden juzgar todo el libro? Ustedes leen sólo una palabra de una frase. ¿Cómo pueden entender la frase entera?"

"La vida es tan vasta, y sin embargo ustedes juzgan toda la vida por una página o una palabra. ¡Todo lo que tienen es un fragmento! No digan que es una bendición. Nadie lo sabe. Estoy contento con lo que sé. No me perturba lo que no sé."

"Tal vez el viejo tenga razón," se dijeron unos a otros. Así que dijeron muy poco. Pero muy adentro, ellos sabían que se equivocaba. Ellos sabían que era una bendición. Doce caballos salvajes habían vuelto con un caballo. Con un poço de trabajo, se podía domar a los animales y entrenarlos, y venderlos por mucho dinero.

El viejo tenía un hijo, un hijo único. El joven empezó a domar los caballos salvajes. A los pocos días se cayó de uno de ellos y se rompió ambas piernas. De nuevo los pobladores se reunieron alrededor del viejo y dijeron sus juicios. "Tenías razón," dijeron. "Demostraste que tenías razón. La docena de caballos no fueron una bendición, sino una maldición. Tu hijo se ha roto las piernas, y ahora en tu vejez no tienes nadie que te ayude. Ahora estás más pobre que nunca."

El viejo habló de nuevo. "Ustedes están obsesionados con juzgar. No vayan tan lejos. Digan sólo que mi hijo se rompió las piernas. ¿Quién sabe si es una bendición o una maldición? Nadie lo sabe. Sólo tenemos un fragmento. La vida viene en fragmentos."

Resultó que pocas semanas más tarde la nación le declaró la guerra a un país vecino. A todos los jóvenes de la aldea se les exigió que se unan al ejército. Sólo el hijo del viejo quedó excluido, porque estaba herido. De nuevo la gente se reunió alrededor del viejo, gritando y clamando porque se habían llevado a sus hijos. Había poca posibilidad de que volvieran. El enemigo era fuerte, y la guerra era una lucha perdida. Nunca volverían a ver a sus hijos.

¿Tenía razón, viejo,? lloraban. "Dios sabe que tenías razón. Esto lo demuestra. El accidente de tu hijo fue una bendición. Sus piernas pueden estar rotas, pero por lo menos él está contigo. Nuestros hijos se han ido para siempre."

El viejo habló de nuevo. "Es imposible hablar con ustedes. Ustedes siempre saltan a conclusiones. Nadie lo sabe. Digan sólo esto: sus hijos han ido a la guerra, pero el mío no. Nadie sabe si es una bendición o una maldición. Nadie es sabio lo suficiente para saberlo. Sólo Dios lo sabe."

—Max Lucado, "The Woodcutter's Wisdom," *In the Eye of the Storm*

SALUD

(Ver también *Apariencia*)

CUANDO TE PARAS EN LA BALANZA, no le gritas al vecindario lo que pesas. Tal vez te paras sobre la balanza y sale un rotulito que dice: "Solo uno a la vez, por favor." Las personas no acostumbran a divulgar lo que pesan. Es algo privado, pero tal vez te esté diciendo: "Haz algo al respecto."

———————————

UN GORDO pesándose en la balanza comentó: "No estoy pasado de peso, solo necesito tener quince centímetros más de estatura."

———————————

LA MAYORÍA DE LAS PERSONAS, al tener un ataque al corazón comienzan negándolo. "No me está pasando a mí. Esto es una pesadilla. Solo fue esa comida grasosa que comí hace unos momentos. Tuve que haber malentendido al médico." Negación. Pocas personas son como el Mariscal de Campo Montgomery. Después de la Segunda Guerra Mundial estaba sentado durante la sesión de la Cámara de los Lores y calmadamente se dirigió al hombre que estaba a su lado y le dijo: "Discúlpeme, pero me está dando una trombosis coronaria," mientras salía con toda tranquilidad a buscar atención médica. La mayoría continúan lo que están haciendo hasta que caen desmayados.

—Daniel George, *Book of Anedcotes*

———————————

SALVACIÓN

(Ver también *Cruz*)

DICK RUSSELL tenía un grupo de estudio Bíblico. Por sugerencia de su esposa un hombre no creyente se unió al grupo, y descubrió que en realidad disfrutaba la aceptación que halló allí, y en especial el tiempo de oración. Se dio cuenta de que hasta los hombres creyentes tenían serios problemas con los cuales lidiar en sus vidas, y semana tras semana alababan a Dios por las oraciones contestadas. No siendo ajeno a los problemas de familia, el hombre le contó a Dick una noche en que fue a visitarlo: "¿Sabe? A mi hijo le dispararon en el ojo con una escopeta de perdigones. El daño en la retina parece que está amenazando su vista. Quisiera que oren, Dick, para que Dios le restaure la vista." Así que convinieron y comenzaron a orar.

El día siguiente el médico descubrió dos cataratas, una en cada ojo, junto con el daño en la retina. El hombre estaba postrado ante Dios mientras que el médico hacía su trabajo. Entonces, cuando el joven regresó a casa después de esa cirugía, halló que los ladrones se habían metido en la casa y robado. Todo estaba en caos. Llamó a Dick. De nuevo oraron. La operación fue un éxito milagroso. Al hijo le pusieron lentes de contacto, y él recobró su vista.

A poco el teléfono sonó de nuevo. Le pidió a Dick que orara por otra necesidad. La hija del hombre, adicta a la heroína, estaba destruyendo ventanas y muebles en la casa. Le dijo a Dick: "No tiene la más mínima idea lo que es el literalmente luchar con la hija de uno mismo y sostenerle los brazos a la espalda mientras la policía le pone las esposas y la sacan de casa." Eso, de paso, llevó a que los drogadictos con los cuales su hija andaba lo acosaran: pandilla en motocicletas y llamadas obscenas, y una vez más trataron de dañar la casa. Una terrible experiencia tras otra.

Pero el hombre siguió asistiendo al grupo de estudio bíblico. Dick oraba con él acerca de esta imposible situación, con creciente urgencia, pero sin dejarle saber nada a las personas con las cuales trabajaba. Era una carga que llevaba en silencio. Finalmente, la situación llegó al colmo.

Había una persona en la familia con la cual en verdad sentía muy de cerca: la madre de su esposa. Y ¿lo creería usted? Ella sufrió un ataque al corazón. Algo así como un clímax; un golpe final.

Esa noche él regresó de su trabajo, subió a su cuarto sin decir palabra y cerró la puerta. Su esposa, que estaba preparando la cena, oyó un ruido, y oyó palabras. Subió, y se puso a escuchar. Oyó al hombre, quebrantado, llorando, y derramando ante el Señor todo horrible pecado de su vida y diciendo: "Estoy en bancarrota espiritual. Te pido ahora, Padre, por el Señor Jesucristo, que vengas a mi vida." Y la esposa, al otro lado de la puerta, también lloraba, regocijándose de lo que Dios había hecho en estas extrañas circunstancias que quebrantaron al hombre hasta llevarlo a la sumisión y la salvación. Una respuesta a su propia oración para la salvación de él.

_____

Yo merecía que se me condene al infierno, pero Dios interfirió.

—John Allen, oficial del Ejército de Salvación

El niño que llevaba en sus manos su botecito decía: "Es mío; yo lo hice" sufrió tremendo desencanto. Un día, con exuberante anticipación, llevó su bote a la orilla de un lago y lo puso a navegar sobre el agua azul y clara. El botecito navegaba impulsado por la suave brisa sobre las menudas olas. Entonces, de repente, una ráfaga de viento atrapó al velero y arrancó la cuerda con que el niño lo sostenía. Lejos y más lejos flotó el bote hasta que desapareció de la vista. Entristecido el niño volvió a su casa; sin su preciado bote. Se había perdido.

Pasaron las semanas y los meses. Luego un día, cuando el niño pasaba por una juguetería, algo le llamó la atención. ¿Podría ser? ¿Sería verdad lo que veía? Miró más de cerca. Sí, lo era. Sí, allí en la vitrina estaba su bote. Rebosando de alegría, el niño entró al almacén y le habló al dueño acerca del bote. En verdad le pertenecía a él. Él lo había hecho. "Lo lamento," le dijo el dueño, "pero el bote ahora es mío. Si lo quieres, tendrás que pagar el precio."

Entristecido, el niño salió del almacén. Pero estaba decidido a recuperar su bote, aunque significara trabajar y ahorrar hasta tener el dinero para pagar el precio.

Por fin llegó el día. Apretando en su mano el dinero, entró al almacén y sobre el mostrador extendió el dinero que había ganado con arduo trabajo. "He vuelto a comprar mi bote," dijo el niño. El dueño contó el dinero. Era suficiente. Abrió la vitrina y tomó el bote y se lo entregó al ansioso niño. La cara del muchacho se iluminó con una sonrisa de satisfacción mientras abrazaba a su bote. "Eres mío," dijo: "dos veces mío. Mío porque te hice, y ahora mío porque te compré."

—Dale E. Galloway, *Rebuild Your Life*

Uno de los más grandes almacenes por departamentos de los Estados Unidos de América se embarcó en una campaña de propaganda que terminó siendo un desastre. Era un muñeco del niño Jesús. La publicidad decía que era irrompible, era lavable y se lo podía acunar. Venía en una envoltura de paja con una cuna de satín y plástico, con algunos pasajes bíblicos añadidos alrededor para completar la escena.

No se vendió. El gerente de uno de los almacenes se asustó. Emprendió una promoción de último momento para librarse de los muñecos. Colgó un enorme letrero afuera de su almacén que decía:

Jesucristo:
A mitad de precio
Compre el suyo mientras pueda.

—Charles R. Swindoll, *Growing Deep in the Christian Life*

_____

Ningún otro Cordero
Ningún otro Cordero, ningún otro Nombre,
Ninguna otra esperanza en el cielo, o en la tierra, o en el mar,
Ningún otro lugar de refugio de la culpa y la vergüenza,
Ningún otro, sólo Tú.

Mi fe apenas arde, mi esperanza apenas arde
Sólo el deseo de mi corazón clama en mí
El profundo trueno de su deseo y su dolor
Clama a Ti.

Señor, Tú eres la vida, aunque yo esté muerto,
Eres el fuego de mi amor, por frío que yo esté;
No tengo cielo ni donde recostar mi cabeza,
Ningún hogar, sólo Tú.

—Christina Rossetti, citado en Donald T. Kauffman,
Baker's Pocket Treasury of Religious Verse

_____

UNA FERIA SE ESTABA REALIZANDO en el norte de India. Todos llevaron su mercancía para vender. Un viejo campesino llevó toda una bandada rebaño de tórtolas. Había atado una cuerda a la pata de cada ave. El otro extremo de cada una de las cuerdas estaba atado a un anillo, que encajaba en forma holgada en un palo central.

Les había enseñado a las aves a caminar en círculo, como las mulas en un molino de azúcar. Nadie parecía interesarse en comprar las tórtolas hasta que un devoto Brahmán llegó. Él seguía la creencia hindú del respeto por toda forma de vida, así que su compasivo corazón se conmovió por las pobres criaturas aves que caminaban en ese monótono círculo.

"Quiero comprarlas todas," le dijo al vendedor, que se alegró mucho. Después de recibir el dinero se sorprendió al oírle el vendedor decir: "Ahora quiero que las ponga a todas en libertad."

"¿Como dijo, señor?"

"Ya me oyó. Corte las cuerdas de las patas. ¡Déjelas en libertad a todas!"

Encogiéndose de hombros, el viejo campesino se agachó y cortó las cuerdas de las tórtolas. Por fin, estaban libres. ¿Qué sucedió? Los pájaros siguieron dando vueltas en círculos. Por último, el hombre tuvo que espantarlas. Pero aun cuando se posaron a corta distancia, volvieron a su caminata en vueltas. Libres, sin ataduras, pero aún continuaban como si estuviesen atadas. . . . La salvación nos corta las ataduras del pecado. Es tiempo de dejar de dar vueltas y comenzar a volar.

—Charles R. Swindoll, *The Finishing Touch*

_____

LA SALVACIÓN es pasar de una muerte en vida a una vida sin muerte.

—Jack Odell, citado en Lloyd Cory, *Quote Unquote*

_____

Señor mi Dios,
Enséñame a entender que la gracia precede, acompaña y sigue mi salvación,
    que sostiene el alma redimida,
    que ni un eslabón de su cadena se puede romper.
De la cruz del Calvario ola tras ola de gracia me alcanza,
    lidia con mi pecado,
    me lava,
    renueva mi corazón,
    saca a la luz mi afecto,
    enciende una llama en mi alma,
    consagra cada pensamiento, palabra y obra mía,

me enseña tu inmensurable amor
¡Cuan grandes son mis privilegios en Cristo Jesús!
sin él estoy lejos, extranjero, proscrito;
    en él me acerco y toco su cetro real.
Sin él no me atrevo a levantar mis ojos culpables;
    en él fijo mis ojos en mi Padre-Dios, y amigo.
Sin él escondo mis labios temblando de vergüenza;
    en él abro mi boca en petición y alabanza.
Sin él todo es ira y fuego consumidor
    en él todo es amor y reposo para mi alma.
Sin él el infierno abre su boca a mis pies y la angustia eterna;
    en él sus puertas se cierran para mí por su preciosa sangre.
Sin él la oscuridad despliega su horror ante mí;
    en él una eternidad de gloria es mi horizonte sin límite.
Sin él todo lo que hay en mí es terror y desaliento;
    en él toda acusación es convertida en gozo y paz.
Sin él todas las cosas externas piden mi condena;
    en él me ministran consuelo,
    y las puedo disfrutar con acción de gracias.
Alabado seas por la gracia,
    y por la incomparable dádiva de Jesucristo.

—Arthur Bennett, *The Valley of Vision*

LA CONVERSIÓN DE UN ALMA es el milagro de un momento, pero la formación de un santo es trabajo de una vida entera.

—Alan Redpath, *The Making of a Man of God*

UN JOVEN llamado Pecador recibió de su Padre un hermoso convertible rojo. Le puso por nombre Salvación; reluciente, nuevo, moderno, poderoso.

Le daba tanto deleite al joven, especialmente porque fue un regalo. Nunca lo hubiera podido comprar. Se contentó tanto, que incluso se cambió el nombre de Pecador a Salvado.

Pulía su auto todas las semanas. Le tomó fotos. Se las envió a sus amigos. Lo miraba por adelante y por detrás, por abajo y por arriba. Nunca; nunca se cansaba de contarles a otros sobre su regalo. "¡Mi Padre me lo regaló. Fue gratis!"

Unos días más tarde, se vio a Salvado en la carretera empujando a Salvación. Un individuo llamado Ayudador fue y se presentó a sí mismo y le preguntó si le podía ayudar.

"Ah, no gracias. Solo estoy disfrutando mi auto nuevo," dijo mientras se limpiaba el sudor de la frente. "Solo tenía un problemita porque el parachoques me corta las manos, especialmente en estas subidas. Pero luego un hombre bondadoso me ayudó. Me enseñó como aplicar pequeños cojines de caucho aquí, debajo del parachoques, y ahora puedo empujarlo por horas sin que se me hagan ampollas. También he estado tratando algo nuevo. Lo usan en Inglaterra. Uno pone la espalda contra el auto, lo levanta y funciona como un encanto, especialmente en carreteras enlodadas.

Ayudador le preguntó: "¿Has empujado el auto mucho?"

"Pues bien, como unos trescientos kilómetros en total. Ha sido difícil, pero como fue un regalo de mi Padre, es lo mínimo que podía hacer para agradecerle."

Ayudador abrió la puerta del pasajero y le dijo: "Súbete."

Después de titubear un rato, el hombre decidió que no perdería nada y se subió al asiento del pasajero y descansó por primera vez desde que había recibido el auto. Ayudador dio la vuelta, abrió la puerta, se sentó al volante y encendió el motor.

"¿Qué es ese ruido?" preguntó. Momentos más tarde avanzaban raudamente por la carretera a sesenta y ochenta kilómetros por hora. El hombre quedó estupefacto. Todo parecía encajar. Incluso era emocionante. Sabía que necesitaba este auto de Salvación para poder pasar por las puertas al fin de la carretera. Pero de una forma u otra, pensaba que llegar allá era *su* responsabilidad.

—Larry Christenson, *The Renewed Mind*

———————————————

EN UNA OCASIÓN CENAMOS con un hombre que en un tiempo había trabajado con un mago, un ilusionista. Nos dijo: "Saben, en la superficie las cosas que un ilusionista hace parecen complicadas. Cortan con sierra a una mujer por la mitad, ponen las piernas a un lado y la cabeza por otro. Y el que está sentado en el público piensa: '¿Cómo será que pueden hacer eso? Nunca gritó. Parte de ella está por un lado y otra parte a tres metros. ¿Cómo puede ser?'" Luego dijo: "Pero, ¿saben? Cuando uno está adentro y se trabaja con un ilusionista, es muy sencillo. ¡Muy sencillo! Una vez que lo explican, uno se da cuenta lo sencillo que es. Pero el público se asombra."

La salvación es así. Parece incomprensible cómo el sacrificio de un Hombre puede conseguir la salvación eterna de todos los que creen; hasta que se lo explican a uno y lo ve por los ojos de la fe.

———————————

No es necio el que da lo que no puede tener para ganar lo que no puede perder.

—Jaime Elliot, citado en Sherwood Writ,
Topical Encyclopedia of Living Quotations

———————————

¡Nada que pagar! ¡Sí, nada que pagar!
Jesús ha saldado toda la deuda.
¡Con su mano sangrando la borró!
Libre, perdonado, y amado estás.

—Frances Havergal, citado en William Hendriksen,
Exposition of the Gospel According to Luke

———————————

El evangelista Dwight L. Moody cometió un error el 8 de octubre del 1871. Predicaba ante su más nutrido público en Chicago. El texto había sido: "¿Qué harás, pues, con Jesús, llamado el Cristo?" Dijo algo que nunca antes había dicho y que, francamente, nunca volvió a decir. Estaba muy fatigado y por eso le dijo al público después de haber presentado el evangelio: "Le doy una semana para que lo piense. Cuando nos reunamos de nuevo, usted tendrá la oportunidad de responder."

Entonces el cantante Ira Sankey pasó para cantar. Antes de que terminara la canción, se oyó el ulular de las sirenas por las calles de la ciudad mientras que el gran incendio se extendía, dejando a cien mil personas sin vivienda. Cientos de personas murieron en ese incendio. Dwight L. Moody se puso a la altura de la situación unos meses más tarde y dijo: "Daría mi brazo derecho antes de darle de nuevo a un público una semana para que piensen en el mensaje del evangelio. Algunos de los que oyeron esa noche, murieron en el incendio."

—Clarence Macartney, *Preaching Without Notes*

SANIDAD

AL ENEMIGO LE GUSTARÍA que dieras por sentado lo peor acerca de tu situación. Se gozaría al verte suspirar y resignarte a los sentimientos de la depresión. Sin embargo, mi experiencia ha sido que cuando Dios interviene, cualquier cosa puede suceder. El mismo que dirigió la piedra a darle a Goliat entre los ojos, que abrió el Mar Rojo en dos y arrasó la muralla de Jericó, que trajo a su Hijo del más allá se deleita en transformar nuestras probabilidades alterando lo inevitable y sobrepasando lo imposible.

LA COMPOSITORA CIEGA, Fanny Crosby, lo dijo de otra forma: "La cuerdas que fueron rotas vibraran una vez más."

—Charles R. Swindoll, *Encourage Me*

UN HOMBRE se sometió a una cirugía sumamente larga. Era costosa y los resultados no muy prometedores. Fue a su médico para un chequeo después de la cirugía y el médico le dijo: "Pues bien, le tengo malas noticias. No va a vivir más de seis meses." Y el hombre responde: "Ni hablar, doctor, usted sabe, me va a llevar un año para pagarle lo que le debo." El médico le contestó: "Bueno, en ese caso le doy un año."

—Revista *Preaching*, julio y agosto de 1989

JAMES PACKER cuenta de un paciente que tenía dolores agudos abdominales. Llamaron al médico, quien rápidamente le dio una pastilla. Un amigo que estaba cerca dijo: "Ay doctor, ¿le hará sentir mejor?" El médico respondió: "No, pero le va a dar un ataque, y yo si puedo curar los ataques."

SANTIDAD

(Ver también *Justicia, Moralidad*)
LA SANTIDAD NO CONSISTE en especulaciones místicas, fervores entusiastas o austeridades no ordenadas; *consiste en pensar como Dios piensa, y desear como Dios desea.*

—John Brown, *Expository Discourse on 1 Peter*

EN NUESTRA CULTURA todo, incluso las noticias en cuanto a Dios, se pueden vender si se las empaca de manera fresca; pero cuando pierden su novedad, van al montón de basura. Hay un gran mercado para la experiencia religiosa en nuestro mundo. Hay escaso entusiasmo por la adquisición paciente de virtud, escasa inclinación a inscribirse para el largo aprendizaje de lo que generaciones anteriores de creyentes llamaban santidad.

—Eugene Peterson, *A Long Obedience in the Same Direction*

LA SANTIDAD SUENA como algo que asusta. No tiene que ser así, pero para la persona promedio lo es. Nuestra tendencia es decir que la santidad es algo para los claustros de un monasterio. Necesita música de órgano, largas oraciones, y cantos que suenen religiosos. Difícilmente parece apropiada para los que están en el mundo real del siglo veinte. El autor John White parece concordar con eso al escribir en *The Fight* (La lucha) las imágenes que vienen a su mente cuando piensa en la santidad:

flacura

ojos hundidos y demacrados

barbas

sandalias

ropas largas

privación de relaciones sexuales

nada de chistes

ropa incómoda

baños fríos frecuentes

ayunos

horas de oración

desiertos rocosos y desolados

levantarse a las 4:00 a.m.

uñas limpias

vitrales

auto humillación

¿Es este el cuadro mental que usted tiene cuando piensa en la santidad? La mayoría lo tiene. Es casi como si la santidad fuera lote privado de un grupo austero de monjes, misioneros, místicos y mártires. Pero nada puede estar más lejos de la verdad.

No podría estar en mayor acuerdo con la declaración de Chuck Colson en *Loving God* (Amando a Dios): "La santidad es negocio de todos los días de todo creyente. Se evidencia en las decisiones que tomamos y las cosas que hacemos, hora tras hora, día tras día."

———————————

RESUELVA nunca hacer nada que pudiera temer hacer si fuera la última hora de mi vida.

———————————   —Jonatán Edwards, citado en Jerry Bridges, *Pursuit of Holiness*

SECTAS

(Ver también *Gente religiosa, Legalismo*)

CHRISTOPHER EDWARDS se graduó de la Universidad de Yale a mediados de 1975. Se matriculó en la Universidad de Berkeley para seguir sus estudios. Mientras estaba allí, se le acercó un extraño que le ofreció un fin de semana "divertida" en una granja local. Lo que él no se dio cuenta fue que era un frente de la Iglesia de la Unificación de Sun Yung Moon en Berkeley. Fue, y ese fin de semana "divertida" resultó siete meses y medio de enloquecedor lavado de cerebro. Christopher, que era un individuo brillante, de mente clara, e inteligente, fue transformado en un discípulo servil de su nuevo mesías, en sus propias palabras: "dependiente de sus líderes para todo movimiento, listo y dispuesto a morir o incluso a matar para restaurar el mundo bajo el reinado absoluto del reverendo Moon."

En enero de 1976 lo secuestró su padre y un equipo de profesionales entrenados, y no fue sino hasta después de pasar por un año completo de desprogramación y terapia bajo la dirección de un especialista en problemas relacionados con sectas, que Christopher Edwards recuperó el dominio sobre lo que el llamó "meses de locura." Escribió un libro *Crazy for God* (Loco por Dios) en cuanto a esa extraordinaria experiencia.

DE TODOS LOS FARSANTES de los que podemos caer presa, uno de los peores es el farsante religioso. Los impostores de este tipo utilizan verdad falsificada; algo que se ve y suena muy bien pero que en realidad es contrario a los hechos, una imitación destinada a engañar al desprevenido. Estos farsantes no siempre lo hacen por beneficio de algún líder cuyo nombre es difícil pronunciar. No; todas las semanas están bien vestidos en su mejor traje dominguero, recibiendo venias de aprobación en iglesias tradicionales en todas partes. La verdad falsificada es gran negocio, y todavía es propiedad y la opera el mismo dueño insidioso que la empezó hace años.

Comentando sobre 2 Pedro 2:3 y los falsificadores religiosos, Warren Wiersbe dice: "¡Palabras plásticas! ¡Palabras que se pueden torcer para que signifiquen cualquier cosa que uno quiera que signifiquen! Los falsos maestros usan nuestro vocabulario, pero no usan nuestro diccionario. Hablan de 'salvación,' 'inspiración,' y grandes términos de la fe cristiana, pero no quieren decir lo que nosotros queremos decir con ellos."

¿Como evitar dejarse engatusar por uno de los obreros del engaño de Satanás?

Pare: Rehúse aceptar a ciegas la enseñanza de alguien simplemente porque otros han sido "bendecidos" por ella. Deténgase lo suficiente para estudiarlo en serio, comparando lo que se está enseñando con lo que enseñan las Escrituras.

Mire: Eche una mirada cuidadosa a la vida del principal portavoz. ¿Es evidente el fruto del Espíritu? No se deje asombrar porque alguien suena inteligente, ni seducir por el carisma de alguien.

Escuche: Escuche también a lo que *no* se dice. No juzgue la verdad sólo por lo que usted siente; piense, y haga sus juicios de acuerdo a lo que enseñan las Escrituras.

—Warren W. Wiersbe, *Be Alert*

LA ASOCIACIÓN BANCARIA ESTADOUNIDENSE una vez auspició un programa de dos semanas de entrenamiento para enseñar a los cajeros a detectar billetes falsificados. El programa fue singular: nunca durante las dos semanas de entrenamiento los cajeros miraron algún billete falsificado, ni tampoco escucharon conferencias en cuanto a las características de los billetes falsificados. . . . Todo lo que hicieron por dos semanas fue manejar billetes auténticos, hora tras hora, y día tras día, hasta que estuvieran tan familiarizados con lo verdadero que no había posibilidad de que se dejaran engañar por lo falso.

Necesitamos estudiar, meditar y aplicar la Palabra de Dios hasta que estemos tan familiarizados con ella que no nos dejemos engañar por algo que no es la verdad real.

—Ben Patterson, *Waiting*

SEGUNDA VENIDA

(Ver también *Futuro*)

UN DETALLE POCO CONOCIDO de la vida de Cristóbal Colon es que él predijo el fin del mundo. Escribió un tomo llamado *El libro de profecías,* en el que profetizó que el mundo se acabaría en el año 1656. Incluso aseveró en forma muy definitiva que "no hay duda de que el mundo debe acabarse en ciento cincuenta años."

—Paul Lee Tan, *Encyclopedia of 7,700 Illustrations*

TRABAJÉ EN UN TALLER DE TORNOS por cuatro años y medio junto a un hombre llamado George. Su trabajo era barrer y limpiar las virutas que se acumulaban debajo de los enormes tornos y fresas en las que trabajábamos. George era creyente y le encantaban las enseñanzas de las Escrituras sobre la profecía. Recuerdo escucharlo cantar himnos mientras trabajaba. Muchos tenían que ver con la venida de Cristo, tales como "Cuando allá se pase lista."

Un viernes por la tarde, como a diez minutos antes de cerrar estábamos todos cansados. Miré a George y le dije: "George, ¿estás listo?" Me dijo: "Ajá." Pero estaba todo sucio. Era obvio que no estaba listo. De hecho, parecía que estaba listo para continuar trabajando. Le dije: "¿No estás listo para irte a casa?" Me dijo: "Sí, estoy listo." Le dije: "¡Mira como estás, viejo, no estás listo. Tienes que lavarte." "No," me dijo, "déjame mostrarte algo." Así que corrió el cierre del mameluco y debajo estaba vestido con la ropa mas limpia que jamás se habría visto. Estaba todo listo. Lo único que tenía que hacer cuando sonara el silbato era correr el cierre, quitarse el mameluco, timbrar la tarjeta y se iba. Me dijo: "Como ves, me mantengo listo, para no tener que alistarme; de la misma forma que estoy listo para Jesús."

EL GRAN AÑO de expectativa para los milleristas fue 1842. Entre marzo de 1842 y marzo de 1843 Cristo, sin embargo, no aparecía por ningún lado. Ellos habían fijado la fecha: "Cristo viene, 1842." Esperaron en vano. Miller quedó desencantado, dándose cuenta de que había cometido un error e incapaz de descubrir por qué.

Las esperanzas de los milleristas estaban por los suelos, pero no se habían apagado; corrió 1844 y las reuniones continuaron sin entusiasmo. En el estado de Nueva Hampshire, el 12 de agosto, una reunión en un campamento avanzaba con monotonía, y de repente, como impulsado por el dolor de una multitud en silencio, uno de los presente se puso de pie y anunció que el regreso de Cristo sería durante el séptimo mes del año judío corriente. La propuesta se difundió. Las esperanzas diluidas comenzaron a revivir. El entusiasmo llenó el lugar. Se había fijado una fecha. Y una vez más, con más fervor que nunca, los milleristas se lanzaron a advertir al mundo. Solo que esta vez, Miller debía capturar al fuego en lugar de empezarlo. El 22 de octubre, se anunció que el mundo terminaría.

En diez semanas el gran día del Señor estaba a las puertas. En la vitrina de un almacén en la ciudad de Filadelfia se exhibió un letrero: "Este almacén está cerrado en honor al Rey de Reyes que vendrá como para el 20 de octubre. Alístense amigos, para coronarlo Señor de todo." Un grupo de unas 200 personas salieron de la ciudad, como Lot había abandonado Sodoma antes de la ruina inminente. Los agricultores dejaron sus cosechas en los campos, mientras esperaban la venida de Cristo. Llegó el 22 de octubre; Cristo no regresó.

La esperanza parecía brotar eterna en el corazón de Miller. Aunque dejaron de ajustar su calendario para la venida de Cristo, mantenían vivas sus esperanzas y fijaron otra fecha. Pero cinco años más tarde Cristo no vino a Miller, sino que Miller se fue a Cristo. Su tumba dice: "En el tiempo señalado, vendrá el fin."

—John H. Gerstner, *The Theology of Major Sects*

EL 11 DE MARZO DEL 1942 en Corregidor un oficial del ejército de sesenta y dos años, junto con su familia, se escaparon en secreto de las Filipinas y de milagro llegaron a Australia. Antes de que el General MacArthur saliera de la isla, dijo: "Volveré." Dos años y medio después, el 20 de octubre de 1944, de nuevo puso sus pies en suelo filipino y dijo: "Esta es la voz de la libertad. Pueblo de las Filipinas, he regresado."

Ahora, si se piensa que un hombre puede tener ese tipo de credibilidad, y si se puede apreciar esa cualidad en un hombre, le diré que Jesucristo, el Dios-Hombre, ha hecho la misma promesa mucho más creíble que cualquier ser humano jamás lo será. Si usted lucha con la verdad de la venida del Señor Jesús, deje de luchar. Si acepta el hecho histórico de su ascensión, entonces no hay lugar para dudar su histórico, aunque todavía futuro, retorno. Sucederá.

—John Bartlett, *Bartlett's Familiar Quotations*

SEGURIDAD

En realidad me gustaría saber
Dijo el petirrojo a la golondrina
En realidad me gustaría saber
Por qué esos ansiosos seres humanos
Andan corriendo y se preocupan tanto.
Le dijo la golondrina al petirrojo
Pues bien, pienso que debe ser
Que no tienen un Padre celestial
Como el que nos cuida a ti y a mí.

—Elizabeth Cheney, citado en Walter Knight,
Knight's Master Book of New Illustrations

_____

GUILLERMO VILAS, el tenista argentino, en una entrevista con la revista *Sports Illus-trated,* hace años dijo: "Ardientemente pienso que muchas veces uno se siente seguro y de repente el mundo de uno se derrumba como un castillo de naipes en cuestión de segundos."

—*Sports Illustrated,* 29 de mayo de 1978

_____

EN 1937 se terminó el gran puente Golden Gate. Costó $77 millones. Se constru-yó en dos etapas: la primera avanzó con lentitud, la segunda con rapidez. En la pri-mera etapa 23 hombres cayeron y murieron. El trabajo se detuvo porque el temor paralizaba a los obreros, al mirar con impotencia como sus compañeros caían de la estructura al agua muy distante abajo. Por fin una persona ingeniosa pensó: "Tiene que haber una red." Así que, a un costo de $100,000 construyeron la red más gran-de que jamás se ha visto y la colgaron debajo de los obreros. Cuando empezó la fase dos, diez hombres se salvaron cuando cayeron en esa red. El trabajo progresó un veinticinco por ciento más rápido hasta que se terminó el trabajo.

— Walter Knight, *Knight's Master Book of New Illustrations*

_____

SENCILLEZ

La clase en el seminario era Introducción al Antiguo Testamento. Fue la primera vez que conocí a Merril Unger. Yo pensaba que sería una introducción, un vistazo; aprender unos pocos versículos del Génesis, ver cómo se conecta con Éxodo, Levítico. Pasar a los profetas y aprender cómo ellos pensaron algunas de las cosas que enseñaron. Pensé: "Este es el momento. Vaya, esto será grandioso."

El profesor fue una sorpresa. Recuerdo a aquel hombrecito pequeño de estatura, con cabeza blanca, parado al frente, como de 60 kilos y que parpadeaba mucho. Tenía un pequeño maletín que parecía que había estado en el arca de Noé.

La primera sesión tocó numerosos temas: la singularidad del Antiguo Testamento, teorías de la inspiración, credenciales canónicas, los apócrifos, los textos pseudepígrafos, teorías relativas a los conceptos críticos de JEPD, la formación de texto masorético, el obelisco negro de Salmanasar III, mitos y leyendas de Nabopolasar, y más. Mientras él daba su instrucción a toda velocidad escribía por todo el pizarrón sin borrar nada; un tema sobre el otro. Todos nos quedamos sin decir palabra. "¡Espere!" Algún valiente joven teólogo en la parte de atrás (sintiéndose tan abrumado como yo) levantó la mano y dijo: "Dr. Unger, pensé que esto era Introducción al Antiguo Testamento." El doctor Unger dijo: "Sí, por eso estoy manteniéndolo sencillo."

Sus ojos oscuros paseaban su mirada como dardos de cara a cara. Sus labios estaban cerrados fuertemente sobre sus dientes. Sus palabras sonaban como si estuvieran impulsadas por un motor a reacción. No había juegos con este entrenador. Era severo, y decidido como un búfalo en una ventisca. Su trabajo era sencillo: formar un equipo de campeonato de una manada haraposa de novatos desalentados y cansados "habían sido." Pero Vince Lombardi no conocía la expresión "no se puede." Rehusaba complicar un juego que, cuando se reduce a lo básico, consiste en bloquear, atajar, correr, pasar, atrapar: todo hecho con abandono. Como a menudo él decía: "Cuando ustedes hacen todas estas cosas, se gana. Es cuestión de lo básico. Tienen que concentrarse en lo básico."

Nunca olvidaré las palabras de este hombre a sus jugadores en una ocasión cuando recalcaba lo básico. Allí estaban sentados ellos, en un montón de toneladas de fornida humanidad bebiéndose las palabras de un hombre. Levantando la pelota por sobre su cabeza él gritó: "Está bien, caballeros. Hoy volvemos a lo básico. Ustedes, miren esto. ¡Esto es una pelota!"

BENJAMIN HOFF, aplicando los principios y enseñanzas de Lao-tzu a Winnie the Pooh, escribió un libro titulado *Tao of Pooh* (Tao de Pooh), en el cual dice: "Los amos de la vida conocen el camino. Escuchen a la voz interna, la voz de sabiduría y sencillez, la voz que razona más allá del ingenio y sabe más allá del conocimiento."

—John Haggai, *How the Best Is Won*

TENGO UN LETRERO en una pared en mi estudio, que dice esto: "Fraseología idiosincrásicamente excéntrica es la promulgadora de ofuscación terrible." ¿Se entusiasma al oír eso? Su traducción es: "Palabras grandes causan confusión."

UN MAESTRO QUE TUVE DECÍA ESTO: "El que lo dice de la manera más sencilla lo sabe mejor. Cualquiera puede hacer difícil lo sencillo, pero se requiere un maestro de talento hacer comprensible lo difícil."

SENSIBILIDAD

UN PILOTO IMPRUDENTE se subió a un aeroplano monomotor mal equipado y despegó. No sabía gran cosa en cuanto a leer instrumentos; simplemente volaba. Se dirigía a una pequeña pista en el campo donde pensaba aterrizar antes de que se ponga el sol. Desdichadamente, encontró fuertes vientos en su contra y no logró llegar a tiempo. El sol ya se había puesto detrás de las montañas al occidente y una niebla se levantaba sobre la pista de aterrizaje. Acercándose a la pista, descendió pero no podía hallar los límites de ella. El pánico se apoderó de él, considerando que no le quedaba mucho combustible. La pista no tenía luces, y él no tenía manera de ponerse en contacto con nadie. Empezó a dar vueltas. Se daba cuenta de que uno de esos círculos sería el último. Se estrellaría y se mataría.

En tierra, un hombre estaba sentado en su porche y sus oídos se fastidiaron por el ruido del motor del avión, que oía que daba vueltas, y vueltas y vueltas. Pensó: "Ese tipo está en problemas." Con rapidez se subió a su auto, se fue a la pista, y empezó a conducir de arriba hacia abajo con las luces encendidas, mostrando a aquel piloto joven, inexperto y necio, cómo hallar la pista. El piloto dio la vuelta. Con un gran suspiro de alivio procedió a aterrizar. Al final de la pista el conductor dio la vuelta y con sus luces iluminó la pista, como diciendo: "Este es el fin de la pista, y aquí están las luces." El piloto lo notó y aterrizó con seguridad. Se evitó una tragedia debido a la sensibilidad a la necesidad.

SERVICIO

NORMAN COUSINS, habiendo pasado considerable tiempo con Alberto Schweitzer en su pequeño hospital en Lambarene, en África Ecuatorial Francesa, escribió de esos días mucho tiempo después de que habían pasado.

LA MAYOR IMPRESIÓN que yo tuve al dejar Lambarene era el enorme alcance de un solo ser humano. Sin embargo tal vida no fue sin el castigo de la fatiga. A Alberto Schweitzer se le consideraba severo en sus demandas de las personas que trabajaban con él. Sin embargo, cualquier demanda que él exigía de otros, era nada comparada con las demandas que se exigía de sí mismo. . . .

La historia está dispuesta a hacerse de la vista gorda casi en cuanto a cualquier cosa: errores, paradojas, debilidades personales o faltas; si tan sólo un hombre da de sí mismo lo suficiente a otros.

—Norman Cousins, *Albert Schweitzer's Mission*

Me pregunto

Tú sabes, Señor, como te sirvo
con gran fervor emocional
bajo los reflectores.
Tú sabes con cuánto fervor hablo por ti
en el club femenil.
Tú sabes con cuánta efervescencia promuevo
un grupo de compañerismo.
Tú sabes mi entusiasmo genuino
en un estudio bíblico.

Pero, ¿cómo reaccionaría yo, me pregunto,
si me señalaras una recipiente de agua
y me dijeras que lave los pies encallecidos
a una anciana encorvada y arrugada
día tras día
mes tras meses en un cuarto en donde nadie lo viera
y nadie lo supiera.

—Ruth Harms Calking, *Tell Me Again, Lord, I Forget*

_____

COMO LA MAYORÍA DE MÉDICOS de gran experiencia, el Dr. Evan O'Neil Kane se había interesado en una faceta en particular de la medicina. Sus sentimientos más fuertes tenían que ver con el uso de anestesia general para cirugía seria. Pensaba que la mayoría de operaciones serias se podían y debían realizarse bajo anestesia local, porque, en su opinión, los peligros de anestesia general eran mayores que los riesgos de la cirugía misma.

Por ejemplo, Kane citaba a un candidato a cirugía que tenía un historial de problemas del corazón. En algunos casos el cirujano podía ser renuente para operar, temiendo los efectos de la anestesia en el corazón del paciente. Algunos pacientes con alergias específicas a la anestesia nunca se despertaban. La misión médica de Kane era demostrar a sus colegas, de una vez y por todas, la viabilidad de anestesia local. Se necesitaría gran dosis de convencimiento.

Muchos pacientes, en forma comprensible, tenían reservas al pensamiento de "estar despierto mientras lo operan." Otros temían la posibilidad de que la anestesia se agotará en medio de la cirugía. Para derribar las barreras psicológicas, Kane tendría que hallar a un voluntario que fuera muy valiente, candidato a cirugía mayor y que estuviera dispuesto a aceptar la anestesia local.

En sus distinguidos treinta y siete años en el campo médico, Kane había realizado como cuatro mil apendectomías. Así que la próxima sería rutina en todo, excepto en un aspecto. El paciente del Dr. Kane permanecería despierto en todo el procedimiento quirúrgico bajo anestesia local.

La operación estaba programada para un martes por la mañana. Se preparó al paciente, se lo llevó a la sala de operaciones, y se le administró la anestesia local. Kane empezó como miles de veces antes, con cuidado, haciendo la disección por los tejidos superficiales y poniendo tenazas en los vasos sanguíneos conforme penetraba. Ubicando el apéndice, el cirujano de sesenta años lo sacó, lo cortó, y dobló el muñón por debajo. En todo, el paciente experimentó sólo incomodidad menor. La operación concluyó con éxito.

El paciente descansó bien esa noche. Es más, al día siguiente se dijo que su recuperación había progresado mejor que la mayoría de pacientes después de una operación. Dos días más tarde al paciente se le dio de alta del hospital para que se recupere en casa. Kane había demostrado su punto. Los riesgos de anestesia general se podrían evitar en las operaciones mayores. Se había comprobado el potencial de la anestesia local, gracias al ejemplo de un médico innovador y un voluntario muy valiente.

Esto tuvo lugar en 1921. El Dr. Kane y el paciente que se ofreció como voluntario tenían mucho en común. Eran el mismo hombre. El Dr. Kane, para demostrar la viabilidad de anestesia local, se había operado a sí mismo.

—Paul Aurandt, *More of Paul Harvey's The Rest of the Story*

_____

BRUCE THIELEMANN, pastor de la Primera Iglesia Presbiteriana de Pittsburgh, contó de una conversación con un miembro de la congregación que le dijo: "Ustedes los predicadores hablan mucho de 'hagan a otros,' pero cuando se reduce a su expresión mínima, todo se reduce a la teología de la palangana."

Thielemann preguntó: "¿Teología de palangana? ¿Qué es eso?"

El laico respondió: "¿Recuerda lo que Pilato hizo cuando tuvo la oportunidad de dejar libre a Jesús? Pidió una palangana y se lavó las manos. Pero Jesús, la noche antes de su muerte, buscó una palangana y procedió a lavar los pies de los discípulos. Todo se reduce a teología de palangana: ¿cuál de ellas vas a usar?"

—Craig Larson,
Illustrations for Preaching and Teaching from Leadership Journal

Iré adonde quieras que vaya, amado Señor,
servicio real es lo que deseo.
Cantaré para ti un solo en cualquier momento, amado Señor;
sólo no me pidas que cante en el coro.

Haré lo que quieras que haga, amado Señor,
me gusta ver que las cosas se hacen.
Pero no me pidas que enseñe a muchachos y muchachas, oh Señor.
prefiero quedarme en mi clase.

Haré lo que quieras que haga, amado Señor,
anhelo que tu reino prospere.
Te daré mis monedas y centavos, amado Señor.
Pero, por favor, no me pidas que dé el diezmo.

Iré adonde quieras que vaya, amado Señor,
Diré lo que quieras que diga;
Pero ahora mismo estoy atareado conmigo mismo, amado Señor,
Te ayudaré otro día.

—Autor desconocido, citado en Croft M. Pentz,
Speaker's Treasury of 400 Quotable Poems

SILENCIO

UN AMIGO MÍO ME DIJO: "Rara vez lamento las cosas que no dije."

EN LAS ÚLTIMAS DÉCADAS nos hemos visto inundados por un torrente de palabras. Dondequiera que vamos estamos rodeados de palabras: palabras dichas suavemente, proclamadas ruidosamente, o gritadas con cólera; palabras dichas, recitadas o cantadas; palabras en grabaciones, en libros, en las paredes, en el cielo; palabras en muchos sonidos, muchos colores, muchas formas; palabras para ser oídas, leídas, vistas, observadas; palabras que se encienden y se apagan, que se mueven lentamente, que danzan, que saltan, que se retuercen. ¡Palabras, palabras, palabras! Forman el piso, paredes y techos de nuestra existencia.

Hace poco mientras conducía por Los Ángeles, de repente tuve la extraña sensación de que estaba conduciendo por un gigantesco diccionario. Por dondequiera que miraba había palabras tratando de que retire mis ojos de la carretera. Dicen: "Úsame, llévame, cómprame, bébeme, huéleme, tócame, bésame, duerme conmigo." En tal mundo, ¿quién puede mantener respeto por las palabras?

Uno de nuestros principales problemas es que en esta sociedad parlanchina, el silencio se ha vuelto algo muy temido. Para la mayoría de personas el silencio produce comezón y nerviosismo. Muchos experimentan el silencio no como lleno y rico, sino como vacío y hueco. Para ellos el silencio es como un abismo que abre su boca y que puede tragárselos. Tan pronto como el ministro dice durante un culto de adoración: "Guardemos silencio por unos momentos," la gente tiende a ponerse inquieta y se preocupa con sólo un pensamiento: "¿Cuándo se acabará esto?"

—Henri Nouwen, *The Way of the Heart*

EN LOS SILENCIOS que hago en medio del conflicto de la vida tengo un encuentro con Dios. De estos silencios salgo con el espíritu refrescado, y con un renovado sentido de poder. Oigo una Voz en los silencios, y cada vez estoy más consciente de que es la voz de Dios. ¡Ah, que confortable es un pequeño vislumbre de Dios!

—David Brainerd, citado en Charles R. Swindoll, *The Finishing Touch*

¿QUÉ PRODUCE EL SILENCIO?

- Da espacio para escuchar.
- Nos da libertad para observar.
- Nos da tiempo para pensar.

- Provee espacio en el cual sentir.
- Nos permite ampliar nuestra consciencia.
- Nos abre la entrada de paz.
- Nos invita a conocer nuestras limitaciones y la vastedad de Dios.

SOLEDAD

Después de más de cuarenta años de matrimonio, el esposo de una mujer murió de repente. Por varios meses ella se quedó sentada en su casa, sola, con sus cortinas bajadas y puertas cerradas. Finalmente, decidió que debía hacer algo por su situación. La soledad la estaba matando.

Se acordó de que su esposo tenía un amigo que era dueño de un almacén de mascotas; una mascota podría ser una buena compañía. Así que pasó una tarde para ver lo que había. ¡Miró a los perros, los gatos, los peces; ¡hasta serpientes! Ninguno le pareció apropiado. Le comentó al dueño del almacén que quería una mascota que pudiera ser una compañía real; "casi como si hubiera otro ser humano en casa."

De repente el hombre pensó en uno de sus más preciados loras. Le mostró a la mujer el pájaro de brillantes colores.

"¿Habla?"

"Por supuesto; es una cotorra ejemplar. Todos los que vienen al almacén se asombran por la amistosa disposición y el amplio vocabulario de esta cotorra. Por eso cuesta tanto."

"¡Me la llevo!" Compró la costosa cotorra y se la llevó a casa en una jaula muy elegante y amplia. Por fin tenía una compañera con quien hablar, y que podía responderle. ¡Perfecto!

Pero hubo un problema. Pasó toda una semana sin que la cotorra dijera media palabra. Comenzado a preocuparse, se fue de nuevo al almacén.

"¿Cómo le va a la cotorra? Muy parlanchina, ¿verdad?"

"Ni una sola palabra. No he logrado sacarle ni un solo pío a esa lora. ¡Estoy preocupada!"

"Pues bien, ¿le compró un *espejo* cuando compró la lora y la jaula la semana pasada?"

"¿Un espejo? No, no hay ningún espejo en la jaula."

"Ese es el problema. La lora necesita un espejo. Es chistoso, pero mientras se ve en el espejo, la lora empieza a sentirse cómoda. En poco tiempo comenzará a hablar." Así que la mujer compró el espejo y lo puso en la jaula.

Pasó el tiempo, y nada. Cada día la mujer le hablaba al pájaro pero del pico del ave no salía ni pío. La mujer pasaba horas hablándole mientras la lora la miraba fijamente en silencio. Pasó otra semana sin ninguna palabra. Para entonces la mujer empezaba a preocuparse en serio.

"La lora no habla," le dijo al dueño del almacén. "Estoy preocupada. Todo ese dinero, el espejo; y todavía nada."

"Veamos, ¿le compró una *escalera* cuando compró la jaula?"

"¿Una escalera? No. No sabía que necesitaba una escalera. ¿Hará eso que hable?"

"Funciona como por encanto. La lora se mirará en el espejo y hará ejercicio subiendo y bajando por la escalera. En poco tiempo no podrá creer lo que empezará a oír. Se lo aseguro, necesita una escalera."

La mujer compró la escalera y la puso junto al espejo . . . y esperó. Y esperó. Pasaron siete, ocho días, y todavía nada. Para entonces su preocupación estaba llegando a pánico. "¿Por que no habla?" No podía pensar en otra cosa. Volvió al almacén en lágrimas con la misma queja.

"¿Le compró un *columpio*?"

"Un columpio. No. Tengo una jaula, un espejo, una escalera; pensaba que ya tenía todo. No tenía ni idea de que necesitaba un columpio."

"Tiene que comprar un columpio. Una lora necesita sentirse completamente en casa. Se mira en el espejo, sube y baja por las escaleras, y a poco estará en el columpio y muy contenta; ¡y ya! He hallado que las loras hablan cuando están encaramadas en un columpio."

La mujer compró el columpio. Lo colgó de la parte de arriba de la jaula, cerca de la escalera y animó a la lora a que subiera por la escalera hacia el columpio. Con todo y eso, silencio absoluto. Pasaron diez días y la lora no pronunció ni media palabra.

Un día la mujer entró muy enojada al almacén, en realidad echando chispas. El dueño la recibió en el mostrador.

"Veamos, ¿como está mi cotorra? Estoy seguro de que . . ."

"Está muerta. Mi cotorra que me costó tanto, está muerta en el suelo de la jaula."

"Ah, no lo puedo creer. No lo puedo creer. ¿No dijo nada, para nada?"

"Sí, a decir verdad, sí dijo algo. Mientras yacía en el suelo en su último aliento, muy débilmente dijo: "¿Es que no tienen *comida* en ese almacén?"

—————————————

—Revista *Preaching*, marzo y abril de 1991

Ningún amor
Nadie que me quiera hace de mi beso su búsqueda diaria.
Ninguna mano por sobre la mesa trata de tomar la mía.
Ningún bebé precioso se acurruca en mi pecho.
Nadie necesita mi amor. ¿Dónde esta la señal
De que Dios, mi Padre, me ama? Por cierto,
Él me dio esta riqueza de amor para que se desborde.
¿Cómo puede ser que nadie que me quiera
ha llegado a ser mío? ¿Porque le dije que "No?"

Pero ¿en verdad importan, todo los por qués?
¿Podrían todas las respuestas borrar el dolor,
O todas las razones en verdad secar mis ojos,
Aunque llegaran del mismo cielo? No, yo lloraría de nuevo.
Dios mío, Tú me has librado del negro abismo del infierno;
¡Oh, sálvame de la tiranía de la amargura!

—————————————

—Natalie Ray, revista *Eternity*, 1975

NO CONOZCO UN ASESINO MÁS POTENTE QUE EL AISLAMIENTO. No existe influencia más destructora de la salud física y mental que el aislamiento tuyo de mí y nuestro de ellos. Se ha demostrado que es causa y raíz central de la depresión, paranoia, esquizofrenia, violación, suicido, asesinatos en serie, y otra amplia variedad de enfermedades.

—————————————

—Philip Zimbardo, "The Age of Indifference" ("La era de la indiferencia"), *Psychology Today*, 30 de agosto de 1980

Los días son largos, pero las noches más largas; y más solas
Espero la luz de la mañana;
Pero la oscuridad me sostiene en sus manos.

Se me escapa el sueño junto con los recuerdos de los buenos tiempos;
Y los malos;
Elimina los vestigios de la euforia y me deja intranquilo;
Lastimado;
Llenando mi mente con pensamientos de amor;
Y hostilidad,
De mucho pensar;
Y remordimiento,
De culpa;
Y desaliento.
Oh Dios, clamo, ¿no hay fin para el dolor?
¿Debe la vergüenza perseguir mis pasos para siempre?
¿Acaso no hay otro que camine conmigo;
Aceptando
Amando
Cuidando
Perdonando;
Dispuesto a edificar conmigo una nueva vida en cimientos más seguros;
¿A quien le prometeré, así como lo hará ella, fidelidad para siempre?

Otros han llorado conmigo en la oscuridad;
Se han preocupado;
Pero en los confines de nuestra propia humanidad,
Las demandas de sus vidas deben tomar precedencia.
Y al fin quedaré solo;
Apartado de Ti.
He intentado edificar de nuevo;
Por cuenta propia;
Demasiado pronto, necio e inestable.
Nuevas heridas han venido para abrir heridas que aún no han sanado.
La lucha todavía no termina.

Así que me arrastro;

    Intranquilo, pero sin rendirme a la derrota y segura desesperanza;

Hacia días mejores,

    Hacia la luz interminable,

        Hacia Dios que me guarda a su cuidado.

—Charles R. Swindoll, *Strengthening Your Grip*

_____

La Casa Vacía

Cada vez que voy al pueblo de Suffern, por el río Erie

Paso por una humilde casa en el campo con las tejas rotas y negras,

Supongo que he pasado por allí cientos de veces

Pero siempre me detengo por un minuto

Y miro a esa casa, esa casa trágica,

La casa vacía.

        Nunca he visto una casa embrujada,

        Pero oigo que las hay;

        Tienen dentro de sí las palabras de los espíritus,

        Sus quejidos y sus dolores.

        Sé que esta casa no está embrujada,

        Pero me gustaría que lo estuviese, en verdad;

        Porque entonces no estaría tan sola

        Si tuviera uno o dos espíritus.

        Si yo tuviera mucho dinero

        Y todas mis deudas saldadas,

        Pondría a trabajar a una cuadrilla de hombres,

        Con brochas, y sierras y martillos.

        Compraría esa casa

        Y la restauraría a lo que una vez fue

        Y buscaría personas que quisiera un hogar

        Y se las daría, gratis.

Para que cada vez que voy a Suffern,
A la orilla del río Erie,
Nunca pase por esa casa vacía
Sin detenerme y mirando hacia atrás.
Me duele ver el techo desmoronándose
Y las contraventanas cayéndose,
Porque no puedo evitar pensar que esa pobre casa vieja
Es una casa con un corazón partido.

—Alfred Joyce Kilmer

LA MAYORÍA DE LAS ALMAS MÁS GRANDES DEL MUNDO han sufrido soledad.

—A. W. Tozer, *Man, The Dwelling Place of God*

EL CIELO DE NOVIEMBRE es frío y lóbrego. Las hojas de noviembre son rojas y ardientes.

—Sir Walter Scott

CUANDO ESTABA EN LA MARINA estuvimos en alta mar por diecisiete días. Como para del décimo día, estábamos lejos de cualquier cuerpo de tierra en el océano Pacifico. Las olas a veces tenían diez y doce metros. El barco que parecía ser *enorme* en el muelle cuando subíamos a bordo ahora parecía como un palillo de dientes en medio de este circulo del horizonte.

Me acordé de las palabras del poeta inglés Samuel Taylor Coleridge en "Rime of the Ancient Mariner" ("Rima del marinero antiguo"):

Solo, solo, completamente solo,
¡Solo en un ancho mar!
Ningún santo tuvo piedad
De mi alma en agonía

LA SOLEDAD ES . . . pasar tus días solo con tus pensamientos, tus derrotas, sin tener a nadie con quien compartirlos.

———————————
—Neil Strait, citado en Lloyd Cory, *Quote Unquote*

EN LA SOLEDAD ME LIBRO de mis andamios: no hay amigos con quienes hablar, ninguna llamada telefónica que hacer, ninguna reunión a la cual asistir, ninguna música que oír, ningún libro que me distraiga, sino sólo yo: desnudo, vulnerable, débil, pecador, privado, quebrantado; nada más. Es esta nada que tengo que enfrentar en mi soledad, una nada tan aterradora que todo dentro de mí quiere correr a mis amigos, mi trabajo y mis distracciones para poder olvidar mi nada y hacerme creer que valgo algo. Pero eso no es todo. Tan pronto como decido quedarme en mi soledad, ideas confusas, imágenes perturbadoras, fantasías locas, y asociaciones estrafalarias saltan a mi mente como monos en un bananal. La ira y la cólera empiezan a mostrar sus horribles caras.

La tarea es perseverar en mi soledad, quedarme en mi celda hasta que todos mis visitantes seductores se cansen de golpear a mi puerta y me dejen solo.

———————————
—Henry Nouwen, *The Way of the Heart*

UNA INQUIETUD INTERNA crece dentro de nosotros cuando rehusamos quedarnos solos y examinar nuestros propios corazones, incluyendo nuestros motivos. Conforme nuestras vidas empiezan a recoger la basura que acompaña muchas actividades y participación, podemos entrenarnos para seguir avanzando, seguir activos, estar atareados en la obra del Señor. A menos que nos disciplinemos para dar un paso atrás, para quedarnos a solas para el arduo trabajo del examen propio en tiempos de soledad, la serenidad será sólo un sueño distante.

———————————
—Charles R. Swindoll, *Intimacy with the Almighty*

LA SOLEDAD ES EL cultivo de la serenidad, un avance deliberado hacia la paz y contentamiento interno, que alimenta un sentido de seguridad afuera.

———————————

SUFRIMIENTO

(Ver también *Adversidad, Dolor, Pruebas*)

UN PEDAZO PEQUEÑO DE MADERA una vez se quejaba amargamente porque su dueño continuaba devastándolo, cortándolo, llenándolo de agujeros, pero el que estaba cortándolo sin ninguna contemplación no prestaba atención a sus quejas. Estaba haciendo una flauta de ese pedazo de ébano, y era demasiado sabio como para desistir de hacerlo, aunque la madera se quejaba amargamente. Parecía decir: "Pedacito de madera, sin estos agujeros, y sin todos estos cortes, serías una rama negra para siempre; nada más que un pedazo inútil de ébano. Lo que estoy haciendo tal vez te haga pensar que estoy destruyéndote, pero, más bien, te convertiré en una flauta, y tu dulce música encantará las almas de los hombres y confortará a muchos corazones afligidos. Mis cortes te están haciendo, porque sólo así puedes ser una bendición para el mundo."

—M. R. DeHann, *Broken Things*

_____

A la mañana

Hoy, Señor
tengo una inconmovible convicción
una seguridad resuelta y positiva
de que lo que tú has dicho
es verdad inalterablemente.

Pero hoy, Señor
mi cuerpo enfermo se siente más fuerte
y el dolor palpitante calladamente mengua.
Mañana . . .
Y entonces mañana
debo luchar de nuevo
con doloroso agotamiento
con dolor que retuerce
hasta que quedo sin aliento
hasta que me agoto por completo
hasta que el temor eclipsa el último vestigio de esperanza.
Entonces, Señor:
Entonces concédeme la gracia que capacita
para creer sin sentir

para saber sin ver
para aferrarme de tu mano invisible
y esperar con empuje invencible
por la mañana.

—Ruth Harms Calkin, *Tell Me Again Lord, I Forget*

No hay abismo tan profundo que Él no sea más profundo todavía.

—Corrie Ten Boom, *The Hiding Place*

Aleksandr Solzhenitsyn dijo: "Fue sólo cuando yacía en la paja podrida de la cárcel que recibí dentro de mí mismo los primeros acicates de lo bueno. Gradualmente, se me reveló que la línea que separa el bien y el mal pasa, no entre estados, sino entre clases, no entre partidos políticos tampoco, sino derecho por los corazones humanos. Así que, bendita tú, prisión, por haber estado en mi vida."

—Philip Yancey, *Where Is God When It Hurts?*

Pocos hombres de este siglo han entendido mejor lo inevitable del sufrimiento que Dietrich Bonhoeffer. Él pareció nunca haber vacilado en su antagonismo cristiano contra el régimen nazi, aunque eso significó para él encarcelamiento, la amenaza de tortura, peligros para su propia familia, y finalmente la muerte. Fue ejecutado por orden directa de Heinrich Himmler en abril de 1945, en el campo de concentración de Flossenburg, sólo a pocos días antes de que fuera liberado. Fue el cumplimiento de lo que siempre había creído y enseñado: "El sufrimiento, entonces, es la etiqueta del verdadero discipulado. El discípulo no es más que su Maestro. Seguir a Cristo significa *passio passiva* sufrimiento porque tenemos que sufrir. Por eso Lutero reconoció el sufrimiento entre las marcas de la verdadera iglesia, y uno de los memorandos preparados para la Confesión de Ausburgo, en forma similar, define a la iglesia como la comunidad de aquellos 'que son perseguidos y martirizados por causa del evangelio' . . . El discipulado quiere decir lealtad al Cristo sufriente, y por consiguiente no es sorpresa que los cristianos son llamados a sufrir."

—John W. Stott, *Christian Counter Culture*

ESTO ES LO MÁS AMARGO DE TODO: saber que el sufrimiento no tiene que haber sido; que ha resultado de la indiscreción o inconsistencia; que es la cosecha de lo que uno mismo ha sembrado; que los buitres que se alimentan de las entrañas son crías que uno mismo ha criado. Ah, ¡yo! ¡esto es dolor!

—F. B. Meyer, *Christ in Isaiah*

EN UN HOSPITAL donde yo trabajaba, un pequeño de cinco años se moría de cáncer pulmonar. Su madre amaba al Señor Jesús de todo corazón, y por doloroso que era contemplar a su pequeño sufriendo, estaba junto a su cama todos los días.

Una noche mientras ella se había ido a casa, empezaron a venir sonidos del cuarto donde estaba el pequeño. Estaba diciendo: "Oigo las campanas. Oigo las campanas. Están repicando." Dijo eso toda la noche; y las enfermeras hicieron poco caso.

A la mañana siguiente vino la madre, se acercó a la estación de enfermeras y preguntó: "¿Cómo está mi hijo?" Ellas le dijeron: "Pues bien, tiene alucinaciones. Sigue hablando de oír campanas. Probablemente son las medicinas." Ella se detuvo, señaló con su dedo a la enfermera y le dijo: "Ahora, escuche. Él no está sufriendo de alucinaciones. No ha perdido la cabeza. Le dije a mi hijo hace semanas que cuando el dolor se ponga tan fuerte, que sea tan malo que en realidad no pueda respirar, cuando se ponga realmente mal, está yendo al cielo para estar con el Señor Jesús. Le dije, que cuando realmente las cosas se pongan malas, debía mirar hacia arriba a la esquina de su cuarto hacia el cielo, y escuchar las campanas. Estarán repicando. Estarán repicando por él."

Ella siguió por el corredor, y entró al cuarto, y vio a su pequeño. Lo levantó y lo sostuvo en sus brazos, y lo arrulló. Y él habló de las campanas hasta que fueron nada más que un eco.

—James Dobson

BRUCE WALTKE, uno de mis mentores en mis días de estudiantes en el Seminario de Dallas, cuenta un relato maravilloso del día en que él y su hija caminaban por un bosque. Llegaron a algo que uno rara vez ve. Era una mariposa casi nacida. El pequeño capullo se revolvía, y revolvía, y parte de una fabulosa ala ya estaba fuera.

Estaba justo a nivel del ojo de su hija, así que Waltke se agachó, y miró a la peque-ña crisálida a nivel de los ojos de la niña. Ella le dijo: "Ay, papá, está luchando por salir." Bruce pensó: "Le ayudaré." Entonces dijo: "La tomé con todo cuidado, y suavidad, y tomé el fondo de esa crisálida, y la abrí. Todo se cayó en un charco y mató a la mariposa." Entonces dijo: "Aprendí una lección: necesitan el esfuerzo de la lucha por salir para sobrevivir."

_____

HACE MUCHOS AÑOS un buen amigo mío, el Dr. Robert Lightner, que es miembro por largo tiempo de la facultad del Departamento de Teología del Seminario de Dallas, estuvo en un terrible accidente aéreo. Estaba en un monomotor que se volcó duran-te el decolaje. Quedó tan malherido y lesionado que casi ni se le podía reconocer. Su esposa, Pearl, dijo cuando lo vio por primera vez: "Miré esa masa negra de car-ne, y ni siquiera supe quién era." Felizmente, él se recuperó, y hoy es un testimonio vivo de la gracia de Dios en esa odisea. "Aprendí cosas que no sabía que necesitaba aprender," le oí decir en una ocasión. ¿No es así como es por lo general?

—Charles Swindoll, *Hope Again*

_____

SUMISIÓN

(Ver también *Rendirse*)

CUANDO LA GRACIA CAMBIA el corazón, la sumisión por el temor cambia a sumisión por amor, y nace la verdadera humildad.

—William Hendriksen, *Exposition of Phillipians*

_____

UN HOMBRE ESTABA ENCIMA del techo de su casa de dos pisos instalando una antena de televisión. Era grande y larga, y él estaba tratando de colocar los alambres que estabilizarían la antena a una sección del techo. El viento soplaba y lo hacía más difícil. De repente empezó a resbalarse, y se resbaló por el techo hasta que quedó colgado de un pedazo del canalón de metal que rodeaba los aleros del segundo piso.

Presa del pánico se sostuvo lo mejor que pudo y gritó hacia el cielo: "¿Hay alguien allí arriba que pueda ayudarme?"

Una voz del cielo vino: "Yo puedo ayudarte."

"Pues bien, ¿qué debo hacer?"

"Suéltate y yo te atraparé."

"¿Hay alguien más por allí que pueda ayudarme?"

EL CAPITÁN DEL BARCO miró a la noche oscura y vio luces tenues a la distancia. De inmediato le dijo a su señalador que envíe un mensaje: "Altere su rumbo 10 grados al sur."

Rápidamente se recibió un mensaje de respuesta: "Altere su curso 10 grados al norte."

El capitán se enfureció; se habían ignorado sus órdenes. Así que envió un segundo mensaje: "Altere su curso 10 grados al sur; ¡soy el capitán!"

Pronto se recibe otro mensaje: "Altere su curso 10 grados al norte; yo soy el marinero de tercera clase Pérez."

De inmediato el capitán envió un tercer mensaje, sabiendo el temor que evocaría: "Altere su curso 10 grados al sur, ¡soy un buque de guerra!"

Entonces vino la respuesta: "Altere su curso 10 grados al norte; yo soy un faro."

—Revista *Leadership,* primavera de 1983

NUESTRA FAMILIA ha tenido varios perros durante nuestros años. Algunos han sido pequeños y nerviosos, otros grandes y calmados. Unos pocos se han metido en peleas con otros perros. He notado una curiosa "señal": cuando el perro está siendo vencido y al fin se da cuenta de que no puede ganar la pelea, se somete y se rinde acostándose a los pies del otro perro, dejando desnuda y vulnerable la garganta y el vientre al perro atacante que tiene encima. En esta posición puede recibir lesiones serias en un instante, pero en forma interesante, así es como el perro se libra.

Oí a un predicador contar de una pareja casada que había asistido a un seminario enseñado por uno de esos demagogos decididos a demostrar que las Escrituras enseñan que el hombre está A CARGO de la casa. Era ese tipo de enseñanza terrible sobre la sumisión que convierte a las mujeres en rodapiés. Pues bien, ¡al esposo le encantó! Nunca había oído nada como eso en su vida, y se lo tragó por entero. Su esposa, sin embargo, se quedó sentada echando chispas mientras escuchaba hora tras hora de esta perorata.

Cuando salieron de las reuniones esa noche, el esposo estaba ebrio de poder fresco al subirse al coche. Mientras se dirigían a casa, él dijo en tono más bien pomposo: "Pues bien, ¿qué piensas de eso?" Su esposa no dijo ni media palabra, así que él continuó: "¡Pienso que fue grandioso!"

Cuando llegaron a casa, ella se bajó y le siguió en silencio a la casa. Una vez adentro, él dio un portazo y dijo: "¡Espera allí; quédate allí mismo." Ella se detuvo, con los labios apretados, y le clavó la vista. "He estado pensando en lo que dijo aquel hombre esta noche, y quiero que sepas que de aquí en adelante así es como van a ser las cosas aquí. ¿Lo comprendes? ¡Así es como las cosas van a ser en esta casa de aquí en adelante!"

Habiendo dicho eso, no la volvió a ver en dos semanas. Después de dos semanas *él pudo empezar a verla apenas un poquito por un ojo.*

_____

SUSTITUCIÓN

(Ver también *Propiciación*)

Una iglesia, en particular, hace poco recibió saludos del personal del Centro Médico Kejave, de Kenia, que traía la siguiente narración sorprendente.

Mónica, de ocho años, se rompió una pierna al caer en un pozo. Una mujer mayor, Mamá Njeri, pasaba por allí, y se metió al pozo para ayudar a Mónica a salir. En el proceso, una peligrosa culebra mamba les mordió a ambas, a Mama Njeri y a Mónica. Llevaron a Mónica al Centro Médico Kejave. Mama Njeri se fue a casa, pero nunca se despertó de su sueño. Al día siguiente una enfermera misionera perceptiva le explicó a Mónica la muerte de Mamá Njeri, contándole que la culebra las había mordido a ambas, pero que todo el veneno de la culebra lo había depositado en Mama Njeri; no le aplicó nada a Mónica. La enfermera entonces le explicó que Jesús había tomado todo el veneno del pecado de Mónica para que ella pudiera tener nueva vida. Fue una decisión fácil para Mónica. Allí mismo ella recibió a Jesús como Salvador y Señor.

EN LOS DÍAS DE LA Gran Depresión económica, un hombre de Missouri llamado John Griffith era controlador de un gran puente ferroviario levadizo que cruzaba el río Mississippi. Un día, en el verano de 1937, decidió llevar consigo a su hijo de ocho años, Greg, a su trabajo. Al mediodía, John Griffith levantó el puente para permitir que los barcos pasaran y se sentó en el puesto de observación con su hijo para almorzar. El tiempo pasó muy rápido. De repente lo sorprendió el silbato del tren a la distancia. Miró su reloj y notó que era la 1:07; el Expreso de Memphis, con cuatrocientos pasajeros a bordo, se acercaba rugiendo hacia el puente levantado. Saltó del puesto de observación y corrió a la torre de control. Justo antes de mover la palanca maestra echó un vistazo para ver si había algún barco debajo. Allí una vista captó su ojo que hizo que su corazón saltara como saliéndose por la garganta. Greg se había resbalado del puesto de observación y se había caído a los gigantescos engranajes que operaban el puente. Tenía la pierna atrapada en los dientes de dos engranajes. Desesperadamente la mente de John trató de buscar algún plan de rescate; pero tan pronto como pensó alguna posibilidad sabía que no había manera de que pudiera hacerlo.

De nuevo, con alarmante cercanía, el silbato del tren chilló en el aire. Él podía oír el traqueteo de las ruedas de locomotora sobre las rieles. Era su hijo el que estaba allá abajo; y sin embargo había cuatrocientos pasajeros en el tren. John sabía lo que tenía que hacer, así que ocultó su cabeza en su brazo izquierdo y empujó la palanca principal. El gigantesco puente bajó a su lugar justo cuando el Expreso de Memphis empezaba a rugir cruzando el río. Cuando John Griffith levantó su cabeza con su cara bañada en lágrimas, miró a las ventanas del tren que pasaban. Allí había hombres de negocios despreocupados leyendo los periódicos de la tarde, señoras bien vestidas en el coche comedor bebiendo café, y niños empujando largas cucharas en las copas de helado. Nadie miró a la caseta de control, y nadie echó ni un vistazo a la gran caja de piñones. Con terrible agonía, John Griffith le gritó al tren de acero: "¡Acabo de sacrificar a mi hijo por ustedes, gente! ¿No les importa?" El tren pasó a toda prisa, pero nadie oyó las palabras del padre, que recordaba Lamentaciones 1:12: "¿Acaso no les importa?" (NVI).

—D. James Kennedy, "Is It Nothing to You?" 19 de marzo de 1978.

LLAMARÉ AL JOVEN AARÓN, que no es su nombre real. Casi al terminar el año escolar estaba orando por un ministerio significativo durante los meses de vacaciones. Le pedía a Dios que se le abriera un puesto en alguna iglesia u organización cristiana. Nada sucedió. Llegaron las vacaciones, y todavía nada. Los días se convirtieron en semanas, y Aarón finalmente tuvo que enfrentar la realidad: necesitaba cualquier trabajo que pudiera hallar. Revisó los anuncios clasificados y lo único que parecía ser una posibilidad era conducir un autobús en el sur de Chicago: nada de que jactarse, pero ayudaría con la colegiatura en el nuevo año escolar. Después de aprender la ruta, quedó por cuenta propia; un conductor novato en una sección peligrosa de la ciudad. No pasó mucho para que Aarón se diera cuenta de lo peligroso que era su empleo.

Una pandilla de mozalbetes notó al joven conductor, y empezó a aprovecharse de él. Por varias mañanas seguidas se subían, pasaban sin pagar, ignorando sus advertencias, y viajaban hasta que decidían bajarse. . . . Todo el tiempo mofándose de él y de otros en el autobús. Finalmente, él decidió que eso ya había sido lo suficiente.

A la mañana siguiente, después de que la pandilla se subió como de costumbre, Aarón vio a un policía en la próxima esquina, así que se detuvo e informó de la ofensa. El oficial les dijo que pagaran o que se bajaran. Pagaron, pero desdichadamente, el policía se bajó, y *ellos* se quedaron. Cuando el autobús dio la vuelta después de una o dos calles, la pandilla atacó al joven conductor.

Cuando volvió en sí, tenía la camisa bañada en sangre, le faltaban dos dientes, tenía ambos ojos hinchados, el dinero había desaparecido, y el autobús estaba vacío. Después de volver a la terminal y que le dieran el fin de semana libre, nuestro amigo fue a su pequeño departamento, se hundió en su cama y se quedó viendo al techo sin poder creerlo. Pensamientos de resentimiento inundaban su mente. La confusión, la cólera, y la desilusión añadían combustible al fuego de su dolor físico. Pasó una noche intranquila luchando con el Señor.

———————————

¿CÓMO PUEDE SER ESTO? ¿En dónde estaba Dios en todo esto? Genuinamente quiero servirle. Oré por un ministerio. Estaba dispuesto a servirle en cualquier parte, haciendo cualquier cosa, ¡y estas son las gracias que recibo!

———————————

EL LUNES POR LA MAÑANA Aarón decidió entablar juicio. Con ayuda del oficial que había visto a la pandilla y varios otros que estuvieron dispuestos a testificar como testigos contra los patanes, arrestaron a la mayoría de ellos y los llevaron a la cárcel del condado. A los pocos días hubo una audiencia ante el juez.

Aarón llegó con su abogado y los furiosos miembros de la pandilla le clavaron la mirada a través del cuarto. De repente él se sintió preso de toda una serie de pensamientos; no de amargura, ¡sino de compasión! Su corazón se partió por los individuos que lo habían atacado. Bajo el control del Espíritu Santo ya no los aborrecía; los compadeció. Necesitaban ayuda, y no más odio. ¿Qué podía hacer él o decir?

De repente, después de que los acusados se declararon culpables, Aarón (para sorpresa de su abogado y de todos los demás presentes en la corte) se puso de pie y pidió permiso para hablar.

———————

"SU SEÑORÍA: Quisiera que usted sume todos los días de castigo contra estos hombres; todo el tiempo a que los sentencie; y pido que me permita ir a la cárcel en lugar de ellos."

———————

EL JUEZ NO SUPO QUÉ HACER. Ambos abogados se quedaron estupefactos. Mientras Aarón miraba a los miembros de la pandilla (cuyas bocas y ojos parecían platos), sonrió y dijo con calma: "Es porque los perdono."

El aturdido juez, cuando logró recobrar la compostura, dijo en tono firme: "Joven; eso está fuera de orden. ¡Eso nunca se ha hecho antes!" A lo que el joven replicó con perspectiva genial:

———————

"AH, SÍ, SU SEÑORÍA . . . sí. Sucedió hace diecinueve siglos cuando un hombre de Galilea pagó la pena que toda la humanidad merecía."

———————

ENTONCES, por tres o cuatro minutos, sin interrupción, explicó como Jesucristo murió por nosotros, demostrando así el amor y perdón de Dios.

No se le concedió su petición, pero el joven visitó a los miembros de la pandilla en la cárcel, y condujo a la mayoría de ellos a la fe en Cristo, y empezó un ministerio significativo a muchos otros en el sur de Chicago.

—Charles R. Swindoll, *Improving Your Serve*

CLIFF BARROWS, director de canto para el ministerio de cruzadas de Billy Graham, cuenta de sus hijos cuando eran pequeños. Ellos habían hecho algo que él les había dicho que no lo hicieran. Les había dicho que si volvían a hacerlo, tendría que castigarlos. Cuando volvió de su trabajo, y se enteró de que ellos habían desobedecido, el corazón se le partió. "Simplemente no podía castigarlos," dijo.

Cualquier padre cariñoso puede entender el dilema de Cliff. La mayoría de nosotros hemos estado en la misma posición. Él dijo: "Bobby y Bettie Ruth eran muy pequeños. Los llamé a mi cuarto, me saqué mi cinturón y luego la camisa, y con la espalda desnuda me arrodillé junto a la cama. Les hice que me dieran diez correazos cada uno. Debería haber oído el llanto; de ellos, quiero decir. Eran ellos los que lloraban. No querían hacerlo. Pero les dije que la pena tenía que pagarse y así que en medio de sus gimoteos y lágrimas hicieron lo que les dije.

"Sonrío al recordar el incidente," decía. "Debo admitir que no tengo nada de héroe. Me dolió. No me hubiera ofrecido para hacerlo otra vez. Fue un sacrificio de una vez en la vida, me parece que podríamos decir, pero nunca tuve que volver a azotar a esos dos niños, porque ellos aprendieron la lección. Nos besamos; y cuando todo se terminó, oramos juntos."

—Billy Graham, *How to Be Born Again*

𝒯t

TALENTO

(Ver también *Capacidad*)

_____

TEMOR

(Ver también *Afán, Ansiedad, Estrés*)
SE PUEDE VER el pánico en el coche que lleva el letrero que dice: "Conductor aprendiz;" no en el conductor, sino en la cara del instructor.

_____

DEAN MARTIN comenta: "Muéstrame un hombre que no sabe el significado del temor, y te mostraré un monigote que recibe muchas golpizas."

—Alan Loy McGinnis, *The Friendship Factor*

_____

CADA VEZ que pienso en cruzar el desierto conduciendo, recuerdo cuando lo hice una vez. Cynthia estaba esperando a nuestro primer hijo, y nosotros acabábamos de terminar nuestro internado con Ray Stedman en Palo Alto, California. Puesto que estaba encinta, la enviaron por avión y yo fui por tierra. Arrastraba un pequeño remolque que llevaba una lavadora que nos habían regalado algunos de la iglesia.

Era como la una de la madrugada cuando llegué a un lugar llamado Desert Center; y sabía que a fin de poder llegar hasta la ciudad de Needles, necesitaba café. Así que compré la tasa más grande de café que se pueda imaginar. Cuando empecé a beberla, noté un sabor muy raro. Pensé: "Vaya; deben haberme dado lo último de la cafetera cuando me sirvieron ese café." Yo había recorrido como ochenta o cien kilómetros cuando me la acabé, y justo en el fondo había una colilla de cigarrillo. ¡Fue terrible!

Pero tengo que contarle otra cosa que sucedió en ese viaje, porque fue inolvidable. Cuando llegué a la frontera de California, me detuve como al amanecer y fui al servicio higiénico, en una gasolinera, para refrescarme a fin de continuar el resto del viaje hacia Arizona. Había un individuo lavándose las manos; y él dijo: "Oiga, ¿para dónde va?" Yo, por supuesto, que nunca lo había visto antes, le dije: "Estoy cruzando el país." Él dijo: "Qué bien. Lo acompaño."

Le dije: "No; voy solo." Él dijo: "Oiga, usted se ve cansado. Parece que pudiera usar a alguien que le ayude en el viaje, así que, ¿por qué no me deja viajar con usted?" Le dije: "No. Voy solo." Él frunció el ceño y dijo: "Mire, yo conduzco y usted duerme. No hay problema." Le dije: "¡VOY SOLO!" así como lo oye, y él se fue.

Me sentí un poco intranquilo cuando él salió porque no estaba seguro de lo que todo eso quería decir. Parecía un individuo en el cual uno no puede confiar, y yo temía que tal vez pudiera seguirme.

Yo había colocado una tabla de planchar a fin de poder dormir allí. Estaba entre el espaldar del asiento de adelante y la parte delantera del asiento de atrás.

Cuando llegué al carro, noté que algunas de las frazadas que había puesto sobre la tabla de planchar estaban movidas. Empecé a conducir pensando para mis adentros: "Él está allí." Por qué seguí conduciendo, nunca lo sabré, pero lo hice, y pensé: "Pues bien, será mejor que resuelva esto ahora mismo."

Yo tenía una llave inglesa muy grande debajo del asiento de adelante, así que estiré la mano y la saqué, como buen marino. En realidad estaba asustado hasta los huesos, a decir verdad; pero había una luz, del alumbrado público, más adelante y pensé: "Me detendré allí, y ahí mismo lo golpearé. Así que me detuve, abrí la puerta de atrás del carro, retiré las frazadas: ¡y no había nadie allí! Me sentí completamente tonto. Tenía en mi mano una llave inglesa y lo primero que hice fue mirar a todos lados para ver si alguien me había visto.

No hay garantías de que las cosas malas no van a suceder, aunque hagamos todo lo que podamos para evitar que sucedan. Eso me recuerda un relato humorístico que oí de un hombre en las calles de Belfast en Irlanda. Obviamente, él tenía miedo, como lo tienen muchos en Belfast hoy. Él esperaba llegar a su casa a salvo y sin que lo asaltaran. De repente, una figura oscura saltó de las sombras y lo agarró por el cuello. Le puso la punta de un puñal en la garganta y le preguntó con voz ronca: "¿Católico o protestante?" Presa del pánico, el hombre razonó mentalmente en silencio: "Si digo que soy católico y él es protestante; ¡zas! Si digo que soy protestante y él es católico, soy historia." Así que pensó en una salida. Él dijo: "¡Yo soy judío!" El asaltante se rió: "Ja, ¡y yo soy el terrorista árabe de más suerte en Belfast!"

—Charles R. Swindoll, *Living on the Ragged Edge*

Hace muchos años mi hermano trabajaba en la antigua Biblioteca Pública de Houston en el centro de la ciudad. Entre el grupo que trabajaba en la biblioteca siempre echaban a la suerte a quién le tocaba apagar las luces de los corredores superiores. Había que caminar entre los anaqueles y cuando se llegaba al interruptor final todo quedaba en oscuras. Había bustos de Sidney Lanai, Andrés Jackson, y otros. Había mucha humedad, y muy pocos, excepto muy pocos ratones de libros que iban al tercer o cuarto piso de esa biblioteca. Así que el grupo detestaba tener que apagar las luces.

Una noche le tocó en suerte a uno de los más jóvenes del grupo. Pues bien, mi hermano Orville, sabiendo que el joven ya estaba nervioso, se escurrió por detrás de la escalera y se escondió detrás de los anaqueles. El joven caminaba apagando las luces y tarareando para calmarse. Usted sabe lo que pasa cuando uno está asustado. Se tropieza con las cosas; y canta: "Cristo me ama, me ama a mí." Así que este muchacho va caminando, tarareando, click, tarareando, click, tarareando, click. Llega al último interruptor, y apaga la luz, y mi hermano le dice: "¿Qué haces aquí?"

Orville dice que esa fue la última vez que jamás vio al joven. El joven bajó corriendo las escaleras y salió a la calle. Nunca regresó a cobrar su cheque.

La Sra. Monroe vive en Darlington, Maryland. Es madre de ocho hijos; y excepto a unas pocas experiencias interesantes, ella es como cualquier otra madre.

Llegó a casa una tarde, después de comprar víveres, y entró. Todo se veía normal, aunque un poco más callado que de costumbre. Miró en medio de la sala y cinco de sus preciosos estaban sentados en círculo, extremadamente callados, haciendo algo en medio del círculo. Ella dejó las bolsas de alimentos, y se acercó, y vio que estaban jugando con cinco de los más preciosos cachorros de zorrillos que uno pueda imaginar.

El terror la llenó al instante y gritó: "¡Corran, hijos, corran!" Cada niño agarró a un zorrillo y salieron corriendo en cinco diferentes direcciones. Ella perdió sus casillas y gritó más fuerte. Eso asustó tanto a los niños que cada uno apretó a su zorrillo; y como todos sabemos, a los zorrillos no le gusta que los aprieten.

—John Haggai, *How to Win over Worry*

Sucedió hace más de cincuenta años. La ironía del asunto, sin embargo, todavía me sorprende hasta hoy.

Un artista mural llamado J. H. Zorthian leyó de un niño pequeño que había muerto en el tráfico. Su estómago se revolvió al pensar que algo así pudiera pasarle a uno de sus tres hijos. Su preocupación se convirtió en inescapable ansiedad. Mientras más se imaginaba tal tragedia, más se llenaba de temor. Su eficacia como artista quedó al rescoldo una vez que empezó a correr asustado.

Finalmente se rindió a su obsesión. Cancelando sus negociaciones para comprar una casa grande en la ajetreada Pasadena, California, empezó a buscar un lugar en donde sus hijos estuvieran seguros. Su búsqueda se hizo tan intensa que dejó a un lado todo su trabajo mientras estudiaba y planeaba todo medio posible para proteger a sus hijos de todo daño. Trataba de imaginarse la presencia de peligro en todo. La ubicación de la residencia era esencial. Debía ser grande y remota, así que compró seis hectáreas muy alto en una montaña al final de una carretera larga, sinuosa y angosta. En las vueltas en la carretera colocó letreros: "Niños jugando." Antes de empezar la construcción de la casa misma, Zorthian personalmente construyó y cercó un patio de recreo para sus tres hijos. Lo construyó de tal manera que era imposible que un carro llegue a quince metros del mismo.

Luego, la casa. Con cuidado meticuloso combinó la belleza y seguridad en el lugar. Puso allí varios matices de los diseños que había concentrado en los murales que había colocado en cuarenta y dos edificios públicos de ciudades diferentes. Sólo que esta vez su objetivo era más que arte colorido; en su mayor parte, tenía que ser seguro. Se aseguró de eso. Finalmente había que construir el garaje o cochera. Sólo un automóvil jamás entró allí; el de Zorthian.

Se alejó un trecho y estudió toda posibilidad de peligro para sus hijos. Sólo pudo pensar de un peligro restante. Él tenía que dar marcha atrás para salir del garaje. Él podría, en algún momento de apuro, retroceder sobre uno de los hijos. De inmediato hizo planes para una salida protegida. El contratista volvió y colocó el encofrado para ese espacio adicional, pero antes de poder echar el concreto, un aguacero detuvo el proyecto. Era la primera lluvia en muchas semanas de una larga sequía en la costa occidental.

Si no hubiera llovido esa semana, la salida de concreto habría quedado terminada y en uso para el domingo. Eso fue el 9 de febrero de 1947, el día en que su hijo de dieciocho meses, Tiran, se soltó de la mano de su hermana y corrió detrás del carro mientras Zorthian salía del garaje. *El niño murió al instante.*

——Charles R. Swindoll, *Quest for Character*

RECUERDO UNA NOCHE cuando yo estaba cuidando a un par de nuestros nietos. Era tarde en la noche, pero puesto que los abuelos por lo general permiten que sus nietos se queden levantados más tiempo del que deben, ellos todavía estaban despiertos. Estábamos riéndonos, jugando, y divirtiéndonos de lo lindo, cuando de repente oímos que llamaban a la puerta. No el timbre, sino un llamado misterioso. De inmediato uno de mis nietos se aferró a mi brazo. "Todo está bien," dije. Llamaron de nuevo, y yo me dirigí a la puerta. Mi nieto me siguió, pero aferrado a mi pierna izquierda y detrás de mí cuando yo abrí la puerta. Era uno de los amigos de mi hijo que había pasado en forma inesperada. Después de que la persona se fue y yo cerré la puerta, mi nieto, todavía aferrado a mi pierna, dijo con voz fuerte: "Abuelito, no hay nada de qué preocuparse, ¿verdad?" Y yo dije: "No, no hay nada de qué preocuparse. Todo está bien." ¿Saben por qué él fue fuerte? Porque estaba aferrado a la protección. Mientras estuviera aferrado a la pierna de su abuelo, no tenía que preocuparse por nada.

——Charles R. Swindoll, *Hope Again*

Un otoño Cynthia y yo recibimos el susto de nuestras vidas, literalmente. Yo estaba ministrando en Cancún, y estábamos alojados en un hotel muy bueno, seguro y bien equipado. Nos retiramos como a las 11:30 de la noche, y pronto estábamos en el país de los sueños. Poco antes de la una de la madrugada el grito pelado de Cynthia me despertó por sorpresa. "¡Hay un hombre en nuestro cuarto!"

Salté de la cama y me paré nariz con nariz frente a él, y grité a todo pulmón, esperando asustarlo. Sin pensarlo él pudiera haber tenido una pistola o un puñal, pero no era momento de cerrar los ojos y orar, y quedarme como si fuera un pelele. Lentamente, él retrocedió y salió del cuarto, saltó la muralla, y se escapó rápidamente. La seguridad del hotel nunca encontró ningún rastro de él, excepto por unas pocas huellas en la arena. Era un ratero que vino, con toda probabilidad, a robar nuestro cuarto. ¡Hablando de recuerdos duraderos!

—Charles R. Swindoll, *Hope Again*

TENTACIÓN

Puedo resistir todo excepto la tentación.

—Oscar Wilde

Las serpientes cascabel son muy comunes donde yo vivo. Las encuentro casi todo el verano. Es una experiencia aterradora ver a una serpiente cascabel enroscada, mirándote de frente, lista para atacar. Es veloz como relámpago y acertada. Tengo un programa sencillo de dos puntos para enfrentar a las serpientes cascabel: esquivar y evitar. Es así de sencillo. No se necesita mucha noción para figurarse qué hacer con algo tan peligroso como una culebra cascabel de espalda de diamante. Uno no travesea con ellas.

—LeRoy Elims, *Be the Leader You Were Meant to Be*

A veces uno recibe regalos de las maneras más extrañas. Mi amigo Ray Stedman estaba ministrando en cierto lugar, y una mañana estaba desayunando solo. Frente a él había un hermoso juego plateado de salero, pimentero y cremera. En un momento de debilidad, pensó: "Esto cabría muy bien en mi maleta. Pudiera llevarme esto a casa y este restaurante nunca lo echaría de menos." Luego, mientras más lo pensaba, y el escándalo que produciría esto como ministro, robándose esas cosas, pensó: "No puedo hacer eso."

Así que al próximo domingo, mientras predicaba, y al referirse al tema de robar, admitió esto a la congregación. Dijo: "Quiero que sepan que incluso yo puedo ser tentado a hacer eso."

En la semana que siguió recibió en su estudio un pequeño paquete. Lo abrió y halló un encantador juego plateado de salero, pimentero y cremera. Alguien de la congregación había oído su relato, y pensó: "Si él lo quiere tanto, se lo enviaré como regalo."

Al domingo siguiente contó del regalo recibido, y dijo: "También noté un encantador televisor a colores. Pero, ¿saben una cosa? Nadie me regaló un televisor a colores."

UN ABOGADO QUE CONOZCO trabaja con el Banco de Reserva Federal en donde se cuentan montones y montones de billetes. Una tarde me invitó a que lo acompañe. Conforme entrábamos al edificio, nos examinaron vez tras vez, y al final de un pasillo estrecho nos volvieron a chequear. Por supuesto, había cámaras de televisión por todas partes. Detrás de un vidrio, a prueba de balas, en el cuarto de seguridad, hay personas que no hacen sino contar billetes.

Le pregunté: "¿Cómo pueden los trabajadores resistir la tentación de robarse unos cuantos billetes?" Mi amigo contestó: "Todo marcha bien hasta que empiezan a darse cuenta de lo que están haciendo, y entonces tenemos problemas. Mientras ellos estén simplemente contando pedazos de papel, está bien. Pero cuando de repente se dan cuenta: 'Vaya, este es un billete de $100 el que tengo en mi mano,' entonces tenemos problemas."

Un hombre estaba de viaje en una ciudad extranjera, y estaba solo en una calle en donde había un teatro de películas pornográficas. Nadie allí lo conocía. En silencio se quedó frente a la marquesina, y leyó las palabras, y miró unos pocos de los retratos, y se sintió tentado a entrar. Al retroceder hacia la calle, recordó: "Debo ser fiel por los que en mí confían. El alma pura siempre guardaré." La letra del antiguo himno que cantaba en una iglesia vino a rescatarlo. Dio la vuelta y se alejó.

—Gordon MacDonald, *The Effective Father*

En una caricatura dos personajes están ante un religioso y uno de ellos le pregunta: "¿Cómo es que la oportunidad llama sólo una vez, pero la tentación casi derriba mi puerta todos los días?"

Pocos cuestionarían que el porcentaje de ocasiones cuando enfrentamos tentaciones en la vida es terriblemente alto; ¿diría yo el 98 por ciento? ¿Qué tal el ciento por ciento? Y todavía no he hallado a alguien que diga que jamás ha sido tentado.

A Marco Antonio se le conocía como el orador de pico de oro de Roma. Era un estadista brillante, excelente en la batalla, valiente y fuerte. También era guapo. Tenía todas las cualidades para llegar a ser el gobernador del mundo. Sin embargo, tenía una falta vulnerable de debilidad moral. En una ocasión su tutor personal le gritó en la cara: "Oh Marcos, oh hijo colosal, capaz de conquistar al mundo pero incapaz de resistir la tentación."

En Okinawa tomaba un autobús al lugar donde teníamos nuestro estudio bíblico, y tenía que bajarme en una esquina en particular. Tenía que caminar como cuatro cuadras y después dos cuesta arriba. Okinawa tiene más cantinas por kilómetro que cualquier isla en el pacífico. Descubrí que la respuesta a la tentación era mantener la vista al frente. No miraba ni a la derecha ni a la izquierda. Luego descubrí que lo que funciona en Okinawa también funciona aquí donde vivo. Cuando uno vuelve los ojos a la derecha o a la izquierda, es una manera de morder la carnada. Por lo general no es el primer vistazo; es el hecho de clavar la vista lo que conduce al pecado.

EN 1958 una población pequeña en el noreste de Pennsylvania construyó un edificio de ladrillo rojo para su departamento de policía, su departamento de bomberos, y sus oficinas municipales. Se sentían orgullosos del edificio; era el resultado de contribuciones hasta el sacrificio y planeamiento cuidadoso. Cuando se terminó de construir el edificio, tuvieron una ceremonia de inauguración, y asistieron más de seis mil personas; casi todos los residentes de la ciudad. ¡Fue el suceso más grande del año!

En menos de dos meses, sin embargo, empezaron a notar algunas ominosas grietas en las paredes del edificio de ladrillo rojo. Algún tiempo más tarde, se notó que las ventanas no cerraban por completo. Luego se descubrió que no podían cerrar las puertas. A la larga, los pisos se agrietaron, dejando horribles grietas en el piso y las esquinas. El techo empezó a gotear. A los pocos meses tuvieron que evacuarlo, para vergüenza del constructor y disgusto de los contribuyentes.

Una empresa hizo un análisis poco después y halló que las explosiones de una mina cercana estaban lentamente, pero efectivamente, destruyendo el edificio. Imperceptiblemente, muy por debajo del cimiento, habían pequeños cambios y movimientos que tenían lugar, e hicieron que todo el cimiento se agriete. No se podía sentirlo, y ni siquiera se lo podía ver desde la superficie, pero calladamente, muy adentro, se estaba debilitando. Un funcionario de la ciudad finalmente tuvo que escribir en la puerta del edificio: "Condenado. No apropiado para uso público." A la larga tuvieron que demoler el edificio.

Hay una moraleja aquí. La erosión pasa sin notarse cuando uno juega con la tentación hasta que el carácter queda dañado en forma permanente.

—Charles R. Swindoll, *Hand Me Another Brick*

UN HOMBRE AL QUE CONOCÍ estaba saliendo con una joven que, algunos pensábamos, no valía la pena para él. Respiramos aliviados cuando él se fue al ejército por dos o tres años (esto era durante la guerra). La muchacha salió con otros hombres, y, felizmente, el joven encontró a una muchacha digna en otra ciudad. Se enamoró y se casaron. Cuando la guerra se acabó y él regresó a casa con su esposa, la primera joven fue a verlo una noche para ver a su antiguo amor y conocer a su esposa. Pero la esposa no estaba allí. La primera joven no hizo nada por ocultar su afecto y se movía de una manera tan voluptuosa que el joven se dio cuenta que todo lo que tenía que hacer era extender la mano y ella sería de él. Me lo contó luego. Había dentro de él todo lo que va con el deseo masculino. Había algo mucho más dentro de él, y empezó a hablar sobre la maravillosa joven con quien se había casado. Mostró las fotografías de su esposa y elogió a su esposa hasta los cielos, actuando como si no entendiera los avances obvios de la otra. A poco ella se fue, diciendo mientras salía: "Sí, ella debe ser toda una mujer si puede impedir que tú aceptes mis avances." El joven nunca se sintió más contento en su vida. Dijo que en ese momento todo el amor entre él y su esposa era mayor y más maravilloso que nunca; podía pensar de su esposa de una manera limpia y noble. Un licencioso se hubiera burlado de él, burlándose por "sacrificar" su placer. Pero no hubo el menor indicio de sacrificio, en el sentido que por lo general se acepta la palabra. Hubo, sin embargo, todo sacrificio en el sentido del corazón. La dedicación de su corazón, mente y alma, sí, y cuerpo, al amor de su verdadera esposa fue el sacrificio vivo que la elogió y, debido a eso, lo hizo a él mucho más noble. Es en este sentido que el creyente en Cristo presenta su cuerpo como un sacrificio vivo al Señor.

—Donald Barnhouse, *Romans,* Vol. 4.

OSCAR WILDE, el genio irlandés poético del siglo pasado, autor y dramaturgo, no era sólo un buen escritor; sino que también estudiaba la naturaleza humana. Le encantaban los relatos. Le gustaba contar del día en que el diablo viajaba por el desierto de Libia y se encontró con una pandilla de diablos que estaban dedicados a fastidiar a un ermitaño santo, pero sin mucho éxito. El santo descartaba todas las tentaciones y sugerencias. Lucifer se quedó atrás sólo por un rato. Finalmente, después de frotarse la quijada y llegar a ciertas conclusiones en cuanto al método de ellos, les dijo: "Lo que hacen ustedes es demasiado crudo. Atrás." Entonces le susurró al oído al hombre de Dios: "Tu hermano acaba de ser nombrado obispo de Alejandría." De súbito la cara del ermitaño cambió y una presencia maligna de envidia ensombreció la cara del santo, antes serena. "Quiero decir, la misma idea de que mi hermano sea escogido en vez de mí." El diablo miró a sus demonios, y dijo: "Ahora bien, eso es lo que recomiendo."

———————————

—W. E. Sangster, *The Craft of Sermon Illustration*

SOMOS TENTADOS a hundirnos en la vida vieja: "Necio, ¿no sabes que llevas a Dios contigo?"

———————————

—Agustín

LA MANERA en que un esquimal mata a un lobo es espantoso, pero ofrece un discernimiento fresco de la naturaleza autodestructiva y consumidora del pecado.

Primero, el esquimal cubre su cuchillo con sangre animal y la deja congelar, entonces añade otra capa de sangre, y otra, hasta que la navaja está completamente escondida bajo sangre congelada.

Después, el cazador empuja el mango del cuchillo dentro de la nieve, con la hoja hacia arriba. Cuando el lobo sigue a su sensible nariz hasta la fuente del olor y descubre la carnada, comienza a lamerla, probando la sangre fresca congelada. Entonces empieza a lamer más rápido, más y más vigorosamente, mientras lame la sangre hasta que el filo de la hoja del cuchillo queda desnudo. Febrilmente ahora, cada vez más fuerte, el lobo lame la hoja vigorosamente en la noche ártica. Su anhelo por sangre es tan grande que el lobo no puede notar el escozor de la hoja desnuda contra su propia lengua, ni reconoce el instante en que su sed insaciable está siendo satisfecha por su propia sangre caliente. El apetito carnívoro del lobo salvaje quiere más; hasta que el amanecer lo encuentra muerto en la nieve.

—Paul Harvey, citado en Chris T. Zeingelberg, "Sin's Peril," revista *Leadership,* invierno de 1987

———————————

PIENSEN, PADRES, PIENSEN; piensen, madres, piensen; piensen, jóvenes, cuánto está en juego: piensen que las tentaciones, los peligros y los asuntos casi seguros de esto y qué decisión en la vida debe haber. Todos nuestros oficios, profesiones, ocupaciones en la vida tienen, cada uno, sus propios peligros, tentaciones y trampas para el alma; así como también sus propias oportunidades de ganancia y honor, alabanza y servicio. El ministerio, la enseñanza, leyes, medicina, ejército, vida política, periodismo, oficios de toda clase, el mercado bursátil de toda clase, y así por el estilo. Abran sus ojos. Cuenten el costo. ¿Eres capaz? ¿Te aventurarás? Toma la línea de vida que estás a punto de escoger. Tómala de nuevo. Mira alrededor. Imagínate haciéndola. Mira a este hombre y a ese hombre que la está haciendo. ¿Te gustaría ser como ellos? Estudia bien los éxitos y fracasos en esa línea de vida. Lee los capítulos 13 y 19 de Génesis, y entonces, lleva esos dos capítulos contigo a tus rodillas, y entonces toma tu decisión.

—Alexander Whyte, *Old Testamente Bible Characters*

————————————————

LARGOS CANALONES DE MADERA habían sido construidos en el bosque para conducir los troncos de los árboles por la ladera de la montaña y hasta el río. Tenían cientos de metros de largo, lisos y pulidos por dentro, y los leñadores los usaba muy bien. Se sentaban en el piso del canalón o sobre el mango del hacha, y se deslizaban para ahorrarse la caminata. Pues bien, un leñador se atrancó con un pie en un agujero en el canalón, y no podía sacarlo, y en ese momento oyó un grito de advertencia, lo que quería decir que un tronco estaba bajando. Vio el objeto viniendo, pero no podía zafar su pie, así que se lo cortó con el hacha y saltó justo a tiempo. Quedó lisiado de por vida, pero por lo menos estaba vivo.

Oh Dios, dame la valentía para cortar de mi vida ese vínculo que amenaza la felicidad de mi familia, esa indulgencia que me está quitando mi fuerza de propósito, esa duda que me está conduciendo a desobedecerte, esa desobediencia que me está haciendo dudar de ti. Oh, Dios, *sana mi falta de fe* y restáurame a la salud.

—Robert Raines, *Creative Brooding*

————————————————

EN NUESTROS MIEMBROS hay una inclinación dormida hacia el deseo que es a la vez súbito y feroz. Con poder irresistible, el deseo se apodera del dominio sobre la carne. Todo a la vez se enciende, un fuego secreto y al rescoldo. La carne arde y está en llamas. Da lo mismo si es el deseo sexual, o la ambición, o la vanidad, o el deseo

de venganza, o el amor por la fama y el poder, o la codicia por el dinero, o, finalmente, es el deseo extraño de la belleza del mundo, de la naturaleza. El gozo en
Dios . . . se extingue en nosotros y buscamos todo nuestro gozo en la criatura. En
este momento Dios es muy irreal para nosotros, Él pierde toda la realidad, y sólo el
deseo por la criatura es real. La única realidad es el diablo. Satanás no nos llena de
odio a Dios, sino con olvido de Dios. . . . La lujuria así levantada envuelve la mente
y la voluntad del hombre en la oscuridad más profunda. Se nos quitan los poderes
de discriminación clara y de decisión.

—Dietrich Bonhoefffer, *Temptation*

_____

TEOLOGÍA

PIENSO QUE APRENDÍ mi primera teología en las rodillas de mi madre. Ella dijo: "¡El
Señor te ayude si vuelves hacer eso!"

_____

Credo

No qué, sino *A Quién*, yo creo,
    Que, en mi hora más negra de necesidad,
    Tiene el consuelo que ningún credo mortal
    Al hombre mortal puede dar;—
No qué, sino *¡a Quien!*
    Porque Cristo es más que todos los credos,
    Y su vida llena de bondadosas obras
    Vivirá más que todos los credos.
No qué creo, sino *¡a Quién!*
    ¿Quién anda a mi lado en la tristeza?
    ¿Quién comparte mi carga agotadora?
    ¿Quién, todo el camino oscuro ilumina,
    y me anima a mirar mas allá de la tumba
    A la vida más grande para vivir?—
No qué creo,

Sino, ¡a Quién!
No qué
Sino A Quién.

—John Oxenham, citado en Thomas Curtis Clark, *Christ in Poetry*

UN GRUPO DE TEÓLOGOS estaban debatiendo la predestinación y el libre albedrío. Cuando la discusión se acaloró, se dividieron en dos grupos. Un hombre, incapaz de decidir a qué grupo unirse, se unió al grupo de la predestinación. Cuando se le preguntó por qué estaba allí, dijo: "Vine por mi propio libre albedrío." El grupo reaccionó: "¿Libre albedrío? ¡No puedes estar con nosotros!" Así que él se fue al grupo opuesto, y recibió el mismo reto. "¿Qué estás haciendo aquí?" "Me mandaron acá." "¡Fuera!" le gritaron, "no puedes unirte a nosotros a menos que vengas por tu propia voluntad."

—Leslie Flynn, *Great Church Fights*

CHARLES SCHULZ, en una de sus caricaturas de "Carlitos," muestra a Lucy y a Lino mirando por la ventana, viendo llover. Lucy empieza la conversación:

Lucy: Vaya, mira como llueve. ¿Qué tal si se inunda al mundo entero?

Lino: Nunca pasará eso. En el capítulo 9 de Génesis, Dios le prometió a Noé que nunca sucedería eso de nuevo, y que la señal de esa promesa es el arcoiris.

Lucy: Me has quitado un peso de encima . . .

Lino: ¡La buena teología suele hacer eso!

—Robert L. Short, *Parables of Peanuts*

HAY DOS COSAS que no puedes salvar: santos y asientos.

—H. A. Ironside

No sé de nadie que construiría una casa de vacaciones en la base del monte Vesubio, y sería difícil tratar de lograr que alguien vaya a acampar, al aire libre, en donde se ha notado huellas de Gran Gorila. Ninguna familia que yo conozca se interesaría en ir de vacaciones en una casa flotante en el canal de Suez; o nadar en el Amazonas cerca de un banco de pirañas, o construir una casa en una propiedad que se halle directamente sobre la falla de San Andrés.

Quiero decir, algunas cosas no tienen ningún sentido. Es como encender un fósforo para ver si el tanque de gasolina está vacío, o acariciar a un rinoceronte para ver si es manso. Tienen un nombre para los necios que tratan de hacerlo: víctimas; o, si viven para contar el cuento, simplemente insensatos.

Sin embargo hay creyentes que corren flirteando con riesgos mucho más grandes que los señalados arriba; y lo hacen con tanta calma en la cara que uno juraría que hielo corre por sus venas. Uno nunca pensaría que están andando en la cuerda floja del desastre sin una red.

¿Quiénes son? Son los que modifican la Biblia para acomodarla a su estilo de vida. Todos los hemos conocido. Por fuera parecen ser creyentes básicos, pero muy adentro, la operación racionalización transpira todos los días. Son expertos para refrasear o descartar las dolorosas verdades de los textos bíblicos.

Esta es una muestra de la teología del acomodo:

Dios quiere que yo sea feliz. No puedo ser feliz si sigo casado con ella. Así que la dejo; y sé que Dios entenderá.

Hubo un tiempo cuando esto tal vez se consideraba inmoral; pero no hoy; el Señor me dio este deseo y quiere que lo disfrute.

Mira, nadie es perfecto. Así que me hundí más de lo planeado. Es cierto, es algo turbio, pero, ¿no es para eso la gracia, de todas maneras?

Oye, la vida es demasiado corta para sudar por minucias. No estamos bajo la ley, como sabes.

Cada vez que hallan versículos o principios bíblicos que atacan su posición, los alteran para acomodarlos a su práctica. De esa manera ocurren dos cosas: (1) satisfacen todo deseo (por malo que sea), y (2) borran toda culpa (por justificada que sea).

De esa manera toda persona puede hacer lo suyo y nadie tiene ninguna razón para cuestionar las acciones del otro. Si lo hacen, lo llaman legalista y siguen en sus trece. . . .

Las consecuencias del pecado tal vez no vengan de inmediato; pero vendrán a la larga; y cuando vengan, no habrá excusas, ni racionalización, ni acomodos.

—Charles R. Swindoll, *The Finishing Touch*

Dos congregaciones de diferentes denominaciones estaban a corta distancia la una de la otra, en una población pequeña. Pensaban que sería mejor unirse y ser un solo cuerpo más grande y más eficaz, antes que dos iglesias pequeñas luchando. Buena idea, pero ambas eran demasiado mezquinas como para llegar a un acuerdo. ¿El problema? No podían ponerse de acuerdo sobre cómo repetir el Padre Nuestro. Un grupo quería "y perdónanos nuestros pecados" en tanto que la otra exigía "y perdónanos nuestras deudas." ¡Así que el periódico informó que la una iglesia volvió a sus pecados y la otra volvió a sus deudas!

—Leslie Flynn, *When the Saints Come Storming In*

_____

Dos errores serios se hallan por lo común en la familia de Dios. Una es darle a la gente perdida demasiada teología; y la otra es darle a los salvados demasiado del evangelio. Los salvados no crecen si todo lo que se les habla es de la cruz y de la tumba. Los perdidos no entienden si lo que se les dice son los asuntos profundos de la teología.

_____

Carlos Haddon Spurgeon por décadas mantuvo la atención de la gente de Londres en el gran Tabernáculo Metropolitano en donde predicaba. Aunque murió en sus cincuenta, alteró la ciudad de Londres con su influencia. En su lecho de muerte dijo: "Hermanos míos: Mi teología ha llegado a ser muy sencilla. Consiste en cuatro palabras: Jesús murió por mí." Y murió.

—Donald Kauffman, *Baker's Pocket Treasury of Religious Verse*

_____

La instrucción en la teología sólida ayudará a los que sufren. Es un recordatorio de que Dios les ha escogido para salvación; de que todavía están firmemente en la familia de Dios, y que Dios no se ha movido.

_____

TERRITORIO

EL HOMBRE NECESITA UN LUGAR, y esta necesidad es vital para él. . . . La vida no es una abstracción. Existir es ocupar un espacio en particular en donde vivir, al cual uno tiene un derecho. Esto es cierto incluso de los animales. El zóologo, Prof. Portmann, de Basle, me señaló que las gaviotas en los pasamanos . . . siempre se posan por lo menos a unos treinta centímetros de distancia. Si otra gaviota se posa entre ellas, todas vuelan al instante. Todas respetan la ley, y cada una tiene un derecho para un espacio mínimo de vida.

Los arquitectos y sociólogos deben considerar esto, porque el hombre es menos consciente de sus necesidades vitales, y más listo para descartarlas. Se permite que se lo arree en masas compactas, sin darse cuenta de que pierde su individualidad como persona en una sociedad que es demasiado compacta. Existir es tener un lugar, un espacio que los demás reconocen y respetan.

—Paul Tournier, *A Place for You*

UNA CARICATURA mostraba a un cantante listo para iniciar su número. Le dice al público: "Voy a cantarles un canto que el Señor me dio hace un año y aunque Él en efecto me lo dio, . . . cualquier reproducción de este canto, en cualquier forma, sin mi consentimiento por escrito, constituye infracción de las leyes de propiedad intelectual, lo que me concede el derecho de entablarle juicio . . . alabado sea Dios."

—*The Wittenberg Door*

¿ALGUNA VEZ HA OBSERVADO a la gente en el supermercado tratando de meterse entre otros en la fila para adelantarse, a tales extremos que a veces lleva a una discusión que falta poco para que se vayan a los puños? Todo por cuestión de ganar sesenta, tal vez noventa segundos. Es como si dijeran: "Este es mi espacio y nadie va a meterse delante de mí. ¡Entablaré pleito judicial, si es necesario!"

Esta actitud también está viva y coleando en los aviones. Recuerdo una ocasión en particular: estaba sentado en un 727 como a la mitad de la sección económica, de configuración de tres asientos a cada lado, cuando llegó una familia de tres. Evidentemente habían comprado sus boletos tarde, y no habían podido conseguir asientos en la misma fila. La azafata les aseguró que habían varios asientos vacíos, y que con certeza alguien estaría dispuesto a cambiarse de asiento.

Mi fila estaba llena, y también otras, pero justo en la fila delante de mí habían dos asientos vacíos, en la mitad y en la ventana, y al otro lado, en la misma fila, el asiento de la mitad y del pasillo estaban abiertos.

La familia, con toda amabilidad y cortesía, le preguntaron al caballero del pasillo si quisiera moverse del asiento del pasillo a lado derecho, al asiento del pasillo al lado izquierdo. Eso era todo; simplemente pararse, dar dos pasos a la izquierda, y sentarse de nuevo. Simplemente cambiar el asiento 17D por el asiento 17C.

¿Piensan que lo hizo? Ni en sueños. Ni siquiera fue lo suficientemente cortés como para darles una respuesta verbal. Simplemente les clavó la mirada y sacudió su cabeza firmemente. Y cuando una azafata con todo tacto lo intentó de nuevo, él le soltó su andanada que no podía perder. El hombre absolutamente rehusó ceder. Este era su "espacio," damas y caballeros. Había pagado buen dinero por él, y ni en sueños iba a permitir que nadie, por ninguna razón, se lo quite. Pequeño mundo, mentes pequeñas.

TESTIFICAR

(Ver también *Evangelización*)

DECIDÍ UN DÍA PRESENTARLE el evangelio a un amigo médico mientras almorzábamos. Hice un dibujo que tenía a un lado de la página un círculo: Dios, y escribí debajo *Santo*. Luego, al otro lado de la página tracé un segundo círculo representando al mundo, la humanidad, y debajo escribí la expresión *No santo*. Entonces dibujé un puente entre Dios y la humanidad como una cruz y escribí el nombre de Cristo en el travesaño horizontal. Con todo cuidado traté de mantenerlo sencillo.

Después del almuerzo le puse el dibujo sobre la mesa en el restaurante. Tenía el corazón en la garganta. Pensé que él iba a creer. ¡Le va a encantar esto! Lo miró, lo estudió por unos segundos, y sonrió y dijo: "Ni en mil años podría creer eso." No podría haber sido más claro o sencillo, pero él no podía haber estado más lejos de interesarse en esa verdad. Le dije: "¿Has visto esto antes?" Él dijo: "No. Nunca en mi vida. Nunca. Nunca lo he visto, y no me interesa."

JACK COOPER es un oftalmólogo de Dallas. En lugar de la consabida tabla estándar con la leyenda "Este es un buen tiempo para que todos los hombres buenos vengan a ayudar a su país," para examinar los ojos, él hizo preparar una que dice: "Dios te ama y tiene un plan maravilloso para tu vida."

Él opera cataratas, lo que les da a sus pacientes de nuevo la vista. Luego, cuando vuelven para el chequeo, él les dice: "Veamos cómo le va." Les hace leer: "Dios te ama y tiene un plan maravilloso para tu vida." "¡Vaya! ¡Puedo leer! 'Dios me ama y tiene un maravilloso plan para mí' . . . . ¿Qué quiere decir esto?"

—Howard G. Hendricks, *Say It With Love*

VIVE DE TAL MANERA que no te avergüences de vender tu lora a la chismosa de la ciudad.

—Will Rogers

EL PASTOR, vestido en un cómodo pantalón viejo de mezclilla, abordó el avión para volver a casa. Se acomodó en el último asiento desocupado junto a un bien vestido hombre de negocios que tenía el *Wall Street Journal* bajo el brazo. El ministro, un poco abochornado por su vestido casual, decidió fijar la vista frente y, con certeza, evitar cualquier conversación seria. Pero el plan no funcionó. El hombre lo saludó, así que, para ser cortés, el pastor le preguntó en qué trabajaba. Esto es lo que sucedió:

ESTE PASTOR ESCRIBE: "Después de concluir una entrevista final con una iglesia bastante grande en los suburbios, a duras penas tuve tiempo para cambiarme de traje y ponerme un pantalón viejo antes de abordar el avión para regresar a casa."

"Me dedico al negocio de salón de figura. Podemos cambiar el concepto que una mujer tiene de sí misma mediante cambios en su cuerpo. Es algo muy profundo, y poderoso."

Su orgullo se dejaba ver entre líneas.

"Usted debe tener mi misma edad," le dije. "¿Ha estado haciendo eso por mucho tiempo?"

"Me acabo de graduar de la Facultad de Administración de Negocios de la Universidad de Michigan. Me han dado una enorme responsabilidad, y me siento muy honrado. Es más, espero llegar muy pronto a ser gerente de toda la división occidental."

"¿Así que su empresa funciona a nivel nacional?" le pregunté, con un tono de asombro, a pesar de mí mismo.

"Así es. En nuestro ramo, somos la compañía que más rápido está creciendo en nuestra nación. Es realmente bueno ser parte de una organización así, ¿no le parece?"

Asentí expresando aprobación, y pensé: "Impresionante. Orgulloso de su trabajo y su éxito. . . . ¿Por qué los cristianos no podemos sentirnos así de orgullosos? ¿Por qué con tanta frecuencia nos expresamos como pidiendo disculpas por nuestra fe y nuestra iglesia?"

Echando un vistazo a mi ropa, me hizo la pregunta inevitable: "Y usted, ¿a qué se dedica?"

"Es interesante que nos dedicamos a negocios básicamente similares," le dije. "Usted se dedica al negocio de cambiar el cuerpo; yo me dedico a la tarea de cambiar personalidades. Aplicamos los principios teocráticos básicos para lograr una modificación indígena en la personalidad."

Mordió el anzuelo, pero yo sabía que nunca lo admitiría (El orgullo es poderoso).

"¿Sabe una cosa? He oído algo de eso," replicó. "Pero, ¿tiene usted oficina en la ciudad?"

"Ah; tenemos muchas oficinas. Tenemos oficinas en todas partes. Es más, trabajamos a nivel nacional. Tenemos por lo menos una oficina en cada estado de la nación, incluyendo Alaska y Hawaii."

El hombre me miró con una expresión de perplejidad. Se devanaba los sesos tratando de identificar a qué gigantesca compañía me refería, y acerca de la cual él debería haber oído algo o leído algo, tal vez en su *Wall Street Journal*.

"A decir verdad, también trabajamos a nivel internacional. La Administración tiene un plan para establecer por lo menos una oficina en cada país del mundo antes de que termine esta temporada de negocios."

Me detuve.

"¿Tienen ustedes todo eso en su empresa?" le pregunté.

"Pues, no; todavía no," respondió él; "pero usted mencionó la administración. ¿Cómo lo hacen para funcionar?"

"Es asunto de familia. Hay un Padre y un Hijo, y ellos gobiernan todo."

"Debe requerir mucho capital," dijo él, escéptico.

"Ah; ¿se refiere a dinero?" le pregunté. "Así es; supongo. Nadie sabe cuánto dinero se requiere, pero nunca nos preocupa de que haya escasez. Él es un tipo muy creativo; y el dinero, pues, allí aparece. Es más, los que pertenecemos a la Organización tenemos un dicho respecto a nuestro Jefe: Él tiene en propiedad 'los millares de animales en los collados.'"

"Ah; ¿se dedica también a la ganadería?" preguntó mi amigo cautivado.

"No; es solamente un decir para indicar su riqueza."

Mi amigo se arrellanó en su asiento, pensando en nuestra conversación. "¿Y qué de usted?" preguntó.

"¿Los empleados? Ah; es algo digno de verse," le dije. "Tienen un 'Espíritu' que permea en toda la organización. Funciona algo así: El Padre y el Hijo se aman tanto que su amor se filtra y llena toda la organización, de modo que todos nos hallamos queriéndonos unos a otros también. Sé que esto suena anticuado en un mundo como el nuestro, pero conozco a personas en la organización que estarían dispuestos a dar su vida por mí. ¿Tienen ustedes algo así en su empresa?" Yo estaba casi gritando. La gente empezó a moverse notoriamente incómodos en sus asientos.

"No, todavía," dijo él. Rápidamente cambió el tema, y preguntó, "Pero, ¿disfrutan de buenos beneficios adicionales?

"Ah, son substanciales," respondí. "Tengo seguro de vida completo y seguro contra incendios completo. Todo lo básico. Tal vez no me crea, pero es verdad: Tengo también acciones en una mansión que me están construyendo para cuando me jubile. ¿Tienen algo así en su empresa?"

"No todavía," contestó él, esperanzadamente. La luz empezaba a encenderse.

"¿Sabe una cosa? Hay algo que me incomoda en todo lo que usted está diciendo. He leído todas las revistas y publicaciones, y si su empresa es todo lo que usted dice, ¿por qué es que no he leído nada que yo recuerde?"

"Buena pregunta," le dije. "Después de todo, tenemos unos dos mil años de tradición."

"¡Un momento!" dijo él.

"Tiene razón," le interrumpí. "Estoy hablando de la iglesia cristiana."

"Lo sabía. ¿Sabe usted? Yo soy judío."

"¿Le gustaría inscribirse?" le pregunté.

—Jeffrey Cotter, revista *Eternity,* marzo de 1981

_____

COMO EMBAJADORES DE CRISTO necesitamos un estándar ético que dirige nuestra invitación, independientemente de cómo respondan las personas.

Creo que hay tal estándar; y, dicho en forma sencilla, es éste: cualquier esfuerzo persuasivo que restringe la libertad de otro para escoger a favor o en contra de Jesucristo, es equivocado.

—Em Griffin, *The Mind Changers*

_____

EN UNA CARICATURA un cruzado está montado en su caballo y lleva un gran escudo con una cruz. Está atravesando con la lanza la garganta de un individuo que está en tierra, y que está diciendo: "Dime algo más de este cristianismo. Me interesa mucho."

—Em Griffin, *The Mind Changers*

_____

PUDIERA LLENAR UN LIBRO con relatos asombrosos de cosas que la gente ha hecho y dicho cuando se enteran de que yo soy un ministro del evangelio. Un hombre sentado junto a mí en un avión a la hora de la comida, nerviosamente cambió su orden de una sangría de licor a una gaseosa, diciéndome al oído, sudando, que en realidad quería ordenar eso para empezar. Le dije que no se preocupara, que no me importaba lo que él bebía, lo que él pensó que era un indicio, y en pánico ordenó *para mí* una sangría de licor. Cuando decliné, él decidió cambiar de asientos. En su prisa, derramó su comida sobre mí. A veces es más fácil decirle a la gente que soy un escritor. Entonces quieren saber qué clase de libros escribo, y esto conduce a otro episodio como el de la sangría de licor.

Nunca olvidaré la ocasión cuando caminaba por el largo corredor de un hospital, yendo a visitar a una señora miembro de la iglesia. Al acercarme a la habitación, el esposo acababa de salir. Al salir por la puerta él encendió un cigarrillo, luego levantó la vista por el corredor, y de repente me reconoció a la distancia. Yo le sonreí y le saludé con la mano. Nerviosamente él retrocedió y no tenía ni la menor idea de cómo esconder el cigarrillo. Todavía sosteniendo, cigarrillo encendido, metió la mano en el bolsillo de su pantalón. Decidí actuar como si no lo hubiera visto, y entablé con él una conversación larga. La cosa se puso muy cómica. Mientras más hablábamos, más corto era el cigarrillo es su mano, y mas él parecía como chimenea. Había humo que salía del bolsillo de su pantalón, y le salía por el cuello de la camisa. Incapaz de contenerme más, le pregunté por qué no se terminaba su cigarrillo. ¿Lo creerían? Él negó tener un cigarrillo. En segundos él salió corriendo al ascensor y huyó, lo que probable fue bueno. Si hubiéramos hablado un poco más, el pobre hombre se habría convertido en un sacrificio vivo.

—Charles Swindoll, *The Bride.*

_____

EL DR. BORIS KORNFELD era un judío que vivía en Rusia; y por alguna razón, (tal vez un desliz de la lengua en que se refirió a Stalin como finito), lo echaron al Gulag en donde viviría el resto de su vida.

Puesto que era médico, él debía seguir ejerciendo la medicina y manteniendo a los esclavos vivos para que pudieran morirse con todas las cosas buenas dichas en su historial. El Dr. Kornfeld tenía que reescribir los historiales para que digan: "Esta persona está sana," sea que lo estuviera o no. Al esclavo luego se lo volvía a poner en el grupo y se esperaba que hiciera el trabajo. Si los esclavos se morían de hambre, estaba bien; pero no debían morirse en el hospital.

Lentamente el médico empezó a ver a través de toda su mal aplicada política y filosofía de la vida. Por último decidió que debía haber otra manera; y mediante la influencia de otro compañero preso, oyó de Jesucristo y a la larga llegó a conocer al Mesías: el Dr. Boris Kornfeld recibió personalmente a Jesucristo en su vida.

La transformación fue lenta pero firme. En una ocasión atendió al mismo guardia que había golpeado a los esclavos. Tuvo la oportunidad de atar en forma suelta una arteria para que el hombre se desangre hasta morirse y nadie lo hubiera sabido. Pero ahora que Cristo vivía en su vida era incapaz de matar. Inclusive se dijo a sí mismo en varias ocasiones: "Perdónanos el mal que hemos hecho, así como nosotros hemos perdonado a los que nos han hecho mal."

¡Palabras extrañas que broten de los labios de un judío en un campamento de prisioneros de Rusia! Estoy seguro de que él no se daba cuenta de que era un modelo y estoy seguro de que no pensaba mucho en cuanto al ciclo. Pero en una ocasión estaba atendiendo a otro preso que tenía cáncer de los intestinos. Parecía que el hombre no iba a vivir.

Boris Kornfeld se preocupó tanto por la fe del hombre que se inclinó sobre él y le habló calladamente conforme el paciente se dormía por la anestesia. Le habló de Cristo y le explicó del amor de Dios que fue demostrado en la muerte y resurrección del Salvador. Cuando el hombre recobraba el sentido, le hablaba más. En cierto punto, el paciente se despertó, y en su estado amodorrado, oyó un ruido en el corredor. Su cirujano, el Dr. Kornfeld, estaba siendo brutalmente asesinado.

Cuando el paciente finalmente recuperó el sentido, se dio cuenta de lo que quería decir que el Dr. Kornfeld haya dado su vida por una causa, y el paciente mismo recibió personalmente a Cristo también.

Debido a que Boris Kornfeld tuvo una visión del ciclo, él usó su influencia para moldear una vida que no murió, sino que vivió para ser un reto y exhortar al pensamiento de una próspera y materialista Estados Unidos de América occidental. El nombre de su paciente: Aleksandr Solzhenitsyn.

—Charles Colson, *Loving God*

———————————

TOMÁS DE AQUINO, que sabía mucho en cuanto a educación y un poco en cuanto a la motivación, una vez dijo que cuando uno quiere convertir a una persona al punto de vista de uno, uno va a donde la persona está, le toma de la mano, y le guía. Uno no se para al otro lado del cuarto y le grita. No le ordena que venga a donde uno está. Uno empieza donde la persona está y trabaja desde esa posición. Dijo que es la única manera de lograr que las personas se convenzan.

———————————

EN UNA OCASIÓN fui a visitar a Dick y Mary Chase. Fue un deleite. Les echaba de menos desde sus días en la Universidad Biola. Conocí a un nuevo miembro de su familia. Se llama Mindy. Tiene hermoso pelaje negro, rizado, y una pequeña cola. Mindy escucha la radio cristiana todo el día; y cuando entré, y miré, ellos dijeron: "Te presento a Mindy." Yo le dije: "Hola, Mindy." Ella oyó mi voz, recordó "Insight for Living." Esa es la voz. Entonces empezó a saltar por todos lados. Le acaricié el pelo, y nos divertimos mucho.

Mary tiene un buen sentido del humor. Ella dijo: "Como sabes, esta perra en realidad, en realidad conoce el evangelio. Oye radio cristiana todo el día. Hay conversaciones en este cuatro entre Dick y los miembros de la facultad, y ellos hablan de asuntos serios, y Mindy se queda sentada allí, escuchando. Hay cantos y oraciones. Ella nos oye hablar con los estudiantes hasta altas horas de la madrugada. Mindy ha estado expuesta al evangelio toda su vida; pero ella nunca ha conducido a ninguna persona al Salvador; ni nunca lo hará, aunque quisiera hacerlo, porque no está equipada. Ese es nuestro trabajo. Nosotros tenemos que hacerlo."

—Charles R. Swindoll, *Growing Deep in the Christian Life*

APUNTA AL CIELO y "encima" recibirás la tierra; apunta a la tierra y no lograrás ni lo uno ni lo otro.

—C. S. Lewis, *Christian Behavior*

TIEMPO

EL TIEMPO es significativo porque es muy raro. Es completamente irrecuperable. Nunca se lo puede repetir o volverlo a vivir. No hay tal cosa como la reproducción literal instantánea. Eso aparece sólo en las películas. Viaja con nosotros todos los días, y sin embargo tiene la eternidad envuelta en sí. Aunque esto es cierto, el tiempo a menudo parece relativo, ¿verdad? Por ejemplo, dos semanas de vacaciones no es lo mismo que dos semanas de dieta. También, ¡algunas personas pueden estar más tiempo en una hora que otros en una semana! Benjamín Franklyn dijo del tiempo: " . . . es las cosas de lo que está hecha la vida." El tiempo forma los bloques de construcción de la vida. El filósofo William James dijo una vez: "El gran uso de la vida es gastarla en algo que durará más que ella."
—Lloyd Cory, *Quote Unquote*

EL AYER es un cheque cobrado; el mañana es un pagaré. Hoy es efectivo en mano para usarlo; inviértelo.

—John Haggai, *How to Win Over Worry*

Me gustaría jugar el papel del diablo por un momento y decirle cómo desperdiciar su tiempo. Cinco ideas probadas vienen de inmediato a la mente:

Primero, preocúpese mucho. Empiece a preocuparse temprano en la mañana e intensifique su ansiedad conforme el día avanza.

Segundo, haga predicciones firmes y apuradas. Por ejemplo, un mes antes de su desaparición en julio de 1975, Jimmy Hoffa anunció: "No necesito guardaespaldas."

Tercero, fije su atención en enriquecerse. Usted hallará muchas ideas innovadoras en los anaqueles seculares (conté quince libros sobre el tema la última vez que fui a una librería), además usted encajará con la mayor parte de la alharaca que sale de los seminarios empresariales y reuniones de ventas de alta presión.

Cuarto, compárese con otros. Ahora bien, ese es un verdadero desperdicio del tiempo. Si usted está dado al acondicionamiento físico, compararse con Arnold Schwarzenegger o Jane Fonda debe mantenerlo ocupado.

Quinto, amplíe la lista de enemigos. Si hay algo, sobre todo lo demás, que mantendrá sus ruedas patinando, es perfeccionar su destreza en el juego de echar la culpa.

Ponga en práctica estas cinco sugerencias certeras y usted establecerá un nuevo récord en cuanto a desperdiciar tiempo valioso.

—Charles R. Swindoll, *The Finishing Touch*

Hay una leyenda en cuanto a Satanás y sus diablos planeando su estrategia para atacar al mundo que está oyendo el mensaje de salvación. Uno de los demonios dice: "Yo tengo un plan, señor. Cuando llegue a la tierra y me apodere del pensamiento de la gente, les diré que no hay cielo."

El diablo responde: "Ah, nunca creerán eso. Este libro de verdad está lleno de mensajes de la esperanza del cielo mediante los pecados perdonados. No creerán eso. Ellos saben que hay una gloria todavía futura."

Del otro lado del salón otro dice: "Yo tengo un plan. Les diré que no hay infierno."

"No sirve," dice él. "Jesús, mientras estuvo en la tierra habló más del infierno que del cielo. Ellos saben en su corazón que algún día se castigará el mal. Ellos no merecen nada menos que el infierno."

Un brillante diablito atrás se levantó y dijo: "Entonces yo tengo la respuesta. Les diré que no hay prisa." Y esa es la que Satanás escogió.

—C. S. Lewis *The Screwtape Letters*

_____

NUESTRA META, entonces, no es *hallar más tiempo* sino *usar el tiempo con mayor sabiduría*. Haga una evaluación honesta de su semana. Si hay fugas en su represa del tiempo, ¿por qué no taponarlas?

Si usted debe cernir sus prioridades con mayor claridad de lo trivial, eso sería su ventaja.

Si un plan sencillo le ayudaría a organizar su vida, eso es actuar con inteligencia.

Si usted debe dar un bondadoso "no" sin restricción y sin explicación, más a menudo, hágalo.

Es fácil olvidar que el tiempo es nuestro esclavo, no nuestro soberano, ¿verdad?

_____

LEÍ DE UN ANCIANO que había llevado notas muy cuidadosas de su vida en una serie de cuadernos que guardaba en un anaquel en su negocio. Cuando cumplió ochenta años fue a la tienda, sacó los libros del anaquel y empezó a hacer cálculos sobre su vida. Se sorprendió al hallar que había gastado cinco de sus ochenta años esperando a la gente. Había pasado seis meses anudándose las corbatas, tres meses regañando a sus hijos, y ochenta diciéndoles a los perros que se calmen.

No sé si el anciano era creyente o no, pero si lo hubiera sido, en sus ochenta años probablemente habría pasado como seis mil horas (cien horas cada año, basado en sermones de cuarenta minutos) asistiendo a los cultos de la mañana y la tarde del domingo y algún culto entre semana y alguna conferencia bíblica.

_____

POR NUEVE LARGOS AÑOS el récord de carrera de una milla rondaba por los cuatro minutos. Ya en 1945, Gunder Haegg se había acercado a esa barrera con el tiempo de 4:01.4. Muchos decían que se había llegado al límite de la capacidad física; era imposible quebrar la barrera de los cuatro minutos. Pero en 1954, Roger Bannister rompió la cinta a los 3:59.4. ¿Y cuál fue el resultado? Tan pronto como el mito de la "barrera imposible" se desvaneció, la milla en cuatro minutos fue acometida y muchos lo lograron con aparente facilidad. Casi en menos de lo que uno lo cuenta, sesenta y seis corredores diferentes superaron el récord de cuatro minutos. Si uno le resta importancia a este hecho como meramente el poder de la competencia, se pierde el punto. Había igual espíritu competitivo antes de que se rompiera el récord. Lo que descubrieron los que corrieron después de Bannister fue que se podía hacer.

—Alan Loy McGinnis, *Bringing Out the Best in People*

_____

TRABAJO, ADICTOS AL

LA MAYORÍA DE ESTADOUNIDENSES de la clase media tienden a adorar su trabajo, trabajar en sus juegos, y jugar en su adoración. Como resultado, sus significados y valores están distorsionados. Sus relaciones personales se desintegran más rápido de lo que pueden mantenerlas en buen orden, y sus estilos de vida se parecen a un elenco de personajes buscando una trama.

—Gordon Dahl, citado en Lloyd Cory, *Quote Unquote*

_____

> Gatita, gatita tinta, ¿dónde has estado?
> Estuve en Londres para ver a la reina.
> Gatita, gatita, ¿qué hiciste allí?
> Asusté a un ratoncito debajo de su silla.

Gata tonta. Tuvo la oportunidad de toda una vida. Todo Londres se extendía ante ella. La Abadía de Westminster, el Museo Británico, el Número 10 de la calle Downing, la plaza Trafalgar, el Parlamento, el arco de mármol en Hyde Park. Ella pudiera haber oído la orquesta filarmónica de Londres, o pudiera haberse trepado a un viejo poste de madera para ver el cambio de la guardia. Dudo que a ella le importara estar a corta distancia de la catedral de San Pablo. Probablemente ni siquiera se dio cuenta de que era el Támesis histórico que corría debajo del viejo puente oxidado mientras ella lo cruzaba persiguiendo ratones.

Después de todo, ella ni siquiera se percató de la reina mientras su majestad estaba ante ella. No esta gata. Ella era tan ratón-adicta, que no podía dejar la misma vieja rutina aunque estuviera en Londres. ¡Qué tedio!

Hay un viejo refrán griego que dice:

ROMPERÁS EL ARCO
SI LO MANTIENES SIEMPRE TENSO.

Lo que quiere decir, si se lo traduce libremente de su original: "Hay más en ser gata que perseguir ratones; o: "Hay más en la vida que el trabajo arduo."

—Charles R. Swindoll, *Growing Strong in the Seasons of Life*

POSIBLEMENTE el más grande mal en nuestro país es la compulsión neurótica a trabajar.

—William MacNamara

TRABAJO EN EQUIPO

UNA JIRAFA es un caballo ensamblado por un comité.

CUANDO YO ESTABA EN LA SECUNDARIA, un joven muy talentoso llamado Donald Carpenter podía jugar fútbol americano como pocas personas. En su antepenúltimo año fue seleccionado para el equipo de toda la ciudad de Houston. En su penúltimo año lo seleccionaron para el equipo de todo el estado, por decisión unánime. Era obvio que para su último año iba a poner el lugar de cabeza; las tenías todas hechas.

Pero el entrenador cometió un error trágico. En nuestra práctica del verano antes de nuestro último año, él cambió todas las jugadas para que se concentraran en Donald Carpenter. El equipo virtualmente giraba alrededor de Carpenter.

Todo marchó a pedir de boca por cinco partidos. Hubo muy pocas anotaciones en contra de nuestro equipo.

Luego, de repente, en el sexto partido, en la primera jugada, Carpenter se rompió un tobillo. Sobra decir que el resto de la temporada no fue mucho de lo que podamos jactarnos. Perdimos todos los partidos. ¿Por qué? Porque no teníamos un equipo; teníamos un espectáculo de un solo hombre.

———————————

EL GRAN NOMBRE era Dennis Connors. En su velero de 12 metros en la carrera de la Copa América en Australia, él ganó la competencia. Nos emocionamos por eso, por lo menos los que somos entusiastas de los deportes. No dijimos mucho hace varios años cuando perdimos, pero cuando recuperamos la copa todos se entusiasmaron. Dennis Connors fue el que recibió toda la gloria, el que levantó el trofeo. Él es, por supuesto, el que encabezó el proyecto. Él es el que sabe en cuanto a navegar a verla, el que estaba en medio del desfile triunfal, el héroe del club náutico. Él es el que puso el trofeo de nuevo en el anaquel.

Connors, por supuesto, no estaba solo. Toda una tripulación trabajaba con él mientras él conducía el velero. Se hizo todo un documental de televisión sobre el proyecto. Mostraba a los demás de la tripulación, aparte de Connors. A decir verdad, una persona en particular se destacó en mi mente, porque él nunca ve la superficie del agua, aunque está en cada una de las carreras. Él nunca disfruta de la vista de saber dónde están los demás veleros, o cuán cerca están a la línea de llegada. Es más, continuamente lo empapan las olas del océano. Él trabaja en lo que llaman la sentina del velero. ¿Suena eso interesante? Él está allá abajo. Él nunca siente nada excepto el agua que le cae encima. Pero sea lo que sea que él hace allí, de acuerdo al mismo Connors, hace la carrera posible para ese bote. Él les hace posible que ganen.

———————————

¿Cuán importante eres?

Más de lo que
piensas.
Un gallo
sin gallina
quiere decir
que no hay pollitos.
Kellog sin
un agricultor
quiere decir
que no hay cereal de maíz.
Si se cierra
la fábrica de clavos,
¿de qué sirve la
fábrica de martillos?
El genio de Paderewski
no serviría
gran cosa
si el
afinador de pianos
no se hubiera asomado.
Al fabricante de galletas de sal
le va mejor
si hay
un fabricante de queso.
El cirujano
más diestro necesita
del conductor de la ambulancia
que trae al
paciente.
Tal como Rogers
necesitaba a Hammerstein
tú necesitas de alguien
y alguien
te necesita a ti.

—Charles R. Swindoll, *Come Before Winter*

A JOHN STEMMONS, un bien conocido hombre de negocios de Dallas, se le pidió que dijera una declaración breve de lo que consideraba ser fundamental para formar un buen equipo. Su respuesta fue clara y concisa: "Busque algunas personas que sean intrépidos, que van a ser realizadores en su propio campo, y personas en las que pueda confiar. Luego crezcan juntos."

— Charles R. Swindoll, *Quest for Character*

_____

¿CUÁLES SON ALGUNAS CUALIDADES de personas que son un recurso valioso en cualquier esfuerzo? Sugiero por lo menos ocho:

Iniciativa: tener iniciativa propia con energía contagiosa.

Visión: ver más allá de lo obvio, apropiarse de nuevos objetivos.

Desprendimiento: soltar los controles y la gloria.

Trabajo de equipo: incluir, animar y respaldar a otros.

Fidelidad: perseverar en buen tiempo y en mal tiempo.

Entusiasmo: proveer afirmación, entusiasmo a una tarea.

Disciplina: modelar gran carácter independientemente de las probabilidades.

Confianza: representar seguridad, fe y determinación.

—Charles R. Swindoll, *The Finishing Touch*

_____

TRABAJO

(Ver también *Empleos*)

UNIDAD

NINGÚN HOMBRE es una isla, por sí mismo; todo hombre es una pieza del continente, una parte del todo; si un terrón es arrastrado por el mar, Europa es menos, así como si lo fuera un promontorio, tanto como si una heredad de tus amigos o de ti mismo lo fuera; la muerte de todo hombre me disminuye, porque estoy involucrado en la humanidad; y por consiguiente, nunca mandes a averiguar por quién doblan las campanas, doblan por ti.

—John Donne, citado en John Barlett, *Bartlett's Familiar Quotations*

Ezequías 6:14
"Los alpinistas
Se atan unos a otros
para impedir que los cuerdos se vuelvan a casa."

No sé quién lo dijo,
ni cuándo, ni dónde,
Pero me he reído por eso,
He pensado en eso, y lo he citado, también.

Con una montaña de misericordia a mis espaldas
Y una montaña de misión por delante,
Te necesito, hermana mía, hermano mío,
Necesito estar atado a ti,
Y tú me necesitas, también.

Nos necesitamos el uno al otro . . .
Para impedir que nos escapemos,

Que huyamos en pánico, y que volvamos
A la "cordura" de la incredulidad.

Palabras sabias, quienquiera que las dijo;
Las he puesto en mi "biblia";
Son mi Ezequías 6:14.

—Gerhard E. Frost, *Blessed Is the Ordinary*

USANDO LA ANALOGÍA DEL CUERPO HUMANO, hay algunas enfermedades que pueden esparcir infección por todo el cuerpo de Cristo. La mente puede hincharse con orgullo. El corazón puede enfriarse y ser indiferente debido al pecado. El sistema digestivo puede atacarse mediante la teoría estéril y teología no aplicada, así que el cuerpo no puede digerir lo que necesita que se convierta en energía o que se elimine lo que hay que eliminar. Cuando eso ocurre empezamos a luchar entre nosotros mismos o perdemos nuestro equilibrio y nos hallamos incapaces de mantenernos balanceados. . . .

A veces ocurre algo aterrador en el cuerpo: un motín; lo que resulta en un tumor . . .

A un tumor se le llama benigno si sus efectos son más bien locales y se queda dentro de sus límites membranosos. Pero la condición más traumática en el cuerpo ocurre cuando las células desleales desafían la inhibición. Se multiplican sin ninguna cortapisa en su crecimiento, extendiéndose rápidamente por todo el cuerpo, sofocando y desalojando a las células normales. Los glóbulos blancos, armados contra invasores foráneos, no atacan a las células amotinadas de su mismo cuerpo. Los médicos no temen más hondamente ninguna otra función que esa; se llama cáncer. Por razones todavía misteriosas estas células, y pueden ser células del cerebro, hígado, riñones, hueso, sangre, piel u otros tejidos, crecen sin freno, sin control. Cada una es una célula saludable y funcionando, pero desleal, y ya no actúa en consideración al resto del cuerpo.

Incluso los glóbulos blancos, esa guardia palaciega confiable, puede destruir al cuerpo mediante la rebelión. A veces se reproducen irresponsablemente, obstruyendo el torrente sanguíneo, sobrecargando el sistema linfático, estrangulando las funciones normales del cuerpo; esa es la leucemia.

Debido a que soy cirujano y no profeta, tiemblo al hacer la analogía entre el cáncer del cuerpo físico y el motín en el cuerpo espiritual de Cristo. Pero debo hacerlo. En sus advertencias a la iglesia, Jesucristo no mostró ninguna preocupación en cuanto a los golpes y lesiones que su cuerpo recibiría de fuerzas externas. "Las puertas del Hades no prevalecerán contra ella," dijo llanamente (Mateo 16:18). Él se movía con facilidad, sin ninguna amenaza, entre pecadores y criminales; pero clamó contra la clase de deslealtad que surge desde adentro.

—Paul Brand y Philip Yancey, *Fearfully and Wonderfully Made*

POCAS DOCTRINAS son más importantes que esta. Debido a que cada iglesia está bajo ataque constante, necesitamos ser buenos estudiantes del tema. Debido a que somos miembros del cuerpo unos y otros, necesitamos aplicarnos a la armonía mutua. Y debido a que la enfermedad puede reducir la efectividad del cuerpo, debemos mantener hábitos de salud y un programa consistente de ejercicio en armonía con el programa de Dios para edificar el cuerpo.

EN LO ESENCIAL, unidad. En lo no esencial, libertad. En todo, caridad.

—Felipe Melanchton, citado en Leslie Flynn, *When the Saints Come Storming In*

Cree como yo creo, ni más ni menos
Que yo tengo razón y nadie más, confiesa;
Siente como yo siento, piensa como yo pienso,
Come como yo como y bebe como yo bebo;
Mira como yo miro, haz como yo hago,
Entonces tendré comunión contigo.

—Leslie Flynn, *Great Church Fights*

LA *UNIÓN* TIENE AFILIACIÓN con otros pero ningún vínculo común que los haga uno de corazón. La *uniformidad* tiene a todos viéndose y pensando igual. La *unanimidad* es acuerdo completo en general. La *unidad,* sin embargo, se refiere a unidad de corazón, similitud de propósito, y acuerdo en los principales puntos de doctrina.

—Charles R. Swindoll, *Hope Again*

Imagínese un par de personajes de tiras cómicas. Uno está sentado solo, viendo televisión. Otra entra corriendo, exigiendo que cambie de canal al programa que ella quiere, amenazándolo con su puño cerrado en la cara. Más bien mansamente él le pregunta qué le hace pensar que ella puede entrar si más ni más y tomar las riendas. Ella responde: "¡Estos cinco dedos!" que ella hace puño. Resulta. Sin una sola palabra el pequeño responde preguntándole cuál canal prefiere ella.

Naturalmente, ella consigue ver el canal que quiere. Lentamente él sale corrido del cuarto, sintiéndose como un pelele. Mira a sus propios cinco dedos y pregunta: "¿Por qué ustedes no pueden organizarse de esa manera?"

—Charles R. Swindoll, *The Grace Awakening*

DENTRO DE LA IGLESIA del cristianismo histórico han habido amplias divergencias de opinión y rituales. La unidad, sin embargo, prevalece dondequiera que hay una experiencia profunda y genuina de Cristo; porque la comunión del nuevo nacimiento trasciende todos los límites históricos y denominacionales. Pablo del Tarso, Lutero de Alemania, Wesley de Inglaterra, y Moody de los Estados Unidos de América hallarían profunda unidad unos con otros, aunque estuvieron ampliamente separados por el tiempo, espacio, nacionalidad, trasfondo educativo, y conexiones eclesiásticas.

—Merrill C. Tenney, *John: The Gospel of Belief*

EN LA IGLESIA hay el lazo de familia, sin embargo espacio para la variedad. El diablo trata de trastornar la unidad. Dos gallinas atadas por las patas y colgadas de un cordel pueden estar unidas, pero no tienen unidad.

—Leslie Flynn, *Great Church Fights*

VALOR

LA FIESTA a bordo del barco estaba en su apogeo. El capitán y la tripulación daban discursos, y los invitados disfrutaban del viaje que duraba una semana. Sentado en la mesa principal estaba un caballero de setenta y cinco años que, algo abochornado, hacía lo mejor que podía para aceptar el elogio que se le prodigaba.

Temprano esta mañana una joven se había caído por la borda, y en pocos segundos este anciano estaba en las aguas frías y oscuras a su lado. Rescataron a la mujer y el anciano se convirtió en un héroe al instante.

Cuando por fin llegó el momento para que el valiente pasajero hable, todo el salón quedó en silencio mientras él se levantaba de su silla. Se acercó al micrófono, y en lo que probablemente fue el discurso más corto de un "héroe" jamás pronunciado, dijo estas conmovedoras las palabras: "Sólo quiero saber una cosa: ¿Quién me empujó?"

—Ted Engstrom, *Motivation to Last a Lifetime*

UNO DE LOS GRANDES MITOS estadounidenses es que todos somos un pandilla de acérrimos individualistas. Nos gustaría pensar eso, pero sencillamente no es así. Hay excepciones, por supuesto, pero para la mayoría, las cosas no son así.

Muy adentro, nos imaginamos que somos una mezcla de Patrick Henry, Dave Crockett, John Wayne, y el profeta Daniel. Pero la verdad del asunto es . . . que en vez de ser acérrimos individualistas, somos más como Gúlliver del cuento, atados e inmovilizados por diminutas cuerdas de temor, reales o imaginarias. El resultado es a la vez predecible y trágico: pérdida de valor.

Podemos ver estos síntomas . . . en toda la sociedad, pero la más visible es la pérdida de valor. La gente se queda y contempla cómo golpean y apuñalan a un conciudadano, y nadie interfiere. Tienen miedo. Nuestros dirigentes políticos ven al comunismo tragarse a otras naciones y no hacen nada. Tienen miedo. La gente se queja en privado en cuanto al estado de las cosas pero no lo dice en público. Tienen miedo.

—Robert Flood, *Rebirth of America*

¿DEBE UNO DESTACAR que desde tiempos antiguos una declinación en el valor se ha considerado el principio del fin?

Alejandro Solzhenitsyn, discurso de graduación en Harvard, 8 de junio de 1978

¡Dios, danos hombres!

¡Dios, danos hombres! Un tiempo como este demanda
mentes fuertes, corazones grandes, verdadera fe y manos listas;
hombres a quienes la codicia del cargo no los mate;
Hombres a quienes el botín del cargo no puede comprar;
hombres que posean opiniones y voluntad;
hombres que tengan honor; hombres que no mientan;
hombres que puedan ponerse frente a un demagogo
¡y condenar sus traicioneras lisonjas sin pestañear!
hombres altos, curtidos al sol, que vivan por encima de la niebla
en el servicio público y en el pensamiento privado:
porque mientras la chusma, con sus credos gastados,
sus grandes profesiones y obras pequeñas,
se mezclan en conflicto egoísta, ¡ay! La libertad llora,
el mal reina en la tierra y la justicia en espera duerme.

—Joshiah Gilbert Holland, citado en Hazel Felleman,
The Best Loved Poems of the American People

CHUCK MCILLHENNY, pastor de la Iglesia Presbiteriana Ortodoxa del distrito Sunset de San Francisco por más de veinte años, ha escrito un libro titulado *When the Wicked Sieze the City* (Cuando los malos se apoderan de la ciudad). Cuando le conocí, esperaba hallar a un hombre con casco cromado, con armas cargadas a su alrededor, y dobles barrotes en la puerta. Allí tenemos a un hombre cuya casa ha sufrido atentados con bombas incendiarias, cuyo dormitorio para sus hijos es como una especie de refugio (es a prueba de incendios) de modo que sus hijos puedan sobrevivir mientras él tiene una posición activa por Cristo. Ahora está ministrando bastante, en los hospitales, a los que se están muriendo de sida, pero estando firme por la verdad, de que la única esperanza más allá de esta vida es la fe en el Señor Jesucristo.

Él contó una maravillosa historia de cómo él estaba sentado un día, leyendo el periódico. Se enteró de que habría una reunión del consejo municipal que tendría lugar al día siguiente en San Francisco, y pensó que debía ir a esa reunión del concejo municipal y oír ese debate en particular. Se trataba de los derechos de los homosexuales. Él pensó que simplemente no podía quedarse sentado y dejar eso pasar. No llevó a nadie consigo. No llegó ninguna pancarta. No hizo una marcha de protesta, como muchos de ellos habían marchado contra él. No es raro que sus cultos se vean interrumpidos por lesbianas y homosexuales. Él simplemente fue a la reunión del consejo municipal.

Se sentó y oyó el debate legislativo. El consejo estaba a punto de tomar la votación. El presidente dijo: "¿Hay alguien más que tenga algo para decir?" Nadie se movió. Entonces él se puso de pie, y dijo: "Me gustaría decir algo." Se dirigió a la plataforma, dijo su nombre, indicó que era ciudadano que residía en el distrito Sunset de San Francisco. "¿Que tiene para decir?" Él respondió: "Pues bien, no quiero decir nada de mi propia cosecha, pero me gustaría citar a tres individuos a quienes he respetado por años." Y leyó de Moisés en Levítico, de uno de los salmos de David, y de Pablo en Romanos 1. No predicó, no gritó, ni sermoneó; simplemente concluyó.

Le dijeron: "Espere. Antes de que se siente, ¿quienes son esos individuos: Moisés, David y Pablo?" Alguien dijo: "Usted está leyendo de la Biblia, ¿verdad?" "Sí," dijo él, "así es." Y uno de los miembros del consejo entonces dijo: "Yo voto que no," y otro, y otro. Y no aprobaron. Él tomó asiento. Eso es pensar como es debido, y con valor.

Ray Stedman me contó que estaba sentado en su casa una noche y notó que había una reunión de homosexuales en Palo Alto, California. Él pensó: *Voy a ir a esa reunión.* Fue, y todos estaban sentados en el suelo. Pienso que él llevó a un interno consigo. Nadie sabía quién era nadie. Como grupo estaban concentrados en la iglesia y concentrados contra los cristianos, y su actitud hacia ellos: con ese sentido de militancia, y odio, y todas esas cosas.

Entonces el que hablaba preguntó: "¿Tiene alguien más algo que quiera decir?" Así que Ray se puso de pie y dijo: "Me llamo Ray y resido en esta ciudad. Yo soy uno de esos cristianos de los que ustedes han estado hablando. Lamento por el trato que han recibido de muchos de mis hermanos y hermanas. Nos reunimos en la iglesia Peninsula Bible Church, y todos están invitados, todos los que quieran venir." Luego siguió: "Quiero que sepan que hay un rayo de esperanza, y es *la* esperanza que les dará alivio y la vida que necesitan."

Por supuesto, hubo desacuerdo y debate; pero yo pensé: *Qué cosa más asombrosa. ¿Lo habría hecho usted? ¿Lo haría yo?*

VENGANZA

(Ver también *Ira*)

TAL VEZ USTED oyó del hombre a quién el médico le dijo: "Sí, en verdad usted tiene rabia." Al oír esto el paciente de inmediato sacó una libreta y lápiz, y comenzó a escribir.

Pensando que el hombre estaba redactando su testamento, el doctor le dijo: "Esto no quiere decir que va a morir. Hay cura para la rabia."

"Lo sé," dijo el hombre. "Estoy haciendo una lista de las personas a las que voy a morder."

—Charles R. Swindoll, *Hope Again*

VI UNA CARICATURA que mostraba a un nene a pocos segundos de haber nacido. El médico sostenía al nene por los pies cabeza abajo, y dándole palmadas en las nalgas. En vez de llorar, el nene está gritando: "¡Quiero un abogado!"

—Charles R. Swindoll, *Simple Faith*

ALGUNOS SOLDADOS estaban acantonados en Corea durante la Guerra de Corea. Emplearon a un muchacho del lugar para que les cocine y para que limpie. Siendo de los que les gustaba hacer bromas, al instante se aprovecharon de lo que parecía ser la ingenuidad del muchacho. Untaban vaselina a las perillas de la estufa para que cuando él encendiera la estufa por la mañana se embarrara las manos con vaselina. Ponían baldes de agua sobre la puerta para que cuando el muchacho la abriera, le cayera encima un aguacero. Una vez le clavaron los zapatos al piso durante la noche. Día tras día el joven aguantaba las bromas pesadas sin decir nada. No les reclamaba, ni sentía lástima de sí mismo, ni echaba rabietas.

Por último, los hombres se sintieron mal por lo que hacían, así que se sentaron con el joven coreano y le dijeron: "Sabemos que estas bromas pesadas no tiene nada de chistoso, y lo lamentamos. Nunca más vamos a aprovecharnos de ti."

Al muchacho le parecía demasiado bueno como para ser verdad. "¿Ya no más pasta pegajosa en la estufa?" les preguntó.

"No."

"¿No más agua en la puerta?"

"No."

"¿No más zapatos clavados al piso."

"No, nunca más."

"Está bien," dijo el joven con una sonrisa, "no más saliva en la sopa."

—Ray Stedman, "How to Hug," sermón, 20 de marzo de 1977

HABÍA UN HOMBRE que no se llevaba bien con su esposa, y para colmo no podía llevarse bien con su suegra. Un día, frustrado, salió a caminar. Cuando estaba a punto de regresar a su casa, llegó a la esquina y vio una carroza que se detenía ante un rótulo de pare. Adentro, estaba un perro enorme.

Detrás, venía otra carroza. Y detrás de esa segunda carroza venían como cincuenta hombres caminando. Le picó la curiosidad, así que se acercó a la primera carroza y tocó sobre el cristal y el que venía dentro bajó el vidrio. "¿Qué desea?" preguntó. "¿Qué es esto?" preguntó el hombre.

"Pues bien, en este ataúd está mi esposa. Y en el ataúd en la otra carroza está mi suegra. Este enorme perro las mató a las dos."

"Hmm. ¿Me podía prestar el perro?"

Y el hombre que venía dentro le dijo: "Póngase en la fila."

La venganza es el más grande instinto de la raza humana.

—Federico Nietzsche

———————————

Hace años me dirigí a un muy concurrido centro comercial y hallé un sitio de estacionamiento donde apenas cabía un vehículo compacto como el que yo estaba conduciendo. Con mi voluminoso esqueleto sabía que me iba a ser difícil salir del auto sin golpear al carro que estaba al lado, pero estaba dispuesto a tratar. Los sitios para estacionarse estaban escasos.

Mi hijo, que entonces era pequeño, estaba conmigo. Salió por su lado sin problema, pero yo, al salir haciendo piruetas por mi lado, mi puerta golpeó levemente al otro auto. Me molestó, así que limpié el sitio para asegurarme que no había ningún daño. No había ni la menor señal.

Cuando me enderecé, el hombre que estaba dentro del auto no estaba nada contento. Sonreí y le dije: "Lo lamento, pero no hay ningún daño." El hombre no sonreía. Así que cerré mi puerta, y mi hijo y yo empezamos a dirigirnos al supermercado. Algo me dijo que diera la vuelta porque algo le iba a pasar a mi auto. Y así fue, cuando di la vuelta, el hombre ya estaba dando la vuelta a su coche, y abrió la puerta trasera del vehículo y la estrelló contra mi guardabarros.

¡Mi primera reacción fue separar su cabeza de su cuerpo! Esa fue mi primera reacción. Pero pensé: "Vamos, ¡qué escándalo sería!" Pastor mata a hombre en estacionamiento. El hombre era más grande que yo, y pensé: "Sería incluso peor: 'Hombre mata a pastor en estacionamiento.'" Así que no hice nada. La mano de mi hijo estaba en la mía, y pensé: "Vamos, sería todo un desastre si él viera a su padre echo trizas sobre el estacionamiento." Así que no hice nada.

Bueno, si hice algo. Apliqué paciencia, una rara virtud en mi vida, y seguí caminando. Pero, ¿sabe? Es un recuerdo agradable y raro en mi mente a estas alturas: ese día que seguí caminando y me alejé de la tendencia natural del hombre hacia la venganza.

———————————

La venganza es un tipo de justicia salvaje; que mientras más la naturaleza del hombre corre a ella, más debería la ley proscribirla . . . ciertamente, al vengarse el hombre solo está a la par que su enemigo; pero al pasarla por alto, está en un lugar superior, porque es don de un príncipe perdonar.

—Sir Francis Bacon

ME GUSTA LA ACTITUD de un predicador que rehusaba vengarse. Decía: "No me voy a desquitar contigo. ¡Se lo voy a decir a Dios!"

VERDAD

ES MEJOR NO SABER MUCHO que saber muchas cosas que no son así.

—Josh Billings, citado en John Barlett, *Barlett's Familiar Quotations*

CUANDO LA VERDAD desenmascara el mal, los que quedan expuestos se ponen muy nerviosos, como los dos hermanos en un relato que oí hace poco.

Estos hermanos eran ricos. También eran muy perversos. Ambos vivían una vida desenfrenada e inútil, usando su riqueza para tapar el lado oscuro de sus vidas. Por encima, sin embargo, pocos lo hubieran adivinado, porque estos artistas consumados del disfraz asistían a la misma iglesia casi cada domingo y daban enormes cantidades como ofrenda a varios proyectos de la iglesia.

Entonces la iglesia llamó un nuevo pastor, un joven que predicaba la verdad con celo y valentía. A poco, la asistencia había crecido tanto que la iglesia necesitaba un nuevo centro de adoración más grande. Siendo un hombre de visión penetrante y fuerte integridad, este joven pastor también había visto a través de los estilos de vida hipócritas de los dos hermanos.

De repente uno de los hermanos murió, y se le pidió al joven pastor que predicará en su funeral. El día antes del funeral, el hermano sobreviviente llamó al ministro aparte y le entregó un sobre. "Allí hay un cheque con una cantidad suficiente para pagar todo lo que necesita para el nuevo santuario," le dijo en voz baja. "Todo lo que le pido es un favor: dígale a la gente en el funeral que *él era un santo.*"

El ministro le dio al hermano su palabra; él haría exactamente lo que le pedía. Esa tarde depositó el cheque en la cuenta de la iglesia.

Al día siguiente el joven pastor se paró ante el ataúd en el culto fúnebre y dijo conforme convicción: "Este hombre era un pecador impío, perverso hasta los huesos. Fue infiel a su esposa, colérico con sus hijos, implacable en sus negocios, y un hipócrita en la iglesia . . . pero comparado con su hermano, *él era un santo.*

—Revista *Leadership,* otoño de 1995

LA SRA. FISHER estaba recuperándose de cirugía y recibió una tarjeta de su clase de cuarto grado: "Querida Sra. Fisher: Su clase de cuarto grado le desea una pronta recuperación por una votación de 15-14."

—Howard Hendricks, *Say It With Love*

POCO DESPUÉS de la revolución comunista, un portavoz del partido visitó a una población de campesinos y empezó a promover el comunismo. Él dijo: "Gracias al partido, hemos aumentado la producción de trigo en un ciento por ciento." Un hombrecito atrás se levantó y dijo: "Me llamo Menski, y quisiera saber dónde está todo el trigo."

Al siguiente año el funcionario volvió a la misma población y empezó la misma letanía de propaganda, excepto que en este caso dijo: "Quiero que sepan que a estas alturas hemos aumentado la producción de trigo en un 200 por ciento." El hombrecito atrás se levantó y dijo: "Me llamo Menski, y tengo una pregunta. ¿Quisiera saber dónde está todo el trigo?"

Al tercer año el funcionario visitó de nuevo a la gente y empezó la misma charla. Entonces dijo: "El Partido Comunista ha aumentado la producción de trigo en un 300 por ciento." Un hombrecito se levantó atrás, y el oficial dijo: "Ya sé, te llamas Menski, y . . ." El otro contestó: "No, me llamó Polaski y tengo una pregunta. ¿Dónde está Menski?"

—Leslie Flynn, *Humorous Incidents and Quips*

ANDAR EN LA VERDAD es más que dar consentimiento a ella. Quiere decir aplicarla a la conducta de uno. El que "anda en la verdad" es un creyente integrado en quien no hay dicotomía entre la profesión y la práctica. Por el contrario, hay en él una correspondencia exacta entre su credo y su conducta. Tal conformidad de vida a la verdad de parte de sus hijos daba a Juan mayor gozo que cualquier otra cosa. Para él la verdad importaba.

—John R. W. Stott, *The Epistles of John*

DIOS NO QUIERA que trafiquemos con la verdad no vivida.

—H. A. Ironside

CUANDO SALÍ de la Marina no tenía auto, y quería ir la iglesia. Así que me fui caminando a un lugar donde había varias iglesias y escogí una por el nombre. Era una gran estructura de piedra. Entré, por las gigantescas puertas masivas, y había una vasta nave, y en ella varios cuadros enormes, retratos de personas: personas grandes en panorama. Estaba allí Mahatma Gandhi y Abraham Lincoln, Jesús de Nazaret y uno de los filósofos, que pienso que era Sócrates. Estaba el presidente Eisenhower. Encima de todo había una gran placa de bronce con las palabras: "Todos ustedes son hijos de Dios . . ." Punto, punto, punto, elipsis, queriendo indicar que no estaba completa pero era suficiente para que uno lo lea. Gálatas 3:26 era la referencia. Abrí el Nuevo Testamento y leí. El versículo dice: "Todos ustedes son hijos de Dios por la fe en Jesucristo." No todos son hijos de Dios a menos que estén EN CRISTO JESÚS, sin excepciones. ¡Se necesita *toda* la verdad!

CUANDO A ALEKSANDR SOLZHENITSYN le otorgaron el Premio Nóbel en Literatura, concluyó su discurso citando un proverbio ruso: "Una palabra de verdad pesa más que el mundo entero." Si pudiera cambiar un poco esa frase del proverbio, yo diría: "Una persona de verdad impacta al mundo entero."

EN SU JUVENTUD el famoso evangelista Brownlow North había llevado una vida que era cualquier cosa excepto cristiana. Una vez, justo antes de subir al púlpito en una iglesia en Aberdeen, recibió una carta que contaba una serie de vergonzosos eventos en los que había participado. El estómago de North se revolvió. La carta terminaba diciendo: "Si tienes las agallas de predicar esta noche, me pondré de pie y te descubriré." North tomó la carta y se puso de rodillas. Pocos minutos después estaba en el púlpito. Empezó su mensaje leyendo la carta de principio a fin. Entonces dijo: "Quiero dejar bien en claro que esta carta es perfectamente verdad. Me avergüenzo de lo que he leído y de lo que he hecho. Vengo esta noche, no como alguien que es perfecto, sino como uno que ha sido perdonado." Dios usó esa carta y el resto de su ministerio casi como un magneto para llevar gente a Jesucristo.

—William Barclay, *The Acts of the Apostles*

DESPUÉS DE UN CULTO una mañana un hombre me detuvo y me dijo: "He esperado hasta el fin para hablar con usted, porque tengo una pregunta que a lo mejor lleva mucho tiempo para responder. Quiero saber de usted, ¿qué es la verdad? Le he oído hablar, y le he escuchado predicar. ¿Qué quiere decir cuando se refiere a la verdad?"

Él estaba con sus brazos cruzados sosteniendo una Biblia contra su pecho. Toqué con el dedo la cubierta de su Biblia y le dije: "Todo lo que está dentro de las pastas de ese Libro, y nada más." No pienso que alguna vez antes había contestado a esa pregunta así. Él esperaba una respuesta larga, pero para su sorpresa, y también en cierto sentido para la mía, no fue muy larga después de todo. La verdad bíblica es lo que necesitamos.

EL REY CARLOS LE DIJO A OLIVERIO CROMWELL en una ocasión que posara para un retrato. Él no quería hacerlo, pensando que eso es vanidad, pero lo hizo, porque el rey lo había dicho. Se sentó ante un artista más bien diplomático que empezó a poner sus pensamientos en orden mientras el hombre posaba. Entonces el artista notó que Cromwell tenía una verruga más bien notoria a un lado de su nariz, cerca de su mejilla. Con tacto sugirió que Cromwell voltee su cara al otro lado hacia la tela, para que pudiera tener una mejor pose. Cromwell respondió: "Sr. Lely, deseo que usted use todo su talento para pintar el cuadro verdaderamente como yo, y de ninguna manera que me lisonjee; sino que marque todo lo áspero, con espinillas, verrugas y todo lo que ve; de otra manera no pagaré ni un centavo por él."

—George Sweeting, *Great Quotes and Illustrations*

LA MEJOR MANERA DE DEMOSTRAR que una vara está torcida no es discutir al respecto o pasar tiempo denunciándola, sino poner a su lado una vara derecha.

—D. L. Moody, citado en George Sweeting, *Great Quotes and Illustrations*

VIAJE

(Ver también *Aventura*)

BRENT LAMB cuenta un episodio cómico. Se vio atrapado en una huelga de una aerolínea. Estaba tratando de volar de Tennessee a California del Sur, y había tenido que tomar una ruta en circuito para llegar allá.

"Compré uno de esos sándwiches enormes en el aeropuerto," empieza. "Me comí como la mitad, y metí la otra mitad en una de esas bolsitas que hay en el espaldar de los asientos. Tú sabes, esas bolsas para el vómito." Luego dice. "Envolví la bolsa y decidí guardarla porque probablemente lo necesitaría más tarde. La demora en esa parada iba a ser muy larga. Al salir del avión una de las azafatas me dijo: '¿Puedo encargarme de eso?' Yo le respondí: 'No, me lo voy a comer más tarde.'"

UN MOTORISTA PERDIDO se detuvo para preguntarle direcciones a un agricultor.

"¿Cómo llego a la carretera para ir a la ciudad Tal y Tal?"

"No lo sé."

"Entonces, ¿qué carretera tomo para ir a la ciudad Cual y Cual?"

"No lo sé."

"¿A dónde va esta carretera?"

"No lo sé."

"Usted no sabe mucho, ¿verdad?"

"No; pero no estoy perdido."

—Tim Timmons, *Maximum Living in a Pressure Cooker World*

_____

LLEGAR ES MEJOR que viajar esperanzado.

—Robert Louis Stevenson

_____

WILLIAM LEAST HEAT MOON, de sangre indígena, decidió, después de perder su trabajo en una universidad en Missouri, partir en su viejo vehículo y ver cómo era el resto del mundo. Su esposa lo había dejado poco tiempo atrás, y él decidió que debía haber una mejor manera y un mundo mejor en alguna parte.

Así que partió siguiendo las líneas azules en el mapa: las carreteras azules. Los mejores mapas tienen las carreteras grandes en líneas doradas o rojo brillante, pero las carreteras azules eran las carreteras que interesaron a Moon. Quería ir a lugares como Dime Box (Caja de monedas), Texas; Scratch Ankle (Talón de rasguño), Alabama; Remote (Remoto), Oregon; Simplicity (Sencillez), Virginia; Nameless (Sin nombre), Tennessee; Whynot (Por qué no), Mississippi; Igo (Yo voy), California, poco más allá de Ono, California; y cientos de otros agujeros pequeños en la carretera. Él viajaría, a la larga, una distancia igual a la mitad de la circunferencia del mundo, al cruzar de un lado a otro por los Estados Unidos de América.

Por admisión propia, él dejó "una edad que lleva consigo su propia locura e inutilidad"; y se dispuso a ir "a la carretera abierta en búsqueda de lugares en donde el cambio no significara ruina, y en donde el tiempo, los hombres y las obras se conecten."

— William Least Heat Moon, *Blue Highways*

_____

EN CUANTO A VIAJES al extranjero: "Uno necesita un gran sentido del humor, y ningún sentido del olfato."

—Ken Bemis

UN HOMBRE DESCUBRIÓ que el 80 por ciento de accidentes ocurren como a dos kilómetros de casa; así que se mudó.

SIMPLEMENTE ESCUCHE LOS COMERCIALES: "Aléjese de todo . . .," "Vuele en los cielos amistosos . . .," "Estamos listos cuando usted lo esté . . .," "Hacemos lo que hacemos mejor . . . ." Suena como diversión.

Aunque todo eso puede ser verdad, créame, hay otro lado de viajar que no recibe mucha prensa. Como por ejemplo, que lo dejen a uno en espera porque han vendido demasiados boletos para su vuelo, y luego uno llega al hotel para descubrir que le han dado la habitación a otra persona porque uno no llegó antes de cierta hora. Como su equipaje vaya a Berlín por una semana mientras usted se enfrenta a una ventisca de invierno con solamente zapatos de lona y un suéter, y tiene que pedirle prestado artículos para rasurarse a una persona cuya cara tiene un serio caso de acné. Es como quedarse atascado en un ascensor entre los pisos 12 y 14 con una anciana que está llevando a sus dos perros falderos nerviosos para que hagan sus necesidades, y ella tiende a desmayarse en lugares cerrados. Como que le sirvan tortilla de patas de rana para el desayuno y pasar los dos días siguientes acurrucado en posición fetal, preguntándose si su testamento está en orden y cómo la esposa y los hijos van a vérselas sin uno. Es como esperar un buen alivio en el horario sólo para descubrir que esperan que uno hable catorce veces en tres días, más un seminario de todo el día con doscientos pastores desalentados y varias parejas deprimidas cuyos matrimonios están hecho trizas. El televisor no sirve, así que usted se pierde el juego final del campeonato nacional de baloncesto esa noche. Se le acaba la ropa interior, y usted pisa sus lentes al salir de la ducha. Lo lleva al aeropuerto un individuo que sonríe mucho y dice "Alabado sea el Señor" cuarenta y una veces. Usted regresa después de un vuelo de cinco horas en un 747 atiborrado, sosteniendo una caja de pañales de la madre de gemelos que tienen cólico; y uno de ellos acaba de derramar de una patada su taza de café. Entonces la agarradera de su portafolio se rompe. La bandeja de documentos que llegan de su oficina parece la torre inclinada de Pisa, y las primeras cinco personas que usted ve al día siguiente le preguntan con toda gracia: "Pues bien, ¿cómo te fue en las vacaciones?"

VICTORIA

SI SATANÁS puede ganar la victoria sobre un creyente significativo, ha ganado la victoria sobre aquellos que han impactado tu vida.

¿CÓMO PUEDES MANTENERTE firme cuando eres débil y sensible al dolor, cuando tus seres amados todavía están vivos, y tú no estás preparado?

¿Qué necesitas para ser más fuerte que el interrogador y toda la trampa?

Desde el momento en que vas a la cárcel debes poner tu cómodo pasado firmemente detrás de ti. En el mismo umbral debes decir que: "Mi vida se acabó, un poco temprano por cierto, pero no hay nada que pueda hacer al respecto. Nunca volveré a la libertad. Estoy condenado a morir; ahora o poco tiempo después. Pero más adelante, en verdad, será incluso más duro, y mientras más pronto mejor. Ya no tengo absolutamente ninguna propiedad. Para mí, mis seres queridos han muerto, y para ellos yo he muerto. De aquí en adelante mi cuerpo es inútil y extraño para mí. Sólo mi espíritu y mi conciencia siguen preciosos e importantes para mí."

Confrontado con tal preso, la interrogación temblará.

Sólo él que ha renunciado a todo puede ganar la victoria.

—Aleksandr Solzhenitsyn, *The Gulag Archipelago*

WILMA NACIÓ PREMATURAMENTE. Esto produjo complicaciones que resultaron en que contrajo doble neumonía (dos veces) y fiebre escarlatina. Pero lo peor fue que se enfermó de poliomielitis, lo que la dejó con una pierna izquierda torcida y un pie torcido hacia dentro. Soportes de metal para las piernas, miradas de los chicos del vecindario, y seis años de viajes en autobús a Nasvhille para tratamientos pudieran haber llevado a esta muchacha a encerrarse en sí misma; pero ella rehusó hacer eso.

Wilma seguía soñando; y estaba decidida a no permitir que su discapacidad se interponga ante sus sueños. Tal vez su determinación lea generaba la fe de su madre creyente que a menudo le decía: "Cariño: lo más importante en la vida es que tú lo creas y sigas tratando."

A los once años Wilma decidió "creerlo." Mediante pura determinación y un indómito espíritu para perseverar, independientemente de lo que pasaba, se obligó a aprender a andar sin los soportes.

A los doce años hizo un descubrimiento maravilloso: ¡las muchachas podían correr, y saltar, y jugar pelota como los muchachos! Su hermana mayor, Ivonne, era bastante buena en el baloncesto, así que Wilma decidió retarla a jugar en la cancha. Ella empezó a mejorar. Las dos a la larga fueron al mismo equipo de la secundaria. Ivonne se colocó entre las doce finalistas, pero Wilma no. Sin embargo, debido a que su padre no permitiría que Ivonne viajara con el equipo sin su hermana cómo "chaperona," Wilma se hallaba a menudo en presencia del entrenador.

Un día reunió suficiente valor para hablarle al hombre de su obsesión sublime: el sueño de toda su vida. Ella le dijo tartamudeando: "Si usted me da diez minutos de su tiempo todos los días, y sólo diez minutos, yo le daré una atleta de clase mundial."

Él aceptó la oferta. El resto es historia. La joven Wilma a la larga ganó una posición inicial en el equipo de baloncesto; y cuando la temporada terminó, ella decidió probar con el equipo de carreras. ¡Qué decisión!

En la primera carrera le ganó a su amiga. Luego les ganó a todas las chicas de la secundaria, y después a *todas* las muchachas de secundaria del estado de Tennessee. Wilma tenían solamente catorce años, pero ya era campeona.

Poco después, todavía en la secundaria, la invitaron para que se una al equipo de carreras de Tigerbelle de la Universidad Estatal de Tennessee. Ella empezó un serio programa de entrenamiento después de clases y en los fines de semana. Conforme mejoraba, continuó ganando carreras de velocidad y los relevos de 400 metros.

Dos años después la invitaron para las pruebas para los Juegos Olímpicos. Ella calificó y corrió en los juegos de 1956 en el Melbourne, Australia. Ganó una medalla de bronce cuando su equipo se colocó tercero en los relevos de 400 metros. Fue una victoria agridulce. Ella había ganado, pero decidió que la próxima vez "iría por el oro."

Wilma se dio cuenta de que la victoria exigiría una enorme cantidad de dedicación, sacrificio y disciplina. Para darse "el filo ganador" como atleta de clase mundial, ella empezó un programa propio similar al que había empleado para librarse de los soportes de las piernas. No sólo corría a las 6 y a las 10 cada mañana y a las 3 todas las tardes, sino que a menudo se escapaba por la salida de escape de incendios del dormitorio de 8 a 10 y corría antes de irse a la cama. Semana tras semana, mes tras mes, Wilma mantuvo el mismo horario agotador por más de mil doscientos días.

Ahora estaba lista para Roma. Cuando la espigada, esbelta y joven muchacha negra, apenas de veinte años, salió a la pista, estaba lista. Ella había pagado el precio. Incluso aquellos ochenta mil espectadores podían percibir el espíritu de la victoria. Fue electrizante. Mientras ella empezaba sus carreras de calentamiento, una cadencia empezó a surgir de los graderíos: "¡Wilma . . . Wilma . . . Wilma!" Ellos tenían la confianza de que ella iba a ganar.

¡Y ganó! Ella ganó con facilidad los cien metros planos. Ganó los doscientos metros planos. Por último, fue el ancla para el equipo femenil de los Estados Unidos de América en los 400 metros de relevo. Tres medallas de oro; ella fue la primera mujer en la historia en ganar tres medallas de oro en carreras. Debo añadir que cada una de las tres carreras las ganó en tiempo récord.

—Denis Waitley, *Seeds of Greatness*

_____

VISIÓN

Un predicador ahorró suficiente dinero para comprar unas pocas hectáreas baratas de tierra. Una casita destartalada, azotada por el tiempo, estaba en el terreno, triste cuadro de años de descuido. La tierra tampoco había sido cuidada, así que había viejos troncos de árboles, maquinaria oxidada e inservible, y toda clase de basura regada por aquí y por allá, para no mencionar una cerca que necesitaba a gritos que se la repare. Toda la escena era un desastre.

En su tiempo libre y sus vacaciones el predicador se arremangaba las mangas y se dedicaba a trabajar. Recogió y sacó la basura, reparó la cerca, sacó los tocones, y plantó nuevos árboles. Luego remodeló la vieja casa convirtiéndola en una preciosa cabaña con techo nuevo, nuevas ventanas, un nuevo caminito de entrada de piedra, nueva pintura, y finalmente unas cuantas macetas de colores. Le llevó varios años lograr esto, pero al fin, cuando el último trabajo había quedado terminado y él estaba lavándose después de aplicar una capa de pintura fresca al buzón, su vecino (que había observado todo desde la distancia) se acercó y le dijo: "Pues bien, pastor, parece que usted y Dios han hecho un buen trabajo en tu lugar aquí."

Limpiándose el sudor de la cara, el ministro replicó: "Así es, supongo que es así; pero debería haber visto cuando el Señor la tenía todo por sí mismo."

—Ted Engstrom, *Pursuit of Excellence*

_____

LA PREGUNTA, DE DOS PALABRAS, debe haber hecho a ambos hombres sonreír más tarde cuando pensaban al respecto: "¿Ves algo?" Fue la pregunta dicha por un ayudante cuyo nombre no se abrió paso a los libros de historia, pero aquel a quien le hizo la pregunta es conocido por muchos: el Dr. Howard Carter, bien conocido arqueólogo británico que al momento tenía su cabeza metida en una tumba egipcia antigua. Por seis años, sin interrupción, el hombre había estado excavando. Había zanjas por todo el sector, zanjas interminables, toneladas de arena y roca que habían sido puestas a un lado y acumuladas en montones, grandes rocas, también como rocas pequeñas. Montañas de basura inservible estaban por toda el área, y nada por seis años se había descubierto hasta aquel día más inusual que hizo historia en 1922.

Como ve, todos los demás habían estado escarbando en el Valle de los Reyes y, para cuando terminaron de escarbar el área, dijeron que no había nada más para descubrir, nada más que se pudiera hallar. Lo que hacía de la pregunta mucho más interesante, mientras el Dr. Carter contemplaba, casi sin poder creer, dentro de aquella tumba antigua, pronto para descubrir en las mentes de muchos arqueólogos, los descubrimientos más significativos en la historia de esa disciplina en particular.

Atisbando en la oscuridad, en silencio, Howard Carter vio animales de madera, estatuas, cofres, carros de oro, cobras talladas, cajas de ungüentos, vasijas, dagas, joyas, un trono, una figura de madera de la diosa Sekhmet, y un ataúd tallado a mano de un rey adolescente. En sus propias palabras, vio "animales extraños, estatuas y dioses; por todas partes el brillo del oro." Fue, por supuesto, la tumba y tesoros invaluables del rey Tutankamón, el descubrimiento arqueológico más emocionante del mundo hasta ese momento. Más de tres objetos en total, que llevó a Carter los próximos diez años sacar, catalogar y restaurar. "¡Exquisito!" "¡Increíble!" "¡Elegante!" "¡Magnífico!" fueron las palabras y frases usadas por el Dr. Carter y su ayudante, que anteriormente había preguntado: "¿Ves algo?"

—Charles R. Swindoll, *Come Before Winter*

_____

EN AQUELLAS MAÑANAS HELADAS cuando empuño mi cámara y trípode, y me dirijo a un prado detrás de mi casa, rápidamente me olvido de mí mismo. Dejó de pensar en lo que voy hacer con las fotografías, o en cuanto a satisfacción propia, y me dejo absorber por la pura magia de los arco iris en la hierba. Abandonar el propio yo es una condición previa esencial para ver en realidad. Cuando uno deja su propio yo, abandona cualquier preocupación sobre el tema en cuestión que pudieran embutirlo a fotografiar de una cierta manera predeterminada. Si te preocupas si vas a poder tomar buenas fotografías, es improbable que tomes las mejores fotografías que pudieras tomar. Cuando te abandonas, nuevos conceptos surgen de tu experiencia directa del tema en cuestión, nuevas ideas y sentimientos te guiarán mientras tomas fotografías."

—Freeman Patterson, *Photography and the Art of Seeing,*
citado en *Preaching,* noviembre y diciembre de 1991

EL 24 DE MAYO DE 1965 un bote de cómo cinco metros de eslora zarpó calladamente del muelle de Falmouth, Massachusetts. ¿Su destino? Inglaterra. Sería la embarcación más pequeña que jamás hizo el viaje. ¿Su nombre? *Tinkerbelle.* ¿Su piloto? Robert Manry, un editor de copia del *Cleveland Plain Dealer,* que pensó que diez años ante el escritorio era suficiente aburrimiento por un tiempo. Así que solicitó licencia para cumplir su sueño secreto.

Manry tenía miedo; no del océano, sino de todos los que tratarían de convencerlo de que no haga el viaje. Así que no se lo dijo a muchos, sino sólo a algunos parientes, y especialmente a su esposa, Virginia, su más grande fuente de respaldo.

¿El viaje? Cualquier cosa excepto placentero. Pasó noches espeluznantes de insomnio tratando de cruzar las rutas navieras sin que lo atropellen y lo hundan. Semanas en el mar hicieron que la comida se vuelva insípida. La soledad, el monstruo de las edades de la profundidad, le llevó a terribles alucinaciones. Su timón se rompió tres veces. Las tempestades lo arrojaron por la borda, y si no hubiera sido por la soga que se había anulado a la cintura, nunca hubiera podido volver a subirse a bordo. Por fin, después de setenta y ocho días sólo en el mar, entró en Falmouth, Inglaterra.

Durante esas noches en el bote, él había soñado con fantasía en lo que haría cuando llegara. Esperaba sencillamente irse a algún hotel, cenar sólo, y luego a la mañana ver si tal vez la Prensa Asociada se interesaría en su crónica. ¡Vaya que le esperaba una sorpresa! La palabra de su próxima llegada se había extendido por todos lados. Para su sorpresa, trescientas embarcaciones, con sus bocinas retumbando, escoltaron al *Tinkerbelle* al puerto. Cuarenta mil personas estaban gritando y alentándolo a su llegada.

Robert Manry, el editor de copia convertido en soñador, se convirtió en héroe de la noche a la mañana. Su historia se regó por todo el mundo. Pero Robert no podía haberlo hecho sólo. De pie en el muelle estaba su más grande heroína: Virginia. Rehusando ser rígida y cerrada cuando el sueño de Robert estaba tomando forma, ella le animó, dispuesta a arriesgarse, dándole la libertad para que persiga su sueño.

—Charles R. Swindoll, *The Quest for Character*

_____

LA VISIÓN ES ESENCIAL para la supervivencia. Brota de la fe, la sostiene la esperanza, la atiza la imaginación, y la fortalece el entusiasmo. Es más grande que la vista, más honda que un sueño, más amplia que una idea. La visión abarca vastas vistas fuera del campo de lo predecible, lo seguro y lo esperado. ¡Con razón perecemos sin ella!

—Charles R. Swindoll, *Make Your Dream Come True*

_____

TENGO UN SUEÑO de que un día en las colinas rojas de Georgia los hijos de ex esclavos y los hijos de ex dueños de esclavos podrán sentarse juntos a la mesa de la hermandad.

Tengo un sueño de que mis cuatro hijos pequeños un día vivirán en una nación en donde no serán juzgados por el color de su piel, sino por el contenido de su carácter.

Cuando se nos permita repicar la libertad, cuando la dejemos repicar en cada aldea y en cada villa, de cada estado, y de cada ciudad, podremos al fin acelerar la llegada de aquel día en que todos los hijos de Dios, negros y blancos, judíos y gentiles, protestantes y católicos, serán capaces de unir sus manos y cantar las palabras del antiguo canto espiritual negro: "¡Libres al fin! ¡Libres al fin! ¡Gracias al Dios Todopoderoso, somos libres al fin!"

—Martin Luther King, 28 de agosto de 1963

_____

VISIÓN ES MIRAR LA VIDA por el lente del ojo de Dios.

_____

VIVIR

PUEDES VIVIR CON COMIDA DESABRIDA para evitar una úlcera, no tomar té ni café, ni otros estimulantes a nombre de la salud, acostarte temprano y evitar la vida nocturna, evitar todos los temas controversiales como para nunca ofender, ocuparte de ti mismo y no meterte en los problemas de otros, gastar dinero solo en lo necesario y ahorrar lo más que puedas. Con todo puedes romperte el cuello en la bañera, y te servirá bien.

—Hielen Guder, *God, But I'm Bored*

_____

LA VIDA es una experiencia estimulante o no es nada.

—Helen Keller

_____

A UNA JOVEN mujer profesional se le acercó un agente de bienes raíces que quería venderle una casa. "¿Una casa? Yo nací en un hospital, me eduqué en un internado, me conquistaron en un automóvil, me casé en una iglesia. Comemos en restaurantes, pasamos las mañanas jugando golf, y las tardes jugando cartas en el club. Por las noches vamos al cine y cuando me muera, me van a velar en una funeraria. No necesito un hogar; ¡lo que necesito es una cochera!"

—Albert Stauderman, *Let Me Illustrate*

_____

LA MAYORÍA DE LOS HOMBRES de este mundo viven sus vidas en tranquila desesperación.

—Henry David Thoreau

_____

EN UNO DE LAS FAMOSAS tiras cómicas "Carlitos" de Charles Schulz, Lucy filosofa y Carlitos escucha.

"Carlitos Brown," comienza ella, "la vida se parece mucho a las sillas playeras plegables. Algunos las ponen para poder ver donde han estado. Otros las ponen para poder ver donde están al presente."

Carlitos suspira: "Yo ni siquiera puedo abrir la mía."

—Michael Green, *Illustrations for Biblical Preaching*

¿ESTÁ USTED DISFRUTANDO DE LA VIDA AHORA, o ha puesto todo eso "en espera?" Para la mayoría de las personas la vida se ha convertido en una lóbrega maratón de desdicha, una prueba de resistencia repleta de ceños fruncidos, gemidos y suspiros. Y talvez eso explica por qué muchos que en un tiempo estuvieron cerca de ellos tienden a alejarse. ¿Puede usted pensar de alguien que preferiría pasar bastante tiempo con los que han dejado de disfrutar la vida? Probablemente ellos preferirían invertir horas en una mascota, un animal que ni siquiera puede hablar, que en alguien cuyo semblante refleja una deprimente nube negra de lluvia.

En su obra *Leaves of Grass* (Hojas de hierba), el poeta Walt Whitman confesó lo que era verdad de él:

Creo que podría irme a vivir con animales, son tan plácidos y contentos consigo mismos.

Me detengo y los miro largo y tendido.

No sudan y ni quejan de su condición.

No se desvelan en la oscuridad, ni lloran por sus pecados,

No me enferman debatiendo su deber hacia Dios,

Ninguno está insatisfecho, ninguno está loco por la manía de tener cosas,

Ninguno se arrodilla ante otro, ni a ninguno de su clase que vivió hace miles de años.

Ninguno es respetable o desdichado por la condición del mundo.

Talvez eso explica el letrero que vi en un parachoques: "¿Has abrazado a tu caballo hoy?" Eso solía hacerme sonreír; pero ahora lo entiendo. A veces es más fácil abrazar a un caballo que mantenerse cerca de otra persona. Cuando uno se acerca a un caballo, él nunca dice: "¡Vaya! ¡He tenido una día pésimo!" o, "Estoy deprimido hoy." Por lo tanto, si no queremos alejar a los otros con nuestras quejas y lamentos, tenemos que aprender a disfrutar de la vida.

—Charles Swindoll, *Living on the Ragged Edge*

UNO DE MIS MENTORES una vez declaró: "Una gran parte de nuestra actividad hoy no es nada más que una anestesia barata para adormecer el dolor de una vida vacía."

_____

CUANDO ERA NIÑO un señor negro trabajó para mi abuelo toda su vida. Se apellidaba Coats. Le dio mucha sabiduría a este chiquillo que solía pararse a un lado del fogón que él atendía. Ponía sus curtidas manos sobre mi cabeza, y la sacudía. Lo recuerdo como si fuera ayer. Él me dijo: "Carlitos: el problema de la vida es que es tan diaria."

_____

Festo
Vivimos en obras, no en años; en pensamientos, no en respiros;
En sentimientos, no en los números de un reloj.
Deberíamos contar el tiempo por los latidos del corazón. Vive
    más,
El que piensa más, siente con más nobleza, actúa mejor.
Y aquel cuyo corazón late más rápido vive más.
La vida es nada más que un medio hacia un fin: Dios.

—Philip Bailey, citado en _Handbook of Preaching Resources from Literature_

_____

TODO HOMBRE debería ser inquisitivo en toda hora de su gran aventura hasta el día en que él ya no arroje sombra bajo el sol.

—Frank Colby

_____

GLEN CAMPBELL, conocido cantautor estadounidense, compuso hace años un éxito titulado: "Gentle on My Mind" ("gentil en mi mente"). Como todas las baladas, ésta cuenta una historia. Esta trata de un hombre que anhela ser libre. Desea una vida sin complicaciones irritantes como contratos obligatorios y compromisos vitalicios. Le gusta detenerse una o dos noches, pero no quiere que nadie lo fastidie hablando de relaciones permanentes. Como dice otra canción popular: "él quiere ser libre;" le basta saber que "la puerta siempre está abierta" y que "el camino siempre está libre para caminar." Eso es suficiente.

Entretejido en la letra de la misma canción hay una expresión interesante que muchos podemos recordar. Menciona vez tras vez "los senderos de mi memoria," que mantienen todo "gentil en mi mente." Mirando hacia atrás, encogiéndose de hombros para mostrar falta de interés, el vaquero mujeriego rechaza todo intento de los que tratan de amarrarlo. Ni siquiera una esposa y una casa llena de hijos—*sus hijos*—pueden anclarlo; eso no sería "gentil." Anda en búsqueda de otro camino, otro placer, otro sendero, que de alguna manera le dé algo de satisfacción. A uno le queda la impresión distintiva de que encontrará lo que ande buscando.

Sea en una canción que nos gusta cantar o en un libro que nos gusta leer, la mayoría de nosotros hemos acariciado pensamientos de seguir esos senderos, especialmente en esos días cuando sentimos que apenas estamos logrando sobrevivir la existencia hoy.

James Dobson pinta la "vida virtuosa" como implacablemente sosa.

La vida virtuosa para un ama de casa es lavar platos por tres horas al día; es limpiar fregaderos, restregar inodoros y encerar pisos; es correr detrás de hijos de dos años y arbitrar peleas de preescolares. (Una madre dijo que había criado a tres "triciclos motorizados" y que ellos ha habían agotado). La vida virtuosa es llevar a los hijos a la escuela veinte y tres veces a la semana, ir a comprar víveres, y hornear pasteles para la fiesta de la clase del hijo. La vida virtuosa a la larga quiere decir convertirse en madre de una adolescente ingrata; que le aseguro no es trabajo para pusilánimes. (Es difícil dejar que un adolescente se encuentre a si mismo; ¡especialmente cuando uno sabe que ni siquiera está buscando!). Por cierto, para el ama de casa la vida regular pueda ser una experiencia agotadora a veces.

La vida virtuosa de un hombre no es mucho más sencilla. Es levantar de la cama el esqueleto cansado, cinco días a la semana, cincuenta semanas al año. Es ganarse dos semanas de vacaciones en agosto, y escoger un viaje que les agrade a los hijos. La vida virtuosa es gastar el dinero con sabiduría cuando uno preferiría gastarlo en algún nuevo "lo que sea"; es llevar al hijo a montar bicicleta el sábado cuando en verdad uno quiere tanto ver el partido; es limpiar el garaje en el día libre después de haber trabajado sesenta horas esa semana. La vida virtuosa es lidiar con gripes, reparaciones del auto, quitar hierbas malas y bregar con formularios de declaración de impuestos; es llevar a la familia a la iglesia los domingos, cuando uno ya ha oído todo lo que el predicador tiene para decir; es darle a Dios una porción del salario cuando uno ya se pregunta cómo lograr pagar todas las cuentas. La vida virtuosa para el esposo y padre regular y común es todo lo que he escrito y más, mucho más.

La buena vida, la que en realidad satisface, existe solo cuando dejamos de desear una mejor. Es disfrutar lo que es en lugar de anhelar lo que pudiera ser. La comezón por las cosas, la codicia de tener más, tan brillantemente inyectado por los vendedores, es un virus que le quita a nuestra alma todo contentamiento. ¿Se ha dado cuenta? El hombre nunca gana lo suficiente. La mujer nunca es bella lo suficiente. La ropa parece nunca está a la moda lo suficiente. Los carros no son hermosos lo suficiente. Los artefactos no son modernos lo suficiente. Las casas nunca quedan amobladas lo suficiente. La comida nunca es atractiva lo suficiente. La relaciones personales no son románticas lo suficiente. La vida nunca es plena lo suficiente.

La satisfacción llega cuando nos bajamos de la escalera motorizada del deseo y decimos: "Esto basta. Lo que tengo sirve. Lo que hago con esto depende de mí y de mi relación vital con el Señor viviente."

Eso, en esencia, es el mensaje que Salomón anuncia en el libro de Eclesiastés. Ahora, con sinceridad, ¿lo cree usted?

—James Dobson, *Straight Talk To Men and Their Wives*

————————————

Los HUMANOS no podemos aguantar mucha realidad.

—T. S. Eliot

————————————

La Roca
El interminable ciclo de idea y acción,
Interminable invención, interminables experimentos,
Trae conocimiento del movimiento, pero no de la quietud;
Conocimiento del habla, pero no del silencio;
Conocimiento de palabras, e ignorancia de las Escrituras.

Todo nuestro conocimiento nos acerca a nuestra ignorancia,
Toda nuestra ignorancia nos lleva mas cerca a la muerte,
Pero más cerca de la muerte, no más cerca de DIOS.
¿Dónde está la vida que hemos perdido al vivir?
¿Dónde está la sabiduría que hemos perdido en el conocimiento?
¿Dónde está el conocimiento que hemos perdido en la
    información?
Los ciclos del cielo en veinte siglos
Nos llevan más lejos de Dios y más cerca del polvo.

— T. S. Eliot, citado en Donald Kauffman, *Baker's Pocket Treasury of Verse*

EL HECHO BÁSICO de la existencia humana no es que es una tragedia, sino que es un tedio. No es que sea tan predominantemente dolorosa, sino que carece de sentido.

—H. L. Mencken, citado en Charles R. Swindoll, *Living on the Ragged Edge*

Señor de todas las ollas y sartenes y todas las cosas,
Ya que no tengo tiempo de ser
Una santa haciendo cosas bondadosas,
O en vigilia hasta tarde contigo,
O soñando al amanecer,
O golpeando las puertas del cielo,
Hazme santa mientras preparo las comidas
Y mientras lavo los platos.
—William Barclay, *The Gospel of Luke*

YO

(Ver también *Ego, Orgullo*)

www.ingramcontent.com/pod-product-compliance
Ingram Content Group UK Ltd.
Pitfield, Milton Keynes, MK11 3LW, UK
UKHW020138250325
456668UK00003B/66

9 781602 558403